21世纪法学系列教材

专利法

Patent Law

| 第二版 |

冯晓青　刘友华　著

法律出版社
——北　京——
始创于1954年

好书，同好老师和好学生分享

—

图书在版编目(CIP)数据

专利法／冯晓青，刘友华著．--2版．--北京：法律出版社，2022(2024.11重印)
ISBN 978-7-5197-6756-3

Ⅰ．①专… Ⅱ．①冯… ②刘… Ⅲ．①专利权法-中国-高等学校-教材 Ⅳ．①D923.42

中国版本图书馆CIP数据核字(2022)第087760号

专利法(第二版)
ZHUANLIFA(DI-ER BAN)

冯晓青 刘友华 著

责任编辑 刘 琳
装帧设计 凌点工作室

出版发行 法律出版社
编辑统筹 法律教育出版分社
责任校对 王 丰
责任印制 刘晓伟
经 销 新华书店

开本 787毫米×1092毫米 1/16
印张 23.5 字数 538千
版本 2022年8月第2版
印次 2024年11月第2次印刷
印刷 永清县金鑫印刷有限公司

地址：北京市丰台区莲花池西里7号(100073)
网址：www.lawpress.com.cn
投稿邮箱：info@lawpress.com.cn
举报盗版邮箱：jbwq@lawpress.com.cn

销售电话：010-83938349
客服电话：010-83938350
咨询电话：010-63939796

书号：ISBN 978-7-5197-6756-3
定价：49.00元

凡购买本社图书，如有印装错误，我社负责退换。电话：010-83938349

出版说明

法律出版社作为中国历史悠久、品牌积淀深厚的法律专业出版社，素来重视法学教育图书之出版。

"21世纪法学规划教材"系列作为本社法学教育出版的重心，延续至今已有二十年。该系列一直以打造新世纪新经典教材为己任，遍揽名家新秀，因其卓越品质而颇受瞩目并广受肯定。

中国的法学教育正面临深刻变革，未来的法学教育势必以培养高素质法律人才为目标，以知识教育与应用教育相结合、职业教育与素质教育相结合、精英教育与大众教育相结合为导向，法学教育图书的编写与出版也进入了变革与创新时期。

为顺应未来法学教育的改革方向和发展趋势，本社应时而动，推出全新"21世纪法学规划教材"，为不同学科、不同层次、不同阶段、不同需求的法学师生量身打造法学教材及教参。在教材方面，将推出课堂教学系列、实训课程系列、通识课程系列、简明本系列、双语教学系列等；在教参方面，将推出案例教程系列、法规教程系列、练习与测验系列、法学讲座系列、专业培训系列等。或革新，或全新，以厚基础、宽口径、多元化、开放性为基调，力求从品种、内容和形式上呈现崭新风采，为法学师生提供更好的教本与读本，同享规划教材之盛。

"好书，同好老师和好学生分享"。本社在法学教育图书出版上必将继往开来，以精益求精的专业态度，打造本套全新"21世纪法学规划教材"。传播法学知识，传承法学理念，辅拂法律教育事业，积累法律教育财富，服务于万千法学师生和明日法治英才。

法律出版社

2015年1月

作者简介

冯晓青　男，中国政法大学二级教授、博士生导师，中国政法大学民商经济法学院知识产权法研究所所长、知识产权法国家重点学科负责人和学术带头人，中国政法大学无形资产管理研究中心主任，中国政法大学国际知识产权研究中心执行主任，北京大学法学博士、中国人民大学法学博士后。兼任中国法学会理事、中国知识产权法学研究会副会长，中国知识产权研究会学术顾问委员会委员、高校知识产权专业委员会副主任委员，最高人民法院案例指导工作专家委员会委员、最高人民法院知识产权司法保护研究中心研究员、最高人民法院知识产权案例指导研究（北京）基地专家咨询委员会委员、上海知识产权法院特邀咨询专家、中国审判研究会知识产权审判理论专业委员会委员、中国律协知识产权专业委员会委员、北京恒都律师事务所高级法律顾问及兼职律师、北京盈科律师事务所专家顾问，南京、长沙、淄博仲裁委员会仲裁员，以及北京环世知识产权诉讼研究院院长等。

著有《知识产权法利益平衡理论》《知识产权法哲学》《现代知识产权法》《企业知识产权战略》《企业知识产权管理》《知识产权保护论》等个人专著17部，在《法学研究》《中国法学》等CSSCI刊物发表论文百余篇，国外SSCI刊物论文多篇。成果获得省部级学术奖、科技进步奖和教学奖二等奖5项。主持国家社科基金项目3项，其中重大项目2项。先后获得第二届全国十大杰出中青年法学家提名奖（1999年）、首批国家知识产权专家库专家（2011年）、首批全国知识产权领军人才（2012年）、国家百千万人才工程“有突出贡献中青年专家”（2014年）、享受国务院政府特殊津贴专家（2016年）、文化名家暨“四个一批”人才（2017年）、国家高层次人才特殊支持计划（国家“万人计划”）哲学社会科学领军人才（2018年）等荣誉。开设新浪微博（冯晓青知识产权）和微信公众号（冯晓青知识产权）。

刘友华　男，湘潭大学法学院、知识产权学院教授，博士生导师，法学博士、知识产权学位点负责人，湘潭大学学术带头人（韶峰学者），湘潭大学技术转移中心主任，校学术委员会委员、学术道德委员会副主任，华盛顿大学访问学者，国家知识产权专家库专家，全国专利信息师资人才，湖南省121人才，湖南省专利分析与评估中心副主任，最高人民法院知识产权司法保护理论研究基地（湘潭大学）研究员，湖南省知识产权司法保护理论研究基地首席专家，兼任中国知识产权法学研究会理事、湖南省法学会知识产权法学研究会副会长兼秘书长。主要从事知识产权法学理论与专利法前沿问题研究。出版个人专著《云计算专利法律问题研究》《人工智能时代专利法研究》《知识产权纠纷非讼解决机制研究:以调解为考察中心》等多部,主编、参著《知识产权法学》《知识产权法前沿问题研究》等 20 余部,在《新闻与传播研究》《法学》《华东政法大学学报》等 CSSCI 期刊发表论文 40 余篇,SSCI(Journal of Queen Mary Intellectual Property)论文多篇。主持国家社科基金项目 3 项,湖南省社科基金重大项目等项目 20 余项。曾获全国知识产权系统人才工作先进个人、全国宝钢优秀教师、湖南省优秀社科成果二等奖,湖湘智库研究"十大金策",湖南省高等学校教学成果奖一等奖等学术奖励与荣誉 10 余项。

第二版修订说明

本书第一版出版于2010年8月。第一版出版后,受到读者欢迎,多次重印。但是,《中华人民共和国专利法》(以下简称《专利法》)在2020年10月进行了第四次修正,进一步完善了我国专利制度。同时,近些年来我国专利法理论研究水平也在不断提高,专利司法实践进一步加强了我国专利权的有效保护,并且为专利法理论研究和专利实务提供了日益丰富的素材。2021年9月,中共中央、国务院发布《知识产权强国建设纲要(2021—2035年)》,对于我国知识产权人才培养提出了更高的要求。正是在上述背景下,本书作者决定对第一版进行全面修订。现将第二版修订的内容向广大读者作一简单介绍,以便于读者阅读、学习和研究。

第二版针对第一版修订的内容,主要有以下几方面:(1)根据《专利法》第四次修正的内容,对书中相应的内容逐一进行了替换、更新和阐述,读者能够对现行专利法的基本精神和内容有全面了解。(2)根据最高人民法院发布的涉及专利权方面的最新司法解释以及修改以后的司法解释,对书中诸多内容进行了补充、调整和阐述。(3)根据本书的内容,除第一章和最后一章外,每章后都精选了两个左右的案例介绍和简要分析,这些案例均出自于近些年来我国专利司法实践中的典型案例,富有代表性和启发性。同时,在对内容介绍、分析、说明与阐述时,通过新增数十个典型案例的观点,大大丰富了本书实务素材,使读者在阅读本书后,除了理论知识的储备和理论水平提升外,还能提高解决专利实务案件的能力,真正做到理论与实践高度结合。(4)为便于读者拓宽知识面,系统提高专利法理论水平,作者在书中相应的知识点中,特意精选了若干国内外优秀成果的信息,具体以单页注释的形式体现。为便于和书中正常引用、参考的成果与资料相区分,采用了"相关研究,参见"的字样。书中注释中提到的这些文献,不是作者撰写本书参考的文献,而只是推荐给读者后续阅读的参考文献。因为研究水平和时间有限,作者精选的这些供读者后续阅读的论文等成果,不能说都是最有代表性和最齐全的,但作者确实在努力做到。故也请没有被纳入推荐文献的相应作者予以理解。(5)针对书中相关概念、原理和理论的阐释,以及语言表达等问题,作者也利用修订机会做了优化和完善。总的来说,与第一版相比,本书第二版无论在知识体系和理论品味、实践素材、资料的新颖与翔实、内容的丰富程度以及教材的整体可读性上,都有了长足的进步。希望本书第二版继续受到广大读者的喜爱。

本书第二版在进行上述重要优化和改进后,既适合于法律、知识产权相关本科专业开设"专利法"课程之用,也适合于理工科等专业普及专利法知识之用。同时,基于其理论与学术品味、理论与实践的高度结合，本书第二版还特别适合于以下领域和人员研习专利法知识和原理之用：研究生专利法教辅书，专利代理师、知识产权律师和法官、企业研发人员和知识产权管理人员，经济类职称考试中知识产权师中高级考生，以及对专利法知识感兴趣的读者。

当然，由于作者水平有限，加之时间紧迫，本书第二版仍难以避免错漏之处。敬请广大读者批评指正。

作　者
2022 年 6 月

前　言

随着经济全球化的加快与知识经济的发展，知识产权功能凸显，日益成为国家参与国际竞争的重要武器，成为提升乃至决定国家核心竞争力的关键因素。为获得竞争优势，各国纷纷加强知识产权制度建设，竞相推出知识产权战略。因此，自 20 世纪 90 年代以来，知识产权日益成为一个全球性的重要课题，也是世界关注的热点之一。自党的十一届三中全会以来，我国一直把保护知识产权作为社会主义法治建设的重要组成部分；建立、完善知识产权制度，以促进科学技术进步、文化繁荣和经济发展已成为共识。2008 年 6 月 5 日，国务院发布《国家知识产权战略纲要》。至此，国家知识产权战略与科教兴国战略、人才强国战略等共同成为国家的重要发展战略。

专利制度是知识产权制度的主要组成部分，在当代经济、文化、科学技术迅猛发展的背景下，随着改革开放进程的深入，我国立法部门针对 1985 年 4 月 1 日实施的《专利法》的许多内容落后于现实需要的状况，于 1992 年 9 月 4 日对《专利法》作了较大修改；基于我国加入世界贸易组织的需要，我国立法部门于 2000 年 8 月 25 日又对《专利法》作了重大修改，修改的条文达三分之二以上。同时，我国参加了一系列国际条约，配套制定了相关的行政法规和部门规章。

党的十六届五中全会提出了提高自主创新能力、加快建设国家创新体系的战略任务。2006 年 2 月，国务院发布的《国家中长期科学和技术发展规划纲要》明确提出要用 15 年时间使中国进入创新型国家行列的战略目标。为有效促进技术创新，也为进一步与国际专利保护趋势相协调，发挥专利法在促进经济社会发展方面的重要作用，我国立法部门于 2008 年 12 月 27 日对《专利法》作了第三次修正，2020 年 10 月 17 日对《专利法》作了第四次修正。

我国专利等知识产权制度的飞速发展，为专利法等知识产权法的学术研究和人才培养提供了广阔的舞台，也提出了更高的要求。为了促进我国知识产权人才培养，推进知识产权法学术研究和学科发展，我们撰著了《专利法》一书。作者在撰著本书时力求做到：

第一，内容全面、系统，资料新颖、翔实，富有时代性。

本书系统阐述了专利制度和专利法的基本问题。以我国最新修改的《专利法》《专利法实施细则》及有关法律制度为依据，吸收了国内外专利立法及研究的最新成果。在阐释专利制度时，既注重以专利法的基本理论和实践为轴心，突出现行中国专利制度的特点，又关注当代知识产权制度国际化趋势日益增强和现代变革的现实，对当代国外专利制度作了必要的介绍和评价，对中国专利制度的国际化和现代化问题从多方面进行了分析与研究。

第二，兼具理论性与实践性。

一方面，本书阐述了现行专利法的基本理论问题，对其中重要的理论、立法中的热点、难点和主要研究成果进行了充分的介绍、分析与评价；同时，作者对许多问题作了探索性的研究，提出了自己的见解与思路，使该书具有较强的理论深度，使读者能完整地了解当代专利制度的基本理论。另一方面，注意理论和实践的结合，在阐述理论时结合了我国专利法的实践，对专利法中诸多实务问题做了分析、总结和研究。本书在介绍基本理论时结合专利现实问题予以说明，分析、引证典型的专利实例时则从理论上进行透彻的阐述。这样既便于完整、准确地把握基本理论知识，也有利于从理论上对各种现实问题进行认识，对读者学习专利制度和专利法提供了方便。

第三，结构严谨，体系严密，行文流畅，深入浅出。

本书在撰写方法上，按照国际上对工业产权的规范分类方法构思，以现行的专利法为主线，按照先总则后分则、先总体综述后具体阐发的原则进行内容的编排，力求做到框架结构合理、逻辑体系严密，便于结合相关法律进行学习；在文字表达上，注意用语规范，流畅通俗，阐述问题深入浅出，使人读来犹如行云流水。

还应指出，基于专利审查实务中对《专利法》《专利法实施细则》等规定的深刻理解和准确运用，作者在书中也适当介绍和分析了《专利审查指南》涉及法条理解和适用的规定。相信这有利于读者更加深刻地理解我国专利制度和专利法的基本内涵。

但愿著者的努力能使本书对知识产权法教学科研人员、司法人员、律师、专利代理人和企业知识产权管理人员等具有较大的参考价值。希望本书能够成为知识产权法专业各类学生、政法院系师生以及其他对专利法感兴趣的读者全面、系统地学习和掌握专利法基本内容的理想读物。

作　者
2010 年 6 月
2022 年 6 月修订

目　　录

第一章 专利法概述

专利法是知识产权法的重要组成部分,是鼓励和保护发明创造、促进创新性成果运用、提高创新能力的重要法律。本章将对专利与专利权、专利法与专利制度、专利制度的起源与发展、我国专利制度的起源与发展、专利制度的基本理论,以及专利制度的检讨与未来等问题进行介绍和研究。

第一节 专利与专利权

一、专利的含义与专利权的法律性质

(一)专利的含义

“专利”一词,是从英文 Patent 翻译过来的,而 Patent 来自拉丁文 Letters Patent。在中世纪的英国,它是国王对人们封以爵位、任命官职及授予各种特权所常用的一种文书。这种文书盖有国王玉玺,没有封口,人人可以打开阅读。也就是说,其内容是公开的。自 1623 年英国颁布《垄断法》以后,英国对发明人授予垄断权所用的这种文书改用英国专利局的印章,表明国家对某一发明创造已授予垄断权。这种特殊的权利证书带有明显的法律色彩,被称为专利证书,其所授予的权利被称为专利权,简称专利。这种证书的内容也是公开的。两大特点构成了专利的最基本特征——垄断和公开。

“专利”一词在现代使用主要有以下三种含义:

第一,专利就是专利权的简称,它是一种法定权利。这是就法律意义而言的。如说“某某取得了一项专利”,实际上是指他就某项发明取得了专利权。我国 2020 年 10 月 17 日修改的《专利法》(以下简称现行《专利法》)第 12 条中的规定“任何单位或者个人实施他人专利的……”就是针对专利权人依法对其发明创造取得的独占权而言的。这也是“专利”一词在现代的基本含义。本书在涉及“专利”概念时一般也是指专利权。

第二,专利是指专利权的客体,即取得专利权的发明创造。这是从技术发明角度而言的。如说“某某有一项专利”,其意是指他拥有一项取得专利权的发明创造。现行《专利法》第 49 条“国有企业事业单位的发明专利,对国家利益或者公共利益具有重大意义的,国务院有关主管部门和省、自治区、直辖市人民政府报经国务院批准,可以决定在批准的范围内推广应用,允许指定的单位实施……”中所说的“专利”,指的就是这一含义。从此义上理解,专利是具有独占权的公开技术。

第三，专利是指记载发明创造内容的专利文献，如说明书及其摘要、权利要求书等。即专利又可理解为公开的专利文献。

（二）专利权的法律性质

专利权是各国专利法的核心。它是国家专利机关依照专利法授予发明创造者或其他合法申请人对某项发明创造在法定期限内所享有的一种专有权。专利权的法律性质表现在：(1)专利权是一种法定权利。专利权是专利权人依法对发明创造享有的专有权利，受法律保护。(2)专利权是一种工业产权。专利权与物质生产活动关系密切，成为工业产权的一部分。工业产权的对象可以分为发明创造与以商标为核心的显著性标志两类，其中发明创造构成专利权的客体。(3)专利权是一种无形财产权。专利权是一种财产权，但它与民法中一般的物权和债权不同，其权利客体不能被直接占有，所以称其为无形财产权。[1]

1. 作为私权的专利权

世界贸易组织《与贸易有关的知识产权协议》(TRIPs 协议)在宣言中即声称：知识产权是私权。当然，与著作权、商标权合称为知识产权的专利权本质上属于民事权利，这是毋庸置疑的。作为私权的专利权表明专利权人有权依据自己的意思控制、使用相关发明创造。这实质上是通过对发明创造的“法定”控制权来实现的，只是这种控制不同于物权等传统民事权利通过占有这一事实上的控制来实现而已。换言之，发明创造的无形性与易传播性，使得专利权人事实上无法像物权所有人那样通过对物的占有来实现其权利，以至于特别依赖法定授权与执法来明晰权利状况与保护状态。

明晰专利权的私权本质定位，有利于专利制度的建构，特别是合理确定专利权的权利强度与范围，从而能给予研发者以足够的激励；同时，私权定位也影响着专利权的限制范围与强度。因此，专利权的私权本质是建构专利制度的前提和基础。

2. 旨在建立开放知识市场的专利权

也有观点认为，专利权的授予旨在建立开放的知识市场，而非向私权授权。这种观点的实质是从专利制度的公共性出发，认为授予研发者以专利权仅仅是手段，其目的则在于建立开放的知识市场以使公众受益。如伦敦商学院长期从事竞争经济政策研究的学者保罗·格罗斯基(Paul A. Geroski)认为：“专利的设立旨在通过向创新者授予适当权利的方式，建立一个知识的市场，该权利可以让创新者克服非排他性问题。同时，这种知识的公开促使其最大限度地向公众传播。”[2]因此，专利法通过要求具有新颖性、创造性与实用性的发明和实用新型才能获得保护，创新者拥有排他性权利，从而建立面向公众的开放的知识市场。

本书认为，这种观点尽管从信息传播学而言有一定的合理性，但并未反映专利权的本质。

---

〔1〕 关于专利权的法律性质，国外还有一些有影响的观点。如“专利权是智慧财产权”，这是比利时法学家皮卡尔提出的。他认为，事实上存在一种既不能归入物权也不能归入债权的财产权。专利就是这样一种权利。又如“专利权是顾客影响权”，这是卢比尔首先提出的，在法国影响较大。他认为发明人获得专利权的目的是拥有对发明这项非物质财产的所有权，最终目的是希望这项财产能为公众(顾客)所认识、承认、选择。专利权是服务于吸引和固定顾客数量的。这一学说解释了专利权在工商业经济发达后的现代社会里姗姗来迟的原因。

〔2〕 Paul A. Geroski, How Persistently Do Firms Innovate? CEPR Discussion Paper Series 1433, July 1996. http://papers.ssrn.com/sol3/papers.cfm? abstract_id=4253, 2009-04-018，最后访问时间：2022年6月13日。

专利权是创新者对其发明创造的控制权,本质上仍然是一种私权。只是这种私权的背后,有实现一定公共利益的价值目标与属性而已。[3]

3. 专利权的目标在于商业化或产业化

这种观点认为,专利制度的目的在于促进、激发天才发明家的积极性,而这种创新的积极性又依赖利益的实现。专利制度设立的目的在于商业化或产业化,如果发明不可产业化,则不受专利法保护。亦即保护不是目的,而产业化才是目的。[4]

这种观点在一定程度上揭示了专利制度的利益属性,但是将专利制度的目标定位于商业化或产业化则有将其工具化之嫌。此外,将专利权视为商业化或产业化的工具无法解释一些研发者在专利布局中的非实施专利申请策略,[5]因为这些专利从其被申请伊始,即被专利权人视为"地雷陷阱",而自己并不实施或产业化。因此,尽管从专利商业化或产业化角度分析专利制度,并以此建构专利法,在较大程度上有利于技术成果的转化与现实生产力的提高,但并不能完全反映专利权的本质,以此为基础构建专利制度是有缺陷的。

二、专利权的特征

(一)作为特殊民事权利的专利权之特征

较之于一般民事权利,专利权具有以下特征:

1. 专利权是一种无形财产权

现代法律制度所保护的财产分为有形财产和无形财产。有形财产是财产所有权的客体,知识产权客体则是一种无形的知识形态的劳动产品——知识产品(知识产权所附载的智力创造成果或者工商业标记)。这一特性决定了知识产权与一般财产所有权的差别:作为非物质性的知识形态产品,它不能被人们在事实上占有或控制,一旦被公开就可以同时为许多人利用。这使得知识产权特别是专利权比有形财产权更容易遭受侵害,并且专利权人通常只有在主张权利时才"发现"自己是权利人,故专利制度的核心是授予专利权人对其发明创造实施的专有性的控制权。

2. 专利权具有法定性

由于作为专利权对象的发明创造的无形性,与一般有形财产不同,它需要由法定机关依据法定条件按法定程序审查并确认其权利边界来予以保护,这就是专利权的法定性。[6] 也就是说,专利权是一种由行政权赋予的权利,对商标的保护也是如此。在授权过程中,当然也就无法完全避免审查错误与授权的瑕疵,此时专利申请可能被驳回或撤销。正因如此,与传统民事权利相比,专利权具有不稳定性。以实用新型专利为例,由于其授权未经实质性审查,权利的稳定性较差,经常出现原告以被告侵犯其实用新型专利权为由诉至法院,但被告向国务院专利行政部门请求宣告该专利无效。这就带来民事纠纷与行政纠纷的交叉。

---

〔3〕 参见冯晓青:《知识产权法利益平衡理论》,中国政法大学出版社 2006 年版,第 84 页。

〔4〕 马忠法:《对知识产权制度设立的目标和专利的本质及其制度使命的再认识——以专利技术转化率低为视角》,载《知识产权》2009 年第 6 期。

〔5〕 参见冯晓青:《企业知识产权战略》(第四版),知识产权出版社 2015 年版,第 108 ~ 122 页。

〔6〕 相关研究,参见孙山:《重释知识产权法定原则》,载《当代法学》2018 年第 6 期。

就发明专利或商标而言，尽管经过严格的审查程序，也无法完全避免授权瑕疵。[7] 因此，一旦发生专利权纠纷或商标权纠纷，当事人所涉权利常常被对方当事人以专利权无效或商标权无效予以抗辩，从而进入漫长的诉讼程序，这种解决程序的交叉和等待是困扰已久的难题。这是专利权人在保护其权利时应考量的重要因素，也是专利权实现及其相关程序立法应关注的重要方面。

3. 专利权是一种旨在获得市场力与垄断力的权利

众所周知，专利权是一种专有权，或称垄断权，[8] 即专利权专属于权利人所有，权利人在法定期限内享有垄断的权利，未经权利人许可，其他人不得利用，否则构成专利侵权。这种专有所要达到的目的是保障知识产权人对某种商品享有在市场上的垄断权，即控制该商品在市场上的份额，进而取得高额垄断利润。因此，市场份额是知识产权人的根本利益所在。基于激励理论，知识产权创造了市场力。[9] 事实上，知识产权制度不仅保护权利人在市场中的权利，还通过法律的特别设置促使权利人尽快在市场中实现知识产权的价值（如商标不使用的期限限制等）。知识产权人为了维护自身的市场竞争优势，使其效益最大化，就会力图将权利运用至极限。在此过程中，一些权利人会运用知识产权控制、垄断相关产品的市场，因此，需要设置禁止知识产权滥用和反垄断的制度。现行《专利法》第 20 条即规定："申请专利和行使专利权应当遵循诚实信用原则。不得滥用专利权损害公共利益或者他人合法权益。滥用专利权，排除或者限制竞争，构成垄断行为的，依照《中华人民共和国反垄断法》处理。"[10]

有观点认为，专利申请与授权应着重参考专利实施率，申请专利的情况应由市场来决定，政府不应给予过多"关心"或施加不当的政策影响，如给予资助或特殊奖励政策（如以申请或授予专利权的数量作为晋升职称或获得奖励的主要依据）等，否则会导致现实情况与政府制定政策的良好动机背道而驰。这种观点有合理之处，但专利权对市场的垄断与控制并非完全是通过实施来实现的，如"专利丛林"战略、[11]"非专利实体"战略、[12]"专利收买"战略[13] 即是不实施但用以控制市场的手段。因此，该观点有其局限性。

对侵权人而言，其侵犯专利权的根本目的是在节约研发等成本的基础上以极低的产品价格抢夺市场，而专利权人提起诉讼的根本目的是夺回市场，获得侵权损害赔偿与未来市场垄断力相比，一般相对较少，也是第二位的。因此，当侵犯专利权的行为发生后，权利人希望获得及时有效的司法救济，其中首要的便是停止侵权。侵权人同意停止侵权时，权利人可能会以降低赔偿额的让步方式与侵权人调解解决纠纷。因为民事诉讼程序中的实体公正是以程序的合法

---

[7] 既可能是技术上的原因无法完全检索到发明是否具有新颖性，也可能是人为故意操作而存在授权瑕疵。比如，对某些灰色区域，在专利审查员与申请人背后的代理机构存在利益勾连时，更难避免授权瑕疵的可能。专利宣告无效与商标权的无效和撤销程序正是从权力监督与公众利益保护的角度设置的程序。

[8] 相关研究，参见徐瑄：《专利权垄断性的法哲学分析》，载《中国法学》2002 年第 4 期。

[9] 冯晓青：《知识产权法哲学》，中国人民公安大学出版社 2003 年版，第 197 页。

[10] 相关研究，参见王晓晔：《滥用知识产权限制竞争的法律问题》，载《中国社会科学》2007 年第 4 期。

[11] 相关研究，参见 Mark A. Lemley & A. Douglas Melamed, Missing the Forest for the Trolls, 113 COLUM. L. REV. 2117 (2013)。

[12] 相关研究，参见 David L. Schwartz & Jay P. Kesan, Analyzing the Role of Non – Practicing Entities in the Patent System, 99 CORNELL L. REV. 425 (2014)。

[13] 冯晓青：《企业知识产权战略》（第 4 版），知识产权出版社 2015 年版，第 67 页。

与时间的消耗为代价的。从经济学角度看,权利的利用较之权利的维护更加重要。与一般民事权利相比,专利权纠纷中的权利随着时间的推移价值呈递减趋势;[14]加之专利权作为有期限的权利,本来相对有限的保护期由于漫长的诉讼及争议而使权利人盈利能力受到影响,市场可能丧失殆尽。即使专利权人夺回市场,也可能因技术的周期性而失去技术优势与垄断力,导致专利权人胜诉的意义不大。

4. 专利权是有期限的权利

专利权是国家授予的有期限的权利。有期限的保护旨在维护权利人与公众(使用者)之间的利益平衡。不同类型的知识产权具有不同的权利范畴、外延与保护期限。专利保护那些具有新颖性、创造性与实用性的发明创造。根据现行《专利法》第 42 条的规定,发明专利权的期限为 20 年,实用新型专利权的期限为 10 年,外观设计专利权的期限为 15 年,均自申请日起计算。为平衡专利权人利益和公众利益,该法还设置了发明专利授权过程中不合理延迟的期限补偿制度,以及新药上市审评审批占用时间的期限补偿制度。

专利权的有期限保护,使得专利纠纷中当事人不得不更慎重考量纠纷解决的效率,因为漫长的程序对专利权价值的实现无异于“枷锁”。

专利权的法定性、无形性与有期限性,使得专利权的保护与一般民事权利的保护有较大差异:

一是专利权人更注重其权利的及时有效保护。专利权客体的无形性决定其权利人无法通过事实上的占有排斥他人的使用而实现其权利。因此,专利权人特别期望及时有效的救济;[15]加之专利权侵权行为的隐蔽性强、被控侵权后被告利用法律赋予的诉讼权利有意拖延审理或转移财产,故意逃避民事责任的现象屡见不鲜,这就使专利纠纷中的证据保全、财产保全处于突出位置,否则不足以及时有效地保护其利益。囿于相关法律知识及其策略的缺乏,权利人申请法院采取诉前证据保全、诉前禁令和财产保全措施的权利难以得到有效行使。加之知识产权诉讼专业代理人和代理机构的缺乏,通常因侵权人不建账或财务会计账簿虚假而无法查清非法获利,而在过去法定赔偿额又偏低。这样就可能存在一个悖论:知识产权人在被侵权后迫切需要得到及时有效的司法救济,但权利人又存在难以有效利用诉讼救济程序的顾虑。也正是由于权利人对漫长司法程序的担忧,现实中我国更多权利人在知识产权保护中对更为快捷、有效的行政保护手段较为偏爱,一旦发现侵权行为时,即向版权局、专利局或市场监督管理局举报,要求查处,以有效维护市场秩序。我国对知识产权保护采取“两条途径、协调处理”机制,也体现了知识产权不同于一般民事权利保护的特点。

二是由于专利权的无形性与法定性,其保护范围通过记载于权利要求书中的全部技术特征来界定。权利要求书起着公示权利边界的关键作用,对于权利要求的解释、技术特征相同或等同、外观设计的相同或近似等的判定显得尤为重要,技术主题、说明书及附图等对于权利要求具有限定作用,从而需要从整体上理解专利权的保护问题。为实现专利权对发明创造的保

---

〔14〕 相关新的替代技术的出现或同类知识产品市场的日趋饱和,使知识产权人的市场力下降,获取商业垄断利润的能力也下降。

〔15〕 有形财产的所有人可以通过事实上的占有来排除他人的妨碍,有更多的自我保护机会,而知识产权人可能根本不知道何时有谁在何地使用其知识产品。

护，在申请文件中需要申请人作出合适的表达，既要满足充分公开的要求，不至于被驳回，又要尽可能实现足够大的保护而不至于因为保护范围过小而致利益受损。因此，撰写高质量的专利申请文件是发明创造获得专利保护的重要保障。

三是由于专利权人着眼于未来市场与商业利益，在专利纠纷中禁令救济是关键。作为无形财产权，专利权是一种法定的垄断权，其价值相对变化且逐步降低，权利人强调对权利的运用，[16]更关注的是市场力与未来的市场份额与盈利，启动纠纷解决机制更多旨在将市场竞争者逐出相关市场而获得垄断利润；而一般民事权利，特别是有形财产，其价值是相对稳定的，权利人强调对权利的维护，与停止侵权比较而言，获得赔偿是第一位的考虑。

此外，在涉及专利权保护的案件中，商业现实要求加快案件的处理速度、降低成本、保护机密信息、避免泄密、维护商业合作关系。如果采用传统的诉讼方法，专利纠纷可能会耗时多年。在这一过程中，纠纷中涉及专利权、商标权或著作权的产品与技术，可能已不再为公众之所需，也可能已被新的技术所取代。因此，专利权人特别需要快速、高效处理纠纷，以抓住盈利时机。

（二）全球化与知识经济语境下之专利权

1. 全球化竞争环境下专利权公共政策性之凸显

众所周知，作为私权的知识产权也具有实现公共利益之目的。知识产权的这种公共目的与政策特征就是公共政策性。知识产权的公共政策性不仅有牢固的历史和制度依据，更具有深层的客观基础。就专利权而言，专利制度同样蕴含公共目的与公共政策性，如鼓励技术方案的传播，对专利权的合理使用（不视为专利侵权的使用行为）与开放许可、强制许可等使用方式都体现了专利制度中公共利益、公共政策的需要。现行《专利法》第20条新增申请专利和行使专利权的诚实信用条款，[17]并规定了依据《中华人民共和国反垄断法》（以下简称《反垄断法》）规制滥用专利权，排除或者限制竞争的垄断行为。这些规定更典型地体现了专利法的公共利益属性。

对专利权的公共政策性的认识是对知识产权私权论的补充，也为知识产权特别是专利权的制度设计提供了新的理念与思路。

作为现代专利制度前导的达西案[18]以及作为现代专利制度起点的英国《垄断法》对专利权权利性质的界定、对权利客体范围的划定以及对法律功能的设定均表明了专利法及专利权自产生之日就具有极强的公共政策性。在达西案中，被告艾伦的代理人的主张表明了专利制度的公共政策性，因为设置专利制度具有公共目的，即"鼓励有价值的贸易和技术输入英国"。王权应只授予那些已发明某种东西或者已将发明或贸易从国外引进的人以垄断权。因此，当时给予垄断的不只是有新发明的发明人，也包括引进外国发明的企业家，"专利制度的关键目

---

〔16〕 知识产权战略正是知识产权人运用与经营知识产权的典型，特别是知识产权领域的"放水养鱼"现象更凸显了知识产权人的策略行为，即知识产权人可能放任或纵容侵权，等到侵权行为规模扩大、利润增加而难以自拔时（停止使用，则厂房、机器及人力资源等前期投资的损失可能还远高于侵权应赔偿额）再启动权利保护程序。

〔17〕 相关研究，参见徐棣枫：《不正当行为抗辩制度之移植可行性及设计构想——基于〈专利法〉第四次修改中的"诚实信用原则"》，载《东方法学》2018年第6期。

〔18〕 74 Eng. Rep. 1131（1603）.

标是促进人力资本的增长”。[19] 该案之后,支配普通法法院对待垄断方法的工具主义态度继续体现在垄断法中,其第1条宣布因垄断特权没有履行其意图促进“公共利益”的功能,因此违反该领域的法律而无效,唯一的例外是第6条所给予发明者的特权。[20]

在现代知识产权法产生之后,功利主义思想在英美法系国家知识产权制度中的统治地位几乎从未被动摇。不仅是英国,作为英美法系另一主要国家的美国在规定知识财产中的财产权时主要也是根据一种功利主义或激励基础的理论。[21] 美国《宪法》第1条第8款第(8)项规定,“国会有权……通过保障作者和发明人对其作品和发明的有期限的排他权,以促进科学和实用技术的进步……”。从该规定可以看出,形式上该条款没有直接规定发明人的专利权,甚至没有提及“专利”一词。但是,它首次提出了“发明人……就其发明……的专有权利”,而且要求国会立法予以保护,为美国制定专利法、确认和保护发明人的专利权提供了依据。并且,美国《宪法》“仅仅使用了公共福利理由而没有提及保护的自然权利理由”。[22] 在格雷厄姆诉约翰·迪尔公司案[23]中,美国联邦最高法院指出,“专利垄断权不是用来授予发明者的发现中的自然权利,而是一种为产生新知识的报酬和刺激物。对发明排他权的授予是社会的创造……而不是自由地给予的”。因此,只有促进了人类知识的新颖而实用的发明和发现才当得起有限的私人垄断权的专门激励。

基于私权保护而产生的专利权,在现代全球化的国际竞争环境下,因助推国家经济与社会发展之目标而被日益强化,以至于成为国家参与国际竞争的最重要工具,其公共政策性日益凸显,这是不言而喻的。[24]

2. 知识经济背景下的专利权:从权利维护到权利经营的转型

专利权不是终极目的也不是一种终极性的权利,它的出现、发展始终与市场竞争的发展相联系,并且受到市场竞争发展的深刻影响。现代知识产权制度之所以繁盛,是因为市场竞争已发展到以知识信息为竞争手段的高层次,即所谓知识经济的阶段。知识产权的发展与市场贸易息息相关。回顾知识产权制度的历史可以看出,其发展是市场竞争从资源竞争、劳动力竞争发展到知识竞争的结果。

知识产权制度对于智力成果的创造者和投资者的投入进行维持和保护,以鼓励和刺激对于知识信息的生产和投资。知识产权制度不仅保护个人的权利,而且对于确保产业的竞争状态也是必要的。[25] 知识产权的直接目的是通过授予专有权来排除在相同领域知识产品的使用,从而排除在该领域的竞争以获得合法的市场垄断力与竞争优势地位。就知识产权制度的初衷而言,著作权、专利权与商标权的私权保护,使权利人能够收回为创新付出的投资,旨在对

---

[19] Peter Drahos, *A Philosophy of Intellectual Property*, Dartmouth: Publishing Company Limited, 1996, p. 31.

[20] 相关研究,参见王太平:《论知识产权的公共政策性》,载《湘潭大学学报(哲学社会科学版)》2009年第1期。

[21] Viva R. Moffat, Mutant Copyrights and Backdoor Patents: The Problem of Overlapping Intellectual Property Protection, 19 *Berkeley Tech. L. J.* 1473 (2004).

[22] Mark S. Nade,l How Current Copyright Law Discourages Creative Output: The Overlooked Impact of Marketing, 19 *Berkeley Tech. L. J.* 785 (2004).

[23] Graham v. John Deere Co. 383 U. S. 1 (1966).

[24] 相关研究,参见余盛峰:《知识产权全球化:现代转向与法理反思》,载《政法论坛》2014年第6期。

[25] [日]富田彻男:《市场竞争中的知识产权》,廖正衡等译,商务印书馆2004年版,第256页。

创作作品、进行技术发明与追求品牌信誉实行激励。可以说,知识产权的保护建立在激励论〔26〕的基础之上。

在工业经济时代,专利权人注重专利权的保护,以收回为技术创新所作的投资并获得商业利润与回报。在知识经济时代,知识产权经营是将潜在的生产力转化为现实的生产力的重要组成部分,知识产权特别是专利权已成为现代企业乃至国家最有效的竞争手段与武器。这一时代背景的转型使得专利权人从关注专利权的保护转向专利权的经营与管理。专利已不再仅仅是技术保护的防护性措施,而且是公司经营策略的主要武器。现代企业特别是跨国公司通过技术的研发而获得专利,并将专利组合成技术标准,进行专利许可授权,以获得产业的垄断收益——所谓"一流企业卖标准,二流企业卖专利,三流企业卖产品"〔27〕正是这一趋势的经典描绘。近年来,诸多标准必要专利的许可及费用计算的案例无不体现了专利权对于企业在市场竞争、产业链和价值链中的重要性。〔28〕我国推行知识产权战略与建设创新型国家战略也是在竞争环境中顺应时代要求而为之的。〔29〕

第二节　专利法与专利制度

一、专利法的概念和特征

关于专利法的概念,国内外学者的表述不尽相同。例如,苏联学者鲍加蒂赫和列夫琴科认为,"专利法是调整与创造和利用发明有关的法律规范的总和"。〔30〕日本学者吉藤幸朔认为,"专利法是在一定期间内给予发明人以发明垄断的权利,从而实现保护和使用发明,以及扶持新技术的产生和发展的法律"。〔31〕我国有学者认为,专利法是指调整因确认发明创造的所有权和因发明创造的实施而产生的各种社会关系的法律规范的总称。〔32〕上述定义都是围绕发明创造而作出的,均有可取之处。但本书认为,专利法是国家制定的用以调整由发明创造活动而引起的各种社会关系的法律规范的总称这一定义更妥。专利法是立足于发明创造、以专利

〔26〕 参见冯晓青:《知识产权法哲学》,中国人民公安大学出版社 2003 年版,第 183 ~ 303 页。

〔27〕 标准战略是知识产权战略的最高层次,技术专利化—专利标准化—标准许可化是标准运作的基本模式。标准是企业和国家的核心竞争力来源。2021 年 3 月,作为重要的 5G 标准技术贡献者,华为将从 2021 年开始对 5G 专利收取使用费,5G 多模手机的收费标准为:对遵循 5G 标准的手机专利许可费,提供适用于手机售价的合理百分比费率,单台上限为 2.5 美元,预计年均许可费达 10 亿美元以上。参见《收取 5G 专利费,华为有何用意?》,载 https://new.qq.com/omn/20210321/20210321A0453C00.html,最后访问时间:2022 年 6 月 13 日。

〔28〕 相关研究,参见 Mark A. Lemley & Timothy Simcoe, How Essential Are Standard - Essential Patents, 104 CORNELL L. REV. 607 (2019)。

〔29〕 当然,强调知识经济背景下知识产权特别是专利权由权利保护转向权利的经营与战略管理之特征,一方面有利于将新形势下知识产权纠纷纳入时代背景,理性分析纠纷当事人的利益博弈、行为选择与策略,从而有利于专利纠纷的解决;另一方面,也有利于理解国家及企业的知识产权战略的运用。

〔30〕 [苏]E. A. 鲍加特赫等:《资本主义国家和发展中国家专利法》,载《国外专利法介绍》,知识出版社 1980 年版,第 5 页。

〔31〕 [日]吉藤幸朔:《专利法概论》,宋永林、魏启学译,专利文献出版社 1990 年版,第 1 页。

〔32〕 吴汉东主编:《知识产权法》,中国政法大学出版社 2002 年版,第 111 页。

为核心的一部知识产权法。专利法具有其他知识产权法的一些共性,但又具有区别于其他知识产权法的本质特点。

专利法的调整对象是一种特殊的社会关系。概而言之,有以下几种:

其一,专利法调整因发明创造的归属而产生的社会关系。专利法要确认发明创造的所有权,这是专利法调整的首要社会关系。发明创造是一种无形财产,其所有权的归属问题,是专利法首先要解决的问题。专利法的本质属性就在于,国家以法律形式确认经过审查符合专利条件的发明创造归发明创造者或其合法受让人或其所在单位所有,凭借传统的所有权法律制度来保障发明创造者及其合法受让人或其所在单位对发明创造的所有权。

其二,因授予发明创造以专利权而产生的社会关系。这是专利法调整对象中最重要的一部分内容。发明创造的特殊性决定了其所有人依自身意愿行使财产权,必须有国家强制力授予发明创造以专利的形式加以特殊保护。围绕着如何获得专利权必然会产生各种社会关系,这些社会关系就是专利法调整的重要的社会关系。

其三,因发明创造的利用而产生的社会关系。制定专利法的目的是要通过保护专利权来鼓励发明创造,推动科学技术进步和创新。发明创造只有应用于实践,才能产生实际效果,转化为直接的生产力,推动国家经济发展和技术创新。发明创造的社会性也要求更多的人对其进行社会性的应用,这就需要通过商品流通渠道利用专利发明创造,促进专利的转化利用。专利法需要调整这方面社会关系。

除此之外,专利法要调整因发明创造而引起的人身关系,主要是调整发明人、设计人和专利权人的人身关系。专利法还要调整专利申请人、专利权人与专利行政机关的关系等。

专利法具有以下特点:

第一,专利法是社会规范与科学技术规范相结合的法律规范。专利法是保护发明创造的法律规范。发明创造本身属于科学技术范畴,没有发明创造,也就没有专利法。这就不难理解,在专利诉讼实务中,有时需要技术调查官参与,以更好地查明技术事实。

第二,专利法既是实体法,又是行政程序法,是以实体法为主,同时又与程序法相结合的法律规范。这表现在专利法不仅规定了专利权人的权利,而且规定了有关专利申请、审查、取得与行使的程序等内容。

第三,专利法采用行政和民事相结合的调整方式。在运用行政职权调整专利关系时就形成专利行政关系,如在专利授权确权、海关保护以及假冒专利行为的查处等法律关系中,具有典型的行政权运行的属性;在运用民事手段调整专利关系时,就形成专利民事关系,如在专利权许可和专利权转让等法律关系中,以平等、等价有偿为其特征。这两种调整方式是相辅相成的。

二、专利制度的概念、特征及其作用

(一)专利制度的概念

专利制度是随着商品生产的发展而产生、发展起来的一种管理科学技术的制度。关于专利制度的概念,国内外有不同的理解和表述。如日本学者吉藤幸朔在《专利法概论》一书中认为,专利制度是使发明人公开其发明,必须付给一定报酬,即在一定时期内给发明以垄断权的制度。在我国,具有代表性的专利制度的概念是1983年关于《中华人民共和国专利法(草案)》的说明所指出的:"专利制度是国际上通行的一种利用法律的和经济的手段推动技术进步的管理制度。这个制度的基本内容是依据专利法,对申请专利的发明创造,经过审查和批准授予专利权,同时把申请专利的发明内容公诸于世,以便进行发明创造信息交流和有偿技术转让。"这是一个比较严密、完整的说明。简单地说,专利制度是依照专利法,通过授予专利权和公开发明创造,推动技术进步和经济发展的法律制度。

(二)专利制度的特征

专利制度的核心是依照专利法授予并保护专利权人对发明创造的专有权的同时,通过法律手段和经济手段促使发明创造尽早公开和实施。专利制度具有以下几个特征:

其一,法律保护。法律保护是专利制度的首要特征。专利制度是以专利法为核心而形成的一种专利管理、专利工作和专利实施制度。专利制度的本质特征在于它是一种法律制度。法律确认和保护发明创造的独占权或排他权,是专利制度的核心问题,也是它与发明奖励制度相区别的首要标志。因此,专利制度和专利法的关系十分密切。专利法是专利制度的基础和赖以建立的前提条件,是国家专利制度实施和专利工作顺利进行的保障。不难理解,各国在建立自己专利制度时,首先要颁布实施专利法,建立专利法律体系。

其二,科学审查。科学审查是专利制度现代化的一个重要标志。要获得专利权,须经过科学审查。即国家专利主管机关依法对申请专利的发明创造进行专利条件的审查。这种审查建立在对现有技术充分检索的基础之上,具有法定的程序性。专利制度中的科学审查是现代科学技术发展的客观要求,也是保证专利质量的重要举措。[33] 在当代,随着科学的发展与技术更新迭代的加快,专利审查面临申请案积压和全球申请成本高昂等难题。正因如此,才有20世纪70年代以来基于《专利合作条约》(Patent Cooperation Treaty,PCT)的国际申请,以及之后各国探索的专利审查合作,即"专利审查高速路"(Patent Prosecution Highway,PPH)。截至2020年年底,我国已与30个专利审查机构签署PPH合作协议,可使中国企业在外国专利审查机构提出的专利申请审批速度更快、审查成本更低、授权比率更高。PPH已成为中国申请人在国外市场寻求快速获得专利保护的重要途径之一。[34]

其三,技术公开。这是指发明创造通过专利申请的公布以及专利的颁布将技术内容向社会公开、传播。这是专利制度不同于以秘密方式保护发明创造的重要标志,是专利制度进步性的重要表现。专利制度融专利之独占与公开于一体,集中体现了其目的性所在。"专利的基本作用是传播技术,给其他发明者的发明创造提供模板,从而免除知识生产过程中的不必要的重复。专利被赋予垄断权通常以它给社会带来的利益来计算。"[35] 这种社会利益主要在于对技术的公开与传播,从而促进全社会的技术创新与经济发展。这种技术公开的要求体现出以公开换保护的价值初衷,在我国体现为现行《专利法》第26条第3款规定的"清楚""完整"要

---

〔33〕 相关研究,参见R. Polk Wagner, Understanding Patent – Quality Mechanisms, 157 U. PA. L. REV. 2135 (2009)。

〔34〕《国家知识产权局:已与30个专利审查机构签署PPH合作协议》,载新华社官方账号,最后访问时间:2022年6月20日。

〔35〕 EPO Scenarios for the future: How Might IP Regimes Evolve by 2025? pdf. p. 15. http://www.epo.org/topics/patent – system/scenarios – for – the – future/download.html,最后访问时间:2022年6月20日。

求,以及第 4 款规定的"权利要求书应当以说明书为依据"等。[36]

其四,国际交流。这是针对专利制度在国际范围内进行科学技术、贸易和经济等方面的交往而言的。技术商品的国际交流促进了专利制度的国际化。有关专利的国际性或地区性的条约越来越多,这与各国专利制度的建立和完善是分不开的。专利制度成为进行国际技术交流的共同语言,它对于推动国际技术交流起着重要的作用。

在以上四个特征中,法律保护与技术公开是专利制度的两大支柱:一方面,专利制度通过授予发明人或申请人垄断权,使专利权人或其合法受让人在法定期限内获得对相关技术的控制权,以激励进一步的研发与发明创造的出现;另一方面,专利制度又通过书面方式将发明创造向社会公开,如专利说明书等申请文件向公众公开有关技术信息,使公众能够利用公开的信息,促进技术进步和经济发展;专利授权证书与权利要求书则向公众公开权利要求的保护范围,使无形的权利边界被固定下来。这一矛盾统一的两个方面,集中体现了专利制度的特色。欧洲专利局的报告中如是说:"有了垄断权,专利权人就可以将技术或专利以许可证的形式出让给第三方使用而获得收入。这两者都会使发明的技术得以传播,使专利权人获得利润,进而重新投资到研发之中。专利的公开则使信息和新技术广泛传播,从而有助于增加科学知识,促进新问题的研究,新技术的研发。"[37] 这较好地归纳了专利制度中垄断权形式的法律保护与书面方式的技术公开这两大基本特征的运作机理。

总体说来,专利制度既是适应现代科学技术和商品经济发展而建立起来的一种比较先进的技术贸易管理制度,也是当今国际上普遍实行的一种法律制度。专利证券化等新的价值实现方式将是未来专利制度发展的重要方向。

(三)专利制度的作用

专利制度具有以下作用:

第一,保护和鼓励发明创造。发明创造进入生产实践,往往能够产生重大的经济效益与社会效益。保护发明创造是社会文明和进步的表现。一方面,专利制度的首要特征是法律保护,专利制度作用的基点就在于通过授予发明创造以专利权而达到保护发明创造的目的。另一方面,专利制度能够鼓励人们从事发明创造,调动人们进行发明创造的积极性。专利制度从物质利益上使发明创造人产生了创造和关心应用发明的内在动力,因而能够鼓励人们从事发明创造。我国建立专利制度后,每年专利申请量以 20% 的速度递增,这是人民群众从事发明创造的积极性被调动起来的有力证据。

第二,打破技术封锁,促进新技术成果的推广应用,推动科学技术进步与创新。在我国专利制度建立之初,有人认为专利制度将技术成果归个人垄断,妨碍了技术成果的推广应用。其实,专利制度的作用正好相反。专利制度实施前,由于发明创造公开后得不到法律保护,发明创造人只得以技术封锁、保密的方式进行自我保护,这样就会使技术转让和利用受到巨大阻碍。专利制度的公开性则大大便利了有偿技术转让。专利制度能够促使新技术公开,使技术成果迅速转化为生产力;能够保证技术发展投资的回收,为进一步进行发明创造提供必要的物

〔36〕 相关研究,参见李雨峰:《论专利公开与排他利益的动态平衡》,载《知识产权》2019 年第 9 期。

〔37〕 相关研究,参见李雨峰:《论专利公开与排他利益的动态平衡》,载《知识产权》2019 年第 9 期。

质条件。专利制度还能够解决重复科研的问题，启发改进自己研究项目。这说明，专利制度能够推动科学技术的发展与进步。不仅如此，“保护知识产权就是保护创新”。[38] 专利制度对于促进技术创新、提高一个国家和地区创新能力，也具有十分重要的作用。具体而言，专利制度是通过以下三方面促进技术创新和提高一个国家、地区创新能力的：(1)如上所述，通过保护发明创造实现鼓励发明创造、激励创新的目的；(2)鼓励对发明创造的投资，为投资者解决后顾之忧；(3)鼓励创新成果的商业化，促进创新的扩散，提高技术创新能力和产业竞争力。[39]

第三，促进国民经济的发展。专利制度促进国民经济发展的作用取决于科学技术在一个国家国民经济中的地位。科学技术是生产力，现代科学技术是经济发展的巨大推动力。有资料统计，过去欧美各国经济增长中技术所起的作用为80%至90%，日本约占70%，这说明，国民经济的增长主要靠科学技术的应用。专利制度是一种推动科学技术进步和发展的先进的管理制度，它必然会直接或间接地促进国民经济繁荣。荷兰曾于1869年废除专利法，结果使本国科技水平下降，本国商品在国际市场上丧失竞争力，后来不得不于1912年重新颁布专利法，恢复专利制度。这一反面事例也证明了专利制度对一国国民经济发展的重要作用。

第四，有利于国际情报和技术交流，引进和利用外国的先进技术。专利制度的建立是克服技术情报障碍的最佳措施。世界上每年公开的大量专利文献，是最先进的科技知识和科技成果的宝藏。专利制度极大地促进了国际间科技情报交流。同时，专利制度还是促进国际技术交流、技术贸易，保障外国先进技术引进的重要手段。国际经济技术交流与合作中会大量地遇到专利问题。技术贸易在国际贸易中的比重越来越大，当前世界各国先进技术中绝大多数是专利技术。外方一般不愿意向没有实施专利制度的国家进行技术转让。实施专利制度就能够排除外国先进技术转让中的心理障碍和法律障碍，保障外国先进技术的引进，当然它也能保护本国先进技术的出口。这就促进了国际间技术贸易的发展。

三、专利法的不同体系

各国专利制度的产生有着共同的规律，但在其内容和形式方面因各国政治、经济、科学技术发展状况不同而有差异。20世纪以来，西方法学家常把世界上的专利制度分为以法国为代表的不审查制、以英国为代表的传统专利制、以德国为代表的严格审查制、以美国为代表的先发明制，以及以苏联为代表的发明人证书与专利证书并存的双轨制五种类型。[40] 随着苏联的解体和东欧社会的剧变，后一体系已不存在。由于专利制度国际协调趋势的不断增强，各国专利制度的差别正在缩小。当前各国专利制度大体可以分为英、美、德、法四大体系。

(一)英国专利法体系及其状况

作为专利制度的起源国，英国专利制度与专利授权历史悠久，但由于其专利程序复杂、费

〔38〕 习近平：《全面加强知识产权保护工作　激发创新活力推动构建新发展格局》，载《求是》2021年第3期。

〔39〕 参见冯晓青：《技术创新与企业知识产权战略》，知识产权出版社2015年版，第126～152页。

〔40〕 Peter D. Rosenberg, *Patent Law Basics*, Deerfield, IL: Clark Boardman Callaghan, Ch. 17, 1994.

用高昂，[41]专利授权数量一直不高。直到19世纪20年代，尽管专利授权量有较大增加，每年授权量也不过四五百项。1852年，英国制定成文专利法，实施新的专利制度后，专利授权量迅速增加，当年就达1384项，是1851年(455项)的3倍多，至1853年达2187项，这说明不同审查制度对人们申请行为的影响较大。[42]

英国专利法产生很早，被誉为资本主义世界专利法之鼻祖。其影响范围很广，许多国家专利法都以它为蓝本，形成了一个独立的体系。属于这一体系的有爱尔兰、新西兰、澳大利亚、印度、斯里兰卡、希腊、肯尼亚、伊朗、以色列等国家和地区。它代表着一种传统而正在变化中的审查制的体系。

(二)美国专利法体系

美国是世界上较早建立专利制度的国家之一，其第一部专利法颁布于1790年。在1787年制宪会议上，弗吉尼亚州、卡罗来纳州代表提议设立专利制度保护发明家。当时有人顾虑到欧洲王室授予专利所造成的"垄断"局面，但却一致认为"专利带来的社会利益将大大超过国家给予发明家个人的利益"。[43]

美国《专利法》是美洲大陆一些国家专利法的范本，它对加拿大、墨西哥、阿根廷专利法发生过重大影响。菲律宾则完全是以美国专利法为蓝本的。这一体系的最大特点是采取先发明原则，即两个或两个以上同样发明分别申请专利的，专利权只授予最先发明的人。先发明原则有利于保护先发明人的利益。正如美国专利商标局前局长唐纳德·W. 班纳(Donald W. Banner)所言，"先发明原则"使发明人有1年的宽限期，从而保护发明人在1年的时间内避免公之于众的行为带来的不良影响，同时也可以让发明人在这一期限内考虑是否申请或出售其发明权，从而提高专利的效率，并给予发明人以评估发明的商业价值的机会。[44] 其缺陷则在于专利权极不稳定，专利权易遭受他人的挑战，增加了许多专利纠纷与诉讼，以至于近年来IBM、微软等申请专利较多的跨国公司不断游说美国国会修改"先发明原则"。这在美国《2009年专利改革法案》[45]中得到反映。法案第1条反映了美国专利制度从先发明原则向先申请原则的转变，对于争讼的发明，给予申请在先的发明人以专利权。

(三)德国专利法体系

德国的专利制度实施较早，但成文的专利法则相对较晚，制定于德意志统一各邦之后。在德国未统一之前(1871年)，德国各邦于1812年开始授予专利，但数量不多，直到1844年也不过百余件，其后的申请量逐年增多。

---

[41] Oren Bracha, Intellectual Property at a Crossroads: The Use of the Past: In Intellectual Property Jurisprudence: The Commodification of Patents 1600 – 1636: How Patents Became Rights and Why We Should Care, 38 *Loy. L. A. L. Rev.* 177 (2004).

[42] 杨利华:《美国专利法史研究》,中国人民大学2009年博士学位论文,第13页。

[43] 曾陈明汝:《两岸暨欧美专利法》,中国人民大学出版社2007年版,第194页。

[44] What Will Happen: If the United State Adapts a First To File System, What Do We Get and What Do We Lose With Patent Haomonizatoin ? Dec,14,2001 University of California, Boalt Hall School of Law, Barkerley.

[45] 除转向先申请原则外,该法案其他焦点问题有:专利损害赔偿的计算方式、专利异议程序的创设、专利审判与上诉委员会的设立等内容。参见程永顺、林俐:《美国50年来最大规模的专利体制变革》,载《中国知识产权报》2007年11月7日。另参见Kevin L. Kearns, Opposition Mounts to Patent Reform Act of 2009, http://americaneconomicalert.org/view-art.asp? prod-ID=3199,最后访问时间:2022年6月20日。

德国最早的专利法制定于1877年。它的颁布适应了垄断资产阶级的需要，成为资本主义专利制度史上一个重要标志。德国专利法的最大特点是采取早期公开、延迟审查制，对世界各国产生了很大影响，为很多国家所效法。属于这一体系的国家有奥地利、荷兰、挪威、丹麦、瑞士、瑞典、日本等。从后面关于我国专利申请、审批制度的介绍和分析可以发现，我国也借鉴了这一制度。

（四）法国专利法体系

法国也是最早实行专利制度的国家之一。在法国大革命时期，思想启蒙较彻底，天赋人权思想盛行，因此，“发明人对其发明成果享有天赋的权利”的观点在法国无疑占据上风，这表现在专利法上即为登记制、以长期不实行审查制著称。由于专利授权无须审查，法国专利授权量相当大，在1836年后的许多年里成为专利授权最多的国家。但由于不审查制难以保证授权质量，专利价值较低，在19世纪80年代以后，法国专利增加速度远低于专利稳步快速增加的美国、英国等国家。不过，后来法国专利法在审查制方面作了较大改进，采用登记和半审查制相结合的制度，即只进行形式审查和专利条件中的新颖性审查，不进行创造性审查。

法国专利法对西班牙、卢森堡、比利时、葡萄牙、几内亚、摩洛哥、意大利和拉丁美洲各国的专利法影响较大。

当然，并非任何一个国家专利法都能划入上述某一专利法体系，有些国家专利法同时受几个专利法体系的影响，例如加拿大专利法属美国模式，但深受英国专利法影响；日本专利法既受德国专利法影响，也吸收了美国专利法的内容。[46] 有些国家专利法独立性很强，难以归入任何一大专利法体系。以上分析只是体现了世界专利制度的整体轮廓。

第三节　专利制度的产生与发展

一、专利制度的起源

专利制度是随着人类科学技术的进步和商品经济的发展而逐步建立起来的，其产生经过了一个漫长的发展过程。人类的发明创造活动很早，但一直到资本主义社会以前，科学技术在社会生产中不占重要地位，不存在产生专利制度的客观条件。专利制度是在商品生产和交换的经济关系中调整发明创造权利义务关系的，是在技术成果成为财富、成为商品这一历史条件下产生的。

（一）中世纪作为特权的专利

尽管专利法在18世纪尤其是经过19世纪中期关于专利存废大论战后才被逐步推广，并形成系统的理论和学说，但由官方确认人们对技术的商品化利益的专利，可以追溯到中世纪封

〔46〕 参见王家福、夏叔华：《专利法简论》，法律出版社1984年版，第78页。

建君主以文书颁发的特许权。[47]

专利制度的萌芽在封建社会的后期即已出现,其发源地是中世纪的欧洲。封建王室为鼓励发明创造和从国外引进新的工业和技术,开始赐予商人和能工巧匠在一定时期内独家经营某种新产品的特权。例如,公元10世纪雅典政府授予一个厨师独占使用其烹调方法的特权。1236年英王亨利三世授予波尔多一市民制作各种色布的垄断权,为期15年。

16世纪前,英国的工商业特别是工业水平落后于欧洲大陆国家,为促进制造业与商业的发展,英国君主授予了许多发明人以垄断特权。如1326年英国实行鼓励海外引进新技术的政策,1331年英王爱德华三世授予弗莱明人约翰·肖普织布染布的垄断权,1367年又曾特许两名钟表工匠的经营特权。这种由封建君主赐给发明人的特权,属于恩赐性质,与现代意义上的专利制度不同。而且,英王授予的这种特权到伊利莎白女王时代(1558~1603年)还曾被滥用过。

(二)威尼斯城邦专利法

14世纪,欧洲工商业逐渐在地中海沿岸特别是威尼斯等城邦繁荣起来。

专利作为一种制度,首先是在工商业盛极一时的威尼斯城市共和国出现的。威尼斯是最早实行专利制度、最早颁布专利法的国家。它在1416年2月就批准了世界上有文字记载的最早的一件专利。后于1460年、1469年和1472年也都授予过专利。1474年威尼斯颁布了世界上第一部专利法。它规定:"任何人在本城市制造了以前未曾制造过的、新而精巧的机械装置者,一俟改进趋于完善以便能够使用和操作,即应向市政机关登记。本城其他任何人在10年内没有得到发明人的许可,不得制造与该装置相同或相似的产品。如有任何人制造者,上述发明人有权在本城市任何机关告发,该机关可以命令侵权者赔偿100金币,并将该装置立即销毁……"[48]该法虽然比较简单,却已包含了现代专利法的一些基本因素。如在权利主体(发明人)、保护对象(机械装置)、权利取得条件(新颖性、实用性)、有期限的保护(10年)、权利的确认(市政机关)、权利独占原则(他人不得制造)及侵权处罚(罚款、销毁侵权产品)等方面为现代专利制度奠定了基础,勾勒出了现代专利法的基本轮廓。威尼斯根据该法律授予了很多专利。著名科学家伽利略发明的扬水灌溉机械,就是在1594年据此取得20年专利权的。

需要说明的是,尽管威尼斯专利法具有现代专利法的因素,但却未能在一度完善的专利法基础上走向现代化。究其原因,是因为在16世纪后期,英国、法国、荷兰等国开始崛起,欧洲的工商业重心转移至欧洲大陆,而威尼斯等意大利城市却受行会限制、高税收制约等因素的阻碍,不能很好地适应市场变化,加之海外殖民市场的开拓有限,威尼斯的工商业逐步衰落。这就决定了与技术及市场紧密相连的专利法无法在威尼斯走向现代化。

(三)英国垄断法中孕育的"行为中的专利法"

如上所述,威尼斯工商业及其专利制度衰落之后,法国、德国等欧洲大陆国家工商业较为发达,尽管当时也曾经授予发明人以专利垄断权,但这些国家当时封建割据的政治状况使专利

---

〔47〕 杨利华:《从"特权"到"财产权":专利权之起源探微》,载《湘潭大学学学报(哲学社会科学版)》2009年第1期。有关专利制度的起源亦可参见杨利华:《美国专利法史研究》,中国人民大学2009年博士学位论文;邹琳:《英国专利制度的产生和发展》,法律出版社2018年版。

〔48〕 [英]斯蒂芬·P.拉达斯:《专利商标与有关权利》(第1卷,英文版),哈佛大学出版社1975年版,第6~7页。

的效力有限,因而现代专利制度并没有在这些国家产生。赋予发明人技术专有权的现代专利法,是在英国垄断专利特权基础上逐步孕育的。[49]

1. 为促进新技术的引进与发展而授予的皇家特权

16 世纪中后期,英国工商业日益发达,随着工商业阶级的财富与阶层力量的增加,工商业阶层迫切需要寻求以王权建立法律与秩序来保护其财富,确认其地位。因而,他们力图获得国王的专利特许,积极开发引进新技术,并以获得垄断特许权作为开发工商业的报酬。这与王室“授予新技术以垄断特许权以刺激经济、增加税收”的政策手段与目标非常契合。[50] 因而,当时专利特许权数量增多,影响扩大,专利占据了前所未有的地位。

由于当时专利授权没有统一的标准,所授予专利的内容也各不相同,在时间限制、地域效力及权限等方面均差异较大。此时,专利的本质是国王为促进工商业发展、刺激经济、增加税收而给予的恩惠,也是一种奖励措施。

正因当时的专利是作为奖励措施出现的,一般要求专利权人在规定时间内履行将专利投入实践的“实施条款”,违者专利无效。[51] 1575 年,英国确立了撤销条款,即“如果有证据证明专利存在不正当理由,枢密院有权撤销它”,进而逐步取消实施条款。

2. 王室垄断专利的滥用与法院对专利权效力的审查:以达西案为契机

在伊利莎白女王统治后期,为增加税收等目的,英国王室开始滥发垄断特许权,食盐、淀粉等生活必需品亦被授予特许权,物价随之上涨,因而民怨沸腾。此时,促进技术开发与引进的特许权已变成权贵掠夺财物的工具,成为不当的垄断。

当时代表工商阶层利益的议员,提出王权应受制于法律权威的主张。围绕王室特权的定义、范围与效力等问题,英国各阶层在 17 世纪进行了激烈交锋。1601 年,国会提交了一份《关于通常称为垄断的各种专利的普通法解释》的报告,对专利特许权及权利人进行了猛烈抨击。女王只得宣布改变滥发垄断专利的做法,收回受到诟病的专利,并让其接受法院的审查。[52]

1603 年发生的前述达西案,给法院提供了审查女王专利特许权的契机。在该案中,达西拥有进口、制造、销售扑克牌的专利权,伦敦商人艾伦因侵犯该专利权被诉至法院。该案经过三次辩论,堪称对专利垄断、王室特权合理性的一次全方位审查。1603 年,法官支持了被告,认为对不是新发明的已有物品给予专利垄断,违反了普通法。该案后来被视为普通法院反对王室的经典案例。

1603 年詹姆士一世继位后,实行君主专制,变本加厉地授予非法垄断权,国王与国会矛盾加剧。国会在 1606 年、1610 年、1614 年先后提出反对王权的要求,并于 1621 年开始调查专利的滥用情况,对滥用垄断的大臣、官员和公共人物予以抨击,一部分专利权人受到降职或免除

---

〔49〕 杨利华:《从“特权”到“财产权”:专利权之起源探微》,载《湘潭大学学报(哲学社会科学版)》2009 年第 1 期。

〔50〕 本书认为,专利特许权与英国的版权特许权类似,仅是在王室授予版权特许时要进行文化审查与革命思想控制的目标上有差异而已。专利特许权与版权特许权都是特定历史条件下,新兴工商阶层与王室利益追求一致的反映。

〔51〕 我国 1984 年《专利法》同样也有实施条款,后被取消。本书以为,专利权作为私权,除非所涉领域关系到国计民生等公共利益,是否实施均是权利人的市场行为,应由权利人判断,国家及法律不应干涉。

〔52〕 杨利华:《美国专利法史研究》,中国人民大学 2009 年博士学位论文,第 21 页。

公职处分,还有人逃出本国。[53] 在此压力下,国王取消了一些专利,其他的交由法院裁决,这些因素导致了1623年《垄断法》的颁布。

二、专利制度的形成与普及

(一)从垄断特权到现代专利权的演进:以英国《垄断法》为标志

具有现代意义的专利法是资本主义生产方式确立以后最终形成的。由于工业革命的兴起,市场竞争越来越激烈,技术发明的作用越来越受到重视。资本家纷纷强烈要求在法律上把发明创造作为财产保护起来,以保持其在竞争中的优势地位。[54] 这一情况促成了英国1623年《垄断法》的诞生。它是由著名法学家W. 诺伊、Ed. 柯克和S. 克鲁起草的。该《垄断法》第6条规定:"兹宣告并规定:前述的任何宣示不应该扩大及于今后对任何种类的新产品的真正第一个发明人授予在本国独占实施或者制造该产品的专利证书和特权,为期14年或以下,在授予专利证书和特权时其他人不得使用。授予此种证书和特权不得违反法律,也不得抬高物价以损害国家,破坏贸易……上述14年自今后授予第一个专利证书或者特权之日起计算,该证书或者特权具有本法规定制定以前所应具有的效力。"[55]

"《垄断法》是当时限制王权的立法成果之一,而非规范发明人专利权益的法律。作为涉及发明人权益的专利,是在欧洲封建特权的基础上随着近代科技经济与权利观念的发展而逐步形成的,《垄断法》将发明垄断作为'一切垄断非法'的例外予以规定,间接促进了现代专利制度的发展。"[56] 这部法律被公认是资本主义国家专利法的鼻祖,被认为是世界上第一部正式而完整的专利法。该法确立了现代专利制度的一些基本原则,至今仍为大多数国家专利法所采用。英国《垄断法》的颁布标志着现代专利制度的开端,因而它是世界专利制度的又一个里程碑。

英国《垄断法》之所以被视为现代专利制度的开端,主要是因为其保护技术发展的相关规定与内容符合现代专利制度的特征与原则。表现在:(1)给予发明人14年以下的保护,符合现代专利法对专利技术有期限保护原则,也符合利益平衡的古典理念以及保留公共领域的原则;(2)专利制度授予发明人在本国独占实施或制造该产品的特权,符合现代专利法对技术的合法垄断的原则;(3)被授予的专利不得违反法律,不得抬高物价损害国家、破坏贸易,符合现代专利制度中的有限垄断权、权利不得滥用原则,特别契合专利权人利益与公共利益平衡的理念,以及专利法维护公共利益的制度宗旨。

(二)现代专利法的普及

正式的、全面的专利法是在18世纪末从美国和法国开始的。美国脱离英国殖民统治独立后,如前所述,1787年通过的《宪法》第1条第8款第(8)项确认了国会制定促进科学和实用技术进步的法律的权力。据此,美国于1790年根据《宪法》制定了第一部专利法。为保证专利质量,1793年对该法作了修正,采用审查制原则。这一原则被认为是专利制度现代化的标志,

---

〔53〕 杨利华:《从"特权"到"财产权":专利权之起源探微》,载《湘潭大学学报(哲学社会科学版)》2009年第1期。

〔54〕 相关研究,参见张南:《英国工业革命中专利法的演进及其对我国的启示》,载《当代法学》2019年第6期。

〔55〕 斯蒂芬·P. 拉达斯:《专利商标与有关权利》(第1卷,英文版),哈佛大学出版社1975年版,第7页。

〔56〕 杨利华:《英国〈垄断法〉与现代专利法的关系探析》,载《知识产权》2010年第4期。

陆续被各国专利法所采用。

法国在资产阶级革命胜利后，根据《人权宣言》于1791年颁布了第一部专利法，采取不审查制原则。这一原则成为法国专利制度的一个重要特点。不过从20世纪60年代以来，法国也向审查制过渡。法国专利法另一重大特点或意义在于将专利权上升到人权的高度予以保护。其前言称："所有新颖的构思，本来就属于提出这种构思的人，假如不承认工业发明是发明人的财产，那么从实质上讲就是无视人权。"其第1条规定："各种工业中的每一项新发现或新发明都是作者的财产。"[57]

到了19世纪，其他许多国家也相继建立了专利制度，如荷兰在1809年、瑞典在1819年、西班牙在1826年、墨西哥在1840年、印度在1859年、日本在1885年相继颁布了专利法。到1890年已有45个国家制定了专利法。据世界知识产权组织统计，到2008年全世界实行专利制度的国家和地区达170多个。可见，专利制度已成为世界性的通用制度。

专利制度的形成发展阶段与起源阶段相比，其根本区别在于把初期专营或专卖制度变成了保护发明人利益、促进国家经济发展的一种法律制度。

应当指出，专利制度的发展并非一帆风顺。19世纪中叶第一次产业革命完成后，科学技术日益应用于工业，国际贸易大增，自由贸易主义得以反垄断名义攻击专利制度，掀起了一场关于专利制度的论战。在这种氛围下，如前所述，荷兰于1869年宣布废除专利制度。在英国、德国、瑞典，专利制度也遇到了严重挑战。不过，经过工业革命洗礼和战胜自由贸易理论的挑战后，在自由经济制度形成之初诞生的专利制度以前所未有的速度在普及。

三、专利制度的更新与发展

进入20世纪后，专利制度又有了长足的发展。特别是在第二次世界大战以后，在科学技术革命的推动下，国际经济交流不断扩大。专利法迈入了前所未有的大发展阶段。

首先，资本主义世界掀起了一个更新专利法的高潮。很多国家通过了新专利法，或对原来的专利法作了重大修改，使世界专利制度发生了重大变革。如法国在1968年、日本在1970年、英国在1977年、前联邦德国在1967年和1977年分别通过了新专利法，美国先后在1950年、1982年、2005年、2007年、2009年进行了专利法的修订，旨在"提高专利质量、增加专利的确定性"。专利制度的更新具体表现在：(1)优化审查制度，如日本、德国等原来采用实质审查制的国家都先后采取早期公开、延迟审查制度，以减轻审查负担，提高专利质量；(2)扩大专利保护范围，将其扩大到生物遗传、基因、计算机软件和商业方法等领域，保护客体不断扩大；(3)严格控制专利权的条件，明确职务发明(雇员发明)的概念；(4)适应信息化和网络化发展的需要，引进电子申请制度等。

其次，第二次世界大战后一系列获得独立的国家也纷纷建立了专利制度。这些国家的专利法成为国际专利保护制度的重要组成部分。这些国家经济和技术都比较落后，为发展本国经济，它们一方面建立或修订本国专利法，另一方面为建立新的国际专利制度而斗争。专利制度在发展中国家的传播无疑极大地推动了其在世界范围内的普及。

---

〔57〕 吴汉东：《无形财产权基本问题研究》(第二版)，中国人民大学出版社2013年版，第279页。

再次,专利制度国际化趋势不断增强。国际化是知识产权制度发展的重要趋势,这在专利制度领域也表现得尤为突出,甚至出现了专利制度全球化和建立世界性的一体化专利制度体系的动向。专利制度国际化始于19世纪末。专利制度所保护的专利权具有地域性特征,随着19世纪末专利产品和专利方法走出国门,专利权的地域性保护局限逐渐暴露。19世纪末,为促进国际贸易的展开以及保护专利权人在其他国家和地区的利益,欧洲一些国家开始关注如何通过建立国民待遇原则实施国际保护的问题。终于,在1883年,世界上第一个保护知识产权的国际公约《保护工业产权巴黎公约》(以下简称《巴黎公约》)诞生。该公约规范的主要内容包括专利权和商标权的保护。我国也参加了该公约。有关该公约的内容将在本书第十三章第一节予以介绍和分析。需要指出的是,专利制度的国际化对于一个国家和地区的专利法的制定和修改具有重要影响。对此本书还将继续探讨。我国《专利法》的制定与完善在相当大的程度上也是遵循专利制度国际化的结果。

最后,运用专利制度的政策属性和战略韵味越来越强。随着经济社会的发展,科学技术在促进一个国家和地区经济发展中所起的作用越来越大。如何运用专利制度促进本国技术创新、实现经济增长方式的变革,成为本国或地区的政策性问题乃至战略问题。这在我国表现得尤为明显。专利制度之所以具有战略化趋向,在很大程度上源于拥有专利技术的企业等市场经济主体能够在当前激烈的国内外市场竞争中占据主动并赢得竞争优势。在专利保护环境下,企业拥有占优势的技术本身并不能必然为其带来市场竞争优势,在一般情况下需要通过申请专利并获得专利权的形式,使技术优势通过法律保护手段转化为市场竞争优势。当前国内外存在激烈的“专利竞赛”现象,本质上是市场竞争者试图战略性利用专利权获得市场竞争优势的体现。[58]

四、苏联和东欧各国的专利制度

苏联的专利制度是在废除沙俄旧专利法的基础上建立起来的。十月革命胜利后,列宁于1919年6月30日签署颁布了俄罗斯苏维埃社会主义联邦共和国发明法令,采用发明人证书制度。这是第一个社会主义的发明保护法。它规定一切发明归国家所有,发明人依法领取发明人证书和奖金,所有企业和公民都可以利用该发明。为了适应新经济政策和引进外国先进技术的需要,1924年苏联颁布《发明专利法》,废除了发明人证书制度,采用专利制度。该法基本沿用德国专利法,承认发明人有权申请专利并获得发明专利权。1931年苏联又颁布《发明与技术改进条例》,实行发明人证书和专利制度并存的“双轨制”保护形式。它规定,发明人可以在发明人证书与专利证书之间选择一种。不过,由于这两种证书的法律后果不同,加上个人一般不具备实施发明的条件,在实践中苏联公民几乎只申请发明人证书,外国人才申请专利。在苏联解体前,1991年3月苏联最高苏维埃通过了苏联发明法,恢复对发明的单一专利保护制度。

第二次世界大战后,在苏联法的影响下,波兰、捷克、罗马尼亚、南斯拉夫、保加利亚、东德等国家纷纷仿效苏联模式,废除了旧专利法,建立了双轨制的发明保护制度。不过,自20世纪

---

〔58〕 参见冯晓青:《企业知识产权战略》(第四版),知识产权出版社2015年版,第39~178页。

60 年代起，罗马尼亚、南斯拉夫、匈牙利三国根据本国的实际情况，改变了苏联立法模式，实行单一的专利保护制度。苏联解体、东欧剧变后，所有东欧国家都废除了发明人证书制度，实行单一的专利保护制度。

由此可见，苏联、东欧国家对发明的保护经历了一个由发明人证书与专利证书并存的双轨制到单一专利保护形式的过程。当初苏联实行双轨制的原因在于把国内发明控制在国家掌握之下，引进外国先进技术。实践证明，双轨制存在不可忽视的弊端，它不利于鼓励发明创造和对发明创造的推广应用，也不利于国际技术交流。当然，作为一种专利法律文化研究，还是颇具意义的。

第四节　我国专利制度的起源与发展

我国在历史上曾有过许多发明创造，是造纸、火药、指南针和活字印刷术四大发明的发祥地。但我国专利制度的建立比发达国家滞后了两百多年。我国专利制度的产生是同封建社会的解体以及商品市场的逐渐形成紧密相连的。

一、中华人民共和国成立以前的专利制度发展简况

（一）中国古代专利思想的萌芽：垄断专营特权

中文“专利”一词可以追溯到二千多年以前。《国语·周语》记载了一段话：“匹夫专利，犹谓之盗，王而行之，其归鲜矣。”这里的“专利”是谋利赚钱之意，不是现代法律上的含义。

在我国历史上，专营专卖独占权这种意义上的专利制度的萌芽远比西方国家出现得早。西汉时即有对盐、铁、茶、丝等实行官办或商卖的垄断经营制度。据史料记载，公元前 2 世纪汉文帝曾“赐邓通蜀道铜山，得铸钱”，赋予其特权。不过，我国漫长的封建社会经济和技术十分落后，尚不具备建立专利制度的基础。直到 19 世纪中叶，专利制度的思想才逐渐被引入。

（二）近代中国专利思想的引入与专利制度的实践：象征超过实用

我国第一个将专利制度思想引进中国的人是太平天国领导人洪仁玕。他提出的具有资本主义色彩的《资政新篇》规定与承认科技发明的专利权，鼓励发展私人企业。他在《资政新篇》中指出：“倘若能造外邦火轮车，一日夜能行七八千里，准以自专其利，限准他人仿效。”“兴舟楫之利，以坚固轻便捷巧为妙，或用火用气用力用风，任乎智者自创。”“兴器皿技艺，有能造精奇信利者，准其自售；他人仿造，罪而罚之。”并主张，“器小者，尝五年，大者尝十年，益民多者，年数加多”。[59] 这是我国最早的专利立法思想的反映。其后，洋务运动代表人物薛福成还多次著文，论述专利保护的重要性。他认为：“如有能制造新奇使用之物，给予凭单，优予赏赐，准独享利息若干年，不许他人仿制。”[60]

---

〔59〕 （清）洪仁玕：《资政新篇》，载沈云龙：《近代中国史料丛刊续辑：第 36 辑（352 册）·太平天国（2）》，台北文海出版社 1976 年版，第 523 页。

〔60〕 薛福成：《筹洋刍议》，辽宁人民出版社 1991 年版，第 114 页。

我国近代专利制度出现在清朝光绪年间。1882 年光绪皇帝批准郑观应等人创建的上海机器织布局的机器织布工艺“10 年专利”。郑观应作为第一批实业家之一,当时在李鸿章的邀请下参与上海织布局的管理,但初期发展并不顺利,在 1879 年传出局内参股的一位广东商人打算退股而另起炉灶的消息。郑观应为了减少对手的竞争,上书李鸿章,指出“今聘西人,用西器,讲西学,亦必用西法以归划一”,希望嗣后上海无论何人“只准附入本局合办,不准另立一局”,[61]并提议为织布局争取“专利”经营权,建议于 10 年或 15 年内,禁止华洋商人在通商口岸另行设纺织厂,而华商只可以附股的方式投资,并为织布局提供税务优惠。1882 年,李鸿章接纳了郑氏的建议,除了成功取得“完全免税厘”外,还争取了 10 年内华洋商人“不准另行设一局”的特权。虽然后人对上海织布局 10 年专利的评价不一,但是,这毕竟是中国历史上第一个专利案例,象征意义超过了实际作用。

1895 年,以康有为为首的资产阶级改良派提出了建立君主立宪政体、发展资本主义经济的全方位政治改革思想。康有为在《请励工艺奖创新折》中指出:“劝励工艺,奖募创新”是“智民富国”之首道,建议下诏“奖励工艺,导以日新”,“创新器者,酌其效用之大小,小者许以专卖,限若干年,大者加以爵禄,未成者出帑助成”。[62] 在康有为的新政建议下,光绪帝于 1898 年颁布了近代中国第一个鼓励技术、工艺发明的专利法规——《振兴工艺给奖章程》,揭开了近代中国专利立法的序幕。《振兴工艺给奖章程》第一次从法律上承认了科技发明创造的进步作用,并对奖励作了具体规定。该章程共 12 条,主要规定是:(1)凡能制造船械、枪炮而能超出西洋各国旧有水平以上者,或出新法、兴办大工程而有益于国计民生者应破格优奖,并许以集资创设公司,专利 50 年;(2)凡能制造出外国旧时所没有之机器或日用之物,授工部郎中实职,许其专利 30 年;(3)凡外国旧有各器械尚未传入中国,而有人能仿造成功者,授工部主事职衔,许其专利 10 年;(4)凡有著新书,发明专门学问并切实可用于今世者,可授以官职,所著之书享有专售权 20 年,(5)凡有捐赠款项兴办学堂、图书馆、博物院者,均给予不同程度的奖励;(6)以上各种创造发明,均应由政府部门、地方当局考核认可后,方能发奖。[63] 可见,该章程的核心内容是奖励科技领域中的新发明、新发现、新创造。但是,《振兴工艺给奖章程》随着戊戌变法的失败而未能施行。所以,清政府表面答应,并未真正出台专利法规,直至清王朝覆亡。

辛亥革命后,我国才正式有了专利制度。1912 年 12 月,工商部颁发了《奖励工艺品暂行章程》,对新产品授予 5 年内的专利权或者给予名誉上的褒奖。其实质内容只有 9 条,但对专利构成要件、保护条件与程序等规定已基本明确。如规定奖励客体为“经本部考验,认为合格”的“发明或改良之制造品”;就保护程序规定“呈请在先原则”,对“业有同样制品呈请在先者”[64]不给予专利就体现了上述特色。这个章程一直实行 11 年之久,可以视为我国最早的专利制度。在 1912 年至 1923 年,共批准了 97 件专利,144 件褒奖。1923 年 3 月,农商部公布了

---

〔61〕 中国史学会编:《洋务运动:卷 7》,上海人民出版社 1959 年版,第 482 ~483 页。

〔62〕 (清)康有为:《戊戌奏稿》,载沈云龙:《近代中国史料丛刊续辑:第 33 辑(326 册)· 太平天国(2)》,台北文海出版社 1976 年版,第 266 页。

〔63〕 汪敬虞:《中国近代工业史资料:第 2 辑》(上册),中华书局 1962 年版,第 638 页。

〔64〕 中国第二历史档案馆:《政府公报》,上海书店出版社 1998 年版,第 320 页。

《暂行工艺品奖励章程》，把保护对象扩大到制造方法的发明或改进。1928 年 2 月，农工商部公布了《奖励工业品暂行条例》，奖励对象是工业产品及其制造方法。

从《奖励工业品暂行章程》到《奖励工业品暂行条例》这 16 年间，我国专利工作成效并不大。这与旧中国社会动乱、经济和科技发展落后以及人们对专利缺乏认识有很大关系。不过，这些法规的颁布在一定程度上反映了当时经济发展的内在要求。

1932 年 9 月，中华民国国民政府公布了一部比较完善的《奖励工业技术暂行条例》。该条例规定了奖励、审查、颁证的方式方法、条件要求、审查规定、承办机构等内容。该条例在 1939 年修正时增加了"新型"和"新式样"两种专利。至此，初步具备了专利法的雏形。

（三）近代中国第一部专利法：形式完整的范例

我国历史上第一部正式的、比较完整的包括发明、新型与新式样的专利法是 1944 年 5 月 29 日由中华民国国民政府公布的《专利法》。

1940 年 11 月，国民政府正式成立专利管理机构，并在经济部内设立工业专利办法筹备委员会，负责起草专利法。经过 3 年多时间起草，该法于 1944 年颁布，分为发明、新型、新式样、附则 4 章共 133 条。该法实施细则于 1947 年 9 月 24 日颁发。该法基本照搬美国专利法的框架与内容，对专利申请人资格、专利申请条件、授予专利权的发明的范围、审查程序、保护期限、专利实施等问题都作了全面的规定。尽管它在许多方面具有浓厚的半殖民地色彩，它仍不失为我国第一部比较完整的资本主义性质的专利法。该法几经修改，在我国台湾地区沿用至今。

据不完全统计，从 1912 年到 1944 年的 32 年间，相关机构只批准专利 692 件，批准褒奖 175 件。这反映了旧中国经济、科技不发达的现实。特别是从 19 世纪末到 20 世纪上半叶，专利制度曾是帝国主义对我国实施经济侵略的一种手段，反映了旧中国半殖民地半封建社会的性质。

二、中华人民共和国成立以后我国专利制度的发展

中华人民共和国专利制度的产生，可以追溯到中华人民共和国成立以前革命根据地保护发明创造的规定。其中，最有名的是《哈尔滨市优待专门技术人员暂行条例》和《华北区奖励科学发明及技术改进暂行条例》。如前者第 3 条第 1 款规定：有新创造发明者，奖励之，并保护其一定的专利权。革命根据地保护发明立法和政策的实施对当时科学技术和经济的发展起了积极作用，为解放后科学技术和经济的发展奠定了基础。

中华人民共和国成立后，我国专利制度的发展经历了一个曲折的过程。1950 年 8 月，政务院公布了《保障发明权与专利权暂行条例》，同年 10 月公布条例实施细则。条例对取得专利的条件、专利权范围、保护期限、审批程序、侵权责任等都作了比较完整的规定。条例采用了类似苏联的"双轨制"。1954 年又发布《有关生产的发明、技术改进及合理化建议奖励暂行条例》。获得发明证书的，按条例颁发奖金。当时著名的"侯氏制碱法"等获得了"发明权"。从 1953 年到 1957 年，相关机构共批准了 4 件专利和 6 件发明人证书。

1963 年，国务院废除了中华人民共和国成立初期的上述两个条例，颁布《发明奖励条例》和《技术改进奖励条例》，这是我国发明保护制度的一大转变。此后的 20 年间，我国以发明奖励制度取代了发明保护制度，实行单一的发明奖励制度。1978 年国务院重修《发明奖励条

例》,1982 年颁布《合理化建议和技术改进奖励条例》,到 1983 年我国共批准了 642 项获奖发明。[65]

三、中华人民共和国第一部专利法及其特点

(一)1984 年《专利法》的制定

党的十一届三中全会以后,我国经济社会发展进入了一个新时期,以前的发明奖励制度显得特别不适应。自 1978 年下半年起,原国家科委即开始主持筹建专利制度。1980 年国务院批准成立中国专利局。在认真总结国内经验和借鉴国外有益经验的基础上,经过 5 年的反复酝酿、讨论和近 30 次修改,《中华人民共和国专利法》终于在 1984 年 3 月 12 日第六届全国人民代表大会常务委员会第四次会议上审议通过,于 1985 年 4 月 1 日起正式实施(以下简称 1984 年《专利法》)。1985 年 1 月国务院又批准了《中华人民共和国专利法实施细则》(以下简称《专利法实施细则》)。专利法的诞生是我国专利制度建立的里程碑,[66]它标志着我国保护发明创造的专利制度进入了一个新的历史时期。

(二)1984 年《专利法》的特点

我国 1984 年《专利法》是一部具有中国特色的、现代化、国际化的知识产权法。该法具有以下特点:

第一,把发明创造的推广应用作为专利法的一个重要目的。1984 年《专利法》第 1 条开宗明义地指出,制定它是要"保护发明创造专利权,鼓励发明创造,有利于发明创造的推广应用,促进科学技术的发展,适应社会主义现代化建设的需要"。1984 年《专利法》视保护为手段、推广为目的,划清了专利保护与技术封锁的界限,可谓专利法的一个大胆创举。

第二,实行单一的专利保护制度。我国过去曾依照苏联立法模式采取与西方传统不同的双轨制。这种制度具有一系列弊端。为使我国专利制度与国际协调,专利法采取了单一的专利保护制度,确立了对发明创造这种无形财富的工业产权保护。

第三,三种专利合为一法保护。世界上有些国家专利法只保护发明专利,有些只保护发明专利与外观设计专利或发明专利与实用新型专利。我国专利法把发明、实用新型与外观设计三种专利形式融为一体,这在世界专利史上少有。外观设计与实用新型的专门保护在时间上比发明专利迟得多。我国能把三种专利放在一起保护,与我国专利立法较晚这个实际情况是分不开的。这样,我国有可能在同一部法律保护三种专利方面走出一条新路子。

第四,实行计划许可与强制许可并用的制度。1984 年《专利法》强调发明创造的实施,规定了强制许可制度。同时,基于我国专利法的社会主义性质,其将专利权人局部利益与社会整体利益结合起来,规定了国家计划许可制。

第五,实行专利审查制,保证授权质量。《专利法》采取了德国专利法体系,实行审查制度。据统计,截至 1991 年年底,经过严格审查,我国累计授予专利权 97426 件,其中发明专利 13542 件,实用新型专利 74493 件,外观设计专利 9391 件。

---

〔65〕 相关研究,参见郭禾:《改革开放后我国专利制度思想观念的嬗变》,载《知识产权》2021 年第 6 期。

〔66〕 相关研究,参见郑成思:《试论我国建立专利制度的必要性》,载《法学研究》1980 年第 2 期。

第六，对专利纠纷的处理，实行行政处理与司法审判相结合的双轨制。在我国，管理专利工作的部门处理专利纠纷方面具有较大的权限，这在其他国家专利制度下是较少见的。管理专利工作的部门的建立及其运转，有利于全面推动我国的专利工作。

第七，在专利保护水平方面注意遵循国际标准。1984年《专利法》的制定遵循了《巴黎公约》规定的基本原则，参照了国际惯例有关规定。因而，它既能符合我国国情，又基本上符合国际潮流，推动了我国知识产权法国际化和现代化的进程。[67]

四、我国专利法的修改与完善

（一）1992年我国《专利法》第一次修正：力图与国际接轨的尝试

我国1984年《专利法》实施7年来，专利申请量以年均23.8%的速度增长。到1992年1月底，已累计受理专利申请22万余件，批准专利8万余件，世界各地来中国申请专利的国家和地区达66个。实践证明，1984年《专利法》总体上是符合我国经济和科技发展要求的。但囿于立法技术与经验，该法在实施中也暴露不少问题；同时，随着我国科技水平在短期内的迅速提高，这些缺陷已明显制约着技术发明，使我国许多行业的正常发展受到限制。为了进一步加强专利制度的作用，适应专利制度国际化的趋势，我国专利法的修改提上议事日程。1986年专利法的修订列入国家"七五"立法规划。1988年年初，中国专利局成立了专利法修订小组。

这次修订的背景是适应中国社会主义市场经济体制建立的需要，同时也是履行中国与美国政府达成的《中美政府关于保护知识产权的谅解备忘录》的体现。此次修订的重要目的是为落实深化改革，扩大开放，履行中国政府在中美两国达成的上述谅解备忘录中的承诺，并为中国恢复关贸总协定缔约国地位创造条件。

为此，1992年9月4日第七届全国人民代表大会常务委员会第27次会议通过了《关于修改〈中华人民共和国专利法〉的决定》，并于1993年1月1日正式实施（以下简称1992年《专利法》）。其修改的主要内容如下：

其一，扩大了专利保护范围。1984年《专利法》规定对药品和用化学方法获得的物质以及食品、饮料和调味品不授予专利权，1992年《专利法》则删除了这一规定，对上述产品也授予专利权。这是我国知识产权制度与国际接轨的重大举措，有利于我国医药、化工行业从仿制为主的窘境中走出来，从根本上改变我国医药和化学工业落后的局面。

其二，延长了专利权保护期限。专利权的保护期限应根据鼓励发明创造和促进产业发展所需要的时间而定。1992年《专利法》将发明专利保护期从15年改为20年，实用新型和外观设计专利保护期从原来5年加3年续展期改为10年，不再续展。这有利于鼓励周期较长的发明创造的开发，进一步与国际工业产权保护相协调。

其三，改进了专利审批制度。这方面的修改和调整较多。主要有：（1）将授权前的异议程序改为授权后的撤销程序。异议程序即专利申请经审查后，在授权前须公告，自公告日起3个月内，任何人对公告的申请都可提出异议。它是一种督促程序，旨在提高专利审批质量。但实践中异议量不足1%。由于这一程序，所有申请必须推迟数月才能获得批准，而且它还常被一

---

〔67〕 相关研究，参见汤宗舜：《我国专利法的六大原则》，载《中国法学》1984年第2期。

些竞争对手用来阻挠申请人尽早获得专利,即专利申请审批实践存在恶意异议的情况。这一修改,大大加快了专利审批时间。(2)增设本国优先权。1984年《专利法》只对外国申请人在国外第一次申请后又在我国申请给以优先权。1992年《专利法》规定,申请人就相同主题的发明或者实用新型在中国第一次提出专利申请之日起12个月内又向专利局提出申请的,可以享有优先权。本国优先权制度的确立有利于保护本国发明人的合法权益。(3)扩大了专利申请文件修改的范围。将原修改范围仅限于说明书扩大到说明书和权利要求书。(4)对无效宣告请求的时间及被宣告无效的专利权的追溯效力作了进一步规定。1992年《专利法》把"自专利授权后任何时间都可以提出无效请求"改为只能在授权后6个月后提出,并补充了被宣告无效的专利权对已执行的司法判决、裁定等无追溯力的一般原则。此外,在完善专利审批程序方面,1992年《专利法》还设置了权利恢复程序;扩大了复审范围,对国务院专利行政部门撤销或维持专利权的决定不服的,也可以请求复审;明确了发明专利申请公布的时间以及专利复审委员会[68]和管理专利工作的部门审理案件的性质等。这些无疑有利于加快我国专利审批的进程与速度。

其四,进一步加强专利权的保护。专利权的充分、有效保护是实施专利制度的根本保障。加强专利权的保护,始终是我国专利制度完善的重要特点。本次修法在加强专利权保护方面的主要规定如下:(1)增加了进口权的规定。根据国际惯例,进口权是专利权人独占实施权的重要组成部分。TRIPs协议、巴黎公约补充条约(专利法部分)及《中美政府关于保护知识产权的谅解备忘录》都确认了这一权利。1992年《专利法》增加了专利进口权,提高了专利保护水准。(2)对方法专利的保护延及依该方法直接获得的产品。方法专利的保护如不延及依该方法直接获得的产品,这种保护就不够全面,因为专利方法是否已被他人利用很难发现。同时,如果第三人在我国境外使用该方法制造产品出口到我国不构成侵权,这就会形成法律保护的真空地带。这一修改,是专利国际协调的要求。(3)对强制许可条件作了重新规定。1992年《专利法》删除了1984年《专利法》第51条,补充了强制许可的类型。(4)补充冒充专利的处罚。1992年《专利法》对1984年《专利法》第63条作了补充规定,增加了对冒充专利产品或方法的管理和制裁的规定。这有利于维护我国专利管理秩序,保护广大消费者的合法权益。此外,为与1992年《专利法》一致,1992年12月12日国务院批准修订了《中华人民共和国专利法实施细则》(以下简称1992年《专利法实施细则》),该实施细则也于1993年1月1日起施行。

(二)2000年我国《专利法》第二次修正:基于建立市场经济体制和遵循国际条约需要的修改

这次修订的直接动机是中国加入世界贸易组织(WTO)需要满足TRIPs协议的要求,同时也是使专利法在新的历史环境下更好地发挥其独特功能和作用。随着国际、国内形势的变化以及1992年《专利法》在实施中出现了一系列新问题,对《专利法》的再次修改已势成必然。

---

[68] 值得说明的是,自1992年修改《专利法》后,设立了相对独立于专利局的专利复审委员会,作为专利授权和确权审查的复议机构。但因机构改革和职能调整,专利复审委员会成为专利局内设二级机构。现行《专利法》修订时统一将"专利复审委员会"修改为"国务院专利行政部门",专利复审委员会在立法以及现实中均不再以独立名义对外存在。

一方面，就国内形势而言，我国自1992年以来社会经济状况特别是经济体制发生了急剧变化：(1)我国确定了建立社会主义市场经济体制的目标，这对我国专利制度影响深远，必须对《专利法》中原带有计划经济模式的内容进行修改；(2)由于我国专利制度建立时间较短，公众尊重他人专利意识薄弱，专利侵权的情况相对严重，对专利侵权的制裁与专利权保护力度等方面亟须调整，需要完善司法和行政执法程序；(3)随着科技进步与技术创新重要性日益凸显，客观上需进一步完善专利法，以促进科技创新。

另一方面，从国际形势看，20世纪90年代以来，经济全球化程度日趋加深，知识产权特别是专利制度成为各国参与国际竞争的重要武器。在国际贸易中，专利许可证贸易的增长速度已超过有形货物贸易；技术创新成为经济增长主要推动力，专利保护日趋重要；世界贸易组织成立之后，其三大框架之一的TRIPs协议将知识产权保护水平提高到前所未有的高度。我国《专利法》经过1992年修改后仍与其有相当差距，为与TRIPs协议相协调，更为我国加入世界贸易组织创造条件，客观上需要对专利法进行较为全面的修改。

2000年8月25日，第九届全国人民代表大会常务委员会第17次会议表决通过了《关于修改〈中华人民共和国专利法〉的决定》，于2001年7月1日起施行。

本次《专利法》修改的范围涉及35条，包括新增4条，删除4条，修改27条，它吸收了中国深化经济体制改革以来的实践经验和立法成果，加大了专利保护力度，简化了专利审批程序，按TRIPs协议的要求进一步调整、完善了中国专利法的有关规定。具体包括以下方面：

其一，明确专利立法为促进科技进步与创新服务。促进科技创新的精神在专利法修改中有诸多体现，特别表现在第1条立法宗旨的修订上，将“促进科学技术的发展”改成“促进科学技术进步和创新”，修改前的《专利法》立足于促进科技进步；修改后的《专利法》以促进科技进步与创新为己任，将专利制度融入国家科技创新体系，要求处理好专利与技术创新的关系，确立和强化企业的技术创新主体地位。

其二，对国有与非国有单位享有的专利权，不再区分“持有”与“所有”。1992年《专利法》规定国有单位只享有对专利权的“持有权”，而专利权为国家“所有”。修改后的《专利法》取消了对专利权的“所有(人)”和“持有(人)”的区分，有利于国有企事业单位作为平等的市场主体参与竞争，提高国有企事业单位创新意识，调动其从事发明创造的积极性，促进技术创新。

其三，对职务发明进行了合理的界定，并从法律上明确规定对职务发明人应当给予报酬。(1)合理界定职务发明创造的范围，修改后的《专利法》将“主要利用本单位的物质条件”修改为“主要利用本单位的物质技术条件”。另外还规定，利用本单位的物质技术条件所完成的发明创造，单位与发明人或设计人订有合同，对申请专利的权利和专利权的归属作出约定的，从其约定。(2)职务发明创造中发明人或设计人与单位的利益平衡。修改后的《专利法》将“给予奖励”改为“给予合理的报酬”，以调动科研人员从事发明创造和实施发明创造的积极性。

其四，对外观设计专利权授权条件的修改。将1992年《专利法》第23条修改为“授予专利权的外观设计，应当同申请日以前在国内外出版物上公开发表过或者国内公开使用过的外观设计不相同和不相近似……”表明只有既不相同也不相似的外观设计才具有专利性。同时修改后的《专利法》还规定，授予专利权的外观设计不得与他人取得的在先权利相冲突。

其五，简化、完善专利审批和维权程序。(1)向外国申请专利手续的简化。修改后的《专利法》取消了“经国务院有关主管部门同意”的条件。(2)实用新型专利申请审批制度的改进。修改后的《专利法》除维持原有的初步审查制外,规定了“检索报告制”。(3)专利申请权与专利权转让手续的简化。修改后的《专利法》删除了全民所有制单位转让专利申请权或专利权,必须经上级主管机关批准的规定。对于转让合同,规定只需登记即告生效。(4)取消专利权撤销程序,完善无效宣告程序。这一修改,简化了相关确权程序。

其六,对专利权限制的修改。(1)对第三人善意使用、销售,修改后的《专利法》一方面明确其仍为侵权行为,另一方面也明确了只要能证明其产品合法来源的,就可以免除赔偿责任。(2)对于国有企业、事业单位的发明专利,取消国家计划许可,实行指定许可。(3)强制许可的改进。将后一发明或实用新型比前一发明或实用新型“在技术上先进”改为“具有显著经济意义的重大技术进步”,从而严格了从属专利强制许可的条件。

其七,加大保护力度,完善专利司法和行政执法。(1)增加了许诺销售权的规定;(2)增加了有关侵权损失赔偿额的计算规定;(3)规定了专利侵权的诉前临时措施;(4)修改了对发明专利临时保护纠纷案件诉讼时效的规定;(5)方法专利侵权诉讼举证责任改为“应当提供其产品制造方法不同于专利方法的证明”。

其八,进一步与国际接轨。(1)取消专利复审委员会对实用新型和外观设计的复审与无效审查决定是终局决定的规定;(2)与《专利合作条约》(PCT)协调,增加了有关专利的国际申请的规定。

此外,为与修改后的《专利法》的实施相配套,1992 年《专利法实施细则》也作了相应修改。修改后的《专利法实施细则》于 2001 年 7 月 1 日起施行。

(三)2008 年《专利法》第三次修正:基于中国自身发展内在需求的修改

1. 修订背景

专利法的第三次修正是国家自身发展需要的体现,而这突出地表现为提升专利法在促进中国自主创新、建设创新型国家方面的重要作用。

党的十六届五中全会提出了提高自主创新能力、建设创新型国家的战略任务。[69] 2006 年 2 月,国务院发布的《国家中长期科学和技术发展规划纲要》明确提出要用 15 年时间使中国进入创新型国家行列的战略目标。建设创新型国家是中国未来相当长一段时期的经济社会发展目标。在促进中国自主创新能力的提高、建设创新型国家方面,知识产权制度发挥着不可替代的独特而重要的作用。随着经济全球化的深入和科技进步,知识产权制度作为鼓励和保护创新、促进经济社会发展的基本制度,地位越来越重要,作用越来越突出。加强中国知识产权制度建设,大力提高知识产权创造、管理、保护、运用能力,是完善社会主义市场经济体制、规范市场秩序和建立诚信社会的迫切需要,是增强中国企业市场竞争力、提高国家核心竞争力的迫切需要,也是扩大对外开放、实现互利共赢的迫切需要。[70] 按照履行承诺、适应国情、完善

〔69〕 这一战略也是基于目前中国整体上自主创新能力不够强,很多产业缺乏自主核心技术而提出的。专利是新技术代名词。以专利为例,中国高科技领域的发明绝大多数来自国外,如无线电传输、移动通信、半导体、西药、计算机领域,来自国外和外资企业的分别占 93%、91%、85%、69%、60%。参见张维炜:《专利法修订:挺起中国“自主创造”的脊梁》,载《中国人大》2008 年第 20 期。

〔70〕 参见胡锦涛在 2006 年中央政治局第三十一次集体学习时发表的讲话。

制度、积极保护的方针，适应中国经济社会发展的需要，适应国际知识产权保护的趋势，中国需要不断完善知识产权法律法规体系。

专利制度是中国知识产权制度的重要组成部分，而专利法是专利制度的基本法律形式和实施专利制度的根本保障。中国《专利法》自1985年4月1日实施以来，在鼓励和保护发明创造，促进发明创造的推广应用，推动中国科技进步与创新等方面发挥了十分重要的作用。有资料统计，"九五"期间，中国专利申请量年均增长8.3%，授权量年均增长18.7%；"十五"期间，中国专利申请量年均增长22.8%，授权量年均增长15.2%。中国专利申请量第一个100万件用了近15年时间，第二个100万件用了4年时间，而达到第三个100万件仅用了2年3个月。[71] 再如，2008年国家知识产权局受理三种专利申请828,328件，其中发明专利申请289,838件，实用新型专利申请225,586件，外观设计专利申请312,904件，三种专利申请量同比分别增长18.2%、24.4%和17%。截至2008年年底，国家知识产权局共受理三种专利申请总量累计4,853,506件。[72] 《专利法》的实施成效，不仅表现在专利申请和授权量的增长方面，而且表现在专利意识和专利实施率提高、专利保护不断加强，以及通过专利保护提高创新能力方面。

不过，由于中国专利制度实施的时间不长，加之近些年中国经济体制转型以及国际专利制度的变化，中国《专利法》在实施中出现一些新的问题，需要通过修改的形式加以解决。尽管中国《专利法》经过了1992年和2000年两次较大幅度的修改，仍然存在一些需要克服的问题。例如，专利法在促进创新能力方面尽管取得了显著成效，但功能发挥得仍然不够，授予专利权的条件不够严格；实用新型专利和外观设计专利尽管数量很大，但由于授权程序简单，以致授权后权利稳定性较差；在专利保护方面，既存在保护不力的现象，也存在滥用专利权而损害公众利益的现象；在专利实施方面，存在专利技术推广不畅的问题。专利法实施中存在的问题，需要通过进一步修订的形式加以解决。这次修订专利法，在一定程度上体现了中国经济社会发展战略转型的意图，其中重点是促进自主创新、建设创新型国家，为中国经济转型和产业升级服务。

在推动中国《专利法》第三次修正的国内形势方面，还有一个很重要的事情是国家知识产权战略的提出和制定。2005年，国务院成立了以时任副总理吴仪为组长的国家知识产权战略制定工作领导小组。党的十七大也首次在报告中提出了"实施知识产权战略"的任务。经过几年努力，终于在2008年6月5日国务院发布了《国家知识产权战略纲要》。根据该纲要的精神，国家知识产权战略的指导思想是，以发展和提升国家核心竞争力为目标，以增进和维护国家利益为宗旨，以解决知识产权全局性和政策性问题为重点，建设以知识产权为重要基础的创新型国家。其基本目标是提高国民素质，走创新型国家之路；促进可持续发展，为经济转型提供知识产权支撑，促进实现跨越式发展。在国家知识产权战略体系中，中国知识产权法律法规

---

〔71〕 引自国家知识产权局《关于〈中华人民共和国专利法〉（修订草案送审稿）的说明》，国家知识产权局文件，国知发法字〔2006〕152号。为便于论述，以下将国家知识产权局《关于〈中华人民共和国专利法〉（修订草案送审稿）》简称为《送审稿》，将《关于〈中华人民共和国专利法〉（修订草案送审稿）的说明》简称为《送审稿说明》。

〔72〕 引自闫文峰、张海志、刘仁：《田力普总结2008年知识产权工作"战略"由制定转为实施，知识产权事业进入又快又好发展关键时期》，载《中国知识产权报》2009年1月16日，第2版。

体系的完善是其中最为重要的战略举措之一。因此,这次修改专利法,实际上是贯彻落实国家知识产权战略的具体措施。

《专利法》第三次修改当然也受到国际环境影响,它是推进中国专利法进一步与国际接轨的重要举措。从国际环境看,近些年来包括专利权在内的国际知识产权制度的协调趋势日益增强。特别是在发展中国家方面,它们日益重视对自身处于优势的传统知识、遗传资源和民间文艺的保护,希望通过推动对这些客体的保护而在和发达国家斗争中维护自身的利益。2001年,世界贸易组织多哈部长级会议通过了《关于TRIPs协议与公共健康宣言》(以下简称《多哈宣言》);2003年,世界贸易组织总理事会又通过了《修改〈TRIPs协议〉议定书》(以下简称《议定书》)。该议定书对强制许可问题作了补充规定,允许成员在规定条件下实施强制许可,制造相关专利药品并将其出口到有关国家,从而突破了TRIPs协议关于强制许可规定的限制。这些国际上的最新动向,需要在中国专利法中有所体现,也需要通过修改立法的形式加以解决。

在上述背景下,2006年5月,全国人民代表大会常务委员会对中国专利法的实施情况进行了检查。在第十届全国人民代表大会常务委员会第二十二次会议上提交的《全国人大常委会执法检查组关于检查〈中华人民共和国专利法〉实施情况的报告》即明确提出将专利法的修订列入人民代表大会常务委员会2007年的立法计划。《专利法》第三次修改工作由此拉开序幕。

总的来说,中国《专利法》第三次修正是中国自身发展的内在需求,也是与国际专利保护趋势相协调的要求,[73]更是有效地解决专利制度运行中存在的问题、更好地发挥其在促进中国经济社会发展方面的作用和功能的要求和体现。正如陈广君同志指出的:“这次专利法的第三次修改,重点就是在我们全国科技大会提出来‘增强自主创新能力、建设创新型国家’这样一个发展战略的背景下,为了切实地推动我们国家自主创新能力的提高,加强知识产权保护,这与我们现在正在贯彻落实科学发展观,转变经济发展方式的要求相吻合。”[74]

2. 修改的主要内容

《专利法》第三次修正旨在进一步提高自主创新能力,服务于创新型国家建设,主要内容体现在:

第一,关于专利法的立法宗旨。当前,建设创新型国家是我国目前的战略目标之一。为实现这一目标,需要在立法上充分展现这一需求,因此对《专利法》第1条作了适当修改,将“提高创新能力、促进科学技术进步和经济社会发展”作为专利法宗旨的重要内容。

关于此点,特别值得说明,专利法的立法宗旨是专利法的精髓所在,也是专利法的灵魂和根本指导原则。因此,立法宗旨在专利法条文中占据重要地位。专利法立法宗旨的修改则相

〔73〕 如前所述,专利制度发展具有国际化趋向。从中国专利法几次修正的情况看,与国际接轨始终是其中的重要动因。仅以与TRIPs协议接轨为例,1992年《专利法》涉及的修改内容主要有:根据TRIPs协议“专利应适用于所有技术领域的发明,不论是其产品还是其方法”的要求,扩大了专利权的保护范围;根据TRIPs协议规定的专利权的保护期限不应少于自申请之日起算20年的要求,延长了专利权的保护期限;按照TRIPs协议关于强制许可的要求重新规定了实施强制许可的条件。2000年第二次修改《专利法》时,根据TRIPs协议专利权包括未经专利权人许可他人不得许诺销售其专利产品的要求增加了许诺销售权;按照TRIPs协议的规定增加了即发侵权的临时禁令规定;依据TRIPs协议的规定取消了专利复审委员会对实用新型和外观设计专利的终局决定权。

〔74〕 张维炜:《专利法修订:挺起中国“自主创造”的脊梁》,载《中国人大》2008年第20期。

应地反映了专利法立法功能和定位的变化。

这次修改《专利法》,在立法宗旨条款中增加了“提高创新能力”的内容,表明在中国新的历史时期提出建设创新型国家的宏伟蓝图中,专利立法对促进创新和建设创新型国家具有十分重要的作用。专利法对促进技术创新、提高自主创新能力具有重要意义,而技术创新与自主创新能力的提高是建设创新型国家的重中之重,该内容的增加将引导专利法更好地发挥促进科技进步与创新的功能和作用,使专利法成为实现创新型国家宏伟目标的重要法律保障,因而在我国,这一修改的意义是深远的。

中国政府越来越认识到,在实现创新型国家宏伟蓝图中,技术创新具有特别重要的地位和作用。技术创新是经济增长的动力,是实现中国科技进步、经济发展的源泉,也是企业参与竞争的筹码与发展的不竭动力。促进我国技术创新本身是一个系统工程,专利法则具有独特的功能和作用。专利是企业技术创新的结果,是技术成果具有法律特性的外在表征。通过艰苦的研究开发,及时向市场推出新产品,以低成本、高质量、高性能迅速占领市场,获取超额利润,需要以专利保护作为保障。也就是说,通过专利保护,市场经济主体的技术优势可以很快转化为产品竞争优势和市场优势。没有专利保护,技术创新成果由于企业知识产权管理不善以及技术秘密保护局限性等原因,其优势可能很快丧失殆尽。因此,这次修改《专利法》,在立法宗旨条款中突出“提高创新能力”,是顺理成章的。

第二,体现了深化行政审批改革、建设服务型政府的举措,包括取消对涉外代理机构指定,取消向外国申请专利须先申请中国专利的规定,增加国务院专利行政部门以及地方专利行政管理部门在传播专利信息职责方面的规定。

第三,关于申请专利的权利、专利申请权的归属和管理。对在中国完成的发明创造向国外申请专利的审批程序进行了完善;对同一申请人同日对同样的发明创造既申请实用新型专利,又申请发明专利的处理作出了进一步规定。

第四,关于专利权的授予标准。采用绝对新颖性标准,即取消对现有技术和现有设计的地域限制,增加了对遗传资源的保护和遗传资源来源披露要求的规定。

第五,进一步完善外观设计专利制度。其中涉及对外观设计的授权范围进一步限定,以及授予外观设计专利权实质性条件的提高,关联外观设计合案申请问题,以及建立外观设计检索报告制度,赋予外观设计专利权人许诺销售权等。

第六,进一步扩大专利保护,完善专利行政执法,同时加大对违法行为的处罚力度,进一步完善侵权赔偿数额的计算方式以及法定赔偿额,增加诉前证据保全措施,完善财产保全措施等。

第七,维护公共权益和制止知识产权滥用的举措,包括对强制许可制度进一步完善,增加现有技术抗辩的补充规定。

第八,促进技术推广应用,包括增加专利权共有人实施或者许可他人实施共有专利的制度,增加和完善不视为侵犯专利权的情形等。

(四)2020 年《专利法》第四次修正:创新驱动发展战略实施背景下的自主修改

1. 修改背景

党的十八大以来,党中央提出保护知识产权就是保护创新,知识产权保护被提到日益重要的位置。我国经济正处在转变发展方式、优化经济结构、转换增长动力的攻关期,创新是引领发展的第一动力,加强知识产权保护、提高自主创新能力,已成为加快转变经济发展方式、实施创新驱动发展战略的内在需要。前述我国《专利法》分别在1992年、2000年、2008年进行了修正,对鼓励和保护发明创造、促进科技进步和创新发挥了重要作用。随着形势发展,专利法领域出现了一些新情况、新问题:专利权保护效果与专利权人的期待存在差距,专利维权存在举证难、成本高、赔偿低等问题,跨区域侵权、网络侵权现象增多,滥用专利权现象时有发生;专利技术转化率不高,专利许可供需信息不对称,转化服务不足;适应加入相关国际条约和给发明人、设计人取得专利权提供更多便利的需要,专利授权制度也有待进一步完善。为了进一步加强知识产权保护,解决实践中存在的问题,《专利法》第四次修改被提上日程。

为推动《专利法》第四次修改,国家知识产权局提出了相关草案及其说明。2015年《专利法修订草案(送审稿)》向社会公布。在广泛征求意见、集思广益基础上,2020年10月17日,第十三届全国人民代表大会常务委员会第二十二次会议通过了《全国人民代表大会常务委员会关于修改〈中华人民共和国专利法〉的决定》,自2021年6月1日起施行。

2. 修改的主要内容

本次修改主要是为维护专利权人的合法权益,增强创新主体对专利保护的信心,充分激发全社会的创新活力,大幅度提高我国创新能力。本次修改的内容将在本书相关章节中予以介绍和分析。故在此仅简要阐述:

一是加强对专利权人合法权益的保护,包括加大对侵犯专利权的赔偿力度,对故意侵权行为规定1至5倍的惩罚性赔偿,将法定赔偿额上限提高到500万元,完善举证责任,强化专利行政保护,新增申请专利和行使专利权的诚实信用原则,新增专利权期限补偿制度和药品专利纠纷早期解决程序有关条款等。

二是促进专利实施和运用,包括完善职务发明制度,鼓励被授予专利权的单位实行产权激励,采取股权、期权、分红等方式,使发明人或者设计人合理分享创新收益;新增专利开放许可制度,专利权人自愿以书面方式向国务院专利行政部门声明愿意许可任何单位或者个人实施其专利,并明确许可使用费支付方式、标准的,由国务院专利行政部门予以公告,实行开放许可,任何单位或者个人有意愿实施开放许可的专利的,以书面方式通知专利权人,并依照公告的许可使用费支付方式、标准支付许可使用费后,即获得专利实施许可;加强专利转化服务等。

三是完善专利授权制度,包括进一步完善外观设计保护相关制度,新设外观设计专利申请国内优先权制度、延长外观设计专利权的保护期,引进局部外观设计制度,增加新颖性宽限期的适用情形,完善专利权评价报告制度等。

总之,我国《专利法》的修改使我国的知识产权保护制度在40年间,从无到有,走完西方国家两三百年才走完的进程。我国专利保护达到了一个新的水平,对于促进我国科学技术发展,实施创新驱动发展战略,提高创新能力和国家竞争力,将产生深远的影响。

第五节　专利制度的基本理论

关于专利制度的建立有不同的学说。[75] 了解这些学说,有助于我们更准确地把握专利制度的实质。

一、自然权利论

人们对于自己的劳动果实具有自然权利的信仰,在人类历史的发展中可以找到深深的足印。随着社会的发展,智力产品在社会经济生活中的作用越来越明显。这在客观上为在满足人们基本生存需要的基础之上考虑使智力因素参与分配提供了可能。人们逐渐认识到,对智力劳动产品像有形产品一样,劳动者同样享有权利。建立在劳动基础上的对劳动果实的自然权利就相应地扩展到智力产品领域。"智力产品"或者说智力财产原理在早期即初步成型,该原理是建立在智力产品的创造者对其创造性智力成果享有专有权的基础之上,就像财产作为一种有形物被赋予给其所有人一样。例如,普通法版权的自然法基础在 Wheaton v. Peters 案[76]中被大法官麦克莱恩(McLean)确认。[77]

自然权利学说在西方国家得到广泛承认,到 19 世纪末,它一直是多数欧洲国家专利立法的理论基础。根据自然权利论,发明人对其发明具有不可剥夺的自然权利。它的存在不取决于一个国家政权的承认,国家政权只应保证这种权利不受第三人侵犯。专利权的授予只不过是认可发明人的这种自然权利而已。也就是说,授予专利权并不意味着产生了一种新的权利,而只是对发明人的自然权利的法律承认。这一理论得到了不少专利学者和实务工作者的赞同。1878 年召开的巴黎国际专利会议也接受了这一观点。该会议认为:发明人和产业上的创造人对其创造性成果所拥有的权利是财产权,民法不是创立这种财产权,而只是对此作出规定。在英国,1878 年赫伯特·斯宾塞(Hebert Spencer)代表皇家委员会对著作权和专利问题提出了一个以道德需要为基础的观点,[78]也反映了自然权利思想。

自然权利论能较好地解释专利权取得的正当性。它在历史上发挥过独特作用,对以后的各种学说也有影响,有的学说就是以此为基础加以发展的。当然,这一理论也被提出挑战。例如,既然是自然权利,专利权又为何受时间、地域限制?既然是自然权利,对同一发明为何只有第一个申请人才享有专利权等?自然权利论盛行于 18 世纪、19 世纪的权利启蒙时代,与当时的个人权利本位密切关联。进入 20 世纪,社会本位取代了个人权利本位,自然权利论受到削弱。但无论如何,自然权利论对今天很多国家专利法仍有一定影响。在专利权等知识产权保护被日益强化的当下,该理论也有助于尊重受专利法保护的专利权。[79]

---

〔75〕 相关研究,参见董立坤:《我国专利法的几个理论问题》,载《中国法学》1984 年第 2 期。

〔76〕 参见 33 U. S. (8 Pet.) 591 (1834)。

〔77〕 参见冯晓青:《知识产权法哲学》,中国人民公安大学出版社 2003 年版,第 47 页。

〔78〕 II H. Spencer, The Moral Principle, 121(T. Machan ed. 1978)(1893).

〔79〕 相关研究,参见彭学龙:《知识产权:自然权利亦或法定之权》,载《电子知识产权》2007 年第 8 期。

二、非物质财产论

这一理论盛行于19世纪末，对德国专利制度的形成和发展起了较大影响。它认为，发明作为精神产品，是一种非物质性的无形财产，发明人进行的发明活动就好像把自己生命一部分投入了该项发明，他人对发明的任何侵犯都应视为对发明人个人权利的侵犯。这一理论十分强调发明人个人劳动成果的思想性质和发明人权利的本质特征，从而把发明人权利和成果所有人的权利相区别，也就是将发明人的人身权利和财产权利清楚地划分开。例如，19世纪末以柏林大学寇拉教授为首的德国学派就把专利权视为"对非物质财产"的权利。

非物质财产论比自然权利论更客观地反映发明人权利的特征，对保护发明人权利提出了更为直接的理论依据，并为专利权的法律保护提供了新思路。但是，非物质财产论更侧重专利权与有形财产权的差异，对专利权本身的法律性质并未有清晰的概括与定位。

三、报酬论

报酬论认为，专利法是使发明者从其发明投资中得到回报的一种设计。专利是一种报酬，它使得发明者能够收回其在发明中的投资，而如果没有这种保护，发明的收益将会被他人无偿占有。奖酬的存在倾向于使在发明中的私人投资和它的社会产品价值更加接近。引用A. C. 庇古（A. C. Pigou）的观点，"专利法的目标在效果上是使边际贸易、净产品和边际产品更紧密地联系起来"。[80] 专利法的报酬论得到很多学者的认可。报酬论似乎在考虑专利法问题时具有道德上的正当性，因为发明者有权对他给社会的贡献获得酬劳，这应是很正当的事情。正如有学者在讨论发明者就其发明创造、作者对其作品有权获得有限时间内的专有权时所指出的一样："他应当获得补偿和报酬，这是不容否认的"；并且，"如果法律允许任何一个人在没有经过同意、未给予相应回报的情况下自由地使用他的作品，这是不道德的"。[81] 边沁则主张，"一个专利是为对一般福利增加的储存而应赋予的酬奖，作为对工业、天分和勤奋的酬奖，这是适当的，并且在本质上是公正的"。[82] 在国外司法实践中，报酬论也有所体现。如在美国1954年Mazer v. Stein案中，法院指出：这一条款后面的经济哲学授权国会授予专利和著作权是要确信，通过个人获得的手段鼓励个人努力是借助于作者和发明人的天分提升公共福利的最佳手段。牺牲的时间用于此种创造性活动值得报偿相当于作出的服务。[83]

报酬论也可以看成是关于专利法的一种经济学理论。虽然在传统的经济学看来，专利是一种垄断，但这种垄断对社会来说具有必要性。在现代，专利法的报酬理论的核心是，强调专利法的目的在于通过报偿以激励发明活动。给专利权人以报偿不是专利法的目的，而是作为对发明活动的激励。专利法增加了对发明的报偿。关于这一点，可以从相反的方面加以理解。即在缺乏专利保护的环境下，发明的情况将如何——在缺乏专利法的情况下发明活动是否将很少；或者，在缺乏专利保护的情况下，对发明的激励非常弱，以致不能实现促进知识和信息创

---

〔80〕 A. C. Pigou, The Economics of Wealfare, 183–185 (4th ed. 1960).

〔81〕 John Stuart, Principles of Political Economy, Bk. 5, Chap. 10, Sec. 4.

〔82〕 W. Stark, Jeremy Bentham's Economics Writings, 263.

〔83〕 347 U. S. 201(1954).

造与传播的公共利益。从发明作为一种新技术的角度看，它在传统上被认为是公共产品。公共产品在缺乏法律保护的情况下，由于外部性或“搭便车”行为，会产生市场失败问题。发明活动以研究开发为前提，发明活动产生的成果在缺乏某种法律保护的形式下，一旦公开即可以被他人自由利用。在缺乏专利保护（以及假定的完全竞争）时，发明产生的产品的价格将被仿制品的低价格所影响，导致价格的降低，最终使革新活动没有效益。在这种情况下，公司将不会在发明活动中产生投资动机，因为竞争性的公司将在不付出成本的情况下利用发明。正是从这个意义上讲，在没有专利法的情况下，发明的供应将出现严重不足的现象。

从上述意义上讲，专利法的报酬理论又可以称为发明动机理论，这也是人们比较熟悉的专利法理论。根据这种理论，专利法为有用的发明提供了动机，并且赋予发明者的专有权利刺激了发明活动、增加了发明的供应。从另一角度看，可以认为在没有被专利法所激励时仍然会产生发明的环境下，不应授予发明者以专利。确实，为全面理解专利法的报酬理论，需要考虑发明生产的非专利激励问题。例如，有人指出，在没有特别的报偿，特别是没有专利垄断权时，发明仍然将继续发生并且会投入实施。[84] 如所有的纯粹的基础科学研究都不在专利的保护范围，但这一领域仍在发展。反对专利的人即认为，专有权作为对发明奖酬的形式可以用其他形式加以替代，如政府授权、合同或者将产品首先投向市场。不过也应看到，这类研究在很大程度上是受到大学和研究机构资助的。除了从研究工作本身中获得满意外，期望得到认可或提升为这种活动提供了一个特别的刺激。[85] 完全将发明的产生归功于专利法的激励而由此主张应授予专利，是不全面的。

报酬论源于“对有益的工作给以适当的报酬”的伦理学思想，是从自然权利论发展而来的。它认为，发明人将其发明向社会公开，对社会作出了有益贡献，社会理应对发明人给付报酬，即给发明以一定时间限制的独占实施发明的权利；同时，发明人为完成发明创造需要耗费大量的人力和财力，法律授予其专利权是作为对其预先支付的人力与财力的报酬。基于此，报酬论又称受益权论，它是立足于经济的假设之上的。[86]

四、契约论

这种理论在法国法学界广为盛行，并在许多国家专利法中得到了反映。它认为：对发明的利用是确保工业发展所不可缺少的，发明的利用以发明的公开为前提。发明人对自己的发明没有特别保护措施，势必会保守其秘密。为使发明人公开其发明，发明人可与社会签订一项“契约”。根据该契约，发明人有义务将其发明内容公开以换取独占使用其发明的权利。专利就是以国家面貌出现的社会和发明人之间签订的一项特殊的契约。这项契约对双方都是有利的。对社会来说，发明的公开有利于促进国家科学技术的发展；对发明人来讲，通过公开技术获得独占权可以补偿发明创造活动中的劳动和费用，并获取更大的经济利益。

契约理论是社会契约论在专利领域的反映，在表面上反映了专利制度的专利权保护与公

---

〔84〕 Plant in Economlca, 1934, 45.

〔85〕 Peter Meinhardt, *Inventions Patent and Monopoly*, Second Edition, London, Steven & Sons Limited, 1950, Chapter 4, at 32.

〔86〕 参见冯晓青：《知识产权法利益平衡理论》，中国政法大学出版社 2006 年版，第 112～115 页。

开发明创造这两个基本特征的运作机理。[87] 公开是获得专利授权与法律保护的前提,看似是获得国家保护的"对价"与"交换条件"。因此,契约论较易为各国学者所接受。当然,也有人对此提出反对意见,认为只有少数发明能够长期保密,给予独占权这个"报酬"太高了;此外,专利制度中的公开发明与专利保护都仅是促进技术进步的手段,而非专利法的目的本身,仅从表面上反映了专利制度的特性。

五、发明奖励论

这是西方国家流行的专利法理论,是基于产业政策思想而产生的,也有人将其称作产业政策说。其要点是:从事发明创造要付出创造性的劳动、时间、费用等,发明者还要承担失败的风险。如果发明创造者的发明任由他人自由仿造并获得利益,势必会极大地挫伤从事发明创造的积极性和企业利用发明的积极性。专利制度的目标就是要通过授予发明人独占利用其发明的专利权,以鼓励发明和促进发明的实施,刺激企业对发明创造的投资,以促进技术进步与产业发展,使国家经济与社会获得全面发展。在这个意义上,基于激励论或产业政策说基础上的发明奖励论实质上将专利制度视为国家激励或规划产业发展的政策工具。

产业政策说能够较好解释专利法背后的立法宗旨与政策目标,以至于成为最为流行的专利法理论。日本学者吉藤幸朔在谈到专利制度的原理时即认为,产业政策说是"今天法律理论上可以承认的一种学说,也是当前最有力的学说",不过其"基本支柱仍是基本权论"。[88]

六、利益平衡论

在知识产权法中,围绕知识产品的生产、传播、利用而形成了多个有着各自不同利益的利益主体。例如,在专利法中,涉及的利益可以分为国家的利益、专利权人的利益、发明者的利益、专利用户的利益等。专利用户的利益又可分为出于商业目的竞争性利用的竞争者利益与出于非商业目的为了获取知识和信息而利用专利的普通用户利益等。知识产权法需要在这些利益之间进行协调,特别是对知识产权人与社会公众之间的利益进行协调,其中主要是平衡知识产权人与知识产品使用人之间的利益。

知识产品的公共性与共享性特征、知识产权的实现方式以及知识产权制度的宗旨等诸多因素决定了知识产品需要进入市场流转,被社会公众广泛使用。这种使用既是知识产品发生社会效用的保障,也是知识产权人将其知识产权由潜在权利变为现实权利(利益)的重要途径。因为在很多情况下,知识产权人受自身条件的限制不能行使或不能充分行使自己的权利,通过他人对知识产品的使用和传播,知识产权人的利益才得以实现。即使由权利人自己行使知识产权,相应的产品也只有通过市场为大众所接受,才能使知识产权人的经济利益最终实现。正因如此,知识产权法需要对知识产品的创造者和使用者之间的关系进行平衡和协调,既照顾到知识产权人的利益,激励他们创造出更多的知识产品,又兼顾使用者的利益,实现知识

---

〔87〕 相关研究,参见杨德桥:《专利契约论及其在专利制度中的实施机制》,载《理论月刊》2016 年第 6 期;和育东:《专利契约论》,载《社会科学辑刊》2013 年第 2 期。

〔88〕 [日]吉藤幸朔:《专利法概论》,宋永林、魏启学译,专利文献出版社 1990 年版,第 11～12 页。

产权法促进科技文化进步的社会目的。[89] 利益平衡因而成为现代知识产权法的基本理念和精神，是知识产权法追求的重要目标，它贯彻于知识产权法产生、发展的全过程。知识产权法能否有效贯彻利益平衡原则，即能否维持对知识创造的激励与知识传播和利用之间的平衡，维持知识产权人利益与公共利益之间的平衡，将决定着其在现代社会生活中的地位。[90]

专利法作为知识产权法的重要组成部分，利益平衡理论同样适合于构建其理论基础。根据专利法的利益平衡论，在本质上专利法与其他的法律制度一样，应尽量保护所有的社会利益，并在不同的利益之间实现某种平衡与协调。任何成功的专利制度的关键都是在赋予专利权人的专有权和拥有一个开放与竞争性市场的公众利益之间达成精确的平衡，即“专利制度需要在发明者的利益和一般公众的利益之间达成平衡”。[91] 其实质在于对专利权这种私权的保护和包括专利权人的竞争者在内的社会公众对以专利为基础的知识和信息接触需求的利益平衡。我国有关专利的判例也指出，专利法的立法宗旨是“既要明确受保护的专利技术方案，又要明确社会公众可以自由利用技术进行发明创造的空间，把对专利的合理保护和对社会公众提供足够的法律确定性结合起来”。[92] 虽然在不同国家不同时期专利权人的垄断利益与社会公共利益之间平衡上有所侧重，并且整个专利法也不全部限于专利权人的垄断利益与社会公共利益之间平衡，但这种平衡仍然是最具有实质性的。专利法通过一系列的制度机制，特别是垄断与反垄断、保护与限制、限制与反限制，大体维持了在专利权人的垄断利益与社会公共利益间的平衡。这种平衡也是一种动态平衡，它的建构是专利法在社会中有效运行的基础和保障。

除了上述理论外，有关专利制度的建立还存在“竞争秩序论”“财产权论”“发展经济论”等。应当指出，专利制度理论与其他理论、学说一样，都是一定社会的人们对社会现象所作的解释。[93] 有些理论是资本主义社会的产物，不过其对我国社会主义专利制度的建立是不无借鉴意义的。例如，我国专利立法目的的规定就体现了发明奖励论和发明公开论的思想。还必须指出，取消专利制度的理论虽然很少，但也应予重视。日本、美国等国一些人士即认为，“需要专利激励的发明多限于投资报酬率低者，故放弃专利制度而牺牲该低收益发明，社会并无损失”。在专利制度发展史上对专利制度的批判一天也没有停止过。当然，纵使专利制度存在不足之处，其进步作用也是不可否认的，世界范围内已经普遍建立了专利制度，未设立专利制度的国家寥寥无几，这足以说明专利制度的生命力和优越性。

第六节　专利制度的检讨与未来

专利制度从建立至今已有几百年的历史。在此期间，人们从未停止对专利制度的认识、探

---

〔89〕 参见冯晓青：《知识产权法利益平衡理论》，中国政法大学出版社 2006 年版，第 22 页。

〔90〕 参见冯晓青：《知识产权法利益平衡理论》，中国政法大学出版社 2006 年版，第 23 页。

〔91〕 Steven B. Garland and Jeremy E. Want, *The Canadian Patent System: An Appropriate Balance between the Rights of the Public and the Patentee*, 16 C. I. P. R. 44 (1994).

〔92〕 参见宁波某机芯总厂诉江阴某有限公司专利侵权纠纷案，最高人民法院（2001）民提字第 1 号民事判决书。

〔93〕 See Mark A. Lemley, The Myth of the Sole Inventor, 110 MICH. L. REV. 709 (2012).

讨和激烈争论,其中时常可以听到对于专利制度的否定或负面评价。因此,对其进行检讨与展望是有必要的。

一、保护技术的法律制度概述:专利制度并非唯一有效形式

(一)技术保护由自发保护至法律保护的演变进程:基于技术价值性的凸显

技术是在利用自然规律的基础上解决工业、农业等产业中某一问题的系统知识。[94] 技术的发展与进步是社会进步的重要过程与表现,也是推动社会进步的动力。

技术可以是用来制造某一产品或部件的知识,也可以是用以制造某产品或部件方法的知识;技术可以是农业领域的知识,如农产品的培育新方法、增产方法、农产品的保鲜或保藏方面的知识,也可以是工业领域的机器制造、操作或维修等知识;技术既可以存在于个人头脑之中以技能或经验的形式体现,也可以通过书面形式以技术信息的形式体现。但不管技术的形式如何,技术的进步能够推动商品生产效率的提高是毋庸置疑的。因此,随着技术价值性在社会生产中地位的凸显,对技术的法律保护将被提上日程。

在传统社会中,资金、原材料、劳动力等生产资料占据商品价值生产的主导地位,技术的价值并未凸显,其保护并非技术所有人之所亟需,难以产生保护技术的法律框架或形式的动力与需求。因此,传统社会对技术的保护更多以秘密(如祖传秘方)的自发保护(传男不传女)的形式进行,而较少有专门的技术保护的法律制度。

当社会进入现代工业化生产以后,技术等无形资产的价值在商品生产中愈发重要。资金不再稀缺,稀缺的则是技术,技术对商品生产的贡献首次超过原材料、机器、设备等生产资料。这样一来,拥有技术的资本家或有技能的产业工人就会产生保护其技术价值的需求。前述英国《垄断法》正是在这种背景下产生的。更重要的是,在社会化生产时代,传统的"传男不传女"的商业秘密保护形式已远远不能适应现代竞争需要,已不足以完全实现其技术的价值,加之某些技术易通过反向工程为他人所破解,这使商业秘密对技术的保护空间日益被压缩,专利制度进入技术法律保护的主流,成为其主要形式。

(二)技术的法律保护制度:专利并非唯一有效形式

专利制度并非唯一有效保护技术的法律形式,其他如商业秘密制度、合同法等同样亦可保护技术信息或方案。

1. 专利制度的优势与局限:保护技术方案的主要法律制度

以专利的形式保护发明,从发明受法律保护的时候就开始了。全世界大多数国家都有以专利保护发明的制度,专利对技术发明创造的保护主要以发明专利、实用新型专利或小发明的形式进行。当然,在不同国家,诸如哪些发明可适用专利保护、哪些发明应排除在保护之外,以及发明保护的类型与水平存在差异。

在现有各种保护技术的方式中,专利保护是最为有效的形式。专利制度主要通过严格的审查程序与授权条件,从而授予申请人以有效程度更高、保护力度更大的权利。一般而言,重要的、市场前景广阔的以及研发过程中需要较多投资的发明创造只有以发明专利保护才能获

---

〔94〕 有关对技术的界定及其外延等,参见汤宗舜:《专利法教程》(第3版),法律出版社2003年版,第27~28页。

得更为可靠的保护，这也是企业收回其前期投资以进一步研发及商业化生产的重要工具。

授予发明申请人以专利权，实质在于给予权利人对其专利所保护的技术的控制权，即除法律另有规定外，任何未经专利权人的许可而实施专利所保护的发明均为违法行为。这种禁止权就产品发明而言，即表现为不得为生产经营目的制造、使用、销售、许诺销售和进口其专利产品；就方法发明而言，即为不得为生产经营目的使用该方法以及使用、销售、许诺销售和进口依照该方法直接获得的产品。因此，专利权人通过上述形式对技术实施权的控制来获得其发明的商业化权利，以收回其前期投资，进而产生进一步研发的激励。

但专利保护是有条件的，并非所有技术均能获得专利保护，也并非所有技术均适合以专利保护。一般而言，要获得专利保护须具备"三性"（新颖性、创造性与实用性）这一实质条件。在审查制国家，如美国、欧洲、日本等，由申请人向有关主管机关提出申请后，由审查机关进行检索并依照法定条件予以审查，对符合条件的予以授权，对不符合条件的予以驳回。需要说明的是，并非所有国家都实行审查制，少数国家实行文献检索制与登记制，不对是否符合专利"三性"条件审查，在发生纠纷后由法院予以解决。

当然，并非所有的技术都是重大革新或革命性的，也并非只有重大的发明创造才有商业化价值。相反，一些小的革新、方案或发明同样也值得保护且需要保护，却不符合发明专利的条件与要求。因此，多数国家在专利制度中设置了实用新型专利或小发明制度对发明专利不能保护的领域予以拓展。

无论是发明专利还是实用新型专利保护，作为法律授予的垄断权，或者是对技术实施的控制权，正如前面所分析的，专利权人要获得专利保护，必须公开其发明与技术信息，结果是专利权人无法像物权所有人一样通过实际占有来控制权利的行使。在这个意义上，对专利权的保护，权利人特别依赖某一国家的知识产权执法强度、水平以及公众保护知识产权的自我意识。一旦该国或地区在执法能力、强度上有所懈怠，对已将技术信息公开的专利权人而言，无疑将是灾难，商业秘密保护而不公开其相关信息成为不二选择。因此，除一些不适合授予专利的领域或发明外，即使在能授权的领域，并非所有的技术或发明都适合以专利权保护。其中最典型的例子就是可口可乐公司的饮料配方，即以商业秘密予以保护。就被保护对象的性质而言，对于某些易为竞争对手通过获取公开信息模仿并使用的技术，以专利保护则更为有利，否则可能存在较大风险。

2. 商业秘密制度对技术信息的保护：相对的次优选择

《中华人民共和国民法典》（以下简称《民法典》）第123条第2款将商业秘密纳入受知识产权保护的客体范围。商业秘密一般是指未公开的存在于工商业领域的信息的总称，TRIPs协议则将其称为未披露信息（undisclosed information），主要包括技术信息和经营信息，如工艺方法、配方、秘诀、客户名单、工程和设计图、图表、销售程序和记账技术、股票交易行情等。《中华人民共和国反不正当竞争法》（以下简称《反不正当竞争法》）也使用商业秘密的概念，并将之界定为"不为公众所知悉、具有商业价值并经权利人采取相应保密措施的技术信息、经营信息等商业信息"。其中，与专利权相关的主要是技术秘密，是从经验或者技艺中得来并能在工业中应用的技术信息。2020年8月24日由最高人民法院审判委员会第1810次会议通过、自2020年9月12日起施行的《最高人民法院关于审理侵犯商业秘密民事案件适用法律若干问题的规定》提出，与技术有关的结构、原料、组分、配方、材料、样品、样式、植物新品种繁殖材料、工艺、方法或其步骤、算法、数据、计算机程序及其有关文档等信息，属于《反不正当竞争法》第9条第4款所称的技术信息。

如前所述，专利保护方式对某些易为他人模仿、使用的不宜公开的技术信息存在风险，商业秘密保护则成为商业秘密的信息所有人的次优选择。之所以是次优选择，是因为商业秘密对技术信息的保护也存在缺陷：(1)商业秘密并非绝对的独占权，不能排斥他人使用其独立研发而完成的技术，因此选择商业秘密保护意味着商业利益回报存在风险，可能会因竞争对手进入市场而收益下降；(2)那些易为他人通过反向工程等合法方式破解的技术信息则不太适宜以商业秘密保护，而应通过书面公开技术信息的方式，获得专利权的法定垄断，从法律上划定边界，禁止他人使用。

实质上，专利权与商业秘密对技术信息保护的差异主要在于法定保护与事实控制这一点上。商业秘密保护虽然也是法律授权，但其保护的关键在于技术信息事实不易被他人知悉，而非法律划定边界，来禁止他人使用；而专利权则是公众一般都知悉权利人的技术信息，但法律划定"雷区"，禁止他人"进入"而已。

一般而言，技术信息大多是以无形形式存在，并且难以独占，因而商业秘密对某些技术信息的保护存在风险，对于不适宜于专利保护的技术信息则仍需要寻求商业秘密保护。故可以认为，商业秘密对某些技术信息的保护是次优选择。

3. 依合同对技术信息的保护：特定当事人间的选择

技术信息的所有人如果没有或者不能取得法律授权的保护，就应自己采取保密措施（商业秘密的形式）加以保护。如果不慎泄密，该技术信息将进入公有领域，可为任何人自由使用。

在现代商业社会中，技术信息的所有人往往并非自己使用某一技术或生产某一产品，而是通过技术转让或技术许可的方式来实现其商业利益。在这一系列活动中，自从双方进入磋商阶段直至合同履行完毕，被转让方或被许可方均有先合同义务、合同义务及附随义务，保守对方技术信息而不致泄露。此外，除技术转让或技术许可方式外，企业或科研机构与其雇员之间也存在明示或默示的合同关系，雇员未经雇主许可，不得将企业或科研机构的技术信息向其他企业、公众公开或允许其使用。

需要说明的是，通过合同方式保护技术信息，其前提是存在于特定当事人间。特定当事人间存在明示或默示的条款，负有保密义务，因而此时对技术信息的保护也仅仅是针对特定当事人而言，具有其局限性。

二、专利制度的问题与缺陷：知识经济时代的专利制度述评

专利制度是促进经济发展的重要制度，已成为激励技术创新的主要模式与工具。除19世纪中叶曾遭遇短暂的困境之外，专利制度并未遇到真正挑战。但自知识经济时代起，专利制度的发展则偏离了其预定"轨道"。

正如欧洲专利局在一份报告中指出：由于知识的本质及其有效性的变化，对知识赋予垄断权越来越为社会所质疑。同时，技术更替速度的加快和知识产权体系的运转不畅，使人们难以

从传统专利体系中获取商业利益。现代技术的发展使公众获取、复制信息更为便捷的同时，却损害信息拥有者的控制力；反之，信息垄断权的强化则有可能疏远公众。因此，问题是“当信息越来越丰富时，什么知识有价值？”面对知识的获取、搜索、管理、创造与占有的日益复杂，我们是否应质疑“信息越多等于知识越多吗？”是否有比知识产权更廉价更快捷的保护与开发信息的方式？[95]

诚如经济学所言，“没有合法的垄断就不会有足够的信息被生产出来，但有了合法的垄断又不会有太多的信息被使用”，[96]专利制度所创设的垄断权在为技术创新提供相当激励的同时，却又可能妨碍技术的扩散与利用，以至于日益成为专利权人获取商业垄断利润的工具，进而出现如下图景：现代专利权人为维持现有技术或专利的商业回报，而阻止新技术的使用；专利权人为垄断商业利润，置公共健康危机与公共健康权于不顾，以私权之名义持续要求商业回报，进而专利权与公共健康权冲突便日益凸显；策略性专利与专利池应运而生，极大消耗社会资源，增加交易成本，进一步阻碍创新。[97]

（一）专利权获取的程序性设置：程序冗长低效

专利是一种合法的垄断权，专利制度不仅不反垄断，反而在“积极地容许垄断，从而在反垄断法上开设了一个大洞”。[98] 因此，这种垄断权的获取，必须依据法定条件并经法定程序审查而授予，详细的审查必不可少，但带来的结果则是专利授权期限的延长与专利权纠纷解决程序的冗长低效。

现代科学技术发展呈加速增长趋势，在知识经济中表现得更加明显，技术密集是知识经济的显著特征。与技术密集相适应，专利申请量的激增则成为一种世界性现象。在美国，1988年、1998年、2008年的专利申请量分别为151,491件、260,889件与485,312件，自1988年至1998年增长了72.2%，而自1998年至2008年则增长86%。[99] 2020年，我国发明专利授权53.0万件，实用新型专利授权237.7万件，外观设计专利授权73.2万件，专利授权量继续保持较快增长态势。[100] 与知识经济时代专利申请量激增相对应的是技术的高聚集性与高整合性，[101]意味着专利审查难度与社会影响加大。

在上述背景下，由于专利主管机关的审查能力无法与激增的专利申请及技术进化同步，专利申请积压成为各国专利领域的普遍现象。在美国，专利积压（待决专利）处于空前增多状态，并在最近25年间增长得比任何时候都快。从1986年至1996年，专利积压增长了超过

---

[95] EPO Scenarios for the Future: How Might IP Regimes Evolve by 2025? pdf. p9. http://www.epo.org/topics/patent-system/scenarios-for-the-future/download.html. 2009-06-25，最后访问时间：2022年6月22日。

[96] ［美］罗伯特·考特、托马斯·尤伦：《法和经济学》，张军等译，上海人民出版社、上海三联书店1994年版，第185页。

[97] 相关研究，参见林秀芹：《从法律经济学的角度看专利制度的利弊——兼谈我国〈专利法〉的修订》，载《现代法学》2004年第4期。

[98] ［日］吉藤幸朔：《专利法概论》，宋永林、魏启学译，专利文献出版社1990年版，第11～12页。

[99] U.S. Patent Statistics Chart Calendar Years 1963-2008, http://www.uspto.gov/go/stats/us_stat.htm, 2009/05/09.

[100] 《2020年年度知识产权主要统计数据（知识产权统计简报2021年第1期总第49期）》，载https://www.cnipa.gov.cn/module/download/down.jsp? i_ID=156475&colID=87.htm. 2021/01/28，最后访问时间：2022年6月22日。

[101] 孙雷、王秋菊：《高技术特征解读》，载《东北大学学报（社会科学版）》2005年第2期。

70%,而过去10年,专利积压增长了近500%,现在已达700,000件申请。[102] 案件的增长使得专利审查机关面临越来越大的审查压力,专利申请积压越来越成为亟须解决的问题。因此,各国大都寻求简化申请程序,提高审查效率。

专利纠纷解决程序的冗长与低效,主要体现于专利案件中民事纠纷与行政纠纷的交叉,民事程序需等待行政程序中的纠纷解决结果,进而造成程序的相互等待与拖延。现实中诸多案例也反映了这一特点。

2001年发生的eBay案,经过长达5年多的反复审理与上诉后,2006年5月16日,美国联邦最高法院驳回了针对eBay的专利诉讼,没有支持联邦上诉法院此前对eBay发出专利禁止令的判决。最高法院的判决称,法官在发出禁止某些公司使用某专利技术的禁令前必须对专利案件进行详细调查。[103]

与此类似,黑草莓专利纠纷案也反映了专利制度的缺陷。美国专利商标局在旷日持久的黑草莓专利纠纷案[104]后的一个声明中指出,"每年的专利申请个案都在激增",但局里的资源跟不上申请的增长速度,所以"很难做出可靠连贯而又及时的专利许可决策。延缓授予专利则可能会推迟新产品上市的速度,向不具新意且缺乏创意的发明授予专利也可能会阻碍竞争和经济增长"。负责知识产权事务的前美国商务部副部长兼美国专利商标局局长乔恩·杜达斯在2006年1月3日发表的声明中表示:"只有更仔细的审核才能提高专利申请的质量。我们在整个审查过程以及接近尾声的阶段应该投入更多的关注。"[105]

(二)专利药品因垄断而价格高昂的背景下专利权与公共健康权冲突之凸显:"朱门酒肉臭,路有冻死骨"现象何以可能

药品专利保护,是当前专利保护领域中如何兼顾专利权人利益的保护与维护公共健康权之类的基本人权的典型类型。一方面,占有大部分药品专利的西方制药企业在国际知识产权框架下实现其专利权,收回其研究与开发成本,是现行法律下的合法诉求;另一方面,发展中国家面临有限的研发能力与民众生命健康权的冲突,健康权是《世界人权宣言》第25条包含的基本人权,也就是"人人有权享受为维持他本人和家属的健康和福利所需的生活水准"。为了健康权的实现,联合国《经济、社会与文化权利公约》的缔约国根据该公约第12条的规定,有义务采取包括"预防、治疗和控制传染病、风土病、职业病以及其他的疾病"的措施。可见,健康权是公民作为人的基本人权,国家有保障公共健康的义务。

药品专利从根本上说都是有利于健康的,应当与健康权没有冲突。药品专利需要长期的

---

[102] See Julie A. Hedlund, Patents Pending: Patent Reform for Innovation Economy, http://www.itif.org/files/Patent Pending.pdf. 转引自王太平:《论专利奖赏制度》,载《"国家知识产权战略实施策略与绩效评价"国际研讨会论文集》(2009年5月),第17页。

[103] See eBay, Inc. v. MercExchange, LLC, Supreme Court No. 05 - 130, proceedings below sub nom MercExchange, LLC v. eBay, Inc., 401 F.3d1323, 1338 - 39 (Fed. Cir. 2005) (Bryson, J.).

[104] 该案案情为:Blackberry(黑草莓)是加拿大RIM公司的产品。2001年时一家名为NTP的美国公司向美国弗吉尼亚州东区法院提起诉讼,指责RIM公司侵犯其专利,请求法院责令RIM公司停止其在美国的Blackberry邮件服务。历时5年的波折之后,地方法院的法官于2006年2月24日举行了一个听证会,法官没有作出在美国停用黑草莓服务的判决,排除禁令救济的适用,而是要求双方努力达成和解。参见NTP, Inc. v. Research In Motion, Ltd., 418 F.3d 1282 (Fed. Cir. 2005)。

[105] 沃顿商学院:《黑莓专利纠纷5年无输赢凸显美国专利制度已过时》,载《IT时代周刊》2006年3月20日。

研究、开发与临床实验，每种新药的开发都意味着大量的投资，因此专利权人应获得生产、销售某种药品的独占性排他的权利，从而为新药的开发提供激励。但是，药品专利权人为收回投资或进一步开发新药，势必将药品价格维持在一个较高水平上，这就是发展中国家所关注的药品的高价格与可获得性问题。

发达国家拥有全世界绝大多数的药品专利，而发展中国家与最不发达国家的发展水平低，使民众难以承受药品的相对高价。根据联合国一项研究表明，150mg 的艾滋病药品氟康唑在没有专利保护的印度价格是 55 美元，而在有专利保护的马来西亚价格是 697 美元，在印度尼西亚价格是 703 美元，在菲律宾是 817 美元。[106] 在发生严重流行疾病的公共健康危机（如艾滋病、非典等）情形下，药品专利权与健康权冲突异常尖锐。"朱门酒肉臭，路有冻死骨"现代版的人类惨剧也非鲜见。为避免此种情形，南非、巴西、埃及、泰国等为治疗艾滋病而对西方跨国制药公司的药品专利实施强制许可。[107] 这就对国际知识产权法律框架提出严重挑战：既要充分保护发达国家药品专利人的权益，又要兼顾发展中国家的公共健康利益。进而，发展中国家大多要求专利权人"放弃"自己的垄断权（实施强制许可等方式），以协调、实现发展中国家更大的公共利益。自 20 世纪末期以来，巴西、南非、埃及、泰国等国试图在本国对药品专利实施强制许可；在 TRIPs 协议框架中，《多哈宣言》就是发达国家专利权人与发展中国家达成妥协的标志。其后，2005 年 12 月，世界贸易组织总理事会通过了《修改〈与贸易有关的知识产权协议〉议定书》，将上述《多哈宣言》和决定的有关内容纳入了 TRIPs 协议。

实际上，不仅是发展中国家要求专利权人暂时"放弃"专利权，美国这样的发达国家也是如此。就在多哈会议召开前几个月，当美国在"9·11"事件后被炭疽病闹得人心惶惶、需要从德国拜耳公司扩大进口治疗炭疽病的特效药——"西普罗"时，美国就正式要求拜耳公司把"西普罗"的价格降到每片 1 美元以下，否则美国将动用"紧急状态"条款采购廉价的仿制药品。最后，拜耳公司不得不与美国达成协议，将"西普罗"的价格降到每片 1 美元以下，而"西普罗"的正常零售价是每片 5 ~ 7 美元。[108] 当时美国所谓的"紧急状态"仅是美国患炭疽病的人数在增加。实际上，美国当时发现的炭疽病患者总共还不到 20 名。

（三）策略性专利与专利池现象的形成：后工业时代专利权的异化

知识经济时代专利重要性的提升已彻底改变专利的性质，专利已不再是纯粹的法律概念，而变成企业关注的经营概念，于是策略性专利成为专利利用的常态。所谓策略性专利，是指专利的获取已偏离其传统的作用从而具有策略性了。[109] 它一般通过微不足道的代价即可获得，从而鼓励面对面谈判的企业相互之间的专利组合竞赛，还可能耗费社会资源，增加经济运行成

---

〔106〕 Unite Nations, Report of High Commissioner of the Human Rights Commission on Economic, Social and Cultural Rights, The Impact of the Agreement on Trade – Related Aspect of Intellectual Property Rights on Human Rights, UN Doce/cn04/sub. 2/2001/13at 14, pare 44 (2001).

〔107〕 See Jose Marcos Nogueira Viana, Intellectual Property Rights, The World Trade Organization And Public Health: The Brazilian Perspective, 17 Conn. J. Int'l L. 311 (2002). 文中对巴西基于公共健康利益的需要对艾滋病药物的强制许可的合理性进行了辩护。

〔108〕 这也可能是多哈会议成功通过《多哈宣言》的因素之一，此前多年谈判均未成功。

〔109〕 参见王太平：《论专利奖赏制度》，载《"国家知识产权战略实施策略与绩效评价"国际研讨会论文集》（2009 年 5 月），第 19 页。

本,阻碍其他企业的进入进而阻碍创新。

20世纪后期的几十年里,专利的角色发生了极大变化。“以往公司的价值主要表现为土地、工厂与原材料等有形资产;而如今无形资产受到知识产权的保护,且其价值比重日益增加。更重要的是,无形资产通常能够大规模地扩张,且所有者不需再付出任何代价,即可重新组织生产或开发利用。由于专利带来的日益增长的利益,因而受到经济全球化中的利益集团的追捧。如在美国,利用非核心专利作为收入来源的典型商业模式也随之增加。对许多公司而言,专利申请现在已不再是安排激励发明者的一种代价高昂的方法,而是创造价值的首要手段。”[110]可见,专利已不再仅是技术保护的防护性措施,而是公司经营策略的主要武器。专利拥有者一直对别人获取专利施加潜在的类似于“军备竞赛”的诉讼威胁。

专利池,也被称作专利联盟、专利集管或专利灌木丛,是指公司为商业化新技术而必须处理的重叠而密集的知识产权权利网。就制度层面而言,现行专利制度下生物技术、半导体技术等领域处于潜在危机境地,多重专利、重叠专利或无理讨价还价问题[111]正极大增加新技术商业化的成本。正如欧洲专利局的报告中所指出,“随着专利量的不断增加,利用专利授权(一些前期专利的保护范围可能阻碍产品或工艺的商业化生产)阻碍别人进行创新的现象已经凸显。为应对这种状况,专利池(专利联盟)应运而生,即允许拥有多项专利的权利人以单一价格许可或让与其他权利人。但是,商讨入盟可能代价高昂,将仅拥有少量专利者排除在外,或某一领域主要市场竞争者建立卡特尔(企业联盟),将新的竞争者排除在外。在某一领域的大量专利产生专利权使用费积累的问题,可能代价高昂,将阻碍创新”。[112]

如前文所分析的,作为垄断权的专利权授予与技术信息的公开是专利制度的两大基本特征,在一定程度上可视为国家与申请人之间的交换或“契约”,即国家授予发明人在一定时间、特定区域内享有独占的垄断权。作为回报,权利人必须将发明创造的技术信息公开。这个传统模式动态地平衡了个体与社会的利益,更重要的是,技术和知识的传播进一步刺激了技术革新、技术发展和社会进步,从而形成“良性循环”。但是,由于技术的复杂性增加,研发成本也增加,研发过去只涉及规模小但有远见的科学工业团体,而今则日益成为一项全球性的共同合作的事业;加之前述大量策略性专利与专利池问题的存在,研发者的商业利益越来越不再像以前那样得到满足,“良性循环”被破坏,对技术本质的恐惧与对风险的规避使多数企业对研发活动进行调整或经费限制。由此带来的问题是,在后工业时代,专利体系是否还能实现个人利

[110] EPO Scenarios for the Future:How Might IP Regimes Evolve by 2025? pdf. p17. http://www. epo. org/topics/patent-system/scenarios-for-the-future/download. html,最后访问时间:2022年6月15日。

[111] 就专利制度的理论层面而言,专利池或专利灌木丛是应反对的,其在社会运行中增加社会交易成本是显而易见的。但在现实中,专利池则常常作为知识产权战略实施与管理策略,如企业在美国面临侵权诉讼,就可运用专利池策略,进行前案检索、专利有效性分析、专利购买反诉、交叉授权谈判等是取得诉讼优势与有利地位的重要手段。国内学界大多亦认为应运用专利池策略,即最初由两个或两个以上的专利所有者达成的协议,通过该协议,将一个或多个专利许可给对方或者第三方,进而发展成为把作为交叉许可的多个专利权放入一揽子许可中所形成的专利集合体,从而取得授权或竞争优势。

[112] EPO Scenarios for the future:How might IP regimes evolve by 2025? pdf. p17. http://www. epo. org/topics/patent-system/scenarios-for-the-future/download. html,最后访问时间:2022年6月22日。

益与社会利益的平衡，总体上是否为了社会利益而支持创新？[113]这仍有待谨慎观察。

总之，在知识经济时代，专利制度遭遇了诸多挑战。无论如何，作为保护技术的最主要和有效制度框架，在新技术与经济条件下的专利制度改革与发展仍值得期待。

三、专利制度的未来愿景：专利制度改革与发展趋势

专利制度对技术进步的推动与创新的激励勿庸置疑。前述专利制度的程序性设置冗长低效、专利权与公共健康权等人权冲突所体现的对公共利益的漠视、策略性专利与专利池形成专利权的异化等问题的存在，并非意味着专利制度的末日，相反，其是专利制度革新的契机。

需要说明的是，以上对专利制度问题与缺陷的分析并非基于专利制度设计的内部而言，而是涉及经济发展与技术进步的大背景下专利制度的负面影响。本书认为，专利制度本身不容否定，其缺陷应从两方面寻求解决对策：一是在专利制度内部强化专利权规则的协调，强化授权与审查程序，充分发挥专利权作为垄断权对技术创新的激励机制；二是寻求专利制度激励技术创新的辅助机制，如奖励发明制度、专利奖赏制度等。这些辅助机制不是专利制度的替代性制度，而仅是在专利制度的某些领域存在缺陷的基础上寻求额外的动力，因为对技术进步与创新的激励而言，通过专利制度授予垄断权是根本性的。

（一）专利制度与激励技术创新辅助机制的构建：基于替代性制度的思考

1. 专利奖赏制度出现的缘由及其内涵

在欧洲专利局的一项报告中指出：借助 TRIPs 协议，发达国家及其以研发为基础的产业获得了更强的知识产权保护，也获得了更大发展；但发展中国家已意识到与其所签订的协议是一个陷阱。如 2000 年，南非政府为应对艾滋病危机，通过了抗逆转录酶专利的强制许可，却遭到几家跨国制药企业的起诉，从而引发了对 TRIPs 协议中有关公共卫生、穷国与富国间的资本让渡和技术转移等问题的广泛讨论。这些不协调不仅反映利益的冲突，更凸显了不同信仰与世界观之间的冲突，以至于对 TRIPs 协议的普遍性提出了挑战——也许一把钥匙并非能打开所有的锁，或许不同的社会有不同的规则要求，不同的技术也需要不同的规则。[114] 进入 21 世纪，随着知识经济的深入发展与专利权的持续强化，专利制度的先天缺陷被充分暴露与放大，专利制度正面临前述的挑战，人们开始重新审视专利制度。因此，寻求对特定领域的专利制度与技术创新的反思，并力图构建替代性辅助机制的运动方兴未艾。专利奖赏制度就是其代表性替代方案。[115]

专利奖赏制度，是各种介于政府授予发明者对其发明以独占权的专利制度和政府直接资助研发之间的各种制度总称，与专利制度一样也是公共产品供给模式，是一种创新激励模

---

[113] EPO Scenarios for the Future：How Might IP Regimes Evolve by 2025？pdf. P9. http://www.epo.org/topics/patent-system/scenarios-for-the-future/download.html，最后访问时间：2022 年 6 月 20 日。

[114] EPO Scenarios for the Future：How Might IP Regimes Evolve by 2025？pdf. p17，p19. http://www.epo.org/topics/patent-system/scenarios-for-the-future/download.html，最后访问时间：2022 年 6 月 22 日。

[115] 此处的替代性方案并非完全替代专利制度，而是仅就特定技术领域或特定技术所作的制度设计。因此，所谓的替代只是一种与专利制度的组合方案而已。

式。[116] 在专利制度下,政府只负责审查发明是否符合专利法规定的条件,对符合条件的发明授予专利权,而不给予发明人以任何物质上或金钱上的其他利益,发明人享有的只有专利权,其能否收回投资主要看其专利技术是否适合市场化,权利人是否有能力商业化。此时,发明的投资风险是由发明人自己承担的。专利制度之所以能起到促进创新的作用,是因为专利权使得发明的收益"内部化"了,恢复了市场因素的作用。专利奖赏制度除了设置审查程序以确定哪些发明可以奖赏外(奖赏的技术领域),还要确定适当的奖赏数额,以换取发明人将其发明公开,置于公共领域。

专利奖赏制度也不同于政府直接资助研发的制度。尽管两者对发明人的资助均由政府出资,但后者一般是以发明人做出发明创造之前以直接资助的方式来调动发明人的积极性,而专利奖赏制度则是事后的激励制度,倾向于以事后强制性或选择性购买专利权人的专利权(其前提是申请人取得专利权)的方式,进而使发明进入公有领域。因此,政府直接资助研发制度的风险由政府承担,专利奖赏制度的风险则主要由发明人承担。[117]

2. 专利奖赏制度的实施:可能与现实

我国在1950年建立了发明奖励制度,当时中央人民政府颁布了《保障发明权与专利权暂行条例》,该条例采用苏联的发明证书与专利证书的双轨制。在发明证书制下,国家给发明人以一定的物质奖励和荣誉奖励,发明归国家所有。1963年,国务院颁布了新的《发明奖励条例》,废除双轨制,采用单一的发明奖励制度。1978年,国务院再次颁布新的《发明奖励条例》,并先后于1984年与1993年进行两次修改,废除了原条例中获得发明奖励的发明归国家所有的规定,将奖励提高至20000元、10000元、5000元与2000元等不同标准。此时,我国实际上又实行了专利与发明奖励的双轨制。

1999年,国务院制定了《国家科学技术奖励条例》,废止了《发明奖励条例》,将原国家科委下的奖项提升为国家科学技术奖励委员会的国家级奖励,荣誉奖励与精神鼓励制度逐步形成,凸显了传统的一系列的发明奖励制度的无力与无奈。

知识经济的发展与技术的密集和复杂化趋势,将不可避免地改变专利制度的生态环境,将专利制度的缺陷无限放大,以至于使专利制度丧失其合理性与正当性。因此,有必要在特定领域实施专利奖赏等替代性制度,以促进特定领域的发明和公共利益的实现。

在专利奖赏制度下,由国家向发明人支付相当于社会价值的金钱补偿后,发明归国家所有,进入公共领域。[118] 因此,其前提是发明人的发明获得专利保护,即专利奖赏仍是专利制度下的辅助制度。该制度的适用应是有限的,仅针对专利制度的市场因素难以有效发挥作用的领域,如涉及公共健康的领域、专利过于密集以至于影响技术创新或发明商品化的领域,而其

〔116〕 有关专利奖赏制度,参见王太平:《论专利奖赏制度》,载《"国家知识产权战略实施策略与绩效评价"国际研讨会论文集》(2009年5月),第17~26页。

〔117〕 相关研究,参见 Lisa Larrimore Ouellette, Patentable Subject Matter and Nonpatent Innovation Incentives, 5 UC IRVINE L. REV. 1115 (2015)。

〔118〕 这与美国20世纪80年代制定的大学和中小企业专利程序法(《拜杜法案》)的规定不同。《拜杜法案》规定,即使是由联邦政府提供的研究资金,只要是在校内发明的研究成果,其专利所有权毫不例外地属于大学。这实际上是国家资助直接研究以促进科技创新,风险由国家承担,是一种事前鼓励措施。专利奖赏则是事后补偿措施,风险大多由发明人承担,只是由于国家的补偿而进入公共领域,从而利于公共利益的实现。

他领域是否适用则可由发明人选择。

当然，专利奖赏制度的实施仍存在诸多困难。如发明奖励数额的确定，多少奖励或多大程度上的奖赏是合适的？究竟谁来确定适用奖赏的发明？适用的程序如何？用于奖赏的资金如何筹集并发挥最大功效？这些都是值得进一步研究和探讨的问题。

在公共健康领域实施专利奖赏制度，将发明人的发明置于公有领域，发明药品市场将可能是完全竞争市场，无疑有助于降低专利药品价格，对解决发展中国家的公共健康危机及公众药品费用负担不无益处；对技术密集领域实施专利奖赏制度，可在很大程度上解决业已在发达国家出现、并将在我国出现的策略性专利战略与专利灌木丛策略问题。通过专利奖赏使相关发明进入公共领域，任何人可自由使用，因而无论技术多么密集，特定技术的拥有者也不能阻止他人进入该市场。当然，对于技术密集领域的认定与选择，需要根据国家发展战略与政策导向进行充分的专利分析，作出合理的专利地图与专利报告。

（二）现代专利制度的发展趋势：基于专利制度内部规则协调的考察

迄今为止，世界上已有一百多个国家和地区建立了专利制度。专利制度历经数百年的演变，现已成为一种比较系统、完善和通行的科学技术管理制度和法律制度。科学技术和经济贸易的不断发展，使其仍在不断的革新中。在革新中发展可以说是专利制度发展的一个规律。[119] 例如，由不审查制向审查制过渡，由对发明只要求实用性到要求创造性，由不保护外国发明人到保护外国发明人，这些都是专利制度革新的表现。究其原因，在于专利制度作为一种管理科学技术的制度，必须随着科技革命所提出的新问题而与时俱进，与国内外市场的变化相适应，并与一国所参加的有关国际公约或者地区性条约不相冲突。专利制度的发展有如下趋势：

第一，不断扩大专利保护范围的趋势。专利制度建立之初，仅保护产品发明，后来逐渐扩大到方法发明、材料发明。现在则扩展到商业方法、计算机程序发明、生物遗传工程发明、人工智能生成发明、数据技术发明等。这种保护范围的扩大，正是现代专利法发展的一个标志。随着科学技术的发展，还会有更多的发明创造纳入专利保护范围。专利保护范围扩大的趋势，可以从以下几方面加以理解：一是技术发展导致出现新的发明创造，需要增加新的专利权客体，以激励新技术领域的创新和产业发展；二是经济社会和技术发展，使得发明创造应用空间扩大，需要充实专利权人受保护的专利权；三是经济社会和技术发展，也使得需要更好地激励发明创造和对发明创造的投资，为此需要提高专利保护水平，这也会促使专利保护范围有扩大的趋势。

第二，不断简化专利审批程序的趋势。如前所述，审查制是专利制度现代化的标志。进行科学审查是专利制度的一项重要内容。为提高专利质量，[120] 避免申请案积压，专利审批制度经历了由形式审查制到实质审查制，再到延迟审查制的革新过程。即便是延迟审查制也仍未从根本上解决专利申请案积压的问题。正因如此，欧美等国在力图完善专利审查程序的同时，

---

〔119〕 相关研究，参见李明德：《论我国专利制度改革的三个维度》，载《知识产权》2019 年第 8 期。

〔120〕 相关研究，参见梁志文：《专利质量的司法控制》，载《法学家》2014 年第 3 期；R. Polk Wagner, Understanding Patent-Quality Mechanisms, 157 U. PA. L. REV. 2135 (2009)。

对某些特定领域如药品保护实行特殊措施,通过延长专利权保护期,来弥补正常审查所需的时间。[121] 因此,就世界范围看,如何科学规划专利审批程序、缩短审批时间,始终是专利制度面临的一个需要解决的重要课题。

第三,不断国际化的趋势。专利制度的国际化发展是技术发明成为国际性商品的结果,是最近一百多年来专利制度的新发展。如前所述,从19世纪末开始出现了专利制度的国际化趋势。1883年诞生的《巴黎公约》是历史上出现的第一个有关专利的国际公约。20世纪以来,专利制度的国际化趋势进一步发展,出现了一系列的国际公约或地区性条约,如《专利合作条约》等。

近几十年来,专利制度的国际化进程主要表现为两个方面:一是使各国专利制度内容趋于统一,即统一化进程,这主要表现为以多边专利国际公约(如TRIPs协议)为核心,各成员国以公约为标准制定或修改国内专利法,逐渐达到实体和程序的统一;二是构建各国专利制度可以共享的程序(如《专利合作条约》下的PCT程序),即一体化进程,各国逐渐共享涉及同一发明的申请、审查、授权程序及其程序结果,甚至在可预见的将来,各国让渡部分主权,制定统一的国际专利法,由统一的机构对专利的申请、审查、维持和终止进行管理。美国、日本及欧洲国家倡导的颇具争议的全球专利制度就具有代表性。[122]

实质性协调各国专利法争议无疑很大,但在不久的将来取得实质性进展具有可能性。如2006年11月17日,美国、日本及欧洲专利局长会议在东京召开,正式开始在专利领域引入“相互承认”制度。2007年11月5日至9日,美国专利商标局、欧洲专利局及日本专利局(以下简称三局)第25次年会在华盛顿召开,三局决定在2008年启动“三方检索共享计划”,针对向三局同时提出并请求适用快速审查及授权程序的相同主题的专利申请。三局中的某一局对某发明所作的检索结果和审查决定供其他两局审查审阅。[123] 这表明,在专利领域影响力最大的三个专利机构朝着一体化方向更进了一大步。2011年,国家知识产权局首次启动与日本特许厅双边“专利审查高速路”试点以来,至2021年已与世界上30个专利审查机构签署合作协议,以使我国申请人在国外市场快速获得专利保护。

专利制度的国际化也值得人们深刻反思,因为全球化浪潮席卷世界,包括专利制度在内的知识产权制度的全球化亦与经济全球化同步而行。发展中国家则不由自主地被卷入这场洪流之中,其代价则是接受以美国为首的发达国家的法律制度的所谓“高标准、高水平保护”。在这一过程中,令人忧虑的是,发展中国家所能做的仅限于yes或no。因而,“太长时间以来,知识产权保护已经被视为富国的粮食和穷国的毒药”[124]。

---

〔121〕 EPO Scenarios for the Future: How Might IP Regimes Evolve by 2025? pdf. p. 9. http://www. epo. org/topics/patent - system/scenarios - for - the - future/download. html,最后访问时间:2022年6月8日。

〔122〕 有关国际性的全球专利制度可参见唐春、朱雪忠:《拟议中的全球专利制度及其对我国的影响》,载《科技与法律》2003年第2期;朱雪忠、唐春:《拟议中的全球专利制度研究》,载《中国软科学》2005年第7期。

〔123〕 Summary of the 25th Trilatateral Conference a Lexanderia Vinginia 9 November, 2007; http://www. trilateral. net/conferences/2007. pdf; also see http://www. jpo. go. jp/cgi/linke. cgi? url = /torikumi_e/kokusai_e/25th_tri_conference. htm,最后访问时间:2022年6月19日。

〔124〕 Report Commission on Intellectual Property Rights: Integrating Intellectual Property Rights and Development Policy, pdf. P iv. http://www. iprcommission. org/graphic/documents/final_report. htm,最后访问时间:2022年6月19日。

20 世纪末期,TRIPs 协议通过以后,知识产权与全球贸易挂钩,引发了地区间的贸易关系的紧张。[125] 专利制度的国际协调迄今还有许多问题未彻底解决,但总体上,专利制度的国际化趋势还会进一步延伸。按照目前的发展趋势,待至实质性授权条件等程序和标准得到统一之后,知识产权国际化进程将在深度与广度纵深发展,在可以预见的将来,建立"PCT 专利"(而非为申请而设的便利程序)乃至全球专利并非不可能。

[125] EPO Scenarios for the Future:How Might IP Regimes Evolve by 2025? pdf. p9. http://www. epo. org/topics/patent-system/scenarios-for-the-future/download. html,最后访问时间:2022 年 6 月 19 日。

第二章 专利保护的客体

专利保护的客体是依法以专利形式保护的发明创造(inventions-creations),是依法应授予专利、记载于专利文件之中已公开的智力成果,尤其是技术成果。世界各国法律对专利保护客体的规定不尽相同。[1] 在绝大多数国家,专利只保护发明,专利与发明几乎是同义词,《巴黎公约》中所用"专利"一词就可以这样理解。少数国家除发明外还对实用新型和外观设计授予专利,但不是由专利法统一保护,而是通过实用新型和外观设计专门立法保护,如日本、德国等。美国《专利法》则将实用新型包含在发明之内。只有很少一部分国家由统一的专利法保护发明、实用新型和外观设计。[2] 总的来说,凡实行专利制度的国家,无不以发明为主要保护客体。多数国家专利法不保护实用新型和外观设计,但它与发明专利一样都是工业产权的保护形式。[3]

中国专利保护的客体有发明、实用新型和外观设计。但是,对于发明、实用新型和外观设计的定义这样十分重要的问题,2008 年修订《专利法》以前的各个专利法版本均未予以明确,而是放在立法层次低一级的《专利法实施细则》[4]中规定。2008 年修订《专利法》时才改变了这一局面,在第 2 条中增加三款分别规定发明、实用新型和外观设计的概念。2020 年《专利法》则对第 2 条第 4 款的外观设计专利的定义作了进一步修订。在某种意义上,一个国家专利法纳入受保护客体的范围带有政策考量因素。[5]

第一节 发　明

一、发明的概念

国际上对发明没有一个统一的定义。一般而言,发明是创制或设计出前所未有的东西。

---

[1] See Yuqing Cui, A Quantitative Approach to Determining Patentable Subject Matter, 30 HARV. J. L. & TECH. 629 (2017); Dan L. Burk, Anticipating Patentable Subject Matter, 65 Stan. L. REV. ONLINE 109 (2012 – 2013).

[2] 相关研究,参见 Tun – Jen Chiang, Competing Visions of Patentable Subject Matter, 82 GEO. Wash. L. REV. 1858 (2014)。

[3] 参见冯晓青、杨利华主编:《知识产权法学》(第二版),中国大百科全书出版社 2008 年版,第 168 页。

[4] 参见 2001 年 7 月 1 日起施行的《专利法实施细则》第 2 条。在我国,《专利法实施细则》是由国务院颁布的行政法规,而不是由全国人大常委会颁布的法律,其立法层次要低于后者。从立法原则来说,对某一领域普通法律的基本问题,需要规定在该法律中,涉及普通法律的诸多细节问题,则可以通过由国务院颁布实施细则(条例)的形式加以明确。不仅知识产权领域的立法模式如此,其他领域立法也如此。但在过去,对发明、实用新型和外观设计的定义这样的基本问题,我国专利立法一直没有在普通法律中规定。2008 年《专利法》修订时作了改变,有利于强化人们对发明、实用新型和外观设计内涵的认识。

[5] See Amy L. Landers, Patentable Subject Matter as a Policy Driver, 53 Hous. L. REV. 505 (2015).

但专利法意义上的发明比一般意义上的发明要严格得多。专利法并不保护所有的发明,只保护对社会有益的发明。目前,专利法上的发明也未形成一个受到普遍承认的定义。专利所能保护的客体极为广泛,而基于专利保护政策的考量,有些内容又不被授予专利权,这决定了给发明下一个恰如其分的定义是比较困难的。正因如此,多数国家专利法回避了对发明作出正面定义,而是采取列举或排除的方法作出间接的说明。例如,美国 1952 年《专利法》第 101 条规定,可获得专利的发明是指新颖而有用的制法、机器、制造品、物质的组成,或者它们新颖而有用的改进。加拿大、印度等国家也采用这种列举的方法。这样容易挂一漏万,无法列出发明的全部内容。更多的国家则是采用排除或者说除外的方法定义,《欧洲专利公约》即是如此。当然,也有一些国家在专利法中对发明作了直接定义。例如,日本《专利法》第 2 条规定:“发明是指利用自然规律所作出的高水平的技术创造”;苏联《发现发明及合理化建议条例》规定,“发明指在国民经济、社会文化建设或国防的各个领域内,新的、具有实质性特点并具有积极效果的解决课题的技术方案”;《发展中国家发明专利示范法》认为,“发明是发明人的一种思想,是利用自然规律解决实践中各种问题的技术方案”。定义方法的缺点是,定义范围的宽窄难以准确把握。

简单地说,专利法上所说的发明是指发明人利用自然规律为解决某一技术领域存在的问题而提出的具有创造性水平的技术方案。我国对专利发明的定义见于《专利法》第 2 条第 2 款规定:发明,是指对产品、方法或者其改进所提出的新的技术方案;同时,在其第 5 条与第 25 条中采取反面定义、列举的方法,即采取排除方法确定一些不予保护的主题范围与界限。

二、发明的属性

发明通常被认为是为解决技术问题而作出的新的创造性解决方案。它首先是一个技术范畴,但技术上的发明和法律意义上的发明不完全一致。作为专利保护客体的发明必须具备两个属性:技术属性和法律属性。

(一)技术属性

第一,发明是一种技术方案。发明是一种为解决特定技术问题而作出的创造性构思,但单纯提出课题或构思而未提出具体的技术方案不能称作发明。这种思想付诸实践,必须能解决技术领域的问题。也就是说,发明是技术思想和技术方案的统一。技术思想是技术方案的基础,技术方案是技术思想成为现实的途径和体现。由此可知,专利法上的发明并不要求发明是技术本身,它只要求是技术方案即可。自然,技术本身也可以作为发明获得专利保护。这使我国专利法与发明奖励条例在“发明”的概念上区别开来。

第二,发明是在利用自然规律基础上的技术创造与革新,而非单纯地揭示自然规律本身。一方面,发明是利用自然规律所获得的结果。自然规律是自然界的客观规律或自然法则。违背自然规律或不是利用自然规律的“技术方案”或其他方案不是发明。前者如制造“永动机”,后者如会计制度、体育比赛规则等。发明是对自然规律的利用,如首次问世的关于发电机的技术方案,就是一项发明,它是利用电磁感应这一自然规律作出的。另一方面,发明是一种技术应用上的创造和革新,不是认识自然规律的理论创新,也非自然规律本身。这一点使发明和发现区别开来。所谓发现,是指揭示自然界原已存在但人们尚不知道的东西,如万有引力定律,在牛顿发现之前就已存在。尽管专利法不保护发现，但是要说明的是，很多发明是建立在发现的基础上的，如利用爱因斯坦提出的能量公式 $E=MC^2$ 释放原子核中的能量就是发明。

第三，发明是解决特定技术课题的完整技术方案，而非单纯提出课题或构思。发明虽不需要达到直接应用于产业化的阶段，但它应当可以直接转化为技术，一旦付诸实践能够解决某一特定技术问题。或者说，从技术的观点看，它必须具备相当准确的可能性，没有具体的解决技术难题的手段就不能被称为发明。基于此，单纯提出课题或构思不属于发明。根据《专利审查指南》[6]第二部分第一章"2.不符合专利法第二条第二款规定的客体"部分规定，未采用技术手段解决技术问题，以获得符合自然规律的技术效果的方案，不属于《专利法》第2条第2款规定的客体。气味或者诸如声、光、电、磁、波等信号或者能量也不属于《专利法》第2条第2款规定的客体。但利用其性质解决技术问题的，则不属此列。

(二)法律属性

专利法保护的发明具有一定的法律意义，因为被称为发明的新技术方案并不能自动成为专利保护的客体。它们要经过主管专利机关的审查，确认其符合专利法的条件才能取得专利权。有些新技术方案单纯从技术角度看是发明，但从法律角度看则不一定是。也就是说，技术上的发明要成为法律上的发明必须具有一些法定条件。如必须具备新颖性、创造性和实用性，不违反法律、社会公德和公共利益的要求，并且不是法律明文规定不授予专利权的客体。

因此，专利法并不保护所有的发明，只有符合专利法条件并经法定程序审查的发明才受保护；同时，也并非所有的发明都适合以专利法来保护。有些技术方案若易为竞争对手反向工程解密或利用，则具有以专利形式保护的必要性；而若不易为竞争对手反向工程解密或利用，申请专利反而可能存在技术信息公开的风险，如前面提到的可口可乐公司的配方，就适合不申请专利而以商业秘密形式进行保护。实际上，针对符合专利保护条件的发明创造究竟选择申请专利还是以技术秘密形式予以保密，需要从技术、法律和市场等多角度加以审慎决定。[7]

三、发明的种类

世界各国专利法对发明种类的规定不一，但一般将其分为产品发明、方法发明、物质发明、应用发明、改进发明等。如意大利《专利法》列举了方法、机器、工具、机床、装置、产品、制品、科学原理的应用结果。一般而言，关于发明的种类，发达国家规定得宽一些，发展中国家规定得严一些。我国《专利法》规定的发明种类有如下类型。

(一)产品发明

产品发明(product invention)是以有形形式出现的一切发明。它是人们通过创造性劳动创制出来的各种制成品或者产品。这些产品是自然界从未有过的，也是人类社会从未有过的。未经人的加工而属于自然状态的东西不能称为产品发明，如野生药材、天然宝石、矿物质等。产品发明又可具体分为：(1)制造品的发明，如机器设备、装置、构件、用具等的发明；(2)材料的发明，如化学物质、组成物等的发明；(3)有新用途产品的发明，即在不改变物品结构的条件

〔6〕 后文未特别说明的，均指2021年版《专利审查指南》。

〔7〕 参见冯晓青：《企业知识产权战略》(第四版)，知识产权出版社2015年版，第109~111页。

下,发现该物品从前不为人所知的新用途。[8] 产品发明可以是一个独立的产品,也可以是一个产品的一种部件。产品发明取得专利后称为产品专利。产品专利不保护制造方法,只保护产品本身。根据现行《专利法》第 11 条的规定,发明和实用新型专利权被授予后,除本法另有规定的以外,任何单位或者个人未经专利权人许可,都不得实施其专利,即不得为生产经营目的制造、使用、许诺销售、销售、进口其专利产品。

(二)方法发明

方法发明(process invention)是指利用自然规律系统地作用于一个物品或者物质,使之发生新的质变或者成为另一种物品或物质的方法的发明。方法发明多种多样,通常包括:制造方法的发明,化学方法的发明,生物方法的发明,将产品(主要是物质)用于新用途的方法的发明。在不改变某种方法原有特征的条件下发现了该方法不为人所知的新用途的方法的发明属于方法发明,DDT 杀虫剂的研制就是如此。方法发明可以涉及全部过程,也可以只涉及其中某个步骤。根据现行《专利法》第 11 条的规定,方法发明不仅涉及该专利方法本身,而且延及使用、许诺销售、销售、进口依照该专利方法直接获得的产品。应当注意,不是利用自然规律的方法,如纯属于智力或精神活动的方法,不能成为方法发明。

(三)改进发明

这是对已有的产品发明和方法发明提出实质性革新的技术方案。改进发明是在保护已知对象独特性的前提下对已有产品或方法赋予新的特性或进行新的部分质变。例如,美国通用电气公司用充惰性气体的方法改进了爱迪生发明的白炽灯,显著地改善了白炽灯的质量,这就属于改进发明。改进发明有利于技术进步,因而也受各国专利法保护。应当注意,改进发明与产品或方法的新用途的发明不同。

第二节 实用新型

一、实用新型的概念

(一)实用新型的界定及其必要性

根据现行《专利法》第 2 条第 3 款的规定,实用新型(utility models)是指对产品的形状、构造或者其结合所提出的适于实用的新的技术方案。这个新技术方案能够在工业上制造出具有使用价值或实际用途的产品。实用新型也是利用自然规律所提出的新技术方案,在这一点上与发明是相同的。实用新型的确也是一种发明,只是对其创造性要求较低,通常人们称之为"小发明",把取得专利的实用新型称为"小专利"。

在工业社会的技术发展进程中,行业与技术愈发细分,而不同领域对创新程度的要求也不同。譬如,生物和信息技术领域有较大可能出现大的技术突破,而传统的机械或电子技术领域

[8] 此处值得注意的是,"有新用途产品的发明"与"将产品用于新用途的方法的发明"的区别。根据《专利审查指南》的相关规定,已知产品的新用途发明是指将已知产品用于新的目的的发明。用途发明是一种方法发明,其权利要求属于方法类型。通常而言,产品发明为空间要素的组合;方法发明为时间要素的组合。

则较少见。即便如此,在生物或信息领域,技术进步或突破也不是每天都会出现。因此,对创新程度较低的领域或达不到发明专利审查标准的技术也存在需要保护的空间,如家具和玩具制造业、钟表制造业等领域。

(二)实用新型的特点

实用新型具有以下特点:

第一,实用新型必须是产品。

实用新型保护的产品是经过工业方法制造的有确定形状、构造且占据一定空间的实体,如仪器、设备、日用品或其他器具。这种产品也可以是物品或其中的一部分,只要这种物品能在工业上得到应用或使用。制造这种产品的工艺方法不受实用新型专利保护。

第二,实用新型必须是具有一定立体形状和构造或者是两者相结合的产品。

形状是指外部能观察到的产品固定的立体外形。它使产品在使用中具有相应的技术功能作用。产品的形状应是可以保持的,而不是短时间维持的。没有固定形状或结构的产品如气态、液态、颗粒状、粉末状物质或材料,其形状不能成为实用新型产品的形状特征。对产品形状所提出的改进可以是对产品的三维形态所提出的改进,例如对凸轮形状、刀具形状作出的改进;也可以是对产品的二维形态所提出的改进,例如对型材的断面形状的改进。

关于产品的形状,还应注意:(1)不能以生物的或者自然形成的形状作为产品的形状特征。例如,不能以植物盆景中植物生长所形成的形状作为产品的形状特征,也不能以自然形成的假山形状作为产品的形状特征。(2)不能以摆放、堆积等方法获得的非确定的形状作为产品的形状特征。(3)允许产品中的某个技术特征为无确定形状的物质,如气态、液态、粉末状、颗粒状物质,只要其在该产品中受该产品结构特征的限制即可。例如,对温度计的形状构造所提出的技术方案中允许写入无确定形状的酒精。(4)产品的形状可以是在某种特定情况下所具有的确定的空间形状。例如,具有新颖形状的冰杯、降落伞等。

构造是指组件或者部件的有机联结或者结合,它反映的是产品或产品部件之间在技术特征和性能上的相互关系,是产品的各个组成部分的安排、组织和相互关系。产品的构造可以是机械构造,也可以是线路构造。机械构造是指构成产品的零部件的相对位置关系、连接关系和必要的机械配合关系等;线路构造是指构成产品的元器件之间的确定的连接关系。从实践中大量的实用新型申请案例看,实用新型一般也都是具体的、确定的结构和构造的空间形体,而且往往是具有单一空间形体的可移动物。以非立体的平面形态表现出来的产品和不可移动的产品,尽管有一定的形状、构造,也不受实用新型专利保护,如电路设计图、不可移动的建筑物等。

一项发明创造可能既包括对产品形状、构造的改进,也包括对生产该产品的专用方法、工艺或构成该产品的材料本身等方面的改进。但是,实用新型专利仅保护针对产品形状、构造提出的改进技术方案。应注意,权利要求中可以使用已知方法的名称限定产品的形状、构造,但不得包含方法的步骤、工艺条件等。例如,以焊接、铆接等已知方法名称限定各部件连接关系的,不属于对方法本身提出的改进。如果权利要求中既包含形状、构造特征,又包含对方法本身提出的改进,例如含有对产品制造方法、使用方法或计算机程序进行限定的技术特征,则不属于实用新型专利保护的客体。例如,一种木质牙签,主体形状为圆柱形,端部为圆锥形,其特征在于：木质牙签加工成形后，浸泡于医用杀菌剂中 5～20 分钟，然后取出晾干。由于该权利要求包含了对方法本身提出的改进，因而不属于实用新型专利保护的客体。[9] 在实践中，对于一项申请，区分方法本身的改进和形状、构造特征的改进对于实用新型专利的授权具有重要意义。只有对产品的形状、构造予以改进的技术方案授予专利权，才能保障实用新型专利的稳定性。

第三，实用新型具有实用性。

实用新型必须在产业上有直接的实用价值。无论是仅涉及产品的形状或构造，还是涉及形状与构造的结合，都必须要产生一定的实用功能。例如，铅笔的六角形是为了防止铅笔从桌子上滚下来，轮胎的花纹是为了防滑。如果产品的形状构造只是为了美观，不具有实际效用，就不能获得实用新型专利保护。

第四，实用新型体现为一种新的技术方案。

实用新型作为一种技术方案，是指对要解决的技术问题所采取的利用了自然规律的技术手段的集合。技术手段通常是由技术特征来体现的。未采用技术手段解决技术问题，以获得符合自然规律的技术效果的方案，不属于实用新型专利保护的客体。产品的形状以及表面的图案、色彩或者其结合的新方案，没有解决技术问题的，不属于实用新型专利保护的客体。产品表面的文字、符号、图表或者其结合的新方案，不属于实用新型专利保护的客体。例如，仅改变按键表面文字、符号的计算机或手机键盘；以十二生肖形状为装饰的开罐刀；仅以表面图案设计为区别特征的棋类、牌类，如古诗扑克等。[10] 因此，缺少技术特征或者技术特征指向的方案不属于实用新型保护的客体，背离了实用新型作为技术方案的特征。

二、实用新型与发明的区别

实用新型和发明本质上是一致的，都是保护技术方案的垄断权，但也存在若干差异。主要如下：

1. 实用新型的保护范围小于发明。实用新型只适用于产品，不适用于方法，而且它限于有一定形状、构造的产品。与形状、构造或其结合无关的产品不能适用。对发明而言，除专利法有特别规定外，任何发明都可依法获得专利权，其既包括产品，也包括方法。

2. 实用新型创造性要求较低。现行《专利法》第 22 条第 3 款规定，发明要有“突出的实质性特点和显著的进步”，而实用新型只要求有“实质性特点和进步”。大多数保护实用新型的国家如西班牙都有类似规定，一般都降低新颖性或创造性条件。

3. 实用新型的审批程序比较简单、快捷。发明专利的取得要经过严格的实质审查，而实用新型只须经过初步审查认为符合要求的，即可授权，而无须经过实质审查，这大大缩短了实用新型专利从申请到授权的时间。原因在于：实用新型多为一些简单的创新且易替代的技术，其市场寿命较短，如通过长时间的实质审查后再授权，该技术则可能已缺乏竞争力，已为市场所淘汰。可见，长时间的实质审查程序对创新程度不高、市场竞争力不强的技术的保护是不利

---

〔9〕 参见 2020 年 2 月 1 日起施行的《专利审查指南》第一部分第二章“6.1”部分。

〔10〕 参见 2020 年 2 月 1 日起施行的《专利审查指南》第一部分第二章“6.3”部分。

的,对申请人而言是得不偿失的;反之,立法如采用该制度设计亦不能达到通过授权的制度来激励创新的初衷。因此,实用新型专利只须经过初步审查而非实质审查是可取的选择。但是,这种不经实质审查的授权的缺陷也是显而易见的,如带来重复授权、权利的不稳定等问题,对此将在后文具体阐述。

4. 实用新型专利的保护期较短。这种规定是从实用新型的创造性程度和发挥效益的时间两方面考虑的。由于对实用新型授权的要求较发明低,因而,各国对实用新型的保护水平相应有所降低,如缩短其保护期,现行《专利法》对实用新型专利的保护期为10年,而发明专利的保护期则为20年。从世界各国看,大多数国家对实用新型的保护期均为10年或10年以下,这种较短的保护期由其创造性程度较低、归属"小发明"所决定。从社会(国家)与个人的"交换"来看,实用新型完成者公开创造性程度较低发明的有关技术信息,国家授予其较短的保护期,本质上是大致对等的。

三、各国对实用新型的法律保护

从世界范围来说,保护实用新型的法律制度的建立晚于保护发明、外观设计的法律制度。1843年,英国制定了世界上最早的实用新型法。将实用新型作为一种单独的工业产权加以保护则首先是德国于1891年通过立法确立的。《巴黎公约》于1911年正式确立了实用新型保护制度。目前,世界上采用实用新型保护制度的国家和地区主要有中国、德国、日本、巴西、法国、西班牙、波兰、墨西哥、葡萄牙、菲律宾、韩国、乌拉圭、《班吉协定》成员国(如尼日尔、多哥、中非、加蓬)以及我国台湾地区等。其中,多数国家规定实用新型是对物品的形状构造或装置所进行的新的、有用的改进。

在采取实用新型制度的国家,对实用新型的保护方式也不尽相同。少部分国家以专利法加以保护,如巴西、菲律宾等。有些国家则以专门的实用新型法加以保护,如日本、德国、意大利、索马里、圣马力诺、列支敦士登、乌拉圭。在称谓上也不相同,如日本称"实用新案",德国称"实用证书",其他国家称"实用新型"或"新型"。有人认为,德国的实用新型法是实用新型制度中较普遍的一种保护类型,澳大利亚的"小专利"制度〔11〕则可算作实用新型制度的第二种类型。此外,有些国家如英国和美国虽未规定实用新型专利,但实际上是把实用新型作为小发明纳入发明中一起保护的。

当前,国际上对建立实用新型制度在法律上和经济上的重要性的认识逐渐加深。一般认为,实用新型制度有利于保护小发明创造,弥补发明专利保护的不足。哈佛大学肯尼迪学院Calestous Juma教授在谈到"技术创新与可持续发展"时提到实用新型制度的优势:"第一,实用新型专利制度可以使手工业者将其达不到专利法中新颖性与创造性要求的发明创新得到保护;第二,实用新型专利制度可以提高小规模创新者在经济发展中的作用,并有助于他们在新技术(这些可能威胁到小规模创新者的生计)面前得以立足;第三,实用新型专利制度能够提

---

〔11〕 这种保护不限于有形物,而扩大到方法发明,成为与一般发明专利平行的保护方式。

高创新水平;第四,获得实用新型专利比获得发明专利成本低廉。"[12]

我国中小企业较多,与大中型企业相比,总体上其经济技术实力较弱,属于实用新型的发明创造的数量很大。在"大众创业、万众创新"的政策背景下,建立和完善实用新型制度有利于调动广大人民群众从事发明创造的积极性,推动科学技术的进步与创新能力提升。这是被实践所证明了的。据统计,从《专利法》实施到1992年5月31日止,我国实用新型专利申请量占专利总申请量的64.2%,授权量占专利总授权量的76.9%。另有资料表明,从《专利法》实施以来至1990年年底,我国实用新型申请量以年均44%的速度增长,发明申请仅8.6%,远远高于发明专利申请。又如,国家知识产权局2009年累计受理专利申请97.7万件,其中实用新型专利申请31.1万件,同比增长38%。可见,在相当长的一段时间里,实用新型专利制度在我国专利制度中占据了较为重要的地位。

当然,也应看到,技术进步与社会发展的加快、深层次国际竞争日趋激烈,这使我国迫切需要对高新技术的研发提供更进一步的激励,而实用新型专利制度对较低水平的技术创新的保护则难以满足我国参与激烈国际竞争的需要。加之实用新型专利制度的审查、检索及效力等诸多方面问题的存在,我国《专利法》修订时在强化发明专利保护的同时,需要不断完善实用新型专利保护制度。对此,下文将作专门阐述。

四、我国实用新型专利制度的问题与完善

尽管实用新型专利在我国专利申请中占据较大比重,但由于我国对实用新型专利实行形式审查的制度,随之而来的是如下问题:(1)由于实用新型专利申请是初步审查,不进行实质审查,即不进行检索和专利三性的判断,从而难以避免重复授权的问题。(2)不进行实质审查,结果是权利的不稳定性以及额外诉讼,从而使公众对其丧失信任。[13] 此外,还有一种担忧在于:大型市场竞争者将实用新型专利作为一种规避专利制度下更多严格标准的手段,并利用这一制度使中小企业与其竞争变得日益艰难。[14]

(一)实用新型专利与重复授权的规制

1. 立法进展

重复授权是专利制度中的常见现象。现实中,由于发明和实用新型共同保护技术方案,因而三种专利中只有实用新型和发明有可能被重复授权。外观设计是保护产品富有美感的外观设计方案,与发明和实用新型保护的技术方案截然不同,因此它与发明和实用新型之间不可能

[12] Calestous Juma, Innovation and the Sustainability Challenge: Rethinking the Role of Higher Education Institutions, http://en.ir3s.u-tokyo.ac.jp/pages/95/21COE_E_20080318.pdf,最后访问时间:2022年6月19日。

[13] 由于不进行实质审查,公众有可能认为实用新型专利缺乏价值、权利不稳定,从而带来认识上的偏差;一些申请人也仅盲目看重实用新型申请费用低、授权快的特点而申请实用新型专利。甚至一些申请人利用实用新型专利的这一特点,大量申请实用新型专利,并以侵权、转让、许可为由牟取暴利。

[14] 参见李莉:《对实用新型专利制度的一些思考》,载《中国发明与专利》2007年第1期。

构成重复授权。[15]

这种重复授权体现在以下两方面：一是针对同一发明主题，不同主体分别获得发明专利或实用新型专利；二是针对同一发明主题，同一主体先获得实用新型专利，因该授权并不进行实质审查，因而并不影响其后的发明专利申请的授权。重复授权带来的问题是权利界限与状态不清，不利于真正权利人的保护，因而禁止重复授权是各国专利立法的通例。

为防止重复授权现象，2000 年《专利法》第 9 条规定："两个以上的申请人分别就同样的发明创造申请专利的，专利权授予最先申请的人"；2001 年《专利法实施细则》第 13 条规定："同样的发明创造只能被授予一项专利……"尽管有此规定，由于我国专利法中同时保护发明与实用新型专利，在专利申请、审批实践中，重复授权的情况仍然难以避免。如何在立法上规制重复授权问题，一直是我国专利界探讨的话题。2008 年《专利法》第 9 条规定："同样的发明创造只能授予一项专利权。但是，同一申请人同日对同样的发明创造既申请实用新型专利又申请发明专利，先获得的实用新型专利权尚未终止，且申请人声明放弃该实用新型专利权的，可以授予发明专利权……"[16] 现行《专利法》第 9 条沿用了此规定。

现行《专利法》上述规定的现实意义是为了避免重复授权。所谓重复授权，可以理解为两个以上的发明创造，由于其主要技术特征构成的要求保护的技术方案相同或等同而分别申请专利并获得专利权的情形。从字面上理解，"重复授权是指对同一发明创造同时或先后授予两项或两项以上的专利权"。禁止重复授权，意味着禁止对同样的发明创造授予多项专利权，"是为了防止权利之间存在冲突"。[17]

重复授权是我国专利法实施中存在的一个现实问题。如何防止重复授权，可以从多方面入手加以解决，如加强、完善专利审查或授权实务工作，但立法上的规定对其有决定性意义。为了避免重复授权问题出现，专利法首先确立了"同样的发明创造只能授予一项专利权"的原则。[18] 但仅这一原则不足以解决重复授权问题，还需要进一步明确禁止重复授权的具体内

〔15〕 参见国家知识产权局专利复审委员会：《现有技术与新颖性》，知识产权出版社 2006 年版，第 428 页。但也应注意，外观设计专利之间仍然可能存在重复授权问题。2020 年 8 月 24 日由最高人民法院审判委员会第 1810 次会议通过、自 2020 年 9 月 12 日起施行的《最高人民法院关于审理专利授权确权行政案件适用法律若干问题的规定（一）》（以下简称《审理专利授权确权行政案件适用法律规定（一）》）第 18 条规定："外观设计专利与相同种类产品上同日申请的另一项外观设计专利相比，整体视觉效果相同或者属于仅具有局部细微区别等实质相同的情形的，人民法院应当认定其不符合专利法第九条关于'同样的发明创造只能授予一项专利权'的规定。"

〔16〕 该条是在 2000 年《专利法》第 9 条基础上增加一款，作为第 1 款而形成的。另据《专利法实施细则》第 41 条第 2 款规定，同一申请人在同日（指申请日）对同样的发明创造既申请实用新型专利又申请发明专利的，应当在申请时分别说明对同样的发明创造已申请了另一专利；未作说明的，依照《专利法》第 9 条第 1 款关于同样的发明创造只能授予一项专利权的规定处理。又依《专利审查指南》第二部分第三章"6."解释，这里的"同样的发明创造"是指两件或两件以上申请（或专利）中存在的保护范围相同的权利要求。在判断是否为同样的发明创造时，应当将两件发明或者实用新型专利申请或专利的权利要求书的内容进行比较，而不是将权利要求书与专利申请或专利文件的全部内容进行比较。判断时，如果一件专利申请或专利的一项权利要求与另一件专利申请或专利的某一项权利要求保护范围相同，应当认为它们是同样的发明创造。两件专利申请或专利说明书的内容相同，但其权利要求保护范围不同的，应当认为所要求保护的发明创造不同。例如，同一申请人提交的两件专利申请的说明书都记载了一种产品以及制造该产品的方法，其中一件专利申请的权利要求书要求保护的是该产品，另一件专利申请的权利要求书要求保护的是制造该产品的方法，应当认为要求保护的是不同的发明创造。

〔17〕 参见 2020 年 2 月 1 日起施行的《专利审查指南》第二部分第三章"6."部分。

〔18〕 从上述的介绍可知，该原则原来是在立法层次较低的《专利法实施细则》中规定的。

涵。同样的发明创造只能授予一项专利权，可以理解为禁止对同样的发明创造授予两个或者两个以上的专利权，包括禁止基于同样的发明创造同时存在两个以上的有效专利权。但现在的问题是，基于同样的发明创造先后存在两个以上有效专利，专利法是否应予禁止？2008年《专利法》实施之前，《专利法》对“抵触申请”的规定仅限于他人的专利申请，而不包括本人申请，这使得在审查实践中容易造成同一人对同样的发明创造被重复授予发明和实用新型专利权。2008年《专利法》的上述规定则弥补了这一缺陷，它可以使同一申请人同日对同样的发明创造既申请实用新型专利又申请发明专利时，避免重复授权现象的产生。

2. 典型案例

近些年来，禁止重复授权代表性的案例之一是发明人舒某专利权无效案。在该案中，舒某于1991年2月7日申请了名为“一种高效节能双层炉排反烧锅炉”实用新型专利，授权公告日为1992年2月26日。其权利要求为：一种主要由反烧炉排、正烧炉排和炉体构成的高效节能双层炉排反烧锅炉，其特征在于正烧炉排和反烧炉排的各个炉条是间隔的一上、一下两层构成波浪形排列。根据1984年《专利法》的规定，舒某申请了专利权期限的续展，专利权于1999年2月8日终止。1992年2月22日，舒某又以同样的发明名称申请发明专利，该发明专利的颁证日为1999年8月14日，授权公告日为1999年10月13日。该专利的权利要求是：一种立式或卧式双层炉排平面波浪形反烧炉排锅炉，其特征在于上层水管反烧炉排是平面波浪形装置。该发明专利被授权后，某锅炉厂即以重复授权为由向当时的专利复审委员会提起无效宣告请求。专利复审委员会则认为该发明专利是在舒某的实用新型专利权已经终止的情况下被授权的，不存在两个专利权共同存在的情况，因此维持该发明专利有效的决定。

某锅炉厂不服专利复审委员会的决定，向北京市第一中级人民法院提起诉讼。北京市第一中级人民法院认为：本案所涉及的发明专利与在先申请并授权的实用新型专利属于同样的发明创造。但是，就该案而言，“同样的发明创造只能被授予一项专利”应理解为“同样的发明创造不能同时有两项或者两项以上处于授权状态的有效专利存在”。因此，该法院维持了专利复审委员会的复审决定。

某锅炉厂不服该判决，向北京市高级人民法院上诉。北京市高级人民法院则认为，在舒某的实用新型专利权保护期限届满时，该项技术已进入公有领域，专利局又将发明专利权授予舒某的做法是相当于将公有领域的技术又赋予专利权人，构成重复授权，因此判决撤销专利复审委员会的决定。专利复审委员会依照北京市高级人民法院的判决，宣告舒某的发明专利权无效。

此后，专利复审委员会向最高人民法院申诉，要求再审。最高人民法院于2007年8月9日提审该案，并于2008年7月14日作出判决，支持了再审申请人专利复审委员会的主张。该判决书指出：专利法上禁止重复授权，是指同样的发明创造不能有两项或者两项以上的处于有效状态的专利权同时存在，而不是指同样的发明创造只能授予一次专利权。[19]

---

〔19〕 参见国家知识产权局条法司编：《〈专利法〉及〈专利法实施细则〉第三次修改专题研究报告》，知识产权出版社2006年版，第11～12页；魏徵：《从舒学章案谈禁止重复授权原则的适用》，载《中国专利与商标》2009年第1期；詹超慧、李婷婷、赵敏等：《实用新型审查中与重复授权相关情形的处理方式》，载《中国发明与专利》2016年第8期。

(二)实用新型专利与检索报告制度的完善

1. 实用新型专利的不稳定与遭受无效程序的挑战:基于不实质审查的负面影响的思考

由于实用新型专利的授权不经实质审查,其带来的问题之一是权利不稳定,易遭受专利无效程序的挑战,致使权利的公信力不足。

实践中,一旦实用新型专利权纠纷发生,专利权人启动侵权民事诉讼的一审程序后,对方当事人(被告)则通常提起专利权无效的请求予以抗辩,民事一审程序需要中止审理,等待国务院专利行政部门的审查程序。依据现行《专利法》第46条第2款的规定,对国务院专利行政部门宣告专利权无效或者维持专利权的决定不服的,可以自收到通知之日起3个月内向人民法院起诉。可见,国务院专利行政部门的决定不具有终局效力,需要接受司法的监督与审查。因此,专利复审程序启动后,无论裁定是宣告专利权无效还是维持专利权的效力,很可能总有一方当事人因对裁定不服而启动行政诉讼程序,依法可以在3个月内向北京知识产权法院提起以国务院专利行政部门为被告的行政诉讼,还有可能进入最高人民法院的二审程序。这样,即使所有程序都严格遵守审限要求,专利侵权诉讼的最终判决通常需经历近3年甚至更长的时间。[20]

如图2-1所示,在实用新型专利纠纷中,由于实用新型专利未经实质审查,其效力难以确信,因而一旦专利权人对被告提起侵权诉讼,对方往往以无效程序作为抗辩手段,其结果必将是程序拖延。在漫长的纠纷解决时限中,消耗了当事人的时间、金钱与精力,耗费了国家大量司法资源,对保护期相对较短的实用新型专利权人则更为不利。

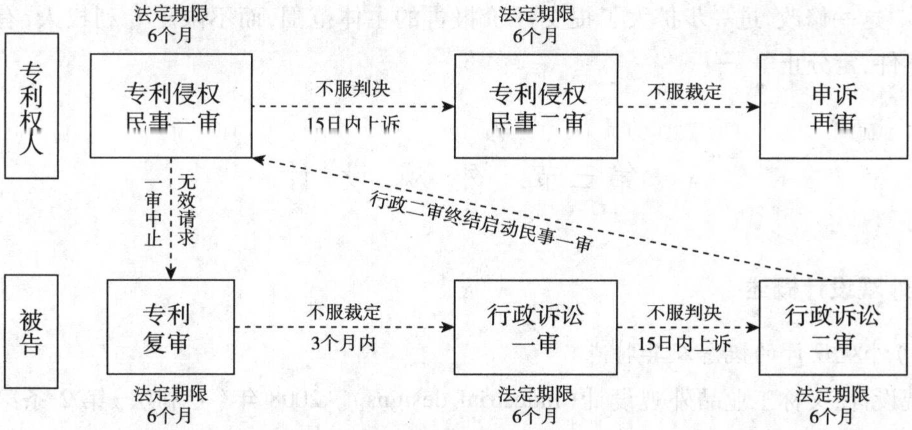

图2-1 实用新型专利案件中专利权人与被告的程序运作

---

〔20〕 之所以有上述复杂的程序与审理周期,是因为依照我国的司法传统与观念,专利是否有效是一个技术问题,法官解决不了这种技术问题,因而只能经过专利行政部门的复审程序,而不能走法院的侵权抗辩途径。这就导致了司法保护与行政保护的双轨制弊病,原告在人民法院提起民事侵权程序,被告在国务院专利行政部门启动无效程序,无效程序要通过北京知识产权法院、最高人民法院知识产权法庭两级司法机关诉讼审查,这在程序上就非常繁杂。《专利法》第67条规定:"在专利侵权纠纷中,被控侵权人有证据证明其实施的技术或者设计属于现有技术或者现有设计的,不构成侵犯专利权。"即"现有技术抗辩原则"在一定程度上缓解了这一程序困境。对此,本书在有关章节还将继续探讨。

2. 专利检索报告制度:对实用新型专利制度缺陷之克服

为克服上述审查方式带来的不良后果,各国在审查的不同阶段设置了检索报告制度或专利权评价报告制度。

2000 年《专利法》修改时增加了实用新型专利检索报告制度。其第 57 条第 2 款规定:“专利侵权纠纷涉及新产品制造方法的发明专利的,制造同样产品的单位或者个人应当提供其产品制造方法不同于专利方法的证明;涉及实用新型专利的,人民法院或者管理专利工作的部门可以要求专利权人出具由国务院专利行政部门作出的检索报告。”但上述规定仍存在以下问题:(1)检索报告从程序的严密性与公正性上不能替代国务院专利行政部门的无效宣告审查决定和人民法院的行政判决书,检索报告只能在一定层面上发挥其作用;(2)检索报告的申请人仅为专利权人;(3)由于检索范围、人员素质等原因,检索报告的准确性值得商榷;(4)专利权人对检索报告持不同意见时,没有陈述意见和抗辩的机会和途径。因此,2008 年修改《专利法》时对此作了完善。

2008 年《专利法》将上述规定修改为第 61 条,分两款规定。其中,第 1 款维持上述第 57 条第 2 款前一部分的规定不变;第 2 款改为:“专利侵权纠纷涉及实用新型专利或者外观设计专利的,人民法院或者管理专利工作的部门可以要求专利权人或者利害关系人出具由国务院专利行政部门对相关实用新型或者外观设计进行检索、分析和评价后作出的专利权评价报告,作为审理、处理专利侵权纠纷的证据。”[21] 2020 年修订时,在第 66 条对专利评价报告制度作了进一步完善和明确,规定“专利权人、利害关系人或者被控侵权人也可以主动出具专利权评价报告”。这一修改,进一步扩大了提交评价报告的主体范围,而不限于专利权人,有利于及时查明案件,定分止争。[22]

第三节　外观设计

一、外观设计概述

(一)外观设计的概念及其特点

外观设计,又称工业品外观设计(industrial designs)。2008 年《专利法》第 2 条第 4 款规定:“外观设计,是指对产品的形状、图案或者其结合以及色彩与形状、图案的结合所作出的富有美感并适于工业应用的新设计。”其仅对产品的整体外观设计给予专利保护,对于产品的局

〔21〕 值得注意的是,在我国专利实践中出现了实用新型专利权人在未提交检索报告的情况下向法院起诉,遭到法院拒绝受理的现象。法院拒绝受理与我国《民事诉讼法》规定的原则不符。为解决这一问题,最高人民法院于 2001 年 11 月 13 日《关于出具检索报告是否为提起实用新型专利侵权诉讼的条件的请示的答复》指出:出具检索报告并非是原告提起实用新型专利侵权诉讼的条件。可以认为,2008 年《专利法》实施后,这一解释也适用于外观设计专利权检索报告制度。

〔22〕 在司法实践中相关判决确认,不能因为原告未能提交专利权评价报告而驳回其起诉。参见“再审申请人某照明科技有限公司与被申请人某市政建设管理所、某建工集团第四建筑工程有限责任公司,一审被告某灯业制造有限公司侵害外观设计专利权纠纷案”,最高人民法院(2020)最高法民再 383 号民事裁定书。

部设计创新未明确给予保护,不利于鼓励设计人积极从事外观设计专利创新。为鼓励设计行业创新,参照国际通行做法,现行《专利法》对外观设计定义进行了修改,增加对产品"局部的"外观设计给予专利保护的规定。根据其第 2 条第 4 款的规定,"外观设计,是指对产品的整体或者局部的形状、图案或者其结合以及色彩与形状、图案的结合所作出的富有美感并适于工业应用的新设计"。

外观设计与发明和实用新型不同,它涉及的不是技术上的发明创造,而是一种工业品的装饰性或艺术性外观或式样。外观设计具有以下特点:

1. 外观设计必须以产品为载体,应用于产品之上。外观设计必须与产品有关,并与使用该外观设计的产品结为一体。即外观设计是必须应用于产品之上的。单纯的美术作品与产品没有联系,不视为外观设计。这里的产品,是指用工业生产方法生产出来的有固定形状、可以整体移动的物品,是外观设计的载体。这种产品既可以是立体形状的产品,也可以是平面形状的产品。外观设计涉及的是这种产品的外观,而不是该产品的结构、用途或制造技术。

对于那些具有美感的设计,如果游离于产品之外,未用于产品之上,此时充其量只能作为纯美术作品而受著作权法的保护。如设计精美、色调配合优雅的"蓝猫"图案,图案本身尽管深受儿童喜爱,但如果不是应用于儿童车、儿童书包或儿童文具等产品之上,则不能获得外观设计专利,只可能适合以著作权作品或作品(动画片《蓝猫淘气三千问》)中的形象权予以保护。

2. 外观设计是关于产品的整体或者局部的形状、图案、色彩或者其结合的设计。[23] 外观设计要求在外表上有一个具体的形状或者形态作为对象。外观设计是关于产品形状、图案或者其结合以及色彩与形状、图案相结合的设计。产品的色彩不能独立构成外观设计,除非产品色彩变化的本身已形成一种图案。可以构成外观设计的组合有:产品的形状;产品的图案;产品的形状和图案;产品的形状和色彩;产品的图案和色彩;产品的形状、图案和色彩。这里的形状,是指对产品造型的设计,也就是指产品外部的点、线、面的移动、变化、组合而呈现的外表轮廓,即对产品的结构、外形等同时进行设计、制造的结果。图案,是指由任何线条、文字、符号、色块的排列或组合而在产品的表面构成的图形。图案可以通过绘图或其他能够体现设计者的图案设计构思的手段制作。产品的图案应当是固定、可见的,而不应是时有时无的或者需要在特定的条件下才能看见的。图案是二维的平面设计,或者用线条或不同色彩形成的图形,如地毯图案。色彩是指用于产品上的颜色或者颜色的组合,是构成图案的成分。制造该产品所用材料的本色则不是外观设计的色彩。它是指构成图案的成分。外观设计要求在外表上有一个具体的形状或者形态作为对象。在外观设计中,形状和图案往往结为一体,色彩和图案更是密切结合不能分开,常见的外观设计往往是对产品的形状、图案和色彩的结合。它既可以是平面的图案,也可以是立体的造型,还可以是形状与色彩、图案与色彩或者形状、图案、色彩三者的结合。仅仅是为实现某种技术思想而作的设计不能称为外观设计。外观设计要素,即形状、图案、色彩是相互依存的,有时其界限是难以界定的,例如多种色块的搭配即成图案。

3. 外观设计富有美感。"货卖一张皮",这是人们对产品外观设计及其审美性要求的一句

[23] 相关研究,参见管育鹰:《局部外观设计保护中的几个问题》,载《知识产权》2018 年第 4 期。

俗语。授予外观设计专利的目的主要是促进商品外观的改进，既增加竞争能力，又丰富人们的生活，陶冶人们的性情。包括我国、日本在内的一些国家要求外观设计富有美感。[24] 这种美感体现在产品外表的图案、色彩或花纹上，或表现在产品的立体造型上。美感可以有多种，一个产品可以同时具有功能美、形式美和艺术美这三种不同形态的美。外观设计是从物品艺术价值出发，衡量它是否引起人们的美感。外观设计美感应以消费者的眼光来衡量，只要多数消费者以为是美观的，就可以认为是富有美感的外观设计。

4. 外观设计保护的是美术思想，而不是技术思想。外观设计专利条件着重于外观。外观设计强调外观的美感，不必顾及产生产品外型、图案或色彩的方法，或者这种外型、图案或色彩的功能。外观设计只涉及一项产品的外观，不涉及该产品的制造技术、用途和结构。因此，外观设计保护的是美术思想而非技术思想。

5. 外观设计必须是适合于工业上应用的新设计。适合于工业上应用是指使用外观设计的产品能够通过工业生产过程批量生产，也包括通过手工业形成批量生产。这使得外观设计与艺术创作相区别，在艺术创作中，即使是同一个人也不能制造出完全相同的另一种艺术品。新设计是指该外观设计具有新颖性，在现有设计中找不到与之相同或相近的外观设计。

根据《专利审查指南》的相关规定，以下属于不符合《专利法》第 2 条第 4 款的规定，而不应当给予外观设计专利保护的客体实例：(1) 取决于特定地理条件、不能重复再现的固定建筑物、桥梁等。例如，包括特定的山水在内的山水别墅。(2) 因其包含有气体、液体及粉末状等无固定形状的物质而导致其形状、图案、色彩不固定的产品。(3) 不能作用于视觉或者肉眼难以确定，需要借助特定的工具才能分辨其形状、图案、色彩的物品。例如，其图案是在紫外灯照射下才能显现的产品。(4) 要求保护的外观设计不是产品本身常规的形态，例如手帕扎成动物形态的外观设计。(5) 以自然物原有形状、图案、色彩作为主体的设计，通常指两种情形：一种是自然物本身；另一种是自然物仿真设计。(6) 纯属美术、书法、摄影范畴的作品。(7) 仅以在其产品所属领域内司空见惯的几何形状和图案构成的外观设计。(8) 文字和数字的字音、字义不属于外观设计保护的内容。

值得注意的是，图形用户界面 GUI (Graphic User Interface) 的保护，在之前的仅保护整体外观设计的制度之下，GUI 须与整体产品的其他设计结合来申请外观设计专利权，体现了整体保护的局限性，无法满足信息化时代及设计载体更加多元化的需求。局部外观设计专利制度无疑更有利于对其进行保护。

(二) 外观设计保护的必要性

外观设计是产品的外在式样，是产品的重要组成部分。自古以来，人们就重视产品的外在设计，如陶器、铜器具或铁器具上均有比较别致的图案。进入工业社会以后，人们对产品外观设计的追求并没有因机器生产而减少，反而因激烈的市场竞争愈发重视外观设计。

随着科学技术的进步，产品种类的多样和功能的完善，人民群众生活水平提升，人们选择

---

[24] 不过，我国与日本对外观设计的美感要求不尽相同。我国不像日本一样要求是通过视觉引起美感的设计。日本《外观设计法》第 2 条规定，外观设计是指“关于物品的形状、图案、色彩或其结合的、通过视觉引起美感的设计”。我国《专利审查指南》则规定，富有美感，是指在判断是否属于外观设计专利权的保护客体时，关注的是产品的外观给人的视觉感受，而不是产品的功能特性或者技术效果。

产品的考量因素不限于产品功能，新颖的外观设计已成为吸引消费者的重要因素。因此，保护外观设计对于提升企业和产品的竞争力具有重要意义。一般而言，人们购买产品时首先能感觉的是其外观设计的雅致与吸引力，其次才是产品性能等信息的传递。因为产品的质量等要素具有滞后性，大多需要一定时间的体验之后才可能产生影响，而外观设计则可能直接促使消费者产生购买欲望。因此，对企业而言，强化产品的外观设计，可以提高其产品的竞争力；对国家而言，加强外观设计的保护，可以提高国内产品的国际竞争力。正因如此，大多数企业愿意投资于外观设计领域，以加强产品外观设计的创新；很多国家也倾向于以权利保护的方式激励新设计的应用。

二、外观设计与实用新型的区别

外观设计是一个美学设计，涉及技术和艺术以及自然科学与美学创作，但不是设计本身，必须和设计本身依附的产品结为一体。外观设计专利保护范围在于产品外观形状、美感效果。实用新型专利保护范围则在于产品功能和技术效果。外观设计和实用新型都可能涉及产品的外部形状，但外观设计仅涉及产品的外部形状，涉及产品外表形状的图案、色彩或者它们的结合的设计。实用新型则不仅涉及产品的外形和外部结构，还可能涉及产品的内部形状和构造，具有一定的功能目的。可以说，外观设计是物的美化上的创作，实用新型是物的功能上的创造。当然，也有一部分产品设计既有美感效果又有技术效果，则应分析哪一种效果是主要的。如果两种效果不可分开，而技术效果只能通过特定造型才能体现出来，就不宜申请外观设计专利；如果产品外形设计具有明显美感效果，对产品形状、构造有较强的制约作用，而该产品外表具有明显外部效果的，则应申请外观设计专利。

三、外观设计的法律保护

（一）各国对外观设计的保护

外观设计的法律保护是从中世纪的佛罗伦萨共和国开始的。法国最早于1711年建立了外观设计保护制度。当时它是由里昂地方政府制定的，旨在保护该市丝绸品图案。1806年，法国颁布了第一部保护外观设计的法律，但直到1825年外观设计制度才推行到法国全国。随后各国也相继建立了外观设计制度。1883年签订的《巴黎公约》把外观设计列为工业产权的一种，推动了各国立法对外观设计的保护。该公约1958年修订时，进一步规定缔约国有保护外观设计的义务。1925年，《工业品外观设计国际注册海牙协定》在海牙签订，并建立了外观设计国际申请联盟（以下简称海牙联盟），推动了外观设计的国际合作和保护。到目前为止，世界上有100多个国家和地区建立了外观设计法律保护制度。

各国对外观设计所采取的保护方式不尽相同。[25] 以英国、美国为代表的一些国家采用专利保护形式。这是多数国家所采用的。理由是外观设计代表设计者的创造活动，具有发明性质，其显著性特点在于同样的外观设计可为很多人制造出来，其新颖性具有关键意义，应以专利形式保护。不过，以专利形式保护并非都是在专利法中予以规范的，如日本和英国就是在外

〔25〕《巴黎公约》对外观设计的保护形式未作任何强制性的规定。各国保护外观设计的法律规范是多样的。

观设计法中规定的。一些国家采用外观设计和著作权的双重保护制度。如在德国,工业品外观设计著作权法与外观设计注册法并存。对外观设计,当事人可申请专利;当外观设计符合著作权法的要求时也可获得著作权法的保护。在意大利,著作权法与外观设计法的情况相互排斥,获得外观设计保护就不能再获得著作权保护,亦即不能获得重复的权利。在著作权法中明文规定保护工业品外观设计的国家则有澳大利亚、新加坡、新西兰、荷兰、挪威、古巴等。以西班牙为代表的一些国家则对外观设计采取注册保护的方式。

此外,各国或地区对外观设计的称谓、保护范围的规定也不尽相同。如日本称"意匠",美国称"设计专利",我国台湾地区称"新式样"。从保护范围看,多数国家保护的是产品的外形新设计,即设计与产品是合为一体的。少数国家如美国、法国不仅对工业品的美术设计,而且对与产品无关的新图案或新造型,甚至纯美术作品也给予外观设计保护。这就大大扩展了外观设计保护范围,但在实践中有可能模糊外观设计专利保护与著作权保护的界限。随着工业设计产业的发展和知识产权保护意识的提升,为更好地保护企业的外观设计,美国、日本、韩国、欧盟等国家和地区都设计了保护局部外观设计的制度。

无论各国对外观设计采用何种保护方式,其保护效果都是基本一致的。即外观设计所有人对其外观设计享有独占权,未经其许可,任何人不得复制或仿造受保护的外观设计。

(二)我国外观设计专利保护的完善

我国将外观设计作为专利法的保护对象,这有利于鼓励我国外观设计创造,促使企业重视商品的外形或装潢,广泛地开拓市场,提高商品在国内外的竞争力。这在一定时期内发挥过相当大的作用。但随着经济的发展与情势变化,我国外观设计保护的法律规范及其实践存在诸多问题:(1)外观设计创新程度不高。自 2002 年以来,我国外观设计专利的申请量和授权量已跃居世界首位,但大多包装类外观设计中,相当多的部分是瓶贴和平面包装等起主要标识作用的创新程度不高的图案设计。(2)外观设计专利权的保护力度不够。2000 年《专利法》修改的一大亮点是强化专利权的保护,虽然对发明和实用新型专利权增加了他人未经许可不得进行许诺销售的行为,但并未就外观设计专利权予以规定。在实践中,由于外观设计专利权人不具有许诺销售权,如果权利人在展销会、展览会中即使发现有侵权产品的广告宣传,也无法及时请求专利行政主管部门制止,亦不能启动司法程序获得保护,而只能等到掌握销售行为的证据时,才能启动保护请求。这不利于及时制止外观设计专利侵权行为。(3)展会等场合中的恶意诉讼。由于我国外观设计专利申请只实行初步审查,因而授权质量相对不高,难免存在恶意利用不符合条件的"问题专利"(如属于现有设计),损害同行竞争者的利益的情况,如在展会上举报竞争对手的产品侵犯专利权。

考虑到上述问题的存在,我国《专利法》在近些年来的几次修订中,对外观设计专利作了较大修正,对外观设计专利保护制度进行了完善:

第一,增加"对平面印刷品的图案、色彩或者二者的结合作出的主要起标识作用的设计"不授予专利权的规定,此举主要在于提高外观设计创新程度,并减少授予瓶贴和平面包装主要起标识作用的图案设计以专利可能导致的与他人的注册商标权、著作权的冲突。当然,这一规定并非尽善尽美,仍值得进一步研究。一方面,存在如何确定"主要起标识作用"的困境,需要相关立法及司法解释进一步完善。因为理论上,几乎所有的外观设计都存在标识作用,如何区分究竟什么情况是主要起标识作用？另一方面，这一规定可能导致有创新的标识性的平面印刷品无法寻求专利保护，而这些平面设计要在著作权、知名商品装潢等领域寻求保护在事实上不如专利保护更为明确、有效，实践中已有部分企业表示了担忧。同时，为了提高外观设计专利的质量，2008 年《专利法》第 23 条第 1 款、第 2 款增加外观设计绝对新颖性标准和创造性标准。关于此点，将在第四章予以专门阐述。

第二，增加外观设计专利的许诺销售权，强化外观设计专利权的效力与保护力度。2008 年《专利法》第 11 条第 2 款规定："外观设计专利权被授予后，任何单位或者个人未经专利权人许可，都不得实施其专利，即不得为生产经营目的制造、许诺销售、销售、进口其外观设计专利产品。"

第三，增加外观设计检索报告制度。2000 年《专利法》第 57 条第 2 款只规定了涉及实用新型专利侵权纠纷的检索报告制度。如前所述，2008 年《专利法》则将该款分两款规定于第 61 条中。其中第 1 款维持上述第 57 条第 2 款前一部分的规定不变；第 2 款改为："专利侵权纠纷涉及实用新型专利或者外观设计专利的，人民法院或者管理专利工作的部门可以要求专利权人或者利害关系人出具由国务院专利行政部门对相关实用新型或者外观设计进行检索、分析和评价后作出的专利权评价报告，作为审理、处理专利侵权纠纷的证据。"现行《专利法》第 66 条第 2 款在上述规定基础上，增加了"被控侵权人"也可以主动出具专利权评价报告的规定。上述修改的变化特点是，增加了处理外观设计专利侵权的检索报告制度。这一修改也是基于外观设计专利申请不实行实质审查带来的专利权稳定性较差而作出的。在我国，外观设计专利申请和授权量在三种专利申请和授权量中所占的比重很高。以 2008 年为例，当年我国外观设计专利申请 298,620 件，占国内申请总量的 41.6%，同比增长 17.8%；同年国内外观设计专利申请授权量为 130,647 件，占当年国内专利授权总量的 37.07%，同比增长 7.7%。[26] 我国外观设计专利申请与授权量虽然巨大且增长迅速，但由于只进行初步审查、不进行实质审查，外观设计专利中存在"鱼目混珠"现象。如果明显存在问题的外观设计专利权人随意起诉他人侵权，就可能造成严重损害公众利益的后果。在不准备对外观设计专利申请实行实质审查制度的前提下，严格对外观设计专利的保护就具有必要性。因此，需要沿用实用新型专利检索报告制度的做法，规定外观设计专利检索报告制度，并且是将两者纳入同一条款和标准进行规范的。当然，修改后的条款更明确和具体，对国务院专利行政部门检索报告的要求更高，即应是"进行检索、分析和评价后作出的专利权评价报告"，而不是"由国务院专利行政部门作出的检索报告"这样笼统的表述。同时，还明确了检索报告的目的是"作为审理、处理专利侵权纠纷的证据"，使检索报告的作用和目的明朗化。

第四，增加了局部外观设计专利的保护。现行《专利法》引入局部外观设计专利制度，主要有三大理由：一是旨在与国际接轨，提升中国企业竞争力。美国、日本、韩国、欧盟等国家和地区均设计了保护局部外观设计的制度，而国际贸易和经济往来日益增多，各国及各地区企业均非常重视知识产权保护，而如我国不设立相应制度，无疑将影响国内设计者的创新活力，进

〔26〕 引自李启章：《我国职务发明专利申请首次超非职务发明专利申请》，载《中国知识产权报》2009 年 1 月 21 日，第 1 版。

而影响中国企业的国际竞争力。二是解决实践中局部外观设计制度缺失造成优先权不公平的问题。设有局部外观设计保护制度的国家和地区通常通过实线和虚线结合的方式绘制视图，但在仅保护整体外观设计的情况下，申请人只能对绘图做出相应改变，而主题也可能发生变化，申请人也就不能获得在先申请的优先权。当国内的申请人向其他国家主张优先权时，又会因其整体保护的内容导致在先申请和在后申请存在差异，进而影响优先权的获得。三是解决整体外观设计的近似判断困境。司法实践中，仅保护整体外观设计制度下，在外观设计专利侵权案件中局部设计如果作为整体外观设计的创新点但不处于显著部位，或者侵权人为规避侵权，仅在其他对视觉效果影响显著的非创新部分进行增删调整时，侵权判断就较困难。在整体保护的近似判断规则下，局部设计差异是否会对整体视觉效果产生显著影响，存在一定主观性，这也增加了结论的不确定性。正因如此，引入局部外观设计制度具有必要性和紧迫性。现行《专利法》除在定义中引入局部外观设计之外，在第 29 条第 2 款增加了外观设计的本国优先权制度，规定："申请人自发明或者实用新型在中国第一次提出专利申请之日起十二个月内，或者自外观设计在中国第一次提出专利申请之日起六个月内，又向国务院专利行政部门就相同主题提出专利申请的，可以享有优先权。"

第四节　计算机及数据领域发明的专利性

一、计算机硬件及程序发明的专利性问题

自第一台计算机于 1946 年问世以来，计算机已经进行了数次更新换代。计算机技术与因之而起的数字通信技术的发展对人类社会产生了巨大的、深远的影响。在计算机发展初期，硬件在计算机产业中占主导地位，计算机软件只是硬件的一个附件。进入 20 世纪 70 年代，软件在计算机产业中的地位越来越高，软件新产品迅速发展起来。计算机技术的飞速发展和计算机系统的广泛应用产生了一系列的法律问题，对传统法律提出了挑战。有人认为，一切由电子计算机引起的法律问题，都与知识产权有关，因而都可以纳入知识产权法中研究。随着集成电路的出现，大量与知识产权有关的问题也随之产生。这些问题涉及集成电路（硬件）的制造过程及其制成品受发明专利、外观设计专利和著作权保护的问题、计算机数据库及数据处理引起的知识产权问题、运用计算机创作出的作品受著作权保护的问题，以及计算机软件的法律保护问题等。计算机的迅速发展逼迫传统法律适用范围扩大和完善，并出现了集成电路布图设计保护法、计算机软件保护法等新的法律部门。不过，当代涉及计算机的许多法律问题都是令人深感棘手的，如关于计算机软件的专利保护与著作权保护之争，以及随着人工智能技术及其产业发展而出现的人工智能生成发明能否成为专利权的客体[27]就较为典型。这里仅对计算机领域发明的专利性作一概要分析。

---

〔27〕 参见吴汉东：《人工智能生成发明的专利法之问》，载《当代法学》2019 年第 4 期。相关研究，参见刘鑫：《人工智能生成技术方案的专利法规制——理论争议、实践难题与法律对策》，载《法律科学（西北政法大学学报）》2019 年第 4 期；张洋：《论人工智能发明可专利性的法律标准》，载《法商研究》2020 年第 6 期。

(一)计算机硬件发明专利性

计算机硬件是与计算机软件、过程、规则和文件相对应的一个概念,是计算机的具体可见的部分。硬件本身受民法物权的保护。这里所指作为专利客体的硬件是计算机硬件所体现出来的发明创造,即硬件中所体现出来的属于硬件开发者智力成果的计算机硬件技术。从原则上来说,有关计算机硬件的发明、实用新型和外观设计都可以成为我国专利法的保护对象。包括机身、集成电路芯片和外部设备三部分在内的计算机硬件只要符合专利法的保护条件,就可以取得专利保护。

(二)计算机程序发明专利性

计算机软件与专利制度的关系是全球面临的一个重大课题。计算机软件包括计算机程序及其有关文档,其核心是计算机程序。根据我国《计算机软件保护条例》的规定,计算机程序是指为了得到某种结果而可以由计算机等具有信息处理能力的装置执行的代码化指令序列或者符号化语句序列。计算机程序包括源程序、目标程序、编译程序、操作系统程序、应用程序等。其意义在于能够使计算机按照人的设计或要求完成一定的步骤,取得一定的结果。文档则是指在计算机程序开发或者设计过程中,用自然语言或形式化语言编写的用来描述程序的内容、组成、设计、功能规格、开发情况、测试结果及使用方法的文字资料和图表。如程序说明书、流程图、用户手册等。显然,文档是不受专利保护的客体。

对于计算机程序是否受专利法保护,各国的认识不尽相同。根据各国专利法的规定,智力活动的规则和方法不能授予专利权。一般认为,计算机程序是数学方法的体现,属于数学运算的规则和方法,其性质接近于数字、语言或纯公式,不同于技术,计算机程序本身或纯计算机程序不能成为专利保护的客体。因此,很多国家基于不保护数学算法和语言这条原则,将难以离开数学算法和语言的计算机程序排除在专利保护范围之外。[28] 在最初的十几年里,为计算机程序寻求专利保护的努力不但没有获得明显的成功,反而带来了否定性的结论。德国、法国、英国等国家专利法和《欧洲专利公约》都明确规定计算机程序不能取得专利权。例如,法国1968 年和 1978 年两次修改专利法时都明确规定对计算机程序不授予专利权;美国《专利法》第 101 条规定只对新的、有用的工艺、机器、制品或物质的合成,或者新的、有用的改良授予专利权,从法律上肯定了计算机程序本身不能授予专利权。1972 年,美国联邦最高法院首次判决了 Benson 就一项能将二进制代码化的十进制数转换为纯二进制数的计算机程序专利无效。不过其仍指出:这并不意味着否定利用专利法保护计算机程序的可能性。自 1972 年菲律宾率先用著作权法保护计算机程序以来,在美国的极力推动下,世界上多数国家,特别是工业发达国家纷纷把计算机程序列入著作权保护范围。

以上是针对计算机程序本身或纯计算机程序而言的。一项软件的精华之处往往在于其解决问题的技术方案,包括组织结构、算法模型、处理流程和技术方法等设计信息。如果某计算机程序的应用能够导致信息寄存体、传送体和接受体技术特征的变化,就可能获得专利保护。软件产业发展的一个特点是计算机程序常常与机器设备等硬件以及工业过程结合在一起,产生新的技术效果,对于此种与硬件紧密结合的计算机程序,各国倾向于实行专利保护。

---

〔28〕 相关研究,参见张吉豫:《智能时代算法专利适格性的理论证成》,载《当代法学》2021 年第 3 期。

1981 年 10 月,美国专利局修改了专利审查指南,规定只有当一项计算机程序从整体上看属于纯数学运算法时,才可以把它作为不受专利法保护的对象予以驳回。同年,美国联邦最高法院对 Diamond 诉 Dieher 案的判决开了批准计算机程序发明专利的先河,它使与硬件直接结合的计算机程序的专利性得到了正式承认。此后,对计算机程序申请专利者逐渐增多,如 1993 年美国收到的这类申请达 8300 项。1985 年,欧洲专利局通过新的审查基准规定:一项同计算机程序有关的发明如果具有技术特性,就可能获得专利权。德国专利局补充的审查指南认为,计算机程序在技术发明范围内的应用与专利权保护是不相抵触的;当确定不了其是否有技术特征时,就认为其具有技术特征而可授予专利权。近几十年来,有关计算机程序的设计技术或算法的专利申请在逐渐增多。如日本在 1975 年制定了计算机程序专利审查基准。1985 年,其专利申请量仅 5000 件,1990 年则超过 12000 件。

1991 年,我国颁布了《计算机软件保护条例》,计算机程序被列入著作权保护范围。计算机程序本身不列入专利保护的客体。但我国《专利法》没有明确规定不保护计算机程序。在审查实践中,我国是采用国际上通用的标准审查含有计算机程序的发明专利申请的。《专利审查指南》第二部分第九章"关于涉及计算机程序的发明专利申请审查的若干规定"作了较详细的规定。根据该章规定,涉及计算机程序的发明是指为解决发明提出的问题,全部或部分以计算机程序处理流程为基础,通过计算机执行按上述流程编制的计算机程序,对计算机外部对象或者内部对象进行控制或处理的解决方案。对外部对象的控制或处理包括对某种外部运行过程或外部运行装置进行控制,对外部数据进行处理或者交换等;对内部对象的控制或处理包括对计算机系统内部性能的改进,对计算机系统内部资源的管理,对数据传输的改进等。涉及计算机程序的解决方案并不必须包含对计算机硬件的改变。

根据《专利审查指南》的规定,如果一项权利要求仅仅涉及一种算法或数学计算规则,或者计算机程序本身或仅仅记录在载体(如磁带、磁盘、光盘、磁光盘、ROM、PROM、VCD、DVD 或者其他的计算机可读介质)上的计算机程序,或者游戏的规则和方法等,则该权利要求属于智力活动的规则和方法,不属于专利保护的客体。如果一项权利要求除其主题名称之外,对其进行限定的全部内容仅仅涉及一种算法或者数学计算规则,或者程序本身,或者游戏的规则和方法等,则该权利要求实质上仅仅涉及智力活动的规则和方法,不属于专利保护的客体。除了上述情形之外,如果一项权利要求在对其进行限定的全部内容中既包含智力活动的规则和方法的内容,又包含技术特征,例如在对上述游戏装置等限定的内容中既包括游戏规则,又包括技术特征,则该权利要求就整体而言并不是一种智力活动的规则和方法,不应当依据《专利法》第 25 条排除其获得专利权的可能性。

该章强调涉及计算机程序的发明专利申请只有构成技术方案才是专利保护的客体。如果涉及计算机程序的发明专利申请的解决方案执行计算机程序的目的是解决技术问题,在计算机上运行计算机程序从而对外部或内部对象进行控制或处理所反映的是遵循自然规律的技术手段,并且由此获得符合自然规律的技术效果,则这种解决方案属于《专利法》第 2 条第 2 款所说的技术方案,属于专利保护的客体。如果涉及计算机程序的发明专利申请的解决方案执行计算机程序的目的不是解决技术问题,或者在计算机上运行计算机程序从而对外部或内部对象进行控制或处理所反映的不是利用自然规律的技术手段,或者获得的不是受自然规律约束的效果,则这种解决方案不属于《专利法》第 2 条第 2 款所说的技术方案,不属于专利保护的客体。

如果涉及计算机程序的发明专利申请的解决方案执行计算机程序的目的是处理一种外部技术数据,通过计算机执行一种技术数据处理程序,按照自然规律完成对该技术数据实施的一系列技术处理,从而获得符合自然规律的技术数据处理效果,则这种解决方案属于《专利法》第 2 条第 2 款所说的技术方案,属于专利保护的客体。

如果涉及计算机程序的发明专利申请的解决方案执行计算机程序的目的是改善计算机系统内部性能,通过计算机执行一种系统内部性能改进程序,按照自然规律完成对该计算机系统各组成部分实施的一系列设置或调整,从而获得符合自然规律的计算机系统内部性能改进效果,则这种解决方案属于《专利法》第 2 条第 2 款所说的技术方案,属于专利保护的客体。

简单地说,计算机程序领域发明专利申请如果具有技术效果,无论它是涉及自动化处理工艺过程的计算机程序,还是涉及计算机系统新方法运行的计算机程序,均可授予专利权。具体做法分两步进行。第一步,先确定计算机程序专利申请是否直接或间接涉及数学算法。如不涉及,则可获得专利保护。第二步,如果权利要求中涉及数学算法,就要从整体的技术方案看是属于算法本身或计算机程序本身,还是属于利用自然规律的技术解决方案。我国对汉字编码作为计算机系统处理汉字的一种输入方法或汉字信息处理方法是否属于专利保护问题的认定就是根据这一思路进行的。如果汉字编码只是作为一种信息表示的方法,就不能取得专利权。如果该编码的输入能使计算机设备产生新的技术效果,形成了有汉字信息处理能力的计算机和机器设备,它就是一种与硬件密切结合的编码方法,可授予专利权。因为此时体现的把这一种载体上的信息转移到另一种载体上的方法,便于计算机处理,属于专利法规定的技术问题解决方案的范畴。例如,我国李家凯发明的“汉字笔形编码”于 1985 年获英国专利。它是计算机外部输入机上的打字键盘上的一种突破性改进,大大简化了中文信息向计算机输入的过程,具有技术性,因而可获得专利权。

无论是对于计算机软件的保护,还是知识产权保护客体或范围问题,实质上是一个国家基于经济发展阶段、技术发展水平与产业政策发展需要而作出的主观选择而非客观的必然结果。前述美国和欧盟对软件保护的政策转向就很好地说明了此点,而德国在软件保护政策的选择上同样如此。由于著作权只要求具有独创性,而不要求新颖性和具有一定程度的创造性,因此对于计算机程序设计比较落后的德国来说,著作权是比专利权更合适的弱法制。将来,待到国内软件技术开发能力增强时期再行调整,向依靠专利权的方向转变。[29] 对于我国而言,由于保护不力,投资激励不足,使得我国软件产业长期处于缓慢发展阶段。因此,本书认为,问题在于如何强化软件的保护力度,而不在于以专利保护抑或著作权保护的保护形式问题。

二、涉及数据技术的专利性

涉及数据的技术发明创造,如果能利用自然规律解决特定的技术问题,形成特定的技术方案,就可以通过申请专利的形式获得专利保护。近些年来,随着大数据技术迅猛发展和国际竞

---

〔29〕 [日]富田彻男:《市场竞争中的知识产权》,廖正衡译,商务印书馆 2000 年版,第 253 页。

争的加剧，围绕数据领域的专利竞赛也日益白热化。[30] 有资料统计，涉及大数据领域相关发明包括特别适用于特定功能的数字计算机设备或数据处理设备或数据处理方法，专门适用特定经营的系统或方法，[31]用于阅读或识别印刷或书写字符或者用于识别图形，程序控制系统等。[32] 根据我国《专利审查指南》第二部分第九章的规定，这类发明创造是涉及计算机程序的发明专利。在相关专利授权确权实践中，这类涉及数据程序发明的纠纷，争议焦点往往在于划清发明与不属于发明的抽象的算法本身的界限。此外，在涉及方法专利实施中产生的数据，该数据是否应纳入受方法专利控制的范围，司法实践呈现谨慎的态度。如欧洲有法院就动物基因测试数据受专利权保护给予了否定。[33]

无论如何，涉及数据的专利权保护，有利于鼓励数据领域技术研发和投资，促进数字技术进步和创新，从而有利于促进数据产业升级和转型，助推数字经济发展。由于数据技术专利化问题与数据产业发展息息相关，在对涉及数据财产知识产权保护问题进行研究时也有必要涉猎。[34]

第五节　不授予专利权的客体

专利法中的发明创造，不仅属于技术范畴，而且属于法律范畴，故而并非所有的发明创造都可受专利法保护。并且，专利权作为国家依法授予给专利权人的专有权，这种专有权反映了国家意志，各国专利法一般要对授予专利的发明创造的范围作出严格的法律界定，[35]将某些类型的发明创造排除在专利客体之外。“排除”范围往往与一个国家执行的经济技术政策与产业政策密切相关。一般来说，各国考虑的因素有：该发明是否对发展本国的经济、技术有利；该发明是否违反社会公共秩序；该发明是否关系国民的生活、健康等。我国《专利法》基于我国的社会主义性质和现实国情，对不授予专利保护的客体作了明确规定。

一、违反法律、社会公德或者妨碍公共利益的发明创造

违反法律、社会公德或者妨碍公共利益在法律上称作“公共秩序”问题。世界上实行专利制度的国家，几乎都毫不例外地规定有害于公共秩序的发明不能被授予专利权。例如，波兰《专利法》第 12 条规定：利用与现行法律或社会秩序相违背的发明不授予专利。瑞典《专利法》第 1 条规定：利用与道德或公共秩序相抵触的发明不授予专利。印度 1970 年《专利法》第 3 条、巴西 1971 年《工业产权法》第 9 条都有这种规定。其原因在于这些发明创造对社会有害

---

〔30〕 See Brenda M. Simon & Ted Sichelman, Data - Generating Patents, 111 NW. U. L. REV. 377 (2017).

〔31〕 See Mayo Collaborative Servs. v. Prometheus Labs. , Inc. , 132 S. Ct. 1289(2012). ;Alice Corp. v. CLS Bank Int1. 134 S. Ct. 2347(2014).

〔32〕 徐实：《企业数据保护的知识产权路径及其突破》，载《东方法学》2018 年第 5 期。

〔33〕 华劼：《欧盟数据生产者权利质疑——以知识产权制度安排为视角》，载《知识产权》2020 年第 1 期。

〔34〕 参见冯晓青：《数据财产化及其法律规制的理论阐释与构建》，载《政法论丛》2021 年第 4 期。

〔35〕 相关研究，参见 Aaron J. Zakem, Rethinking Patentable Subject Matter: Are Statutory Categories Useful, 30 CARDOZO L. REV. 2983 (2009)。

无益,违背专利制度的宗旨。

我国《专利法》基于中国的社会主义性质和现实国情,对不授予专利的客体作了明确规定。

(一)违反法律的发明创造

这里的法律,是指由全国人民代表大会或者全国人民代表大会常务委员会依照立法程序制定和颁布的法律,不包括行政法规和部门规章。这种发明创造直接破坏我国法律秩序,与我国社会主义法律背道而驰,如吸毒工具、制造伪钞机的发明、赌博工具、炸弹信、盗窃工具,是直接违背我国法律的发明创造,不能纳入专利法保护范围。不过,有些发明创造目的本身并不违法,但其技术特征决定了它可以成为违法犯罪的手段时,就应具体分析。如电子游戏机本以娱乐为目的,但也能用于赌博。如专利申请中包含了这方面用途,国务院专利行政部门就应将这方面内容删除。还应指出,发明创造的违法一般是针对发明创造的公开、利用。如果法律只是限制专利产品的销售或依专利方法制造的产品的销售,对这种产品发明或制造这种产品的方法发明不能够根据我国《专利法》第 5 条第 1 款的规定不授予专利权。《专利法实施细则》第 10 条即规定:"专利法第五条所称违反法律的发明创造,不包括仅其实施为法律所禁止的发明创造。"

需要说明的是,2008 年《专利法》将 2000 年《专利法》第 5 条修改为:"对违反法律、社会公德或者妨害公共利益的发明创造,不授予专利权。"修改的内容是,删除了"国家法律"中的"国家"两字。中国是单一制国家,法律显然是指国家法律,省、自治区和直辖市及其以下立法机关颁布的为地方性法规。因此,"国家法律"中,"国家"两字显得多余。

(二)违反社会公德的发明创造

社会公德是人们普遍接受的伦理道德观念,可以理解为公众普遍认为是正当的、并被接受的伦理道德观念和行为准则。它的内涵基于一定的文化背景,随着时间的推移和社会的进步不断地发生变化,而且因地域不同而各异。我国《专利法》中所称的社会公德限于中国境内。

社会公德在不同时代不同国家内涵不尽相同。如一件使妇女袒胸露背的服装设计在英国认为符合社会公德,在阿拉伯国家却视为违反社会公德。违反社会公德的发明创造不利于我国精神文明建设。如淫秽色情的外观设计就不能取得专利权。

(三)妨碍公共利益的发明创造

妨碍公共利益是指发明创造的实施或使用会给公众或社会造成危害,或者会使国家和社会的正常秩序受到影响。[36] 这类发明创造对整个社会有害无益。例如,自爆防盗保险箱或防盗电麻装置的发明,会威胁到公共安全;胎儿性别鉴别仪器的发明,会影响人口计划和社会安定;一种产品发明严重污染环境,会危及公共卫生。这些发明都不能被授予专利权。

二、违反法律、行政法规的规定获取或者利用遗传资源,并依赖该遗传资源完成的发明创造

在涉及不授予专利权的发明创造的原则性规定方面,2008 年《专利法》一方面保留了此前

〔36〕 在我国,如果因为对发明创造的滥用而可能造成妨害公共利益的,或者发明创造在产生积极效果的同时存在某种缺点的,例如对人体有某种副作用的药品,则不能以"妨害公共利益"为理由拒绝授予专利权。

法律的规定,只是在个别文字上做了修改;另一方面,其第 5 条第 2 款首次明确规定:“对违反法律、行政法规的规定获取或者利用遗传资源,并依赖该遗传资源完成的发明创造,不授予专利权。”〔37〕这是该法的一个重要特点,即增加了对遗传资源专利权保护方面的规定。该规定旨在建立一种机制,防止违反我国遗传资源管理法律法规而完成的发明创造获得专利权。在实践中,依赖遗传资源完成的发明创造本身可能具备授予专利权的条件,但由于该遗传资源获取或利用违反了中国法律、行政法规的规定,仍然不能被授予专利权。〔38〕 2020 年修改《专利法》时,保留了上述规定。

我国是批准加入 1993 年 12 月 29 日开始生效的《生物多样性公约》(Convention on Biological Diversity,CBD)最早的国家之一。该公约旨在保护遗传资源和人类生存环境,促进资源的合理研究开发与利用,并保障资源提供者的知情同意和惠益共享的权利。〔39〕 公约第 1 条规定:实现生物多样性的手段包括遗传资源的适当取得以及有关技术的适当转让,但应顾及这些资源和技术的一切权利。公约明确了遗传资源的利用应当遵循国家主权、知情同意、惠益分享的原则,并且专利制度应有助于实现保护遗传资源的目标。公约明确指出:缔约方认识到专利和其他知识产权可能影响到本公约的实施,因此应当在国际立法方面进行合作,以确保此种权利有助于而不是违反本公约的目标。该公约将遗传资源规定为从属于国家主权的可贸易商品,发展中国家可以通过技术转让将其转让给发达国家,并依法获取报酬或其他利益。〔40〕 我国既是该公约的成员国,也是一个拥有巨大遗传资源的国家。对遗传资源的保护不仅关系到中国生物多样化,而且关系到中国农业和制药业的发展,关系到我国对战略资源的合理规划与利用。借鉴其他国家通过专利法律制度保护遗传资源的经验,利用专利法修改之际,增加保护遗传资源的内容,是很有必要的。〔41〕 这一规定对于防止非法窃取中国遗传资源进行技术开发

〔37〕 根据《专利法实施细则》第 26 条第 1 款的规定,专利法所称遗传资源,是指取自人体、动物、植物或者微生物等含有遗传功能单位并具有实际或者潜在价值的材料;专利法所称依赖遗传资源完成的发明创造,是指利用了遗传资源的遗传功能完成的发明创造。

〔38〕 上述规定可以从国家知识产权局《关于〈中华人民共和国专利法修订草案(征求意见稿)〉》(以下简称《征求意见稿》)中找到其来源。《征求意见稿》第四部分指出:非法获取或者利用遗传资源是指不符合《生物多样性公约》(CBD)有关知情同意和利益分享的要求,从而使专利权的授予违反 CBD 的目标。

〔39〕 根据该公约第 2 条的规定,遗传资源是指具有实际或者潜在价值的来自植物、动物、微生物或其他来源的任何含有遗传功能单位的材料,如植物、动物、微生物的基因、基因组、细胞、组织、器官等基因材料和相关信息。

〔40〕 参见冯洁涵:《全球公共健康危机、知识产权、国际保护与 WTO 多哈宣言》,载《法学评论》2003 年第 2 期。

〔41〕 中国生物物种资源现状与保护对策项目组曾发布《中国生物物种资源现状与保护》调查报告。根据该报告提供的数据,中国遗传资源引进少而流失多。原国家环境保护总局副局长祝光耀指出,近十年来我国引出的生物遗传资源不仅在数量上远远高于前 20 年的总和,而且大多属于优良目的基因。(参见《中国人大》2008 年第 20 期)又据国家环保部门公布的一份资料,中国本土物种遗传资源流失状况堪忧。由于本地物种遗传资源保护意识落后,中国正成为发达国家攫取遗传资源的新目标。一些发达国家则十分重视遗传资源保护,凭借自身经济和科技实力,以合作研究、出资购买等形式,大肆掠夺和控制发展中国家的生物遗传资源,利用先进技术开发出新的药品或者物种,然后申请专利,并将专利技术或产品再向发展中国家兜售,获取高额利润,严重损害了发展中国家利益。因此,加强遗传资源保护是必要的。(参见孙继斌、丁金凤:《专利法修订剑指基因窃取》,载《中国发明与专利》2008 年第 10 期)

并申请专利，保护中国遗传资源具有重要意义。[42]

值得注意的是，2008年《专利法》增加了上述规定后，《专利审查指南》也从审查的角度增加了相应的内容。根据其第二部分第一章“3.2”规定，发明创造利用了遗传资源的遗传功能是指对遗传功能单位进行分离、分析、处理等，以完成发明创造，实现其遗传资源的价值。违反法律、行政法规的规定获取或者利用遗传资源，是指遗传资源的获取或者利用未按照我国有关法律、行政法规的规定事先获得有关行政管理部门的批准或者相关权利人的许可。例如，按照我国《畜牧法》和《畜禽遗传资源进出境和对外合作研究利用审批办法》的规定，向境外输出列入中国畜禽遗传资源保护名录的畜禽遗传资源应当办理相关审批手续，某发明创造的完成依赖于中国向境外出口的列入中国畜禽遗传资源保护名录的某畜禽遗传资源，未办理审批手续的，该发明创造不能被授予专利权。这一规定细化了遗传资源保护的规范，对于未经许可或同意而擅自利用遗传资源进行发明创造的行为有了明确的约束，对实际操作也具有指导意义。

三、不是专利法所说的发明创造

（一）科学发现

科学发现是对客观世界存在的未知物质、现象、变化过程及其特征和规律的揭示和认识。它不是利用自然规律的创造性发明，不属于改造客观世界的技术方案，不能应用于生产实践。因而它不是专利法意义上的发明创造，不能授予专利保护。例如，哈雷彗星的发现、五磷酸铵晶体的发现。

但是，将新的发现付诸使用则可能取得专利。例如，将发现的新元素与其他化学元素或化合物用特殊方法结合起来产生一种新化合物，就可以是一种取得专利的发明。而且，科学发现仍可受专利法以外形式的法律保护，如我国的《自然科学奖励条例》。另外，发明和发现虽有本质不同，但两者关系密切。通常，很多发明是建立在发现的基础之上的，进而发明又促进了发现。发明与发现的这种密切关系在化学物质的“用途发明”上表现最为突出，当发现某种化学物质的特殊性质之后，利用这种性质的“用途发明”则应运而生。

（二）智力活动的规则和方法

这是指人们进行推理、分析、判断、记忆等思维活动的规则和方法。它不是利用自然规律的过程，不能在工业上使用而产生一定的技术效果，不是专利保护的客体。如数学计算方法、游戏方案、情报检索法、统计方法、速记法、生产管理方法等。但是，进行这类智力活动的新设备、新装置、新工具，只要符合专利条件，是可以取得专利的。如速算器、检索机都可以取得

---

〔42〕 2008年《专利法》还在专利申请部分中涉及遗传资源保护的问题。实际上，这一规定也明确了遗传资源可以成为专利权的客体，成为一种无形财产，因为它暗示符合法律、行政法规的规定获取或者利用遗传资源，并依赖该遗传资源完成的发明创造，可以被授予专利权。从产权经济学的一般原理出发，产权激励是保护财产权的一种比较理想的模式。在当代，遗传资源日益成为一种新型的财产权形式和财产权保护的客体。2008年《专利法》首次引入遗传资源的保护，是对这一潮流的积极回应。另外，关于遗传资源作为财产权的客体，也可以从TRIPs协议第27条第3款的规定得以理解。根据该条款规定，成员有义务对利用了遗传资源的发明创造给予保护。进一步地说，成员可以将除微生物之外的动植物和生产动植物的主要是生物学意义上的方法排除出专利保护范围，但应保护植物新品种。由于植物新品种、微生物等涉及遗传资源取得和利用问题，可以认为协议实际上要求各成员就利用遗传资源取得的植物新品种及其培育方法给予强制性的保护。

专利。

智力活动的规则和方法不能被授予专利权，在本质上是由于该规则和方法不是利用自然规律的过程与结果，不是一种利用自然规律基础上的技术方案。但技术的进步与商业的发展，使得这一情形逐步发生了变化。2002 年以来，国际上对商业方法软件的专利保护的讨论可谓达到白热化，在专利申请的实践中更是形成了一股飓风，成千上万件有关商业方法软件的专利被美国专利商标局授权，欧洲专利局和日本专利局受理的这类专利申请每年也在成倍地增长，除了企业高涨的申请热情外，美国、欧洲、日本三方专利局也在审查指南的修订以及审查员和申请人的培训上异常活跃。

2002 年年底与 2003 年年初中国国务院专利行政部门对两件美国花旗银行商业方法专利先后给予授权（实际上在非银行界的申请人中已有许多有关电子商务方法的专利申请被授权），一时引起了媒体和知识产权业界的重视和一定范围内的讨论。

根据《专利审查指南》第二部分第一章“4.2”的规定，智力活动的规则和方法是指导人们进行思维、表述、判断和记忆的规则和方法。由于其没有采用技术手段或者利用自然规律，也未解决技术问题和产生技术效果，因而不构成技术方案。在判断涉及智力活动的规则和方法的专利申请要求保护的主题是否属于可授予专利权的客体时，应当遵循以下原则：（1）如果一项权利要求仅仅涉及智力活动的规则和方法，则不应当被授予专利权。（2）如果一项权利要求，除其主题名称以外，对其进行限定的全部内容均为智力活动的规则和方法，则该权利要求实质上仅仅涉及智力活动的规则和方法，也不应当被授予专利权。（3）如果一项权利要求在对其进行限定的全部内容中既包含智力活动的规则和方法的内容，又包含技术特征，则该权利要求就整体而言并不是一种智力活动的规则和方法，不应当依据《专利法》第 25 条排除其获得专利权的可能性。因此，涉及智力活动的规则和方法的可专利性取决于其整体表现出来的技术特征，纯粹的智力活动的规则和方法不能获得专利保护。

（三）疾病的诊断和治疗方法

疾病的诊断和治疗方法是指以有生命的人体或者动物体为直接实施对象，进行识别、确定或消除病因或病灶的过程。它不能在工业上应用，故不适用于专利保护。从社会人伦的角度考虑，也不允许垄断疾病诊断和治疗方法。如西医外科手术的方法、检查方法、中医的针灸和脉诊方法都不能被授予专利权。但应指出，在疾病诊断和治疗中所使用的器械、仪器等医疗设备，以及在疾病诊断和治疗方法中使用的物质或材料可以获得专利权。

《专利审查指南》详细规定了疾病的诊断和治疗方法判断问题：

其中，诊断方法是指为识别、研究和确定有生命的人体或动物体病因或病灶状态的过程。以有生命的人体或动物体为对象且以获得疾病诊断结果或健康状况为直接目的的一项与疾病的诊断有关的方法，不能获得专利权。如果一项发明从表述形式上看是以离体样品为对象的，但该发明是以获得同一主体疾病诊断结果或健康状况为直接目的，则该发明仍然不能被授予专利权。但是，以下几类方法是不属于诊断方法的例子：（1）在已经死亡的人体或动物体上实施的病理解剖方法；（2）直接目的不是获得诊断结果或健康状况，而只是从活的人体或动物体获取作为中间结果的信息的方法，或处理该信息（形体参数、生理参数或其他参数）的方法；（3）直接目的不是获得诊断结果或健康状况，而只是对已经脱离人体或动物体的组织、体液或排泄物进行处理或检测以获取作为中间结果的信息的方法,或处理该信息的方法。

治疗方法,是指为使有生命的人体或者动物体恢复或获得健康或减少痛苦,进行阻断、缓解或者消除病因或病灶的过程。治疗方法包括以治疗为目的或者具有治疗性质的各种方法。预防疾病或者免疫的方法视为治疗方法。对于既可能包含治疗目的,又可能包含非治疗目的的方法,应当明确说明该方法用于非治疗目的,否则不能被授予专利权。其中,外科手术方法分为治疗目的和非治疗目的的外科手术方法。以治疗为目的的外科手术方法,属于治疗方法,根据《专利法》第 25 条第 1 款第(3)项的规定不授予其专利权。但是,对于已经死亡的人体或者动物体实施的剖开、切除、缝合、纹刺等处置方法,只要该方法不违反《专利法》第 5 条第 1 款,则属于可被授予专利权的客体。

以下几类方法是属于或者应当视为治疗方法的例子:(1)外科手术治疗方法、药物治疗方法、心理疗法;(2)以治疗为目的的针灸、麻醉、推拿、按摩、刮痧、气功、催眠、药浴、空气浴、阳光浴、森林浴和护理方法;(3)以治疗为目的利用电、磁、声、光、热等种类的辐射刺激或照射人体或者动物体的方法;(4)以治疗为目的采用涂覆、冷冻、透热等方式的治疗方法;(5)为预防疾病而实施的各种免疫方法;(6)为实施外科手术治疗方法和/或药物治疗方法采用的辅助方法,例如返回同一主体的细胞、组织或器官的处理方法、血液透析方法、麻醉深度监控方法、药物内服方法、药物注射方法、药物外敷方法等;(7)以治疗为目的的受孕、避孕、增加精子数量、体外受精、胚胎转移等方法;(8)以治疗为目的的整容、肢体拉伸、减肥、增高方法;(9)处置人体或动物体伤口的方法,例如伤口消毒方法、包扎方法;(10)以治疗为目的的其他方法,例如人工呼吸方法、输氧方法。

以下则属于可以授予专利权的例子:(1)制造假肢或者假体的方法,以及为制造该假肢或者假体而实施的测量方法;(2)通过非外科手术方式处置动物体以改变其生长特性的畜牧业生产方法;(3)动物屠宰方法;(4)对于已经死亡的人体或动物体采取的处置方法;(5)单纯的美容方法等;(6)为使处于非病态的人或者动物感觉舒适、愉快或者在诸如潜水、防毒等特殊情况下输送氧气、负离子、水分的方法;(7)杀死人体或者动物体外部的细菌、病毒、虱子、跳蚤的方法。上述后两种情况也可以利用其他形式的法律保护。如合理化建议和技术改进奖励条例等。

四、是专利法所说的发明创造,但不予专利保护

我国《专利法》对不授予专利权的对象的规定经历了四次修改。1984 年《专利法》第 25 条第 1 款规定:“对下列各项,不授予专利权:科学发现;智力活动的规则和方法;疾病的诊断和治疗方法;食品、饮料和调味品;药品和用化学方法获得的物质;动物和植物品种;用原子核变换方法获得的物质”;第 2 款规定:“对上款第四项至第六项所列产品的生产方法,可以依照本法规定授予专利权”。1992 年《专利法》则将上述规定中的“食品、饮料和调味品;药品和用化学方法获得的物质”纳入了专利权保护的对象。[43] 2000 年《专利法》保留了 1992 年《专利法》的

---

〔43〕 参见 1992 年《专利法》第 25 条。

规定。[44] 2008年《专利法》在2000年《专利法》规定基础上，规定“对平面印刷品的图案、色彩或者二者的结合作出的主要起标识作用的设计”不属于可以授予专利权的客体。现行《专利法》则在2008年《专利法》规定基础上，将“用原子核变换方法获得的物质”扩大为“原子核变换方法以及用原子核变换方法获得的物质”。由此可见，不授予专利权的对象的范围会根据经济社会发展的需要而进行一定的扩张或限缩。以下将以现行《专利法》规定为依据，分析上述客体类型。

（一）动物和植物品种

动物和植物新品种发明，是针对动物和植物新品种本身而言。动物和植物是自然生长的有生命的物体，不是人们创造的产物。根据《专利审查指南》第二部分第一章“4.4”的解释，专利法所称的动物不包括人，是指不能自己合成，而只能靠摄取自然的碳水化合物及蛋白质来维系其生命的生物。专利法所称的植物，是指可以借助光合作用，以水、二氧化碳和无机盐等无机物合成碳水化合物、蛋白质来维系生存，并通常不发生移动的生物。

对于动物、植物品种的发明是否授予专利，目前国际上有两种不同的做法。一是给予专利保护，美国、法国、日本、波兰、瑞典等国授予植物新品种以发明专利权，匈牙利、罗马尼亚授予动物品种以专利权。例如，美国《专利法》规定，发现或发明植物新品种并用无性繁殖方法生产出来时，可获得专利权。美国从1930年实行植物专利制度至1970年的40年间，共授予6000个专利，其中60%是玫瑰花的品种。这些国家认为，授予动、植物品种以专利有利于改造它们的遗传属性，同时也尽量使其具有可重复性。二是对动、植物品种不授予发明专利。这是多数国家的做法。它们认为，动、植物品种无人工重复的可能性，受自然环境影响大，不能授予发明专利。从国际趋势看，动、植物新品种发明专利有可能从专利法中分离出来，被赋予特别法的保护。1961年签订的《植物新品种保护公约》就规定，各成员国应以特别证书或专利的方式对植物培育者给予保护。该公约生效后，有些国家专利法即对植物品种及生产该品种的生物方法不予专利保护。

我国《专利法》规定对动物和植物新品种都不给予专利保护，但是动物和植物品种的生产方法与一般的方法发明一样可以取得专利。这里的生产方法，意即生物方法以外的方法，如辐射、人工栽培、保温等。如果实质上是生物方法，则不能授予专利权。根据《专利审查指南》第二部分第一章“4.4”的解释，一种方法是否属于“主要是生物学的方法”，取决于在该方法中人的技术介入程度。如果人的技术介入对该方法所要达到的目的或者效果起了主要的控制作用或者决定性作用，则这种方法不属于“主要是生物学的方法”。例如，采用辐照饲养法生产高产牛奶的乳牛的方法；改进饲养方法生产瘦肉型猪的方法等属于可被授予发明专利的客体。此外，微生物不属于动物或植物范畴，微生物方法也不是生物方法。微生物品种以及微生物方法可以依照我国专利法给予保护。

（二）原子核变换方法以及用原子核变换方法获得的物质

用原子核变换方法获得的物质是指用核裂变或者核聚变的方法获得的元素或者化合物，主要是指用加速器、反应堆以及其他核反应装置生产、制造的各种放射性同位素。对这类物质

---

〔44〕 参见2000年《专利法》第25条。

的发明,除美国、日本等极少数国家外,世界大多数国家不授予专利权。这样做主要是基于以下两点:一是出于国防上的考虑,因为这类物质可以用于制造核武器;二是为了不让其他国家在本国取得这方面的专利权,以保护本国核工业的发展。我国 2008 年及其以前版本《专利法》对这类物质不给予专利保护。

不仅如此,现行《专利法》进一步明确了原子核变换方法也不能给予专利保护。所谓原子核变换方法,是指使一个或几个原子核经分裂或者聚合,形成一个或几个新原子核的过程,如完成核聚变反应的磁镜阱法、封闭阱法以及实现核裂变的各种方法。不过,为实现核变换方法的各种设备、仪器及其部件等都可以被授予专利权。为实现原子核变换而增加粒子能量的粒子加速方法,因其不属于原子核变换方法,也可以被授予专利权。

(三)平面印刷品的图案、色彩或者二者的结合作出的主要起标识作用的设计

关于不授予专利权的对象,2008 年《专利法》的改革是在 2000 年《专利法》规定的基础之上增加了一项内容,即"对平面印刷品的图案、色彩或者二者的结合作出的主要起标识作用的设计"。这一修改也是针对外观设计专利而言的。与其第 23 条第 1 款、第 2 款增加外观设计绝对新颖性标准和创造性标准一样,其主要目的是提高外观设计专利的质量,促进外观设计的创新。近些年来,我国外观设计专利申请和授权数量增长迅速,但其中也不乏很多仅涉及主要起标识作用的、以瓶贴和平面包装为主要特色的图案设计,属于对平面印刷品的图案、色彩或者二者的结合作出的主要起标识作用的设计。这类设计固然有一定的新颖性和创造性,但与外观设计专利保护的本质不够协调,需要通过立法修改引导外观设计的创造者重视对产品本身外观的创新活动,以提高我国外观设计专利产品的国际竞争力。另外,现实中广为存在的上述现象还引发了一个法律问题,即将瓶贴和平面包装袋主要起标识作用的图案设计申请专利,容易产生外观设计专利权与他人的注册商标权、著作权相冲突。基于这些考虑,2008 年《专利法》作出了上述修改。[45] 这一修改有利于鼓励设计人对产品本身的外观设计创新,提高外观设计创新水平。现行《专利法》维持了上述规定。

值得说明的是,1992 年《专利法》修改时,因相关产业发展及经济社会总体发展的需要,将曾排除在专利保护客体之外的食品、饮料、调味品以及药品和用化学方法获得的物质纳入专利保护,扩大了专利保护领域。尽管 2008 年新增加了排除授权的范围,将主要起标识作用的平面印刷品的外观设计排除在专利保护之外,看似缩小了专利保护的范围,其实不然。如上所述,2008 年《专利法》此新规定的出发点主要在于避免外观设计与他人注册商标权、著作权相关冲突,提高外观设计创新水平。就技术发展与保护而言,扩大而非缩小专利授权范围是世界范围内的趋势。

此外,关于平面印刷品的图案、色彩或者二者的结合作出的主要起标识作用的设计,《专利审查指南》对此也从审查的角度作了规定:如果一件外观设计专利申请同时满足下列三个条件,则认为所述申请属于上述不授予专利权的情形:(1)使用外观设计的产品属于平面印刷品;(2)该外观设计是针对图案、色彩或者二者的结合而作出的;(3)该外观设计主要起标识作

---

〔45〕 当然,遵从 TRIPs 协议的规定也是一个重要考虑。根据该协议第 25 条的规定,外观设计如果与已知的外观设计特征的组合没有显著区别的,即为不是新颖的或者原创的外观设计。

用。在依据上述规定对外观设计专利申请进行审查时，首先根据申请的图片或者照片以及简要说明，审查使用外观设计的产品是否属于平面印刷品。其次，审查所述外观设计是否是针对图案、色彩或者二者的结合而作出的。由于不考虑形状要素，任何二维产品的外观设计均可认为是针对图案、色彩或者二者的结合而作出的。最后，审查所述外观设计对于所使用的产品来说是否主要起标识作用。主要起标识作用是指所述外观设计的主要用途在于使公众识别所涉及的产品、服务的来源等。实践中，只有经过这三步审查，才能初步排除该类专利权授予，保障外观设计专利授权的妥当性。

本章案例研讨

◈ 科学发现与利用科学发现获得发明创造之间的关系

大庆市某文具办公设备有限公司与国家知识产权局专利复审委员会发明专利权无效行政纠纷案〔46〕

1995 年 6 月 9 日，陆某向国家知识产权局专利局提出了“一种防近视书簿”发明专利(本专利)，该专利于2000 年 1 月 5 日被授权公告，专利号为 95111654.1，专利权人为陆某。本专利权利要求书为：“1. 一种练习本，其特征在于：其制作采用黄色纸张，该黄色纸张的反射光波频谱为波长 550 ~610 纳米的色光。”该专利说明书记载了如下内容：“本发明的目的在于提供一种防近视的书簿，通过改善视觉环境来防治近视。为了实现上述目的，本发明采用如下技术方案：一种防近视的书簿，其特征在于改变用白色纸张印制书簿的传统做法，改用特定黄色纸张印制，该黄色纸张的反射光为波长 550 ~610 纳米内的色光。实施例：本发明的书簿主要是教学用的教科书和练习本，用黄色纸张代替原来的白色纸张印制，该黄色纸张的反射光为波长 550 ~610 纳米内的色光。”

2005 年 9 月 2 日，大庆市某文具办公设备有限公司(以下简称大庆某公司)向专利复审委员会提出了宣告本专利权无效请求。该公司认为，本专利请求保护的练习本具有防近视的效果仅属于科学发现，不属于专利法予以保护的客体。陆某认为利用科学发现制造成的产品是可以获得专利法保护的客体。对此，专利复审委员会认为：本专利请求保护一种练习本，该练习本具有防近视的功能，本专利是利用陆某发现的在一定频谱范围内的黄色纸张的反射光相对安全舒适来防治近视，因此本发明是利用科学发现所制成的产品，其是可以获得专利保护的。专利复审委员会于 2007 年 6 月 6 日作出第 9918 号决定，维持本专利权有效。大庆某公司不服该决定，依法提起诉讼。一审法院经审理，判决驳回原告的诉讼请求，维持被诉决定。大庆某公司不服一审判决，继续向北京市高级人民法院提起上诉。

北京市高级人民法院认为，单纯的科学发现不能被授予专利权，但利用科学发现制造出的

〔46〕 选自北京市高级人民法院(2008)高行终字第 256 号行政判决书。另参见北京市第一中级人民法院(2007)一中行初字第 1322 号行政判决书。

产品是可以被授予专利权的。本专利是一产品发明，在一定频谱范围内的黄色纸张的反射光相对安全舒适来防治近视属于科学发现的范畴，但本专利请求保护的是一种练习本，该练习本具有防近视的功能，因此本专利是利用科学发现制成的产品，是可以获得专利保护的。二审法院判决驳回上诉，维持原判。

本案属于专利权无效宣告请求认定的行政案件。相关知识将在后面介绍和分析。从专利权保护客体的角度看，本案留给我们的启示是，作为专利权保护客体的发明创造应当是利用自然规律解决具体的技术问题，并在工业上能够实施的技术方案。单纯揭示自然规律和解释自然规律的科学发现不能被授予专利权。但是，发明创造与科学发现之间也具有十分密切的联系，特别是利用科学发现、自然规律可以生产产品，只要其符合专利保护条件，就可以获得专利权。

◈ 智力活动的规则和方法不能获得专利权

何某诉国家知识产权局专利复审委员会
发明专利申请驳回复审行政纠纷案〔47〕

2006年12月6日，何某申请了名称为“资源整合管理与应用，企业与消费者资源的整合应用”的发明专利，申请号为200610157287，公开日为2007年7月11日。国家知识产权局经实质审查，于2011年7月25日发出驳回决定，驳回了本申请，其理由是：本申请权利要求1保护的方案属于《专利法》第25条第1款第(2)项规定的智力活动的规则和方法。驳回决定认为，权利要求1请求保护一种资源整合管理方法，该方法将数字编码与社会资源进行捆绑，从而进行管理和分配，其内容是一种指导人们进行整合管理方法的规则，属于智力活动的规则，不属于授予专利权的客体。并且，权利要求1仅包括人为制定的规则，而未包含实现资源整合的任何技术手段，也不存在任何技术上的支持，也未解决技术问题和产生技术效果，因而不构成技术方案。复审请求人声称的核心技术是在常规数字组系统中，又再分段成多组数字组来编写计算机系统的管理程序，其还是人为制定的规则，且计算机程序本身也是不授予专利权的客体。

何某对上述驳回决定不服，于2011年10月25日向国家知识产权局专利复审委员会（简称专利复审委员会）提出了复审请求，同时修改了权利要求书。2014年4月28日，专利复审委员会作出第65730号复审请求审查决定。何某不服该决定，依法向北京市第一中级人民法院提起行政诉讼，要求撤销该审查决定。一审法院认为，本申请权利要求1所要解决的问题并不是技术问题，所采用的手段不是技术手段，获得的效果也不是技术效果，因此，其要求保护的方案不是技术方案、不属于专利所保护的客体，故判决驳回何某诉讼请求。何某不服一审判决，向北京市高级人民法院提起上诉。

---

〔47〕 选自最高人民法院(2017)最高法行申3553号行政裁定书。另参见北京市第一中级人民法院(2014)一中行(知)初字第8600号行政判决书、北京市高级人民法院(2016)京行终4655号行政判决书。

北京市高级人民法院就涉案申请是否属于专利法保护的客体问题进行了认定。其认为，专利法所称发明，是指对产品、方法或者其改进所提出的新的技术方案。对于涉及计算机程序的发明专利申请来说，如果解决方案执行计算机程序的目的不是解决技术问题，在计算机上运行计算机程序从而对外部或内部对象进行控制或处理所反映的不是利用了自然规律的技术手段，其获得的也不是受自然规律约束的技术效果，则这种解决方案不属于技术方案，不属于专利法保护的客体。本案中，本申请权利要求1请求保护一种资源整合管理实现方法，权利要求1中对“社会上存在的资源”具体限定了包括行业资源、企业资源、消费者资源、地域资源、产品资源、人力资源、服务资源、货币资源和信息资源，是客观存在的外部的信息，是具有一定社会含义的信息，但并不是专利法意义上的技术数据。如本申请说明书所述，资源整合管理就是将社会某个大型资源或有许多资源组成的资源组，在资源组形成的工作环境中，应用系统规则将资源实施有效的管理和价值分配的一种方法体系，其要解决的是现有的资源整合存在局限性问题，即是社会资源的管理问题，而社会资源的合理整合分配问题并不属于专利法意义上的技术问题。将社会资源通过积分卡号的形式进行指代，以及通过积分的方式进行管理，是目前商业经营管理中常见的商业管理规则，并不能构成技术手段。根据本申请权利要求的记载可知，通过制定相应的管理规则将社会资源通过积分卡的形式进行整合分配管理，权利要求中并没有采用利用自然规律的技术手段，虽然该资源整合方法中涉及网络技术内容，但仅是利用了现有网络技术对积分卡实现管理。通过应用数字字符序列串指代资源组内所有成员形成价值链，用制定的管理和价值分配规则整合社会资源，达到不同资源整合效果，也并不是受自然规律约束的技术效果。基于上述，北京市高级人民法院驳回了何某的上诉请求。

何某不服二审判决，向最高人民法院提起再审申请。最高人民法院将本申请是否属于专利法保护的客体作为焦点问题之一进行认定。最高人民法院认为，本申请权利要求1请求保护一种资源整合管理实现方法，且如本申请说明书所述，资源整合管理就是将社会某个大型资源或有许多资源组成的资源组，在资源组形成的工作环境中，应用系统规则将资源实施有效的管理和价值分配的一种方法体系，其要解决的是现有的资源整合存在局限性问题，即是社会资源的管理问题，而社会资源的合理整合分配问题并不属于专利法意义上的技术问题。本专利申请所述方案，使用以积分卡号形式体现的数字字符序列串对社会资源的成员进行指代，形成价值链，通过资源管理服务平台进行统一配置，以及实现积分管理等都未涉及技术手段，并且其所获得的资源整合的效果也不是技术效果。因此，一审、二审法院认定本申请权利要求1不属于专利法所保护的客体，并无不当。何某有关本申请属于专利法保护客体的再审理由不能成立。最高人民法院遂裁定驳回何某的再审申请。

本案涉及的核心问题是，何某申请专利的“技术方案”，是否利用了技术手段，所获得的效果是否为技术效果。本案三级法院均认为，由于涉案专利申请权利要求1旨在解决的问题并不是技术问题，且采取的手段不是技术手段，获取的效果也不是技术效果。因此，涉案专利申请要求保护的方案并非技术方案，根据专利法规定不属于专利权保护客体。本案提供的启示是，申请专利的发明创造应当属于利用技术手段解决具体技术问题的技术方案，而不应当属于智力活动的规则和方法等不能获得专利权的范畴。

第三章 专利权的主体

专利权的主体是指有权提出专利申请和获得专利权,并承担相应义务的人。各国专利法都规定,自然人和法人可以申请并获得专利权。根据我国《专利法》的规定,发明人和设计人及其合法受让人、发明人和设计人工作单位以及外国的单位和个人可以成为专利权的主体。

第一节 专利申请权人和专利权人

专利申请权人是依照专利法的规定,有资格申请专利的自然人、法人或者非法人组织。专利权人是对国家专利机关依法授予专利权的发明创造在一定时期内享有独占权的自然人、法人或者非法人组织。专利申请权人在专利申请和审查阶段享有权利并承担义务,专利申请经审批并由主管机关依法将专利权授予给申请人后,专利申请权人即取得专利权人的法律地位。一般来说,专利申请权人和专利权人是一致的,专利权一般归属于专利申请权人。同一个主体在专利申请阶段是专利申请权人,在专利权被授予后则成为专利权人。

但是,专利申请权与专利权毕竟是两个不同的概念,专利申请权人与专利权人不能完全等同。一项发明创造完成后,会原始或法定地产生技术成果使用权、转让权、发明获得奖励权、专利申请权以及相关的工程技术作品发表权等多种民事权利。其中,申请专利的权利即专利申请权,是解决提出专利申请阶段申请权的归属问题,即申请人的资格问题;获得专利的权利解决的则是专利权授予阶段专利权的归属问题,即专利权人的资格问题。在有些情况下,享有、行使专利申请权并不一定能够最终获得专利权。例如,两个人分别对同一发明主题提出申请,尽管他们都是专利申请权人,但专利权只能授予其中的一个。又如,我国法律将专利申请权赋予了财产权属性,专利申请权人如果在专利权授予之前将取得专利的权利转让给他人,他人就可能成为专利权人。由此可见,享有专利申请权并非取得专利权的充分条件,取得专利权并非行使专利申请权的唯一结果。

第二节 发明人与设计人

一、发明人与设计人

发明创造是发明人、设计人创造性的智力成果。发明人或设计人对其发明创造有申请专利和获得专利权的权利，这一直是世界各国专利法的基本原则。例如，意大利《专利法》规定专利申请必须由发明人或其合法继承人提出。英美法系国家发明专利法甚至规定，专利申请人必须是发明人。美国《专利法》第111条规定，申请专利，除本编另有规定外，应由发明人以书面形式向专利商标局局长提出。如果有人窃取他人发明创造申请并获得专利，可以宣布这种权利无效。

在我国，确认发明人或设计人的身份也是确定专利申请权人和专利权人资格的基础。所谓发明人，是指对产品、方法或者其改进提出新技术方案的人，或者对产品的形状、构造或其结合提出适于实用的新方案的人。所谓设计人，是指对产品的整体或者局部的形状、图案、色彩或其结合提出富有美感，并适于工业上应用的新方案的人。可以看出，发明人或设计人是对发明创造的实质性特点作出了创造性贡献的人。与发明创造有关的其他人，如文献资料提供者、组织管理者、实验操作者、后勤人员等不能成为发明人或设计人。

发明人或设计人在任何情况下都只能是自然人，不能是法人或非法人组织。因为发明创造只能是自然人创造性智力劳动的结果。在各种专利文件上，都要求填写发明人或设计人的姓名，这既是对发明人或设计人身份权的确认和保护，也体现了法律对发明人或者设计人身份的尊重。发明创造活动是一种事实行为而不是法律行为，申请人申请专利和取得专利权的依据是发明创造这一智力成果，因此，发明人或设计人资格的取得不受民事行为能力的限制。当然，未成年人不具有完全行为能力，其权利应由其法定代理人代为行使。

我国现行《专利法》第6条第2款规定，对于非职务发明创造，申请专利的权利属于发明人或者设计人；申请被批准后，该发明人或者设计人为专利权人。非职务发明创造，既不是执行本单位的任务，也不是主要利用本单位物质技术条件所完成的发明创造。《专利法》第7条还规定，对发明人或者设计人就非职务发明创造申请专利，任何单位或者个人不得压制。实践证明，这一做法有利于保护和鼓励个人从事发明创造的积极性。

二、共同发明人与共同设计人：共有专利申请权的行使

发明创造可以由两个或两个以上的人共同完成。两个或两个以上的人对同一发明创造共同构思，并都对其实质性特点作出了创造性贡献的称为共同发明人或设计人，这种发明创造称为共同发明创造。

正确认定共同发明人与共同设计人，对于确定专利权的归属具有重要意义。共同发明人或设计人不是几个挂名的形式上合作的人，而是指在实质上参与了发明创造的人。根据我国《专利法实施细则》第13条的规定，在完成发明创造的过程中，只负责组织工作的人，为物质技术条件利用提供方便的人或者从事其他辅助工作的人，不是发明人或者设计人，也不是共同发明人或共同设计人。要正确判断谁是共同发明人或共同设计人应以技术档案的真实记录为依据，实事求是地界定每个人对成果所作出的贡献，以是否有创造性贡献为标准，将没有对发明创造的实质性特点作出创造性贡献的人排除。在实践中，应注意严格掌握标准，防止任意扩大或缩小共同发明人或共同设计人的范围。

根据我国《专利法》的规定，就共同非职务发明创造申请专利和获得专利的权利属于共同发明人或共同设计人共同所有。这也是各国专利法的通例。例如，泰国《专利法》第15条规

定,一项发明是两人或两人以上共同创立的,他们可共同申请专利。意大利《专利法》规定,如果一项工业发明是由几个人研制的,专利取得的权利除另有协议外,应按民法典中关于共同所有权条款执行。也就是说,共同发明人可就共同发明一起申请专利并取得专利权,共同设计人可就共同设计一起申请专利并取得专利权。

专利申请权是具有财产权性质的专有权利,可以为两个或者两个以上的单位或个人所共有。原则上说,专利申请权的共有问题可以适用《民法典》关于财产所有权共有的一般规则。[1] 但专利申请权毕竟是一种无形财产权,一般财产所有权共有的规则难以解决实践中发生的诸多因为专利申请权共有引发的纠纷。为此,有必要在专利法中专门规定这一问题。

现行《专利法》第 14 条第 1 款规定:"专利申请权或者专利权的共有人对权利的行使有约定的,从其约定。没有约定的,共有人可以单独实施或者以普通许可方式许可他人实施该专利;许可他人实施该专利的,收取的使用费应当在共有人之间分配";第 2 款规定:"除前款规定的情形外,行使共有的专利申请权或者专利权应当取得全体共有人的同意。"

应当说,上述关于专利申请权和专利权共有人行使权利的规定,弥补了我国专利立法中对共有专利权行使缺乏规范的空白,既有利于充分保障共有人的合法权益,又有利于促进共有专利的实施,实现专利法既要充分保护权利人的专有权,又要促进专利技术的推广应用的双重价值目标。

对共有专利申请权的行使应注意以下几点:

第一,一般情况下,任何人都无权就共同发明创造单独提出专利申请,该申请应当由共同发明人或共同设计人共同提出。如出现误将非共同发明人或非共同设计人列为共同发明人或共同设计人的情形,应由原共同申请人提供证明并将非共同发明人或非共同设计人予以排除;如遗漏了共同发明人或共同设计人,则也要由共同提出专利申请的真正共同发明人或共同设计人提供证明并补充遗漏者的姓名。

第二,如共同发明人或共同设计人有协议明确规定其中一人或数人可以单独申请专利,则可以单独申请,但单独申请者应提交协议书副本。

第三,当某一或某些共同发明人或设计人拒绝参与专利申请或遇有客观情况不能参与专利申请时,余下的共同发明人或共同设计人可以共同提出专利申请。不过,当后者提出申请后,前者又表示愿意参与或客观障碍消除了的,应当允许其参与专利申请。

第四,共同发明人或设计人对专利申请权的行使有约定,按其约定;没有约定的,共有人可以单独实施或以普通许可方式许可他人实施该专利,但收取的使用费应在共有人之间分配;其他的情形下共有人行使专利申请权需要全体共有人的一致同意。

三、发明人或者设计人的合法受让人

发明创造是一种无形财产,基于发明创造获得专利的权利是一种无形财产权。发明人对

---

[1] 《民法典》第 297 条规定:"不动产或者动产可以由两个以上组织、个人共有。共有包括按份共有和共同共有。"其第 300 条规定:"共有人按照约定管理共有的不动产或者动产;没有约定或者约定不明确的,各共有人都有管理的权利和义务。"

发明创造拥有的所有权是可以转移的，而且申请专利和获得专利的权利是由发明创造所有权派生的，因此，发明人或者设计人的合法受让人也可享有申请专利和获得专利的权利。这也是各国专利法的通例。例如，法国《专利法》规定，工业产权证书的获得权属于发明人或其权利继承人；瑞士《专利法》规定，发明人、发明人的合法继承人或以其他任何名义拥有发明的第三者有权获得专利。我国现行《专利法》第10条第1款规定，专利申请权和专利权可以转让。发明人或设计人对其发明创造的专利申请权或专利权可以一定的方式转移，如赠与、买卖、继承等方式。这样，受让人或继承人就有了获得专利的权利。根据现行《专利法》第10条第3款的规定，转让专利申请权或者专利权的，当事人应当订立书面合同，并向国务院专利行政部门登记，由国务院专利行政部门予以公告。专利申请权或者专利权的转让自登记之日起生效。[2]向外国转让专利申请权和专利权的，还须经国务院有关主管部门批准。关于继承，应附具证明文件向国务院专利行政部门申报，经国务院专利行政部门登记和公告后生效。

此外，合法受让人在申请专利时，应向国务院专利行政部门提供合法受让该发明创造所有权的证明，如赠与合同副本、买卖合同副本，而且在请求书中应注明发明人或设计人的姓名。因为发明人或设计人的署名权、荣誉权等与人身密不可分的权利是不能转移的。

就共同发明创造而言，其中一个共同发明人或共同设计人可以转让自己享有的专利申请权。专利申请被批准后，受让人只能在出让人应当享有的份额内享有与行使专利权。在实施所有权转让时，首先应取得其他共同发明人或共同设计人的同意，其他共同发明人或共同设计人有权优先受让。当然，某一或某些共同发明人或共同设计人获得的专利权的份额也可依继承而转移。

第三节　发明人或设计人的工作单位

20世纪以前，大多数发明创造是由个人完成的，此时发明创造多系非职务发明创造。随着科学技术的发展，发明创造日趋复杂，其越来越需要公司、企业、研究机构组织众多人员进行研发。发明创造在他们履行职务时完成，于是出现了“职务发明创造”的概念，并被各国广泛接受。对这样的发明创造，谁有权申请和获得专利，是一个在理论上和实践上必须解决的问题。[3]

一、各国关于职务发明创造权利归属的规定

职务发明制度是各国专利制度的基本内容之一，它同时也涉及发明奖励制度。1897年，奥匈帝国专利法对这个问题在法律上作了最早的规定，提出雇员在职务上完成的发明取得专利的权利可由合同或服务章程约定。迄今为止，绝大多数国家都对职务发明创造问题作了规定。大体说来，主要有以下几种立法例：一是在专利法中直接作出规定，如日本、意大利、奥地

〔2〕 应当指出，这是针对专利申请提出以后而言。在专利申请提出以前获得专利的权利转让无须这样办理。

〔3〕 相关研究，参见何敏：《职员发明财产权利归属正义》，载《法学研究》2007年第5期；何敏：《新“人本理念”与职务发明专利制度的完善》，载《法学》2012年第9期。

利、法国、巴西、英国、荷兰、匈牙利、波兰、苏联等；二是颁布实施了专门的职务发明法，如德国、加拿大和北欧四国；三是通过合同和判例处理职务发明创造问题。无论何种做法，其所要解决的核心问题是发明创造所有权的问题。

在资本主义国家，职务发明创造被称为雇员发明。雇员发明是受雇人在劳动合同有效期间创造出来的发明以及利用雇主单位的生产设备、工具、资金和技术而作出的发明，它是雇员在雇佣期间所作出的一种发明创造。除此之外，尚有从属发明与自由发明之别。从属发明系指雇员不是依据雇佣合同，而是属于雇主业务范围内，利用了雇主设备、工具或其他手段而完成的发明创造。自由发明相当于我们通常说的非职务发明创造，它是雇员在其雇佣范围外没有获得雇主的帮助而完成的与雇主业务无关的发明创造。对后者，各国都认为其申请和获得专利的权利属于发明人或设计人所有。从属发明创造申请和取得专利的权利，是属于雇主还是雇员，各国则规定不一。至于雇员发明，西方国家一般基于职务发明的所有权属于雇主而认为有权获得专利的是雇主而不是雇员。

二、我国专利法关于职务发明创造及其权利归属的规定

（一）职务发明创造的概念与认定

现行《专利法》第 6 条第 1 款规定，职务发明创造是指发明人或设计人执行本单位的任务或者主要是利用本单位的物质技术条件所完成的发明创造。与此相对应的概念是非职务发明创造。正确区分这两种发明创造极为重要。我国专利制度实践中最突出的问题之一就是有关职务发明创造与非职务发明创造的界限问题。根据现行《专利法》第 6 条和《专利法实施细则》第 12 条的规定，职务发明创造分为以下几种类型：

第一类，在本职工作中作出的发明创造。

这主要是指完成发明创造的行为是发生在职务范围以内。本职工作的范围就是发明人或者设计人的职务范围，即工作责任、工作职责的范围。例如，某发明人的本职工作是从事微电机研究，他在工作中发明了一种新的微电机，此项发明就是职务发明。这是根据发明人或设计人所从事的工作性质和业务范围来确定职务发明创造的基本依据。换言之，判断发明创造是否为职务发明创造，可参照工作人员的职务内容或者责任范围来确定。它既可以是为完成单位明确布置的本职工作范围内的任务所作出的发明创造，也可以是作为日常本职工作的一部分由发明人或设计人主动完成的发明创造。据此，无论是以科研为职责的工作人员在本职工作中所作出的发明创造，还是从事以其他非科研工作为职责的工作人员在本职工作中作出的发明创造，都是职务发明创造。

这里的本职工作是与个人从事的工作性质有关而又在职责范围内的工作。判断是否在本职工作范围内，除了工作性质和业务范围外，还可以从实施行为方面考虑。发明人或设计人为某项发明创造所实施的具体行为就其性质而言是执行所承担的本职工作，其行为所导致的发明创造就是职务发明创造。例如，负责生产经营的厂长为使该厂能完成生产任务，在工作中作出了有关设备的发明创造，属于职务发明创造。

应当注意，“本职工作”范围不是指个人所学专业范围，也不是指单位的业务范围。有人认为，只要是在本单位业务范围以内完成的，都属于职务发明范围。这是不确切的。

第二类，履行本单位交付的本职工作之外的任务所作出的发明创造。

这种任务主要是指按照单位的要求，工作人员承担的正常本职工作之外的、比较短期或临时下达的任务，如组织攻关、合作开发等。这一任务与发明人或设计人的本职工作在性质和内容上可能是没有联系的。如发明人的本职是进行机床设计，单位临时派他去进行一项绘图桌椅的设计，他所作出的有关发明创造仍是职务发明创造。《专利法实施细则》第12条第2款规定："专利法第六条所称本单位，包括临时工作单位；……"

对于以上两项，还涉及发明创造的工作时间问题。我国《专利法》和《专利法实施细则》均没有规定职务发明创造必须在工作时间内作出。有人以为，凡是在工作时间内作出的发明创造（含技术成果）均应认定为职务发明创造。不过，因为在我国利用业余时间从事科研工作的情况十分普遍，有时一项发明创造尽管是在业余时间完成的，但它属于该工作人员应完成的工作任务或属于其职务范围之内，仍是职务发明创造。一项发明不属于职务范围，虽然发明人在工作时间也从事过，应认定为非职务发明。所以，单纯从工作时间上判定不具有可行性。但工作时间与工作任务和职责的综合考虑，可以作为一项辅助的判断标准。

司法实践中，相关案例即明确了认定职务发明创造，需要先确认发明人与单位之间存在特定身份关系。例如，在上诉人无锡某科技有限公司、白某与被上诉人江苏某科技有限公司专利权权属纠纷案中，最高人民法院指出，认定职务发明的前提是发明人与单位之间存在劳动关系或者与《专利法实施细则》第12条第2款所称临时工作单位之间存在工作关系。具体判断标准在于单位是否取得了对发明人包括完成涉案发明创造的创造性劳动在内的劳动支配权。如果单位与发明人只存在一般意义上的合作关系，该单位并不掌握对发明人的劳动支配权，发明人的有关发明创造就不属于职务发明创造。[4]

第三类，退休、调离原单位后或者劳动、人事关系终止后1年内[5]作出的，与其在原单位承担的本职工作或者原单位分配的任务有关的发明创造。

这是从发明创造本身特征来判定职务发明创造。这种类型的发明创造应具备以下条件：（1）该发明创造是在退休、调离原单位后或者劳动、人事关系终止后1年内作出的，超过1年的不认为是职务发明创造。"1年内"应以正式办理调离或退职、退休手续之日起计算。"作出的"日期一般以专利申请日推定为该发明创造作出的日期。（2）该发明创造须与其在原单位承担的本职工作或分配的任务有关。"有关"是指与其在原单位承担的本职工作或分配任务的工作性质、业务范围和技术专业有联系。作出这一规定，有利于防止个别人利用退职、退休等机会侵吞国家、集体的无形财产。对于辞职、停薪留职、内部调动工作的职工，也可以适用《专利法实施细则》这一规定。

---

〔4〕 2020年《最高人民法院知识产权案件年度报告》（以下简称《知识产权案件年度报告》）。另参见最高人民法院（2020）最高法知民终1258号民事判决书。

〔5〕 2001年《专利法实施细则》第11条第1款第（3）项为"退职、退休或者调动工作后1年内作出的，与其在原单位承担的本职工作或者原单位分配的任务有关的发明创造"。2010年修订后的《专利法实施细则》第12条第1款第（3）项改为"退休、调离原单位后或者劳动、人事关系终止后1年内作出的，与其在原单位承担的本职工作或者原单位分配的任务有关的发明创造"。这种改变主要考虑到我国多种所有制形式下的单位与职工间的发明创造专利权归属问题。

司法实践中,涉及如何认定职务发明专利权属纠纷中"与原单位有关的发明创造"的有关案例,提供了较为重要的启示,有着较好的指引作用。例如,在再审申请人李某、深圳某智能设备有限公司与被申请人深圳某科技有限公司专利权权属纠纷案中,最高人民法院指出,判断涉案专利是否属于"与在原单位承担的本职工作或者原单位分配的任务有关的发明创造"时,应注重维护原单位、离职员工以及离职员工新任职单位之间的利益平衡,综合考虑如下因素:一是离职员工原工作任务的内容;二是涉案专利内容与原工作任务的关系;三是原单位开展有关技术研发工作的情况或技术的合法来源;四是发明人、权利人对技术来源解释的合理性。[6] 这些因素,比较全面地反映了原单位、离职员工以及离职员工新任职单位之间针对案件涉及的发明创造的权属关系,有利于人民法院准确认定涉案发明创造的法律性质。

此外,值得注意的是,公司高管尤其是技术高管与原单位之间就职务发明的权属争议,涉及企业利益保护与员工择业自由的利益平衡问题。在实践中,员工可能通过隐蔽的技术转让或让第三人将发明申请专利而损害公司利益,尤其值得关注。最高人民法院审理的指纹芯片专利纠纷"第一案"[7] 即为典型。该案中公司高管在离职前即已预谋侵占公司技术成果,其将利益关联者登记为发明人,并通过层层流转,将企业的研发技术占为己有,意图规避职务发明创造的相关法律规定,隐蔽性极强。最高人民法院在审理中,通过理顺技术成果的流转路径,查清各环节主体间的利益关系,查明最终受益人,揭开了离职高管将研发企业的技术成果"化公为私"的全过程。

第四类,主要是利用本单位的物质技术条件完成的发明创造。

这是从发明人或设计人与单位在发明创造过程中建立的物质关系来判断职务发明创造的。本单位的物质技术条件,包括本单位的资金、设备、零部件、原材料或不向外公开的技术资料。[8] 其中,技术资料指该单位自有的内部情报或资料,如技术档案、设计图纸、新技术信息等。主要利用,是指本单位提供的物质技术条件是完成发明创造不可缺少的,对发明创造的完成起了决定性作用,缺少该物质条件,发明创造就不能完成。如果只是少量利用或者物质技术条件的利用对完成发明创造没有实质帮助并且不是不可缺少的,就不应认定是职务发明创造。

(二)职务发明创造取得专利的权利归属

2008 年《专利法》第 6 条第 1 款规定,职务发明创造申请专利的权利属于该单位;申请被批准后,该单位为专利权人。现行《专利法》将其合并为第 6 条第 1 款,并在其后增加规定:"该单位可以依法处置其职务发明创造申请专利的权利和专利权,促进相关发明创造的实施和运用。"[9]

职务发明创造的发明人或设计人虽然没有申请和取得专利的权利,但仍存在以下两项

---

〔6〕 2019 年《知识产权案件年度报告》。另参见最高人民法院(2019)最高法民申 6342 号民事裁定书。

〔7〕 参见深圳某科技有限公司、莫某专利申请权权属纠纷案,最高人民法院(2020)最高法知民终 1548 号民事判决书。上诉人深圳某科技有限公司、莫某、刘某与被上诉人某科技(深圳)有限公司专利申请权权属纠纷案,最高人民法院(2020)最高法知民终 1549 号民事判决书;上诉人深圳某科技有限公司、莫某、刘某与被上诉人某科技(深圳)有限公司系列专利权权属纠纷案,最高人民法院(2020)最高法知民终 1550、1551、1552、1553 号民事判决书。

〔8〕 参见《专利法实施细则》第 12 条第 2 款。

〔9〕 相关研究,参见张惠彬、吴运时:《从奖励导向到权利导向:新中国 70 年职务发明权属的变革》,载《中国科技论坛》2020 年第 4 期。

权利：

一是发明人和设计人的署名权。即有权在该项职务发明创造上标明其是发明人或设计人，并因此获得荣誉和精神奖励。

二是获得物质报酬的权利。2008 年《专利法》第 16 条规定："被授予专利权的单位应当对职务发明创造的发明人或者设计人给予奖励；发明创造专利实施后，根据其推广应用的范围和取得的经济效益，对发明人或者设计人给予合理的报酬。"奖励和报酬，包括发给奖金和报酬，具体包括专利批准后的奖金、本单位实施专利后的报酬以及许可他人实施专利后的报酬等。这一规定，有利于鼓励和补偿发明人的创造性劳动。现行《专利法》将上述第 16 条改为第 15 条第 1 款。为充分维护发明人或者设计人合法权益，平衡发明人、设计人与单位之间的利益，促进单位实施、运用专利，同时增加第 2 款规定："国家鼓励被授予专利权的单位实行产权激励，采取股权、期权、分红等方式，使发明人或者设计人合理分享创新收益。"为保障上述规定的落实，《专利法实施细则》第 76 ~ 78 条对此作了补充规定：

被授予专利权的单位可以与发明人或者设计人约定《专利法》规定的奖励、报酬的方式和数额。[10] 企业、事业单位给予发明人或者设计人的奖励、报酬，按照国家有关财务、会计制度的规定进行处理。被授予专利权的单位未与发明人或者设计人约定《专利法》规定的奖励的方式和数额的，应当自专利权公告之日起 3 个月内发给发明人或者设计人奖金。一项发明专利的奖金最低不少于 3000 元；一项实用新型专利或者外观设计专利的奖金最低不少于 1000 元。由于发明人或者设计人的建议被其所属单位采纳而完成的发明创造，被授予专利权的单位应当从优发给奖金。

被授予专利权的单位未与发明人或者设计人约定《专利法》规定的报酬的方式和数额的，在专利权有效期限内，实施发明创造专利后，每年应当从实施该项发明或者实用新型专利的营业利润中提取不低于 2% 或者从实施该项外观设计专利的营业利润中提取不低于0.2%，作为报酬给予发明人或者设计人，或者参照上述比例，给予发明人或者设计人一次性报酬；被授予专利权的单位许可其他单位或者个人实施其专利的，应当从收取的使用费中提取不低于 10%，作为报酬给予发明人或者设计人。这一补充规定对于奖励的具体数额的确定标准、最低奖励标准、奖励的期限要求，以及法定报酬要求等进行了全面规定，对于最终实现发明人或者设计人的奖酬利益具有强有力的保障作用，也有利于实现专利法激励发明人或设计人从事发明创造的立法目标。[11]

（三）职务发明创造中的共同申请人

1. 合作研究或者设计

两个以上单位或者个人合作完成的发明创造，有相当一部分属于职务发明创造，其申请专利和获得专利的权利也属于单位。[12] 由于涉及两个以上单位，这就必须明确专利申请权和专利权的归属。为避免发生纠纷，各合作单位在合作共同进行研究或设计的过程中，或者在获得

---

〔10〕 相关研究，参见蒋舸：《职务发明奖酬管制的理论困境与现实出路》，载《中国法学》2016 年第 3 期。

〔11〕 相关研究，参见张明：《职务发明人合理分享创新收益的实现路径研究》，载《科学学研究》2020 年第 11 期。

〔12〕 如果合作主体均为个人，则不存在职务发明创造之说。此时按照前述共同发明或者设计处理。如果一方是单位，另一方是个人，则情况较为复杂。

研究或设计成果后，需要签订协议，明确各方在合作中的责任、权利和义务，特别是发明创造完成后专利申请权和专利权归属的问题。协议既可以约定申请专利的权利为各方共有，也可以约定由对发明创造作出创造性贡献的单位所有，其他各方享有不支付使用费的实施权。依照现行《专利法》第8条的规定，两个以上单位或者个人合作完成的发明创造，除另有协议的以外，申请专利的权利属于完成或者共同完成的单位或者个人；申请被批准后，申请的单位或者个人为专利权人。完成单位，既可以是所属工作人员对发明创造的实质性特点作出了创造性贡献的单位，也可以是为发明创造的完成提供了主要物质条件的单位。

2. 委托研究或者设计

一个单位将一项科研任务通过事先协商好的条件交由另一个单位完成时，发明创造获得专利的权利原则上与上面一种情况相同。即有协议的按照协议的约定处理，没有协议或协议中约定不明确的，适用现行《专利法》第8条的规定，即一个单位或者个人接受其他单位或者个人委托所完成的发明创造，除另有协议的以外，申请专利的权利属于完成或者共同完成的单位或者个人；申请被批准后，申请的单位或者个人为专利权人。这里的完成发明创造的单位一般就是指受托方。

三、修正2000年《专利法》过程中对职务发明创造规定的争议

2000年《专利法》第6条对职务与非职务发明创造权利归属问题作了规定。其第1款规定："执行本单位的任务或者主要是利用本单位的物质技术条件所完成的发明创造为职务发明创造。职务发明创造申请专利的权利属于该单位；申请被批准后，该单位为专利权人"；第2款规定："非职务发明创造，申请专利的权利属于发明人或者设计人；申请被批准后，该发明人或者设计人为专利权人"；第3款规定："利用本单位的物质技术条件所完成的发明创造，单位与发明人或者设计人订有合同，对申请专利的权利和专利权的归属作出约定的，从其约定。"与1992年《专利法》的相应规定相比，该条主要是针对发明者利用本单位的物质技术条件完成发明创造，引入了合同意思自治原则。在2000年修改《专利法》的过程中，国家知识产权局在征求意见稿中将该规定进一步细化，规定对于主要利用本单位的除技术秘密之外的物质技术条件完成的发明创造，在没有约定的情况下属于非职务发明创造，申请专利的权利属于发明人或设计人，而其所在单位享有非独占性的、不可转让的实施权。2008年《专利法》并未采纳上述规定，其中一个重要原因是公众对该规定持反对意见的占多数，认为该规定不利于保护职务发明创造，容易造成单位利益的损害，因为技术秘密的界定并不容易，而且本单位员工是否利用了单位的技术秘密也不容易查明。另外，该修改也进一步缩小了职务发明创造的范围，使其仅包含执行本单位的任务和利用本单位的技术秘密所完成的发明创造，而不包含利用本单位的其他物质技术条件所完成的发明创造。

当然，2000年《专利法》关于职务与非职务发明创造权利权属的规定存在问题是可以肯定的，[13]只是直到目前仍未找出更好的修改方案，以致在2008年《专利法》中有关职务与非职务

〔13〕 例如，对于利用本单位的物质技术条件所完成的发明创造，单位与发明人或者设计人没有订立合同，没有对申请专利的权利和专利权的归属作出约定，如何确定该发明创造的权利归属，似乎没有明确。

发明创造归属方面的规定在现行《专利法》中维持不变，只能等待今后进一步修正时予以完善。

四、国家投资完成的发明创造权利归属的立法

关于国家投资完成的发明创造的权属，专利法第三次修改的送审稿第 9 条第 1 款规定："承担以国家财政资助为主的科研项目所完成的发明创造，除涉及国家安全或者重大利益的以外，申请专利的权利属于科研项目的承担单位。申请被批准后，该单位为专利权人"；第 2 款规定："依照前款规定的申请专利的权利属于科研项目承担单位的，申请被批准后，国务院有关主管部门和省、自治区、直辖市人民政府报经国务院批准，可以决定在批准的范围内推广应用被授予专利权的发明创造，允许指定的单位实施"；第 3 款规定："实施本条规定的具体办法由国务院规定。"

上述规定在一定意义上是借鉴了美国《拜杜法案》的规定，试图通过明确国家投资完成的发明创造的权属，促进这类发明创造的实施。前述送审稿作出这一规定还具有很强的现实基础，即过去中国在对这类科研成果的管理上，偏重于成果的国家所有，影响了项目承担单位对成果的产权化和商业化。为解决这一问题，有关部门曾颁布文件加以规范。如 2002 年 4 月，科技部、财政部联合制定了《关于国家科研计划项目研究成果知识产权管理的若干规定》，规定除涉及国家安全、国家利益和重大社会公共利益的科研计划项目成果以外，项目单位可以独立享有研究成果的知识产权，依法自主决定研究成果知识产权的实施、许可、转让及作价入股等事项，并获得相应收益。

2008 年《专利法》最终没有采纳该送审稿的规定，可以说是因为该问题政策性较强，涉及的方面较多，目前对该问题的研究还不够成熟。现行《专利法》对这一问题也未作修改。可以预料，该问题仍需要通过国家政策性规定加以解决。

第四节　外　国　人

外国人，是具有外国国籍的自然人和依据外国法律成立并在外国登记注册的法人，包括外国自然人、外国企业和外国其他组织。对外国人是否给予专利保护有一个演变过程。现代国家对外国人的发明创造一般是有条件或无条件地给予专利保护。《巴黎公约》第 2 条、第 3 条规定，应允许外国人在本国申请并取得专利权。但各国对哪些外国人可以申请专利，以及取得专利权的条件的规定则各有不同，主要有：以美国、德国、英国为代表，无条件给予外国人以国民待遇；以日本、法国、意大利等为代表，采用互惠、对等原则给予外国人以国民待遇。

我国《专利法》原则上承认外国自然人和法人在我国有申请专利和取得专利权的权利。具体按以下两种情况处理。

一、在我国有经常居所或营业所的外国人

这主要是指在我国境内长期居住、生活、工作的外国自然人和在我国设有机构、长期营业的外国公司、企业和其他组织。营业所必须是真实有效的,非经营工商业务的场所,如仅起联络作用的办事处不能列入。我国《专利法》对这部分外国人给予与中国单位和个人完全相同的待遇,不附加任何条件或限制。这也是《巴黎公约》所规定的国民待遇原则。

二、在我国没有经常居所或营业所的外国人

这限于以下三种情况:一是外国自然人或法人所属国与我国签订了共同承认申请并取得专利权的双边协定;二是外国自然人或法人所属国与我国共同参加了相互承认申请并取得专利权的国际条约;三是虽不符合上述规定,但外国自然人或法人所属国允许我国自然人或法人去该国申请专利并取得专利权。按照互惠原则,我国也允许该自然人或法人在我国申请专利并取得专利权。关于互惠原则,应当注意的是,它仅是指在申请专利并取得专利权问题上的互惠,并不是指享有相等的实体权利。该外国人在我国申请专利后享有的权利和承担的义务,只能以我国的法律规定为准。

关于外国人或外国企业在中国的专利申请,2000 年《专利法》第 19 条第 1 款规定:"在中国没有经常居所或者营业所的外国人、外国企业或者外国其他组织在中国申请专利和办理其他专利事务的,应当委托国务院专利行政部门指定的专利代理机构办理";[14] 第 2 款规定:"中国单位或者个人在国内申请专利和办理其他专利事务的,可以委托专利代理机构办理。"2008 年《专利法》则将上述第 19 条第 1 款修改为:"在中国没有经常居所或者营业所的外国人、外国企业或者外国其他组织在中国申请专利和办理其他专利事务的,应当委托依法设立的专利代理机构办理";将第 2 款修改为:"中国单位或者个人在国内申请专利和办理其他专利事务的,可以委托依法设立的专利代理机构办理。"显然,2008 年《专利法》取消了外国自然人、企业或者其他组织在中国申请专利和办理其他专利事务而必须委托指定的涉外代理机构办理的规定,而代之以应当委托依法设立的专利代理机构办理。对此,现行《专利法》在第 18 条第 1 款及第 2 款中予以规定。[15]

我国于 1984 年《专利法》颁布后即加入了《巴黎公约》。根据该公约的规定,参加公约的成员国应给予其他公约成员国的自然人和法人以国民待遇,该公约成员国自然人和法人均可在我国申请并取得专利。同样,我国自然人和法人也可在其他成员国申请专利并获得专利权。

第五节 同一种发明创造专利权的所有人

由于专利权是对发明创造的独占权,专利权只能授予一个主体,故而,当两个以上的单位或个人分别作出同一内容的发明创造时,便出现了界定专利权归属的问题。对此,国际上通行的判断标准有先发明原则和先申请原则。

---

〔14〕 这里的"国务院专利行政部门指定的专利代理机构",实质上是指涉外专利代理机构。

〔15〕 在 2015 年国家知识产权局发布的《中华人民共和国专利法(征求意见稿)》和《中华人民共和国专利法(送审稿)》中规定:"应当按照规定委托依法设立的专利代理机构办理。"其增加了"按照规定"委托依法设立的专利代理机构办理,并要求专利代理师的守法义务以及相关具体管理办法,但该规定并未被采纳。

一、先发明制

(一)先发明制及其合理性与缺陷

先发明制是专利法的一条基本授权原则,是指两个以上的申请人分别就同一发明主题申请专利时,专利局按完成发明创造的时间来决定专利权应授予何人,即将专利权授予最先完成该发明创造的人。

先发明原则实际上是保护最先完成发明创造的人,鼓励人们将构思及方案运用于实践,从而获得保护,这符合专利法保护发明创造的宗旨,也能实现物尽其用,在经济分析法上能得到较好注解。此外,基于先占原则对人们观念的影响,先发明制也符合最基本的公平理念。因此,先发明制也在很大程度上有其合理性。

但先发明原则也存在一些难以克服的缺点。

首先,确定谁是真正的最先发明人并不容易,发生纠纷时举证的难度较大。在确定发明先后时,不仅要考虑发明构思日,也要考虑实施日及发明人在此期间付诸实施的程度。在运用先发明制的过程中,一旦出现抵触申请(两个不同主体就相同主题发明创造提出申请时)时,申请人要耗费大量的人力、物力、财力,以证明自己是最先完成发明的人;专利审查机关也需要从实质上判断谁是先发明人,费时费力不言而喻。从这个意义上看,先发明制的运作方式是不经济的。

其次,先发明原则有助长保密倾向之虞,不利于发明创造的公开与推广。实行发明在先原则,发明人认为无论如何自己是先发明人,只要保存相关证据以证明自己的权属即可,因而并不急于申请专利。这在客观上可能拉长发明创造保密的时间,不利于发明创造的早日公开,不利于公共领域的技术存量的增加,也不利于新的研发与社会对新技术的应用。总体而言,这对促进技术信息的交流和传播以及社会公共利益是不利的。

最后,先发明制会使取得的专利权处于不稳定状态。因为一旦有人主张是最先发明人,挑战获得专利权的人,专利权便受到威胁。权利的不稳定状态威胁到交易安全,在一定程度上影响了发明创造的开发和利用。

(二)先发明制的应用与发展趋势:由先发明原则转向先申请原则

由于先发明原则缺点较多,过去只有美国采用这一原则。加拿大在1989年10月已取消先发明制,采取先申请制。

实际上,美国的先发明原则也只适用于在美国国内完成的发明。由于美国专利商标局只承认在美国国内的发明,外国人在美国申请专利时则应以在美国的申请日或以在美国之外的其他国家申请所取得的优先权日作为发明日。这使外国人与美国人在发明专利权的确认上处于事实上不公平状态,违背了TRIPs协议的国民待遇原则与非歧视原则,引发了世界贸易组织诸多成员的不满。因此,美国自1996年1月1日开始承认世界贸易组织成员内以及北美自由贸易区内的发明日。

需要注意的是,如前所述,2009年3月3日美国两党议员同时向参众两院提交的《2009年专利改革法案》对专利法所作的改革动向。其主要的修改内容有:从先发明原则转向先申请原则、损害赔偿、创设专利授予后的异议程序、设立专利审判和上诉委员会。其中,从先发明原则转向先申请原则的修改是最引人注目的内容之一。[16] 这部法案备受瞩目,被称为启动了美国 50 年来最大规模的专利体制改革的法案。[17] 此前,美国在 2005 年、2007 年曾两度审议专利改革法案,分别为《2005 年专利改革法案》与《2007 年专利改革法案》。

在《2009 年专利改革法案》中,其第 1 条将美国专利制度转化为"先申请制",对争讼的发明给予申请在先者优先权,从而比此前争讼中的确权程序更为便捷、成本更低。

二、先申请制

(一)先申请制及其对先发明制缺陷的克服

先申请制是指两个以上的申请人分别就同样的发明创造申请专利,专利权授予最先申请的人。实行先申请原则,有利于鼓励发明人早日提出专利申请,使发明创造尽早公开,同时解决了先发明原则中举证难的问题。这一原则已为世界上绝大多数国家所采纳。我国现行《专利法》第 9 条也对此作了规定,该条第 2 款规定:"两个以上的申请人分别就同样的发明创造申请专利的,专利权授予最先申请的人。"

当然,申请在先的原则也并非没有缺陷。例如,为尽早获得专利权,有的发明人把尚未成熟、技术价值不高的发明创造也提出专利申请,无形之中降低了专利的水平,导致专利申请数量剧增,加大了专利局的工作负担。不过这一缺陷可以通过完善审查制加以克服。

在实行先申请原则的情况下,申请日的确定具有关键意义。所谓申请日,是指向专利局提出必要的申请文件而发生效力的日期。与此相关的是优先权日的问题。[18]

(二)先申请制的实践及其在特殊情形下的应用

理论上,判断申请日的先后可以精确到分、秒乃至更小的时刻单位。但在实践中,由于通信、信息传递等方式的差异及客观条件的限制,不可能也不需要精确到最小时刻单位。一般而言,判断申请日主要有两种做法:一是以时刻为单位;二是以日为单位。以时刻为单位固然精确,对当事人也很公平,但极大地增加了审查部门的工作量。特别是以邮寄方式递交的申请文件,要证明申请的具体时刻难度不小,即使可能也是工作繁杂、成本高昂。因此,大多数国家选择以日为单位来判断申请的先后。

实行申请在先原则还可能会出现一种情况,即对同一发明创造,两个以上的申请人在同一天向专利局提出专利申请。有些国家采用申请"时刻"的标准,多数国家则采用申请人协商解决的办法。我国《专利法实施细则》第 41 条第 1 款规定,两个以上的申请人同日(指申请日;有优先权的,指优先权日)分别就同样的发明创造申请专利的,应当在收到国务院专利行政部门的通知后自行协商确定申请人。

---

〔16〕 Kevin L. Kearns, Opposition of Patent Reform Act of 2009, see http://www.americaneconomicalert.org/view_art.asp?Prod_ID=3199,最后访问时间:2022 年 6 月 20 日。

〔17〕 程永顺、林俐:《美国 50 年来最大规模的专利体制变革》,载《中国知识产权报》2007 年 11 月 17 日。

〔18〕 《专利法实施细则》第 11 条第 1 款规定:"除专利法第二十八条和第四十二条规定的情形外,专利法所称申请日,有优先权的,指优先权日。"

本章案例研讨

◈ 员工离职后一年内完成的发明创造专利申请权权属的界定

“脉冲涡流扫查技术”专利申请权权属纠纷案[19]

崔某曾为某新创科技公司技术研发人员。其参与该公司拥有的脉冲涡流扫查技术成果的技术研发工作，离职后创建了某科技公司。在终止原单位合同后，其继续从事和原单位相同领域的技术研发和技术服务工作。在劳动合同终止后1年内，崔某以某科技公司的名义申请“201710872279.6一种瞬变电磁管道缺陷扫查方法及装置”发明专利。某新创科技公司主张崔某在某科技公司从事的研发而取得的成果，属于专利法规定的与其在原单位承担的本职工作或者分配的任务密切相关的职务发明创造，该发明创造申请专利的权利属于某新创科技公司，崔某以某科技公司名义申请侵害了某新创科技公司职务发明创造的专利申请权。故某新创科技公司向天津市第三中级人民法院提起专利权权属纠纷之诉。一审法院认定某科技公司申请的发明专利，其应属于某新创公司享有的职务发明，遂判决某科技公司败诉。某科技公司不服一审判决，向最高人民法院提起上诉。

本案二审中，最高人民法院将案件焦点问题概括为：一是涉案发明创造是否属于职务发明创造；二是某科技公司涉案专利申请权是否应当归属于某新创科技公司。最高人民法院认为，根据在案证据显示，崔某作为发明人参与研发了某新创科技公司第ZL201621157009.4号“一种用于固定多个脉冲涡流检测探头的装置”的实用新型专利，以及第201610967542.5号“一种多探头脉冲涡流检测装置”的发明专利申请。同时，崔某在某新创科技公司工作期间撰写的2016非接触式脉冲涡流壁厚扫查专家销售计划、非接触式脉冲涡流壁厚扫查专家销售工作情况汇报的记载内容均显示，其编写的内容需要以熟悉脉冲涡流壁厚检测系统的组成架构和工作流程为前提。虽然劳动合同中记载崔某系销售人员，但结合以上崔某在某新创科技公司的工作内容显示，崔某在某新创科技公司不仅是销售人员，同时也是技术人员，其有机会对涉案专利申请利用其在某新创科技公司的工作内容进行研发。故某科技公司上诉称崔某只是销售人员的上诉主张缺乏事实和法律依据。崔某参与的某新创科技公司的专利技术称为脉冲涡流检测装置，某科技公司申请专利的技术称为瞬变电磁管道缺陷扫查方法及装置，两者名称虽不同，但经对比，两者的工作原理相同，相关技术构思、解决的技术问题和要达到的技术效果实质相同，对此原审法院已作充分论述，某科技公司对此并无异议，本院予以认可。涉案发明创造登记的发明人为崔某，结合崔某本人的学历背景、工作能力，以及在某新创科技公司的工作内容，并考虑到专利技术研发工作的系统性、传承性，应认定涉案发明创造属于崔某在某新创科技公司的职务发明。某科技公司主张某新创科技公司没有证据证实崔某参与研发并接受发明创造任务，以及崔某对某新创科技公司相关专利情况不知情、不具有研发能力，没有事实依据。至于崔某劳动合同所涉竞业限制补偿问题，亦不构成涉案发明创造应由某科技公司所有的抗

[19] 选自最高人民法院(2020)最高法知民终41号民事判决书。

辩，其主张不能成立。关于某科技公司涉案专利申请权是否应当归属于某新创科技公司，最高人民法院认为根据前述《专利法》第 6 条、《专利法实施细则》第 12 条的规定，在劳动关系终止后 1 年内作出的与在原单位承担的本职工作或者原单位分配的任务有关的发明创造属于职务发明创造，职务发明创造申请专利的权利属于该单位。本案中，涉案发明创造系崔某在从某新创科技公司离职后 1 年内作出的发明创造，且该发明创造与崔某在某新创科技公司承担的本职工作或分配的任务有关，故该发明创造应属于某新创科技公司，某新创科技公司对其享有专利申请权。在上述基础上，最高人民法院二审判决驳回上诉，维持原判。

本案属于职务发明创造专利申请权权属纠纷。在本案中，由于崔某已调离原工作单位，其在与原单位某新创科技公司的劳动合同终止后 1 年内，在其成立的某科技公司完成的涉案发明创造是否属于职务发明创造，以及如果属于职务发明创造其是否应当属于某新创科技公司所有，是本案需要解决的关键问题。根据我国专利法及其实施细则的规定，需要查明崔某在某科技公司工作期间完成与申请的诉争专利技术和其在某新创科技公司工作期间的本职工作以及工作任务所涉及的任务是否相同。法院通过认定案件事实，确认崔某不仅是销售人员，同时也是技术人员，其承担的本职工作与工作任务不仅需要从劳动合同的约定中加以了解，而且需要根据其实际承担的具体工作性质和任务加以确定。劳动合同约定的内容与实际完成的任务不一致时，应当以实际承担的任务作为依据。本案法院最终认定：崔某在与某新创科技公司劳动关系终止后 1 年内作出的诉争发明创造与其在某新创科技公司承担的本职工作及某新创科技公司分配的任务密切相关，属于职务发明创造，该职务发明创造申请专利的权利依法属于某新创科技公司，某新创科技公司为专利申请权人。

◈ 职务发明创造发明人、设计人奖励、报酬的确定

东莞某有限公司、曾某职务发明创造发明人、设计人奖励、报酬纠纷案[20]

东莞某有限公司是“便携可充式喷液瓶”实用新型专利权人。该专利证书记载的发明人为许某、曾某、王某。该公司以涉案产品为其带来经济收益为由，提起多起专利侵权诉讼并获胜诉，共获得侵权赔偿金 1125000 元。曾某作为涉案专利权的发明人之一，主张其有权从涉案职务发明创造中获得报酬。东莞某有限公司则认为涉案专利技术存在缺陷而不能实施，曾某无权要求支付报酬。曾某向广州知识产权法院提起诉讼，要求被告支付职务发明创造报酬 100 万元。广州知识产权法院判决支持曾某主张。东莞某有限公司不服一审判决，向最高人民法院提起上诉。

最高人民法院将本案的焦点问题概括为：(1) 曾某是否有权主张职务发明报酬；(2) 东莞某有限公司是否应当向曾某给付职务发明报酬；(3) 曾某提起本案诉讼是否超过诉讼时效；

[20] 选自最高人民法院(2019)最高法知民终 230 号民事判决书。另参见广州知识产权法院(2017)粤 73 民初 3581 号民事判决书。

(4)原审判决确定的职务发明报酬数额是否适当。

关于曾某是否有权主张职务发明报酬，最高人民法院根据《专利法》第16条的规定，“被授予专利权的单位应当对职务发明创造的发明人或者设计人给予奖励；发明创造专利实施后，根据其推广应用的范围和取得的经济效益，对发明人或者设计人给予合理的报酬”，认为支付职务发明报酬的义务主体是被授予专利权的单位，支付的对象是职务发明创造的发明人、设计人。法院根据涉案专利著录登记记载的事项，东莞某有限公司为被授予涉案专利权的单位，曾某为涉案专利的三位发明人之一。根据涉案专利的完成时间、曾某的入职时间、工作岗位、担任的职务以及其他发明人的陈述等事实，足以认定曾某是涉案专利的职务发明人之一，因此其有权依据法律规定或双方约定向东莞某有限公司主张职务发明报酬。东莞某有限公司上诉主张曾某不具备对涉案专利作出贡献的技术能力，因此其无权主张职务发明报酬，该主张不能成立。

关于东莞某有限公司是否应当向曾某给付职务发明报酬，东莞某有限公司上诉主张涉案专利存在漏液的技术缺陷，经多次改进后申请了2008年专利、2011年专利，涉案专利并未实施，未取得经济效益，不存在东莞某有限公司给付职务发明报酬的基础。最高人民法院认为，涉案专利为一种便携可充式喷液瓶。东莞某有限公司在针对案外人生产、销售侵害涉案专利提起的侵权诉讼中，还曾提交了购买到的被诉侵权产品。法院亦判定被诉侵权技术方案落入涉案专利权的保护范围，并据此判令被诉侵权人承担损害赔偿等侵权责任。因此，东莞某有限公司关于涉案专利存在技术结构缺陷无法实施的主张难以认同。

最高人民法院认为，对于禁止他人未经许可实施专利，不以专利权人有实施专利的事实为维权的必要条件。根据审理查明的事实，东莞某有限公司针对涉案专利权被侵害的事实进行维权时，向法院明确主张“由于涉案专利产品投入市场后，因产品具有实用性强等特点受到消费者青睐，给东莞某有限公司带来了经济效益，被诉侵权人未经东莞某有限公司许可实施了涉案专利”。东莞某有限公司在侵权诉讼中作出的涉案专利已经实施且专利产品具有经济效益的上述陈述，属于东莞某有限公司对于客观事实的陈述，根据诚实信用原则，应当推定东莞某有限公司存在实施涉案专利技术方案的事实。原审法院以东莞某有限公司违背诚信原则，认定东莞某有限公司已实施涉案专利并取得收益，并无不当。

针对东莞某有限公司主张“实施”是指有专利产品投放市场的实际行为，涉案专利侵权之诉获得的赔偿款不应当认定为实施专利后获得的收益的问题，最高人民法院认为，根据专利法及其实施细则规定，被授予专利权的单位应当向职务发明人或者设计人支付报酬，是因为被授予专利权的单位实施该专利并从实施中获得了经济效益，强调的是在专利被实施利用从而产生经济效益的情况下，获得该经济效益的单位应当给予发明人或者设计人合理的报酬。本案中，东莞某有限公司作为被授予专利权的单位，基于涉案专利的维权行为获得的损害赔偿款系专利权人禁止他人未经许可实施专利而获得的收入，在扣除必要的维权成本及支出后，该经济效益应当视为《专利法实施细则》第78条规定中所指的营业利润。据此基础给予发明人合理的报酬，于法有据。因此，东莞某有限公司就侵害涉案专利的行为提起侵权诉讼并由此获得的1125000元侵权损害赔偿款，在扣除必要的维权成本及支出后，应作为给付曾某职务发明报酬的基础之一。

关于曾某提起本案诉讼是否超过诉讼时效问题,最高人民法院认为,职务发明报酬请求权是一种债权请求权,其诉讼时效从被授予专利权的单位应当支付报酬,并且发明人、设计人知道或者应当知道有权得到报酬时开始计算。本案中,曾某主张得到报酬的起算点应当是自其知道或应当知道东莞某有限公司存在实施涉案专利并获得了经济效益时计算。曾某请求支付职务发明报酬的诉讼时效应当从其第一次提出请求、东莞某有限公司拒绝履行之日起算,其向原审法院提起支付一次性职务发明报酬的本案诉讼,并未超过诉讼时效,应受法律保护。综合考虑涉案专利类型为实用新型专利、涉案专利涉及三位发明人、涉案专利权有效期为2007年5月23日至2017年5月23日、涉案专利对于东莞某有限公司相关技术产品的研发和改进具有的影响和价值、东莞某有限公司在维权诉讼中必然存在的费用支出、东莞某有限公司获得判决支持的侵权损害赔偿款经过执行实际到账的情况等多项因素,原审法院酌定东莞某有限公司应当支付曾某职务发明报酬200000元,基本适当。

最高人民法院最终判决驳回上诉,维持原判。

本案的案由为专利权权属、侵权纠纷下的职务发明创造发明人、设计人奖励、报酬纠纷,涉及职务发明报酬的主张及数额确定问题。该案中,对于职务发明创造获取经济收益的认定,法院确认了专利权基于诉讼维权而获得的损害赔偿额,在性质上属于专利权人禁止他人未经许可实施专利而获得的收入,该收入在扣除必要的维权成本和开支后的剩余,应视为专利法实施细则规定的营业利润,作为职务发明创造的发明人有权从中获得合理报酬的基础。该案还涉及专利权人诉讼中遵守诚实信用原则问题以及如何认识职务发明报酬请求权的诉讼时效问题,具有一定的启发意义。

第四章 授予专利权的条件

一项发明创造要取得专利，必须具备一定的条件。不具备这些条件，其专利申请将被驳回。[1] 即使该专利申请被批准为专利，该专利也可以被宣告无效。这些条件可以分为形式条件和实质条件。我国各个时期的《专利法》均规定，发明、实用新型专利权的获得需要满足新颖性、创造性和实用性条件。外观设计专利权的授权条件则在不同时期有所变化。关于形式上的条件，将在第五章阐述。本章讨论的是授予专利权的实质条件，即申请专利的发明创造本身有无专利性，通常又称专利条件。

第一节 发明、实用新型的专利条件

一、新颖性

新颖性是发明和实用新型取得专利的首要条件。一项技术方案之所以称得上专利，首先因为它是一种新技术。只有对前所未有的发明创造给予专利保护，才符合专利法保护和促进发明创造的宗旨。也可以说，新颖性是发明创造专利条件中最基本的。各国专利法对此都作了规定。[2]

（一）新颖性的含义

新颖性是一个法律概念，指发明创造成果具有前所未有的技术特点。它是一个客观事实，不以专利申请人的主观意志为转移。新颖性的标准由各国法律规定，根据大多数国家的专利法，如果某项技术是在“现有技术”中所没有的，它就具有新颖性。《发展中国家示范发明法》即规定：如果一项发明没有现有技术与之相同，该发明就是新的。所谓现有技术，又称为已知技术、先行技术，是指已被人们所得到的技术，即已公开的技术。

2008 年修改《专利法》，一个重要特点即是在发明、实用新型和外观设计专利新颖性标准上，引进了很多国家采用的绝对新颖性标准，取消了现有技术与现有设计的地域限制。有人甚至认为，这是此次修改专利法的最大“亮点”。现行《专利法》沿袭了绝对新颖性标准的规定。

---

〔1〕 相关研究，参见 Laura G. Pedraza – Farina & Ryan Whalen, A Network Theory of Patentability, 87 U. CHI. L. REV. 63 (2020); Michael Abramowicz & John F. Duffy, The Inducement Standard of Patentability, 120 YALE L. J. 1590 (2011)。

〔2〕 相关研究，参见 Sean B. Seymore, Rethinking Novelty in Patent Law, 60 DUKE L. J. 919 (2011).; W. Nicholson Ⅱ Price, The Cost of Novelty, 120 COLUM. L. REV. 769 (2020)。

具体地说，现行《专利法》第22条第2款规定："新颖性，是指该发明或者实用新型不属于现有技术；也没有任何单位或者个人就同样的发明或者实用新型在申请日以前向国务院专利行政部门提出过申请，并记载在申请日以后公布的专利申请文件或者公告的专利文件中。"〔3〕根据该法第22条第5款对"现有技术"的解释，现有技术是指申请日以前在国内外为公众所知的技术。

（二）新颖性的一般判断标准

判断新颖性的关键是准确地对现有技术加以界定，新颖性依赖于现有技术这一客观标准。申请专利的发明或实用新型在现有技术中没有同样的东西的，就具有新颖性。作为现有技术，它必须是能应用于实际、解决某一具体技术问题的技术知识。而且，现有技术的公开应该是清楚的、详细的和完整的，使本专业普通技术人员按照这种公开能达到实施的程度。具体地说，对现有技术的界定必须掌握以下三个标准。

1. 公开标准

发明或实用新型一旦公开，即成为现有技术。公开的形式通常有：

第一，书面公开。书面公开是指在出版物上的公开，这是公开的最普遍的形式。它意味着技术方案的内容必须以书面形式出版后才称为公开。这里的出版物是指以书面形式描述并公开出版和发行的信息载体，如报纸杂志、图书、缩微胶卷、电脑软盘、专利文献资料。在出版物上公开发表是指非特定多数人能够得知该出版物或得知其内容。这种公开必须将包含技术方案的情况材料公开出来。如果出版物是保密的或限定了阅读范围的，不视为公开。一般而言，出版物上标明的日期被视为出版物公开发表的日期，但有关当事人能提出确切证据说明该出版物公开发表日期不是标明的日期的，应以此证据作为判断依据。在实践中，确定发明创造是否具有新颖性的主要依据是公开出版的专利文献和重要科技期刊。根据《专利审查指南》的规定，专利法意义上的出版物是指记载有技术或设计内容的独立存在的传播载体，并且应当表明或者有其他证据证明其公开发表或出版的时间。出版物不受地理位置、语言或者获得方式的限制，也不受年代的限制。出版物的出版发行量、阅读量以及申请人是否知道，都是无关紧要的。印有"内部资料""内部发行"等字样的出版物，确系在特定范围内发行并要求保密的，不属于公开出版物。出版物的印刷日视为公开日，有其他证据证明其公开日的除外。印刷日只写明年月或者年份的，以所写月份的最后一日或者所写年份的12月31日为公开日。这对于确定出版物、公开的认定标准以及公开的日期具有重要的指导意义。

第二，使用公开。使用公开即以公开使用或实施形式的公开，包括产品或方法的实施。如新产品的制造、销售、使用和公开展示、新方法的操作表演等。其实质是该发明或实用新型处于非特定多人即公众能够得知其实质性技术内容的状态。这种使用要在公众能够触及的地

〔3〕2000年《专利法》第22条第2款的相应规定是："新颖性，是指在申请日以前没有同样的发明或者实用新型在国内外出版物上公开发表过、在国内公开使用过或者以其他方式为公众所知，也没有同样的发明或者实用新型由他人向国务院专利行政部门提出过申请并且记载在申请日以后公布的专利申请文件中。"这里的"同样的发明或者实用新型"，根据《专利审查指南》解释，被审查的发明或者实用新型专利申请与现有技术或者申请日前由任何单位或者个人向专利局提出申请并在申请日后（含申请日）公布或公告的发明或者实用新型的相关内容相比，如果其技术领域、所解决的技术问题、技术方案和预期效果实质上相同，则认为两者为同样的发明或者实用新型。

方,以便他们能够观察到这种技术方案是如何在实践中被应用的。此外,这种使用还要使公众得知其技术详情,具有一般技术水准的人通过观看能够付诸实施。根据《专利审查指南》的规定,如果使用公开的是一种产品,即使所使用的产品或者装置需要经过破坏才能够得知其结构和功能,也仍然属于使用公开。此外,使用公开还包括放置在展台上、橱窗内公众可以阅读的信息资料及直观资料,例如招贴画、图纸、照片、样本、样品等。使用公开是以公众能够得知该产品或者方法之日为公开日。

第三,其他方式的公开。其他方式的公开指以语言形式的口头公开、书面公开和使用公开以外的其他任何可能的公开方式。例如讲演、报告、讲课、影视播映、展示图纸等。这种公开形式应具备以下条件:(1)具备公众能听见的特征,个别交谈不是公开;(2)有关发明创造的技术详情为一般技术人员所掌握,那些复杂或要求有图解的发明或实用新型口头公开的可能性自然要小些。

以上三种公开可以互相结合起来运用。总的说来,只要所公开的技术实质性内容使本专业一般技术人员得以实施就属于公开。不过应指出,在以上三种公开方式中,出版物公开比后面两种公开形式重要得多。专利局审查员审查新颖性时一般只考虑出版物公开,这是因为使用公开和口头公开存在取证难、不便于操作的问题。在必要时,使用公开或口头公开将作为破坏新颖性的证据被专利审查部门考虑。

2. 时间标准

这是指发明或实用新型在何时以前其实质性内容未曾公开的才具有新颖性。它是划分新技术发明与现有技术的时间界限。对此,各国主要有以下几种做法。

一是发明日标准。它以发明完成日作为确定发明新颖性的时间界限。据此,一项发明只要在完成时是新的,尽管在申请专利时已成为过时的技术,仍不丧失新颖性。这是实行先发明原则国家所采取的做法。

二是申请时标准。一项专利申请只有在申请时刻前未被公开,才具有新颖性。例如,甲于某日下午 3 点提出专利申请时,乙在当天上午 9 点已就同一发明内容提出了专利申请,甲提出的专利申请即不再具有新颖性。日本就是采用申请时标准的国家。

三是申请日标准。这是绝大多数国家专利法采用的标准。它以发明人或设计人或其合法受让人提出专利申请之日作为确定新颖性的时间界限。在申请日(或优先权日)前未被公开的技术都具有新颖性。这一做法与第二种做法相似,其区别在于:就某一申请日而言,并不考虑申请确切时间的先后。这里讲的“申请日前”是不包括申请日当日的。在申请日当日公开的技术,即使是公开时刻先于申请时刻,仍不丧失新颖性。我国也是以申请日作为判断发明和实用新型新颖性的时间标准的。

除此之外,也有极个别国家将发明“公开日”作为确定发明新颖性的时间界限。两个以上的人就同一发明创造申请专利,专利权授予最先公开发明实质内容的专利申请人。这种做法很难实行,现已基本淘汰。

关于时间标准,还有一个“情报时效”的问题。即发明或实用新型与申请日前多长时间内公知公用的一切技术相比具有新颖性,我国《专利法》对此未作规定。《专利合作条约》规定最低限度要查 1920 年以来九国专利文献和欧洲专利局、世界知识产权组织及该条约创立以来的专利文献。[4] 基于成本和效益的考虑，追溯一定时期是有必要的，但也不宜太长。

3. 地域标准

地域标准又称空间标准，是指发明创造与现有技术相比较的地域范围。只有在规定地域内未公知公用的发明创造才具有新颖性。

● 各国规定的地域标准的主要类型

世界各国对地域标准的规定主要有：(1)世界新颖性标准。这是指一项发明或实用新型在全世界范围内未在出版物上公开过、在全世界范围内未公开使用过或以其他形式为公众所知，才认为具有新颖性。一般被称为“绝对新颖性”。[5] 这种新颖性要求很高。采用这一标准的多为工业发达国家。如法国《专利法》规定：凡在专利申请日前通过文字或口头说明，或通过使用，或通过任何其他手段已为公众所知晓，均构成公知技术。(2)本国新颖性标准。发明创造只要在本国地域内未公开发表或公开使用或以其他方式为公众所知，就具有新颖性。同样的发明创造在国外公开在原则上不破坏新颖性。只是这种公开也可能使本国同样的发明创造丧失新颖性，因为该发明创造如在外国出版物上公开，而该出版物又流传到本国地域，就会破坏同样发明创造的新颖性。本国新颖性也称相对新颖性，它为很多发展中国家所采用。(3)部分世界新颖性标准与部分本国新颖性标准。前面两种标准各有缺点，前者实行起来困难较大，后者有可能导致在国外早已过时的技术在本国获得专利。为此，有些国家采取了介乎两者之间的地域标准，即书面公开采取世界新颖性标准，使用公开和其他形式的公开采取本国地域标准。这种标准也称混合新颖性标准。采取这一标准的国家有美国、加拿大、日本、印度、菲律宾、乌拉圭、委内瑞拉、秘鲁、南非等。

● 2008 年《专利法》引入绝对新颖性及其原因

2008 年《专利法》采用绝对新颖性标准，取消了现有技术的地域限制，要求申请的发明或现有设计不属于现有技术或现有设计，即未在国内外公开过。

上述规定，首先是针对在实践中，一些专利申请人将没有在中国公开使用过或者以其他方式为公众所知、但在国外已经被公开使用或者已经有相应的产品出售的技术或设计去申请专利，妨碍了国外已有技术或设计在中国的应用，而需要从立法上加以解决。

其次，从现有技术或现有设计标准的现实看，原来规定的“地域性标准”逐渐丧失了意义。2000 年《专利法》规定的新颖性标准在出版物公开方面采用全球标准，在使用或其他方式公开方面则限于国内范围。随着科学技术的发展，特别是网络技术的发展，加之经济和贸易全球化的急速变化，出版物与非出版物之间的界限变得模糊起来，将现有技术或现有设计的非出版物公开的地域范围限于中国国内已显得过时。

再次，对现有技术或现有设计取消地域范围限制，是大多数国家专利法的通例，采用绝对

---

〔4〕 为管理、存储和检索专利文献的方便，九国两组织使用了统一的国别代码：美国 US；英国 GB；法国 FR；俄罗斯 RU（苏联 SU）；德国 DE；日本 JP；瑞士 CH；韩国 KR；中国 CN；世界知识产权组织 WO；欧洲专利局 EP。

〔5〕 Peter D Rosenberg, *Patent Law Basics*, Deerfield, IL: Clark Boardman Callaghan, Ch. 17, 1994.

新颖性标准是遵循国际通行的做法。[6]

最后，绝对性标准的采用，也表明了我国对发明、实用新型和外观设计专利质量的要求提高了，有利于提升我国专利申请授权的质量、提高中国自主创新能力。这对于实现现行《专利法》“提高创新能力”等立法宗旨具有实实在在的意义，也是在具体制度上保障实现立法宗旨的体现。

（三）判断新颖性的原则

判断发明或者实用新型专利申请的新颖性适用单独对比的原则。这与发明或者实用新型专利申请创造性的判断方法有所不同。根据《专利审查指南》的规定，判断新颖性时，应当将发明或者实用新型专利申请的各项权利要求分别与每一项现有技术或申请在先公布或公告在后的发明或实用新型的相关技术内容单独地进行比较，不得将其与几项现有技术或者申请在先公布或公告在后的发明或者实用新型内容的组合，或者与一份对比文件中的多项技术方案的组合进行对比。

上述单独比对原则，不仅是专利申请审查判定新颖性应当遵守的基本原则，而且是专利授权确权案件中同样应遵守的原则。例如，在上诉人仝某、国家知识产权局与被上诉人浙江某实业有限公司发明专利权无效行政纠纷案中，最高人民法院指出：“每一篇对比文件所承载的技术方案都是独立的，即使两篇对比文件各自记载的技术方案指向同一项现有技术载体实物，也不能据此当然将这两篇对比文件结合起来评价权利要求的新颖性，因为此时实际比对的对象已经被变更为任何一篇对比文件均未曾记载的、存在于评价者观念中的现有技术。”[7]

（四）关于现有技术的界定

如上所述，2008年《专利法》分别将现有技术和现有设计界定为：申请日以前在国内外为公众所知的技术、申请日以前在国内外为公众所知的设计。在申请日之前在国内外公知是指现有技术包括在申请日（有优先权的，指优先权日）以前在国内外出版物上公开发表、在国内外公开使用或者以其他方式为公众所知的技术。现有技术应当是在申请日以前公众能够得知的技术内容。[8] 换句话说，现有技术应当在申请日以前处于能够为公众获得的状态，并包含能够使公众从中得知实质性技术知识的内容。处于保密状态的技术内容不属于现有技术。保密状态，不仅包括受保密规定或协议约束的情形，还包括默示保密的情形，即社会观念或者商业习惯上被认为应当承担保密义务的情形。

1. 现有技术的独立地位：专利授权与专利诉讼中的基础范畴

就现有技术而言，它是专利法中一个非常重要的概念，对于判断发明、实用新型的新颖性

---

[6] 例如，《欧洲专利公约》对现有技术的界定是：申请日（或优先权日）前在世界上任何一个地方都可以为公众获得或接触的一切情况。法国《知识产权法典》第L. 611－11条也有类似规定。详见Bently L. Sherman B., Intellectual Property Law, Oxford: Oxford University Press, 2001, p. 413。还如，世界知识产权组织（WIPO）在专利地域性问题上也倾向于采用绝对新颖性标准。其下设的专利法常设委员会（SCP）于2004年5月在日内瓦举行的第10次会议上审议了《实质专利法条约》（SPLT）的草案修订条款。该条约第8条第（1）项规定：“现有技术包括专利申请优先权之日前，在世界上任何一个地方以任何方式已经为公众所知的信息。”参见国家知识产权局条法司编：《〈专利法〉及〈专利法实施细则〉第三次修改专题研究报告》，知识产权出版社2006年版，第250页。

[7] 2019年《知识产权案件年度报告》。另参见最高人民法院（2019）最高法知行终53号行政判决书。

[8] *See* Timothy R. Holbrook, Patent Prior Art and Possession, 60 WM. & MARY L. REV. 123 (2018).

和创造性具有基础性作用。

特别是就新颖性而言，现有技术是各国专利法解释新颖性的基本概念，即新颖性意味着技术方案不存在于现有技术中。我国2000年《专利法》尽管未明确提出“现有技术”概念，但是在“新颖性”含义界定时实质上将其作为判断新颖性的参照物的。2001年《专利法实施细则》专门指出已有的技术即为现有技术，其第30条对“已有的技术”进行了解释，即“专利法第二十二条第三款所称已有的技术，是指申请日（有优先权的，指优先权日）前在国内外出版物上公开发表、在国内公开使用或者以其他方式为公众所知的技术，即现有技术”。该细则实际上引入了现有技术的概念，用以解释专利法中的“已有的技术”。

以上表明，我国2000年《专利法》及其之前的相关立法均把现有技术体现在新颖性的定义之中，根据现有技术的范围不同，将各国的新颖性分为“绝对新颖性”“本国新颖性”“混合新颖性”标准。这种定位无法恰当反映现有技术在专利法中的地位。因为现有技术不仅是新颖性的基础，而且也是比较、审查创造性的基础；与此同时，专利法中的宽限期〔9〕也是针对现有技术而言的。此外，现有技术也是实用性、技术公开性判断的基础性条件之一。事实上，申请中的专利技术是否具有实用性，申请书是否将某发明充分公开，也需要以该发明的现有技术为基础予以判断。

现有技术的概念不仅在专利申请与审查实践中重要，在专利保护与专利侵权诉讼中也得到了充分应用，是现有技术抗辩的基础性范畴。现有技术抗辩是专利诉讼中被指控侵权人进行抗辩的重要途径。2008年《专利法》第62条、现行《专利法》第67条相应地明确规定了现有技术（设计）抗辩，即“在专利侵权纠纷中，被控侵权人有证据证明其实施的技术或者设计属于现有技术或者现有设计的，不构成侵犯专利权”。

由上可看出，对专利授权中的新颖性、创造性、实用性、充分公开性等审查都必须在现有技术概念基础上进行，其在专利诉讼中也具有重要意义。现有技术不仅是判断新颖性的要素，而且应在专利法中具有独立地位，不能仅仅规定在新颖性的概念中。因此，2008年《专利法》第一次在法律层面明确“现有技术”的概念，在其第22条增加了第5款。该款规定：“本法所称现有技术，是指申请日以前在国内外为公众所知的技术。”现行《专利法》维持了2008年《专利法》第22条的规定，重新定义了专利授权的新颖性、创造性。

2. 现有技术范围的扩大及其争议：基于正当性分析

现有技术公开的方式很多，特别是随着现代传播技术的发展，技术公开的渠道日益广泛。不过，无论通过什么方式公开技术内容，只要其产生的效果是使技术内容脱离了保密状况而让公众能够得知，就可以认为该技术是专利法意义上的现有技术。〔10〕换言之，现有技术应当是有关知识、信息内容处于向公众公开的状态，而且所属领域的技术人员能够通过正常的途径从公众领域中获取该知识、信息。

对于是否为现有技术，需要确定其范围。一般而言，大致有三个界限：一是从时间上判断，

〔9〕 宽限期主要是指在给定期限内，申请人的发明不因特定行为的公开而丧失新颖性，这是通过将“与申请人相关的符合条件的公开技术不列入针对该申请的现有技术，不发生现有技术的效力”来实现的。

〔10〕 参见曲三强：《知识产权法原理》，中国检察出版社2004年版，第297页。

即从什么时间点之前的公开内容属于现有技术，对于先申请制的国家而言，一般是以申请日(有优先权的指优先权日)为界限，在申请日以前已公开的即为现有技术；二是从公开方式判断，主要包括公开出版、公开使用及其他方式；三是从地域上判断，以国内或国际地域为界。

在之前的专利立法中，公开方式一般与地域联系起来考虑。如在2000年《专利法》中，公开出版的技术无论是国内还是国外都属现有技术，公开使用和以其他方式为公众所知的情形，则以国内为限被公众使用或知晓才为现有技术，而在国外的使用不影响技术的新颖性。2008年《专利法》第22条第5款的规定改变了前述做法，不再将公开使用等方式的范围限于国内，即取消了对公开使用和以其他方式为公众所知的公开方式的地域限制，只要是为公众所知，不再区分地域，都属于现有技术。这实际上扩大了现有技术的范围，将在国外被公开使用和为公众所知的技术亦纳入现有技术的范围。

这一变化体现在专利法修改过程中，且引发了广泛争议，即"国外公开使用的或者以其他方式为公众所知的技术，是否具备新颖性，应在我国获得专利保护?"这种扩大现有技术范围的做法是否具有正当性，是否适合当今中国?

本书认为，在改革开放日益深入的当今中国，科学技术的迅猛发展，使我国技术存量在较大程度上得以增加，同时随着信息技术、传播技术的迅猛发展，经济全球化与技术全球普及程度日益提高，海量信息特别是国外非出版公开的技术信息，有多种途径进入我国公知领域，因此，将现有技术中的非出版公开再限于国内似乎不合时宜。[11] 并且，扩大现有技术的范围还有如下好处：扩大范围之后，那些在国外被公开使用过、但在国内没有被使用的技术就属于现有技术，不再被授予专利权，这就能降低国外技术在国内推广的法律障碍与成本障碍，有利于在国外被使用过的技术在国内商业化推广与应用；扩大现有技术的范围，不再授予在国外已被使用过的技术以专利权，因为这些技术在实质上是现有知识和信息，不属于创新，不值得保护。因此，扩大现有技术的范围可以鼓励真正的发明创造。此外，这一改变可能缓解国内立法的争议，在我国的四个法域中，除大陆(内地)外，台湾地区、香港特区、澳门特区三个区域的非公开出版的方式公开的现有技术效力如何认定一直悬而未决，在取消地域限制后这一问题就迎刃而解。

3. 扩大现有技术范围后的新颖性判断：基于实践的分析

扩大现有技术的范围后，另一具有争议性的核心问题是：如何判断，以及是否有能力判断某项技术内容在申请日前已在国外因使用或以其他方式为公众所知？如何收集、鉴定来自国外的这种因使用或其他方式为公众所知的证据？本书认为，对于扩大现有技术的范围的修改，其对实践操作的影响仍值得观察，也值得理论界与实务部门做进一步研究。

证据的收集，对于国内企业而言更多是忧虑。在这方面，我国企业与国外企业的能力不太匹配。我国企业目前收集国外以出版物方式公开的证据都比较困难，更遑论收集以使用公开或以其他为公众所知的方式公开的证据；而国外企业则在收集公开使用等方面能力更强、经验

[11] 当时立法将现有技术中的非出版公开限于国内，国外的公开不属于现有技术，除审查中的现实操作困难外，也有在当时条件下通过授予专利权这种垄断权，激励国内外企业或个人将国外技术引入国内的考虑。但其消极影响是：可能妨碍技术的自由使用，特别是对在国外已经公开的技术在我国还授予专利权，损害公众的自由使用权；同时不利于鼓励真正的发明创造，妨碍公众利益。

更丰富，从而以此为武器来对我国专利申请提起无效宣告申请或作现有技术抗辩。这一修改应引起我国企业的注意，我国企业也需要着力强化此方面的工作。

对国外因使用或其他方式为公众所知方式公开证据的鉴定，则是我国专利审查部门需直面的一大挑战。其挑战主要在于两方面：一是专利审查部门是否有能力鉴定、审查这些来自国外的以使用或其他方式的公开证据？二是即使专利审查部门有能力审查、鉴定，该审查、鉴定过程也会存在高昂的成本，这些是由当事人还是相关机构来承担？因此，国家知识产权局等相关部门应尽可能完善审查、鉴定相关证据的证据规则，积累审查经验，减少审查难度。

（五）抵触申请对新颖性的影响

一般来说，现有技术只包括申请日以前已向公众公开了的所有技术知识。但在出现“抵触申请”的情况下，另当别论。

抵触申请是指在申请日前任何单位或者个人就同样的发明或者实用新型向国务院专利行政部门提出过并记载在申请日以后公布的专利申请文件或者公告的专利文件中的申请。在2000年《专利法》中，抵触申请则是指在申请日前由他人向专利局提出过并且记载在申请日后公布的专利申请文件中的同样发明或者实用新型的专利申请。值得注意的是，抵触申请不作为创造性的判断依据，对新颖性的影响是指如果在一项申请（后申请）的申请日以前，另外有人就同样的发明或实用新型向专利局提出了一项申请（前申请），只要该申请在后申请的申请日以后公布了，或者根据该申请授予了专利，尽管该申请的内容在后申请的申请日前没有公开过，仍以为它是现有技术的一部分而破坏后申请的新颖性。例如，申请日为2018年5月10日，公布日为2019年4月26日的一件发明专利申请，对于申请日为2018年5月11日到2019年4月25日的每一件发明内容相同的发明专利申请来说都是抵触申请。值得注意的是，抵触申请不作为创造性的判断依据，是在判断新颖性时作为现有技术来考虑的，是影响新颖性的专利文献。这样可以避免对同样的发明或者实用新型专利申请重复授权，也能够保证在先申请原则的落实。

此处的修订是：将抵触申请的范围由“他人”变为“任何单位和个人”，当然也包括申请人自己的在先申请（如在先的实用新型专利申请）。这种修改旨在与避免重复授权的规定修订相配套、相吻合。依据避免重复授权规则，如果申请人前一申请为实用新型，而后申请为发明专利，如果申请放弃前一申请，则后一申请具备新颖性，在符合其他条件的情况下可以获得授权。实际上，此时申请人自己的前一申请也构成抵触申请。

国际上对抵触申请有两种不同的规定：一种为先权利要求制，即比较先申请和后申请的权利要求，看其是否相同，如果相同，就破坏后申请的新颖性；另一种为全文内容制，即比较先申请的全文内容（包括权利要求书和说明书）与后申请权利要求，若后申请的权利要求在前申请的全文内容中已有记载，则后申请丧失新颖性，因为不应对申请中已经公开的内容重复授予专利权。例如，某人专利说明书中包括A、B、C三项内容，而权利要求书中只有A、B，那么后申请人在此后要对C提出专利申请不能获准。

我国《专利法》采用第二种办法。但应注意：先申请应在后申请的申请日前向专利行政部门提出，且其内容必须在后申请的申请日以后记载在公布的专利申请文件中，即“申请在前，公布在后”。若先申请因申请人主动撤回或被视为撤回，或者因其他原因没有公布，就不影响后申请的新颖性。先申请在后申请的申请日以后公布而被撤回，或者在公布前主动撤回，撤回后仍旧公布，依《专利法实施细则》第 36 条第 2 款的规定，依旧会影响新颖性。另外，《专利审查指南》规定，抵触申请还包括满足以下条件的进入了中国国家阶段的国际专利申请，即申请日以前由任何单位或者个人提出、并在申请日之后（含申请日）由专利局作出公布或公告的且为同样的发明或者实用新型的国际专利申请。但是，抵触申请仅指在申请日以前提出的，不包含在申请日提出的同样的发明或者实用新型专利申请。

（六）不丧失新颖性的例外

为了公正、合理地保护发明创造者的合法权益，促进新技术尽早公开，各国专利法几乎都规定了发明创造在一定情况、一定期限内不破坏新颖性效力的例外规定。这种对发明人的保护〔12〕一般只适用于本国，其方式主要有两种：一是规定新颖性宽限期；二是给予优先权。关于后者，将在后面另作专题讨论。这里只阐述新颖性宽限期的问题。

1. 适用新颖性宽限期的情形

所谓新颖性宽限期，是指申请专利的发明创造在公开后至申请日以前不丧失新颖性的法定期限。现行《专利法》第 24 条规定的宽限期是 6 个月，适用宽限期的情形是：

第一，在国家出现紧急状态或者非常情况时，为公共利益目的首次公开的发明创造。这是现行《专利法》所作的宽限期的新增情形。该规定的目的在于，在国家出现紧急状态或非常状态时，对为公共利益目的首次公开的技术提供豁免，从而免除发明人为公共利益需要而首次公开技术的担忧，突出对紧急状态或非常情况的技术保障。该新增规定也体现了专利制度维护国家利益、公共利益的价值取向。并且，其有利于在国家出现紧急状态或者非常情况时，为公共利益目的及时公开相关发明创造，使发明创造者解除后顾之忧，不用担心其发明创造被公开后丧失申请专利的新颖性的风险。

第二，在中国政府主办或者承认的国际展览会上首次展出的发明创造。对在国际展览会上首次展出的发明创造给予宽限期是《巴黎公约》规定的，现已成为国际上的惯常做法。作出这一规定有利于鼓励尽早展出和保护新技术，促进国际交流。这里所说的中国政府主办或承认的国际展览会，即国务院及其各主管部委或国务院批准由其他机关或地方政府举办的国际展览会，以及外国在中国境内举行的、得到中国政府承认的国际展览会。根据《专利法实施细则》第 30 条的规定，“中国政府承认的国际展览会”是指“国际展览会公约规定的在国际展览局注册或者由其认可的国际展览会”。国际展览会，即展出的展品除了举办国的产品以外，还应当有来自外国的展品。根据《专利审查指南》的规定，对上述情形，申请人应当在提出申请时在请求书中声明，并在自申请日起 2 个月内提交证明材料。国际展览会的证明材料，应当由展览会主办单位出具。证明材料中应当注明展览会展出日期、地点、展览会的名称以及该发明创造展出的日期、形式和内容，并加盖公章。

第三，在规定的学术会议或者技术会议上首次发表的发明创造。规定的学术会议或者技

---

〔12〕 这种新颖性例外的保护并非专利权的临时保护，后者专指专利申请公开后至授权期间的保护，同时也适用于国际申请。根据《专利审查指南》的规定，对于以中文以外文字提出的国际申请，《专利法》第 13 条规定的要求临时保护的权利是在完成国家公布之后产生。参见《专利法》第 13 条规定：“发明专利申请公布后，申请人可以要求实施其发明的单位或者个人支付适当的费用。”

术会议是指国务院有关主管部门或全国性学术团体组织召开的学术会议或者技术会议,其他一般性的会议不包括在内。在会议上首次发表,即在会议上宣读论文或作报告。作出这一规定有利于推动技术上的学术交流,增进技术合作。但应指出,这一规定只适用于我国,许多国家专利法中未作规定。申请人若到国外申请专利,不宜把在这种会议上发表的内容泄露到没有此类规定的国家中去。

根据《专利法实施细则》第 30 条第 3 款、第 5 款的规定,申请专利的发明创造有上述两种情形的,申请人应当在提出专利申请时声明,并自申请日起 2 个月内提交有关国际展览会或者学术会议、技术会议的组织单位出具的有关发明创造已经展出或者发表,以及展出或者发表日期的证明文件。申请人未依照上述规定提出声明和提交证明文件的,其申请不适用关于新颖性宽限期的规定。又依《专利审查指南》规定,申请人要求不丧失新颖性宽限期的,应当在提出申请时在请求书中声明,并在自申请日起 2 个月内提交证明材料。学术会议和技术会议的证明材料,应当由国务院有关主管部门或者组织会议的全国性学术团体出具。证明材料中应当注明会议召开的日期、地点、会议的名称以及该发明创造发表的日期、形式和内容,并加盖公章。

第四,非经申请人同意而泄露发明创造的内容,这是一种非本意的公开。作出这一规定在于保护申请人不因违背其本意的公开而致损失。因为专利申请人因种种需要可能与第三人商谈许可证贸易或寻求技术鉴定,自然会透露发明创造内容,为避免他人因获知发明创造内容后向外泄露而丧失取得专利的机会,就要给予一个宽限期进行特别保护。

依据《专利法实施细则》第 30 条第 4 款、第 5 款的规定,申请专利的发明创造有上述第(3)项所列情形的,国务院专利行政部门认为必要时,可以要求申请人在指定期限内提交证明文件。申请人未在指定期限内提交证明文件的,其申请不适用关于新颖性宽限期的规定。

《专利审查指南》规定,若申请人在申请日前已获知,应当在提出专利申请时在请求书中声明,并在自申请日起 2 个月内提交证明材料。若申请人在申请日以后得知的,应当在得知情况后 2 个月内提出要求不丧失新颖性宽限期的声明,并附具证明材料。审查员认为必要时,可以要求申请人在指定期限内提交证明材料。申请人提交的关于他人泄露申请内容的证明材料,应当注明泄露日期、泄露方式、泄露的内容,并由证明人签字或者盖章。

2. 新颖性宽限期的效力

对上述情况,在发明创造公开后 6 个月内申请专利,原则上不丧失新颖性。但是,在宽限期内如果他人就同样发明创造率先提出专利申请,本人的申请作为在后申请也能被他人提出的先申请破坏新颖性,当然先申请也会因发明创造已公开而丧失新颖性。正如《专利审查指南》所指出的一样:宽限期和优先权的效力是不同的。它仅是将申请人(包括发明人)的某些公开,或者第三人从申请人或发明人那里以合法手段或者不合法手段得来的发明创造的某些公开,认为是不损害该专利申请新颖性和创造性的公开。实际上,发明创造公开以后已经成为现有技术,只是这种公开在一定期限内对申请人的专利申请来说不视为影响其新颖性和创造性的现有技术,并不是把发明创造的公开日看作专利申请的申请日。所以,从公开之日至提出申请的期间,如果第三人独立地作出了同样的发明创造,而且在申请人提出专利申请以前提出了专利申请,根据先申请原则,申请人就不能取得专利权。当然,由于申请人(包括发明人)的公开,该发明创造成为现有技术,故第三人的申请没有新颖性,也不能取得专利权。值得指出的是，在讨论新颖性时，优先权与宽限期有本质区别，前者申请日前移，新颖性判断标准不变，但新颖性判断的时点发生变化；后者申请日不变，新颖性判断的时点也不变，只是宽限期内符合法定情形的公开不导致新颖性的丧失。

由此可见，宽限期的保护作用是相对的和有限的，仅是针对公开行为本身，并非从技术的研发和现实状况出发。而且，在首次公开后，若在宽限期内将发明创造在出版物上发表或制作产品出售，不能再给予宽限期保护，因为该发明创造因后来的书面公开或使用公开而破坏了新颖性。

二、创造性

创造性是从质的方面反映发明创造的本质特征，解决发明创造的技术水平问题。只有具备新颖性的发明创造才可能具备创造性，但仅具备新颖性是不够的，专利法不仅是鼓励和保护新技术创造，更重要的是通过保护具有创造性的先进技术，推动技术和经济的发展，故而绝大多数国家专利法都规定了创造性这一专利条件。

（一）创造性的含义

“创造性”是一个专利法律术语，它在不同国家有不同解释，有发明高度、创造性步骤、创新性、进步性、非显而易见性之说。如日本称其为“进步性”，苏联称其为“实质性特点”或“本质区别”，英国、美国等多数国家称其为“非显而易见性”。[13] 英国 1977 年《专利法》第 3 条规定，如果一项发明对于熟知本专业技术的人而言并非显而易见，该项发明被完成时应被认为包括了一个创造性步骤。美国《专利法》规定，一项发明虽然满足新颖性要求，但“申请专利的内容与现有技术之间的差异甚为微小，以致该发明在完成时对于本专业普通技术人员而言是显而易见的，则不能取得专利”；《欧洲专利公约》的成员国多使用“创造性”或“进步性”。“非显而易见性”是从消极方面的角度看待的。

我国《专利法》则从积极方面予以明确规定：创造性是指同申请日以前的现有技术相比，该发明有突出的实质性特点和显著的进步，该实用新型有实质性特点和进步。这表明我国专利法在鼓励和保护发明创造方面比欧美各国专利法具有推动技术进步的更为明确的目的。

（二）发明创造性的界定

创造性是客观存在的，但在判断时往往带有很强的主观因素。在专利诉讼中，很多案件皆起因于创造性理解上的分歧。发明创造性就其实质而言是发明取得专利的质量要求，是其技术水平的标志。创造性是在发明新颖性基础上判定的，故而可以把创造性视为发明新颖性的质量特征。

判断创造性和新颖性是有区别的。首先，对于抵触申请，判断创造性时不将其作为对比文件加以考虑。[14] 其次，判断新颖性时，不允许把几件现有技术文件结合在一起与发明进行对比，即只有当有关发明的实质特点全部记载于现有技术的某一文件中，才认为发明不具有新颖

---

〔13〕 相关研究，参见石必胜：《美国专利创造性制度的司法变迁》，载《比较法研究》2012 年第 5 期。

〔14〕 在新颖性判断时，其对比文件的范围为“现有技术＋抵触申请”，现有技术在申请日前公开，抵触申请为申请日后公开，两者不可能交叉。

性;判断创造性则允许把两个以上的文件或同一文件的不同部分结合起来与发明进行对比。即将一份或者多份现有技术中的不同的技术内容组合在一起对要求保护的发明进行评价。如果一项独立权利要求具备创造性,则不再审查该独立权利要求的从属权利要求的创造性。

发明的创造性意味着申请专利的发明比现有技术的水平高出一筹,而非对现有技术的简单重复。根据我国专利法相关规定的精神,判断发明的创造性应从以下几方面把握:

1. 比较的时间界限和相关技术

创造性是一个相对的概念。这里有两层意思。一是针对现有技术而言。现有技术包括在申请日前国内外出版物上公开出版的技术、申请日之前在国内外公开使用过或者以其他方式为公众所知的技术。只有和现有技术相比较,才能确定它有无创造性。二是比较的时间界限是"申请日以前"。不能以审查发明创造性之日的现有技术水平相比较。

审查判断的日期必然晚于申请日。也就是说,审查发明创造性要排除申请日至审查日这段时间的技术水平。只有这样,才能准确地判断发明是否具有创造性。

2. 比较的技术差异

申请专利的发明同申请日前现有技术之间的差异必须是具有突出的实质性特点和显著的进步。

其一,突出的实质性特点。

这里的"实质性特点",是技术的质的差别而不是量的差别。突出的实质性特点是指发明与现有技术相比具有本质区别,该发明所属技术领域的普通技术人员不能直接从现有技术中得出构成此发明的全部必要技术特征。也就是说,只有发明和现有技术的差别对发明所属技术领域的普通技术人员来说不是显而易见的,发明才算具有突出的实质性特点。发明是创造性构思的结果,它源于现有技术又高于现有技术。它在突破现有技术的基础上为人们提供了新的技术手段。如果只是现有技术的简单重复、拼凑,或者只是现有技术推理的必然结果,就不是具有创造性的发明。一般来说,在审查发明的突出实质性特点时,不仅要考虑发明的内容即技术方案本身,还要考虑发明的目的和效果,把它们作为一个整体看待,即应从技术原理、技术构思、技术效果等方面综合认定。

从《专利审查指南》规定看,我国专利审查实践中对"非显而易见性"仍然是充分重视的。其规定,判断发明是否具有突出的实质性特点,就是要判断对本领域的技术人员来说,要求保护的发明相对于现有技术是否显而易见。如果要求保护的发明相对于现有技术是显而易见的,则不具有突出的实质性特点;反之,如果对比的结果表明要求保护的发明相对于现有技术是非显而易见的,则具有突出的实质性特点。

《专利审查指南》规定,判断要求保护的发明相对于现有技术是否显而易见,通常可按照以下三个步骤进行:

首先,确定最接近的现有技术。最接近的现有技术,是指现有技术中与要求保护的发明最密切相关的一个技术方案,它是判断发明是否具有突出的实质性特点的基础。最接近的现有技术可以是与要求保护的发明技术领域相同,所要解决的技术问题、技术效果或者用途最接近和(或)公开了发明的技术特征最多的现有技术,或者虽然与要求保护的发明技术领域不同,但能够实现发明的功能,并且公开发明的技术特征最多的现有技术。应当注意的是,在确定最接近的现有技术时，应首先考虑技术领域相同或相近的现有技术。

其次，确定发明的区别特征和发明实际解决的技术问题。在审查中应当客观分析并确定发明实际解决的技术问题。为此，应当首要分析要求保护的发明与最接近的现有技术相比有哪些区别特征，然后根据该区别特征所能达到的技术效果确定发明实际解决的技术问题。从这个意义上说，发明实际解决的技术问题，是指为获得更好的技术效果而需对最接近的现有技术进行改进的技术任务。我国司法实践经验表明，“区别技术特征的功能和技术效果是认定该权利要求实际解决的技术问题的根本依据。在认定其功能和技术效果时，应注意权利要求限定的技术方案是否与说明书中记载的具有特定功能、技术效果的技术方案具有对应性。如果二者存在实质性差异，则需要根据权利要求限定的技术方案的具体情形，相应确定区别技术特征能够实现的功能、技术效果”。[15] 该观点强调区别技术特征的功能和技术效果的重要性，这也正是其对于认定发明能够解决实际技术问题的根本所在。在审查过程中，由于审查员所认定的最接近的现有技术可能不同于申请人在说明书中所描述的现有技术，因此，基于最接近的现有技术重新确定的该发明实际解决的技术问题，可能不同于说明书中所描述的技术问题。在这种情况下，应当根据审查员所认定的最接近的现有技术重新确定发明实际解决的技术问题。重新确定的技术问题可能要依据每项发明的具体情况而定。作为一个原则，发明的任何技术效果都可以作为重新确定技术问题的基础，只要本领域的技术人员从该申请说明书中所记载的内容能够得知该技术效果即可。[16]

最后，判断要求保护的发明对本领域的技术人员来说是否显而易见。在该步骤中，要从最接近的现有技术和发明实际解决的技术问题出发，判断要求保护的发明对本领域的技术人员来说是否显而易见。判断过程中，要确定的是现有技术整体上是否存在某种技术启示，即现有技术中是否给出将上述区别特征应用到该最接近的现有技术以解决其存在的技术问题（发明实际解决的技术问题）的启示，这种启示会使本领域的技术人员在面对所述技术问题时，有动机改进该最接近的现有技术并获得要求保护的发明。如果现有技术存在这种技术启示，则发明是显而易见的，不具有突出的实质性特点。[17]

经过上述三个步骤的比对，能够从最接近的现有技术中发现显而易见的区别特征和发明

---

〔15〕 再审申请人某有限公司与国家知识产权局专利复审委员会“加热器”发明专利申请驳回复审行政纠纷案，最高人民法院（2018）最高法行再131号行政判决书。

〔16〕 在发明专利授权确权案件涉及创造性问题的判定中，通过区别技术特征确定发明实际解决的技术问题，具有特定的内涵。例如，在上诉人国家知识产权局、喀什某科技有限公司与被上诉人山东某电气有限公司实用新型专利权无效行政纠纷案中，最高人民法院指出：“在创造性判断中确定发明实际解决的技术问题时，应当根据区别技术特征在本专利技术方案中所实现的作用、功能或者效果等对技术问题作恰当提炼，既不能概括过于上位，又不能简单将区别技术特征所实现的作用、功能或者技术效果等同于发明实际解决的技术问题。”（2019年《知识产权案件年度报告》）。另参见最高人民法院（2019）最高法知行终32号行政判决书。

〔17〕 在发明专利授权确权案件涉及创造性问题的判定中，是否存在上述技术启发，需要有正确的认识。例如，在上诉人国家知识产权局与被上诉人某大学医学中心、罗某发明专利申请驳回复审行政纠纷案中，最高人民法院指出：“面对实际要解决的技术问题，本领域普通技术人员从现有技术中可以获知的技术启示，原则上应该是具体、明确的技术手段，而不是抽象的想法或者一般的研究方向。仅仅依据研究方向的一致性和本领域的抽象、普遍需求来认定现有技术给出的启示，隐含着后见之明的危险，容易低估发明的创造性。”（2019年《知识产权案件年度报告》）。该观点表明，对于技术启示的认定，不能过于宽泛，应当立足于具体而明确的技术手段，否则可能会人为拔高对发明创造性的要求。另参见最高人民法院（2019）最高法知行终127号行政判决书。

实际解决的技术问题,才可以认为该项发明具有突出的实质性特点。

其二,显著的进步。

这里的“进步”,是指发明与现有技术相比在技术上前进了一步,具有新的技术优点,产生更好的技术效果,而不是现存技术水平的单纯保持。例如,发明代表了该领域技术发展的趋势,克服了现有技术的偏见,或具有明显的优点或意外的效果。

显著的进步强调发明的实质效果较现有技术而言在质和量上有明显的进步,具有质的飞跃。即发明与其最接近的现有技术相比具有长足的进步。这是对前者的进一步说明,强调发明的实质性特点标志着技术进步,可以防止那些在技术上具有特点但其技术实质却是倒退或对科技进步没有益处的发明被授予专利。《专利审查指南》规定,在评价发明是否具有显著的进步时,主要应当考虑发明是否具有有益的技术效果。应当被认为发明具有有益的技术效果,具有显著进步的情形有:(1)发明与现有技术相比具有更好的技术效果,例如,质量改善、产量提高、节约能源、防治环境污染等;(2)发明提供了一种技术构思不同的技术方案,其技术效果能够基本上达到现有技术的水平;(3)发明代表某种新技术发展趋势;(4)尽管发明在某些方面有负面效果,但在其他方面具有明显积极的技术效果。

在上述两方面中,突出的实质性特点是发明的必要条件和内在质量标志,显著的进步是发明的辅助条件和技术进步的标志。我国专利法对发明创造性的认定,在审查实践中仍然参照了欧美“非显而易见性”的标准,但更注重发明的实际价值和效果。

3. 判断的人员标准

发明的创造性水平超出了一般技术人员技术活动能力所及的范围,其认定取决于审查判断人的知识水平。根据各国的专利实践,代表现有技术的发明是超越其所属技术领域普通专业人员的技术水平的。发明的创造性是根据发明所属技术领域普通技术人员的眼光判断的。我国也如此。这种人是专利法上假设的人,他被认为掌握申请日以前该技术领域全部现有技术,并对相邻领域的基本知识也有所了解。他还被认为有机会接触现有技术中的所有东西,特别是检索报告中引用的文件。作出这样一种假设的目的在于统一创造性的评价标准。实际上,发明创造性的判断是由专利局审查员根据检索得到的有关现有技术文件来判断的,只是他应站在所属技术领域一般技术人员的位置上进行审查。由此可以看出,我国专利法是主张从主观和客观两个方面衡量发明创造性的,这为提高我国发明专利质量提供了坚实的理论和法律依据。

4. 用于帮助判断发明创造性的客观标志

发明创造性的判断涉及一些主观因素,对同一问题不同审查员回答可能不一致。在具体认定创造性时常采用一些客观标志作补充,主要有:

第一,发明开辟了一个全新的技术领域。此即开拓性发明或首创性发明。这类发明所提出的技术构思、技术手段和技术效果都是现有技术中所没有的,它为人类科学技术发展开辟了新纪元,理所当然地具有创造性。例如,人类各个历史时期发明的白炽灯、塑料、电视、半导体、计算机等。

第二,发明解决了久悬未决的技术难题。对长期希望解决但始终未能成功的技术问题提出了新的技术方案,说明该发明具有创造性。例如,在动物身上打永久性标记,过去采取热烙技术,使动物皮毛受到损害。冷冻烙印技术的发明解决了无痛和不损害牲畜的技术难题,使已知技术的发明向前迈进了一大步,该发明显然具有创造性。

第三,发明克服了技术偏见或打破了认识上的局限性。技术偏见是在某一时间内的某个技术领域内技术人员对某个技术问题存在的传统认识或成见。一项发明打破了这种偏见,打破了技术停滞不前的状况,这就具有创造性。如 DDT 杀虫剂、氟利昂制冷剂试制成功就是如此。

第四,发明取得了人们预料不到的效果。有些发明与现有技术相比产生了“质”的变化,具有新的性能;或者产生了“量”的变化,超出了人们预期的想象。这种“质”或“量”的变化,对所属技术领域一般专业人员来说,应当是事先无法预料或推理出来的。当发明创造取得了人们预料不到的效果时,说明发明具有显著的进步,也反映出发明的技术方案是非显而易见的,具有突出的实质性特点,因而该发明具有创造性。需要注意的是,在化学、医药专利创造性的判断过程中,预料不到的技术效果通常需要用试验数据来证明,如果专利权人为反驳无效请求人提出的本专利未取得预料不到技术效果的主张而提供的试验数据不够充分可信时,则不能认定本专利具有创造性。[18]

根据《专利审查指南》的列举,以下发明类型的创造性判断如下:(1)组合发明。这种发明是将新技术与现有技术进行组合,或将几种现有技术进行组合,组合后技术效果超过了各技术效果的总和。如汽车的发明就是组合发明,发明人将属于现有技术的发动机、离合器、传动装置进行组合,产生了新的技术效果,汽车发明被认为具有创造性。但组合起来后的总的技术功能只是各部分功能的总和,不是具有创造性的发明。美国联邦最高法院在 1876 年曾宣布将铅笔和橡皮结合起来的橡皮头铅笔专利无效。(2)选择发明。这是指从许多公知的技术方案中进行选择,取得了预想不到的效果的发明。如铝、铜、锰的合金是人们熟知的一种抗磁合金,通过对其组合比例变更,制成一种具有磁化性能的新合金(赫氏合金),这种发明具有创造性。(3)转用发明。这是指把某一技术领域的现有技术运用到另一个技术领域里使用,产生了一种新的技术效果的发明。例如,五氯化酚是木材的杀菌剂,一项发明将其作为水田除草剂产生了意想不到的效果,这是具有创造性的发明。又如,将检查人体胃内部病情的内窥镜技术转用于了解树木内部生长情况,也是一项有创造性的转用发明。(4)已知产品的新用途发明,是指将已知产品用于新的目的的发明。在进行已知产品新用途发明的创造性判断时通常需要考虑:新用途与现有用途技术领域的远近、新用途所带来的技术效果等。(5)要素变更的发明,包括要素关系改变的发明、要素替代的发明和要素省略的发明。在进行要素变更发明的创造性判断时通常需要考虑:要素关系的改变、要素替代和省略是否存在技术启示、其技术效果是否可以预料等。

第五,发明在商业上获得成功。发明的产品在商业上获得成功时,如果该成功是由于发明的技术特征所导致的,则该发明具备创造性。

---

[18] 这种观点可体现在张某与专利复审委员会、石家庄制药集团某药业有限公司等专利权无效行政案件中。参见北京市高级人民法院(2007)高行终字第 70 号行政判决书和北京市第一中级人民法院(2006)一中行初字第 849 号行政判决书。

（三）实用新型创造性的界定

创造性也是实用新型专利授权条件之一。前述用于判断发明的方法和手段也基本上适用于实用新型。只是实用新型的创造性程度比发明要低，这一点反映在立法上有一定难度。日本《专利法》规定，所属技术领域的普通技术人员“是不容易完成的”构成发明，“不是很容易完成的”构成实用新型。其程度差别在于一个“很”字，在实践中难以把握。有的国家对实用新型创造性干脆不作规定，只在法院判例中要求某种程度的创造性。我国《专利法》则从正面作了规定，即与申请日前现有技术相比，实用新型应具有实质性特点和进步。

三、实用性

实用性又称工业实用性或产业实用性。它既是发明或实用新型的技术属性，又是其社会属性。因为专利法的宗旨在于促进技术和经济发展，没有实用性的技术方案自然不能被授予专利权。[19] 实用性也可以说是对发明或实用新型授予专利权的社会理由，反映和体现了专利法的社会本位法性质。

实用性是各国专利法无一例外的专利要求。很多国家对此作了明确的规定。如法国《专利法》规定，凡具有创造性的和工业实用性的新发明均可获得专利。瑞士《专利法》规定，专利权授予用于工业的新发明。一般来说，实用性指的是发明或实用新型能够在工业上制造或者使用。它与发明或实用新型的产生方式或是否已经实施无关，只与它们的可能应用有关。这里的“工业”应作广义理解，它包括工业、农业、畜牧业、交通运输业、采矿业等行业。实用性意味着发明或实用新型不是抽象的理论概念，它必须能在生产实践中得以实施，即它是用工业方法能够加以制造或者利用的新技术方案。据此，下列创造不具有实用性：(1)违背自然规律的“发明”或者“实用新型”，如永动机；(2)不属于工业范畴的，如美学或艺术创作、科学原理、疾病的诊断和治疗方法；(3)缺乏技术手段的“发明”或者“实用新型”；(4)需要利用独一无二的自然条件的产物，如固定建筑物；(5)抽象性的方法体系，如统计制度、会计制度。

现行《专利法》第22条第4款规定：“实用性，是指该发明或者实用新型能够制造或者使用，并且能够产生积极效果。”对此，可从以下三方面来理解：

（一）可实施性

这是指发明或实用新型能够在实践中实施，即能够制造或者使用。制造即能够在生产中生产、加工、制成；使用即方法发明在生产中的使用。具有技术特征的任何可实施的行为，仍然以所属技术领域的普通技术人员能够实现为依据。实用性通常是针对技术主题而言，如“自行车”具有实用性，“永动机”不具有实用性。值得注意的是，不能因为所属技术领域的普通技术人员凭借说明书不能制造或使用，就认为不具有实用性，因为说明书公开的内容能否制造或使用，属于《专利法》第26条第3款规定的说明书是否清晰、完整的内容。可实施性意味着发明或实用新型在技术上是可以实现的。专利申请不能仅是提出构思，而没有具体的技术解决方案。日本特许厅就曾驳回了一件关于日本列岛周围筑起一道高的钢盘混凝土的防台风装置的专利申请。

---

〔19〕 相关研究，参见黎华献：《专利实用性要件之适用标准的反思与重构》，载《清华法学》2020年第6期。

可实施性并不意味着发明或实用新型已在工业中制造或使用,或者立即在工业上制造或使用,它指的是该发明或实用新型在工业中实用的现实可能性,即它具有潜在的制造或使用的可能性。一般来说,发明或实用新型都是在获得专利一段时间后才投入生产的。如果一项发明或实用新型在申请专利前已在工业中实施,就会丧失新颖性。故从新颖性的角度也不能要求发明或实用新型在申请前就在工业中实施。发明或实用新型的可实施的范围与发明创造类型有关。一般来说,方法发明的实用领域比产品发明的实用范围要广一些。

(二)可再现性

这是指所属技术领域的普通技术人员按照公开的技术内容能够重复实施专利申请中所采用的技术方案,即发明或实用新型的实施能够多次重复的可能性,包括重复制造和重复使用。如果是产品发明,该产品应能够在工业中反复制造、重复生产;如果是方法发明,该方法能够在工业中被重复使用。如果发明或实用新型没有重复再现的可能性,就不具有实用性。例如,利用创造者本身的特殊条件方能实施的发明、只有在独一无二的自然条件下才能实现的发明都不具备实用性。

(三)有益性

这是指发明或实用新型的实施能够产生积极的技术、经济和社会的效果。有的国家对此不作规定,有的国家则强调发明必须是“有用的”。我国《专利法》强调的是“能够产生积极效果”。有益性表明了发明或实用新型的社会属性:发明创造要能满足社会需要,促进科技和经济发展。例如,提高产品质量、节省能源、改善工艺流程、提高劳动生产率、防治环境污染等。这里说的积极效果是技术、经济、社会方面的综合积极效果。那些脱离社会需要的发明、严重浪费能源或资源的发明、严重污染环境的发明以及严重变劣的发明等都是不具备有益性,从而不能取得专利的发明。如苍蝇断头台、马用脚踏车、自动脱帽机便是如此。与可实施性一样,这一条件也不要求发明或实用新型已经过生产实践而产生实际效果。它指的只是发明或者实用新型有产生积极效果的可能,而且不同类型的发明或实用新型在有益性的要求上是不同的。还应指出,有益性并不要求发明或实用新型完美无缺。有些缺陷的存在是允许的,只要它无碍于有益性在整体上占主导地位。在实践中,有人因为专利产品存在某种缺点或因专利产品的各种效果未能全面超过现有技术,就认为该专利技术方案不具备实用性,这是值得商榷的。

《专利审查指南》规定了实用性的概念和内涵,有助于加深我们对实用性的理解:授予专利权的发明或者实用新型,必须是能够解决技术问题,并且能够应用的发明或者实用新型。换言之,如果申请的是一种产品(包括发明和实用新型),那么该产品必须在产业中能够制造,并且能够解决技术问题;如果申请的是一种方法(仅限发明),那么这种方法必须在产业中能够使用,并且能够解决技术问题。只有满足上述条件的产品或者方法,专利申请才可能被授予专利权。所谓产业,它包括工业、农业、林业、水产业、畜牧业、交通运输业以及文化体育、生活用品和医疗器械等行业。在产业上能够制造或者使用的技术方案,是指符合自然规律、具有技术特征的任何可实施的技术方案。这些方案并不一定意味着使用机器设备,或者制造一种物品,还可以包括如驱雾的方法,或者将能量由一种形式转换成另一种形式的方法。能够产生积极效果,是指发明或者实用新型专利申请在提出申请之日,其产生的经济、技术和社会的效果是所属技术领域的技术人员可以预料到的。这些效果应当是积极的和有益的。

第二节 外观设计的专利条件

外观设计是工业产品的外表式样，多数国家实行注册方式进行保护。我国对外观设计以专利方式进行保护。外观设计涉及的是产品外观的美学内容，归根结底是一种外形或式样设计，与作为技术方案的发明和实用新型不同，故而其专利授权条件也不同。根据现行《专利法》的相关规定，外观设计的专利条件包括新颖性、显著性、美感性、工业实用性和不得与他人在申请日以前已经取得的合法权利相冲突等方面。在审查实践中，除应当根据外观设计专利的图片或者照片进行确定外，还应当根据简要说明中是否写明请求保护色彩、“平面产品单元图案两方连续或者四方连续等无限定边界的情况”等内容加以确定。

一、新颖性

（一）外观设计专利的绝对新颖性标准

现行《专利法》第23条第1款规定：“授予专利权的外观设计，应当不属于现有设计；也没有任何单位或者个人就同样的外观设计在申请日以前向国务院专利行政部门提出过申请，并记载在申请日以后公告的专利文件中。”[20] 其第2款规定：“授予专利权的外观设计与现有设计或者现有设计特征的组合相比，应当具有明显区别。”又根据其第4款对“现有设计”的解释，现有设计是指申请日以前在国内外为公众所知的设计。

《专利审查指南》第四部分第五章[21]“2.”则规定，现有设计包括申请日以前在国内外出版物上公开发表过、公开使用过或者以其他方式为公众所知的设计。现有设计中一般消费者所熟知的、只要提到产品名称就能想到的相应设计，称为惯常设计。例如，提到包装盒就能想到其有长方体、正方体形状的设计。[22] 不属于现有设计，是指在现有设计中，既没有与涉案专利相同的外观设计，也没有与涉案专利实质相同的外观设计。

可以看出，我国专利法提高了外观设计的授权条件，采纳了绝对新颖性标准，要求被授予专利权的外观设计在国内外的绝对新颖性，即在申请日以前在国内外不为公众所知；并且也不属于抵触申请。

（二）外观设计专利中的抵触申请

需要注意的是，在2008年《专利法》对新颖性标准的改革中，除了不属于现有技术或现有设计的标准外，还在抵触申请标准上作了局部修改。对于外观设计专利而言，“没有任何单位

---

〔20〕 2000年《专利法》第23条的相应规定是：“授予专利权的外观设计，应当同申请日以前在国内外出版物上公开发表过或者国内公开使用过的外观设计不相同和不相近似，并不得与他人在先取得的合法权利相冲突。”

〔21〕 该章是关于外观设计专利无效审查的规定。但由于其是对涉案外观设计专利是否符合《专利法》《专利法实施细则》规定的条件的审查，这些规定能够很好地用于解释和理解外观设计专利的授权条件。因此，除《专利法》《专利法实施细则》外，本节将以此章为依据进行阐述。

〔22〕 《审理专利授权确权行政案件适用法律规定(一)》第28条规定：“当事人主张有关技术内容属于公知常识或者有关设计特征属于惯常设计的，人民法院可以要求其提供证据证明或者作出说明。”

或者个人就同样的外观设计在申请日以前向国务院专利行政部门提出过申请，并记载在申请日以后公告的专利文件中”。对外观设计专利抵触申请的规定是2000年《专利法》所没有的。

《专利审查指南》规定：判断对比设计是否构成涉案专利的抵触申请时，应当以对比设计所公告的专利文件全部内容为判断依据。与涉案专利要求保护的产品的外观设计进行比较时，判断对比设计中是否包含与涉案专利相同或者实质相同的外观设计。例如，涉案专利请求保护色彩，对比设计所公告的为带有色彩的外观设计，即使对比设计未请求保护色彩，也可以将对比设计中包含有该色彩要素的外观设计与涉案专利进行比较。又如，对比设计所公告的专利文件含有使用状态参考图，即使该使用状态参考图中包含有不要求保护的外观设计，也可以将其与涉案专利进行比较，判断是否为相同或者实质相同的外观设计。

2008年《专利法》针对外观设计专利的抵触申请作出了新的规定。与现有技术一样，现有设计的界定标准不再采用相对新颖性标准。这一规定，使过去那些在境外仅使用公开的外观设计不能再在中国境内获得外观设计专利权。

值得一提的是，《审理专利授权确权行政案件适用法律规定（一）》第19条对于上述抵触申请中的“同样的外观设计”的概念作了界定：“外观设计与申请日以前提出申请、申请日以后公告，且属于相同或者相近种类产品的另一项外观设计相比，整体视觉效果相同或者属于仅具有局部细微区别等实质相同的情形的，人民法院应当认定其构成专利法第二十三条第一款规定的‘同样的外观设计’。”

二、显著性

（一）显著性规定及其意义

在外观设计专利权授权条件方面，除了新颖性标准的改革外，2008年《专利法》还引进了类似于注册商标的“显著性”标准。根据该法第23条第2款的规定，“授予专利权的外观设计与现有设计或者现有设计特征的组合相比，应当具有明显区别”。这一规定显然提高了外观设计专利授权的要求，甚至被认为是明确了外观设计专利的“创造性”标准。[23]

外观设计创新不仅能够提高企业产品的附加值，而且通过新颖、独特的造型能够燃起消费者的购买欲望。从某种意义上说，企业产品设计创新在获得市场优势方面的意义毫不亚于技术创新，因为无论是技术创新还是产品设计创新，就获得市场优势来说，都是为了争取到更多的消费者购买自己的产品。我国在外观设计的定位上，在相当长的时间内没有将其上升到为产品增添美感的销售效应上，而是局限于工艺美术或作为工程技术的装饰。尽管迄今为止我国外观设计专利申请量较多，外观设计专利总体上的质量却存在相当多的问题。除了外观设

---

〔23〕《审理专利授权确权行政案件适用法律规定（一）》第17条对于在外观设计授权确权案件中如何认定“现有设计”与“明显区别”分别作了解释，有助于加强对上述法条规定的理解。其第1款规定：“外观设计与相同或者相近种类产品的一项现有设计相比，整体视觉效果相同或者属于仅具有局部细微区别等实质相同的情形的，人民法院应当认定其构成专利法第二十三条第一款规定的‘属于现有设计’。”其第2款规定：“除前款规定的情形外，外观设计与相同或者相近种类产品的一项现有设计相比，二者的区别对整体视觉效果不具有显著影响的，人民法院应当认定其不具有专利法第二十三条第二款规定的‘明显区别’。”其第3款规定：“人民法院应当根据外观设计产品的用途，认定产品种类是否相同或者相近。确定产品的用途，可以参考外观设计的简要说明、外观设计产品分类表、产品的功能以及产品销售、实际使用的情况等因素。”

计专利总体质量不高以外，模仿、抄袭取代工业设计行为和重复授权现象也时有发生。就中国大多数企业而言，在高新技术开发方面与国外企业相比存在一定的差距，但在通过产品外观设计创新运用外观设计专利战略方面则不存在这种差距。形成我国工业品外观设计知识产权优势是构建我国知识产权优势的重要组成部分。基于上述认识，借鉴国外立法经验，[24]提高外观设计质量、促进外观设计创新是外观设计专利制度改革的方向。上述提高外观设计专利的授权标准，将有利于提高我国外观设计专利的质量，有利于促进我国外观设计创新。现行《专利法》维持了2008年关于外观设计专利授权条件的规定。

值得指出的是，"授予专利权的外观设计与现有设计或者现有设计特征的组合相比，应当具有明显区别"这项要求的影响仍有待观察。执行该项规定更贴近TRIPs协议第25条，即"外观设计如果与已知的外观设计特征的组合没有显著区别的，即为不是新颖的或者原创的外观设计"，也在一定程度上有利于提高我国外观设计专利的质量。但由于该条文可能采用广义解释，亦可能采用狭义解释，将带来法律适用的困难。例如，依广义解释，假如一套音响组合只有控制面板的外观设计是新的，而其余部件均与现有的一套音响组合相同，新的规定则可能令这套音响组合不符合外观设计专利授权的要求。不过，在现行《专利法》已经引进局部外观设计专利制度的前提下，为更好地适用上述规定，需要专门针对局部外观设计规定相关的审查程序和要求。在具体的审查实践中，上述判断方式也确立了外观设计审查的指导原则，即一般以产品的外观为判断对象，整体着眼、直接观察，判断该外观设计与一项对比设计的相同或者相似程度，从而确定一项外观设计的显著性。

（二）显著性标准的判断主体与方式

1. 判断主体

与发明和实用新型专利类似，在判断是否符合专利法规定的条件时，不是以专利审查员的眼光衡量，而是依据产品的一般消费者的知识水平和认知能力进行评价。根据《专利审查指南》的规定，不同种类的产品具有不同的消费者群体。作为某种类外观设计产品的一般消费者应当具备下列特点：(1)对涉案专利申请日之前相同种类或者相近种类产品的外观设计及其常用设计手法具有常识性的了解。例如，对于汽车，其一般消费者应当对市场上销售的汽车以及诸如大众媒体中常见的汽车广告中所披露的信息等有所了解。常用设计手法包括设计的转用、拼合、替换等类型。(2)对外观设计产品之间在形状、图案以及色彩上的区别具有一定的分辨力，但不会注意到产品的形状、图案以及色彩的微小变化。

2. 判断方式

《专利审查指南》规定了以下判断方式：(1)单独对比。一般应当用一项对比设计与涉案专利进行单独对比，而不能将两项或者两项以上对比设计结合起来与涉案专利进行对比。涉案专利包含若干项具有独立使用价值的产品的外观设计的，例如，成套产品外观设计或者同一产品两项以上的相似外观设计，可以用不同的对比设计与其所对应的各项外观设计分别进行

---

[24] 例如，美国《专利法》规定，外观设计应当是发明制造品的新颖、独创和装饰品的外观设计，并且有关发明专利的非显而易见性的规定同样适用于外观设计。日本《外观设计法》第3条第2款规定，在外观设计注册申请前，具有该外观设计所属领域的一般知识者，基于在日本国内外已知的形状、图案、色彩或者其结合可以容易创作出的外观设计，不能取得外观设计注册。

单独对比。涉案专利是由组装在一起使用的至少两个构件构成的产品的外观设计的，可以将与其构件数量相对应的明显具有组装关系的构件结合起来作为一项对比设计与涉案专利进行对比。(2)直接观察。在对比时应当通过视觉进行直接观察，不能借助放大镜、显微镜、化学分析等其他工具或者手段进行比较，不能由视觉直接分辨的部分或者要素不能作为判断的依据。例如，有些纺织品用视觉观看其形状、图案和色彩是相同的，但在放大镜下观察，其纹路有很大的不同。(3)仅以产品的外观作为判断的对象。在对比时应当仅以产品的外观作为判断的对象，考虑产品的形状、图案、色彩这三个要素产生的视觉效果。在涉案专利仅以部分要素限定其保护范围的情况下，其余要素在与对比设计比较时不予考虑。在涉案专利为产品零部件的情况下，仅将对比设计中与涉案专利相对应的零部件部分作为判断对象，其余部分不予考虑。对于外表使用透明材料的产品而言，通过人的视觉能观察到的其透明部分以内的形状、图案和色彩，应当视为该产品的外观设计的一部分。(4)整体观察、综合判断。对比时应当采用整体观察、综合判断的方式。所谓整体观察、综合判断是指由涉案专利与对比设计的整体来判断，而不从外观设计的部分或者局部出发得出判断结论。[25]

(三)专利审查实践中对显著性的具体判断标准

《专利法》规定的“授予专利权的外观设计与现有设计或者现有设计特征的组合相比，应当具有明显区别”，实质上是指授予专利权的外观设计不能和在先的设计相同或者实质上相同。因此，在审查实践中，准确判断申请专利的外观设计与在先的外观设计是否相同或者实质相同，具有决定性意义。对此，《专利审查指南》第四部分第五章专门作了规定，有助于我们理解这一问题。

根据《专利审查指南》的规定，外观设计相同，是指涉案专利与对比设计是相同种类产品的外观设计，并且涉案专利的全部外观设计要素与对比设计的相应设计要素相同，其中外观设计要素是指形状、图案以及色彩。如果涉案专利与对比设计仅属于常用材料的替换，或者仅存在产品功能、内部结构、技术性能或者尺寸的不同，而未导致产品外观设计的变化，二者仍属于相同的外观设计。在确定产品的种类时，可以参考产品的名称、国际外观设计分类以及产品销售时的货架分类位置，但是应当以产品的用途是否相同为准。相同种类产品是指用途完全相同的产品。例如，机械表和电子表尽管内部结构不同，但是它们的用途是相同的，所以属于相同种类的产品。

外观设计实质相同的判断仅限于相同或者相近种类的产品外观设计。对于产品种类不相同也不相近的外观设计，不进行涉案专利与对比设计是否实质相同的比较和判断，即可认定涉案专利与对比设计不构成实质相同，如毛巾和地毯的外观设计。相近种类的产品是指用途相近的产品。例如，玩具和小摆设的用途是相近的，两者属于相近种类的产品。应当注意的是，当产品具有多种用途时，如果其中部分用途相同，而其他用途不同，则二者应属于相近种类的产品。如带 MP3 的手表与手表都具有计时的用途，二者属于相近种类的产品。

如果一般消费者经过对涉案专利与对比设计的整体观察可以看出，二者的区别仅属于下

---

〔25〕 相关研究，参见张广良：《试论外观设计专利新颖性的判断——兼议外观设计专利性判定标准之修改》，载《人民司法》2009 年第 5 期。

列情形,则涉案专利与对比设计实质相同:(1)其区别在于施以一般注意力不能察觉到的局部的细微差异,例如,百叶窗的外观设计仅有具体叶片数不同;(2)其区别在于使用时不容易看到或者看不到的部位,但有证据表明在不容易看到部位的特定设计对于一般消费者能够产生引人瞩目的视觉效果的情况除外;(3)其区别在于将某一设计要素整体置换为该类产品的惯常设计的相应设计要素,例如,将带有图案和色彩的饼干桶的形状由正方体置换为长方体;(4)其区别在于将对比设计作为设计单元按照该种类产品的常规排列方式作重复排列或者将其排列的数量作增减变化,例如,将影院座椅成排重复排列或者将其成排座椅的数量作增减;(5)其区别在于互为镜像对称。

《专利审查指南》第四部分第五章"6."规定涉案专利与现有设计或者现有设计特征的组合相比不具有明显区别是指如下几种情形:(1)涉案专利与相同或者相近种类产品现有设计相比不具有明显区别;(2)涉案专利是由现有设计转用得到的,二者的设计特征相同或者仅有细微差别,且该具体的转用手法在相同或者相近种类产品的现有设计中存在启示;(3)涉案专利是由现有设计或者现有设计特征组合得到的,所述现有设计与涉案专利的相应设计部分相同或者仅有细微差别,且该具体的组合手法在相同或者相近种类产品的现有设计中存在启示。对于涉案专利是由现有设计通过转用和组合之后得到的,应当依照(2)、(3)所述规定综合考虑。应当注意的是,上述转用和组合、转用或组合后产生独特视觉效果的除外。现有设计特征,是指现有设计的部分设计要素或者其结合,如现有设计的形状、图案、色彩要素或者其结合,或者现有设计的某组成部分的设计,如整体外观设计产品中的零部件的设计。

《专利审查指南》规定了"与相同或者相近种类产品现有设计对比"的问题。即如果一般消费者经过对涉案专利与现有设计的整体观察可以看出,二者的差别对于产品外观设计的整体视觉效果不具有显著影响,则涉案专利与现有设计相比不具有明显区别。[26] 显著影响的判断仅限于相同或者相近种类的产品外观设计。在确定涉案专利与相同或者相近种类产品现有设计相比是否具有明显区别时,一般还应当综合考虑如下因素:(1)对涉案专利与现有设计进行整体观察时,应当更关注使用时容易看到的部位,使用时容易看到部位的设计变化相对于不容易看到或者看不到部位的设计变化,通常对整体视觉效果更具有显著影响。例如,电视机的背面和底面在使用过程中不被一般消费者关注,因而在使用过程中容易看到部位设计的变化相对于不容易看到的背面和看不到的底面设计的变化对整体视觉效果通常更具有显著的影响。但有证据表明在不容易看到部位的特定设计对于一般消费者能够产生引人瞩目的视觉效果的除外。(2)当产品上某些设计被证明是该类产品的惯常设计(如易拉罐产品的圆柱形状设计)时,其余设计的变化通常对整体视觉效果更具有显著的影响。例如,在型材的横断面周边构成惯常的矩形的情况下,型材横断面其余部分的变化通常更具有显著的影响。(3)由产品的功能唯一限定的特定形状对整体视觉效果通常不具有显著的影响。例如,凸轮曲面形状是由所需要的特定运动行程唯一限定的,其区别对整体视觉效果通常不具有显著影响;汽车轮

---

〔26〕 在外观设计专利司法实践中,也侧重于对"整体视觉效果"的认定。《审理专利授权确权行政案件适用法律规定(一)》第16条即规定:人民法院认定外观设计是否符合《专利法》第23条的规定,应当综合判断外观设计的整体视觉效果。为实现特定技术功能必须具备或者仅有有限选择的设计特征,对于外观设计专利视觉效果的整体观察和综合判断不具有显著影响。

胎的圆形形状是由功能唯一限定的,其胎面上的花纹对整体视觉效果更具有显著影响。(4)若区别点仅在于局部细微变化,则其对整体视觉效果不足以产生显著影响,二者不具有明显区别。例如,涉案专利与对比设计均为电饭煲,区别点仅在于二者控制按钮的形状不同,且控制按钮在电饭煲中仅为一个局部细微的设计,在整体设计中所占比例很小,其变化不足以对整体视觉效果产生显著影响。

(四)外观设计专利司法实践中基于"排除法"界定显著性

在外观设计专利司法实践中,对于主张保护的外观设计专利是否符合法定条件,可以运用"排除法"加以界定。对此,《审理专利授权确权行政案件适用法律规定(一)》作了明确规定,有利于为司法实践中界定外观设计专利的合法性提供指引。具体而言,其第20条规定如下:

根据现有设计整体上给出的设计启示,以一般消费者容易想到的设计特征转用、拼合或者替换等方式,获得与外观设计专利的整体视觉效果相同或者仅具有局部细微区别等实质相同的外观设计,且不具有独特视觉效果的,人民法院应当认定该外观设计专利与现有设计特征的组合相比不具有《专利法》第23条第2款规定的"明显区别"。

具有下列情形之一的,人民法院可以认定存在前款所称的设计启示:(1)将相同种类产品上不同部分的设计特征进行拼合或者替换的;(2)现有设计公开了将特定种类产品的设计特征转用于外观设计专利产品的;(3)现有设计公开了将不同的特定种类产品的外观设计特征进行拼合的;(4)将现有设计中的图案直接或者仅做细微改变后用于外观设计专利产品的;(5)将单一自然物的特征转用于外观设计专利产品的;(6)单纯采用基本几何形状或者仅做细微改变后得到外观设计的;(7)使用一般消费者公知的建筑物、作品、标识等的全部或者部分设计的。

三、美感性

世界各国对是否将富有美感作为外观设计专利条件的规定不尽相同。英国、美国等国对此不作要求,日本、德国与我国一样要求外观设计富有美感。外观设计的美感是一种视觉感受,应当把视觉触发的美感与其他刺激如触觉、听觉所引起的美感区别开来,后者不是外观设计专利保护的内容。美感作为主观认知活动的一种结果,个人主观色彩较浓,很难规定一个客观标准。不过它有一定的客观基础,即它取决于外观设计的形状、图案、色彩或者其有机结合。一般认为,只要不因违反公共习俗道德而使人产生恶感的就富有美感。它体现在物品表面的图案、色彩或花纹上。

本书认为,对外观设计的美感不宜要求太高,应从一般社会公众的审美角度而非艺术的角度看待外观设计的美感性。就本质而言,外观设计授权的实质要件中并没有美感这一条件,因为是否具有美感、是否受市场欢迎等问题实际上是外观设计专利的应用而非取得权利的条件。

四、适于工业上应用

外观设计专利保护的目的在于美化生活、促进经济发展。授予专利权的外观设计必须用于工业上应用,即外观设计能够用于产品的制造,而且这种产品是能够用工业生产方法(包括手工业)批量生产出来的。

适于工业上应用是指该外观设计能应用于产业上并形成批量生产。也就是说,使用了某一外观设计或者具有某外观设计的产品是可以批量生产的;如果不能批量生产,不具有工业实用性,则不能申请专利。大部分国家都要求外观设计在工业上能够利用。单纯的不能用于工业的美术作品可以作为作品受著作权法的保护。

五、不得与他人在申请日以前已经取得的合法权利相冲突

上述规定体现了专利法等知识产权法中一个基本原则,即保护在先权利原则。

(一)保护在先权利的基本法理

在先权利是相对于发生冲突的权利而言先产生的权利,是和"在后权利"相对应的——在先权利无疑需要以一个在后获得的权利为前提,否则便不称其为在先权利。就同一客体先产生的权利较之于后产生的权利,即为在先权利。

保护在先权利是知识产权保护的一项重要原则,在国际知识产权保护中得到了普遍认同。它在知识产权法上的确立是利益平衡原则应用于权利冲突中的体现。如前所述,保护在先权利也是处理知识产权权利冲突基本的法律原则。从理论上讲,不同的权利在法律保护上是没有先后之分的。但是就知识产品而言,尽管在有的情况下不同的权利主体在同一知识产品上可以创设相同的权利并能"和平共处",但在大多数情况下,知识产权的独占性决定了不同主体就相同的知识产品分别享有知识产权的不可容忍性。在发生权利冲突时,权利产生在前的就应受到保护,在后产生的则不能对抗在前产生的知识产权。

保护在先权利原则还要求在先权利必须是合法的,而且在先权利的效力范围应当覆盖在后权利,在后权利存在于该合法的在先权利之上,否则,就不发生与在后权利的对抗。同时,在后权利在权利的产生上并不必然与在先权利相冲突。例如,某著作权人许可某厂商将其美术作品申请商标注册,著作权人对该作品的在先权利与厂商作为商标权人的在后权利就是和平共处的。至于非法存在于他人合法在先权利基础上的"在后权利",如擅自将他人作品作商标注册后产生的商标权,就是一种有瑕疵的民事权利。根据保护在先权利原则,该权利可以被撤销或部分撤销,而且该"在后权利"的行使必然会侵犯他人的在先权利,因而还应对其侵权行为承担民事责任。

(二)实践中对"不得与他人在申请日以前已经取得的合法权利相冲突"的判断

《专利审查指南》对上述问题也作了规定:"他人",是指专利权人以外的民事主体,包括自然人、法人或者非法人组织。"合法权利",是指依照我国法律享有并且在涉案专利申请日仍然有效的权利或者权益,包括就作品、商标、地理标志、姓名、企业名称、肖像,以及有一定影响的商品名称、包装、装潢等享有的合法权利或者权益。[27] "在申请日以前已经取得",是指在先合法权利的取得日在涉案专利申请日之前。"相冲突",是指未经权利人许可,外观设计专利使用了在先合法权利的客体,从而导致专利权的实施将会损害在先权利人的相关合法权利或者权益。在实践中,出现较多的是与在先商标权和在先著作权的冲突。在先商标权是指在涉案专利申请日之前,他人在我国法域内依法受到保护的商标权。未经注册商标所有人许可,在

---

〔27〕 参见《审理专利授权确权行政案件适用法律规定(一)》第22条。

涉案专利中使用了与在先商标相同或者近似的设计，专利的实施将会误导相关公众或者导致相关公众产生混淆，损害商标所有人的相关合法权利或者权益的，应当判定涉案专利权与在先商标权相冲突。在接触或者可能接触他人享有著作权的作品的情况下，未经著作权人许可，在涉案专利中使用了与该作品相同或者实质性相似的设计，从而导致涉案专利的实施将会损害在先著作权人的相关合法权利或者权益的，应当判定涉案专利权与在先著作权相冲突。由于商标权和著作权保护的法理不同，判断其与外观设计专利相冲突的方式也存在不同之处。这对于在实践中确立平衡相关权利人利益的标准具有重要意义。

本章案例研讨

◈ 发明专利新颖性判定中惯用手段的直接置换问题

某电话股份有限公司等与国家知识产权局专利复审委员会专利行政纠纷案[28]

本专利系专利号为200880129948. X、名称为“用于执行电信系统中的随机访问的方法和设备”的发明专利（以下简称本专利）。其申请日为2008年12月15日，优先权日为2008年6月19日，授权公告日为2014年5月7日，专利权人为某电话股份有限公司（以下简称某电话公司）。

本专利授权公告时的权利要求1内容为：“1. 一种在无线电基站（120，400）中使用用户设备（110，500）能够执行基于争用的随机访问的方法，向所述无线电基站（120，400）指配形成非专用随机访问前同步码池的第一集合以及形成专用随机访问前同步码池的第二集合，所述方法的特征在于它包括下列步骤：确定（201）随机访问前同步码标识符RAPID；向所述用户设备（110，500）传送（202）消息，所述消息包含所确定RAPID；以及从所述用户设备（110，500）接收（203）由所述用户设备（110，500）根据所述所传送消息中包含的所述RAPID所选择的非专用随机访问前同步码。”某技术有限公司于2014年11月14日向原国家知识产权局专利复审委员会（简称专利复审委员会）提出了无效宣告请求，其理由是本专利不符合《专利法》第22条第2款的规定，请求宣告本专利权利要求1－26全部无效，同时提交了系列证据。

2015年5月21日，专利复审委员会作出第26030号无效宣告请求审查决定（简称被诉决定），决定：宣告本专利的权利要求1－7、12、14－20、25无效，在权利要求8－11、13、21－24、26的基础上继续维持本专利有效。某公司不服上述无效宣告决定，向北京知识产权法院提起行政诉讼。一审法院认为，证据1已经满足构成本专利权利要求1的抵触申请的实质要件。因此，本专利权利要求1相对于证据1不具备新颖性。同理，权利要求14相对亦不具备新颖性。证据1已经公开了本专利权利要求2的附加技术特征，本专利权利要求2相对于证据1不具备新颖性。证据1已经公开了通过切换消息传送包含特征码ID编号的消息，本专利权利要求

[28] 选自北京市高级人民法院（2019）京行终513号行政判决书。

4 将通过切换消息传送消息改换为在物理下行链路控制信道 PDCCH 上传送消息,是本领域的惯用手段的直接置换,因此,本专利权利要求 4 相对于证据 1 不具备新颖性。同理,本专利权利要求 15、17 相对于证据 1 亦均不具备新颖性。故一审法院判决,驳回某电话公司诉讼请求。某电话公司不服一审判决,向北京市高级人民法院提起上诉。

北京市高级人民法院认为,本案的焦点问题是本专利是否满足《专利法》第 22 条第 2 款规定的新颖性。在新颖性判断中,涉案申请或专利请求保护的技术方案的理解一般应当以涉案申请或专利权利要求中记载的内容为准,未记载在权利要求中的技术特征不能作为判断其是否具备新颖性的基础。在专利确权案件中,在本领域技术人员阅读涉案申请或专利权利要求记载的内容,不能直接毫无疑义地确定该权利要求限定的保护范围时,可以结合说明书及附图的内容对该权利要求的保护范围作出认定。在新颖性的判断过程中,对比文件公开的技术内容不仅包括明确记载在对比文件中的内容,而且包括对于所属技术领域的技术人员来说,隐含的且可直接地、毫无疑义地确定的技术内容。本案中,某电话公司主张本专利权利要求 1 限定的技术方案仅涉及单个基站,而证据 1 为涉及两个基站的技术方案,故证据 1 不能破坏本专利权利要求 1 新颖性。某电话公司主张本专利权利要求 2 的附加技术特征包含了"预先配置的 RAPID",该"预先配置的 RAPID"与"固定的 RAPID"具有相同的含义,而证据 1 并未公开该特征,故权利要求 2 具备新颖性。

某电话公司主张本专利权利要求 4,进一步限定了"在物理下行链路控制信道 PDCCH 上传送包含所述 RAPID 的所述消息",而证据 1 中是通过切换消息的方式传送消息,二者不属于惯用手段的直接替换。参照《审查指南 2010》第二部分第三章第 3.2.3 节的规定:"如果要求保护的发明或者实用新型与对比文件的区别仅仅是所属技术领域的惯用手段的直接置换,则该发明或者实用新型不具备新颖性。"在判断是否"惯用手段的直接置换"的过程中,至少需满足以下要件:一是相关技术手段为本领域惯用的技术手段;二是相关技术手段的置换属于"直接置换"。本领域的惯用手段为本领域公知常识的下位概念。因此,有关公知常识的判断规则对于相关技术手段是否为本领域惯用手段的认定,同样适用。以本领域普通技术人员为新颖性判断的主体,系专利授权确权案件中所普遍适用的基本规则。所谓的惯用手段应当为本领域的技术人员所应当掌握的知识。上述新颖性下本领域惯用手段为创造性下本领域公知常识的下位概念,但二者的显著区别为新颖性的判断过程中,要求惯用手段的替换为"直接的",即不但要求相关的技术手段可以替换,同时要求将涉案申请或专利对比文件中的不同技术手段替换后,不会影响该技术手段与其他技术特征之间的配合等关系。对于本领域技术人员而言,即便相关技术手段的替换是容易想到的,但若相关技术手段替换后,同时要求与该技术手段配合的其他技术特征需要作出适应性调整,此时虽然涉案申请或专利可能不具备创造性,但不宜认定其不具备新颖性。北京市高级人民法院二审判决撤销一审判决和专利复审委员会决定,国家知识产权局就涉案发明专利提出的无效宣告请求重新作出决定。

本案是专利权无效宣告请求案件,其焦点问题在于发明专利新颖性判定中,如何理解与适用惯用手段的直接置换。其涉及上位概念公知常识以及对比文件的单独对比等问题。新颖性是发明和实用新型专利权的必备要件之一。本案对于发明专利新颖性中适用惯用手段的直接置换提出的观点和见解具有一定的启发意义。

◈ 本专利相同领域的技术启示对发明专利创造性判定的影响

某株式会社与国家知识产权局专利复审委员会发明专利权无效行政纠纷案〔29〕

2004年3月19日,某株式会社申请了名称为“折叠装置及穿着物品的制造方法”发明专利,最早优先权日为2003年3月27日,该申请为PCT申请,其进入国家阶段日期为2005年9月27日,专利权人为某株式会社。某精工制造有限公司(以下简称某公司)向专利复审委员会提起发明专利权无效宣告请求。2016年8月10日,专利复审委员会作出被诉决定,宣告本专利全部无效。某株式会社不服该决定,向北京知识产权法院提起行政诉讼,要求国家知识产权局重新作出审查决定。北京知识产权法院判决驳回某株式会社的诉讼请求。某株式会社不服一审判决,向最高人民法院提起上诉。在二审期间,某株式会社提交了最高人民法院(2014)知行字第43号指导案例,拟证明评价创造性时,对相应技术特征所起作用的理解,不仅要看技术方案,还要充分考虑技术构思和发明目的的整体评价。二审中,最高人民法院将本案争议焦点归纳为本专利权利要求1、权利要求4是否具备创造性。

二审法院审查了本专利权利要求1与证据1的区别技术特征。某株式会社提出,本专利与证据1的调整原理不同,证据1使用推压力,本专利使用摩擦力,证据1的织物导向装置必须使网织物处于张紧状态,而本专利无须张紧状态。最高人民法院则认为,证据1公开了一种一次性穿着物品的制造方法及装置。对比本专利及证据1的权利要求及相应的说明书内容可知,二者的区别在于折叠部中织物导向装置的设计。被诉决定及原审判决认定证据1中的“引导滚轴4”对应于本专利的“接触部”正确,本院予以确认。

关于本专利权利要求1实际解决的技术问题,某株式会社主张本专利要解决的技术问题应为“在网织物高速流动的状态下使其两侧边的位置关系成为规定的位置关系”。最高人民法院则认为,对于专利创造性的审查应基于本专利权利要求书及说明书记载的内容。本专利说明书发明内容记载了本发明的目的在于提供一种折叠装置及穿着物品的制造方法。本专利说明书未记载解决“在网织物高速流动的状态下的两侧边的位置关系成为规定的位置关系”系本专利的发明点,亦未对“高速”进行限定,也没有披露采用何种具体的技术手段实现该技术效果。证据1公开了完全未折叠的状态、开始折叠以及正要完全折叠为双层的状态下进行检测、修正的技术方案的情况下,在案证据无法证明某株式会社诉称的观点。

关于证据1、证据2是否给出了技术启示,某株式会社认为本领域技术人员没有动机将证据1和证据2结合,证据1和证据2的结合存在障碍。最高人民法院则认为,证据2折叠的对象为布料的网织物或类状物,从证据2说明书记载的内容中不能得出证据2的折叠对象是具有韧性且不易永久变形的布毯的结论。证据1在相同技术领域公开了以改变相对于织物的穿行方向的引导滚轴的交叉角,来调整织物的两侧边边缘的张力的技术手段,实现了调整网织物侧边位置关系的技术功能,并明确给出了应用于本专利相同领域的技术启示。调整网织物侧

---

〔29〕 选自最高人民法院(2020)最高法知行终89号行政判决书。

边位置关系属于本领域技术人员普遍关注的技术问题,本领域技术人员有动机在证据1所公开的技术内容的基础上考虑进一步可行的改进或替代技术方案。证据1也给出了“代替织物导向装置2,可以使双层折叠压板1在图2的控制部3的控制下进行上下左右运动”的技术方案,这种替代技术方案充分给出了技术启示,因而本领域技术人员有充分的理由和动机寻找现有技术中对处于折叠状态的织物进行侧边位置调整的其他技术手段。在证据1公开了接触部的调节部件设置为辊的基础上,本领域技术人员结合其应具备的知识能力和设计水平,能够想到将证据2中的控制杆设置为轴方向沿着在所述对接部件折叠的网织物的宽度方向延伸的辊。结合现有技术公开的接触部工作的基本原理和结构,本领域技术人员容易想到使得接触部与被折成“V”字形或“U”字形状态的网织物的内侧面相接触,或者使得接触部与被折成“V”字形或“U”字形状态的网织物的内侧面和外侧部相接触。在证据1的基础上结合证据2得到本专利权利要求1要求保护的技术方案,对于本领域技术人员而言是显而易见的,本专利权利要求1不具备《专利法》第22条第3款规定的创造性。

关于权利要求4是否具备创造性,某株式会社主张其明确记载了当在网织物的表面配置有吸收体的情况下,接触部只与网织物接触而不与配置在其上的吸收体接触,以实现网织物输送的高速化。证据1和证据2对于如何避开与网织物上配置的吸收体C相接触以实现高速化的技术方案没有任何记载和暗示,即便将证据1与证据2相结合,也得不到本专利权利要求4。因此,本专利权利要求4具备创造性。最高人民法院则认为,本专利权利要求4请求保护的技术方案为一种穿着物品的制造方法,将其与证据1相比,其区别技术特征实质在于:基于所述位置信息来修正所述网织物的路径的修正位置不同。基于该区别技术特征,本专利权利要求4要解决的技术问题是提供一种调整网织物侧边位置的替代手段。如前所述,在证据1的基础上结合证据2得到本专利权利要求1要求保护的技术方案,对于本领域技术人员而言是显而易见的。因此,被诉决定对权利要求4不具备创造性的评述正确。

基于上述认定,最高人民法院二审判决驳回上诉,维持原判。

该案涉及专利无效宣告行政诉讼中如何判定诉争专利的创造性。创造性是发明专利申请获得专利权最重要的条件之一。在创造性判定中,需要判断要求保护的发明专利的技术方案对于本领域技术人员而言是否显而易见。如果现有技术为要求保护的技术方案提供了技术启示,明确给出了应用于本专利相同技术领域的技术启示,即应认定该技术方案不具有创造性。

◈ 设计特征在外观设计专利比对中的作用

国家知识产权局专利复审委员会与张某、慈溪市某电子有限公司外观设计专利权无效行政纠纷案[30]

张某是名称为“逻辑编程开关(SR14)”外观设计专利(以下简称本专利)的专利权人。慈

〔30〕 选自最高人民法院(2012)行提字第14号行政判决书。另参见北京市高级人民法院(2010)高行终字第1459号行政判决书,专利复审委员会第13912号决定。

溪市某电子有限公司(以下简称某电子公司)针对该外观设计,向国家知识产权局专利复审委员会(以下简称专利复审委员会)提起专利权无效宣告请求。2009年9月15日,专利复审委员会作出第13912号决定,宣告本专利权无效。张某于2009年12月21日向北京市第一中级人民法院提起行政诉讼,要求撤销该无效宣告决定。北京市第一中级人民法院经审理作出判决,撤销该无效宣告决定。专利复审委员会和某电子公司不服一审判决,向北京市高级人民法院提起上诉。北京市高级人民法院判决驳回上诉,维持原判。专利复审委员会不服二审判决,向最高人民法院提起再审申请。

最高人民法院将本案的争议焦点归纳为:原二审判决是否违背了整体观察、综合判断的判断方法;技术性设计特征和装饰性设计特征是否可分及其区分条件和作用;本专利与在先设计的区别设计特征是否属于功能性设计特征;本专利与在先设计是否相同或者相近似。

最高人民法院首先评判和认定了原二审判决是否违背了整体观察、综合判断的判断方法。其认为,所谓整体观察、综合判断的方法,是指在判断外观设计专利与在先设计是否相同或者相近似时,应该从外观设计专利产品的一般消费者的知识水平和认知能力出发,综合评估两者的相同点和区别点对整体视觉效果的影响,在此基础上对两者的整体视觉效果是否相同或者相近似作出判断。在这个过程中,既要注意二者的相同点对整体视觉效果的影响,又要注意二者的区别点对整体视觉效果的影响。本案中,原二审判决在对比本专利与在先设计的基础上,认定了二者存在两点设计区别,并进而认定上述区别能够对二者的整体视觉效果产生显著影响。可见,虽然原二审判决将重点放在了两者的区别对整体视觉效果的影响上,但是并非没有注意二者的相同点对整体视觉效果的影响。

关于技术性设计特征和装饰性设计特征是否可分及其区分标准和作用,最高人民法院认为任何产品的外观设计通常都需要考虑两个基本要素:功能因素和美学因素。产品必须首先要实现其功能,其次还要在视觉上具有美感。就某一外观设计产品的具体某一设计特征而言,同样需要考虑功能性和美感的双重需求,是技术性与装饰性妥协和平衡的产物。因此,产品的设计特征的功能性或者装饰性通常是相对而言的,绝对地区分功能性设计特征和装饰性设计特征在大多数情况下是不现实的。只有在特殊的情形下,某种产品的某项设计特征才可能完全由装饰性或者功能性所决定。因此,至少存在三种不同类型的设计特征:功能性设计特征、装饰性设计特征以及功能性与装饰性兼具的设计特征。

关于功能性设计特征的区分标准,最高人民法院认为,功能性设计特征是指那些在该外观设计产品的一般消费者看来,由所要实现的特定功能所唯一决定而并不考虑美学因素的设计特征。功能性设计特征与该设计特征的可选择性存在一定的关联性。如果某种设计特征是由某种特定功能所决定的唯一设计,则该种设计特征不存在考虑美学因素的空间,显然属于功能性设计特征。如果某种设计特征是实现特定功能的有限的设计方式之一,则这一事实是证明该设计特征属于功能性特征的有力证据。不过,即使某种设计特征仅仅是实现某种特定功能的多种设计方式之一,只要该设计特征仅仅由所要实现的特定功能所决定而与美学因素的考虑无关,仍可认定其属于功能性设计特征。如果把功能性设计特征仅仅理解为实现某种功能的唯一设计,则会过分限制功能性设计特征的范围,把具有两种或者两种以上替代设计的设计特征排除在外,进而使外观设计申请人可以通过对有限的替代设计分别申请外观设计专利的方式实现对特定功能的垄断,不符合外观设计专利保护具有美感的创新性设计方案的立法目的。就这个角度而言,功能性设计特征的判断标准并不在于该设计特征是否因功能或技术条件的限制而不具有可选择性,而在于在一般消费者看来,该设计特征是否仅仅由特定功能所决定,从而不需要考虑该设计特征是否具有美感。

关于区分不同类型设计特征的意义,最高人民法院认为,不同类型设计特征对于外观设计产品整体视觉效果的影响存在差异。功能性设计特征对于外观设计的整体视觉效果通常不具有显著影响;装饰性特征对于外观设计的整体视觉效果一般具有影响;功能性与装饰性兼具的设计特征对整体视觉效果的影响则需要考虑其装饰性的强弱,其装饰性越强,对整体视觉效果的影响可能相对较大一些;反之则相对较小。当然,以上所述仅仅是一般原则,一种设计特征对于外观设计产品整体视觉效果的影响最终需要结合案件具体情况进行综合评判。

关于本专利与在先设计的区别设计特征是否属于功能性设计特征,最高人民法院认为,关于区别特征一,本专利上部粗柱无矩形凹槽,而在先设计的上部粗柱存在矩形凹槽。基于本案现有证据,无法确定在先设计产品是双轴可旋转的编程开关,亦无法确定其矩形凹槽用于与旋钮配合实现调节信号输出。关于区别特征二,本专利和在先设计两者下部的引脚位置不同。在本专利产品的一般消费者看来,无论是引脚的位置是分布在底座的一个侧面上还是分布在两个相对的侧面上,都是基于与之相配合的电路板布局的需要,以便实现两者的适配与连接,其中并不涉及对美学因素的考虑。因此,区别特征二是功能性设计特征,其对本专利产品的整体视觉效果并不产生显著影响。

关于本专利与在先设计是否相同或者相近似,最高人民法院认为,对于区别特征一而言,现有证据不能充分证明在先设计上部粗柱具有矩形凹槽属于功能性设计特征,且该矩形凹槽比较明显,与整体设计相比并不属于细微变化。区别特征二是功能性设计特征,对于本专利与在先设计的整体视觉效果不具有显著影响。在两项区别设计特征对于本专利的整体视觉效果均无显著影响的情况下,本专利与在先设计的相同之处对于整体视觉效果的影响更大,二者构成相近似的外观设计。

最高人民法院基于上述认定和理由,最终判决撤销一审、二审判决,维持专利复审委员会无效宣告决定。

本案涉及外观设计专利近似的判定主体的认定,功能性设计与装饰性设计的认定和区分及其在判定外观设计相近似中的意义和作用等问题。外观设计专利均具有功能因素与美学因素,两者对于区分在先设计的地位和作用不同。外观设计近似性判定需要运用整体观察、综合判断的原则,在进行与在先设计进行对比时,关键需要界定相同和不相同特征对于外观设计的整体视觉效果的影响。最高人民法院在本案再审判决中强调,功能性设计特征对于外观设计的整体视觉效果通常不具有显著影响。功能性设计特征的判断标准并不在于该设计特征是否因功能或技术条件的限制而不具有可选择性,而在于在一般消费者看来,该设计特征是否仅仅由特定功能所决定,从而不需要考虑该设计特征是否具有美感。对于外观设计功能性特征及其与装饰性特征的关系的理解,最终需要以消费者的知识水平和认知能力加以评判。本案为授予外观设计专利权的条件的认识,从设计特征构成及其意义及其对外观设计近似判定的影响,提供了范例。

第五章 专利的申请

一项发明创造要取得专利权,除满足专利法规定的实质条件外,还必须按照专利法的规定向专利主管机关提出专利申请,履行各种必要的申请手续,并按照规定缴纳相应的费用。[1]一般来说,各国专利法都对专利申请作出了严格而细致的规定。

第一节 专利申请的原则

专利申请的原则是专利申请中带有指导性的准则,有书面原则、单一性原则等。

一、书面原则

书面原则是指一项发明创造要申请专利或办理各种手续,应当以书面形式办理。书面申请是各国专利制度中普遍适用的一项原则。

书面原则的主要要求有:一是申请人向国务院专利行政部门提交的各种文件,包括申请以及以后整个审批程序中的所有手续都必须以书面形式办理,申请人不能以口头说明、电话、电报、电传复印或提交实物等手段代替书面申请,而且其提交的申请文件必须按照法律规定和国务院专利行政部门要求的格式书写。我国《专利法实施细则》第 2 条规定,“专利法和本细则规定的各种手续,应当以书面形式或者国务院专利行政部门规定的其他形式办理”。其第 15 条进一步规定:“以书面形式申请专利的,应当向国务院专利行政部门提交申请文件一式两份。以国务院专利行政部门规定的其他形式申请专利的,应当符合规定的要求。申请人委托专利代理机构向国务院专利行政部门申请专利和办理其他专利事务的,应当同时提交委托书,写明委托权限。申请人有 2 人以上且未委托专利代理机构的,除请求书中另有声明的外,以请求书中指明的第一申请人为代表人。”之所以要规定严格的书面形式,是因为发明创造是一种知识形态的劳动产品,本身是无形的,唯书面描述才能体现其技术构思、水平与要求。二是专利申请文件应以法定要求的书面形式进行,如撰写的顺序、采用的技术术语与计量单位等都应符合《专利法》《专利法实施细则》的要求。

进言之,专利事务中书面形式的必要性体现在:(1)专利的申请是一项既涉及技术又涉及法律的复杂工作,需要通过书面形式来固定技术问题与法律问题的证据。(2)专利申请是产

---

〔1〕 现行《专利法》第 81 条规定:“向国务院专利行政部门申请专利和办理其他手续,应当按照规定缴纳费用。”

生专利权的前提,同时也会产生排除他人在后申请的效力。换句话说,专利申请不仅影响到申请人本人,也会对整个社会产生影响。因此,专利申请过程中的每一个具有法律意义的步骤都需采用书面方式进行,以严格的记录备查。(3)专利申请获准后,通过书面方式授予专利权,以书面形式公开专利权的范围,来保证公众行为的规范有序;同时,以书面公开的文件作为获得授权的前提,也是发生权属争议时的重要证据,更是专利审查过程中的重要检索专利文件,有利于建立全面、准确、科学的专利文献体系。

二、单一性原则

(一)单一性的概念与内容

1. 单一性的概念

单一性是绝大多数国家专利法对专利申请的要求。单一性原则是指一项专利申请只限于一项发明创造。如果两项或两项以上的发明创造要取得专利,就应分别提出专利申请,不能将其放到一个申请案中办理申请手续。某一专利申请如果不符合单一性原则,就应进行分案。关于分案申请的问题将在后面再作讨论。

2. 专利申请应当符合单一性的原因及其意义

之所以在专利申请中要求应具备单一性,主要有两方面的考虑:一是经济上的考虑,即为了防止申请人只支付一件专利的费用而申请几项不同发明或者实用新型专利;二是技术上的考虑,即为了便于专利申请的分类、检索和审查。其中,技术原因是最主要的考虑因素。

需要注意的是,单一性并不是对专利提出的实质性要求,缺乏单一性并不影响专利的有效性,因此缺乏单一性不应作为专利权无效的理由。

单一性原则在专利申请中具有重要意义。实行单一性原则,便于对专利申请进行分类、检索、审查和进行现代化的信息处理,在专利权授予后也便于专利权的转让和许可证贸易,并且可以防止申请人以一件专利申请请求保护几项发明创造,以达到少缴专利申请费、审查费和专利维持费的目的。

3. 总的发明构思的含义

现行《专利法》第 31 条规定:一件发明或者实用新型专利申请应当限于一项发明或者实用新型;一件外观设计专利申请应当限于一项外观设计。

此外,《专利法》第 31 条也规定:属于一个总的发明构思的两项以上的发明或者实用新型,可以作为一件申请提出;同一产品两项以上的相似外观设计,或者用于同一类别并且成套出售或者使用的产品的两项以上外观设计,可以作为一件申请提出。这通常被称为合案申请或合并申请。合案申请制度为很多国家所承认。

具有特定关系的属于一个总的发明构思的两项以上的发明或实用新型,是指具有共同发明目的,在技术上相互关联、包含一个或多个相同或者相应特定技术特征的两项或两项以上的发明或实用新型。其中,特定技术特征是指将几项发明或实用新型作为整体考虑,对现有技术作出贡献的技术特征。

对属于一个总的发明构思的一组发明申请专利,可以提出多个独立权利要求的申请。如不能包括在一项权利要求内的两项以上产品或者方法的同类独立权利要求;产品和专用于制造该产品的方法的独立权利要求；产品和该产品的用途的独立权利要求；产品、专用于制造该产品的方法和该产品的用途的独立权利要求；产品、专用于制造该产品的方法和为实施该方法而专门设计的设备的独立权利要求；方法和为实施该方法而专门设计的设备的独立权利要求等。

就属于一个总的发明构思的两项以上的实用新型提出专利申请，其权利要求可以是不能包括在一项权利要求内的两项以上产品的独立权利要求。

4. 外观设计的合案申请与关联外观设计申请

关于外观设计的合案申请，一项外观设计专利申请只能涉及同一类别成套出售或者使用的产品。如成套茶具、组合家具就可以提出合案申请。这里的“成套产品”，按照《专利审查指南》第一部分第三章“9.2”规定，是指由两件以上（含两件）属于同一大类、各自独立的产品组成，各产品的设计构思相同，其中每一件产品具有独立的使用价值，而各件产品组合在一起又能体现出其组合使用价值的产品，例如由咖啡杯、咖啡壶、牛奶壶和糖罐组成的咖啡器具。

《专利法实施细则》第 35 条规定，依照《专利法》第 31 条第 2 款的规定，将同一产品的多项相似外观设计作为一件申请提出的，对该产品的其他设计应当与简要说明中指定的基本设计相似。一件外观设计专利申请中的相似外观设计不得超过 10 项。

现行《专利法》第 31 条第 2 款所称“同一类别并且成套出售或者使用的产品的两项以上外观设计”，是指各产品属于分类表中同一大类，习惯上同时出售或者同时使用，而且各产品的外观设计具有相同的设计构思。根据《专利审查指南》第一部分第三章“9.2.3”规定，这里的“相同的构思设计”，则是指各产品的设计风格是统一的，即对各产品的形状、图案或者其结合以及色彩与形状、图案的结合所作出的设计是统一的。成套产品外观设计专利申请中不应包含某一件或者几件产品的相似外观设计。例如，一项包含餐用杯和碟的成套产品外观设计专利申请中，不应再包括所述杯和碟的两项以上的相似外观设计。

《专利审查指南》第一部分第三章“9.3”则要求，无论是涉及同一产品的两项以上的相似外观设计，还是成套产品的外观设计专利申请，其中的每一项外观设计或者每件产品的外观设计除了应当满足上述合案申请的相关规定外，还应当分别具备其他授权条件；如果其中的一项外观设计或者一件产品的外观设计不具备授权条件，则应当删除该项外观设计或者该件产品的外观设计，否则该专利申请不能被授予专利权。

此外，将两项以上外观设计作为一件申请提出的，应当将各项外观设计的顺序编号标注在每件外观设计产品各幅图片或者照片的名称之前。

值得注意的是，关联外观设计专利申请是2008 年我国《专利法》修改时新增的制度。2000 年《专利法》第 31 条第 1 款规定：“一件发明或者实用新型专利申请应当限于一项发明或者实用新型。属于一个总的发明构思的两项以上的发明或者实用新型，可以作为一件申请提出”；第 2 款规定：“一件外观设计专利申请应当限于一种产品所使用的一项外观设计。用于同一类别并且成套出售或者使用的产品的两项以上的外观设计，可以作为一件申请提出。”2008 年《专利法》则将上述第 2 款修改为：“一件外观设计专利申请应当限于一项外观设计。同一产品两项以上的相似外观设计，或者用于同一类别并且成套出售或者使用的产品的两项以上外观设计，可以作为一件申请提出。”现行《专利法》基本上沿袭了上述内容。

这一修改的主要特点是允许关联外观设计合案提出外观设计专利申请。

上述修改也是针对实践中关联外观设计专利申请存在的困境而在立法上作出的回应。[2]在中国外观设计专利申请实践中,经常出现这样的情况:一个设计人有了一个基本的创新设计方案后,围绕该方案设计又提出了很多相似的设计方案。从设计人的角度来说,他当然希望其基本的创新方案和关联设计都能够获得专利权的保护,以免被控侵权人将获得专利的外观设计稍微修改成不同的外观设计来规避侵权。在 2008 年《专利法》实施以前,设计人的这一愿望存在法律障碍,因为如果他就这些相似的关联外观设计分别提出专利申请,则因不符合禁止重复授权的原则[3]而不能都获得专利权。但如果设计人在一份专利申请中要求保护这些相似的外观设计,那么又会因不符合 2000 年《专利法》第 31 条第 2 款规定的单一性原则而被驳回。为了克服上述障碍,2008 年《专利法》引进了关联外观设计专利申请原则。这一修改,大大便利了关联外观设计设计人申请外观设计,避免竞争对手在对现有基本设计进行小幅修改后轻而易举地绕开外观设计专利权的保护范围,从而有利于充分地保护外观设计专利权人的合法权益。正如在 2008 年《专利法》修改过程中有观点主张应规定关联外观设计专利申请制度时所指出的,这种制度主要涉及两个方面的需要:一是从企业产品开发角度,往往对一个系列开发多种具体产品,以适应不同消费群体需要,而相同系列的不同产品之间往往构成近似;二是从防止仿冒侵权角度,引入关联申请制度,可以对外观设计专利产品构筑较大的保护范围,防止稍作变化的仿冒行为。

(二)单一性的判断

1. 判断单一性的原则和方法

《专利审查指南》第二部分第六章"2.2.2"规定:在对包含在一件申请中的两项以上发明进行检索之前,应当首先判断它们之间是否明显不具有单一性。根据现行《专利法》第 31 条第 1 款和《专利法实施细则》第 34 条所规定的内容,判断一件专利申请中要求保护的两项以上发明是否满足发明单一性的要求,就是要看权利要求中记载的技术方案的实质性内容是否属于一个总的发明构思,即判断这些权利要求中是否包含使它们在技术上相互关联的一个或者多个相同或者相应的特定技术特征。这一判断是根据权利要求的内容来进行的,必要时可以参照说明书和附图的内容。

对于不明显缺乏单一性的两项以上发明,即需要通过检索之后才能判断单一性的情形,通常采用以下的分析方法:(1)将第一项发明的主题与相关的现有技术进行比较,确定体现发明对现有技术作出贡献的特定技术特征;(2)判断第二项发明中是否存在一个或者多个与第一项发明相同或者相应的特定技术特征,从而确定这两项发明是否在技术上相关联;(3)如果在发明之间存在一个或者多个相同或者相应的特定技术特征,即存在技术上的关联,则可以得出

---

〔2〕 这也可以说是基于对国外立法经验的借鉴而作出的修改。例如,欧盟共同体《外观设计法》第 37 条规定:几个外观设计可以结合在一起作为注册制共同体外观设计的多重申请。除了装饰品的情况外,这种可能性还适用于外观设计有意结合或者有意应用的产品的全部属于国际工业品外观设计分类表的同一类别的情况。参见国家知识产权局条法司编:《〈专利法〉及〈专利法实施细则〉第三次修改专题研究报告》,知识产权出版社 2006 年版,第 348 页。

〔3〕 参见 2001 年《专利法实施细则》第 13 条。

它们属于一个总的发明构思的结论。相反,如果各项发明之间不存在技术上的关联,则可以作出它们不属于一个总的发明构思的结论,进而确定它们不具有单一性。

总之,在确定发明的关联性时,应以上述原则和方法为基础,以避免不当、过分扩大关联性而损害单一性原则。

2. 一个总的发明构思的两项发明的权利要求的撰写

属于一个总的发明构思的两项以上发明的权利要求可以按照以下六种方式之一撰写;但不属于一个总的发明构思的两项以上独立权利要求,即使按照所列举的六种方式中的某一种方式撰写,也不能允许在一件申请中请求保护:(1)不能包括在一项权利要求内的两项以上产品或者方法的同类独立权利要求;(2)产品和专用于制造该产品的方法的独立权利要求;(3)产品和该产品的用途的独立权利要求;(4)产品、专用于制造该产品的方法和该产品的用途的独立权利要求;(5)产品、专用于制造该产品的方法和为实施该方法而专门设计的设备的独立权利要求;(6)方法和为实施该方法而专门设计的设备的独立权利要求。

第二节　专利申请前的论证与决策

一项发明创造完成后,是否有必要申请专利保护,在申请专利前,需要进行充分的论证与分析。

一、专利申请的必要性分析

对待发明创造的方式有无条件公开、申请专利和自行保密三种。发明创造完成后是否选择专利的方式进行保护应视发明创造的自身特点、价值,尤其视其是否具备申请专利的经济价值而定。专利保护和把发明创造作为技术秘密(专有技术)自行保护各有优缺点,在选择保护形式时就要考虑发明创造的难度、保密性,以及是否容易被仿造等因素。同时,应从经济效益和社会效益两个方面综合分析申请专利的价值。在申请专利前应对技术的市场前景进行估价,如实施或转让技术可能取得的经济效益、市场需求量的大小等。而且,申请专利以及获得专利权后都需要缴纳一定的费用,这对申请人来说也是一笔经济负担,是否值得申请专利也需要考虑,尽管这一数额对专利的价值来说很小。

对某些发明创造亦可选择申请专利加技术秘密保护的方式,即在申请专利时,在不影响"充分公开"的前提下保留若干附加技术特征作为技术秘密加以保护。除申请专利和以商业秘密的形式保护发明以外,"还有'第三条道路',即不予保密,而主动公开未申请专利的技术方案,可能对发明创造持有者更有利"[4]。

二、专利申请的可能性分析

申请专利,应判断发明创造是否具备专利性。这需要把发明创造与专利法的规定联系起

---

〔4〕 陈昌柏:《知识产权战略——知识产权资源在经济增长中的优化配置》(第二版),科学出版社 2009 年版,第 204 页。

来,分析发明创造是否属于不授予专利权的范围,是否具备授予专利权的实质条件。这种判断应在检索专利文献和科技期刊等非专利文献的基础上进行。

三、专利类别的分析与选择

在我国,专利有三种形式,申请何种专利应视发明创造的自身特点而定。如果是创造性程度很高的发明创造,应申请发明专利;如果只是在现有技术上进行了"小改革",就可以申请实用新型专利;如果发明创造是对产品的外表所作出的富有美感的新设计,则可以申请外观设计专利。我国专利法允许就同一发明创造申请几种专利,这也应视发明创造本身特点和价值而定。例如,一项创造性很高的新产品,申请了发明专利,但为了尽快取得专利保护,也可同时申请实用新型专利。

四、专利申请时机的选择

我国实行先申请原则,从这个角度讲,具备专利条件的发明创造应尽快提出专利申请。但也不能为了抢先而拿尚不成熟的发明创造去申请专利。一般来说,应选择在发明创造基本完成、有关的构思和请求保护的范围相当明确时提出专利申请。

五、申请国的选择

地域性是专利权的基本特性,即专利权效力只限于本国境内。有时一项发明创造在国外有较大的市场需求,就有必要向外国申请专利。选择在哪一个国家去申请,应考虑该国技术市场与专利产品销售市场和市场竞争格局等因素。关于向国外申请专利的问题,下文将另作论述。

实际上,一项发明创造,究竟是否申请专利、如何申请专利以及何时申请专利、在哪些国家申请等,这些都应根据发明的具体情况而定。如根据所属行业发明状况、技术水平、发展阶段、竞争对手情况、本企业在行业中发展状况等因素综合考虑,才能取得事半功倍的效果,这是企业制定知识产权战略需要重点考量的因素。

第三节 专利申请文件的要求与类型

专利申请文件一般指申请专利时向专利局专利受理处递交的文件。申请文件是技术性和法律性都很强的文件。提交的申请文件,应严格按照法律规定的格式、要求、内容和项目编写。我国《专利法》对发明、实用新型与外观设计分别作了规定。以下先阐述专利申请文件及其他相关文件准备和提交的基本要求,再分别讨论发明、实用新型与外观设计专利申请文件的种类。

一、专利申请文件要求

依照《专利法》《专利法实施细则》的规定,提交的各种文件应当使用中文;国家有统一规定科技术语的，应当采用规范词；外国人名、地名和科技术语没有统一中文译文的，应当注明原文。依照《专利法》《专利法实施细则》的规定，提交的各种证件和证明文件是外文的，国务院专利行政部门认为必要时，可以要求当事人在指定期限内附送中文译文；期满未附送的，视为未提交该证件和证明文件。关于文件送交方式，国务院专利行政部门的各种文件，可以通过邮寄、直接送交或者其他方式送达当事人。当事人委托专利代理机构的，文件送交专利代理机构；未委托专利代理机构的，文件送交请求书中指明的联系人。国务院专利行政部门邮寄的各种文件，自文件发出之日起满15日，推定该日为当事人收到文件之日。根据国务院专利行政部门规定应当直接送交的文件，以交付日为送达日。文件送交地址不清，无法邮寄的，可以通过公告的方式送达当事人。自公告之日起满1个月，该文件视为已经送达。

向国务院专利行政部门提交申请文件或者办理各种手续，应当由申请人、专利权人、其他利害关系人或者其代表人签字或者盖章；委托专利代理机构的，由专利代理机构盖章。

请求变更发明人姓名、专利申请人和专利权人的姓名或者名称、国籍和地址、专利代理机构的名称、地址和代理人姓名的，应当向国务院专利行政部门办理著录事项变更手续，并附具变更理由的证明材料。

向国务院专利行政部门邮寄有关申请或者专利权的文件，应当使用挂号信函，不得使用包裹。除首次提交专利申请文件外，向国务院专利行政部门提交各种文件、办理各种手续的，应当标明申请号或者专利号、发明创造名称和申请人或者专利权人姓名或者名称。一件信函中应当只包含同一申请的文件。各类申请文件应当打字或者印刷，字迹呈黑色，整齐清晰，并不得涂改。附图应当用制图工具和黑色墨水绘制，线条应当均匀清晰，并不得涂改。请求书、说明书、权利要求书、附图和摘要应当分别用阿拉伯数字顺序编号。申请文件的文字部分应当横向书写。纸张限于单面使用。

二、发明和实用新型专利申请文件

现行《专利法》第26条第1款规定："申请发明或者实用新型专利的，应当提交请求书、说明书及其摘要和权利要求书等文件。"

（一）请求书

请求书是申请人向专利局递交的请求授予专利权的一份呈请文件，表达了申请人请求授予专利权的愿望。请求书启动受理专利申请的法律程序，在申请文件中居于总领地位，一般放在申请案的最前面。请求书应简明扼要，说明申请所要达到的目的。现行《专利法》第26条第2款规定："请求书应当写明发明或者实用新型的名称，发明人的姓名，申请人姓名或者名称、地址，以及其他事项。"大多数国家专利主管部门都备有固定的表格，内容涉及发明创造和与发明创造有关系的人。在我国，请求书也是以填写相应表格的形式提出。

根据《专利法》《专利法实施细则》的规定，请求书应包括以下内容：（1）发明、实用新型的名称，这个名称应简明扼要地表明发明的技术主题。（2）申请人是中国单位或者个人的，其名称或者姓名、地址、邮政编码、组织机构代码或者居民身份证件号码；申请人是外国人、外国企业或者外国其他组织的，其姓名或者名称、国籍或者注册的国家或者地区。（3）发明人或者设计人的姓名。（4）申请人委托专利代理机构的，受托机构的名称、机构代码以及该机构指定的专利代理人的姓名、执业证号码、联系电话。(5)要求优先权的,申请人第一次提出专利申请的申请日、申请号以及原受理机构的名称。(6)申请人或者专利代理机构的签字或者盖章。(7)申请文件清单。(8)附加文件清单。(9)其他需要写明的有关事项。

(二)说明书

1. 说明书的概念与要求

说明书是阐明发明或实用新型技术实质、公开发明或实用新型内容的文件。它是专利的核心文件,是确定权利要求保护范围的基本依据,在专利申请文件中占据极为重要的地位。由于专利法的目的是鼓励发明创造,推动发明创造的实施,各国专利法都要求说明书应写得全面而充分。现行《专利法》第26条第3款规定:"说明书应当对发明或者实用新型作出清楚、完整的说明,以所属技术领域的技术人员能够实现为准;必要的时候,应当有附图。摘要应当简要说明发明或者实用新型的技术要点。"说明书应当满足充分公开发明或者实用新型的要求。

根据《专利审查指南》第二部分第二章"2.1"的规定,说明书"应当对发明或者实用新型作出清楚的说明",包括主题明确和表述准确两方面内容;说明书"应当对发明或者实用新型作出完整的说明",包含下列内容:(1)帮助理解发明或者实用新型不可缺少的内容。例如,有关所属技术领域、背景技术状况的描述以及说明书有附图时的附图说明等。(2)确定发明或者实用新型具有新颖性、创造性和实用性所需的内容。例如,发明或者实用新型所要解决的技术问题,解决其技术问题采用的技术方案和发明或者实用新型的有益效果。(3)实现发明或者实用新型所需的内容。例如,为解决发明或者实用新型的技术问题而采用的技术方案的具体实施方式。对于克服了技术偏见的发明或者实用新型,说明书中还应当解释为什么说该发明或者实用新型克服了技术偏见,新的技术方案与技术偏见之间的差别以及为克服技术偏见所采用的技术手段。总的来说,凡是所属技术领域的技术人员不能从现有技术中直接、唯一地得出的有关内容,均应当在说明书中描述。

上述"所属技术领域的技术人员能够实现",是指"所属技术领域的技术人员按照说明书记载的内容,就能够实现该发明或者实用新型的技术方案,解决其技术问题,并且产生预期的技术效果"。《专利审查指南》第二部分第二章"2.1.3"规定,以下各种情况由于缺乏解决技术问题的技术手段而被认为无法实现:(1)说明书中只给出任务和(或)设想,或者只表明一种愿望和(或)结果,而未给出任何使所属技术领域的技术人员能够实施的技术手段;(2)说明书中给出了技术手段,但对所属技术领域的技术人员来说,该手段是含混不清的,根据说明书记载的内容无法具体实施;(3)说明书中给出了技术手段,但所属技术领域的技术人员采用该手段并不能解决发明或者实用新型所要解决的技术问题;(4)申请的主题为由多个技术手段构成的技术方案,对于其中一个技术手段,所属技术领域的技术人员按照说明书记载的内容并不能实现;(5)说明书中给出了具体的技术方案,但未给出实验证据,而该方案又必须依赖实验结果加以证实才能成立。例如,对于已知化合物的新用途发明,通常情况下,需要在说明书中给出实验证据来证实其所述的用途以及效果,否则将无法达到能够实现的要求。也就是说,只有所属技术领域的技术人员能够实现技术方案,才可以认为说明书达到了充分公开的要求。

2. 说明书的内容

根据《专利法实施细则》第17条第1款的规定,发明或者实用新型专利申请的说明书应

当写明发明或者实用新型的名称,该名称应当与请求书中的名称一致。说明书应当包括以下内容:

第一,技术领域:写明要求保护的技术方案所属的技术领域。技术领域应当是要求保护的发明或者实用新型技术方案所属或者直接应用的具体技术领域,而不是上位的或者相邻的技术领域,也不是发明或者实用新型本身。

第二,背景技术:就申请人所知,写明对发明或者实用新型的理解、检索、审查有用的背景技术;有条件的,还可引证反映这些背景技术的文件。说明该发明或实用新型已解决的现存技术问题和存在的技术困难,并与现行技术相区分,使该领域一般技术人员能够理解它的作用。说明书不必也无法反映全部现有技术状况,但必须有助于本专业一般技术人员理解、检索和审查申请专利的发明或实用新型的全部情报。

第三,发明或实用新型内容:写明发明或者实用新型所要解决的技术问题以及解决其技术问题采用的技术方案,并对照现有技术写明发明或者实用新型的有益效果。这是说明书的主要部分,要求清楚、完整地写明发明或实用新型的内容,以本专业普通技术人员能够实施为准。这通常也被称为"充分公开",是撰写说明书的一项基本要求,它意味着公开必须清楚、完整和详细,具有本专业一般技术的人不再需要进行创造性的劳动就能实施该发明或者实用新型。充分公开是针对发明或实用新型的主要构思或者说必要技术特征而言的。完成发明或实用新型所需的必要技术特征不能作为技术秘密保留,能够作为技术秘密保留下来的只能是一些附加的技术要点,没有它们,该领域的普通技术人员同样能够实施,只是其效果会差些。保留技术秘密应当以充分公开为前提,应在满足能够充分说明申请的内容具有新颖性、创造性和实用性的前提条件下考虑保留技术秘密的可能性。

根据《专利审查指南》第二部分第二章"2.2.4"的规定,本部分应当清楚、客观地写明以下内容:(1)需要解决的技术问题。发明或者实用新型所要解决的技术问题,是指发明或者实用新型要解决的现有技术中存在的技术问题。发明或者实用新型专利申请记载的技术方案应当能够解决这些技术问题。发明或者实用新型所要解决的技术问题应当按照下列要求撰写:一是针对现有技术中存在的缺陷或不足;二是用正面的、尽可能简洁的语言客观而有根据地反映发明或者实用新型要解决的技术问题,也可以进一步说明其技术效果。(2)技术方案。一件发明或者实用新型专利申请的核心是其在说明书中记载的技术方案。发明或者实用新型解决其技术问题所采用的技术方案是指清楚、完整地描述发明或者实用新型解决其技术问题所采取的技术方案的技术特征。在技术方案这一部分,至少应反映包含全部必要技术特征的独立权利要求的技术方案,还可以给出包含其他附加技术特征的进一步改进的技术方案。说明书中记载的这些技术方案应当与权利要求所限定的相应技术方案的表述相一致。一般情况下,说明书技术方案部分首先应当写明独立权利要求的技术方案,其用语应当与独立权利要求的用语相应或者相同,以发明或者实用新型必要技术特征总和的形式阐明其实质,必要时,说明必要技术特征总和与发明或者实用新型效果之间的关系。然后,可以通过对该发明或者实用新型的附加技术特征的描述,反映对其作进一步改进的从属权利要求的技术方案。如果一件申请中有几项发明或者几项实用新型,应当说明每项发明或者实用新型的技术方案。(3)有益效果。说明书应当清楚、客观地写明发明或者实用新型与现有技术相比所具有的有益效果。

有益效果是指由构成发明或者实用新型的技术特征直接带来的，或者是由所述的技术特征必然产生的技术效果。

第四，附图说明：说明书有附图的，应当写明各幅附图的图名，并且对图示的内容作简要说明。在零部件较多的情况下，允许用列表的方式对附图中具体零部件名称列表说明。《专利法实施细则》规定，实用新型专利申请说明书应当有表示要求保护的产品的形状、构造或者其结合的附图。

第五，具体实施方式：详细写明申请人认为实现发明或者实用新型的优选方式；必要时，举例说明；有附图的，对照附图。这里的优选的具体实施方式，根据《专利审查指南》第二部分第二章"2.2.6"的解释，应当体现申请中解决技术问题所采用的技术方案，并应当对权利要求的技术特征给予详细说明，以支持权利要求。对优选的具体实施方式的描述应当详细，使发明或者实用新型所属技术领域的技术人员能够实现该发明或者实用新型。实施例是对发明或者实用新型的优选的具体实施方式的举例说明。实施例的数量应当根据发明或者实用新型的性质、所属技术领域、现有技术状况以及要求保护的范围来确定。

发明或者实用新型专利申请人应当按照前款规定的方式和顺序撰写说明书，并在说明书每一部分前面写明标题，除非其发明或者实用新型的性质用其他方式或者顺序撰写能节约说明书的篇幅并使他人能够准确理解其发明或者实用新型。

发明或者实用新型说明书应当用词规范、语句清晰，并不得使用"如权利要求……所述的……"一类的引用语，也不得使用商业性宣传用语。

发明专利申请包含一个或者多个核苷酸或者氨基酸序列的，说明书应当包括符合国务院专利行政部门规定的序列表。申请人应当将该序列表作为说明书的一个单独部分提交，并按照国务院专利行政部门的规定提交该序列表的计算机可读形式的副本。

（三）权利要求书

1. 权利要求书的概念与要求

权利要求书也称请求权项，指申请人请求专利局对其发明或实用新型法律保护的范围，即请求保护其发明或实用新型的技术特征的范围。根据《专利法实施细则》第 19 条第 1 款的规定，权利要求书应当记载发明或者实用新型的技术特征。权利要求书起着界定专利保护范围的作用，在专利申请文件中处于最重要的地位。在专利申请被授予专利权后，权利要求书就是确认发明或实用新型专利保护范围的根据，也是判断他人是否侵权的依据。

根据《专利法实施细则》第 19 条第 2 款至第 4 款的规定，权利要求书有几项权利要求的，应当用阿拉伯数字顺序编号。权利要求书中使用的科技术语应当与说明书中使用的科技术语一致，可以有化学式或者数学式，但是不得有插图。除绝对必要之外，不得使用"如说明书……部分所述"或者"如图……所示"的用语。权利要求中的技术特征可以引用说明书附图中相应的标记，该标记应当放在相应的技术特征后并置于括号内，便于理解权利要求。附图标记不得解释为对权利要求的限制。

2. 权利要求书与说明书的关系

权利要求书和说明书有着极为密切的联系。现行《专利法》第26 条第4 款规定：权利要求书应当以说明书为依据，清楚、简要地限定要求专利保护的范围。说明书是权利要求书赖以成立的基础；权利要求书则是以简明、精练的语言复述受保护的技术特征，旨在明确获得专利的发明或实用新型的保护范围。权利要求书可以称为发明或实用新型技术特征的法律化。一方面，权利要求书中所描述的技术特征只有在说明书中找到依据才有效，对说明书中没有记载的技术特征不能请求保护。即权利要求书中的每一项权利要求所要求保护的技术方案应当是所属技术领域[5]的技术人员能够从说明书充分公开的内容中得到或概括得出的技术方案，并且不得超出说明书公开的范围，因为专利法不可能对没有公开的技术内容进行保护。另一方面，说明书中所描述的内容只有在权利要求书中体现出来，才能受到专利法保护。权利要求书中应当记载发明或实用新型构成所不可缺少的全部内容，即把发明或实用新型的全部本质特征列入请求权项之中，否则遗漏的部分将成为现有技术的一部分而得不到专利法的保护。在专利法理论上，说明书中公开的技术特征如果在权利要求中没有主张保护，没有主张的这部分技术特征被认为"捐献给社会"了，这也就是所谓的"捐献原则"。捐献原则反映了特殊情况下专利权这一私权保护与公共领域保留的关系。

根据《专利审查指南》第二部分第二章"3.2.1"的规定，在判断权利要求是否得到说明书的支持时，应当考虑说明书的全部内容，而不是仅限于具体实施方式部分的内容。如果说明书的其他部分也记载了有关具体实施方式或实施例的内容，从说明书的全部内容来看，能说明权利要求的概括是适当的，则应当认为权利要求得到了说明书的支持。对于包括独立权利要求和从属权利要求或者不同类型权利要求的权利要求书，需要逐一判断各项权利要求是否都得到了说明书的支持。独立权利要求得到说明书支持并不意味着从属权利要求也必然得到支持；方法权利要求得到说明书支持也并不意味着产品权利要求必然得到支持。当要求保护的技术方案的部分或全部内容在原始申请的权利要求书中已经记载而在说明书中没有记载时，允许申请人将其补入说明书。但是权利要求的技术方案在说明书中存在一致性的表述，并不意味着权利要求必然得到说明书的支持。只有当所属技术领域的技术人员能够从说明书充分公开的内容中得到或概括得出该项权利要求所要求保护的技术方案时，记载该技术方案的权利要求才被认为得到了说明书的支持。

权利要求书不宜记载发明或实用新型的非必要技术特征。原因在于，权利要求书中所包含的技术特征越多，所限定的保护范围就越小；反之亦然。

此外，根据《审理专利授权确权行政案件适用法律规定（一）》第8条的规定，所属技术领域的技术人员阅读说明书及附图后，在申请日不能得到或者合理概括得出权利要求限定的技术方案的，人民法院应当认定该权利要求不符合《专利法》第26条第4款关于"权利要求书应当以说明书为依据"的规定。

以上阐述表明，权利要求书不仅应当以说明书为依据，而且应清楚、简要地限定要求专利保护的范围。《审理专利授权确权行政案件适用法律规定（一）》第7条规定，所属技术领域的技术人员根据说明书及附图，认为权利要求有下列情形之一的，人民法院应当认定该权利要求

[5] 《审理专利授权确权行政案件适用法律规定（一）》第12条规定："人民法院确定权利要求限定的技术方案的技术领域，应当综合考虑主题名称等权利要求的全部内容、说明书关于技术领域和背景技术的记载，以及该技术方案所实现的功能和用途等。"

不符合《专利法》第26条第4款关于清楚地限定要求专利保护的范围的规定:(1)限定的发明主题类型不明确的;(2)不能合理确定权利要求中技术特征的含义的;(3)技术特征之间存在明显矛盾且无法合理解释的。

3. 权利要求书的撰写要求

根据《专利审查指南》第一部分第二章"7.4"和第二部分第二章"3.3"的规定,权利要求中不得包含不产生技术效果的特征;权利要求中一般不得含有用图形表达的技术特征;权利要求中应当尽量避免使用功能或者效果特征来限定实用新型,特征部分不得单纯描述实用新型功能,只有在某一技术特征无法用结构特征来限定,或者技术特征用结构特征限定不如用功能或者效果特征来限定更为恰当,而且该功能或者效果在说明书中有充分说明时,使用功能或者效果特征来限定才可能是允许的;权利要求中不得使用技术概念模糊或含义不确定的用语;权利要求中不得使用与技术方案的内容无关的词句,例如"请求保护该专利的生产、销售权"等,也不得使用商业性宣传用语及贬低他人或者他人产品的词句。在得到说明书支持的情况下,允许权利要求对发明或者实用新型作概括性的限定,包括用上位概念概括、用并列选择法概括。

4. 权利要求书的具体内容

权利要求书应当载有独立权利要求,也可以载有从属权利要求。一般来说,权利要求书包括独立权利要求和从属权利要求。其中,独立权利要求是必不可少的。独立权利要求应当从整体上反映发明或者实用新型的技术方案,记载解决技术问题的必要技术特征。即它是从整体上反映发明或者实用新型的技术方案,记载构成发明或实用新型目的的必要技术特征的权利要求。从属权利要求则包括一个或一个以上的其他权利的要求,同时还包括记载了发明或实用新型附加技术特征的权利要求。从属权利要求应当用附加的技术特征,对引用的权利要求作进一步限定。

独立权利要求可以不依赖于其他权利要求而独立存在,具有独立意义。它应当包括发明或实用新型的全部必要技术特征,使该技术领域的一般技术人员能够实施。这里的必要技术特征是指完成发明或实用新型任务的技术方案中所不可缺少的技术特征,其总和构成发明或实用新型的整体,并可用来区分其他技术方案。判断某一技术特征是否为必要技术特征,应当从所要解决的技术问题出发并考虑说明书描述的整体内容,不应简单地将实施例中的技术特征直接认定为必要技术特征。

《专利审查指南》第二部分第二章"3."指出,一件专利申请的权利要求书中,应当至少包括一项独立权利要求。当有两项或者两项以上独立权利要求时,写在最前面的独立权利要求被称为第一独立权利要求,其他独立权利要求称为并列独立权利要求。

《专利法实施细则》第21条规定,发明或者实用新型的独立权利要求应当包括前序部分和特征部分。前序部分写明要求保护的发明或者实用新型技术方案的主题名称和发明或者实用新型主题与最接近的现有技术共有的必要技术特征;特征部分使用"其特征是……"或者类似的用语,写明发明或者实用新型区别于最接近的现有技术的技术特征。这些特征和前序部分写明的特征合在一起,限定发明或者实用新型要求保护的范围。发明或者实用新型的性质不宜用前述方式表达的,独立权利要求可以用其他方式撰写。一项发明或者实用新型应当只有一个独立权利要求，并写在同一发明或者实用新型的从属权利要求之前。但对于合案申请，权利要求书中可以有两项以上的独立权利要求。

《专利审查指南》第二部分第二章“3.3.1”则补充规定，独立权利要求的前序部分中，发明或者实用新型主题与最接近的现有技术共有的必要技术特征，是指要求保护的发明或者实用新型技术方案与最接近的一份现有技术文件中所共有的技术特征。在合适的情况下，选用一份与发明或者实用新型要求保护的主题最接近的现有技术文件进行“划界”。独立权利要求的特征部分，应当记载发明或者实用新型的必要技术特征中与最接近的现有技术不同的区别技术特征，〔6〕这些区别技术特征与前序部分中的技术特征一起，构成发明或者实用新型的全部必要技术特征，限定独立权利要求的保护范围。〔7〕 独立权利要求分两部分撰写的目的，在于使公众更清楚地看出独立权利要求的全部技术特征中哪些是发明或者实用新型与最接近的现有技术所共有的技术特征，哪些是发明或者实用新型区别于最接近的现有技术的特征。这一规定对于独立权利要求中的各个部分的组成具有重要的规范意义。

从属权利要求必须依赖于独立权利要求而存在。它所反映的是独立权利要求中记载的技术方案中的一个具体实施方案，是对发明或实用新型的进一步说明。《专利审查指南》第二部分第二章“3.1.2”规定，如果一项权利要求包含了另一项同类型权利要求中的所有技术特征，且对该另一项权利要求的技术方案作了进一步的限定，则该权利要求为从属权利要求。由于从属权利要求用附加的技术特征对所引用的权利要求作了进一步的限定，所以其保护范围落在其所引用的权利要求的保护范围之内。从属权利要求中的附加技术特征，可以是对所引用的权利要求的技术特征作进一步限定的技术特征，也可以是增加的技术特征。在某些情况下，形式上的从属权利要求（即其包含从属权利要求的引用部分），实质上不一定是从属权利要求。例如，独立权利要求 1 为：“包括特征 X 的机床。”在后的另一项权利要求为：“根据权利要求 1 所述的机床，其特征在于用特征 Y 代替特征 X。”在这种情况下，后一权利要求也是独立权利要求，不能仅从撰写的形式上判定在后的权利要求为从属权利要求。

根据《专利法实施细则》第 22 条第 1 款的规定，从属权利要求应当包括引用部分和限定部分。引用部分写明权利要求的编号及其主题名称。限定部分写明发明或实用新型的附加技术特征。在一份权利要求书中，允许多个从属权利要求存在，但其引用受到一定限制。引用一

---

〔6〕 应当指出，基于权利要求应当以说明书为依据的原则，这里的“区别技术特征”应在说明书及其附图中充分公开。《审理专利授权确权行政案件适用法律规定（一）》第 13 条第 1 款规定：说明书及附图未明确记载区别技术特征在权利要求限定的技术方案中所能达到的技术效果的，人民法院可以结合所属技术领域的公知常识，根据区别技术特征与权利要求中其他技术特征的关系，区别技术特征在权利要求限定的技术方案中的作用等，认定所属技术领域的技术人员所能确定的该权利要求实际解决的技术问题。就专利权无效案件的处理而言，根据其第 2 款的规定，被诉决定对权利要求实际解决的技术问题未认定或者认定错误的，不影响人民法院对权利要求的创造性依法作出认定。

〔7〕 在司法实践中，对“区别技术特征”的认定，结合了发明构思的情况。例如，在上诉人某纺织有限及两合公司、国家知识产权局与被上诉人某智能装备股份有限公司发明专利权无效行政纠纷案中，最高人民法院指出：“如果发明构思就在于对各个技术要素的结合，且现有技术既没有公开这种结合的教导，也没有公开这种结合所能产生的技术效果，则在确定本专利与最接近现有技术的区别技术特征时，可以将相互结合的多个技术要素视为一个整体，认定为一个区别技术特征。”（2020 年《知识产权案件年度报告》）。另参见最高人民法院（2020）最高法知行终 279 号行政判决书。

项或者两项以上权利要求的从属权利要求,称作多项从属权利要求。多项从属权利要求能否引用另一多项从属权利要求,各国规定不尽相同。从国际专利制度的协调趋势看,某多项从属权利要求是可以作为另一项多项从属权利要求的基础的。《专利法实施细则》第22条第2款规定:“从属权利要求只能引用在前的权利要求。引用两项以上权利要求的多项从属权利要求,只能以择一方式引用在前的权利要求,并不得作为另一项多项从属权利要求的基础。”

值得注意的是,《专利审查指南》第二部分第二章“3.1.1”还对权利要求作了另一标准的划分:按照性质划分,权利要求有两种基本类型,即物的权利要求和活动的权利要求,或者简单地称为产品权利要求和方法权利要求。第一种基本类型的权利要求包括人类技术生产的物(产品、设备);第二种基本类型的权利要求包括有时间过程要素的活动(方法、用途)。属于物的权利要求有物品、物质、材料、工具、装置、设备等权利要求;属于活动的权利要求有制造方法、使用方法、通信方法、处理方法以及将产品用于特定用途的方法等权利要求。

在类型上区分权利要求的目的是确定权利要求的保护范围。通常情况下,在确定权利要求的保护范围时,权利要求中的所有特征均应当予以考虑,而每一个特征的实际限定作用应当最终体现在该权利要求所要求保护的主题上。例如,当产品权利要求中的一个或多个技术特征无法用结构特征,并且也不能用参数特征予以清楚地表征时,允许借助于方法特征来表征。

但是,方法特征表征的产品权利要求的保护主题仍然是产品,其实际的限定作用取决于对所要求保护的产品本身带来何种影响。对于主题名称中含有用途限定的产品权利要求,其中的用途限定在确定该产品权利要求的保护范围时应当予以考虑,但其实际的限定作用取决于对所要求保护的产品本身带来何种影响。

(四)摘要

摘要即说明书摘要,是对说明书公开内容的概括。摘要应当写明发明或者实用新型专利申请所公开内容的概要,即写明发明或者实用新型的名称和所属技术领域,并清楚地反映所要解决的技术问题、解决该问题的技术方案的要点以及主要用途。摘要与说明书不同,它不具有法律作用,与专利权的授予和保护没有直接关系。摘要的内容也不同于说明书与附图,它不属于专利申请文件的原始公开。根据《专利法实施细则》第23条第2款的规定,说明书摘要可以包含最能说明发明的化学式;有附图的专利申请,还应当提供一幅最能说明该发明或者实用新型技术特征的附图。附图的大小及清晰度应当保证在该图缩小到4厘米×6厘米时,仍能清晰地分辨出图中的各个细节。摘要文字部分不得超过300个字。摘要中不得使用商业性宣传用语。

申请发明或实用新型专利,除提交上述基本文件外,还应根据情况提供必要的附件。如代理人委托书、不丧失新颖性证明材料、优先权书面声明和申请文件副本、受让或继承证明文件等。

此外,根据《专利法实施细则》第24条、第25条的规定,申请专利的发明涉及新的生物材料,该生物材料公众不能得到,并且对该生物材料的说明不足以使所属领域的技术人员实施其发明的,除应当符合专利法和本细则的有关规定外,申请人还应当办理下列手续:一是在申请日前或者最迟在申请日(有优先权的,指优先权日),将该生物材料的样品提交国务院专利行政部门认可的保藏单位保藏，并在申请时或者最迟自申请日起4个月内提交保藏单位出具的保藏证明和存活证明；期满未提交证明的，该样品视为未提交保藏。二是在申请文件中，提供有关该生物材料特征的资料。三是涉及生物材料样品保藏的专利申请应当在请求书和说明书中写明该生物材料的分类命名（注明拉丁文名称）、保藏该生物材料样品的单位名称、地址、保藏日期和保藏编号；申请时未写明的，应当自申请日起4个月内补正；期满未补正的，视为未提交保藏。同时，专利申请人依照上述规定保藏生物材料样品的，在发明专利申请公布后，任何单位或者个人需要将该专利申请所涉及的生物材料作为实验目的使用的，应当向国务院专利行政部门提出请求，并写明下列事项：(1)请求人的姓名或者名称和地址；(2)不向其他任何人提供该生物材料的保证；(3)在授予专利权前，只作为实验目的使用的保证。

总的来说，提交发明或实用新型专利申请文件应当精心准备。通常要注意以下几个问题：(1)恰当地把握“充分公开”；(2)在撰写权利要求时，应把主要技术特征写入独立权利要求，次要技术特征写入从属权利要求；(3)避免将发明或实用新型的功能、目的写入权利要求书中；(4)不省略对发明或实用新型所属领域的现有技术的介绍；(5)申请的格式、使用的体例、文字等都要符合规定的要求。

三、外观设计专利申请文件

外观设计是对产品整体或者局部的装饰性设计，难以用文字形式撰写权利要求，只能通过图片或照片体现出来。2000年《专利法》第27条规定：“申请外观设计专利的，应当提交请求书以及该外观设计的图片或者照片等文件，并且应当写明使用该外观设计的产品及其所属的类别。”2008年《专利法》则将该条修改为：“申请外观设计专利的，应当提交请求书、该外观设计的图片或者照片以及对该外观设计的简要说明等文件。”同时增加一款作为第2款：“申请人提交的有关图片或者照片应当清楚地显示要求专利保护的产品的外观设计。”现行《专利法》对此未作修改。

上述修改涉及两个方面的问题：一是在提交文件的要求上，强调了“对该外观设计的简要说明等文件”；二是在申请人提交有关图片或者照片的要求上，“应当清楚地显示要求专利保护的产品的外观设计”。

第一个修改表明，对外观设计的简要说明尽管属于文字性内容，不能展示外观设计保护的部位与特点，但对于明确外观设计的保护范围仍具有非常重要的意义。简要说明是对外观设计图片或照片中没有表达的部分或者其他内容进行文字性阐明，旨在便于理解外观设计专利保护的内涵，因而能够起到解释、限定和说明的作用。在外观设计专利实践中，简要说明通常是对外观设计产品的设计要点、省略视图、请求保护色彩等情况作出简要的阐述。[8] 自2008年《专利法》施行后，上述第27条第1款中不再保留“应当写明使用该外观设计的产品及其所属的类别”。实际上，这一内容一般要在上述简要说明中体现。

---

〔8〕 在外观设计专利实践中，外观设计的简要说明确实发挥了作用。如北京市高级人民法院《专利侵权判定指南(2017)》第65条规定：“审理侵犯外观设计专利纠纷案件，应当首先确定专利权的保护范围。外观设计专利权的保护范围以表示在图片或者照片中的该专利产品的外观设计为准，外观设计的简要说明及其设计要点、专利权人在无效程序及其诉讼程序中的意见陈述等，可以用于理解外观设计专利权的保护范围。”

根据《专利法实施细则》第 28 条的规定,外观设计的简要说明应当写明外观设计产品的名称、用途,外观设计的设计要点,并指定一幅最能表明设计要点的图片或者照片。省略视图或者请求保护色彩的,应当在简要说明中写明。对同一产品的多项相似外观设计提出一件外观设计专利申请的,应当在简要说明中指定其中一项作为基本设计。简要说明不得使用商业性宣传用语,也不能用来说明产品的性能。

《专利审查指南》第一部分第三章“4.3”则对上述规定进一步予以明确,规定简要说明应当包括下列内容:(1)外观设计产品的名称。简要说明中的产品名称应当与请求书中的产品名称一致。(2)外观设计产品的用途。简要说明中应当写明有助于确定产品类别的用途。对于具有多种用途的产品,简要说明应当写明所述产品的多种用途。(3)外观设计的设计要点。设计要点是指与现有设计相区别的产品的形状、图案及其结合,或者色彩与形状、图案的结合,或者部位。对设计要点的描述应当简明扼要。(4)指定一幅最能表明设计要点的图片或者照片。指定的图片或者照片用于出版专利公报。

此外,下列情形应当在简要说明中写明:[9] (1)请求保护色彩或者省略视图的情况。如果外观设计专利申请请求保护色彩,应当在简要说明中声明。[10] 如果外观设计专利申请省略了视图,申请人通常应当写明省略视图的具体原因,例如因对称或者相同而省略;如果难以写明的,也可仅写明省略某视图,例如大型设备缺少仰视图,可以写为“省略仰视图”。(2)对同一产品的多项相似外观设计提出一件外观设计专利申请的,应当在简要说明中指定其中一项作为基本设计。(3)对于花布、壁纸等平面产品,必要时应当描述平面产品中的单元图案两方连续或者四方连续等无限定边界的情况。(4)对于细长物品,必要时应当写明细长物品的长度采用省略画法。(5)如果产品的外观设计由透明材料或者具有特殊视觉效果的新材料制成,必要时应当在简要说明中写明。(6)如果外观设计产品属于成套产品,必要时应当写明各套件所对应的产品名称。

简要说明除不得使用商业性宣传用语,也不能用来说明产品的性能和内部结构。

第二个修改表明,由于外观设计专利权的保护范围以表示在图片或者照片中的该产品的外观设计为准,申请人提交有关图片或者照片,应当清楚地显示要求专利保护的产品的外观设计,以免在发生外观设计专利纠纷时,因权利保护范围模糊而影响对侵权的判断。

此外,根据《专利法实施细则》第 29 条的规定,国务院专利行政部门认为必要时,可以要求外观设计专利申请人提交使用外观设计的产品样品或者模型。样品或者模型的体积不得超过 30 厘米 ×30 厘米 ×30 厘米,重量不得超过 15 公斤。易腐、易损或者危险品不得作为样品或者模型提交。

四、遗传资源专利申请中的信息披露义务

现行《专利法》第 26 条第 5 款规定:“依赖遗传资源完成的发明创造,申请人应当在专利

〔9〕《专利审查指南》第一部分第三章“4.3”。

〔10〕 此外,根据《专利法实施细则》第 27 条的规定,申请人请求保护色彩的,应当提交彩色图片或者照片。申请人应当就每件外观设计产品所需要保护的内容提交有关图片或者照片。

申请文件中说明该遗传资源的直接来源和原始来源；申请人无法说明原始来源的，应当陈述理由。”该条也是2008年《专利法》修改时新增的内容。就依赖遗传资源完成的发明创造而言，要求专利申请人披露获取或者利用该遗传资源的有关信息，是一些保护遗传资源的国家和地区的通例。例如，安第斯共同体于2000年制定的《第486号决议》第26条规定，若申请专利的产品或方法从原产于某一成员国的遗传资源或副产品中获得或开发而来，应提供获取合同副本；第75条规定，若申请专利的产品或方法从原产于某一成员国的遗传资源或副产品中获得或开发而来，而申请者无法提供获取该遗传材料的合同副本时，国家主管部门可以依职权或利益相关者的请求宣布该专利权无效。印度于2002年、2005年相继出台的《专利法》修正案也都规定了遗传资源专利申请的来源披露义务。如其2002年《专利法》修正案第8条规定，当在发明中使用生物材料时，在说明书中应公开来源和原产地。〔11〕

应当说，要求披露遗传资源来源的目的在于保护遗传资源的财产权，保护遗传资源来源地国家或地区的利益。在相当长的时间内，发展中国家与发达国家之间在生物遗传资源技术方面存在巨大差距。发展中国家尽管遗传资源丰富，但终归是有限的。发达国家跨国公司大量掠夺发展中国家遗传资源，必然导致发展中国家日后利用遗传资源发展自己的生物技术受到限制。并且在该领域还存在“反向技术转移”现象，即源于发展中国家的遗传资源的知识被转移到发达国家并促进了其经济社会发展，发展中国家却几乎没有得到收益。〔12〕 鉴于这种情况，对依赖遗传资源完成的发明创造，披露其来源就成为一个基本的要求。实际上，遗传资源披露也是落实《生物多样性公约》（CBD）确立的针对遗传资源的国家主权、获取遗传资源的知情同意以及使用遗传资源的惠益分享原则的基础。〔13〕《生物多样性公约》缔约大会（CBD COP）第VI/24号决定即要求缔约方和各政府：如果申请的主题涉及或者在开发中使用了遗传资源，在知识产权申请中鼓励公开遗传资源的原产国，作为跟踪遵守实现知情同意和同意获取该遗传资源的相互约定条件的一种可能手段。〔14〕 2001年，来自94个缔约国政府和其他机构的约350名代表在德国波恩召开了关于获取与惠益分享不限额工作组会议。《关于获取遗传资源并公正和公平分享其利用所产生惠益的波恩准则》（《波恩准则》）对遗传资源的分享和惠益分享提出了具体的建议，其中包括鼓励为该发明提出的知识产权申请中披露遗传资源的起

---

〔11〕 在2006年TRIPs理事会中，中国和巴西等发展中国家要求增加协议第29条之二，规定当所涉及的专利申请主题衍生于或来自生物资源，成员应当要求申请人披露该资源和（或）相关传统知识的提供国、在提供国得之于谁以及经合理调查后获知的起源国。成员也应要求申请人提供包括符合提供国法律要求的关于获取的事先知情同意和（或）相关传统知识商业或其他利用所得利益的公平、公正分享的证据在内的信息。参见严永和：《传统资源的保护与我国专利法的因应》，载《知识产权》2007年第3期。

〔12〕 严永和：《传统资源的保护与我国专利法的因应》，载《知识产权》2007年第3期。

〔13〕 有学者认为，建立遗传资源披露制度也是构建专利制度与遗传资源管理制度间的联系的必要因素。原因是，在涉及遗传资源的专利申请中披露遗传资源的来源，并由于专利申请、转让、许可等行为的登记公告制度而使得对遗传资源的使用的监督、控制容易实现。这样就可以“建立专利立法和遗传资源立法之间的积极的联系，改进惠益分享”。参见马海生：《遗传资源保护与专利申请中遗传资源披露》，载《知识产权》2007年第3期；《土地和当地社区的知识、创新和实践》，UNEP/CBD/SBSTTA/2/7，1996年8月，第93段。

〔14〕 参见马海生：《遗传资源保护与专利申请中遗传资源披露》，载《知识产权》2007年第3期。

源国。[15]

我国是世界上遗传资源最为丰富的国家之一，遗传资源也是我国十分重要的战略资源。在专利法中对遗传资源进行规范，是我国通过立法保护遗传资源的重要体现。其中，规定依赖遗传资源完成的发明创造申请专利的信息披露义务就是一个重要方面。我国已制定遗传资源管理方面的规范即《人类遗传资源管理条例》，遗传资源管理和保护的立法呈现出通过不同的法律形式建立遗传资源法律保护体系的特点，其中专利法负责与遗传资源有关的发明创造专利申请和保护的问题。对于依赖遗传资源完成的发明创造，《专利法》上述规定有利于我国主管部门了解遗传资源的获取与利用是否符合国际上规定的知情同意和惠益分享原则，便于保护来自我国的遗传资源提供者的利益，促进遗传资源惠益共享。[16]

五、涉及国防利益及国防利益之外的国家安全或者重大利益需要保密的专利申请问题

如果专利申请涉及国防利益，就不能按照一般的发明创造专利申请的程序和办法处理。即使不涉及国防利益，但如果涉及国防利益之外的国家安全或者重大利益需要保密的，也不能按照一般的途径处理，而应按照保密专利申请处理。基于此，我国《专利法实施细则》第7条规定："专利申请涉及国防利益需要保密的，由国防专利机构受理并进行审查；国务院专利行政部门受理的专利申请涉及国防利益需要保密的，应当及时移交国防专利机构进行审查。经国防专利机构审查没有发现驳回理由的，由国务院专利行政部门作出授予国防专利权的决定。国务院专利行政部门认为其受理的发明或者实用新型专利申请涉及国防利益以外的国家安全或者重大利益需要保密的，应当及时作出按照保密专利申请处理的决定，并通知申请人。保密专利申请的审查、复审以及保密专利权无效宣告的特殊程序，由国务院专利行政部门规定。"

第四节 专利申请的提出、申请日的确定及专利申请优先权

一、专利申请的提出和申请日的确定

专利申请和以后的审批程序是从提出专利申请开始的。申请人递交申请材料应符合《专利法》和《专利法实施细则》的规定。《专利法实施细则》第39条规定："专利申请文件有下列情形之一的，国务院专利行政部门不予受理，并通知申请人：(一)发明或者实用新型专利申请缺少请求书、说明书(实用新型无附图)或者权利要求书的，或者外观设计专利申请缺少请求书、图片或者照片、简要说明的；(二)未使用中文的；(三)不符合本细则第一百二十一条第一款规定的；(四)请求书中缺少申请人姓名或者名称，或者缺少地址的；(五)明显不符合专利法第十八条或者第十九条第一款的规定的；(六)专利申请类别(发明、实用新型或者外观设计)

---

[15] 国家知识产权局条法司编：《〈专利法〉及〈专利法实施细则〉第三次修改专题研究报告》，知识产权出版社2006年版，第565页。

[16] 现行《专利法》上述规定也仍然存在值得完善之处。例如，整个法律未规定违反该条款的法律后果和处理原则，更没有规定获取遗传资源合法但将源于该遗传资源的技术申请专利不符合专利法的规定或者违反遗传资源使用权人的约定如何处理。

不明确或者难以确定的。”

专利申请人向专利主管机关提交了符合规定的文件后，即表明专利申请人正式提出了专利申请。申请人可直接把申请文件递交到中国专利局或上海分局以及长沙、济南、沈阳、成都或南京等专利代办处，也可以将申请文件邮寄到上述机构。对于保密专利申请和受理，还有一些特别规定。如国防系统单位申请专利，涉及国防方面的国家秘密需要保密的，由国防科技主管部门设立的专利机关受理。专利局受理涉及国家安全或重大利益的发明专利申请后，应当将该专利申请送国务院有关主管部门进行保密审查等。

《专利法实施细则》第 38 条规定：“国务院专利行政部门收到发明或者实用新型专利申请的请求书、说明书（实用新型必须包括附图）和权利要求书，或者外观设计专利申请的请求书、外观设计的图片或者照片和简要说明后，应当明确申请日、给予申请号，并通知申请人。”《专利法》第 28 条规定：“国务院专利行政部门收到专利申请文件之日为申请日。如果申请文件是邮寄的，以寄出的邮戳日为申请日。”但如果邮戳日不清晰，除申请人能提出证明外，仍以专利局收到专利申请文件之日为申请日。申请日对专利申请人来说具有重要意义。申请日和申请号确定后，就取得了一定的法律地位，对其后提出同样的发明创造专利申请来说，该申请取得了先申请的地位。

然而，专利申请日的给予是有条件的，专利局只对符合《专利法》规定的申请才确定申请日和给予申请号，不符合的不予受理。在确定申请日方面，还有几种特殊情况需要注意。《专利法实施细则》第 40 条规定：“说明书中写有对附图的说明但无附图或者缺少部分附图的，申请人应当在国务院专利行政部门指定的期限内补交附图或者声明取消对附图的说明。申请人补交附图的，以向国务院专利行政部门提交或者邮寄附图之日为申请日；取消对附图的说明的，保留原申请日。”若专利申请人变更专利申请种类，将以变更后的专利申请日为准。如申请人撤回发明专利申请后另行提出实用新型专利申请，以提出实用新型专利申请之日为申请日，原申请日不予保留。在提出分案申请的情况下，若分案申请不超出原专利申请公开的范围，分案申请可以保留原申请日，否则不能保留。

二、专利申请优先权

与专利申请日密切相关的概念是优先权日和优先权。为方便专利申请人申请专利，《巴黎公约》和绝大多数国家专利法都建立了优先权制度。优先权分为外国优先权和本国优先权。

（一）外国优先权

1. 外国优先权的概念与意义

外国优先权指申请人在外国首次提出正式的专利申请后，在一定期限内就同一主题向我国提出专利申请，可以要求享有其在先申请的优先权，即以其第一次在外国提出申请的日期作为申请日。也就是说，该申请人在我国提出的专利申请对于在优先权期间内第三人提出的相同主题的其他申请处于优先地位，在优先权期间内第三人提出相同内容的申请将被驳回。外国优先权是源于一个外国申请所产生的优先权，其早在《巴黎公约》中得到确认。因此，外国优先权又称国际优先权。外国优先权导致了申请日的提前，是对申请人的一种优惠待遇。

现行《专利法》第 29 条第 1 款规定：申请人自发明或实用新型在外国第一次提出专利申请之日起 12 个月内，或者外观设计在外国第一次提出专利申请之日起 6 个月内，又在中国就相同主题提出专利申请的，依照该外国同中国签订的协议或者共同参加的国际条约，或者依照互相承认优先权的原则，可以享有优先权。根据这一规定，不仅是外国申请人，也包括向外国提出首次申请的中国人都可以享受优先权。这对侨居海外的中国人回国申请专利无疑提供了可能和便利。这里的“享有优先权”具体是指，申请人在外国首次申请后，就相同主题的发明创造在优先权期限内向中国提出的专利申请，都被看作在该外国首次申请的申请日提出的，不会因为在优先权期间内，即首次申请的申请日与在后申请的申请日之间任何单位和个人提出了相同主题的申请或者公布、利用这种发明创造而失去新颖性。也就是说，由于有作为优先权基础的外国首次申请的存在，使得从外国首次申请的申请日起至中国在后申请的申请日中间由任何单位和个人提出相同主题的发明创造专利申请因失去新颖性而不能被授予专利权。[17]

2. 外国优先权的条件

享有外国优先权应具备一定的条件。这些条件可分为实质要件和形式要件。

实质要件主要有：(1) 申请人所属国与我国共同参加了有专利申请优先权规定的国际条约；或者与我国签订了相互承认优先权的双边协议；或者承认我国公民在该国的优先权。(2) 作为优先权根据的第一次申请是外国专利主管机关已正式受理并给予了申请日的正式申请。(3) 前后两个申请的主题相同，即属于相同主题的发明创造。《专利审查指南》第二部分第三章“4.1.2”解释为技术领域、所解决的技术问题、技术方案和预期的效果相同的发明或者实用新型。但应注意这里所谓的相同，并不意味在文字记载或者叙述方式上完全一致。如果后一申请的内容超出了第一次申请的内容，只能就其中共同内容部分享有优先权，而不相同的部分仍以其在我国的申请之日为申请日且不能享有优先权。这被称为部分优先权。在合案申请中则可能存在多重优先权，专利审查部门将根据不同的优先权日判断发明创造的新颖性与创造性。(4) 必须在优先权期间内向我国提出专利申请。优先权期间是指首次申请的申请日与在后申请的申请日之间的时间。专利法规定发明和实用新型为 12 个月，外观设计为 6 个月，均自在外国提出第一次专利申请之日起计算。超过这个期限即不能提出优先权申请。(5) 向我国提出专利申请的后申请人应当是第一次提出申请的申请人或其权利受让人或合法继承人。至于受让或继承方式，按照国际私法原则，应由当地法律决定。作为优先权根据的申请可以是第一次申请，也可以是申请人就同一申请在同一国家或另一国家提出的后一申请，优先权期限只能从第一次提出之日起计算。另外，在出现“新颖性例外”的情况时，优先权期限始于发明创造首次公开之日。

在形式要件上，要求外国优先权的申请人应提交书面的优先权声明和第一次提出的专利申请文件副本。外国优先权并不会自动产生，需要履行必要的手续。申请人在继续提出专利申请时如不提出优先权请求，申请受理国就会以实际收到的申请时间为申请日，这对申请人是很不利的。2008 年《专利法》第 30 条规定：“申请人要求优先权的，应当在申请的时候提出书面声明，并且在三个月内提交第一次提出的专利申请文件的副本；未提出书面声明或者逾期未

---

〔17〕 参见《专利审查指南》第二部分第三章“4.1.3”。

提交专利申请文件副本的，视为未要求优先权。”现行《专利法》第30条则对上述规定作了一定程度的修改。其第30条第1款规定：“申请人要求发明、实用新型专利优先权的，应当在申请的时候提出书面声明，并且在第一次提出申请之日起十六个月内，提交第一次提出的专利申请文件的副本。”其第2款规定：“申请人要求外观设计专利优先权的，应当在申请的时候提出书面声明，并且在三个月内提交第一次提出的专利申请文件的副本。”其第3款则规定：“申请人未提出书面声明或者逾期未提交专利申请文件副本的，视为未要求优先权。”上述修改，一方面对于提交第一次提出的发明或者实用新型专利申请文件的副本的时间给予了较长的宽限期，有利于为发明或者实用新型专利申请人留足充裕的准备时间；另一方面，对于外观设计专利申请要求国际优先权的手续，适用与2008年《专利法》同样的规定。实际上，现行《专利法》第30条是将2008年《专利法》第30条针对发明、实用新型和外观设计的规定作区别对待，将外观设计专利申请主张外国优先权而应提交第一次提出的专利申请文件的副本的时限保留不变，同时延长发明和实用新型专利申请主张外国优先权时应提交的这类副本的时间。其原因在于，发明和实用新型专利申请涉及技术方案，较之于不涉及技术方案的外观设计更为复杂。值得注意的是，上述规定同样适用于下面将要述及的本国优先权的情况。

要求外国优先权时，申请人提交的在先申请文件副本应当经该国受理机关证明。《专利法实施细则》第31条规定，申请人依照《专利法》第30条的规定要求外国优先权的，申请人提交的在先申请文件副本应当经原受理机构证明。依照国务院专利行政部门与该受理机构签订的协议，国务院专利行政部门通过电子交换等途径获得在先申请文件副本的，视为申请人提交了经该受理机构证明的在先申请文件副本。关于在中国没有经常居所或者营业所的申请人，《专利法实施细则》第33条规定，申请专利或者要求外国优先权的，国务院专利行政部门认为必要时，可以要求其提供下列文件：(1)申请人是个人的，其国籍证明；(2)申请人是企业或者其他组织的，其注册的国家或者地区的证明文件；(3)申请人的所属国，承认中国单位和个人可以按照该国国民的同等条件，在该国享有专利权、优先权和其他与专利有关的权利的证明文件。

按照《专利法实施细则》第31条第4款的规定，外观设计专利申请的申请人要求外国优先权，其在先申请未包括对外观设计的简要说明，申请人按照《专利法实施细则》第28条的规定提交的简要说明未超出在先申请文件的图片或者照片表示的范围的，不影响其享有优先权。

（二）本国优先权

1. 本国优先权的概念与意义

本国优先权，又被称为国内优先权，是基于一个本国申请所产生的优先权。即申请人在本国第一次提出申请后的法定期限内，又向国内就相同主题提出专利申请时，专利申请人享有把首次申请的申请日作为在后申请的申请日的权利。

2008年《专利法》第29条第2款规定，申请人自发明或者实用新型在中国第一次提出专利申请之日起12个月内，又向国务院专利行政部门就相同主题提出专利申请的，可以享有优先权。现行《专利法》第29条第2款则规定：“申请人自发明或者实用新型在中国第一次提出专利申请之日起十二个月内，或者自外观设计在中国第一次提出专利申请之日起六个月内，又向国务院专利行政部门就相同主题提出专利申请的，可以享有优先权。”这一修改表明，现行

《专利法》新增了外观设计本国优先权制度，这样就使我国本国优先权制度适用于专利申请的全部类型。即一项向国务院专利行政部门提出的发明、实用新型或外观设计专利申请，都能够作为产生优先权的基础。

实行本国优先权制度可以解决在专利申请和审查过程中修改、完善以致补充申请文件内容而保留原申请的有效性问题。申请人在第一次提出申请后，对原技术方案作了一些改进或增补，在本国优先权制度下申请人就可以把这种改进或增补与原技术方案合并，重新提出具有新颖性和创造性的同一主题的申请。这表明，本国优先权有利于申请人在不影响申请日的情况下，完善、改进自己的发明或实用新型。正是由于有了本国优先权规定，申请人，无论是本国人还是外国人便于对在先申请中存在的实质性缺陷进行补正，这显然是有利于科学技术发展的。在某种意义上，这也体现了专利法通过程序性制度设计鼓励和促进创新的立法意旨。〔18〕同时，国内优先权制度还赋予了申请人将发明专利申请转化为实用新型或外观设计专利申请，或将实用新型专利申请转化为发明或外观设计专利申请的权利。这就有利于避免因申请文件撰写失误而导致的损失，提高专利申请的效益。

基于本国优先权制度的重要作用，世界上不少国家确立了本国优先权或类似本国优先权的制度。如英国、德国、日本、北欧四国等的国内优先权制度、美国的后继申请和部分后继申请制度。我国《专利法》的规定无疑是顺应国际趋势的结果。

2. 本国优先权的条件

本国优先权的取得同样需要满足实质要件与形式要件的要求。根据现行《专利法》的规定，实质要件包括：(1)作为本国优先权基础的申请必须是已经由国务院专利行政部门受理并已被给予了申请日和申请号的有效申请。(2)作为本国优先权基础的申请必须是申请人就相同主题的发明、实用新型或外观设计向国务院专利行政部门提出的第一次申请。(3)在后申请和在先申请必须属于相同主题，在后申请涉及专利申请种类的改变，不影响本国优先权。(4)发明或实用新型专利的在后申请之日必须在自首次申请之日起12个月内，外观设计专利的在后申请必须是在首次申请之日起的6个月内，这里的“在后申请”实际上是向国务院专利行政部门就相同主题提出的第二次申请，第三次申请不得要求第二次申请(在后申请)作为优先权基础，但仍可以要求第一次申请(首次申请)作为优先权基础。换言之，专利申请人只能享有一次本国优先权。(5)要求本国优先权的申请人须为第一次申请的申请人或该申请人的权利受让人或合法继承人。

《专利法实施细则》第32条第2款规定：申请人要求本国优先权，在先申请是发明专利申请的，可以就相同主题提出发明或者实用新型专利申请；在先申请是实用新型专利申请的，可以就相同主题提出实用新型或者发明专利申请。但是，提出后一申请时，在先申请的主题有下列情形之一的，不得作为要求本国优先权的基础：(1)已经要求外国优先权或者本国优先权的；(2)已经被授予专利权的；(3)属于按照规定提出的分案申请的。这也可视为要求本国优先权的消极要件。此外，主张本国优先权还必须满足以下特征：一是在先申请不应当是分案申请；二是在先申请的主题没有要求过外国优先权或者本国优先权，或者虽然要求过外国优先权

〔18〕 参见冯晓青：《知识产权法律制度反思与完善：法理·立法·司法》，知识产权出版社2021年版，第299～304页。

或者本国优先权，但未享有优先权；三是该在先申请的主题，尚未授予专利权；四是发明和实用新型专利申请人要求优先权的在后申请是在其在先申请的申请日起12个月内提出的，外观设计专利申请人要求优先权的在后申请是在其在先申请的申请日起6个月内提出的。申请人要求本国优先权的，其在先申请自后一申请提出之日起即视为撤回。

在形式要件上，本国优先权与外国优先权基本相同。《专利法实施细则》第31条第1款规定：要求本国优先权，申请人在请求书中写明在先申请的申请日和申请号的，视为提交了在先申请文件副本。申请人提交的在先申请文件副本应当由专利局制作。

3. 本国优先权与外国优先权的区别

本国优先权和外国优先权作为两种优先权，具有明显的区别。主要有：(1)要求外国优先权的在后申请可以向一个以上的国家分别提出，而要求本国优先权的在后申请限于本国申请以及以本国为指定国的国际申请。(2)要求外国优先权时，在后申请对在先申请不发生影响；要求本国优先权时，在先申请自在后申请提出之日即视为撤回。(3)要求外国优先权的能在一个以上国家分别取得专利权，而要求本国优先权的只能取得在后申请的专利权。但应注意，本国优先权的地域效力不仅限于国内，也可以扩张到国外，它可以通过获得本国优先权的申请人又申请获得外国优先权来实现。

4. 本国专利优先权的其他问题

部分优先权。《专利审查指南》第二部分第八章“4.6.2.1”规定了部分优先权，即对在先申请中的发明作进一步的改进或者完善，申请人在其在后申请中，可能会增加在先申请中没有的技术方案。在这种情况下，不能以在后申请增加内容为理由断定优先权要求不成立，而应当对在后申请中被在先申请清楚记载过的相同主题给予优先权。具体地说，在在后申请中，其技术方案已在在先申请中清楚记载的权利要求可以享有优先权；而其技术方案未在在先申请中记载的权利要求则不能享有优先权，应当视为是在在后申请的申请日提出的。就整个申请而言，这种情况称为部分优先权，即该申请的部分主题享有优先权，也就是说部分权利要求所限定的技术方案享有优先权。

本国优先权的撤回。申请人要求优先权之后，可以撤回优先权要求。申请人要求多项优先权之后，可以撤回全部优先权要求，也可以撤回其中某一项或者几项优先权要求。申请人要求撤回优先权要求的，应当提交全体申请人签字或者盖章的撤回优先权声明。符合规定的，审查员应当发出手续合格通知书。不符合规定的，审查员应当发出视为未提出通知书。

撤回、视为撤回和被驳回的发明或实用新型专利申请可以享有本国优先权。例如，首次申请因选择的专利申请种类不对而被驳回或视为撤回，在后申请只要符合本国优先权条件就可以享有本国优先权。但是，在先申请如因未“充分公开”而被驳回，公开其完整技术方案的在后申请不得以在先申请为基础要求本国优先权，否则就有违专利法的立法宗旨。

专利申请权的转让与本国优先权的协调问题。专利申请权作为一种权利是可以转让的。如果同一主题的发明或实用新型专利申请人随后转让了其专利申请权，受让人作为在后申请的申请人是否有权提出本国优先权声明，我国《专利法》未作规定。多数国家专利法认为，只要转让活动合法，受让人就有权请求享有在先申请的原优先权日。

两种优先权的协调问题。有时候相同主题的申请会涉及选择本国优先权还是外国优先权的问题。例如,申请人在甲国首次提出一项发明专利申请,确定了申请日和申请号,然后向乙国提出相同主题的申请。不久,申请人对原技术方案作了改进,再分别向甲、乙两个国家提出相同主题的申请,并分别获得本国优先权。申请人接着又向丙国提出申请,其申请日该如何确定?假定丙国规定了两种优先权制度,仍应以甲国申请日为该申请优先权日,而不以乙国申请日为优先权日。这样更符合优先权制度的宗旨。

(三)关于外国优先权和本国优先权的共同规定

首先,要求优先权,但请求书中漏写或者错写在先申请的申请日、申请号和原受理机构名称中的一项或者两项内容的,国务院专利行政部门应当通知申请人在指定期限内补正;期满未补正的,视为未要求优先权。

其次,要求优先权的申请人的姓名或者名称与在先申请文件副本中记载的申请人姓名或者名称不一致的,应当提交优先权转让证明材料,未提交该证明材料的,视为未要求优先权。

再次,申请人在一件专利申请中,可以要求一项或者多项优先权;要求多项优先权的,该申请的优先权期限从最早的优先权日起计算。

最后,视为未要求优先权并属于下列情形之一的,申请人可以根据《专利法实施细则》规定请求恢复要求优先权的权利:(1)由于未在指定期限内答复办理手续补正通知书导致视为未要求优先权;(2)要求优先权声明中至少一项内容填写正确,但未在规定的期限内提交在先申请文件副本或者优先权转让证明;(3)要求优先权声明中至少一项内容填写正确,但未在规定期限内缴纳或者缴足优先权要求费;(4)分案申请的原申请要求了优先权。[19]

第五节 专利申请的修改、分案与撤回

一、专利申请的修改

专利申请提出后,各国专利法一般允许对请求书、说明书、权利要求书等专利申请文件进行修改、更正。其原因在于:绝大多数国家实行先申请原则,申请人为获得专利权,不得不及早提出申请,很可能存在对发明创造的说明及权利要求的表达不够完善的缺陷而需要修改;如果不允许修改,就会使那些本应获得专利的发明创造被排除在专利保护之外。总的来说,允许对申请文件进行修改是由专利制度鼓励和保护发明创造的宗旨所决定的。

对专利申请文件的修改必须在法定范围内进行:

---

〔19〕 针对如何认定专利申请优先权,司法实践提供了有益的经验,值得关注。例如,在再审申请人某运动器械有限公司与被申请人某智能科技有限公司侵害实用新型专利权纠纷案中,最高人民法院认为,应当明确专利申请享有优先权的比较对象,即"主张享有优先权的权利要求和在先专利申请所公开的整体技术内容,既包括在先专利申请的权利要求,也包括在先专利申请的说明书以及附图"。在具体进行比较时,不限于两者文字表述的完全一致,而是"要考察在后申请的权利要求所限定的技术方案是否能从在先专利申请公开的整体技术内容中直接、毫无疑义地得出"。如果在后申请的权利要求没有增加在先专利申请所无法涵盖的技术内容的,就可以认定享有优先权。参见 2020 年《知识产权案件年度报告》。另参见最高人民法院(2018)最高法民申 2345 号民事裁定书。

（一）修改的内容限制

在内容的修改上，最根本的原则在于不能与原申请的内容有出入或增加新内容。现行《专利法》第33条明确规定："申请人可以对其专利申请文件进行修改，但是，对发明和实用新型专利申请文件的修改不得超出原说明书和权利要求书记载的范围，对外观设计专利申请文件的修改不得超出原图片或者照片表示的范围。""原说明书和权利要求书记载的范围"，包括原说明书和权利要求书文字记载的内容和根据原说明书和权利要求书文字记载的内容以及说明书附图能直接地、毫无疑义地确定的内容。[20] 如果允许对上述范围的超出，就不符合先申请原则。应当注意，这里的原说明书记载的范围包括附图在内。如修改时增加的内容在说明书中没有体现，但在附图中存在是允许的。《专利法》不仅不允许修改超出说明书记载的范围，也不允许超出权利要求书记载的范围，这说明发明或实用新型专利申请的说明书及其附图和权利要求书公开的发明创造内容是以后修改的基础。在修改时不允许超出这一内容。对外观设计专利申请文件的修改不超出原图片或照片表示的范围，则是针对图片或照片所体现的外观设计本身及其依附的特定产品而言的。

关于上述修改的内容限制，《专利审查指南》第一部分第二章"8."作了更为详细的规定。被认为修改超出了原说明书和权利要求书记载的范围的有：（1）如果申请人对申请文件进行修改时，加入了所属技术领域的技术人员不能从原说明书和权利要求书中直接地、毫无疑义地确定的内容，这样的修改被认为超出了原说明书和权利要求书记载的范围。（2）申请人从申请中删除某个或者某些特征，也有可能导致超出原说明书和权利要求书记载的范围。（3）说明书中补入原权利要求书中记载而原说明书中没有描述过的技术特征，并作了扩大其内容的描述的，被认为修改超出了原说明书和权利要求书记载的范围。（4）说明书中补入原说明书和权利要求书中没有记载的技术特征并且借助原说明书附图表示的内容不能毫无疑义地确定的。

还应当注意的是：一方面，对明显错误的更正，不能被认为超出了原说明书和权利要求书记载的范围。所谓明显错误，是指不正确的内容可以从原说明书、权利要求书的上下文中清楚地判断出来，没有作其他解释或者修改的可能。另一方面，对于附图中明显可见并有唯一解释的结构，允许补入说明书并写入权利要求书中。

（二）修改的时间限制

《专利法实施细则》第51条规定："发明专利申请人在提出实质审查请求时以及在收到国务院专利行政部门发出的发明专利申请进入实质审查阶段通知书之日起的3个月内，可以对发明专利申请主动提出修改。实用新型或者外观设计专利申请人自申请日起2个月内，可以对实用新型或者外观设计专利申请主动提出修改。申请人在收到国务院专利行政部门发出的审查意见通知书后对专利申请文件进行修改的，应当针对通知书指出的缺陷进行修改。国务院专利行政部门可以自行修改专利申请文件中文字和符号的明显错误。国务院专利行政部门自行修改的，应当通知申请人。"上述规定明确了申请人主动修改的时限，在答复专利局发出的审查意见通知书时，不得再进行主动修改。

---

〔20〕《专利审查指南》第二部分第八章"5.2.1.1"。

另外,国务院专利行政部门对发明专利申请进行实质审查认为不符合专利法规定的,应通知申请人,并可以要求申请人在一定期限内对其申请进行修改。此时,申请人即可对申请文件进行修改。这种修改既可以依照专利局的建议,也可以按照自己的愿望进行。修改如能使专利局信服,发明专利申请将被批准。此外,申请人(或专利权人)请求复审时,可以修改被驳回申请的决定所涉及的部分。这种修改可以被视为针对通知书指出的缺陷进行的修改,因而经此修改的申请文件可以接受。但是,《专利审查指南》第二部分第八章"5.2.1.3"规定,当出现下列情况时,即使修改的内容没有超出原说明书和权利要求书记载的范围,也不能被视为是针对通知书指出的缺陷进行的修改,因而不予接受:(1)主动删除独立权利要求中的技术特征,扩大了该权利要求请求保护的范围;(2)主动改变独立权利要求中的技术特征,导致扩大了请求保护的范围;(3)主动将仅在说明书中记载的与原来要求保护的主题缺乏单一性的技术内容作为修改后权利要求的主题;(4)主动增加新的独立权利要求,该独立权利要求限定的技术方案在原权利要求书中未出现过;(5)主动增加新的从属权利要求,该从属权利要求限定的技术方案在原权利要求书中未出现过。

(三)专利申请文件修改的具体内容

专利申请文件的修改可以通过改正、增补或删节的形式进行。修改的具体内容可从不同角度分析。从修改所涉及的细节和性质看,可以分为形式缺陷的修改、申请文件一致性的修改、清晰性修改和适应性修改等内容。其中,适应性修改是使说明书记载的内容与发明或实用新型目的、主题和权利要求书相适应的修改,如补充背景技术中新检索到的最相关的技术方案等。从修改所涉及的申请文件看,专利申请文件的修改可以分为对权利要求书的修改、对说明书(包括附图)的修改、对摘要的修改以及对请求书的修改等。其中,对权利要求书的修改较多,也很重要。说明书只在很有必要时才被允许修改。《专利审查指南》第二部分第八章"5.2.2"详细规定了允许修改的专利申请文件的具体内容。

对权利要求书的修改主要包括:通过增加或变更独立权利要求的技术特征,或者通过变更独立权利要求的主题类型或主题名称以及其相应的技术特征,来改变该独立权利要求请求保护的范围;增加或者删除一项或多项权利要求;修改独立权利要求,使其相对于最接近的现有技术重新划界;修改从属权利要求的引用部分,改正其引用关系,或者修改从属权利要求的限定部分,以清楚地限定该从属权利要求请求保护的范围。对于上述修改,只要经修改后的权利要求的技术方案已清楚地记载在原说明书和权利要求书中,就应该允许。允许的对权利要求书的修改,如:(1)在独立权利要求中增加技术特征,对独立权利要求作进一步的限定,以克服原独立权利要求无新颖性或创造性、缺少解决技术问题的必要技术特征、未以说明书为依据或者未清楚地限定要求专利保护的范围等缺陷;(2)变更独立权利要求中的技术特征,以克服原独立权利要求未以说明书为依据、未清楚地限定要求专利保护的范围或者无新颖性或创造性等缺陷;(3)变更独立权利要求的类型、主题名称及相应的技术特征,以克服原独立权利要求类型错误或者缺乏新颖性或创造性等缺陷;(4)删除一项或多项权利要求,以克服原第一独立权利要求和并列的独立权利要求之间缺乏单一性,或者两项权利要求具有相同的保护范围而使权利要求书不简要,或者权利要求未以说明书为依据等缺陷;(5)将独立权利要求相对于最接近的现有技术正确划界;(6)修改从属权利要求的引用部分,改正引用关系上的错误,使其准确地反映原说明书中所记载的实施方式或实施例;(7)修改从属权利要求的限定部分,清楚地限定该从属权利要求的保护范围,使其准确地反映原说明书中所记载的实施方式或实施例。

对于说明书的修改,主要有两种情况:一种是针对说明书中本身存在的不符合专利法及其实施细则规定的缺陷作出的修改;另一种是根据修改后的权利要求书作出的适应性修改。上述两种修改只要不超出原说明书和权利要求书记载的范围,就都是被允许的。例如,修改发明名称,使其准确、简要地反映要求保护的主题的名称;修改发明所属技术领域;修改背景技术部分,使其与要求保护的主题相适应;修改发明内容部分中与该发明技术方案有关的内容,使其与独立权利要求请求保护的主题相适应。

如果申请的内容通过增加、改变和(或)删除其中的一部分,致使所属技术领域的技术人员看到的信息与原申请记载的信息不同,而且又不能从原申请记载的信息中直接地、毫无疑义地确定,这种修改就是不被允许的。这里所说的申请内容,是指原说明书(及其附图)和权利要求书记载的内容,不包括任何优先权文件的内容。

二、专利申请的分案

(一)分案申请的概念

专利申请的分案又称分案申请,它是申请人将包含两个以上的发明创造的专利申请中的某一部分或某几部分分割出来,另外提出一项或多项专利申请。《专利审查指南》要求分案申请应当以原申请(第一次提出的申请)为基础提出。分案申请的类别应当与原申请的类别一致。分案申请应当在请求书中填写原申请的申请号和申请日;对于已提出过分案申请,申请人需要针对该分案申请再次提出分案申请的,还应当在原申请的申请号后的括号内填写该分案申请的申请号。

专利申请缺乏单一性是分案申请最常见的原因。除此之外,还可能因其他原因而需要对申请分案。主要有:申请人认为原合案申请不如分案申请有利;多项优先权的存在;原申请说明书中有的技术特征未写入权利要求书中,申请人想增加保护内容。专利申请已经被驳回、撤回或者视为撤回的,不能提出分案申请。[21]

(二)分案的几种情况

《专利审查指南》第二部分第六章“3.1”规定,一件申请有下列不符合单一性情况的,审查员应当要求申请人对申请文件进行修改(包括分案处理),使其符合单一性要求:

第一,原权利要求书中包含不符合单一性规定的两项以上发明。原始提交的权利要求书中包含不属于一个总的发明构思的两项以上发明的,应当要求申请人将该权利要求书限制至其中一项发明(一般情况是权利要求 1 所对应的发明)或者属于一个总的发明构思的两项以上的发明,对于其余的发明,申请人可以提交分案申请。

第二,在修改的申请文件中所增加或替换的独立权利要求与原权利要求书中的发明之间不具有单一性。在审查过程中,申请人在修改权利要求时,将原来仅在说明书中描述的发明作

---

〔21〕 有观点认为,不允许申请中包含同一发明的制造和用途两种权利要求。实际上,一项申请中可以同时提出制造和用途的权利要求,只要两者之间满足单一性即可。

为独立权利要求增加到原权利要求书中,或者在答复审查意见通知书时修改权利要求,将原来仅在说明书中描述的发明作为独立权利要求替换原独立权利要求,而该发明与原权利要求书中的发明之间缺乏单一性。在此情况下,审查员一般应当要求申请人将后增加或替换的发明从权利要求书中删除。申请人可以对该删除的发明提交分案申请。

第三,独立权利要求之一缺乏新颖性或创造性,其余的权利要求之间缺乏单一性。某一独立权利要求(通常是权利要求1)缺乏新颖性或创造性,导致与其并列的其余独立权利要求之间,甚至其从属权利要求之间失去相同或者相应的特定技术特征,即缺乏单一性,因此需要修改,对于因修改而删除的主题,申请人可以提交分案申请。

上述情况的分案,可以是申请人主动要求分案,也可以是申请人按照审查员要求而分案。另外,针对一件申请,可以提出一件或者一件以上的分案申请,针对一件分案申请还可以以原申请为依据再提出一件或者一件以上的分案申请。

(三)分案申请的限制

分案申请也有时间限制和内容限制。《专利法实施细则》第42条规定,一件专利申请包括两项以上发明、实用新型或者外观设计的,申请人可以在本细则第54条第1款规定的期限届满前,向国务院专利行政部门提出分案申请;但是,专利申请已经被驳回、撤回或者视为撤回的,不能提出分案申请。这是申请人的主动分案。若国务院专利行政部门认为一件专利申请不符合专利申请单一性原则,它应当通知申请人在指定期限内对其申请进行修改;申请人期满未答复的,该申请被视为辙回。《专利审查指南》第一部分第一章"5.1.1"对此进行了细化。如对于审查员已发出驳回决定的原申请,自申请人收到驳回决定之日起3个月内,无论申请人是否提出复审请求,均可以提出分案申请;在提出复审请求以后以及对复审决定不服提起行政诉讼期间,申请人也可以提出分案申请。对于已提出过分案申请,申请人需要针对该分案申请再次提出分案申请的,再次提出的分案申请的递交时间仍应当根据原申请审核。再次分案的递交日不符合上述规定的,不得分案。但是,因分案申请存在单一性的缺陷,申请人按照审查员的审查意见再次提出分案申请的情况除外。对于此种除外情况,申请人再次提出分案申请的同时,应当提交审查员发出的指明了单一性缺陷的审查意见通知书或者分案通知书的复印件。

由于分案申请实质上也是对原申请的一种修改,专利法对"内容限制"等修改专利申请的规定也适用于分案申请。如果分案申请不超出原申请公开的范围,可以保留原申请日,原申请享有优先权的,可以保留优先权日,但是不得超出原申请记载的范围;如果分案申请加进了原申请中所没有的内容,则该分案申请不享有原申请日。

(四)分案申请的形式要求与实质要求

形式要求主要有:(1)分案申请的申请人应是原申请的申请人或其合法继受人;(2)作为分案申请基础的原专利申请在国务院专利行政部门应当是一项有效的申请;(3)在规定的时间内提出;(4)办理各种书面手续。如提交请求书,写明原申请的申请号和申请日,提交原申请文件副本等。根据《专利法实施细则》第43条第3款的规定,分案申请的请求书中应当写明原申请的申请号和申请日。提交分案申请时,申请人应当提交原申请文件副本;原申请享有优先权的,并应当提交原申请的优先权文件副本。

实质要求主要有:(1)分案申请中记载的技术方案必须是原专利申请中包含的内容。也就是说,分案申请在内容上不得超出原申请文件记载的范围。(2)分案申请中的发明、实用新型或外观设计与原专利申请分案后保留的不同,即分案以后的原申请与分案申请的权利要求书应当分别要求保护不同的发明,但它们的说明书可以允许有不同的情况。(3)分案的申请不得改变原申请的类别。

分案申请应当依照《专利法》及《专利法实施细则》的规定办理有关手续。申请分案后,每一个分案申请都是一个独立于原申请之外的普通的申请。每一个分案申请都应缴纳分案申请的申请费。这样,原申请被撤回或视为撤回、驳回对分案申请不会发生影响,反过来也一样。

(五)分案申请的费用

对于分案申请,应当视为一件新申请收取各种费用。对于已经届满或者自分案申请递交日起至期限届满日不足2个月的各种费用,申请人可以在自分案申请递交日起2个月内或者自收到受理通知书之日起15日内补缴;期满未补缴或未缴足的,审查员应当发出视为撤回通知书。[22]

三、专利申请的撤回

申请人提出专利申请后,在被授予专利权之前,可以随时撤回其申请。也就是说,专利申请的撤回可以发生在专利权被授予之前的任何时候,如在初审阶段、在请求实质审查期间、在实质审查阶段。这是基于专利法关于取得专利权的规定不是一种强制性规范,而是任意性规范。当事人既有权决定是否申请专利,也应当有权在提出专利申请后取得专利权之前随时撤回其专利申请。现行《专利法》第32条即规定:"申请人可以在被授予专利权之前随时撤回其专利申请。"

专利申请的撤回必须符合一定的条件。主要有:(1)只有当对申请人的专利申请权无争议时,国务院专利行政部门才会批准、公告其撤回请求。申请本身不应成为变更之诉的标的,否则就难以确保申请人的合法权益。(2)申请人申请专利后随即向第三方出让了实施许可证,而且该许可证的出让已公告,其撤回申请的请求就应当附具该被许可人书面同意证明。(3)履行书面形式要求,即应当向专利局提出书面声明。《专利法实施细则》第36条第1款规定:"申请人撤回专利申请的,应当向国务院专利行政部门提出声明,写明发明创造的名称、申请号和申请日。"

《专利审查指南》第一部分第一章"6.6"规定,申请人撤回专利申请的,应当提交撤回专利申请声明,并附具全体申请人签字或者盖章同意撤回专利申请的证明材料,或者仅提交由全体申请人签字或者盖章的撤回专利申请声明。委托专利代理机构的,撤回专利申请的手续应当由专利代理机构办理,并附具全体申请人签字或者盖章同意撤回专利申请的证明材料,或者仅提交由专利代理机构和全体申请人签字或者盖章的撤回专利申请声明。撤回专利申请不得附有任何条件。

撤回专利申请的生效日为手续合格通知书的发文日,一般从国务院专利行政部门公告撤

---

〔22〕《专利审查指南》第一部分第一章"5.1.2"。

回决定之日起计算。对于已经公布的发明专利申请,还应当在专利公报上予以公告。申请人无正当理由不得要求撤销撤回专利申请的声明;但在申请权非真正拥有人恶意撤回专利申请后,申请权真正拥有人(应当提交生效的法律文书加以证明)可要求撤销撤回专利申请的声明。撤回专利申请的声明是在专利申请进入公布准备后提出的,申请文件照常公布或者公告,但审查程序终止。

申请人撤回申请的请求在申请公布前和公布后的法律后果是不同的:若撤回请求是在专利申请公布前提出的,它对在后申请的新颖性不会造成影响;若撤回请求是在专利申请公布后提出的,就会破坏在后申请的新颖性。应当注意,《专利法实施细则》第 36 条第 2 款规定:"撤回专利申请的声明在国务院专利行政部门作好公布专利申请文件的印刷准备工作后提出的,申请文件仍予公布;但是,撤回专利申请的声明应当在以后出版的专利公报上予以公告。"此时仍会影响在后申请的新颖性。申请如果是在公布前撤回的,申请人还可以重新提出申请,若是在公布后撤回,现行《专利法》第 13 条规定的支付适当费用的请求权将视为自始即不存在。无论申请是在公布前或公布后撤回,已经缴纳的申请费和其他费用,国务院专利行政部门不予退还。

为了敦促申请人履行义务,专利法还设立了许多推定撤回的规定,即所谓"视为撤回"。这是一种具有某种强制性的措施。根据《专利法》《专利法实施细则》的规定,申请被视为撤回主要有以下几种情况:(1)申请人未按时缴纳或未缴足申请费的;(2)申请人在初审阶段未在指定期限内陈述其对国务院专利行政部门的通知意见的;(3)发明专利已经在外国提出过申请的,国务院专利行政部门可以要求申请人在指定期限内提交该国为审查其申请进行检索的资料或者审查结果的资料,无正当理由逾期不提交的;(4)申请人在规定期限内不提出实质审查请求的;(5)发明专利申请人在实质审查阶段未在指定期限内陈述其对国务院专利行政部门通知意见或者对其申请进行修改的;(6)国务院专利行政部门认为专利申请不符合单一性,通知申请人在指定期限内对其申请进行修改,申请人期满未答复的。视为撤回与主动撤回具有相同的法律后果。

第六节 涉外专利申请

一、外国人、外国企业和其他组织向中国申请专利

外国人在国外取得的专利在我国无效,外国人的发明创造要在我国获得专利保护,应当向我国申请专利。对此,有以下几点应当注意:一是该外国人应是在我国享有专利申请权的人;二是应当委托依法设立的专利代理机构办理;三是要按照我国《专利法》《专利法实施细则》的规定提交申请文件,办理各种申请手续。

值得注意的是,2008 年《专利法》的规定对 2000 年《专利法》第 19 条作了较大的修改。2000 年《专利法》第 19 条第 1 款规定:"在中国没有经常居所或者营业所的外国人、外国企业或者外国其他组织在中国申请专利和办理其他专利事务的,应当委托国务院专利行政部门指

定的专利代理机构办理。"[23]2008 年《专利法》第 19 条第 1 款则将上述规定修改为:"在中国没有经常居所或者营业所的外国人、外国企业或者外国其他组织在中国申请专利和办理其他专利事务的,应当委托依法设立的专利代理机构办理。"现行《专利法》沿袭了相关内容。

显然,2008 年《专利法》取消了外国自然人、企业或者其他组织在中国申请专利和办理其他专利事务而必须委托指定的涉外代理机构办理的规定,而代之以应当委托依法设立的专利代理机构办理,实际上是扩大了中国专利代理机构办理专利业务的范围,因为"依法设立的专利代理机构"都可以办理涉外专利业务。这一修改是基于我国专利代理机构发展状况而作出的。由于我国专利制度的历史不长,过去专利代理机构有能力从事涉外业务的很少,国家对专利代理机构从事涉外业务的控制相应地较严格,需要在获得专门的批准后才取得从事涉外专利代理的资格。但现在情况有了很大的改变,即随着中国专利制度的发展,专利代理机构的业务能力有了很大提高,很多专利代理机构也具备了处理涉外专利业务的能力。在这种新的环境下,如果仍然将处理涉外专利事务的机构限于以前获得批准的少量涉外代理机构,就显得不大合理了。

这一修改,将大大扩大中国没有经常居所或者营业所的外国人、外国企业或者外国其他组织在中国申请专利和办理其他专利事务时选择专利代理机构的机会,便利了涉外专利事务的办理。同时,这一修改还有一个十分重要的作用,即有利于促进中国专利代理机构的公平竞争,防止涉外专利业务被少数专利代理机构垄断,从而有利于促进中国专利代理水平整体质量的提高。[24]

二、在中国完成的发明或者实用新型向外国申请专利的问题

对于将在中国完成的发明或者实用新型向外国申请专利,2008 年《专利法》取消了须先向中国申请专利、须委托中国专利代理机构的规定。现行《专利法》维持了这一规定。

2000 年《专利法》第 20 条第 1 款规定:"中国单位或者个人将其在国内完成的发明创造向外国申请专利的,应当先向国务院专利行政部门申请专利,委托其指定的专利代理机构办理,并遵守本法第四条的规定。"2008 年《专利法》第 20 条第 1 款则将上述规定修改为:"任何单位或者个人将在中国完成的发明或者实用新型向外国申请专利的,应当事先报经国务院专利行政部门进行保密审查。保密审查的程序、期限等按照国务院的规定执行。"同时,增加一款作为第 4 款:"对违反本条第一款规定向外国申请专利的发明或者实用新型,在中国申请专利的,不授予专利权。"[25]

---

[23] 这里的"国务院专利行政部门指定的专利代理机构",实质上是指涉外专利代理机构。

[24] 还值得注意的是 2008 年《专利法》第 19 条第 2 款的规定。较之于 2000 年《专利法》,该规定补充了"依法成立"作为限定条件,即明确了专利代理机构必须是依法成立的。这样就将现实中存在的不具有专利代理合法资格的机构排除在外,有利于净化专利代理市场,防止出现"黑代理"现象。例如,据媒体报道,2008 年 10 月,广东省打击非法代理行为联合执法行动组对两个知识产权代理公司进行了检查,确认其没有取得合法的专利代理资格仍从事专利代理行为,并依法进行了处理。通过专项活动,查获了一批非法从事专利代理的机构,初步遏制了该省专利代理行业存在的"黑代理"现象。参见顾奇志、李伟、张淑芳:《专利、工商联手共同遏制"黑代理"广东打击非法专利代理在行动》,载《中国知识产权报》2008 年 10 月 31 日,第 3 版。

[25] 参见现行《专利法》第 19 条的规定。

2008 年《专利法》的上述规定，涉及以下内容的变化：第一，在中国完成的发明创造向外国申请专利时，不再要求“先向国务院专利行政部门申请专利”，而代之以“事先报经国务院专利行政部门进行保密审查”。而且，在中国完成发明创造的主体由“中国单位或者个人”扩大为“任何单位或者个人”。第二，在中国完成的发明创造向外国申请专利时，不再要求必须委托中国的专利代理机构办理。[26] 这两个变化都有其特定缘由。

第一个变化主要借鉴了美国、德国等国家的经验，并考虑到过去一些在中国依法设立的合资企业、独资企业、研发机构等“中国单位”，为了自身利益最大化，规避 2000 年《专利法》第 10 条有关向外国人转让专利的规定以及现行《专利法》第 19 条有关首先在中国申请专利的规定。具体做法是，一些外国母公司在发明创造尚未完成甚至尚未进行时，以委托或者合作的名义，以合同约定为基础，将子公司完成的所有发明创造申请专利的权利转移给母公司。当发明创造完成后即直接以母公司的名义在外国申请专利。为了避免这种情况出现，送审稿第 4 条第 2 款规定“任何单位或者个人将在中国完成的发明创造向外国申请专利的，都应当经国务院专利行政部门批准”，而且在其第 76 条规定了违反这一条款的法律责任。[27] 但在 2008 年《专利法》中，“应当经国务院专利行政部门批准”的条件没有被采纳，而是变为“事先报经国务院专利行政部门进行保密审查”。这就是说，包括中国和外国当事人在内的任何单位和个人，就在中国完成的发明创造向外国申请专利时，履行保密审查报批手续即可。这一修改，反映了中国专利法对专利申请价值导向的变化，即为向国外申请专利创造宽松的环境和条件。就中国单位和个人而言，与发达国家相比，向国外申请专利的数量仍然偏小。随着经济全球化以及中国加入世界贸易组织，中国企业越来越需要走向国际市场，故实施“兵马未动、粮草先行”的国际专利申请战略具有很大的必要性。[28] 这在客观上要求中国专利立法为中国单位和个人申请国外专利提供便利。当然，为了防止对中国科技和经济发展乃至国家经济安全造成重大影响的，避免在中国完成的重要的发明创造流失到国外，2008 年《专利法》增加规定，要求事先报经国务院专利行政部门进行保密审查。如果违反这一规定，向外国申请专利的发明或者实用新型，在中国申请专利的，不授予专利权。这样就有利于避免无论是中国单位或个人还是外国单位或个人在中国完成的对国家经济和科技发展具有重要影响的重要发明创造流失到国外，有利于维护中国国家利益和国家安全。

此外，为规范上述保密审查问题，现行《专利法实施细则》对此作了详细规定：任何单位或者个人将在中国完成的发明或者实用新型向外国申请专利的，应当按照下列方式之一请求国务院专利行政部门进行保密审查：(1) 直接向外国申请专利或者向有关国外机构提交专利国际申请的，应当事先向国务院专利行政部门提出请求，并详细说明其技术方案。(2) 向国务院专利行政部门申请专利后拟向外国申请专利或者向有关国外机构提交专利国际申请的，应当在向外国申请专利或者向有关国外机构提交专利国际申请前向国务院专利行政部门提出请

---

〔26〕 根据《专利法实施细则》第 8 条第 1 款的规定，在中国完成的发明或者实用新型，是指技术方案的实质性内容在中国境内完成的发明或者实用新型。

〔27〕 该条规定，申请人未经批准，将在中国完成的发明创造首先向外国申请专利的，其就该发明创造在中国提出的专利申请不得被授予专利权。

〔28〕 参见冯晓青：《企业知识产权战略》（第四版），知识产权出版社 2015 年版，第 119 ~ 121 页。

求。向国务院专利行政部门提交专利国际申请的,视为同时提出了保密审查请求。

根据《专利法实施细则》第 9 条的规定,国务院专利行政部门收到依照《专利法实施细则》规定递交的请求后,经过审查认为该发明或者实用新型可能涉及国家安全或者重大利益需要保密的,应当及时向申请人发出保密审查通知;申请人未在其请求递交日起 4 个月内收到保密审查通知的,可以就该发明或者实用新型向外国申请专利或者向有关国外机构提交专利国际申请。国务院专利行政部门依照前款规定通知进行保密审查的,应当及时作出是否需要保密的决定,并通知申请人。申请人未在其请求递交日起 6 个月内收到需要保密的决定的,可以就该发明或者实用新型向外国申请专利或者向有关国外机构提交专利国际申请。

就第二个变化而言,在中国完成的发明创造向外国申请专利时,不再要求委托中国的专利代理机构办理,是考虑到向外国申请专利委托代理的现实情况决定了不必一律强制要求委托中国代理机构办理。很多国家或地区的专利法一般要求外国人向其申请专利时应委托本国或地区专利代理机构代理。根据 2000 年《专利法》的规定,在中国完成的发明创造向外国申请专利时,须委托国务院专利行政部门指定的专利代理机构办理。这样在客观上产生了国内与国外双重代理的问题。虽然仍然有一些企事业单位或个人就其在中国完成的发明创造向外国申请专利时有必要先委托国内专利代理机构代理,那些比较成熟的企事业单位则不一定需要先通过国内代理。考虑到这一现实情况,2008 年《专利法》取消了强制代理的规定,有利于在中国完成发明创造的单位或个人在向国外申请专利时根据自身情况自主决定是否选择国内委托代理机构。

三、中国单位或者个人向外国人、外国企业或者外国其他组织转让专利申请权或者专利权问题

2000 年《专利法》第 10 条第 1 款规定:“专利申请权和专利权可以转让”;第 2 款规定:“中国单位或者个人向外国人转让专利申请权或者专利权的,必须经国务院有关主管部门批准”;[29] 第 3 款规定:“转让专利申请权或者专利权的,当事人应当订立书面合同,并向国务院专利行政部门登记,由国务院专利行政部门予以公告。专利申请权或者专利权的转让自登记之日起生效”。2008 年《专利法》则将上述第 10 条第 2 款修改为:“中国单位或者个人向外国人、外国企业或者外国其他组织转让专利申请权或者专利权的,应当依照有关法律、行政法规的规定办理手续。”[30] 这一修改,使中国单位或者个人向外国人转让专利申请权或者专利权的,无须再经过“国务院有关主管部门批准”,而是“按照有关法律、行政法规的规定办理手续”即可。这一修改,显然便利了中国单位或者个人向外国人、外国企业或者外国其他组织转让专利申请权或者专利权,有利于中国开展与国外之间的专利技术贸易。

---

〔29〕 2001 年《专利法实施细则》第 14 条进一步规定,中国单位或者个人向外国人转让专利申请权或者专利权的,由国务院对外经济贸易主管部门会同国务院科学技术行政部门批准。

〔30〕 这里的中国单位或个人,应作广义理解,不仅包括中国的全民所有制单位、集体所有制单位、有限责任公司、股份有限公司、私人企业和其他类型所有制(如混合所有制)单位,也包括根据中国法律成立的中外合资经营企业、中外合作经营企业和外商独资企业(在中国通常被称为三资企业)。2008 年《专利法》还将原来规定的“外国人”扩大到外国人、外国企业或外国其他组织,其中外国人除了狭义上的外国人以外,还包括无国籍人。

在2008年《专利法》之前，专利立法之所以规定中国单位或者个人向外国人转让专利申请权或者专利权的，必须经国务院有关主管部门批准，是考虑到中国单位或者个人向外国人转让专利申请权或者专利权，有可能涉及对国家科技和经济发展有重要影响的发明创造，不宜没有限制地由中国单位或个人向外国人转让，以免损害中国的经济和科技利益。但是，考虑到这种情况毕竟不具有普遍性，并且为便于中国的单位或个人与外国人、外国企业或者外国其他组织开展专利技术贸易，2008年《专利法》作了上述规定。现行《专利法》维持了这一规定。

第七节 国际申请

现行《专利法》第19条第2款规定，中国单位或者个人可以根据中华人民共和国参加的有关国际条约提出专利国际申请。申请人提出专利国际申请的，应当遵守前款规定。第3款规定，国务院专利行政部门依照中华人民共和国参加的有关国际条约、本法和国务院有关规定处理专利国际申请。这里的国际申请，主要是基于《专利合作条约》的国际申请。《专利法实施细则》专章对基于该条约的国际申请作了专门规定。关于《专利合作条约》的内容，本书第十三章将专题阐述。这里主要就按照《专利合作条约》提出并指定中国的专利国际申请进行介绍与分析。

一、进入中国国家阶段的手续要求及在中国的效力

《专利法实施细则》规定，国务院专利行政部门根据《专利法》第19条的规定，受理按照《专利合作条约》提出的专利国际申请。进入国务院专利行政部门处理阶段，称为进入中国国家阶段。在进入国家阶段时，国际申请的申请人需要在进入国家阶段的书面声明（以下简称进入声明）中确认其希望国务院专利行政部门依据的审查文本。国际申请国家阶段的审查，应当按照申请人的请求，依据其在进入声明中确认的文本以及随后提交的符合有关规定的文本进行。

按照《专利合作条约》已确定国际申请日并指定中国的国际申请，视为向国务院专利行政部门提出的专利申请，该国际申请日视为《专利法》第28条所称的申请日。根据《专利审查指南》第三部分第一章"3.1.1"的规定，国际申请日是在国际阶段由受理局确定的。在国际阶段国际申请日由于某种原因被更改的，以更改后的日期为准。进入国家阶段的书面声明中填写的国际申请日应当与国际公布文本扉页上的记载相同。除因中国对《专利合作条约》及其实施细则的有关规定作出保留而需要重新确定相对于中国的申请日外，由受理局确定的国际申请日视为该申请在中国的实际申请日。国际申请的申请人应当在《专利合作条约》第2条所称的优先权日（以下简称优先权日）起30个月内，向国务院专利行政部门办理进入中国国家阶段的手续；申请人未在该期限内办理该手续的，在缴纳宽限费后，可以在自优先权日起32个月内办理进入中国国家阶段的手续。

申请人依照《专利法实施细则》规定办理进入中国国家阶段的手续的，应当符合下列要求：(1)以中文提交进入中国国家阶段的书面声明，写明国际申请号和要求获得的专利权类

型。(2)缴纳《专利法实施细则》规定的申请费、公布印刷费,必要时缴纳《专利法实施细则》规定的宽限费。(3)国际申请以外文提出的,提交原始国际申请的说明书和权利要求书的中文译文。(4)在进入中国国家阶段的书面声明中写明发明创造的名称,申请人姓名或者名称、地址和发明人的姓名,上述内容应当与世界知识产权组织国际局(以下简称国际局)的记录一致;国际申请中未写明发明人的,在上述声明中写明发明人的姓名。(5)国际申请以外文提出的,提交摘要的中文译文,有附图和摘要附图的,提交附图副本和摘要附图副本,附图中有文字的,将其替换为对应的中文文字;国际申请以中文提出的,提交国际公布文件中的摘要和摘要附图副本。(6)在国际阶段向国际局已办理申请人变更手续的,提供变更后的申请人享有申请权的证明材料。(7)必要时缴纳《专利法实施细则》第 93 条第 1 款第(1)项规定的申请附加费。

符合上述第(1)项至第(3)项要求的,国务院专利行政部门应当给予申请号,明确国际申请进入中国国家阶段的日期(进入日),并通知申请人其国际申请已进入中国国家阶段。

国际申请已进入中国国家阶段,但不符合上述第(4)项至第(7)项要求的,国务院专利行政部门应当通知申请人在指定期限内补正;期满未补正的,其申请视为撤回。

国际申请有下列情形之一的,其在中国的效力终止:(1)在国际阶段,国际申请被撤回或者被视为撤回,或者国际申请对中国的指定被撤回的;(2)申请人未在优先权日起 32 个月内按照《专利法实施细则》规定办理进入中国国家阶段手续的;(3)申请人办理进入中国国家阶段的手续,但自优先权日起 32 个月期限届满仍不符合《专利法实施细则》相关要求的。

依照上述第(1)项的规定,国际申请在中国的效力终止的,不适用《专利法实施细则》第 6 条的规定;依照第(2)项、第(3)项的规定,国际申请在中国的效力终止的,不适用《专利法实施细则》第 6 条第 2 款的规定。

国际申请在国际阶段被有关国际单位拒绝给予国际申请日或者宣布视为撤回的,申请人在收到通知之日起 2 个月内,可以请求国际局将国际申请档案中任何文件的副本转交国务院专利行政部门,并在该期限内向国务院专利行政部门办理《专利法实施细则》规定的手续,国务院专利行政部门应当在接到国际局传送的文件后,对国际单位作出的决定是否正确进行复查。

二、国际申请文件修改与有关声明

国际申请在国际阶段作过修改,申请人要求以经修改的申请文件为基础进行审查的,应当自进入日起 2 个月内提交修改部分的中文译文。在该期间内未提交中文译文的,对申请人在国际阶段提出的修改,国务院专利行政部门不予考虑。

国际申请涉及的发明创造有《专利法》第 24 条第(2)项或者第(3)项所列情形之一,在提出国际申请时作过声明的,申请人应当在进入中国国家阶段的书面声明中予以说明,并自进入日起 2 个月内提交《专利法实施细则》规定的有关证明文件;未予说明或者期满未提交证明文件的,其申请不适用《专利法》第 24 条的规定。

国际申请涉及的发明创造依赖遗传资源完成的,申请人应当在国际申请进入中国国家阶段的书面声明中予以说明,并填写国务院专利行政部门制定的表格。

三、关于生物材料样品保藏的规定

申请人按照《专利合作条约》的规定，对生物材料样品的保藏已作出说明的，视为已经满足了《专利法实施细则》相关条款的要求。申请人应当在进入中国国家阶段声明中指明记载生物材料样品保藏事项的文件以及在该文件中的具体记载位置。

申请人在原始提交的国际申请的说明书中已记载生物材料样品保藏事项，但是没有在进入中国国家阶段声明中指明的，应当自进入日起4个月内补正。期满未补正的，该生物材料视为未提交保藏。

申请人自进入日起4个月内向国务院专利行政部门提交生物材料样品保藏证明和存活证明的，视为在《专利法实施细则》规定的期限内提交。

四、优先权与申请文件副本

申请人在国际阶段已要求一项或者多项优先权，在进入中国国家阶段时该优先权要求继续有效的，视为已经依照《专利法》第30条的规定提出了书面声明。

申请人应当自进入日起2个月内缴纳优先权要求费；期满未缴纳或者未缴足的，视为未要求该优先权。

申请人在国际阶段已依照《专利合作条约》的规定，提交过在先申请文件副本的，办理进入中国国家阶段手续时不需要向国务院专利行政部门提交在先申请文件副本。申请人在国际阶段未提交在先申请文件副本的，国务院专利行政部门认为必要时，可以通知申请人在指定期限内补交；申请人期满未补交的，其优先权要求视为未提出。

在优先权日起30个月期满前要求国务院专利行政部门提前处理和审查国际申请的，申请人除应当办理进入中国国家阶段手续外，还应当依照《专利合作条约》第23条第2款的规定提出请求。国际局尚未向国务院专利行政部门传送国际申请的，申请人应当提交经确认的国际申请副本。

五、申请文件的修改、订正与分案

要求获得实用新型专利权的国际申请，申请人可以自进入日起2个月内对专利申请文件主动提出修改。要求获得发明专利权的国际申请，适用《专利法实施细则》第51条第1款的规定。

申请人发现提交的说明书、权利要求书或者附图中的文字的中文译文存在错误的，可以在下列规定期限内依照原始国际申请文本提出改正：(1)在国务院专利行政部门作好公布发明专利申请或者公告实用新型专利权的准备工作之前；(2)在收到国务院专利行政部门发出的发明专利申请进入实质审查阶段通知书之日起3个月内。

申请人改正译文错误的，应当提出书面请求并缴纳规定的译文改正费。

申请人按照国务院专利行政部门的通知书的要求改正译文的，应当在指定期限内办理上述规定的手续；期满未办理规定手续的，该申请视为撤回。

基于国际申请授予的专利权，由于译文错误，致使依照《专利法》规定确定的保护范围超出国际申请的原文所表达的范围的，以依据原文限制后的保护范围为准；致使保护范围小于国际申请的原文所表达的范围的，以授权时的保护范围为准。

国际申请包含两项以上发明或者实用新型的，申请人可以自进入日起，依照《专利法实施细则》的相关规定提出分案申请。

在国际阶段，国际检索单位或者国际初步审查单位认为国际申请不符合《专利合作条约》规定的单一性要求时，申请人未按照规定缴纳附加费，导致国际申请某些部分未经国际检索或者未经国际初步审查，在进入中国国家阶段时，申请人要求将所述部分作为审查基础，国务院专利行政部门认为国际检索单位或者国际初步审查单位对发明单一性的判断正确的，应当通知申请人在指定期限内缴纳单一性恢复费。期满未缴纳或者未足额缴纳的，国际申请中未经检索或者未经国际初步审查的部分视为撤回。

第八节 专利申请及办理其他手续缴纳费用问题

专利申请与办理其他手续，需要缴纳一定的费用。如果未按照规定缴纳相关费用，将导致一定的法律后果出现，对申请人或者专利权人造成不利影响。因此，应当加以重视。对此《专利法实施细则》第九章专门作了规定，以下予以介绍和分析。

一、申请专利和办理其他手续时应缴纳的费用

向国务院专利行政部门申请专利和办理其他手续时，应当缴纳下列费用：(1)申请费、申请附加费、公布印刷费、优先权要求费；(2)发明专利申请实质审查费、复审费；(3)专利登记费、公告印刷费、年费；(4)恢复权利请求费、延长期限请求费；(5)著录事项变更费、专利权评价报告请求费、无效宣告请求费。

以上所列各种费用的缴纳标准，由国务院价格管理部门、财政部门会同国务院专利行政部门规定。

二、费用缴付方式

《专利法》《专利法实施细则》规定的各种费用，可以直接向国务院专利行政部门缴纳，也可以通过邮局或者银行汇付，或者以国务院专利行政部门规定的其他方式缴纳。通过邮局或者银行汇付的，应当在送交国务院专利行政部门的汇单上写明正确的申请号或者专利号以及缴纳的费用名称。不符合以上规定的，视为未办理缴费手续。直接向国务院专利行政部门缴纳费用的，以缴纳当日为缴费日；以邮局汇付方式缴纳费用的，以邮局汇出的邮戳日为缴费日；以银行汇付方式缴纳费用的，以银行实际汇出日为缴费日。多缴、重缴、错缴专利费用的，当事人可以自缴费日起3年内，向国务院专利行政部门提出退款请求，国务院专利行政部门应当予以退还。

三、缴费时间要求

申请人应当自申请日起2个月内或者在收到受理通知书之日起15日内缴纳申请费、公布印刷费和必要的申请附加费;期满未缴纳或者未缴足的,其申请视为撤回。申请人要求优先权的,应当在缴纳申请费的同时缴纳优先权要求费;期满未缴纳或者未缴足的,视为未要求优先权。

当事人请求实质审查或者复审的,应当在《专利法》《专利法实施细则》规定的相关期限内缴纳费用;期满未缴纳或者未缴足的,视为未提出请求。

申请人办理登记手续时,应当缴纳专利登记费、公告印刷费和授予专利权当年的年费;期满未缴纳或者未缴足的,视为未办理登记手续。

延长期限请求费应当在相应期限届满之日前缴纳;期满未缴纳或者未缴足的,视为未提出请求。

著录事项变更费、专利权评价报告请求费、无效宣告请求费应当自提出请求之日起1个月内缴纳;期满未缴纳或者未缴足的,视为未提出请求。

四、费用减缓问题

申请人或者专利权人缴纳《专利法实施细则》规定的各种费用有困难的,可以按照规定向国务院专利行政部门提出减缴或者缓缴的请求。减缴或者缓缴的办法由国务院财政部门会同国务院价格管理部门、国务院专利行政部门规定。

本章案例研讨

◈ 专利申请中本国优先权的适用与防止重复授权

东莞某电子科技股份有限公司专利行政纠纷案[31]

2015年3月24日,国家知识产权局于作出国知复字第1739号行政复议决定(以下简称被诉决定)。东莞某电子科技股份有限公司(以下简称东莞某公司)不服该决定,向北京知识产权法院提起行政诉讼。

该被诉决定系国家知识产权局针对东莞某公司不服该局针对其提交第201410595787.0号发明专利申请(以下简称在后申请)时以第201420315272.6号实用新型专利申请(以下简称在先申请)为基础要求优先权时作出的视为未要求优先权通知所提复议申请而作出的。国家知识产权局在被诉决定中认定:东莞某公司就在后申请要求优先权的申请提交日,明显晚于国家知识产权局对在先申请发出授予实用新型专利权通知书和办理登记手续通知书的日期,也晚于东莞某公司针对在先申请缴纳实用新型专利登记印刷费、实用新型第一年年费及印花

〔31〕 选自北京知识产权法院(2015)京知行初字第2822号行政判决书。

税的日期,即国家知识产权局已经对在先申请发出授予专利权通知书和办理登记手续通知书,并且东莞某公司已经办理了登记手续。因此,国家知识产权局根据《专利审查指南》第一部分第一章“6.2.2.1”的规定,以“在先申请已经被授予专利权,不符合专利法实施细则第32条第2款”为由作出视为未要求优先权通知书。

北京知识产权法院将本案争议焦点归纳为如何理解《专利法实施细则》第32条第2款第(2)项的规定,以及被告作出的被诉决定是否合法。该项规定,提出后一申请时,在先申请的主题已经被授予专利权的,不得作为要求本国优先权的基础。根据《专利法》第40条的规定,“实用新型专利权自公告之日起生效”,故从字面解释来看,如原告所述,“已经被授予专利权”似乎可以解释为已经公告授予了专利权,但是,“已经被授予专利权”强调行政机关的授权行为,而“专利权自公告之日起生效”则强调权利人行使权利的时间起点,两者并不完全相同。因此,要准确解释“已经被授予专利权”的含义,应当体系化理解相关规定。

首先,需要结合避免重复授权的相关规定理解。根据《专利法》第9条的规定,同样的发明创造只能授予一项专利权。根据《专利法实施细则》第54条的规定,申请人按期办理登记手续的,国务院专利行政部门应当授予专利权,颁发专利证书,并予以公告。申请人在对在先申请办理了登记手续后、授权公告日之前提出在后申请,并要求在先申请作为优先权的基础,则可能会导致重复授权。故将“已经被授予专利权”的时间节点理解为授权公告日,可能导致法律规定的条文冲突。

其次,结合专利权终止和无效的相关规定理解。根据《专利法实施细则》第32条第3款的规定,申请人要求本国优先权的,其在先申请自后一申请提出之日起即视为撤回。对于已经公告授予专利权的,《专利法》第45条规定,“任何单位或者个人认为该专利权的授予不符合本法有关规定的,可以请求专利复审委员会宣告该专利权无效”;《专利法》第44条仅规定“没有按照规定缴纳年费”或“专利权人以书面声明放弃其专利权”两种情形将导致该专利权在期限届满前终止。但是,法律并没有规定国家知识产权局可以因当事人要求该专利作为在后申请优先权基础而径行宣告该专利权无效,或因要求优先权即可视为当事人对在先专利权的放弃。因此,依《专利法实施细则》第32条第3款的规定,在后申请在提出将在先申请作为本国优先权的基础之日,在先申请至少应当尚未被公告授权。亦即,在无其他相适应的法律规定的情况下,“已经被授予专利权”的时间难以确定为授权公告日。

最后,结合当事人的合法权益不受侵害理解。根据《专利审查指南》第一部分第一章“6.2.2.1”的规定,审查优先权时,如果发现专利局已经对在先申请发出授予专利权通知书和办理登记手续通知书,并且申请人已经办理了登记手续的,审查员应当针对在后申请发出视为未要求优先权通知书。也就是说,如果申请人未办理登记手续,则其可以提出要求优先权的申请;而如果申请人主动办理了登记手续,则应视为其就国家知识产权局对在先申请进行授权公告做出了符合其意愿的选择,其应对其行为承担相应的法律后果,这也符合《专利法实施细则》第54条的规定。

据此,对于《专利法实施细则》第32条第2款第(2)项所规定的“已经被授予专利权”,在体系化理解相关规定的基础上,国家知识产权局对已办理登记手续的在先申请,规定不得作为要求本国优先权的基础,符合法律逻辑和工作实际。

在上述基础上,北京知识产权法院判决驳回原告东莞某电子科技股份有限公司的诉讼请求。

本案涉及专利申请审批程序中,如何认识"专利权自公告之日起生效""已经被授予专利权"等规定的内涵,以及如何适用本国优先权的条件等问题。同时,基于禁止重复授权原则,对于适用本国优先权还需要兼顾防止重复授权问题。本案为专利申请审批实践中理解我国专利法规定的精神提供了范例。

◈ 发明专利申请文件修改超范围的界定

某股份公司与国家知识产权局专利复审委员会发明专利申请驳回复审行政纠纷案〔32〕

中国某集团股份有限公司(以下简称某股份公司)于2011年5月12日申请了申请号为20110122540.3、名称为"界面混凝土及施工方法"的发明专利申请。本申请权利要求书共9项,其中权利要求1为:"1.一种界面混凝土,其特征在于包括以重量计以下组份:水1~1.5份,新老混凝土结合界面密合剂7~9份,细骨料2~3份,粗骨料10~14份;上述述组份搅拌均匀得到界面混凝土。"2013年6月22日,某股份公司向国家知识产权局提交了修改后的权利要求共6项;2012年12月16日,某股份公司提交了修改后的说明书共35段及说明书摘要。修改后的权利要求1为:"1.一种界面混凝土,其特征在于包括以重量计以下组份:水1~1.5份,新老混凝土结合界面密合剂7~9份,细骨料2~3份,粗骨料10~14份;所述的新老混凝土结合界面密合剂为中国专利'200710051814.8'中所述的产品;所述的细骨料为中砂;所述的粗骨料中小石与中石的比值为1:1;上述组份搅拌均匀得到界面混凝土。"修改后的说明书在介绍本申请所采用的技术方案中添加了技术特征"所述的新老混凝土结合界面密合剂为中国专利'200710051814.8'中所述的产品"。经实质审查,国家知识产权局于2014年4月3日发出驳回决定,驳回了本申请。其理由是权利要求1新增的特征"所述的新老混凝土结合界面密合剂为中国专利'200710051814.8'中所述的产品"修改超范围,不符合《专利法》第33条的规定。

某股份公司向专利复审委员会提出复审申请。专利复审委员会于2015年9月9日作出第96862号复审请求审查决定:维持国家知识产权局驳回决定。某股份公司不服,向北京知识产权法院提起行政诉讼。一审法院认为,某股份公司对于权利要求1和说明书的修改均不能由原说明书和权利要求书所记载的内容中直接地、毫无疑义地确定,因此超出了原说明书和权利要求书记载的范围,不符合《专利法》第33条的规定,故判决驳回某股份公司诉讼请求。某股份公司不服该判决,向北京市高级人民法院提起上诉。

北京市高级人民法院将本案争议焦点归纳为本申请权利要求1及说明书增加的"所述的

〔32〕 选自北京市高级人民法院(2016)京行终4149号行政判决书。另参见北京知识产权法院(2015)京知行初字第6078号行政判决书。

新老混凝土结合界面密合剂为中国专利'200710051814.8'中所述的产品”修改是否超范围，是否符合《专利法》第33条的规定。其认为在专利申请程序中，申请人可以在独立权利要求中增加技术特征，对独立权利要求作进一步的限定，以克服原独立权利要求无新颖性或创造性、缺少解决技术问题的必要技术特征、未以说明书为依据或者未清楚地限定要求专利保护的范围等缺陷。只要增加了技术特征的独立权利要求所述的技术方案未超出原说明书和权利要求书记载的范围，这样的修改就应当被允许。相应地，在修改说明书发明内容部分与该发明技术方案有关的内容，使其与独立权利要求请求保护的主题相适应，如果独立权利要求进行了符合专利法及其实施细则规定的修改，则允许该部分作相应的修改；如果独立权利要求未作修改，则允许在不改变原技术方案的基础上，对该部分进行理顺文字、改正不规范用词、统一技术术语等修改。

北京市高级人民法院还认为，能否由原说明书和权利要求书所记载的内容中直接地、毫无疑义地确定，应从专利申请文件客观记载的技术信息出发，根据申请人的真实意思，整体把握技术方案所要解决的技术问题，既要防止修改引入新的技术信息损害社会公众的利益，也要注意机械割裂理解技术方案导致缩减在先申请的贡献。具体到本案，“背景技术”作为原说明书的组成部分，可以作为《专利法》第33条规定的“原说明书记载的范围”评价对申请文件的修改是否超范围。除了200710051814.8号中国专利文献，专利复审委员会未能找出与“新老混凝土结合界面密合剂”完全相同的技术术语出现于现有技术中，仅对“新老混凝土”“界面密合剂”等用词的解释，不能想当然地得出“新老混凝土结合界面密合剂”具体产品的物质特性。“新老混凝土结合界面密合剂”在本申请中属于特有的技术术语。本领域技术人员有理由认为，本申请权利要求1和“发明内容”部分的“新老混凝土结合界面密合剂”与“背景技术”中的中国专利“200710051814.8”中所述“新老混凝土结合界面密合剂”并无差异。从专利权公开换保护的角度，假如存在与200710051814.8所述的“新老混凝土结合界面密合剂”名称相同但性能有差异的产品，某股份公司对本申请权利要求1和说明书的修改只有可能限缩权利保护的范围，并未扩大权利保护的范围。

在上述基础上，北京市高级人民法院二审判决撤销一审判决和专利复审委员会复审请求审查决定，并由专利复审委员会重新作出审查决定。

本案属于发明专利申请驳回复审行政纠纷案，争议的焦点问题则是发明专利申请文件的修改，是否超越该专利申请文件中原权利要求和说明书记载的范围。专利法一方面规定，允许发明专利申请人对其专利申请进行修改，以便克服专利申请文件中的问题，争取获得授权；另一方面，则不允许修改超范围，以维护社会公众利益。本案经专利复审委员会复审和两级法院行政判决，最终确认某股份公司对于专利申请文件修改没有超出范围，因而符合专利法规定。本案有助于理解专利申请文件修改符合专利法的规定的情形。

第六章　专利申请的审查和批准

一项专利权的获得，不仅需要申请专利，而且需要通过法律规定的审批程序，专利申请的审查和批准因而也是专利法的重要内容。这种审查和批准制度在不同国家、地区和经济社会发展不同阶段有所区别。总体而言，专利申请的审查和批准制度是专利制度现代化的重要体现，它随着经济社会发展而与时俱进。本章将对专利申请审查和批准制度的基本形式，我国发明、实用新型和外观设计专利申请审查与批准制度等进行探讨。

第一节　专利申请的几种审查制度

专利申请能否被批准授予专利权，归根结底取决于国家专利主管机关按照法定程序审查的结果。专利申请的审查制度，是专利法的重要组成部分，各国、地区都毫无例外地对专利申请实行审查制度。[1] 科学审查已成为现代专利制度的一个标志。总的来说，当代审查制度有不断科学化、精简化和国际化的趋势。专利申请的审查制度大体包括如下几种。

一、形式审查制

形式审查制也称登记制，即专利主管部门只对专利申请的法定形式要求进行审查，对专利申请的实质内容则不进行审查。法定形式要求，如申请文件是否齐备、所提交文件是否符合规定的格式要求、申请费是否缴纳、代理人委托书是否已经附送等，申请案只要符合这些形式上的要求，就可被批准授予专利权，专利局对发明创造的可专利性并不进行审查。

形式审查制是一种历史沿袭下来的审查制度。在资本主义国家实行专利制度的初期，发明还只是个别现象，专利主管机关也缺乏系统的分类资料，不具备在授予专利权之前审查本项发明是否具有可专利性的能力。故各国相继采用了这种手续简便的制度。其优点是：专利申请案审查批准迅速；不需要设置庞大的审查机构和资料文献库；费用较少，不需要缴纳昂贵的审查费。但实行这种制度也有很大的缺点，如专利质量不可靠、专利价值不高、专利保护范围不明确。正因如此，采用形式审查制的国家不多，许多原来实行这一制度的国家纷纷改为实质审查制。就连 1844 年最早实行形式审查制的法国，鉴于其批准的发明专利有 40% 在国外不被承认，也在 1968 年通过新的专利法废除了这一制度。世界上采用这一制度的主要是受 1844

---

〔1〕 See Roger Allan Ford, The Patent Spiral, 164 U. PA. L. REV. 827 (2016).

年法国专利法影响的一些欧洲国家和拉美、亚非国家，如比利时、希腊、意大利、卢森堡、瑞士、西班牙、法语非洲知识产权组织各成员国、土耳其、叙利亚、玻利维亚、乌拉圭等国。

不过，现代实行形式审查制的国家中也不乏对发明创造专利的某些内容进行审查。如瑞士和意大利对发明的工业实用性进行审查，瑞士对钟表工业和玻璃工业的发明还实行全面的实质性审查。而且，当代形式审查的范围较以前大大增加了。

二、实质审查制

实质审查制又称完全审查制，是对专利申请的实质性内容进行审查的制度，即对专利申请不仅要进行形式上的审查，还要进行实质内容的审查。包括申请专利的发明创造是否具备专利法要求的新颖性、创造性、工业实用性，说明书中是否充分正确地公开了发明，以及对发明创造的经济技术价值作出评价等内容。美国于 1836 年开了实质审查制的先河。19 世纪下半叶后，大多数工业发达的国家和不少发展中国家都相继接受了实质审查制。

在实行实质审查制度的情况下，专利局对提交的专利申请按照法定程序进行严格的审查，只是各国对申请案中所述的技术特点审查的范围不尽相同。例如，采用英国专利法体系的国家，专利局并不审查发明的“非显而易见性”，只是在第三者提出异议时，才对此进行审查；在日本、美国、荷兰等国对申请案则要进行详细而全面的审查。与此相对应，在审查程序上也有不公开式审查与公开式审查之别。前者是指在审查批准以前专利申请文件是不公开的。后者则涉及“公众审查”的问题，专利局认可申请案后，要将其公布看有无反对授权意见；只有在没有反对意见或反对意见不成立时才批准授予专利。

实行实质审查制的优点是能保证所批准的专利质量，促进发明的推广应用，并有利于减少专利争议和诉讼。其缺点则是要建立庞大的专利机构，耗费大量人力、物力来进行这一工作，而且无法解决因申请案大量积压，从而损害申请人合法权益、降低专利价值的问题。所以到 20 世纪中叶，许多国家针对这一制度提出了“专利制度危机”的问题。于是，延迟审查制应运而生。

三、延迟审查制

延迟审查制又称请求审查制或早期公开、请求审查制。它是针对实质审查制造成申请案大量积压而改进的一种审查制度，兼具形式审查制和实质审查制的优点，现已成为风行世界的一种审查体制。

延迟审查制是指申请人提出专利申请后，专利局先进行形式审查，并在一定时期内（一般为自申请日起 18 个月）将申请案予以公开，申请人为获得专利权，必须在一定期限内（如自申请日起 3 年内）请求实质审查，专利局将应申请人的请求对其申请进行实质审查。如果申请人不在规定时间内请求实质审查，其申请将被视为撤回。

延迟审查制的主要内容是把发明专利性的审查推迟一定期限，供申请人判定其发明的技术价值和经济价值，若申请人认为发明价值不大或因其他原因不再愿意获得专利权，就不必提出实质审查请求，专利审查管理部门就可以相应减少审查工作量。延迟审查制的优点主要有：减轻专利审查部门审查工作的负担，使其能集中时间和精力审查那些应当审查的申请案；专利申请内容公布较早,有利于促进科技情报交流,启迪新的发明思想;能够为申请人减轻费用负担提供机会。其缺陷则是:审查程序繁杂,专利申请案要公布两次(不请求实质审查的除外);申请在法律上存在一个相当长的不确定的期限,影响到发明的利用与推广,对公众来说也是不方便的。

延迟审查制最早于1964年确立于荷兰的专利法中,此后为德国、瑞典等许多国家以及《专利合作条约》《欧洲专利公约》所采用。世界上只有如美国、加拿大等少数国家采用实质审查制。我国对发明专利申请采用延迟审查制,对实用新型和外观设计则采用初步审查制。[2]

四、半审查制

半审查制,是一种介于形式审查制和实质审查制之间的专利审查制度,即对专利申请除进行形式审查外,还要对发明的新颖性进行审查。这里的新颖性审查主要是进行文献检索,故而半审查制又称文献报告制。

实行半审查制的国家主要是法国。法国是最早实行登记制的国家。自20世纪60年代以来,法国在专利制度不断国际化的趋势下改变了传统的做法,加进了审查发明新颖性的内容。专利申请提出后,法国工业产权局要进行行政审查、国防审查、技术审查及新颖性检索。审查的内容有确定分类,形式审查,保护范围的审查,说明书、权利要求书和附图的审查,单一性审查。在行政审查、技术审查合格后,应申请人自申请日或优先权日起18个月内提出新颖性检索的要求,工业产权局将委托欧洲专利局海牙分局提出一份文献报告,列出申请中要求保护的与发明有关的现有技术。发明专利如不经上述新颖性检索则转化为实用证书。法国的半审查制对那些审查力量不够但又准备以审查制取代登记制的国家还是有借鉴意义的。

第二节 我国发明专利申请的审查

如前所述,我国对发明专利申请实行延迟审查制。其审批程序包括初步审查、申请的公布、请求实质审查、实质审查以及专利权的授予等。必要时还会存在复审程序。根据《专利法实施细则》的相关规定,在初步审查、实质审查、复审和无效宣告程序中,实施审查和审理的人员有下列情形之一的,应当自行回避,当事人或者其他利害关系人可以要求其回避:(1)是当事人或者其代理人的近亲属的;(2)与专利申请或者专利权有利害关系的;(3)与当事人或者其代理人有其他关系,可能影响公正审查和审理的;(4)国务院专利行政部门成员曾参与原申请的审查的。回避制度的建立,有利于保障当事人的合法权益,保障专利申请审查的公正性。以下对发明专利申请审查程序进行阐述。

---

〔2〕 实际上,在实用新型和外观设计的审查中也包括"明显实质性缺陷"的审查,因此,可以归纳为"初步审查制",而非"形式审查制"。早期公开、延迟审查对应的应是授权公开制度;而初步审查制对应的是实质审查制。

一、初步审查

(一)初步审查的内容和程序

这主要是国务院专利行政部门对专利申请文件进行的形式审查,但也可以包括在一定程度上实质条件的审查。初步审查程序中,应当遵循保密原则、书面审查原则、听证原则和程序节约原则。根据《专利法实施细则》及其他有关规定,初步审查主要内容有:申请手续是否完备,文件是否齐全,表格的填写是否符合规定;申请专利各种必备的证件是否完备;申请专利的主题是否明显不符合发明的定义;专利申请是否明显违反法律、社会公德或者妨碍公共利益;专利申请的内容是否明显不属于专利保护范围;申请人是否已缴纳申请费;是否明显不符合单一性原则;申请人对申请文件的修改是否明显超出原说明书和权利要求书所记载的范围等。除了专利申请文件外,初步审查也涉及与专利申请有关的其他文件的提交是否符合要求。《专利法实施细则》第45条规定:除专利申请文件外,申请人向国务院专利行政部门提交的与专利申请有关的其他文件有下列情形之一的,视为未提交:(1)未使用规定的格式或者填写不符合规定的;(2)未按照规定提交证明材料的。国务院专利行政部门应当将视为未提交的审查意见通知申请人。

《专利法实施细则》第44条第2款规定:"国务院专利行政部门应当将审查意见通知申请人,要求其在指定期限内陈述意见或者补正;申请人期满未答复的,其申请视为撤回。申请人陈述意见或者补正后,国务院专利行政部门仍然认为不符合前款所列各项规定的,应当予以驳回。"申请被驳回后,如申请人不服,可以请求国务院专利行政部门进行复审。对复审决定不服,则可以向北京知识产权法院提起行政诉讼。

(二)明显实质性缺陷审查

发明的初步审查包括形式审查、明显实质性缺陷审查以及合法性审查等内容。其中明显实质性缺陷,是对于申请文件存在不可能通过补正方式克服的缺陷。申请文件存在明显实质性缺陷,在审查员发出审查意见通知书后,经申请人陈述意见或者修改后仍然没有消除的,或者申请文件存在形式缺陷,审查员针对该缺陷已发出过两次补正通知书,经申请人陈述意见或者补正后仍然没有消除的,审查员可以作出驳回决定。按照《专利审查指南》第一部分第一章"7."规定,明显实质性缺陷审查涉及根据《专利法》第2条第2款、第5条、第19条第1款、第25条、第31条第1款、第33条等条款的审查。例如,申请文件仅描述了某些技术指标、优点和效果,而对解决技术问题的技术方案未作任何描述,甚至未描述任何技术内容的,审查员应当发出审查意见通知书,通知申请人在指定期限内陈述意见或者修改。申请人未在指定期限内答复的,审查员应当发出视为撤回通知书;申请人陈述意见或者补正后仍不符合规定的,审查员可以作出驳回决定。又如,修改明显超范围的,如申请人修改了数据或者扩大了数值范围,或者增加了原说明书中没有相应文字记载的技术方案的权利要求,或者增加一页或者数页原说明书或者权利要求中没有记载的发明的实质内容,审查员应当发出审查意见通知书,通知申请人该修改不符合《专利法》第33条的规定,申请人陈述意见或者补正后仍不符合规定的,审查员可以作出驳回决定。应当注意,国务院专利行政部门对于明显的实质条件缺陷的驳回应当谨慎,以免使申请人失去在实质审查阶段获得补救的机会。

此外,如申请涉及国家安全或重大利益,还应进行保密审查。

二、申请的公布

申请的公布也称早期公开。现行《专利法》第 34 条规定:“国务院专利行政部门收到发明专利申请后,经初步审查认为符合本法要求的,自申请日起满十八个月,即行公布。国务院专利行政部门可以根据申请人的请求早日公布其申请。”各国专利法一般也规定满 18 个月公布,这是考虑到外国申请人大多享有优先权,优先权期间为 12 个月,再加上专利局初步审查时间以及印刷准备时间各 3 个月,共计 18 个月。根据前述规定,发明专利申请可以应申请人的要求早于 18 个月的期限提前公布。根据《专利法实施细则》第 46 条的规定,申请人请求早日公布其发明专利申请的,应当向国务院专利行政部门声明。国务院专利行政部门对该申请进行初步审查后,除予以驳回的外,应当立即将申请予以公布;其第 48 条规定,自发明专利申请公布之日起至公告授予专利权之日止,任何人均可以对不符合专利法规定的专利申请向国务院专利行政部门提出意见,并说明理由。

申请的公布意味着专利情报信息向社会公开。申请一旦公布,就会产生一定的法律效果和意义。第一,公布申请意味着该发明已成为公开的技术,其他任何人不能就同样的发明在我国取得专利权,该申请人依法获得了优先申请并取得专利的权利。第二,申请公布后,该发明即获得了一定程度的临时保护。现行《专利法》第 13 条明确规定,发明专利申请公布后,申请人可以要求实施其发明的单位或者个人支付适当的费用。发明内容公开后,申请人无权禁止他人实施,因为该申请能否被批准授予专利权尚不得而知。但发明人应当享有因这种利用而获得经济补偿的权利,申请人有权要求支付适当费用,这也是多数国家的做法。不过这种权利与取得专利后要求赔偿的权利是不同的。它只是一种临时保护,即防止他人在申请公布后任意实施其发明的一种补救办法。申请人享有的这种权利只是一种期待权利,在临时保护期间不具有请求权或诉讼权(请求管理专利工作的部门调处或向法院起诉)。换言之,申请人基于临时保护享有的请求他人支付使用费的诉求并非基于侵权提出,而仅是基于使用费提出的。在《民事案件案由规定》之“专利权权属、侵权纠纷”中,将专利侵权纠纷和临时保护纠纷进行了区分,将临时保护期限内的请求使用费的诉讼归为“发明专利临时保护期使用费纠纷”。但如果申请人在申请公布后即撤回申请,或者申请经实质审查被驳回,他就丧失了请求支付适当费用的权利。至于后面将要论述的先用权人的发明,申请人无论是在授权前还是授权后都是不能请求其支付使用费的。

三、请求实质审查

请求实质审查,是指申请人依照专利法的规定在法定期限内对其申请专利的发明的专利性,请求专利审查部门进行审查。它是启动实质审查程序的前提条件。大多数国家规定请求审查的法定期间(延迟期间)为 2 ~ 7 年,自申请日起计算。要求优先权的,从优先权日起算。这个期间应适中,太长不利于权利稳定,太短起不到延迟审查的作用。现行《专利法》规定的延迟期间为 3 年。其第 35 条第 1 款规定:“发明专利申请自申请日起三年内,国务院专利行政部门可以根据申请人随时提出的请求,对其申请进行实质审查;申请人无正当理由逾期不请求实质审查的，该申请即被视为撤回。”不过，对一些有重大意义的发明，依该条第 2 款规定，“国务院专利行政部门认为必要的时候，可以自行对发明专利申请进行实质审查”。[3] 国外如匈牙利和澳大利亚也有类似规定。只是在实践中极少出现国务院专利行政部门自行审查的情形，申请人不应指望这种“主动审查”。

有些实行延迟审查制的国家既允许申请人，也允许第三人提出实质审查请求。我国《专利法》没有这种规定，这是因为我国《专利法》规定的延迟期间较短，与第三人没有利害关系。

现行《专利法》第 36 条第 1 款规定：“发明专利的申请人请求实质审查的时候，应当提交在申请日前与其发明有关的参考资料。”[4] 其第 37 条则规定：“国务院专利行政部门对发明专利申请进行实质审查后，认为不符合本法规定的，应当通知申请人，要求其在指定的期限内陈述意见，或者对其申请进行修改；无正当理由逾期不答复的，该申请即被视为撤回。”欧洲专利局公布的欧洲专利申请、世界知识产权组织国际局公布通过《专利合作条约》提出的专利申请附有对各该申请的检索报告，就是上面所讲的参考资料。申请人除提交有关资料外，还应当缴纳审查费，否则将视为未提出过实质审查请求。即使是国务院专利行政部门依职权主动进行实质审查时，申请人也应在指定的期限内缴纳审查费。

四、实质审查

实质审查是专利局对发明专利申请的实质性条件所作的审查，是从技术角度审查发明的专利性，其任务是解决能否授予专利权的问题。审查工作由专利局审查员担任，在严格保密的情况下也可以请专利局以外的专家进行。实质审查一般是先进行世界性文献检索，据此判断其新颖性，然后判断发明的创造性和实用性。在此基础上审查员将提出审查意见，并通知申请人修改或陈述意见，最后由审查员作出审查决定。

根据我国《专利法实施细则》及有关规定，实质审查主要审查以下问题：申请专利的发明是否为专利法所称的发明；它是否违反法律、社会公德或者妨碍公共利益；该发明是否属于不能取得专利的发明；申请的公开是否充分；是否符合发明单一性原则，合案申请是否符合专利法的规定；申请专利的发明是否具备授予专利权的专利“三性”条件；说明书的撰写是否符合要求；如申请人对申请已提出了修改或分案申请，是否超出原说明书和权利要求书记载的范围；申请专利的发明的主题是否曾被授予专利权；权利要求书是否以说明书为依据，其写法是否符合专利法的规定等。

在实质审查阶段，专利申请人对其专利申请可以充分地陈述自己的意见并进行修改，但受到一定的限制。《专利法实施细则》第 51 条第 1 款规定：“发明专利申请人在提出实质审查请求时以及在收到国务院专利行政部门发出的发明专利申请进入实质审查阶段通知书之日起的 3 个月内，可以对发明专利申请主动提出修改。”根据现行《专利法》第 38 条的规定，“发明专利申请经申请人陈述意见或者进行修改后，国务院专利行政部门仍然认为不符合本法规定的，应

---

[3] 《专利法实施细则》第 50 条规定：“国务院专利行政部门依照专利法第三十五条第二款的规定对专利申请自行进行审查时，应当通知申请人。”

[4] 《专利法实施细则》第 49 条规定：“发明专利申请人因有正当理由无法提交《专利法》第三十六条规定的检索资料或者审查结果资料的，应当向国务院专利行政部门声明，并在得到有关资料后补交。”

当予以驳回”。该条所指的发明专利申请经实质审查应当予以驳回的情形，具体包括：(1)申请属于《专利法》第5条、第25条规定的情形，或者依照《专利法》第9条规定不能取得专利权的；(2)申请不符合《专利法》第2条第2款、第19条第1款、第22条、第26条第3~5款、第31条第1款或者《专利法实施细则》第20条第2款规定的；(3)申请的修改不符合《专利法》第33条规定，或者分案的申请不符合《专利法实施细则》相关规定的。

有些申请在初步审查中只解决了明显的实质性缺陷问题，在实质审查中仍然要进一步审查。经实质审查后，国务院专利行政部门认为发明专利申请不符合专利法规定的，应当通知申请人或其代理人，要求其在指定的期限内陈述意见或者对其申请进行修改。发明专利申请经申请人陈述意见或进行修改后，国务院专利行政部门仍认为不符合规定的，有权予以驳回，并通知申请人或其代理人。申请人对国务院专利行政部门驳回申请的决定不服的，可以在收到通知之日起3个月内向国务院专利行政部门请求复审。对复审决定仍然不服的，则可以向北京知识产权法院提起行政诉讼。关于复审程序，将在后面阐述。

第三节　我国实用新型和外观设计专利申请的审查

对于实用新型和外观设计专利申请，多数国家采用初步审查制，不进行实质审查，[5]我国也不例外。国务院专利行政部门对这两种专利申请的初步审查的内容与对发明专利申请初步审查大体相同，包括形式审查、明显实质性缺陷审查、合法性审查等。审查的基本原则亦有保密原则、书面原则、听证原则和程序节约原则等。

就实用新型和外观设计专利申请而言，初步审查的内容有：实用新型专利申请是否明显属于《专利法》第5条、第25条规定的情形，是否不符合《专利法》第17条、第18条第1款、第19条第1款或者《专利法实施细则》第16~19条、第21~23条的规定，是否明显不符合《专利法》第2条第3款、第22条第2款及第4款、第26条第3~4款、第31条第1款、第33条或者《专利法实施细则》第20条、第43条第1款的规定，是否依照《专利法》第9条的规定不能取得专利权；外观设计专利申请是否明显属于《专利法》第5条、第25条第1款第(6)项规定的情形，是否不符合《专利法》第17条、第18条第1款或者《专利法实施细则》第16条、第27条、第28条的规定，是否明显不符合《专利法》第2条第4款、第23条第1款、第27条第2款、第31条第2款、第33条或者《专利法实施细则》第43条第1款的规定，是否依照《专利法》第9条的规定不能取得专利权；申请文件是否符合《专利法实施细则》第2条、第3条第1款的规定。简言之，主要内容有：申请的主题是否为专利法所说的实用新型或外观设计；请求书是否符合规定的格式和填写要求；实用新型的说明书及其附图和权利要求书的撰写是否符合专利法的要求；外观设计专利申请的图片或者照片是否符合要求；申请是否符合单一性；申请费是否缴纳；申请人委托代理机构的有无委托书；申请的主题是否违反法律、社会公德或者妨碍公共利益；申请人是外国人时，是否有资格在我国提出申请，以及是否委托依法成立的代理机构

〔5〕 这里的初步审查包括“明显实质性缺陷”等内容的审查，并非完全的形式审查。

办理等。

国务院专利行政部门经初步审查认为申请不符合上述形式要求和一定程度的实质要求，应当通知申请人，要求其在指定的期限内陈述意见或对其申请进行修改。经申请人陈述或修改后仍不符合要求的，应将申请驳回。

对于实用新型和外观设计专利申请的审查，《专利法》和《专利法实施细则》规定了修改申请的时限和要求。《专利法实施细则》第51条第2款规定，实用新型或者外观设计专利申请人自申请日起2个月内，可以对实用新型或者外观设计专利申请主动提出修改；第52条规定，发明或者实用新型专利申请的说明书或者权利要求书的修改部分，除个别文字修改或者增删外，应当按照规定格式提交替换页。外观设计专利申请的图片或者照片的修改，应当按照规定提交替换页。此外，依照《专利法实施细则》第47条的规定，申请人写明使用外观设计的产品及其所属类别的，应当使用国务院专利行政部门公布的外观设计产品分类表。未写明使用外观设计的产品所属类别或者所写的类别不确切的，国务院专利行政部门可以予以补充或者修改。

第四节　复审程序

一、复审程序的概念与意义

在专利申请审查中，由于审查员的经验、水平和对法律的理解不同及其他各方面的原因，专利申请被错误地驳回或不适当地授予专利权的情况在所难免。复审程序的设置有利于维护当事人的合法权益以及社会公众利益，纠正专利审查部门审查工作中的失误。因此，多数国家专利法允许申请人对专利局作出的决定不服时提出申诉。

现行《专利法》第41条规定："专利申请人对国务院专利行政部门驳回申请的决定不服的，可以自收到通知之日起三个月内向国务院专利行政部门请求复审。国务院专利行政部门复审后，作出决定，并通知专利申请人。专利申请人对国务院专利行政部门的复审决定不服的，可以自收到通知之日起三个月内向人民法院起诉。"值得指出的是，如前所述，随着我国相关职能部门改革，2008年《专利法》第41条规定的负责复审的部门"专利复审委员会"已并入国家知识产权局，不再设立独立的专利复审委员会。在过去专利复审委员会的工作机制中，其由国务院专利行政部门指定的技术专家和法律专家组成，主任委员由国务院专利行政部门负责人兼任，是一个具有准司法性质的行政机构。

复审程序是因申请人对驳回决定不服而启动的救济程序，同时也是专利审批程序的延续。因此，一方面，国务院专利行政部门一般仅针对驳回决定所依据的理由和证据进行审查，不承担对专利申请全面审查的义务；另一方面，为提高专利授权的质量，避免不合理地延长审批程序，国务院专利行政部门可以依职权对驳回决定未提及的明显实质性缺陷进行审查。复审请求不是针对国务院专利行政部门作出的驳回决定的，不予受理。被驳回申请的申请人可以向国务院专利行政部门提出复审请求。复审请求人不是被驳回申请的申请人的，其复审请求不予受理。被驳回申请的申请人属于共同申请人的，如果复审请求人不是全部申请人，国务院专利行政部门应当通知复审请求人在指定期限内补正；期满未补正的，其复审请求视为未提出。[6] 复审程序的启动必须以专利申请人依法提出复审请求为前提，所以复审并非专利申请审批流程的一个必经程序，而是一个具有监督和补救性质的独立的法律程序。

二、复审程序的原则

根据《专利审查指南》第四部分第一章“2.”规定，复审程序及后面探讨的无效宣告程序中普遍适用的原则包括合法原则、公正执法原则、请求原则、依职权审查原则、听证原则和公开原则等。

第一，合法原则。国务院专利行政部门应当依法行政，复审请求案件（以下简称复审案件）的审查程序和审查决定应当符合法律、法规、规章等有关规定。

第二，公正执法原则。国务院专利行政部门以客观、公正、准确、及时为原则，坚持以事实为根据，以法律为准绳，独立地履行审查职责，不徇私情，全面、客观、科学地分析判断，作出公正的决定。

第三，请求原则。复审程序应当基于当事人的请求启动。请求人在国务院专利行政部门作出复审请求审查决定前撤回其请求的，其启动的审查程序终止。请求人在审查决定的结论已宣布或者书面决定已发出之后撤回请求的，不影响审查决定的有效性。

第四，依申请审查原则。在复审程序中，复审部门一般仅针对驳回决定所依据的理由、证据和认定的事实进行审查。也就是说，对于其他方面一般不进行审查。

第五，听证原则。在作出审查决定之前，应当给予审查决定对其不利的当事人针对审查决定所依据的理由、证据和认定的事实陈述意见的机会，即审查决定对其不利的当事人已经通过通知书、转送文件或者口头审理被告知过审查决定所依据的理由、证据和认定的事实，并且具有陈述意见的机会。在作出审查决定之前，在已经根据人民法院或者地方知识产权管理部门作出的生效的判决或者调解决定变更专利申请人的情况下，应当给予变更后的当事人陈述意见的机会。

第六，公开原则。除了根据国家法律、法规等规定需要保密的案件（包括专利申请人不服初审驳回提出复审请求的案件）以外，其他各种案件的口头审理应当公开举行，审查决定应当公开出版发行。[7]

三、复审程序的基本内容

（一）复审请求的提出与文件修改

根据《专利法实施细则》的规定，依照《专利法》第 41 条的规定向国务院专利行政部门请求复审的，应当提交复审请求书，说明理由，必要时还应当附具有关证据。复审请求不符合《专利法》第 18 条第 1 款或者第 41 条第 1 款规定的，国务院专利行政部门会不予受理，书面通知复审请求人并说明理由。复审请求书不符合规定格式的，复审请求人应当在国务院专利行

[6] 《专利审查指南》第四部分第二章“2.2”。

[7] 《专利审查指南》第四部分第一章“2.1”至“2.6”。

政部门指定的期限内补正；期满未补正的，该复审请求视为未提出。请求人在提出复审请求或者在对国务院专利行政部门的复审通知书作出答复时，可以修改专利申请文件；但是，修改应当仅限于消除驳回决定或者复审通知书指出的缺陷。修改的专利申请文件应当提交一式两份。

（二）复审请求的审查

国务院专利行政部门对符合规定格式的请求书和原专利申请案卷一并转交原审查部门处理。此为“前置审查”。根据《专利审查指南》第四部分第二章“3.1”的规定，原审查部门应当提出前置审查意见，作出前置审查意见书。除特殊情况外，前置审查应当在收到案卷后1个月内完成。前置审查使原审查部门对其决定有一个重新考虑的机会。前置审查通常由原审查员再次审查。根据《专利审查指南》第四部分第二章“3.2”解释，前置审查意见分为下列三种类型：(1)复审请求成立，同意撤销驳回决定；(2)复审请求人提交的申请文件修改文本克服了申请中存在的缺陷，同意在修改文本的基础上撤销驳回决定；(3)复审请求人陈述的意见和提交的申请文件修改文本不足以使驳回决定被撤销，因而坚持驳回决定。简言之，原审查部门可以撤销原决定，也可以维持原决定。对前者而言，国务院专利行政部门可以不再进行复审。在后一种情况下，国务院专利行政部门要组成合议组继续进行审理。复审后认为复审请求不符合专利法规定的，应当通知复审请求人并要求其在规定期限内陈述意见，期满未答复的，该复审请求被视为撤回。当然，当事人也有权在法律规定范围内处分自己的权利。前置审查制度体现于《专利法实施细则》第62条的规定中。根据该规定，复审部门应当将受理的复审请求书转交国务院专利行政部门原审查部门进行审查。原审查部门根据复审请求人的请求，同意撤销原决定的，复审部门应当据此作出复审决定，并通知复审请求人。国务院专利行政部门进行复审后，认为复审请求不符合《专利法》和《专利法实施细则》有关规定的，应当通知复审请求人，要求其在指定期限内陈述意见。期满未答复的，该复审请求视为撤回；经陈述意见或者进行修改后，国务院专利行政部门认为仍不符合《专利法》和《专利法实施细则》有关规定的，应当作出维持原驳回决定的复审决定。国务院专利行政部门进行复审后，认为原驳回决定不符合《专利法》和《专利法实施细则》有关规定的，或者认为经过修改的专利申请文件消除了原驳回决定指出的缺陷的，应当撤销原驳回决定，由原审查部门继续进行审查程序。

（三）复审决定的作出

依《专利法实施细则》第64条的规定，复审请求人在复审部门作出决定前，可以撤回其复审请求。复审请求人在复审部门作出决定前撤回其复审请求的，复审程序终止。除此之外，根据《专利审查指南》第四部分第二章“4.3”规定，复审请求因期满未答复而被视为撤回的，复审程序终止。已受理的复审请求因不符合受理条件而被驳回请求的，复审程序终止。复审决定作出后，复审请求人不服该决定的，可以根据《专利法》第41条第2款的规定在收到复审决定之日起3个月内向人民法院起诉；在规定的期限内未起诉或者人民法院的生效判决维持该复审决定的，复审程序终止。

经复审后，国务院专利行政部门应依法作出复审决定。根据《专利审查指南》第四部分第二章“5.”的规定，这种复审请求审查决定（以下简称复审决定）分为下列三种类型：(1)复审请求不成立，维持驳回决定；(2)复审请求成立，撤销驳回决定；(3)专利申请文件经复审请求人修改,克服了驳回决定所指出的缺陷,在修改文本的基础上撤销驳回决定。上述第(2)种类型包括下列情形:一是驳回决定适用法律错误。二是驳回理由缺少必要的证据支持的。三是审查违反法定程序的。例如,驳回决定以申请人放弃的申请文本或者不要求保护的技术方案为依据;在审查程序中没有给予申请人针对驳回决定所依据的事实、理由和证据陈述意见的机会;驳回决定没有评价申请人提交的与驳回理由有关的证据,以致可能影响公正审理的。四是驳回理由不成立的其他情形。概言之,复审决定有两种情况:一种是维持国务院专利行政部门的决定,驳回复审请求;另一种是撤销国务院专利行政部门的决定,批准复审请求。国务院专利行政部门应当以书面形式通知专利申请人、专利权人或专利权无效宣告请求人。

根据《专利法》的规定,复审程序仅适用于专利申请被国务院专利行政部门驳回的情形,对国务院专利行政部门不予受理、视为撤回之类的通知或决定不服而请求复审的,只能按照国务院专利行政部门行政复议规程请求国务院专利行政部门行政复议处进行复议。

第五节 专利权的授予

现行《专利法》第 39 条规定:"发明专利申请经实质审查没有发现驳回理由的,由国务院专利行政部门作出授予发明专利权的决定,发给发明专利证书,同时予以登记和公告。发明专利权自公告之日起生效。"其第 40 条规定:"实用新型和外观设计专利申请经初步审查没有发现驳回理由的,由国务院专利行政部门作出授予实用新型专利权或者外观设计专利权的决定,发给相应的专利证书,同时予以登记和公告。实用新型专利权和外观设计专利权自公告之日起生效。"从上述规定可知,发明专利申请经实质审查、实用新型和外观设计专利申请经初步审查没有发现驳回理由的,国务院专利行政部门应分别作出授予发明、实用新型或外观设计专利权的决定,发给相应的专利证书,并予以登记和公布。

就实用新型专利申请而言,根据《专利审查指南》第一部分第二章"3.1"的规定,能够授予专利权的实用新型专利申请包括不需要补正就符合初步审查要求的专利申请,以及经过补正符合初步审查要求的专利申请。授予专利权通知书除收件人信息、著录项目外,还应指明授权所依据的文本和实用新型名称。审查员依职权修改的,还应当写明依职权修改的内容。

此外,为保障《专利法》相关规定的落实,《专利法实施细则》还规定了一些具体的制度。

一是避免重复授权的处理办法。《专利法实施细则》第 41 条第 1 款规定:"两个以上的申请人同日(指申请日;有优先权的,指优先权日)分别就同样的发明创造申请专利的,应当在收到国务院专利行政部门的通知后自行协商确定申请人。"其第 2 款规定:"同一申请人在同日(指申请日)对同样的发明创造既申请实用新型专利又申请发明专利的,应当在申请时分别说明对同样的发明创造已申请了另一专利;未作说明的,依照专利法第九条第一款关于同样的发明创造只能授予一项专利权的规定处理。"其第 3 款规定:"国务院专利行政部门公告授予实用新型专利权,应当公告申请人已依照本条第二款的规定同时申请了发明专利的说明。"其第 4 款规定:"发明专利申请经审查没有发现驳回理由,国务院专利行政部门应当通知申请人在规定期限内声明放弃实用新型专利权。申请人声明放弃的,国务院专利行政部门应当作出授予发明专利权的决定，并在公告授予发明专利权时一并公告申请人放弃实用新型专利权声明。申请人不同意放弃的，国务院专利行政部门应当驳回该发明专利申请；申请人期满未答复的，视为撤回该发明专利申请。”其第5款规定：“实用新型专利权自公告授予发明专利权之日起终止。”

二是关于保密专利申请授权问题，《专利法实施细则》第55条规定：保密专利申请经审查没有发现驳回理由的，国务院专利行政部门应当作出授予保密专利权的决定，颁发保密专利证书，登记保密专利权的有关事项。

三是实用新型或者外观设计专利权授权后专利权评价报告问题。依《专利法实施细则》的规定，授予实用新型或者外观设计专利权的决定公告后，《专利法》规定的专利权人或者利害关系人可以请求国务院专利行政部门作出专利权评价报告。请求作出专利权评价报告的，应当提交专利权评价报告请求书，写明专利号。每项请求应当限于一项专利权。专利权评价报告请求书不符合规定的，国务院专利行政部门应当通知请求人在指定期限内补正；请求人期满未补正的，视为未提出请求。国务院专利行政部门应当自收到专利权评价报告请求书后2个月内作出专利权评价报告。对同一项实用新型或者外观设计专利权，有多个请求人请求作出专利权评价报告的，国务院专利行政部门仅作出一份评价报告。任何单位或者个人可以查阅或者复制该专利权评价报告。国务院专利行政部门对专利公告、专利单行本中出现的错误，一经发现，应当及时更正，并对所作更正予以公告。

四是申请人办理登记手续问题。依《专利法实施细则》的规定，国务院专利行政部门发出授予专利权的通知后，申请人应当自收到通知之日起2个月内办理登记手续。申请人按期办理登记手续的，国务院专利行政部门应当授予专利权，颁发专利证书，并予以公告。期满未办理登记手续的，视为放弃取得专利权的权利。申请人按期办理登记手续的，国务院专利行政部门将对授权决定予以登记和公告，颁发专利证书。专利权自国务院专利行政部门颁发专利证书之日起生效。颁发专利证书之日也就是在专利公报〔8〕上公告授予专利权的日期，同时也是专利登记簿〔9〕上登记的日期。这三个日期是一致的，它们都是专利权授予日。专利权从授予之日起即会产生一系列法律后果，即专利权人依法享有法律赋予的各种权利，同时也应履行相应的义务。

---

〔8〕 根据《专利法实施细则》第90条的规定，国务院专利行政部门定期出版的专利公报公布或者公告的内容有：(1)发明专利申请的著录事项和说明书摘要；(2)发明专利申请的实质审查请求和国务院专利行政部门对发明专利申请自行进行实质审查的决定；(3)发明专利申请公布后的驳回、撤回、视为撤回、视为放弃、恢复和转移；(4)专利权的授予以及专利权的著录事项；(5)发明或者实用新型专利的说明书摘要，外观设计专利的一幅图片或者照片；(6)国防专利、保密专利的解密；(7)专利权的无效宣告；(8)专利权的终止、恢复；(9)专利权的转移；(10)专利实施许可合同的备案；(11)专利权的质押、保全及其解除；(12)专利实施的强制许可的给予；(13)专利权人的姓名或者名称、地址的变更；(14)文件的公告送达；(15)国务院专利行政部门作出的更正；(16)其他有关事项。

〔9〕 根据《专利法实施细则》第89条的规定，国务院专利行政部门设置的专利登记簿登记与专利申请和专利权有关的事项有：(1)专利权的授予；(2)专利申请权、专利权的转移；(3)专利权的质押、保全及其解除；(4)专利实施许可合同的备案；(5)专利权的无效宣告；(6)专利权的终止；(7)专利权的恢复；(8)专利实施的强制许可；(9)专利权人的姓名或者名称、国籍和地址的变更。

第六节　国际申请的审查与批准

一、国际申请的初步审查

如前一章第八节所述,这里的国际申请是指进入中国国家阶段的要求获得专利保护的国际申请。对要求获得发明专利权的国际申请,国务院专利行政部门经初步审查认为符合《专利法》和《专利法实施细则》有关规定的,应当在专利公报上予以公布;国际申请以中文以外的文字提出的,应当公布申请文件的中文译文。

关于国际申请公布后的临时保护,由国际局以中文进行国际公布的,自国际公布日起适用《专利法》第13条的规定,申请人可以要求实施其发明的单位或者个人支付适当的费用;由国际局以中文以外的文字进行国际公布的,自国务院专利行政部门公布之日起适用《专利法》第13条的规定,申请人同样可以要求实施其发明的单位或者个人支付适当的费用。

二、国际审查的实质审查

(一)实质审查的基本要求

《专利审查指南》第三部分第二章对进入中国国家阶段的国际申请的实质审查程序作了详细规定。进入国家阶段的国际申请的实质审查,是指对符合《专利法》《专利法实施细则》的规定进入国家阶段要求获得发明专利保护的国际申请的实质审查。进入国家阶段的国际申请,可以是根据《专利合作条约》第22条未经国际初步审查的国际申请,也可以是根据其第39条经过国际初步审查的国际申请。

《专利审查指南》第三部分第二章"2.1"指出:根据《专利合作条约》第27(1)条的规定,任何缔约国的本国法不得对国际申请的形式或内容提出与《专利合作条约》及其实施细则的规定不同的或其他额外的要求。《专利合作条约》第27(5)条则规定,《专利合作条约》及其实施细则中,没有一项规定的意图可以解释为限制任何缔约国按其意志规定授予专利权的实施条件的自由。尤其是《专利合作条约》及其实施细则关于现有技术的定义的任何规定是专门为国际程序使用的,因而各缔约国在确定国际申请中请求保护的发明是否可以被授予专利权时,可以自由适用本国法关于现有技术的标准。基于《专利合作条约》的规定,对于进入国家阶段的国际申请,应当根据以下原则进行审查:(1)申请的形式或内容,适用专利法及其实施细则和审查指南的规定,但上述规定与《专利合作条约》及其实施细则的规定不同的,以《专利合作条约》及其实施细则的规定为准。(2)授予专利权的实质条件,适用专利法及其实施细则和审查指南的规定。

在进入国家阶段时,国际申请的申请人需要在书面进入声明中确认其希望专利局依据的审查文本。国际申请国家阶段的实质审查,应当按申请人的请求,依据其在书面声明中确认的文本以及随后提交的符合有关规定的文本进行。作为审查基础的文本以审查基础声明中指明的为准。审查基础声明包括:进入国家阶段时在进入国家阶段的书面声明规定栏目中的指明,以及进入国家阶段之后在规定期限内以补充声明的形式对审查基础的补充指明。后者是对前者的补充和修正。对于国际阶段的修改文件,进入国家阶段未指明作为审查基础的,或者虽指明但未按规定提交中文译文的,不作为实质审查的基础。

此外,申请人在国际申请进入国家阶段后提出实质审查请求时,或者在收到专利局发出的发明专利申请进入实质审查阶段通知书之日起3个月内,可以根据《专利法实施细则》有关规定对申请文件进行修改。[10]

（二）实质审查的内容

对于进入国家阶段的国际申请的实质审查,审查员应当对该专利申请是否符合专利法及其实施细则的实质要求作出独立的判断。

实质审查涉及的内容有:(1)审查申请是否属于不授予专利权的发明创造。(2)优先权审查,国际申请的优先权不能成立的,审查员应当通知申请人。在这种情况下,这些标有PX、PY的对比文件在对国际申请进行新颖性、创造性审查时可作为评价其新颖性、创造性的现有技术。国际申请的优先权成立的,则应当对其中标有PX的对比文件进行核查。若标有PX的对比文件是中国的专利申请(或专利),或者是指定中国的国际申请,且其申请日早于该国际申请的优先权日,则在对该国际申请进行新颖性审查时,应当判断该对比文件是否构成抵触申请。(3)新颖性和创造性的审查。对于专利性国际初步报告中列出但没有被国际初步审查意见考虑的某些已公布的文件和非书面公开,在进入国家阶段的国际申请的实质审查中,对发明的新颖性和创造性进行判断时应予考虑。(4)单一性的审查。在申请人提出的作为审查基础的申请文件中,要求保护的发明是否存在缺乏单一性的多项发明。(5)避免重复授权的审查。如果进入国家阶段的国际申请要求的是在中国提出的在先申请的优先权,或者要求的是已经进入中国国家阶段的在先国际申请的优先权,则可能造成重复授权。[11]

本章案例研讨

◈ 涉及化合物发明专利申请不具有新颖性推定中的举证责任分配

某公司、国家知识产权局发明专利申请驳回复审案[12]

2010年5月19日,某公司向国家知识产权局提出申请号为20108002××××.0的发明专利申请(以下简称本申请)。国家知识产权局于2014年12月16日对本申请作出驳回决定。国家知识产权局专利复审委员会(以下简称专利复审委员会)针对某公司本申请提起复审请求,作出驳回决定。专利复审委员会在该决定中认为:本申请权利要求1、4～6不具备《专利

[10]《专利审查指南》第三部分第二章“3.2”。

[11]《专利审查指南》第三部分第二章“5.”。

[12] 选自最高人民法院(2020)最高法知行终97号行政判决书。另参见北京知识产权法院(2016)京73行初6698号行政判决书、国家知识产权局第110127号复审请求审查决定。

法》第22条第2款规定的新颖性,权利要求2、3、7、9、11～17不具备《专利法》第22条第3款规定的创造性。某公司不服该驳回复审决定,向北京知识产权法院提起诉讼。北京知识产权法院维持该驳回复审决定。某公司因不服北京知识产权法院一审判决,向最高人民法院提起上诉。该案中,涉案申请的优先权日在2009年10月1日前,依照相关法律规定,本案应适用2001年专利法进行审理。

最高人民法院将本案争议焦点归纳为:本申请权利要求1是否具备新颖性。具体而言为,本案中对比文件1虽然提到了本申请的化合物,但本领域技术人员基于对比文件1所公开的制造方法无法成功制造出该化合物,此时是否就能认定申请人证成了"申请日之前无法获得该化合物"。如果不能,则就此的举证责任是否应当转移至国家知识产权局。

本案中,最高人民法院查明和认定了以下几个方面的问题:

第一,当申请人主张用实验方法推翻提到即公开的推定时,其所提交的不能制备得到本申请的化合物的实验方法应当具备什么条件。本案中,某公司主张在对比文件1中已经提及本申请权利要求1中的化合物,而采用对比文件1实施例的制备方法无法制备出本申请权利要求1中的化合物,故应当推定在本申请申请日之前无法获得该化合物。对此,最高人民法院认为,专利申请要求保护一种化合物的,如果在一份对比文件里已提到该化合物,即推定该化合物不具备新颖性,但申请人能提供证据证明在申请日之前无法获得该化合物的除外。专利申请人主张申请日之前无法获得专利申请要求保护的化合物的,不仅应当证明利用对比文件所载实验方法无法制得该化合物,还应当证明采用所属技术领域的常规实验方法,在根据原料等的不同对常规实验方法作出适应性调整,排除非考察因素可能的影响,充分发挥本领域技术人员的常规技能的情况下,亦无法制得该化合物。

具体到本案,当事人双方在本案二审中均认可,无法确定证据1采用对比文件1实施例的制备方法是所属技术领域常规的有代表性的制备方法。证据1采用对比文件1实施例的制备方法来尝试合成本申请权利要求1的化合物。实施例的制备方法采用的是具体的原料配比和实验条件,该原料配比和实验条件均为具体的反应物和点值。对于所属领域技术人员而言,有机化合物的合成直接由反应的原料配比和实验条件来决定,故而证据1所记载的制备方式仅涵盖了潜在能够合成本申请权利要求1限定的化合物制备方法范围中非常小的一个点值。在此情况下,该证据的证明力并不足以覆盖对比文件1所涉及的制备方法,尚不足以得出根据对比文件1的制备方法无法合成本申请权利要求1限定的化合物的结论。

第二,申请人提交的不能制备得到本申请的化合物的实验方法之实验结果需要达到何种程度,才能将本申请的申请日之前能否获得本申请的化合物的举证责任转移至国家知识产权局。最高人民法院认为,举证责任能否在双方当事人之间转移,取决于人民法院对负有证明责任的一方当事人所提供证据的证明力的综合评价结果。如果对负有证明责任一方当事人所提供证据进行审查判断后,认为其证明力具有明显优势并初步达到了相应的证明标准,此时可以不再要求该方当事人继续提供证据,而转由另一方当事人提供相反证据。同时,基于对证明待证事实的证据的审查判断之结果,并结合其他相关事实,认为待证事实的存在具有高度可能性的,才应当依法对该事实予以认定。但是,本案中对比文件1提及了本申请的化合物,某公司仅证明对比文件1所载实验方法不能制备本申请化合物,但未就本领域常规实验方法的制备可能性举证，某公司的证据尚不足推翻对比文件1已破坏了本申请新颖性的推定。而且，某公司因其提交的实验方法并非所属技术领域的常规的具有代表性的制备方法，同时该实验之时并未根据原料不同作了适当变化、排除了非考察因素可能的影响，故基于某公司提供的证据尚不能对在本申请的申请日之前获得本申请的化合物产生高度盖然的合理怀疑，此时基于前述论述，就此的举证责任尚未达到要进行举证责任转移的程度。因此，本案就此的举证责任还不用转移至国家知识产权局，国家知识产权局在此情况下还无需就该问题进行举证。

基于上述认定，最高人民法院判决驳回上诉，维持原判。

本案在性质上属于发明专利申请驳回复审行政纠纷案。其争议的焦点涉及化合物发明不具有新颖性推定中的举证责任分配问题。《专利审查指南》第二部分第十章“5.1”“化合物的新颖性”中规定：专利申请要求保护一种化合物的，如果在一份对比文件里已经提到该化合物，即推定该化合物不具备新颖性，但申请人能提供证据证明在申请日之前无法获得该化合物的除外。本案中，法院认定在举证责任分配上，基于某公司并未就本领域常规实验方法的制备可能性举证，申请日之前能否获得本申请的化合物的举证责任不能转移到国家知识产权局。本案为理解和认识我国专利法规定的专利申请驳回复审行政程序及后续的司法救济程序的规定，以及发明专利授权案件中如何理解相关举证责任分配问题，提供了实用的范例。

第七章 专利权人的权利与义务

专利权作为知识产权的重要内容,是一种具有专有性的权利。这一权利依法受法律保护。同时,基于权利义务一致性原理以及专利制度的立法宗旨,专利权人在享有专利权的同时,还需要承担一定的义务。

第一节 专利权及其效力

专利权人的权利,是专利权人依法对其发明创造享有的权利,是专利权人在一定的时间和范围内对取得专利的发明创造所享有的专有权利。在一般意义上,专利权人的权利就是指专利权。

专利权人是专利权的主体,对专利享有所有权。专利权人享有的专利权是国家依法授予专利权人对其发明创造在一定期限内的专有权,包括精神方面的权利和物质方面的权利。前者是指作为专利权人的发明人或设计人所享有的与其人身不可分离的权利,其中最主要的是在专利文件中写明自己是发明人或设计人的权利。后者是因利用专利发明创造而产生的具有经济内容的权利,包括独占实施权等权利。

也有观点认为,专利权作为知识产权,与著作权具有人身权与财产权双重属性不太一样。专利权的人身权属性较弱,或者说很少有精神性权利;专利权主要体现为物质性权利,即对专利技术方案的生产经营性使用的控制权。上述专利权人作为发明人或设计人所享有的在专利文件中写明自己是发明人或设计人的权利,实际上并非专利权人的权利,也非专利权的内容,而仅仅是发明人或设计人表明身份的权利。

专利权的效力包含相互对立又密切联系的两个方面。从积极效力看,专利权人享有充分利用其发明创造的专有权,国家则通过授予专利权来激励研发者。从消极效力看,专利权人有权禁止其他任何人利用其取得专利的发明创造,其他任何人都负有不侵犯专利权人专有权的义务,这表现为一种禁止权。这种禁止权旨在通过控制他人未经许可的使用,排除市场中的不正当竞争,从而获得合法的市场垄断地位,以收回研发成本。

第二节 专利权的内容

一、专利权人自己实施其专利的权利

关于专利权的内容，很多国家是从禁止权的角度作出规定的。我国《专利法》也只是规定专利权人有权禁止他人未经许可实施其专利，没有规定专利权人享有独占实施权。在一般情况下，专利权人自己实施其专利的权利是不言而喻的，因为专利制度的目的之一就是保护发明创造专利权，保护专利权人的专有权。但是，专利权人自己实施专利也可能受到一定限制，如药品、食品的生产应得到国家专门许可才能生产、销售，这类发明创造的专利权人未获相应许可时不能自行实施其专利。可见，专利证书与生产许可证并不能画等号。不过就一般原则而论，专利权人享有实施其专利的权利，而且这种权利是一种独占性的实施权。

二、专利权人禁止他人未经许可实施其专利的权利

前面已指出，禁止权是专利权效力的重要方面，很多国家即是从禁止权的角度界定专利权内容的。根据现行《专利法》第11条的规定，发明和实用新型专利权被授予后，除专利法另有规定的以外，任何单位或者个人未经专利权人许可，都不得实施其专利，即不得为生产经营目的制造、使用、许诺销售、销售、进口其专利产品，或者使用其专利方法以及使用、许诺销售、销售、进口依照该专利方法直接获得的产品。外观设计专利权被授予后，任何单位或者个人未经专利权人许可，都不得实施其专利，即不得为生产经营目的制造、许诺销售、销售、进口其外观设计专利产品。由于产品专利权与方法专利权、发明和实用新型专利权与外观设计专利权不尽相同，这种权利的表现有以下几种情形。

（一）产品专利和实用新型专利中专利权人的禁止权

专利权人享有禁止他人未经许可制造、使用、许诺销售、销售或进口其专利产品的权利。

专利产品是专利说明书和权利要求书内写明的产品。制造专利产品是为生产经营目的生产、加工专利说明书中所描述的产品。制造的产品可能是一种独立的产品，也可能是构成其他产品的一个部件。不论该产品制造了多少，是用什么方法制造的，只要是与专利产品“相同”的产品，就构成专利侵权。对于制造与专利产品“类似”的产品，专利权人是否有权禁止，这要看专利说明书和权利要求书的内容。根据我国专利法的规定，如果依专利说明书和附图，权利要求书的内容也包括与权利要求书中说明的技术方案相类似的方案，那么类似的产品也包括在内。很多国家也采用了这种判定方法。使用、销售“相似”产品的判定也一样。

使用专利产品是根据专利产品的技术性能使该产品得到应用。无论是单独使用还是作为产品或其他产品组成部分使用，也无论是反复使用还是只使用一次，是利用其一个用途还是几个用途，都是这里所讲的使用。但是，“使用”的效力限于专利权人本身的事实行为，若使用由专利权人制造并销售或由其合法被许可人制造并销售的产品，专利权人是不能禁止的。

之所以要禁止他人未经许可的许诺销售，主要在于通过扩张专利权人的禁止权的效力，使

他人不仅不能制造和销售，也不能向第三人提供销售的允诺（合同法上的要约邀请），从而减少专利侵权行为的发生，即通过对侵权行为的生产、销售及流通等一系列环节的控制来达到更好保护专利权的目的。

销售专利产品是指为生产经营目的销售属于专利保护范围内的产品，即将专利说明书中描述的产品投放市场。但销售由专利权人制造并售出或经其许可而投放国内市场的产品，不构成专利侵权。

进口专利产品涉及专利权人对专利产品的进口权问题。将在后面讨论。

（二）方法发明专利权人的禁止权

专利方法可以分为不能制造产品的单纯方法和能制造产品的专利方法。根据我国《专利法》的规定，专利权人有权禁止未经其许可使用其专利方法以及使用、许诺销售、销售、进口依照专利方法直接获得的产品。

专利方法指的是专利说明书和权利要求书所描述的方法。使用专利方法是为达到方法发明的本来目的或者为获得方法发明的效果而进行的使用。

我国1984年《专利法》对方法专利只保护专利方法本身的使用，对依照该方法直接获得的产品的使用和销售则不禁止，如果专利权人希望这种产品也获得专利保护，他就得在权利要求书中写明。近些年来，随着我国专利技术市场的不断发育以及国际经济技术交流的扩大，方法专利的效力不及于用该方法制造的产品的弊端日益明显。因为作为方法专利表现形式的专利方法的无形性决定了专利方法是否被他人使用，很难发现，也很难证明。方法专利所包含的技术方案只有在使用专利方法的过程中才能体现。专利方法作为体现方法专利的一系列有序的技术或步骤，其无形性加之侵权行为的隐蔽性使得专利权人很难发现、证明侵权的存在。即使发现了依专利方法获得的相同产品，由于法律对这种产品不给予保护，产品制造人往往以保护自己商业秘密为由进行对抗，阻挠使用专利方法的取证。而且，有些方法发明属于重要的技术成果，如果依该方法获得的产品根据专利法规定不能获得保护，第三人就可以在该方法专利无效的地域内使用这一方法，并将生产的产品进口到我国，损害专利权人的利益。所以，将方法专利和依该方法直接获得的产品作为一个整体加以考虑，对方法专利进行延伸——将其效力扩大到产品，非常必要。

自20世纪80年代以来，越来越多的国家已将方法专利延伸到依照专利方法直接获得的产品。世界知识产权组织从1986年开始组织“关于协调发明保护法某些规定的专家委员会”，几次会议都提出方法专利保护范围应扩大到用该方法直接制造的产品。即令用专利方法制造的产品本身没有专利性或不能给予专利保护，这种权利延伸仍能成立。我国《专利法》顺应了这种国际趋势。

关于方法专利延伸的适用范围，需要注意：（1）对不是制造产品的方法专利不能适用。（2）这种产品必须是依该专利方法制造的产品。对不是用专利方法制造出的相同产品，方法专利权人无权阻止他人使用、销售和进口。而且，当方法专利的产品是第三人的一项专利产品时，方法专利的所有权也不能延伸到该专利产品上，因为此时产品专利的存在将排除任何人在未经其许可的情况下使用任何方法——包括方法专利权人的专利方法制造这一专利产品。如前所述，产品专利对专利产品的保护不受生产方法的影响，当然，此时产品专利权人未经许可也不得使用该专利方法制造专利产品。这种产品是指依专利方法“直接获得的”产品，即使用了专利方法后，其标的物所形成的相应产品。

（三）外观设计专利权人的禁止权

1. 外观设计专利权人禁止权的内涵

外观设计专利受保护的内容有：外观设计专利权被授予后，任何单位或者个人未经专利权人许可，都不得实施其专利，即不得为生产经营目的制造、许诺销售、销售、进口其外观设计专利产品。所谓制造，是指专利申请文件中描述的该外观设计专利产品被生产出来。专利权人有权禁止在制造该产品时他人复制有专利的外观设计。许诺销售是指向第三人表达有某种专利产品销售的意思表示或允诺。销售是指外观设计专利申请文件中描述的产品的出售。进口是指外观设计专利产品被运进国内，无论它在国外是否为合法制造的，也无论是在哪一国制造的。至于制造、许诺销售、销售、进口与外观设计专利产品类似的产品是否在禁止之列，只要其相似程度与外观设计专利申请文件所描述的一致或包括在内，就应视为侵权。不过，外观设计专利的保护范围不包括对外观设计专利产品的使用，因为外观设计专利的目的在于禁止有专利的外观设计，不在于含有外观设计的产品。对由专利权人或其被许可人制造并售出的外观设计专利产品的制造、许诺销售、销售、进口也不在专利权人禁止之列。

2. 2008 年《专利法》对外观设计专利权人许诺销售权的确认

2000 年《专利法》第 11 条第 1 款规定：“发明和实用新型专利权被授予后，除本法另有规定的以外，任何单位或者个人未经专利权人许可，都不得实施其专利，即不得为生产经营目的制造、使用、许诺销售、销售、进口其专利产品，或者使用其专利方法以及使用、许诺销售、销售、进口依照该专利方法直接获得的产品”；第 2 款规定：“外观设计专利权被授予后，任何单位或者个人未经专利权人许可，都不得实施其专利，即不得为生产经营目的制造、销售、进口其外观设计专利产品”。

2008 年《专利法》第 11 条则维持了上述第 1 款的规定，并将第 2 款修改为：“外观设计专利权被授予后，任何单位或者个人未经专利权人许可，都不得实施其专利，即不得为生产经营目的制造、许诺销售、销售、进口其外观设计专利产品。”与 2000 年《专利法》的规定相比，增加了外观设计专利权人的“许诺销售权”。关于许诺销售权，我国《专利法》在 2000 年修改时考虑到 TRIPs 协议第 28 条规定了对发明和实用新型专利权他人不得擅自进行许诺销售行为，而相应增加对发明和实用新型专利权的许诺销售权的内容。[1] 同时，基于 TRIPs 协议并没有规定外观设计专利权人的许诺销售权，2000 年《专利法》也没有规定这一权利。

不过，由于在外观设计专利权保护的实践中，出现了不少单位或个人在未经外观设计专利权人许可的情况下制造了侵权产品，然后利用广告、展销、展览等形式推销这些侵权产品。外观设计专利权人要制止这些行为，需要等到侵权人实际销售这些侵权产品后才能进行，因为 2000 年《专利法》并没有赋予其请求专利行政部门或人民法院制止这些行为的权利。这显然

〔1〕 1992 年《专利法》第 11 条第 1 款的相应规定是：发明和实用新型专利权被授予后，除法律另有规定的以外，任何单位或者个人未经专利权人许可，不得为生产经营目的制造、使用、销售其专利产品，或者使用其专利方法以及使用、销售依照该专利方法直接获得的产品。

对于充分、及时地维护外观设计专利权人的合法权益是不利的。而且,在2000年《专利法》已对发明和实用新型专利权人规定了许诺销售权的情况下,外观设计专利权人缺乏这一权利,也造成了三种专利权保护的不均衡。鉴于此,2008年《专利法》吸收了上述意见,明确规定外观设计专利权人对其外观设计专利产品的许诺销售权。现行《专利法》沿袭了上述规定。

三、专利权人许可他人实施其专利的权利

这种权利是专利权人允许他人在一定的条件下使用其取得专利的发明创造的全部或部分技术的权利。专利权人囿于资金、场地、人员等各方面因素,可能不具备充分实施专利技术的条件,此时为发挥专利权的最大效用,可以许可他人实施其专利。这也是专利权人实现专利权价值,实施专利战略、经营管理专利的重要内容与方面。

现行《专利法》第12条规定:"任何单位或者个人实施他人专利的,应当与专利权人订立实施许可合同,向专利权人支付专利使用费。被许可人无权允许合同规定以外的任何单位或者个人实施该专利。"许可权行使的实质在于专利权人同意被许可人从事只能由专利权人进行的行为,这些行为是专利权人本来有权禁止他人实施的。许可权的行使意味着把专利权的使用权转移给被许可人。依据上述规定,许可权的行使应通过签订许可实施合同的形式实现。

此外,现行《专利法》第50~52条新增了"专利开放许可制度",即允许专利权利人在向国务院专利行政部门履行特定的手续后,可以将专利许可给任何单位或个人的制度。对开放许可制度,后文将专门介绍。

四、专利权人转让其专利的权利

专利发明创造是一种无形商品,要使其价值变为有形的财富,就要通过商品流通的渠道对其进行转让,而且专利权作为一种由专利权人任意支配的财产权也决定了专利权人有权将其专利的所有权转让给其他单位或个人。

转让权同样是专利权人的一项重要财产权。其实质就是专利权人将实施其发明创造的独占性权利出让给他方的权利。转让权和许可权不同,它涉及的是专利所有权的转移,而不仅是专利使用权的转移。转让权的行使原则上是自由的,但它也要受到一定限制。

五、专利权人在专利产品上缀附专利标记的权利

这种权利简称标记权,是专利权人在专利产品或专利产品的包装上标明专利标记和专利号的权利。现行《专利法》第16条第2款对此作了明确规定:"专利权人有权在其专利产品或者该产品的包装上标明专利标识。"《专利法实施细则》第83条则规定,专利权人依照《专利法》的规定,在其专利产品或者该产品的包装上标明专利标识的,应当按照国务院专利行政部门规定的方式予以标明。专利标记是指"专利"或"中国专利"字样,专利号是授予专利的号码。行使标记权可以起到警示侵权的作用,也可起到宣传产品的作用,有利于产品的销售。不过,专利权人没有在专利产品或产品包装上标明专利标记与专利号,并不意味着放弃专利保护,第三人仿造该产品仍不能免除侵权责任。由于标明专利标记的重要性,有些国家甚至规定在专利产品上标明专利标记是专利权人的一项义务,如不履行,将会带来一定的法律后果,甚

至要对专利权人处以罚款。我国《专利法》没有将标明专利标记作为一种义务。而且,在现实中,在有些专利产品上标明专利标记是有困难的。《巴黎公约》第 5 条也规定,不应要求在商品上表示或载明专利……作为承认取得保护权利的一个条件。

此外,如前所述,当专利权人是发明人或设计人时,还有在专利文件中写明是发明人或设计人的权利。当然,在职务发明创造中,作为非专利权人的发明人或设计人同样享有这种权利。这说明,无论何种发明创造,发明人或设计人的署名权永远属于发明人或设计人。

六、专利权人从专利实施中获取经济收益的权利

专利权人可以通过自己实施专利而获取报酬,也可以通过许可他人实施而获得专利使用费,还可以通过转让专利权而获取转让费。无论哪种形式,都是专利权人行使财产权收益权的体现。专利技术的开发是一种需要投资并具有风险的活动,为保证专利技术研究开发投资和专利产品成本得以回收,鼓励发明创造的开发与利用,专利权人应当有权因专利的实施而获取经济效益。

七、专利权人放弃其专利的权利

专利权的放弃实际上是对专利权的一种处分行为。放弃专利权即专利权人放弃了对其专利发明创造的独占实施权。根据现行《专利法》第 44 条第 2 款的规定,放弃专利权应由国务院专利行政部门登记和公告。

八、专利权人对其专利的排除侵犯权

专利制度的核心是保护专利权。专利权是一种受国家强制力保护的知识产权。其他任何人都负有不得侵犯的义务。对于侵犯专利权的行为,专利权人既可以请求负责专利执法的部门处理,也可以直接向人民法院起诉,请求司法保护。

九、专利权人的进口权

专利产品的进口权,是专利权人在专利权的有效期内禁止他人未经其许可,为生产经营目的进口由该专利技术构成的产品,或者进口包含该专利技术的产品,或者进口依专利方法直接获得的产品的权利。这是 1992 年《专利法》赋予专利权人的一种新的权利,与《巴黎公约》有关专利部分条约和 TRIPs 协议相协调。这有利于强化对专利权的保护,促进国际经济技术交流。

我国 1984 年《专利法》基于专利权人可以根据销售权禁止第三人将进口的专利产品在我国市场销售而没有规定进口权。从实际情况看,专利权人缺乏进口权难以制止第三人利用从国外进口专利产品的途径侵犯专利权人独占权的行为,也与国际惯例不符。自 1992 年《专利法》开始,我国进口商从国外进口专利产品必须征得专利权人的许可,否则就是侵犯进口权的行为。这种进口权是由专利授予国法律规定的,与进口产品的制造国、出售国是否受专利保护无关。为保证不侵犯他人专利权,我国进口商在与外国出口商订立进出口货物销售合同时,应当根据联合国国际货物销售合同公约,要求对方对出口货物的知识产权进行担保,保证货物不

侵犯他人专利权等知识产权。至于专利产品经合法进口后，进口方进口的专利产品将不再受专利权的限制，即可以为生产经营目的使用和销售。

第三节 专利权的共有

共有是广泛存在的一种财产所有的形式。包括专利权在内的知识产权是一种无形财产权，也可以由两个或两个以上的主体共有。它既可以是合作共有、协作共有、委托共有，也可以是协议共有、继承共有、赠与共有等。一般地说，工业产权共有具有主体上的多元性、客体上的同一性、处分上的协同性，以及权利上的双重性等特点。这里仅对专利权共有的若干问题予以阐述。

一、专利权共有的产生

专利权共有指一项获得专利权的发明创造由两个以上的单位、个人或者单位与个人共同所有。专利权共有既可以依法律直接规定而产生，也可依当事人之间的某种特定关系，如合同、委托、继承、赠与、转让而产生。

大体说来，专利权共有的产生有以下几种情况：(1)两个以上的人共同完成一项发明创造，共同发明人或设计人都是专利权人；(2)两个以上的单位合作研究，共同完成一项发明创造产生共有专利权；(3)两个或两个以上的申请人就相同的发明创造同时提出专利申请，经协商后共同申请专利，成为专利权共有人；(4)一方委托另一方研究开发完成的发明创造，双方约定专利权共有；(5)一个专利权人死亡后，由两个或两个以上的继承人继承而形成的共有专利权；(6)一个专利权人将专利权同时转让或赠与给两个或两个以上的人所有而形成共有专利权；(7)法人分立后产生的共有专利权；(8)一个专利权人将整个专利的共同利益的一部分转让于另一个人而形成的共有专利权；(9)单位与个人合作研究而形成的职务发明创造与非职务发明创造的共有等。

在很多情况下，专利权共有产生的前提是共有各方存在合作、协作或委托、合同关系。对此，我国有关法律都有明确规定，如前所述，现行《专利法》第 8 条规定：两个以上单位或者个人合作完成的发明创造、一个单位或者个人接受其他单位或者个人委托所完成的发明创造，除另有协议的以外，申请专利的权利属于完成或者共同完成的单位或者个人；申请被批准后，申请的单位或者个人为专利权人。我国《民法典》也对专利权共有及其权利行使作了具体规定，其第 860 条规定：“合作开发完成的发明创造，申请专利的权利属于合作开发的当事人共有；当事人一方转让其共有的专利申请权的，其他各方享有以同等条件优先受让的权利。但是，当事人另有约定的除外。合作开发的当事人一方声明放弃其共有的专利申请权的，除当事人另有约定外，可以由另一方单独申请或者由其他各方共同申请。申请人取得专利权的，放弃专利申请权的一方可以免费实施该专利。合作开发的当事人一方不同意申请专利的，另一方或者其他各方不得申请专利。”

二、专利权共有的特点

第一，共有的主体具有多元性。专利权的共有既可以是自然人之间的共有，也可以是法人之间的共有，还可以是自然人与法人之间的共有。单个主体则不能形成共有。

第二，共有的客体具有单一性。即只能是同一项发明创造，而这一标的具有不可分割性。

第三，共有的形式既可以是共同共有，也可以是按份共有。对专利权不分份额地平等地共同享有所有权，这就是专利权的共同共有。从理论上讲，作为专利权客体的发明创造是一种无形财产，共有人不能像分割有形财产一样进行切割。但专利发明创造这种不可分物是可以按份共有的，只是各共有人所占份额不能直接从客体上体现出来，而必须转化成使用的范围、收益的分配比例，才能体现出各自的份额。所谓专利权的按份共有是指共有人按照他们在发明创造中贡献大小或按照预先确定的比例，对共有的专利权享有权利和承担义务。按份共有可因分割或协议而终止。一般说来，按份共有不能再分割，如果分割，也只能是转让专利权给权利人带来的经济收益。

三、专利共有制度

专利共有制度是我国在2008年《专利法》修改时予以完善的。专利申请权和专利权是具有财产权性质的专有权利，可以为两个或者两个以上的单位或个人所共有。原则上说，在《民法典》颁布之前，专利申请权和专利权的共有问题可以适用中国《民法通则》关于财产所有权共有的一般规则。[2] 但毕竟专利申请权和专利权是一种无形财产权，一般财产所有权共有的规则难以解决实践中发生的诸多因为专利申请权和专利权共有引发的纠纷。为此，有必要在专利法中专门规定这一问题。

2008年《专利法》第15条第1款规定："专利申请权或者专利权的共有人对权利的行使有约定的，从其约定。没有约定的，共有人可以单独实施或者以普通许可方式许可他人实施该专利；许可他人实施该专利的，收取的使用费应当在共有人之间分配"；第2款规定："除前款规定的情形外，行使共有的专利申请权或者专利权应当取得全体共有人的同意"。现行《专利法》第14条沿袭了上述规定。

应当说，2008年《专利法》第15条关于专利申请权和专利权共有人行使权利的规定，弥补了中国现行立法中对共有专利权行使缺乏规范的空白，既有利于充分保障共有人的合法权益，又有利于促进共有专利的实施，实现专利法既要充分保护权利人的专有权，又要促进专利技术的推广应用的双重价值目标。

在现实中，共有专利具有普遍性。以前由于缺乏立法规范，只能援引民事法律关于共有的一般规范和原则处理。但是，如前面提到的，专利申请权或者专利权的共有与一般民法意义上的共有相比有一些独到的特点，特别是在权利实施方面难以简单类比。因此，有必要针对专利

[2] 《民法通则》（现已失效）第78条规定：财产可以由两个以上的公民、法人共有。共有分为按份共有和共同共有。按份共有人按照各自的份额，对共有财产分享权利，分担义务。共同共有人对共有财产享有权利，承担义务。按份共有财产的每个共有人有权要求将自己的份额分出或者转让。但在出售时，其他共有人在同等条件下，有优先购买的权利。

共有的特点加以规范。2008 年《专利法》的规定有以下特点:(1)意思自治优先,即共有人对权利行使有约定的,从其约定,这一规定有利于共有人之间协商解决权利行使问题。(2)明确了各共有人在缺乏约定前提下自己行使权利的范围和限制:其一,以单独实施或者以普通许可方式许可他人实施该专利,不包括许可他人独占或独家实施,这样就既保证了各共有人对共有专利的自由实施权,有利于技术的推广应用,又防止了共有人之间可能引发的纠纷,因为许可限于普通许可,从而使其他共有人也可以实施或者许可他人实施该专利技术。其二,除了上述情况,共有权利行使应取得全体共有人的同意,这有利于防止个别共有人行使权利损害其他共有人合法权益的行为发生。(3)确立了收益共享原则。即许可他人实施该专利的,收取的使用费应当在共有人之间分配,这有利于确保全体共有权利人的利益,防止在共有权利行使方面处于优势地位的共有人独占共有专利的利益。现行《专利法》对此并未作修改。

第四节　专利权人的义务

一、缴纳专利年费的义务

年费,是指专利权人为维持专利权的效力,从授予专利权的当年开始,在专利权有效期内逐年向专利局缴纳的费用。它是为维持专利权的有效性而缴纳的,故又称专利维持费。年费起源于中世纪英国国王授予发明以特许权时所征收的款项。目前绝大多数国家都规定了专利权人的这种义务。征收年费,主要有以下几个目的:一是年费的征收对维持专利权效力起调节作用。专利权的维持是要付出代价的,专利权人就得认真考虑有无必要支出逐渐增多的年费来继续维持专利权效力,这样可以淘汰价值不大或长期不实施的专利,使其早日成为社会公有财产。二是可以补偿专利局从事专利工作的开支,增加专利局财政收入,减轻国家负担。

关于专利年费的数额,各国由于经济、技术水平不同,有关的规定不一。年费数额一般是逐渐增加的,如实行累进缴费制度。在我国,根据国务院专利行政部门的有关规定,发明专利的年费数额高于实用新型专利年费数额,实用新型专利年费数额又高于外观设计专利年费数额。但在同一类型的专利中,年费是一样的。

关于年费的缴纳方法,各国规定不同,有的规定自申请日起缴纳,有的规定自申请公布日或自专利权授予日缴纳,有的规定自申请日起或专利权授予日起几年后开始缴纳,有的则规定在专利权有效期内在指定的几个年度缴纳。现行《专利法》第 43 条规定:“专利权人应当自被授予专利权的当年开始缴纳年费。”年费一般是预先缴纳。申请人办理专利登记手续时,除缴纳登记费外,还应缴纳当年的年费。根据《专利法实施细则》第 98 条规定,授予专利权当年以后的年费应当在上一年度期满前缴纳。专利权人未缴纳或者未缴足的,国务院专利行政部门应当通知专利权人自应当缴纳年费期满之日起 6 个月内补缴,同时缴纳滞纳金;滞纳金的金额按照每超过规定的缴费时间 1 个月,加收当年全额年费的 5% 计算;期满未缴纳的,专利权自应当缴纳年费期满之日起终止。

但是,为了充分保障专利权人的利益,防止因为意外原因导致专利权的丧失,《专利法实施细则》第6条对权利恢复制度作了规定："当事人因不可抗拒的事由而延误专利法或者本细则规定的期限或者国务院专利行政部门指定的期限，导致其权利丧失的，自障碍消除之日起2个月内，最迟自期限届满之日起2年内，可以向国务院专利行政部门请求恢复权利"；"除前款规定的情形外，当事人因其他正当理由延误专利法或者本细则规定的期限或者国务院专利行政部门指定的期限，导致其权利丧失的，可以自收到国务院专利行政部门的通知之日起2个月内向国务院专利行政部门请求恢复权利"；"当事人依照本条第一款或者第二款的规定请求恢复权利的，应当提交恢复权利请求书，说明理由，必要时附具有关证明文件，并办理权利丧失前应当办理的相应手续；依照本条第二款的规定请求恢复权利的，还应当缴纳恢复权利请求费"；"当事人请求延长国务院专利行政部门指定的期限的，应当在期限届满前，向国务院专利行政部门说明理由并办理有关手续"。恢复权利是对因客观原因造成专利权丧失的一种补救措施。上述所谓"不可抗拒的事由"，即《民法典》第180条所称的不可抗力，是不能预见、不能避免并不能克服的客观情况。

《专利法实施细则》第99条则规定，恢复权利请求费应当在本细则规定的相关期限内缴纳；期满未缴纳或者未缴足的，视为未提出请求。

也有少部分国家不要求专利权人缴纳年费，如美国从1982年才开始征收专利维持费，但这毕竟不是主流。从绝大多数国家规定看，缴纳专利年费是专利权人一项十分重要的义务。不缴纳年费，将会导致一定的法律后果，甚至导致专利权被注销。关于年费的缴纳方式，一般说来，应由专利权人缴纳，但与专利权有利害关系的第三人也可以代为缴纳，因为不缴纳年费导致专利权的终止，就会损害第三人的利益。日本《专利法》对此就有明确规定。

二、实施专利的义务

国家授予发明创造专利权的目的是对有关发明创造给予保护，使之得以应用和推广，促进技术和经济的发展，如果将取得专利的发明创造束之高阁，这一目的就无法实现。所以，世界上很多国家的专利法规定实施取得专利的发明创造是专利权人应尽的义务。各国专利法关于实施专利这一义务的规定，在一定程度上体现了权利与义务一致的原则。

所谓实施专利，是指将获得专利的发明创造应用于生产经营活动中，即制造取得专利的产品、应用取得专利的方法或在生产经营中使用取得专利的产品，其通常意义就是制造、使用专利产品或者使用专利方法。当然，在有些国家如美国、阿根廷、哥伦比亚等，专利实施不仅指这种实际上的实施，也可包括"名义上"的实施，如在刊物上刊登广告，提出以合理条件签订许可证合同的要约，或向企业直接寄送此类要约等。多数国家则是针对实际制造或使用而言，而且应达到合理的规模。

专利实施的主体，既可以是专利权人，也可以是通过转让或签订许可合同形式实施专利的受让人或者被许可人。专利实施的方式一般限于制造、使用专利产品或使用专利方法。对从国外进口专利产品的行为，多数国家专利法认为不是专利实施。例如，意大利《专利法》规定，把专利权人在其他国家制造的专利产品引进意大利或在意大利销售，并不构成对一项发明的实施。尼日利亚《专利法》规定,所谓使用是指在“当地实施”[3]专利发明,从外国进口专利产品不能替代此项专利在该国的使用,也不能以此作为不在当地实施专利发明的正当理由。一部分发达国家则视进口专利产品为实施发明,如荷兰、瑞典。

一般来说,进口专利产品不能算作实施专利,这一点就发展中国家而言更加重要。否则,发达国家可以利用其经济和技术优势,不在发展中国家实施在这些国家取得的专利,而是利用专利法授予的进口垄断权,从本国大量出口这种专利产品,垄断这些国家的市场,攫取高额利润,这对发展中国家是十分不利的。所以,在我国的专利实施,不能是在国外实施并将在国外制造的专利产品进口到中国的行为。一般应认为,专利的实施如同专利权一样,也是有地域性的,它指的是在专利批准国的领土内实施。

通常,专利权人总是希望自己的专利能够得到实施,因为只有实施才能给专利权人带来经济利益。但专利权人也可因各种原因而不愿实施其专利,如利用专利权控制和垄断市场,或者因为实施的价值不大,如专利技术被新技术所替代,或者因为缺乏资金等。不过,在规定了实施义务的国家对专利实施都规定了实施的期限。一般规定为自授予专利权之日起3年内,《巴黎公约》规定的期限是自颁发专利证书之日起满3年或自申请之日起4年。而且实施过程应当是连续的,停止实施不得超过法定的期限。对于不履行专利实施义务的,除有正当理由的外,将会带来一定的法律后果。主要表现为:(1)强制许可。这是多数国家专利法的做法。(2)撤销专利。如巴西、伊朗、约旦、印度、孟加拉国和泰国等专利法规定,专利权人自己不实施,也未允许其他人实施达到一定年限的,可给予撤销专利权的处分。(3)宣布专利无效,拉美和亚洲的一些国家如多米尼加、哥斯达黎加等国就有规定。其中,后面两种措施对专利权人不履行实施义务的制裁可谓相当严厉,我国没有这样的规定。

我国1984年《专利法》第51条明确规定,专利权人负有自己在中国制造其专利产品、使用其专利方法或许可他人在中国制造其专利产品、使用其专利方法的义务。此后四次修改的《专利法》都不再规定上述义务。但这并不意味着专利权人不存在专利实施的义务,从专利法的立法精神和对强制许可制度的完善看,专利权人仍然存在这一义务,实施专利仍然是专利权人的首要任务。如2008年第三次修改的《专利法》第48条即规定了一定期限内无正当理由未实施专利的强制许可制度,这可以看出我国专利立法对实施专利态度的变化。

三、其他义务

(一)充分公开发明创造内容

充分公开发明创造内容既是专利权取得的前提条件,也是取得专利权后专利权人应尽的义务。否则,由于社会对专利内容不知晓,难免出现重复研究,这对科学技术发展不利,也对他人实施其专利不利。现实中,如果专利权人没有履行这一义务,将会导致不利于自身的法律后果。如在我国,任何单位或个人都可以以此为由申请宣告该专利无效。其他国家也多将不履行这一义务作为宣布专利权无效的条件之一。

充分公开发明创造内容的义务可以从知识产权法的利益平衡理论得到诠释:

[3] 相关研究,参见林秀芹:《专利当地实施要求的法律思考》,载《法学研究》2003年第5期。

专利权不是专利权人纯粹的私人财产，专利权人获得专利权是对社会公众自由利用技术的限制；根据知识产权法权利义务的平衡精神，专利权人在获得专利法赋予的垄断权的同时，必须履行公开其发明创造的义务。这种义务既是对公众的义务，也是对专利权人的竞争对手的义务，更是对国家的义务。只有履行充分公开其发明创造的义务，才能满足技术知识和信息传播和使用的公共利益，专利发明的社会价值也才能够实现。因此，促进技术的充分公开便成为专利法的一个十分重要的宗旨。专利法对这种公开义务的确立，体现了专利法中的利益平衡机制——专利法是一种以垄断换公开的机制，而垄断和公开是一种对价。正是在这个意义上，专利法理论出现了前述“社会契约论”思想。它体现的专利权人和社会公众之间的利益平衡，是值得肯定的。[4]

正因为发明创造的充分公开对于专利制度实施具有极端重要的意义，在专利保护实践中，尤其是在专利授权确权案件处理中，涉案专利申请或者专利技术是否充分公开，是解决案件的关键。《审理专利授权确权行政案件适用法律规定（一）》，其第6条第1款即对司法实践中如何认定说明书是否充分公开了特定技术内容作了规定：“说明书未充分公开特定技术内容，导致在专利申请日有下列情形之一的，人民法院应当认定说明书及与该特定技术内容相关的权利要求不符合专利法第二十六条第三款的规定：（一）权利要求限定的技术方案不能实施的；（二）实施权利要求限定的技术方案不能解决发明或者实用新型所要解决的技术问题的；（三）确认权利要求限定的技术方案能够解决发明或者实用新型所要解决的技术问题，需要付出过度劳动的。”

（二）遵循诚实信用原则，不滥用专利权

从一般意义上说，专利权作为一种独占权，其所有者即专利权人有权对侵害其专利权的行为提起诉讼或者要求负责专利执法的部门处理，这也是专利权保护的基本内涵。但是，专利法又是一种在保护专利权与维护公众利益之间平衡的制度，专利权人行使权利并非没有任何限制，其中一个重要方面就是遵循诚实信用原则，不得滥用权利，不得进行恶意诉讼。专利权的滥用会违反公平竞争，为此专利法需要渗透到相应法律中去，否则专利制度本身所具有的公平竞争的作用就会受到削弱。在美国就有一种滥用专利权学说，如专利权人利用技术优势把一些不合理的限制性商业做法强加于购买专利许可证的企业，即构成滥用专利权的行为，将受到有关法律的约束。美国1914年《克莱顿法》即规定：出租或出卖专利或非专利产品，以承租人或购买人不得使用或出卖与出租人或出卖人竞争对手的产品为条件……可能造成大大减弱竞争或形成商业垄断的后果的，均属非法。根据各国专利法规定，当专利权人滥用其专利权时，可以采取强制许可、撤销专利或终止专利、宣布专利权无效等法律措施予以制裁。

事实上，专利权滥用问题出现得较早，在国外的反垄断司法判例中也较多见。[5] 从历史沿革看，美国联邦最高法院早在20世纪初即提出了专利权滥用原则。例如，在1917年的Motion Picture案件中，法院接受了专利权滥用作为专利侵权诉讼的抗辩理由。在1942年的Morton Salt案件中，美国联邦最高法院指出专利权滥用的原则不仅可以作为专利侵权诉讼的抗辩

〔4〕 冯晓青：《知识产权法利益平衡理论》，中国政法大学出版社2006年版，第115~119页。

〔5〕 See Herbert Hovenkamp, FRAND and Antitrust, 105 CORNELL L. REV. 1683 (2020).

理由，而且相关行为与是否同时构成反托拉斯法所禁止的行为无关。在1944年的Mercoid案件中，则进一步认为专利权滥用原则不仅代表了专利权人有意扩张其由专利法所无法获得的保障，而且代表专利权人不当限制市场竞争；故一旦法院由被告举证中发现专利权人的行为构成专利权滥用，则其行为应被视为违反《反垄断法》的规定。[6] 在Blonder Tongue Labs. ,Inc. v. Univ. of Ill. Found.[7]案件中，法院指出："如果专利权人试图扩张专利垄断的临时范围，他们就可能滥用专利权从而违反了反垄断法。"还如，在搭售案件中，法院面临审查行使专利权是否构成滥用的问题。在这样的案件中，专利权人许可专利的条件是被许可人须使用许可人提供的非专利产品。法院主张这种合同安排违反了反垄断法，因为它将专利垄断权延伸到了非专利产品。[8]

在我国专利法中，实用新型专利和外观设计专利不需要经过实质审查即可获得专利权。这可能导致在实践中一些不法行为人利用这一制度，明知是现有技术或者现有设计而依然申请专利，并在获得专利权后随即控告他人侵犯其专利权，要求被告停止侵权和赔偿损失。在专利实践中，还存在编造技术方案、虚构实验数据骗取专利授权，甚至进而骗取政府补贴、单位奖励、减刑假释等恶劣行为。即使是对于经过了实质审查的发明专利来说，也难以完全避免他人故意将现有技术申请并获得专利的情形。上述行为本质上是一种不正当竞争行为，它会对被控侵权人的合法利益产生严重损害。因此，权利人的专利申请与专利权行使都应当遵循诚实信用，确保权利的合理使用，最大限度地激励创新、维护社会公众的利益。基于此，2008年《专利法》修改时，其送审稿第63条规定，专利权人明知其获得专利的技术或者设计属于现有技术或者现有设计，以他人侵犯其专利权为由向人民法院起诉或者请求专利行政管理部门处理的，被控侵权人可以请求人民法院责令专利权人赔偿由此给其造成的损失。但该条最终未予通过，可能是考虑到规定在实践中很可能被被告滥用，作为对抗原告的砝码之一。正如在专利侵权诉讼中，被告一般要提起无效宣告请求以作为对抗权利人的侵权指控一样。同时，即使不予规定，被告仍然可以依照民事诉讼法的规定请求反赔。

上述专利权滥用行为，本质上是一种违背诚实信用原则的行为。诚实信用本应该是权利人应当遵守的准则。2013年《商标法》修改时即增加了诚实信用原则。其第7条第1款规定：申请注册和使用商标，应当遵循诚实信用原则。对此，2020年《专利法》第四次修改时，亦对诚实信用原则作了规定。现行《专利法》第20条规定："申请专利和行使专利权应当遵循诚实信用原则。不得滥用专利权损害公共利益或者他人合法权益。滥用专利权，排除或者限制竞争，构成垄断行为的，依照《中华人民共和国反垄断法》处理。"从条文表述可知，诚实信用原则既要求权利人诚信地行使权利，又不得损害公共利益和他人合法权益，更不得破坏正常的竞争秩序。

---

〔6〕 以上案例参见王先林：《知识产权与反垄断法——知识产权滥用的反垄断问题研究》，法律出版社2001年版，第108页。

〔7〕 402 U. S. 313 L,343 (1971).

〔8〕 See Motion Picture Patents Co. v. Universal Film Mfg. Co. ,243 U. S. 781 (1917); International Business Machines Corp. v. United States,298 U. S. 131 (1936). 转引自冯晓青：《知识产权法利益平衡理论》，中国政法大学出版社2006年版，第493页。

本章案例研讨

◈ 专利权放弃的认定

刘某诉郑州市某机电设备商行等侵害实用新型专利权纠纷案〔9〕

2012年7月13日，原告刘某向国家知识产权局申请“一种便携式空气压缩机”实用新型专利，2013年1月16日，国家知识产权局予以授权，专利号为ZL20122035××××。在专利有效期内，刘某按时缴纳了年费。其经过调查发现，郑州市某机电设备商行（以下简称某机电设备商行）等未经其许可生产、销售该专利产品，致使其专利产品市场销售份额锐减，给原告刘某造成了严重的经济损失，故向郑州市中级人民法院提起专利侵权诉讼。诉讼中，刘某明确其要求保护的权利范围为该专利权利要求1：一种便携式空气压缩机，包括电机、储气罐、压缩机主机，其特征在于：还包括一框架座，框架座底部下面设有脚轮，电机、储气罐、压缩机三者固定安装在框架座内部，并且三者沿横向依次排列，电机的输出轴通过一传动装置与压缩机主机的动力输入轴连接。

郑州市中级人民法院认定，原告刘某在其专利权有效期内缴纳了年费，国家知识产权局专利局亦出具收据，被告某机电设备商行抗辩刘某的涉案专利年费缴纳没有连续性，但未提供相反证据，故对被告某机电设备商行的该抗辩意见本院不予采信。经当庭对比，公证封存实物包含了原告刘某“一种便携式空气压缩机”实用新型专利权利要求1的全部技术特征，原告刘某、被告某机电设备商行均认可两者构成相同。

郑州市中级人民法院认为，刘某对其涉案实用新型专利在专利保护期内缴纳了年费，其专利权合法有效，应受法律保护。被告某机电设备商行抗辩原告刘某曾放弃过涉案专利，但未提供相应证据，对其该抗辩意见本院不予采信。根据《专利法》第11条第1款的规定，发明和实用新型专利权被授予后，除本法另有规定的以外，任何单位或者个人未经专利权人许可，都不得实施其专利，即不得为生产经营目的制造、使用、许诺销售、销售、进口其专利产品，或者使用其专利方法以及使用、许诺销售、销售、进口依照该专利方法直接获得的产品。（2015）郑黄证民字第11616号公证书证明某机电设备商行销售了涉案被诉侵权产品，经对比，被诉侵权产品包含了原告实用新型专利权利要求1的全部技术特征，落入了该专利权的保护范围，侵犯了原告刘某的上述实用新型专利权。被告某机电设备商行抗辩其销售的侵权产品有合法来源，因证据不足，本院不予支持。刘某要求被告某机电设备商行停止销售涉案侵权产品并赔偿损失的理由成立，本院予以支持。

郑州市中级人民法院根据上述认定，判决某机电设备商行等承担停止侵权、赔偿损失的法律责任。

本案属于实用新型专利侵权诉讼案。其焦点问题之一是被告主张的原告曾放弃其专利权

---

〔9〕 选自郑州市中级人民法院（2016）豫01民初557号民事判决书。

的主张是否成立。根据我国专利法的规定，没有依法缴纳专利年费，是导致专利权终止的重要原因之一。本案中，被告提出原告未能连续缴纳年费因而其专利权已放弃的主张，因没有提供充分的证据加以证明，未被法院采信。基于被告生产、销售的涉嫌侵权产品的技术特征落入了原告刘某专利权利要求保护的技术特征范围，法院遂判决被告构成侵害原告专利权。本案为认识专利法中规定的专利放弃权、缴纳年费义务等方面规定提供了实践视角。

第八章 专利权的期限、终止和无效

专利权不是一种永久性受法律保护的权利,而是具有一定的保护期限。专利权保护的有期限性,是实现专利权人利益和公共利益平衡的制度设计和安排,也是实现专利立法宗旨之所需。同时,专利权在一定条件下应予以终止,包括专利权期限届满和其他法定条件。由于专利申请被授权可能存在不符合法律规定的情形,各国专利法还规定了专利权无效宣告制度。

第一节 专利权的期限

专利权的期限,是指专利局授予的专利权从发生法律效力到失效之间的这段时间,是专利权受法律保护的期限。在专利权的期限内,专利权人可以充分地行使自己的权利。期限届满后,专利权不再受到法律保护,专利发明创造成为任何人可以自由利用的公共财富。专利权的保护期意味着公众必须忍耐接受专利权人对其发明创造享有一定期限的专有权,以换取对发明创造的公开和公众对该发明创造的接近。专利权的保护期限也意味着专利技术在一定期限届满后自动地进入了公共领域,成为任何人可以自由利用的公知公用技术。[1]

专利权只在法定的时间内有效,这是由专利权的本质和目的所决定的。建立专利制度是要通过保护和利用发明创造来鼓励发明创造,这就需要谋求发明创造人的利益与社会公众利益的平衡。一方面,要考虑发明创造人利益,规定一定的保护期,使其能够收回投资;另一方面,也要考虑国家和公众的利益,专利权不能长期由专利权人垄断。专利权期限应在均衡两者利益的基础上确定。从实际情况看,发明创造专利权期限的长短要受一系列相关因素的影响。主要有:一是某个国家当时的科学技术和经济发展的水平以及对新技术需求的迫切程度。一般来说,发达国家的专利保护期限长于发展中国家。二是专利保护对象。一般而言,发明专利权期限较长,实用新型和外观设计专利权期限较短。三是专利保护的国际化趋势。从根本上讲,专利保护期限的长短取决于一个国家科学技术和经济发展水平。

---

〔1〕 冯晓青:《知识产权法利益平衡理论》,中国政法大学出版社 2006 年版,第 589 ~ 590 页。在专利实践中,可能会遇到这样一种情况,即专利权在专利诉讼期间届满。在这种情况下,专利侵权人仍需要对其在专利权保护期限内实施的侵权行为承担侵权赔偿责任。如在西北某学院诉某市建设机械厂承担专利权有效期间侵权的民事责任案中,郑州市中级人民法院认为,鉴于西北某学院专利权的保护期限已届满,该专利技术已进入公有领域,判令被告停止侵权已无必要,但被告仍然应承担侵权赔偿责任。本案二审河南省高级人民法院认定的事实与一审相同,最后以调解形式结案。参见祝铭山主编:《典型案例与法律适用 39:专利权纠纷》,中国法制出版社 2004 年版,第 131 ~ 133 页。

各国专利法都毫无例外地对专利权期限作了规定,但各国专利权期限的长短并不相同。以发明专利为例,拉美一些国家如阿根廷、海地、智利的专利权期限曾只有5年;古巴和非洲知识产权组织成员国专利权期限为10年;美国、加拿大、菲律宾的专利保护期限曾为17年;英国、法国、德国、日本等国的专利保护期限为20年。有些国家则规定有几个期限,由申请人选择其中一个作保护期。不过,随着专利国际协调趋势的加强,各国在制定或修订专利法时,专利保护期限正逐步趋向一致,以与巴黎公约补充条约(专利法部分)和TRIPs协议的规定相吻合。换言之,随着专利制度国际化,各国专利保护期限具有趋同性,因为都必须满足国际公约最低限度保护水平的要求。

关于专利权期限的计算方式,各国不尽一致。目前多数国家规定自申请日起计算,如英国、法国、中国等,也有规定自专利权授予之日或自申请公布之日起计算的。但是,我国专利法规定从申请日起算并不意味着专利权从申请日起即获得保护,其保护要等到专利权授予之日才开始。当然,如前所述,从申请日到授权日这段时间内,发明专利还可以获得临时保护。

关于专利权期限是否可以延长或续展,各国也规定不一。多数国家不允许延长,少数国家允许应申请人的请求延长。如前所述,我国1984年《专利法》规定发明专利权期限为15年,实用新型和外观设计专利权期限为5年,期满前专利权人可以申请续展3年。1992年《专利法》延长了专利保护期限,同时取消了原来的续展规定,规定发明专利保护期限为20年,实用新型和外观设计专利保护期限为10年,均自申请日起算。现行《专利法》则对外观设计的保护期限进行了调整,由10年延长至15年。并且,在其第42条第2款规定了专利期限延长制度,即"自发明专利申请日起满四年,且自实质审查请求之日起满三年后授予发明专利权的,国务院专利行政部门应专利权人的请求,就发明专利在授权过程中的不合理延迟给予专利权期限补偿,但由申请人引起的不合理延迟除外"。其第3款则规定了药品专利链接制度,即"为补偿新药上市审评审批占用时间,对在中国获得上市许可的新药相关发明专利,国务院专利行政部门应专利权人的请求给予专利权期限补偿。补偿期限不超过五年,新药批准上市后总有效专利权期限不超过十四年"。[2]

从实际情况看,专利权能维持到专利保护期限届满的只占一少部分。专利权人完全可以通过不缴年费或放弃专利权的办法,自行决定其实际保护期限的长短。

第二节 专利权的终止

专利权的终止,是指专利权在保护期届满以及保护期届满前因法律规定的某种原因而失去效力。专利权因保护期届满而终止是一种自然终止。实践中,大多数是由于法律规定的其他原因而终止的。现行《专利法》第44条规定:有下列情形之一的,专利权在期限届满前终止:(1)没有按照规定缴纳年费的;(2)专利权人以书面声明放弃其专利权的。

---

〔2〕 相关研究,参见何华:《药品专利期限补偿制度国际化及我国应对之策》,载《现代法学》2021年第2期;何华:《我国药品专利期限补偿制度的构建——以"健康中国"战略实施为背景的分析》,载《法商研究》2019年第6期。

一、因没有按期缴纳年费而终止

不按期缴纳年费会导致专利权失效的法律后果。专利权因专利权人未按规定缴纳年费而终止的,由专利局登记和公告。终止的起算时间应从未交年费的当年起算。就我国而言,应注意以下几点:(1)专利权人在宽限期内补缴,专利权仍然有效;(2)专利权人缴纳年费有困难,可以申请缓缴或减缴;(3)如前所述,专利权人因不可抗拒的事由而耽误缴纳年费导致专利权丧失的,可以请求恢复其专利权。

二、因专利权人以书面声明放弃其专利权而终止

放弃专利权作为一项权利,得到了大多数国家专利法的确认。如法国《专利法》规定:专利权人可以随时放弃全部专利权或一至数项专利权项。专利权人放弃专利权,无论是全部放弃还是部分放弃,均应以书面形式声明放弃专利权。根据我国《专利审查指南》的相关规定,放弃专利权只能放弃一件专利的全部,放弃部分专利权的声明视为未提出。根据我国《专利法》及相关规定,专利权在期限届满前终止的,由国务院专利行政部门登记和公告。专利权人声明放弃专利权的,声明的生效日为手续合格通知书的发文日,专利权自该日终止。

不过,专利权人放弃专利权也不是毫无限制的。如法国《专利法》规定:如果全国专利登记处记录有此专利的质权和许可证权等的备案,则只有在这些权利人同意时,才能接受此专利权的放弃。北欧四国专利法规定:如果专利因债务被没收,或专利转让诉讼案而未决时,则在没收无效或诉讼最后判决以前,不得宣布专利终止。

还应当指出,鉴于维持专利权的有效对于专利权保护具有关键性意义,专利权人的专利权只要尚存在市场价值,就不应轻易放弃,否则会造成专利技术这一重要无形资产的浪费。

第三节　专利权的无效

专利权的无效,是指被授予的专利权因其不符合专利法的有关规定,而由有关单位或个人请求国务院专利行政部门通过行政审理程序宣告为无效。关于专利权无效的问题,各国主要有两种立法例:一是不规定专门的专利无效程序,而是允许专利侵权诉讼中的被告提出专利无效作为抗辩,专利权是否无效由法院裁决。二是设置专门的专利无效程序,由法律规定的专门机构受理、审查、决定。如日本由特许厅的一个特别部门受理,前联邦德国由联邦专利法院受理。我国采用的是第二种立法例。现行《专利法》第45条规定:“自国务院专利行政部门公告授予专利权之日起,任何单位或者个人认为该专利权的授予不符合本法有关规定的,可以请求国务院专利行政部门宣告该专利权无效。”专利无效请求的受理机构是国务院专利行政部门。设置专利无效宣告程序与行政撤销程序的目的一样,都是纠正授予专利权工作中的错误,保证专利法的正确执行和维护公众的正当权益。

一、作为授权监督程序的宣告专利无效程序的沿革

（一）1984年《专利法》规定的异议程序：事前监督

1984年《专利法》实行授权前的异议制，它是一种让公众参与专利审查的制度，目的是使公众有机会对专利局审查工作中的疏漏提出意见，进行监督。即在专利授权之前先行公告，任何人都可在公告后3个月内就公告的专利申请案提出异议。只要异议理由成立，专利局将驳回申请人的申请。如果3个月内没有异议，则对专利申请授予专利权。

从当时的《专利法》实施情况看，授权前异议的效果并不明显，异议数量在已公告的专利申请中，实用新型只占1%，发明和外观设计还不到1%，预期目的达不到，反而使99%以上无异议的专利申请授权时间后拖4～5个月，而且出现了申请人的竞争对手利用异议程序长期阻挠有关专利申请获得批准的恶意异议现象。国际上也反对设置授权前异议程序。所以，1992年修改后的《专利法》取消了异议制，改为授权后的撤销程序。

（二）1992年《专利法》规定的撤销程序与无效程序：双重事后监督

1992修改的《专利法》增设授权后的撤销程序，其理由主要表现在：第一，国务院专利行政部门在专利审批过程中可能会因各种原因而出现错漏，取消异议制后，必须有相应的监督手段和补救措施。第二，撤销程序是法律授予国务院专利行政部门对其作出错误或不当的授权决定进行自我救济的一种手段，它可以给国务院专利行政部门一次根据公众提出的理由纠正其错误或不当授权的机会，这样不仅保证了专利授权质量，而且保护了公众的利益。第三，我国实用新型和外观设计专利申请不进行实质审查，专利撤销程序对这两类专利就显得更为重要。[3] 第四，确立授权后的撤销制也是适应专利国际协调趋势的需要。

专利权的撤销，是指认为国务院专利行政部门对某个专利权的授予不符合专利法的有关规定的单位或个人，依法请求国务院专利行政部门撤销其授权决定，国务院专利行政部门依法对这种请求进行形式审查和实质审查后，根据专利法的规定作出撤销专利权或维持专利权的决定。1992年《专利法》规定：自专利局公告授予专利权之日起6个月内，任何单位或个人认为专利权的授予不符合本法有关规定的，都可以请求专利局撤销该专利权。

（三）2000年专利法规定的无效程序：事后监督

1992年《专利法》还规定了授权后的无效宣告请求程序，只是规定在行使撤销程序后才能行使，即只能在授权后6个月后才能提起无效宣告请求。这在实践中可能出现问题。如某一发明创造在授权后6个月内无请求撤销理由而只有无效宣告理由，一旦发生侵权纠纷，被告人不能提出无效请求，而法院作出判决并执行却是在授权满6个月后，此时再请求宣告专利权无

---

〔3〕 1992年《专利法》规定，专利复审委员会对实用新型和外观设计专利的复审请求所作的决定为终局决定。其第43条规定：专利局设立专利复审委员会。对专利局驳回申请不服的，或者对专利局撤销或者维持专利权的决定不服的，可以自收到通知之日起三个月内向专利复审委员会请求复审。专利复审委员会复审后，作出决定，并通知专利申请人、专利权人或者撤销专利权的请求人。发明专利的申请人、发明专利权人或者撤销发明专利权的请求人对专利复审委员会的复审决定不服的，可以自收到通知之日起三个月内向人民法院起诉。专利复审委员会对申请人、专利权人或者撤销专利权的请求人关于实用新型和外观设计的复审请求所作出的决定则为终局决定。由于此条违背司法最终解决原则，与TRIPs协议的要求不符，因此2000年《专利法》改变了这种做法，规定这种决定可交由司法审查。

效,会因“不具有追溯力”而给被告人造成严重损失。

基于以上情况,2000 年《专利法》取消了撤销程序,改为授权后的直接适用无效宣告程序。2008 年《专利法》维持了这种事后监督的方式,现行《专利法》也未作改变。

二、请求宣告专利权无效的性质的争议

关于请求宣告专利权无效程序的性质,我国专利法是将其作为具体行政行为对待的。1992 年《专利法》和 2000 年《专利法》均根据《行政诉讼法》的原则,规定对国务院专利行政部门宣告专利权无效或者维持专利权的决定不服的,当事人自收到通知之日起 3 个月内向人民法院起诉。不同之处是,前者仅限于发明专利,后者包括发明、实用新型和外观设计专利。[4] 2000 年《专利法》对 1992 年《专利法》的这一修改,是履行 TRIPs 协议的体现。[5]

在我国司法实践中,根据上述规定引发的专利无效诉讼,是按照行政诉讼案件处理的。也就是说,案件的原告是不服无效决定的当事人,被告是国务院专利行政部门,诉讼按照行政诉讼法规定的程序进行,判决形式为行政判决。由于国务院专利行政部门是以被告身份应诉的,这将导致其将相当多的精力置于应诉上,影响了无效宣告请求审查工作的开展。在 2008 年修改《专利法》过程中,是否应改革现行的专利无效诉讼行政诉讼性质,变为民事诉讼,由宣告无效请求的当事人以民事争议的形式请求法院裁断,是讨论的热点之一。但是,2008 年《专利法》没有对此作出任何变化,而现行《专利法》依然对此问题未予以回应。这反映了立法者对该问题认识尚未达成一致意见,需要留待以后加以解决。[6]

三、无效宣告请求的审查原则

根据《专利审查指南》第四部分第三章“2.”的规定,在无效宣告程序中,除总则规定的原则外,国务院专利行政部门还应当遵循一事不再理原则、当事人处置原则和保密原则。

第一,一事不再理原则。对已作出审查决定的无效宣告案件涉及的专利权,以同样的理由和证据再次提出无效宣告请求的,不予受理和审理。如果再次提出的无效宣告请求的理由(简称无效宣告理由)或者证据因时限等原因未被在先的无效宣告请求审查决定所考虑,则该请求不属于上述不予受理和审理的情形。

第二,当事人处置原则。请求人可以放弃全部或者部分无效宣告请求的范围、理由及证

---

〔4〕 1992 年《专利法》第 49 条第 1 款规定:“专利复审委员会对宣告专利权无效的请求进行审查,作出决定,并通知请求人和专利权人。宣告专利权无效的决定,由专利局登记和公告。”其第 2 款规定:“对专利复审委员会宣告发明专利权无效或者维持发明专利权的决定不服的,可以在收到通知之日起三个月内向人民法院起诉。”其第 3 款规定:“专利复审委员会对宣告实用新型和外观设计专利权无效的请求所作出的决定为终局决定。”2000 年《专利法》第 45 条规定:“自国务院专利行政部门公告授予专利权之日起,任何单位或者个人认为该专利权的授予不符合本法有关规定的,可以请求专利复审委员会宣告该专利权无效。”其第 46 条规定:“专利复审委员会对宣告专利权无效的请求应当及时审查和作出决定,并通知请求人和专利权人。宣告专利权无效的决定,由国务院专利行政部门登记和公告。对专利复审委员会宣告专利权无效或者维持专利权的决定不服的,可以自收到通知之日起三个月内向人民法院起诉。人民法院应当通知无效宣告请求程序的对方当事人作为第三人参加诉讼。”

〔5〕 参见 TRIPs 协议第 62 条之五。

〔6〕 相关研究,参见范晓宇:《宣告专利权无效决定的本质及其效力限定:兼评我国专利复审制度的改革》,载《中外法学》2016 年第 3 期。

据。对于请求人放弃的无效宣告请求的范围、理由和证据，国务院专利行政部门通常不再审查。在无效宣告程序中，当事人有权自行与对方和解。对于请求人和专利权人均向国务院专利行政部门表示有和解愿望的，国务院专利行政部门可以给予双方当事人一定的期限进行和解，并暂缓作出审查决定，直至任何一方当事人要求国务院专利行政部门作出审查决定，或者国务院专利行政部门指定的期限已届满。在无效宣告程序中，专利权人针对请求人提出的无效宣告请求主动缩小专利权保护范围且相应的修改文本已被国务院专利行政部门接受的，视为专利权人承认大于该保护范围的权利要求自始不符合《专利法》《专利法实施细则》的有关规定，并且承认请求人对该权利要求的无效宣告请求，从而免去请求人对宣告该权利要求无效这一主张的举证责任。在无效宣告程序中，专利权人声明放弃部分权利要求的，视为专利权人承认该项权利要求或者外观设计自始不符合《专利法》《专利法实施细则》的有关规定，并且承认请求人对该项权利要求或者外观设计的无效宣告请求，从而免去请求人对宣告该项权利要求或者外观设计无效这一主张的举证责任。

第三，保密原则。在作出审查决定之前，合议组的成员不得私自将自己、其他合议组成员、负责审批的主任委员或者副主任委员对该案件的观点明示或者暗示给任何一方当事人。为了保证公正执法和保密，合议组成员原则上不得与一方当事人会晤。[7]

四、请求宣告专利权无效的形式条件和手续

请求宣告专利权无效是对一种具有法律效力的无形财产权进行剥夺或者重新确认的重要法律行为。依《专利法》《专利法实施细则》的规定，以下几点应当明确：

首先，请求宣告专利权无效的可以是任何单位或个人。

如前所述，现行《专利法》第 45 条规定，自国务院专利行政部门公告授予专利权之日起，任何单位或者个人认为该专利权的授予不符合本法有关规定的，可以请求国务院专利行政部门宣告该专利权无效。这里的“任何单位或个人”同样应理解为包括专利权人本人。即专利权人可以请求国务院专利行政部门宣告自己的专利权无效。之所以规定任何单位或个人都可以请求，是因为不应当授予专利权而授予了会对全社会公众合法权益造成损害，任何单位或个人应有权请求宣告该专利权无效。不过也有的国家专利法规定只有利害关系人才具有请求人资格，理由是允许无利害关系人取得请求人资格，可能会出现竞争对手滥用这种权利威胁专利权人的危险。我国允许任何单位或个人提出请求，确实应防止专利权人的竞争对手滥用这种权利。

不过，根据《专利审查指南》第四部分第三章“3.2”的规定，下列情况下请求人的无效宣告请求不予受理：(1)请求人不具备民事诉讼主体资格的。(2)以授予专利权的外观设计与他人在申请日以前已经取得的合法权利相冲突为理由请求宣告外观设计专利权无效，但请求人不能证明是在先权利人或者利害关系人的。其中，所谓利害关系人，是指有权根据相关法律规定就侵犯在先权利的纠纷向人民法院起诉或者请求相关行政管理部门处理的人。(3)专利权人针对其专利权提出无效宣告请求且请求宣告专利权全部无效、所提交的证据不是公开出版物或者请求人不是共有专利权的所有专利权人的。(4)多个请求人共同提出一件无效宣告请求

---

[7] 《专利审查指南》第四部分第三章“2.1”至“2.3”。

的,但属于所有专利权人针对其共有的专利权提出的除外。

其次,提出无效请求的法定时间是授予专利权后的任何时间。

1984年《专利法》规定的法定时间是专利授权后的任何时间,1992年《专利法》由于增加了行政撤销程序,在授权后6个月内不能提起无效宣告请求。这在实践中可能出现前述的问题。因此,2000年《专利法》取消撤销程序,使无效请求的申请人可以在授权后的任何时候提出无效请求。国务院专利行政部门对无效宣告的请求作出决定前,无效宣告请求人可以撤回其请求。国务院专利行政部门作出决定之前,无效宣告请求人撤回其请求或者其无效宣告请求被视为撤回的,无效宣告请求审查程序终止。

再次,复审请求人应向国务院专利行政部门提交专利权无效宣告请求书和有关文件,说明请求宣告无效所依据的事实和理由。

依照《专利法实施细则》第65条的规定,请求宣告专利权无效或者部分无效的,应当向国务院专利行政部门提交专利权无效宣告请求书和必要的证据一式两份。无效宣告请求书应当结合提交的所有证据,具体说明无效宣告请求的理由,并指明每项理由所依据的证据。

此外,在国务院专利行政部门受理无效宣告请求后,请求人可以在提出无效宣告请求之日起1个月内增加理由或者补充证据。逾期增加理由或者补充证据的,国务院专利行政部门可以不予考虑。专利权无效宣告请求书不符合规定格式的,无效宣告请求人应当在国务院专利行政部门指定的期限内补正;期满未补正的,该无效宣告请求视为未提出。

最后,在中国没有经常居所或者营业所的外国人、外国企业或者外国其他组织在中国办理无效请求专利事务的,应当委托依法设立的专利代理机构办理。

上述观点的法律依据是前述现行《专利法》第18条第1款的规定,"在中国没有经常居所或者营业所的外国人、外国企业或者外国其他组织在中国申请专利和办理其他专利事务的,应当委托依法设立的专利代理机构办理"。专利无效事务,显然应当属于上述"其他专利事务"的范畴。因此,在中国没有经常居所或者营业所的外国人、外国企业或者外国其他组织在中国办理无效请求专利事务的,应当委托依法设立的专利代理机构办理。

五、请求宣告专利权无效的理由

请求宣告专利权无效的理由法律有所限定。依照《专利法实施细则》第65条第2款的有关规定,请求宣告专利权无效的理由有以下几项:(1)授予专利的发明创造不符合现行《专利法》第2条所称的发明、实用新型或外观设计;(2)将在中国完成的发明或者实用新型向外国申请专利的,应当事先报经国务院专利行政部门进行保密审查的,而未经保密审查的;(3)授予专利的发明或实用新型不符合现行《专利法》第22条关于新颖性、创造性和实用性的要求;(4)授予专利的外观设计不符合现行《专利法》第23条[8]关于新颖性、显著性和不与他人合

〔8〕 现行《专利法》第23条第1款规定,"授予专利权的外观设计,应当不属于现有设计;也没有任何单位或者个人就同样的外观设计在申请日以前向国务院专利行政部门提出过申请,并记载在申请日以后公告的专利文件中",即外观设计的新颖性要求;其第2款规定,"授予专利权的外观设计与现有设计或者现有设计特征的组合相比,应当具有明显区别",即外观设计的显著性要求;其第3款规定,"授予专利权的外观设计不得与他人在申请日以前已经取得的合法权利相冲突"。

法权利相冲突的要求;(5)授予专利的发明和实用新型的说明书公开不充分,权利要求书得不到说明书的支持;(6)被授予专利的外观设计的申请人提交的有关图片或者照片不能清楚地显示要求专利保护的产品的;(7)申请人可以对其专利申请文件进行修改,但是,对发明和实用新型专利申请文件的修改不得超出原说明书和权利要求书记载的范围,对外观设计专利申请文件的修改不得超出原图片或者照片表示的范围;(8)被授予专利的独立权利要求未能从整体上反映发明或者实用新型的技术方案,未能记载解决技术问题的必要技术特征的;(9)提出分案申请时超出原申请记载的范围的;(10)被授予的专利属于现行《专利法》第5条、第25条规定的不授予专利权的领域;(11)被授予的专利属于现行《专利法》第9条规定重复授权的。

从上述规定可知,请求宣告专利权无效的理由只涉及专利权客体的理由,不包括专利权主体。在以下情况下,国务院专利行政部门不予受理:(1)专利权无效宣告请求书中未说明理由或所提出的理由不符合以上规定。(2)专利权无效宣告请求中,在中国没有经常居所或者营业所的外国人、外国企业或者外国其他组织在中国申请专利和办理其他专利事务的,未委托依法设立的专利代理机构办理。(3)在国务院专利行政部门就无效宣告请求作出决定之后,又以同样的理由和证据请求无效宣告的。(4)以不符合现行《专利法》第23条第3款的规定为理由请求宣告外观设计专利权无效,但是未提交证明权利冲突的证据的。(5)专利权无效宣告请求书不符合规定格式的,无效宣告请求人应当在国务院专利行政部门指定的期限内补正;期满未补正的,该无效宣告请求视为未提出。

六、对专利权无效宣告请求的审查和决定

无效宣告程序的审查流程可分为形式审查、合议审理和无效决定三个阶段。与复审程序比较,没有前置审查这一阶段。

形式审查中,发现专利权无效宣告请求书不符合规定格式的,无效宣告请求人应当在国务院专利行政部门指定的期限内补正;期满未补正的,该无效宣告请求视为未提出。

请求宣告专利权无效,通常有两种方式:一是直接向国务院专利行政部门提出这种请求;二是在专利权人提起侵权诉讼中以提出专利权无效作抗辩,在请求法院中止侵权诉讼的同时,向国务院专利行政部门提出宣告专利权无效请求。[9] 无论何种方式,请求人都应向国务院专利行政部门提出请求书,说明理由。

---

〔9〕 2016年1月25日最高人民法院审判委员会第1676次会议通过,2020年12月23日最高人民法院审判委员会第1823次会议修改并于2021年1月1日实施的《最高人民法院关于审理侵犯专利权纠纷案件应用法律若干问题的解释(二)》(法释〔2020〕第19号)(以下简称《审理侵犯专利权案件应用法律解释(二)》)对于专利侵权诉讼中如何与专利权无效请求相衔接问题作了规定。其第5条规定:“人民法院受理的侵犯实用新型、外观设计专利权纠纷案件,被告在答辩期间内请求宣告该项专利权无效的,人民法院应当中止诉讼,但具备下列情形之一的,可以不中止诉讼:(一)原告出具的检索报告或者专利权评价报告未发现导致实用新型或者外观设计专利权无效的事由的;(二)被告提供的证据足以证明其使用的技术已经公知的;(三)被告请求宣告该项专利权无效所提供的证据或者依据的理由明显不充分的;(四)人民法院认为不应当中止诉讼的其他情形。”其第6条规定:“人民法院受理的侵犯实用新型、外观设计专利权纠纷案件,被告在答辩期间届满后请求宣告该项专利权无效的,人民法院不应当中止诉讼,但经审查认为有必要中止诉讼的除外。”

如前所述，在国务院专利行政部门受理无效宣告请求后，请求人可以在提出无效宣告请求之日起1个月内增加理由或者补充证据。逾期增加理由或者补充证据的，国务院专利行政部门可以不予考虑。

国务院专利行政部门经形式审查合格后，应当将专利权无效宣告请求书和有关文件的副本送交专利权人，要求其在指定的期限内陈述意见。专利权人和无效宣告请求人应当在指定期限内答复国务院专利行政部门发出的转送文件通知书或者无效宣告请求审查通知书；期满未答复的，不影响国务院专利行政部门审理。在无效宣告请求审查程序中，国务院专利行政部门指定的期限不得延长。

在无效宣告请求的审查过程中，发明或者实用新型专利的专利权人可以修改其权利要求书，但是不得扩大原专利的保护范围。发明或者实用新型专利的专利权人不得修改专利说明书和附图，外观设计专利的专利权人不得修改图片、照片和简要说明。在涉及专利权无效的专利确权诉讼案中，关于对权利要求修改“超范围”对比基准，以及“对于权利要求具体修改方式的要求”，相关司法案例提供了经验借鉴，值得关注。例如，在上诉人某股份有限公司与被上诉人国家知识产权局，原审第三人某国际公司“不锈钢钎焊”发明专利权无效行政纠纷案中，最高人民法院指出：“专利无效宣告程序中，当权利要求的修改系将从属权利要求的全部或部分附加技术特征补入其所引用的独立权利要求时，判断修改后的独立权利要求是否扩大了原专利的保护范围，应以作为修改对象的原专利的独立权利要求的保护范围为基准，而非以该附加技术特征所属的原权利要求的保护范围为基准。”关于这一修改方式的要求，法院认为应当受到法定限制，但也不能限制过于严格，“无效宣告程序中对于权利要求书具体修改方式的限制，应当着眼于实现对权利要求书的修改满足不得超出原说明书和权利要求书记载的范围以及不得扩大原专利的保护范围两个法律标准的立法目的，兼顾行政审查行为的效率与公平保护专利权人的贡献，不宜对具体修改方式作出过于严格的限制，否则将使得对修改方式的限制纯粹成为对专利权人权利要求撰写不当的惩罚”。[10]

此后，国务院专利行政部门将组成合议组进行合议审理。合议审理一般采用书面形式，但国务院专利行政部门根据当事人的请求或者案情需要，可以决定对无效宣告请求进行口头审理。国务院专利行政部门决定对无效宣告请求进行口头审理的，应当向当事人发出口头审理通知书，告知举行口头审理的日期和地点。当事人应当在通知书指定的期限内作出答复。无效宣告请求人对国务院专利行政部门发出的口头审理通知书在指定的期限内未作答复，并且不参加口头审理的，其无效宣告请求视为撤回；专利权人不参加口头审理的，可以缺席审理。

国务院专利行政部门对无效宣告的请求作出决定前，无效宣告请求人可以撤回其请求。国务院专利行政部门认为根据已进行的审查工作能够作出宣告专利权无效或者部分无效的决定的，不终止审查程序。

国务院专利行政部门的审查决定有以下四种情况：

其一，国务院专利行政部门应当将受理的复审请求书转交原审查部门进行审查。原审查部门根据复审请求人的请求，同意撤销原决定的，国务院专利行政部门应当据此作出复审决

---

〔10〕 2019年《知识产权案件年度报告》。另参见最高人民法院（2019）最高法知行终19号行政判决书。

定,并通知复审请求人。

其二,国务院专利行政部门进行复审后,认为复审请求不符合《专利法》《专利法实施细则》有关规定的,应当通知复审请求人,要求其在指定期限内陈述意见。期满未答复的,该复审请求视为撤回。经陈述意见或者进行修改后,国务院专利行政部门认为仍不符合《专利法》《专利法实施细则》有关规定的,应当作出维持原驳回决定的复审决定。

其三,国务院专利行政部门进行复审后,认为原驳回决定不符合《专利法》《专利法实施细则》有关规定的,或者认为经过修改的专利申请文件消除了原驳回决定指出的缺陷的,应当撤销原驳回决定,由原审查部门继续进行审查程序。

其四,无效宣告理由部分成立,宣告专利权部分无效,维持专利权部分有效。

对于审查决定,国务院专利行政部门应当通知请求人和专利权人,并由国务院专利行政部门登记和公告。

七、专利权无效宣告决定的生效

根据现行《专利法》第46条的规定,国务院专利行政部门对宣告专利权无效的请求应当及时审查和作出决定,并通知请求人和专利权人。宣告专利权无效的决定,由国务院专利行政部门登记和公告。对国务院专利行政部门宣告专利权无效或者维持专利权的决定不服的,可以自收到通知之日起3个月内向人民法院起诉。人民法院应当通知无效宣告请求程序的对方当事人作为第三人参加诉讼。由此可见,对专利无效宣告请求的审查决定只有在当事人未在法定期限内向北京知识产权法院起诉或者起诉后经终审维持审查决定时才生效。如果法院终审判决撤销了无效宣告请求审查决定,国务院专利行政部门就应依该判决作出撤销原无效宣告请求审查决定,决定一经作出即生效。

八、宣告专利权无效的效力

宣告专利权无效的效力包括社会性效力、一事不再理的效力和追溯效力三方面内容。其中追溯效力比较复杂,在国际上未形成统一意见。现行《专利法》第47条规定,宣告无效的专利权视为自始即不存在。也就是说,该专利权从一开始就是无效的。从理论上讲,被宣告无效的专利权本来就是不应当授予的,因而专利无效的效力应追溯至专利权效力的开始。

(一)各国对宣告专利权无效的效力的实践

从实际情况看,专利权人取得专利权后,往往要利用其专利,或向他人转让,或与他人订立许可实施合同,从而获取转让费或许可实施费。专利权人还可将其专利权投资、入股,从而获取红利。也有可能发生侵权,专利权人起诉到法院或要求负责专利执法的部门处理,法院或负责专利执法的部门责令停止侵权,支付损害赔偿费。如果在上述行为发生以后,专利权被宣告无效,有关费用、红利、损害赔偿费该如何处理,我国2000年之前的《专利法》未作任何规定。国际上则在积极探讨这些问题,在有些方面已达成共识。

大多数国家认为,专利权人在专利被宣告无效后不退还已由被许可人支付的费用。《欧共体专利公约》第35条第2款规定:专利无效的追溯效力将不溯及在无效宣告以前已经作出的发生法律效力的任何专利侵权终审判决,以及在无效宣告以前已经订立的任何专利许可合同。世界知识产权组织制定的《发展中国家保护发明示范法》第48条规定:宣布专利无效不得包括向已从许可证有效地利用获得利益的被许可人退还专利权使用费。国际保护工业产权协会(AIPPI)曾对各国分会就上述追溯力问题作过一项调查,根据多数国家意见,AIPPI提出:应对造成专利无效的原因具体分析,区分专利权人是否知道影响专利有效性的缺陷。若订立合同时专利权人的行为是诚实的,被许可人已享受独占权或通过实施取得了经济效益,就不应当要求专利权人返还使用费;至于被许可人是否继续给付使用费,由法院根据本国法律和公平原则决定免予给付或减少给付的数额。如能证实专利权人的行为不诚实,那么必须终止许可合同,专利权人必须返还已给付的使用费。

(二)我国关于宣告专利权无效的效力的规定沿革

对照国际惯例的规定和多数国家在实践中的作法,在1999年《合同法》颁布之前,我国《技术合同法实施条例》的规定显得陈旧。根据该条例第65条和第68条的规定,专利权转让合同成立后,该项专利权被宣告无效的,转让方应当返还价款;在实施专利过程中专利权被宣告无效的,许可方应当赔偿由此给受让方造成的损失。[11] 以"赔偿"而论,民法一般实行过错责任原则。技术合同法作为民法特别法,这一规定与基本法规定的一般原则不尽吻合。因为专利权人在其专利权被宣告无效以前行使许可实施权并无过错,规定应由其赔偿损失不利于维护专利权人的合法权益和社会关系的稳定性。在实践就出现了有些被许可人一方面实施专利技术获取丰厚利润,另一方面又企图利用无效宣告程序请求宣告专利权无效,以求终止合同,并要求赔偿"损失"的现象。

我国2000年《专利法》对上述缺陷作了弥补。其第47条新增的内容有:

第一,宣告专利权无效的决定,对在宣告专利权无效前人民法院作出并已执行的专利侵权的判决、裁定,以及已经履行的专利实施许可合同和专利权转让合同,不具有追溯力。但是因专利权人的恶意给他人造成的损失,应当给予赔偿。根据这一规定,一方支付的转让费、专利使用费,以及已提供的技术资料、技术服务和后续改进等都不需要返还给对方。这一规定的作出有利于维护法律秩序和社会经济关系的稳定。如果允许"翻案",在适用法律上就会存在障碍,并严重影响社会经济关系的稳定。但如果专利权人明知影响专利有效性的缺陷存在而与他人订立转让合同,专利权人对这种因恶意给他人造成的损失应当给予赔偿。

第二,如依上述规定,专利权人或专利权转让人不向被许可实施专利的人或者专利权受让人返还专利使用费或者专利权转让费,明显违反公平原则,专利权人或者专利权转让人应当向被许可实施专利的人或者专利权受让人返还全部或者部分专利使用费或者专利权转让费。例如,被许可实施专利的人或专利权受让人在与专利权人订立许可实施合同或转合同后即支付了专利使用费或专利权转让费,但不久该专利权就被宣告无效,而专利被许可人或专利权受让人还未来得及实施专利或取得的利益极有限,这就明显违反民法上的公平原则。此时专利权人或专利权转让人应返还全部或部分专利使用费或专利权转让费。

上述规定无疑完善了我国专利保护制度。当然,有些地方还有待进一步明确:(1)法院判

[11] 在1999年《合同法》颁布前,我国合同法有《技术合同法》、《劳动合同法》与《经济合同法》三部,分别调整不同领域,1999年《合同法》实施后,三部法律都已失效;2021年《民法典》生效,《合同法》业已失效。

决、裁定或管理专利工作的部门侵权决定如违反了有关程序规定，或专利权人在专利侵权诉讼中被证明有欺诈行为，那么对已作出并已执行的侵权判决、裁定、侵权处理决定可依照法律程序纠正；(2) 专利转让合同或许可实施合同可以对专利权有效性问题作出规定，在专利权被宣告无效后，只要合同约定不违反法律强制性规定，原则上应按照合同规定决定专利权使用费或专利权转让费问题。因此，2008 年《专利法》对此进行了完善。

(三)2008 年《专利法》对宣告专利权无效的效力之规定的完善

2008 年《专利法》将 2000 年《专利法》第 47 条第 2 款修改为："宣告专利权无效的决定，对在宣告专利权无效前人民法院作出并已执行的专利侵权的判决、调解书，已经履行或者强制执行的专利侵权纠纷处理决定，以及已经履行的专利实施许可合同和专利权转让合同，不具有追溯力。但是因专利权人的恶意给他人造成的损失，应当给予赔偿"；第 3 款修改为："依照前款规定不返还专利侵权赔偿金、专利使用费、专利权转让费，明显违反公平原则的，应当全部或者部分返还"。

上述修改中，第 2 款尽管只涉及个别术语的变化，即将原来的"裁定"改为"调解书"，但这一修改的价值很大，并且在理论上也具有重要意义。第 3 款则没有实质变化，只是在文字表述上较 2000 年《专利法》的规定精练一些。[12] 故以下仅对该第 2 款修改的问题加以探讨。

上述专利侵权判决，是指我国的人民法院对专利民事侵权案件，根据查明的事实，对当事人之间的专利民事争议所作出的具有法律上的约束力的决定。在我国，包括专利侵权在内的民事判决，适用的基本原则是以事实为根据，以法律为准绳。它主要是针对案件的实体问题进行裁断。民事裁定则不同，它是我国的人民法院在审理民事案件中，为实现审判工作的目的而对民事诉讼程序方面的问题所作出的判定与裁断。根据我国《民事诉讼法》的规定，裁定的情形有驳回起诉、不予受理、管辖异议、财产保全、中止诉讼等。就专利侵权民事裁定而言，这些也都是适用民事裁定的形式。

关于宣告专利权无效决定的追溯力是否适用于人民法院作出的民事裁定，在我国有不同看法。在我国最高人民法院一位领导的讲话中曾明确指出，2000 年《专利法》第 47 条中所说的"裁定"，应当包括诉前停止侵犯专利权行为、财产保全、证据保全等裁定。[13] 国家知识产权局条法司撰写的《新专利法详解》则指出：人民法院和管理专利工作的部门审判、处理专利侵权纠纷，责令被告承担侵权责任，是以所涉及的专利权是有效的专利权为前提条件，根据事实和证据所作出的。由于专利权的无效可以在授权后的任何时间提起，因此可能在专利侵权纠纷判决或者处理决定执行完毕很长时间以后专利权才被宣告无效。如果承认宣告无效具有追溯力，将增加双方当事人的诉累，影响经济秩序的稳定。因此本款明确规定，宣告专利权无效的决定对已经执行的法院侵权判决和管理专利工作的部门侵权调解处理决定不具有追溯力。从该书作者的阐述看，应当是主张宣告专利权无效决定的追溯力不适用于人民法院作出的民事裁定。

宣告专利权无效决定的追溯力应不适用于人民法院作出的民事裁定，这可以从民事诉讼

---

〔12〕 修改后的该款虽然没有明确返还与被返还的主体，但从第 2 款及该款中可以很清楚地推断出来。

〔13〕 参见程永顺：《对专利法修订草案的几点建议》，载《中国专利与商标》2007 年第 3 期。

裁定的本意作出理解。以财产保全为例，我国《民事诉讼法》要求原告在提起财产保全申请时，应提供担保。根据《民事诉讼法》第108条的规定，申请有误的，申请人应当赔偿被申请人因保全所遭受的损失。由此可见，在原告申请裁定有误，给被告造成损害时，原告须承担损害赔偿责任。从理论上说，即使该裁定已经执行，亦应当具有追溯力。实际上，法律要求请求人在申请裁定措施时提供一定的担保，主要目的就是万一申请有误而给对方造成损害时能够保障给对方以赔偿，否则担保将失去其应有的意义。基于此，2000年《专利法》第47条第2款规定的宣告专利权无效决定的追溯力适用于人民法院作出的裁定不具有合理性，2008年《专利法》对此作出了修改。[14] 现行《专利法》维持了2008年《专利法》的上述规定。

本章案例研讨

◈ 专利无效案件中实用新型专利创造性评价中如何认定技术领域

国家知识产权局专利复审委员会与赵某、张某、邹某专利无效行政纠纷案[15]

1997年5月28日，赵某、张某向国家知识产权局提出名称为“握力计”的实用新型专利申请。1998年9月23日，国家知识产权局授予其专利权，即涉案专利。2008年4月28日，邹某以涉案专利不符合专利法及其实施细则规定为由，向专利复审委员会请求宣告该专利权无效。2008年9月25日，专利复审委员会举行了口头审理。赵某、张某及邹某均委托代理人参加了口头审理。2008年11月6日，专利复审委员会作出第12613号无效宣告请求审查决定（以下简称被诉决定），认定名称为“握力计”的第97216613.0号实用新型专利权不符合《专利法》第22条第3款的规定，宣告涉案专利全部无效。赵某、张某不服被诉决定，向北京市第一中级人民法院提起行政诉讼。一审法院判决维持被诉决定。

赵某、张某不服一审判决，向北京市高级人民法院提起上诉，认为被诉决定认定授权公告日为1996年9月4日、授权公告号为CN2234609Y的中国实用新型专利（被诉决定中的证据

〔14〕 这一修改是将“裁定”改为“调解书”。调解书涉及的民事实体问题，与裁定不同，其性质与判决相同。另外，这一修改也是因应实践中存在的问题的需要。例如，在1999年潘某公司诉某实业公司案中，原告在起诉被告专利侵权的同时申请了财产保全。法院受理并批准了财产保全申请，并查封了被告用于生产的20套磨具，严重影响了被告的正常生产，并对其造成了严重损失。被告在应诉后即向专利复审委员会提出专利无效宣告请求。2001年5月专利复审委员会对原告1项实用新型专利和5项外观设计专利作出了宣告无效的决定，被告未提起诉讼，复审决定因而生效。2001年8月，法院依据复审决定驳回了原告的全部诉讼请求。同年9月，某实业公司则以某公司申请财产保全错误并给其造成巨大损失为由起诉某公司，要求赔偿损失。在审理该案中，一审、二审法院均根据2000年《专利法》第47条第2款的规定驳回了原告的诉讼请求。理由是，某公司在其专利被宣告无效前，因专利侵权纠纷申请查封某实业公司的侵权产品并无不当，并且该裁定已经履行完毕，而某公司并无恶意，因此原告主张请求赔偿经济损失的主张缺乏法律依据。参见李立：《明确专利法第47条中的裁判》，载《法制日报》2003年12月14日。

〔15〕 选自最高人民法院（2011）知行字第19号行政裁定书。另参见北京市高级人民法院（2010）高行终字第811号行政判决书、国家知识产权局专利复审委员会第12613号无效宣告请求审查决定。

2)与涉案专利属于相同技术领域并以此为据认定涉案专利不具有创造性缺乏事实依据。北京市高级人民法院将该案争议焦点归纳为被诉决定对于涉案专利与证据2属于相同技术领域并据此否定涉案专利创造性的认定是否正确。北京市高级人民法院判决撤销一审判决和专利复审委员会无效宣告决定,由专利复审委员会重新作出决定。

申请再审人专利复审委员会不服北京市高级人民法院行政判决,向最高人民法院申请再审。其主要理由是,根据《专利审查指南》第四部分第六章第4节的规定,对于实用新型专利而言,一般着重于考虑实用新型专利所属的技术领域。但是现有技术给出明确的启示,例如现有技术中有明确的记载,促使本领域的技术人员到相近或者相关的技术领域寻找有关的技术手段的,可以考虑其相近或者相关的技术领域。同时,专利复审委员会主动纠正在先决定的错误认定,符合依法行政的原则和精神。

最高人民法院认为,专利制度不仅要维护专利权人的合法权益,还要充分考虑社会公众的合法权益,进而实现两者之间的平衡。为了实现上述平衡,就需要设置合理的专利授权标准。对于发明或者实用新型专利而言,需要设立合理的创造性判断标准。专利法规定的实用新型专利的创造性标准低于发明专利的创造性标准。判断发明创造是否具有创造性,应当基于所属技术领域的技术人员的知识和能力,并通过将发明创造的技术方案与现有技术进行比对来判断。发明专利和实用新型专利的创造性标准不同,因此技术比对时所考虑的现有技术领域也应当有所不同,这是体现发明专利和实用新型专利创造性标准差别的一个重要方面。

最高人民法院指出,技术领域应当是要求保护的发明或者实用新型技术方案所属或者应用的具体技术领域,而不是上位的或者相邻的技术领域,也不是发明或者实用新型本身。涉案专利是名称为“握力计”的实用新型专利,判断其是否具有创造性,首先应当确定握力计所属的技术领域以及相关和相近的技术领域。技术领域的确定,应当以权利要求所限定的内容为准,一般根据专利的主题名称,结合技术方案所实现的技术功能、用途加以确定。专利在国际专利分类表中的最低位置对其技术领域的确定具有参考作用。相近的技术领域一般指与实用新型专利产品功能以及具体用途相近的领域,相关的技术领域一般指实用新型专利与最接近的现有技术的区别技术特征所应用的功能领域。

涉案专利技术功能属于测力装置,具体用途为测人手的握力。由于技术领域范围的划分与专利创造性要求的高低密切相关,考虑到实用新型专利创造性标准要求较低,因此在评价其创造性时所考虑的现有技术领域范围应当较窄,一般应当着重比对实用新型专利所属技术领域的现有技术。但是在现有技术已经给出明确的技术启示,促使本领域技术人员到相近或者相关的技术领域寻找有关技术手段的情形下,也可以考虑相近或者相关技术领域的现有技术。所谓明确的技术启示是指明确记载在现有技术中的技术启示或者本领域技术人员能够从现有技术直接、毫无疑义地确定的技术启示。本案中,涉案专利权利要求1的技术方案与最接近的现有技术证据7(一种体力测定器)公开的内容相比,区别技术特征在于测力传感器不同,测力传感装置为涉案专利的相关技术领域。虽然握力计和电子秤都是测力装置,但二者分别具有不同的特定用途。同时,重力和人手的握力相比较,施力对象不同,施力方向也不同,故二者不属于相同技术领域。但涉案专利与手提式数字显示电子秤功能相同,用途相近,二者测力传感器的测力原理基本相同,可以将手提式数字显示电子秤视为涉案专利的相近技术领域。但是,由于现有技术并未给出明确的技术启示，专利复审委员会在评价涉案专利的创造性时考虑手提式电子秤的测力传感器属于适用法律错误。

基于上述认定，最高人民法院驳回了专利复审委员会的再审申请。

本案是关于实用新型的专利权无效宣告案。其焦点问题是，在实用新型专利的创造性评价中如何认定技术领域。与发明专利一样，实用新型专利申请获得专利权也需要满足创造性条件。但鉴于实用新型专利的创造性标准和程度较之于发明专利要低，在评价和认定实用新型专利的创造性所考虑的现有技术范围时，二审最高人民法院强调一般应当着重比对实用新型专利所属技术领域的现有技术，只是在现有技术已给出明确的技术启示，促使本领域技术人员到相近或者相关的技术领域寻找有关技术手段的情形下，才可以考虑相近或者相关技术领域的现有技术。本案为发明或实用新型专利权无效宣告案件的处理涉及创造性认定中现有技术范围的界定提供了较为重要的启发和指引。

◈ 专利无效宣告程序中一事不再理原则的适用及权利要求保护范围是否清楚的认定

深圳某科技公司、深圳某股份公司与国家知识产权局“一种简易访问网络运营商门户网站的方法”发明专利权无效行政纠纷案〔16〕

深圳某科技公司于2002年6月28日申请了一项名为“一种简易访问网络运营商门户网站的方法”的发明专利，授权公告日为2008年8月20日。某股份公司于2017年1月12日向国家知识产权局提出了无效宣告请求，其理由是权利要求1—4不符合《专利法》第22条第3款的规定，请求宣告本专利权利要求1—4全部无效，同时提交了证据1：申请号为98108360.9、公开号为CN1210308A的中国发明专利申请公开说明书，公开日为1999年3月10日。经形式审查合格，国家知识产权局于2017年2月3日受理了上述无效宣告请求并将无效宣告请求书及证据副本转给了某科技公司，同时成立合议组对本案进行审查。2017年2月13日，某股份公司提交了补充意见陈述书，增加了无效理由并补充了证据2、证据3。国家知识产权局进行了转文，并要求某科技公司在1个月的期限内进行答复。某科技公司于2017年5月2日提交了意见陈述书，并提交了3份附件。国家知识产权局于2017年5月8日举行了口头审理。2017年8月14日，国家知识产权局作出第33077号被诉决定。某股份公司认为被诉决定中关于一事不再理的认定错误，遂向北京知识产权法院提起行政诉讼。一审法院判决驳回某股份公司的诉讼请求。2020年3月18日，某股份公司不服北京知识产权法院作出行政判决，向最高人民法院提起上诉。

最高人民法院认为，本案在法律适用问题上，应适用2001年《专利法》及《专利法实施细则》进行审理。其将本案焦点问题概括为本案是否符合一事不再理的情形；专利权利要求保护范围是否清楚；本专利是否具备创造性。

---

〔16〕 选自最高人民法院(2020)最高法知行终282号行政判决书。另参见北京知识产权法院(2017)京73行初8629号行政判决书、国家知识产权局第33077号无效宣告请求审查决定。

关于本案是否符合一事不再理的情形,最高人民法院认为,在本次无效宣告请求中,某股份公司提出的关于权利要求1—4不满足《专利法》第26条第3款、第4款的具体理由可概括为:说明书对于“高层软件”和“底层硬件”这两个术语的没有作出清楚的说明,本领域技术人员也无法得知如果不配合硬件而仅凭“高层软件”如何实现“虚拟服务器”的功能,如果不配合软件而仅凭“底层硬件”如何“直接”提交、发送和转发报文。本领域技术人员是否能够清楚理解“高层软件”和“底层硬件”的含义,是本领域技术人员理解“虚拟Web服务器”如何实现其功能,并进而理解本专利如何实现其发明目的的基础。实际上,对于本领域技术人员而言,上述无效理由已包含在某股份公司在第4W104536号无效宣告请求中所主张的“本专利说明书未给出‘高层软件’实现‘虚拟Web服务器’模块的具体手段,也没有公开‘底层硬件’如何向‘虚拟Web服务器’提交报文等”无效理由之中。因此,某股份公司在本次无效宣告请求中所提出的关于本专利不符合《专利法》第26条第3款和第4款的无效理由与其在此前的无效宣告请求中所提出的无效理由虽然在具体表述上存在差异,但两者实质上相同,属于“对已作出审查决定的无效宣告案件涉及的专利权,以同样的理由和证据再次提出无效宣告请求”的情形,故被诉决定以及原审判决对此适用一事不再理原则正确,某股份公司此项上诉理由不能成立,本院不予支持。

关于本专利权利要求保护范围是否清楚,最高人民法院认为,权利要求保护范围是否清楚,应当站位本领域技术人员,在阅读权利要求与说明书后对发明内容形成整体认识的基础上理解权利要求的保护范围。故应当结合专利说明书中所记载的本专利的技术领域、背景技术、发明目的、要解决的技术问题、采用的技术手段以及技术效果等进行具体的判断,而不能脱离说明书记载内容,对权利要求整体及其相关用语进行抽象理解和解释。本专利权利要求中的“高层软件”指的就是接入服务器上运行的软件,“底层硬件”指的就是接入服务器的硬件。因此,权利要求1中“高层软件”和“底层硬件”的含义是清楚的。

关于本专利是否具有创造性,最高人民法院认为,关于证据2与公知常识的组合,在本案无效宣告请求行政审查和行政诉讼一审阶段,某股份公司并未提交在本专利申请日之前,通过软件实现证据2所公开的“改向服务器”属于本领域的公知常识或者常规技术手段的相关证据。关于本案二审中提交的相关证据,某股份公司二审提交的证据均为期刊论文,并非公知常识性证据。某股份公司二审提交的证据中所称的由软件实现的“虚拟Web服务器”和本专利的“虚拟Web服务器”作用明显不同。关于证据2与证据3以及公知常识的组合,证据3并未公开本专利权利要求1与最接近的现有技术证据2的区别技术特征,也未公开本专利权利要求1的A步骤和B步骤,这正是本专利与最接近的现有技术证据2的两个区别技术特征。证据3公开的软件控制程序所采用的手段与本专利的“虚拟Web服务器”工作方式和原理并不相同。尚无证据能够证明上述区别特征所涉及的具体实现手段属于本领域技术人员为解决上述技术问题而惯常采用的手段或公知常识。故某股份公司关于本领域技术人员在证据2的基础上结合本领域公知常识或常规技术手段或结合证据3就能得到将证据2中的改向单元采用软件来实现其虚拟服务器的技术方案的主张不能成立。本专利权利要求1—4具备创造性。

基于上述认定,最高人民法院判决驳回上诉,维持原判。

本案属于发明专利权无效行政纠纷案。专利权无效宣告请求制度本意在于纠正专利审查工作中的错误,维护社会公众的利益。但是,对已作出审查决定的无效宣告案件所包含的专利权,如果基于同样的理由和证据再次提出无效宣告请求,则不符合一事不再理的原则。对此,一审、二审法院均予以确认。该案涉及"权利要求保护范围是否清楚"应当如何确定的问题。最高人民法院提出,应站在本领域技术人员在阅读权利要求与说明书后对发明内容形成整体认识的基础上理解权利要求的保护范围,而不能脱离说明书记载内容,对权利要求整体及其相关用语进行抽象理解和解释。该案为理解与认识专利无效宣告程序中的一事不再理原则的适用以及权利要求保护范围是否清楚的认定,提供了较为典型的范例。

第九章 专利权的限制

专利权是一种具有排他性的独占权。这一权利的实质在于未经专利权人许可,任何单位或个人不得利用其专利权,否则即构成对专利权的侵犯。但专利权又不是一种绝对的、无限的权利,为了维护国家和社会利益,防止专利权人滥用专利权,各国专利法都对专利权进行了一定的限制。

第一节 专利权的例外

在有些情况下,制造、使用、许诺销售或销售专利产品,使用专利方法,或者使用、许诺销售、销售、进口依照专利方法直接获得的产品,虽未经专利权人许可,但仍不被视为侵犯专利权。这也被称作侵权例外。这种侵权例外一般是由法律直接规定的。在我国专利法中,这被称为“不视为侵犯专利权的行为”。这些行为涉及专利权的穷竭、先用权人的使用、外国运输工具为运输工具自身需要而在其装置和设备中使用有关专利、专为科学研究和实验而使用有关专利、平行进口等行为。[1]

一、专利权用尽以后的使用或者销售

现行《专利法》第 75 条第(1)项规定,专利产品或者依照专利方法直接获得的产品,由专利权人或者经其许可的单位、个人售出后,使用、许诺销售、销售、进口该产品的,不视为侵权。不仅如此,购买专利权人或专利权被许可人制造出售的专利产品的第三者使用或销售该专利产品也不视为侵权。这在专利法理论上被称为“专利权穷竭”原则。[2] 它为各国专利法所普遍承认。[3]

专利权穷竭原则的实质在于,专利产品只要是被合法地投入商业流通领域,便不再受专利权的控制。专利权人在销售或许可他人销售有关产品时,一次便用完了自己享有的独占权,或者说专利权的效力已经耗尽。这种对专利权的限制是合理的,其原因是:一方面,专利权人已

---

〔1〕 参见现行《专利法》第 75 条。另参见 Amy Kapczynski & Talha Syed, *The Continuum of Excludability and the Limits of Patents*, 122 YALE L. J. 1900 (2013)。

〔2〕 相关研究,参见韦国庆、杨雄文:《专利权穷竭原则的解释与适用》,载《社会科学家》2020 年第 9 期;任军民:《我国专利权权利用尽原则的理论体系》,载《法学研究》2006 年第 6 期。

〔3〕 See Herbert Hovenkamp, *Reasonable Patent Exhaustion*, 35 YALE J. oN REG. 513 (2018).

经从其权利的行使中获得了足够的利益(或者自己制造并销售获得收益,或者通过许可他人制造获得收益),权利人已就专利权所作的研发投资、劳动等投入获得了回报,因而其不应再通过控制商品的再次流通来获得进一步的收益;另一方面,从经济学角度看,如果专利权人可以无限制地控制已售出的专利产品,其他人每一次使用或销售都要经过专利权人的同意,就会大大限制商品的自由流通并阻碍社会经济的发展,在客观上很难做到,也是不经济的。

适用专利权穷竭原则有以下几点值得注意:

首先,这一原则只适用于合法地投放市场的专利产品。如果是以非法手段将专利产品投放市场的,就不适用这一原则。这里的"合法投放"主要有以下几种情况:(1)专利权人或其权利被许可人投放市场的专利产品;(2)先用权人投放市场的专利产品;(3)强制许可受益人投放市场的专利产品;(4)实施国家指定许可投入市场的专利产品。

其次,专利产品投放市场进行流通后,专利权人享有的制造权不会穷竭。如将购来的专利产品拆卸开作为仿造之用,专利权人有权干预。

最后,这一原则具有地域性。如果专利权人就一项发明创造在甲、乙两国都获得了专利权,他在甲国制造或许可他人制造其专利产品并出售后,并不会导致在乙国享有的专利权穷竭。这是在国际市场上应特别注意的。至于专利权穷竭原则是否适用于颁发强制许可证的情况,因为强制许可与经专利权人许可投入市场对专利产品的流通而言,在实质上是一样的,故也应适用这一原则。

二、先用权人的利用

(一)先用权及其合理性

现行《专利法》第75条第(2)项规定:在专利申请日前已经制造相同产品、使用相同方法或者已经做好制造、使用的必要准备,并且仅在原有范围内继续制造、使用的,不视为侵犯专利权。这就是所谓先用权,享有这种权利的人称为先用权人。

许多国家专利法中都有类似条文限制专利权人对先用权人行使权利。如瑞士《专利法》第35条规定,一项专利权对于在提出该项专利申请之前在瑞士已经在业务上正当使用该项发明或已为此作了专门准备的人没有效用。这一规定着眼于保护没有取得专利权的另一发明创造人的最低利益。[4] 在实践中,相同发明创造分别由两个不同的人完成是常有的事。如果其中在先发明者没有申请专利,从而使该发明创造专利由另一个人享有时,获得专利权的那个人对于在其提出专利申请以前已经做出了同样发明创造的人也行使专有权,就势必使其失去全部投资,这是很不合理的。所以,很多国家基于公平原则考虑,规定了先用权原则。这也就是给予没有取得专利权的发明创造者一种特殊权利,即享有先用权的人可以不经专利权人的允许,继续制造专利产品或使用专利方法。法律规定先用权原则的实质就是以申请日为时间界限,对申请专利在先的人和已经实施或准备实施的单位或个人之间的利益进行调整,以使他们都受到公平的保护。

---

〔4〕 相关研究,参见 Samson Vermont, *Independent Invention as a Defense to Patent Infringement*, 105 MICH. L. REV. 475 (2006)。

（二）先用权的适用条件

先用权原则在专利侵权认定中常被沿用，被告也常常以此作为抗辩。因此，正确界定享有先用权的条件是很重要的，这些条件主要有：

第一，享有先用权的人先使用的技术必须是自己独立完成或通过其他合法途径取得的。如果是从专利权人那里剽窃过来后"先用为快"的，就谈不上先用权。同时，先用权的取得必须合法。如果甲未经专利申请人同意而泄露其内容，乙明知甲对申请人负有保密义务而使用或准备使用，在他人取得专利后要求先用权的，不能成立。当然，乙即使"不知"，也不能取得先用权。因为这不是合法取得的。此外，享有先用权的人不能是专利权人的某种特定关系人。如两个人共同完成一项发明创造，其中一人擅自申请并取得专利权，在其申请日前实施的另一方不得以先用权为抗辩理由，而只能诉请主管机关确认专利申请权与专利权为双方共同所有。根据《最高人民法院关于审理侵犯专利权纠纷案件应用法律若干问题的解释》（法释〔2009〕21号）（以下简称《审理侵犯专利权案件应用法律解释》）第15条第1款的规定，被诉侵权人以非法获得的技术或者设计主张先用权抗辩的，人民法院不予支持。因此，以非法获得的技术或者设计主张侵权抗辩不能成立。

第二，先用权成立的时间条件在我国是以申请日为准的。在他人专利申请日之后，即令是在申请公布前善意使用或准备使用，都不能享有先用权。应当注意，专利申请在出现现行《专利法》第24条规定的不丧失新颖性的四种情形时，申请日是不能追溯到宽限期初始之日的。

第三，先用权人必须在他人专利申请日前已制造了相同产品或使用相同方法，或者已经作好了制造、使用的必要准备。不能认为只要是作出了相同的发明创造，在他人取得专利权的情况下自己就享有先用权。先用权的产生必须以一定的行为为基础——至少已经作好了制造或者使用的必要准备。这里的"必要准备"是个事实问题，法律没有作硬性规定。一般可理解为"制造相同产品、使用相同方法"所必不可少的各种物质条件、资金条件和人员条件等。如技术上的准备、生产上的准备、完成样品的试制等。根据《审理侵犯专利权案件应用法律解释》第15条第2款的规定，有下列情形之一的，人民法院应当认定属于《专利法》规定的已经作好制造、使用的必要准备：（1）已经完成实施发明创造所必需的主要技术图纸或者工艺文件；（2）已经制造或者购买实施发明创造所必需的主要设备或者原材料。还必须指出，只有在有限范围内的非公开的"制造或使用或者作好制造或使用必要准备"的行为才可以作为产生先用权的基础。因为一项发明创造在国内的使用公开会使其丧失新颖性，任何人不能对此获得专利权，也就相应地不存在先用权了。

第四，先用权人在他人取得专利权后，只能在原有范围内继续制造原有的相同产品或者使用相同的方法，不得扩大使用范围。根据《审理侵犯专利权案件应用法律解释》第15条第3款的规定，《专利法》规定的原有范围，包括专利申请日前已有的生产规模以及利用已有的生产设备或者根据已有的生产准备可以达到的生产规模。就产量而言，不得超过专利权人提出专利申请时原有设备可以达到的生产能力。若要扩大原有范围，应征得专利权人同意。而且，在原有范围内制造或使用大多是一个连续的过程。在有些情况下，这种连续性的行为中断将丧失先用权。

关于先用权的确认和保护，各国的做法不一。有的国家规定由专利局或专利权人发给先用权人先用权证明;有的国家则赋予先用权人以签订无偿普通许可合同的权利。我国没有专门规定先用权的确认程序、办法。实际上,先用权是相对于专利权而言的,是对专利权的一种抗辩权。只有在专利侵权诉讼中确认才会有实际意义。设立一个专门的确认先用权的程序,没有很大必要。[5]

(三)先用权与企业的一并转让或承继

关于先用权,还必须指出:这种权利是依赖于专利权的存在而存在的一种很不完整的无形财产权。主要表现为:(1)先用权不是独立的交易对象,不能成为转让合同的唯一标的。但它可以随同企业一起转让,从而成为转让合同客体的一部分。(2)先用权不能成为许可贸易的对象。不能就先用权订立许可实施合同。(3)先用权不具有独占性。它可以为不同的单位或个人同时享有,而且互相不排斥。简言之,先用权是一种只能由先用权人自己行使、不能单独转让于他人并不具有排他性的权利。

根据《审理侵犯专利权案件应用法律解释》第15条第4款的规定,先用权人在专利申请日后将其已经实施或作好实施必要准备的技术或设计转让或者许可他人实施,被诉侵权人主张该实施行为属于在原有范围内继续实施的,人民法院不予支持,但该技术或设计与原有企业一并转让或者承继的除外。

值得说明的是,为什么要求先用权人在申请日后将技术或设计与原有企业一并转让或者承继?专利制度采用申请在先原则,即专利权只授予第一个向授权机关提出专利申请的人。先用权制度旨在弥补申请在先制度的缺陷。但是,为了合理平衡先用权人与专利权人之间的利益关系,如果先用权人在申请日后将其技术另行转让或许可他人实施,就会增加市场上新的竞争者,有损专利权人的独占权。因此,《审理侵犯专利权案件应用法律解释》第15条规定,在申请日后,先用权人只能将其已实施或做好实施必要准备的技术、设计,与原有企业一并转让或者承继。亦即,对于先用权人在申请日前的转让、许可行为,并无此限制。此外,根据该条第1款的规定,被诉侵权人主张先用权抗辩的技术或者设计,不能是非法获得的,而应是自己研发或者合法受让的。

三、临时过境的外国运输工具运行中的使用

现行《专利法》第75条第(3)项规定,"临时通过中国领陆、领水、领空的外国运输工具,依照其所属国同中国签订的协议或者共同参加的国际条约,或者依照互惠原则,为运输工具自身需要而在其装置和设备中使用有关专利的",不视为侵犯专利权。这一规定的目的在于便利国际交通运输。换言之,如果运输工具临时进入我国,它们的所有人就不需要为了避免对我国专利权的侵犯而获得该项专利的许可。《巴黎公约》第5条之三对此有同样规定,其他各国专利法也有类似的规定。这种对专利权的限制,在国际经济技术贸易中是具有重要意义的。

在适用这一限制时,应注意以下几点:(1)外国运输工具只能在其装置和设备中使用受我国专利保护的产品,不能在运输工具上制造这种产品,更不允许在运输工具上销售这种产品。(2)只能是为运输工具自身需要而用于其装置和设备之中,不能用于其他目的。(3)只能是临

[5] 相关研究,参见宁立志:《先用权之学理展开与制度完善》,载《法学评论》2014年第5期。

时通过我国领土、领水、领空的外国运输工具才适用这一原则。“临时通过”包括暂时或偶然进入。前者如定期进入;后者如因机械故障、船舶失事、躲避风暴等情形下的进入。(4)只能是与我国订有条约、共同参加的国际公约(如《巴黎公约》)或者规定有互惠原则的国家的运输工具才能适用这一原则。

四、非为生产经营目的的使用

现行《专利法》第75条第(4)项规定,“专为科学研究和实验而使用有关专利的”,不视为侵犯专利权,不需得到专利权人的许可。依照现行《专利法》第11条的规定,为生产经营目的实施专利的行为应得到专利权人的许可,其实质是专利权人通过对经营性实施行为的控制来获得回报与收益。将为科学研究和实验而使用专利的行为规定为专利权的例外有合理性与正当性。理由有二:一是这种行为的目的并非生产经营,而是科学技术的进步与发展,对社会是有益的;二是由于这种行为并非为了生产经营,对专利权人的利益也不会造成多大损害。正因如此,专利权的效力不应及于为科学研究和实验而使用有关专利的行为。当然,这里的为了科学研究和实验而使用并非是只有科研机构才可以行使的行为,高等学校甚至企业的研发部门也可以使用。

但应当注意,这里的“使用”是指为科学研究目的制作权利要求书所述的那种结构的产品,或者使用按照权利要求书所述的那种工艺和工艺条件的方法。〔6〕 专为科学研究和实验目的,是为了对专利技术作进一步的分析,对专利产品的结构、性能、效果、工艺等作进一步的简化、合理化,或者在该专利的基础上作进一步的改进发明。在这个意义上,这种使用行为对社会是有益的,对于从事新的发明创造和技术创新也是必要的。但是,专为科学研究和实验目的使用不包括许诺销售、销售、进口专利产品或者依照专利方法直接获得的产品,因为这些行为会损害专利权人的专利产品市场。

五、平行进口

2000年《专利法》第63条第1款第(1)项规定:专利权人制造、进口或者经专利权人许可而制造、进口的专利产品或者依照专利方法直接获得的产品售出后,使用、许诺销售或者销售该产品的,不视为侵犯专利权。2008年《专利法》对此进行了修改,规定为:专利产品或者依照专利方法直接获得的产品,由专利权人或者经其许可的单位、个人售出后,使用、许诺销售、销售、进口该产品的,不视为侵犯专利权。〔7〕 该规定将进口行为纳入权利限制的范畴,有利于促进专利产品的国际贸易和专利实施。

这主要涉及与“平行进口”〔8〕密切相关的前述“专利权穷竭”或者说“权利穷竭”问题。由

---

〔6〕 汤宗舜:《专利法教程》(第3版),法律出版社2003年版,第190页。

〔7〕 现条款为现行《专利法》第75条第(1)项。

〔8〕 专利平行进口是指在国际贸易中,第三方在未经专利权人许可的前提下从一国市场中合法获取专利产品并进口到该专利权发生效力的国家,而该专利产品是专利权人或经其许可而合法销售到市场的产品。换言之,专利权人的一项发明在多个国家都取得了专利权,一国未经授权的进口商将其从另一国获得的、由专利权人或其被许可人制造或销售的专利产品进入该国销售的行为。

于权利穷竭原则不仅是一个法律问题,而且关系一个国家或地区专利政策导向,[9]国际公约对成员国国内法的规定没有统一的要求。例如,根据 TRIPs 协议第 6 条规定,协议的任何规定不得用于处理知识产权的权利穷竭问题,成员可以根据自身的情况灵活处理。在涉及公共健康问题上,《多哈宣言》第 5 条第(4)项重申为了解决公共健康问题,成员有权自行决定对知识产权权利穷竭问题的立场。根据上述规定,在符合最惠国待遇和国民待遇原则的基础之上,每个成员有权在其国内法中自由决定自己的权利穷竭制度,并且不必借助 TRIPs 协议的任何条款,将权利穷竭问题提交世界贸易组织争端解决程序。从我国的现实情况看,在我国获得专利权的申请人中有相当大的部分属于外国人,特别是在高科技领域,发明专利权很大一部分为外国人所控制,我国对外国技术和产品的依赖程度较高。为发展民族产业,提高市场竞争能力,我国专利法有必要引进平行进口制度。从公共健康的角度看,允许平行进口也有利于从外国进口我国目前难以制造或者制造能力不足的专利药品等专利产品。

六、药品和医疗器械的试验例外:Bolar 例外的引入

Bolar 例外是很多国家专利法规定的药品和医疗器械的试验例外。其基本含义是,仅为获得和提供药品或者医疗器械行政审批所需要的信息而以特定方式实施专利时,不构成专利权侵权。该例外可以从美国 1984 年《专利法》中找到渊源。该法第 271 条第 5 款规定:在美国制造、使用、许诺销售、销售或者从美国进口被授予专利权的发明的行为,如果单纯是为了依照法律的有关规定获得并提供为制造、使用或销售药品或者兽医用生物产品所要求的有关信息,不构成侵犯专利权的行为。该例外在实践中是来自美国联邦上诉法院对 Roche Products 公司和 Bolar Pharmaceutical 公司一案[10]的判决,故有 Bolar 例外之说。

在该案中,原告 Roche 公司拥有一个涉及盐酸氟胺安定的安眠药有效成分的专利,保护期到 1984 年届满。被告 Bolar 公司计划在该专利权保护期限届满后推出盐酸氟胺安定的一般药品。为了尽快获得美国食品与药品管理局的批准,被告从国外进口了少量该专利药品进行试验,收集批准所需的信息。原告认为被告行为构成了专利侵权,遂向纽约联邦地方法院起诉。法院基于被控行为属于研究、试验行为,且涉及数量少,因此判决不构成侵权。原告不服,上诉到美国联邦巡回上诉法院,该法院则认为被告构成了专利侵权。联邦巡回上诉法院在判决中承认普通药品公司等候审批的过程实际上是延长了专利权的保护期限,但主张这一问题需要通过国会立法加以解决。因此,该判例被认为是促使美国国会采取措施确立 Bolar 例外的标志性事件。

药品和医疗器械在上市前需要履行审批手续,而为达到审批要求,申请者需要提供该药品或医疗器械的各种试验数据和资料,以证明其产品符合规定的要求。如果是对享有专利权的药品或医疗器械进行仿制,在正常情况下就需要等到专利权届满后才能进行试验。这样就势必推迟仿制药品或医疗器械上市时间,从而影响公众在专利权届满后及时获得价格较低的仿

---

[9] 相关研究,参见严桂珍:《权利穷尽原则在美国专利产品平行进口领域中的适用及其重大调整》,载《比较法研究》2008 年第 4 期。

[10] 221 USPQ 937, cert denied(1984);733 F. 2d 858. 参见尹新天:《专利权的保护》(第 2 版),知识产权出版社 2005 年版,第 225 页。

制药品或医疗器械。为此,美国、日本、加拿大、澳大利亚等国家均在其专利法中规定了 Bolar 例外。在世界贸易组织的一个争端解决裁定中,该例外也被认为符合 TRIPs 协议的规定。

我国是一个拥有十四亿多人的人口大国,公共健康问题非常重要。并且,从我国药品生产的现实情况看,中国化学药品和生物药品仿制比例很高,而仿制药品的上市需要经过严格的审批程序。药品制造商同样需要对拟上市的药品进行一系列的试验,以获得行政审批所需的数据和信息。为了及时上市,需要在药品专利保护期届满前即进行这些活动。该项制度,有利于公众在药品或医疗器械专利权保护期限届满后及时获得价格较低的药品和医疗器械。基于此,2008 年《专利法》第 69 条第(5)项将其引入。现行《专利法》第 75 条第(5)项维持了原有规定:"为提供行政审批所需要的信息,制造、使用、进口专利药品或者专利医疗器械的,以及专门为其制造、进口专利药品或者专利医疗器械的",不视为侵犯专利权。通过实施这一规定,既有利于与我国有关行政审批制度相衔接,促进药品或专利医疗器械的生产尽快实施,同时有利于平衡专利权人的利益与社会公众利益之间的关系,防止专利权滥用。[11] 此外,为合理平衡专利权人与社会公众之间的利益关系,促进专利产品的正常利用,现行《专利法》第 77 条规定,为生产经营目的使用、许诺销售或者销售不知道是未经专利权人许可而制造并售出的专利侵权产品,能证明该产品合法来源的,不承担赔偿责任。但该条款的适用,应注意以下几点:

第一,只适用于使用、许诺销售、销售行为,不包括制造。《审理侵犯专利权案件应用法律解释(二)》(2020 年修正)第 25 条第 1 款规定:"为生产经营目的的使用、许诺销售或者销售不知道是未经专利权人许可而制造并售出的专利侵权产品,且举证证明该产品合法来源的,对于权利人请求停止上述使用、许诺销售、销售行为的主张,人民法院应予支持,但被诉侵权产品的使用者举证证明其已支付该产品的合理对价的除外。"如未经许可而制造专利产品,即令不知道有人对该产品享有专利权,仍应认定为侵犯专利权并承担赔偿责任。至于同一人未经许可实施制造、使用、销售专利产品的行为,无论他是否明知有人对该产品享有专利权,都不能以使用或销售为由免除仿造的侵权责任。

第二,行为人应出示"不知"的证据。《审理侵犯专利权案件应用法律解释(二)》(2020 年修正)第 25 条第 2 款规定:"本条第一款所称不知道,是指实际不知道且不应当知道。"因此,如果行为人事先知道,或者在事后专利权人或被许可人通知其该产品是未经许可而非法制造并售出的,行为人仍继续使用或销售该专利产品,就不仅构成对专利权的侵犯,而且应承担赔偿责任,因为这时行为人已无善意可言。

第三,行为人应提交"合法来源"的证据。《审理侵犯专利权案件应用法律解释(二)》(2020 年修正)第 25 条第 3 款规定:"本条第一款所称合法来源,是指通过合法的销售渠道、通常的买卖合同等正常商业方式取得产品。对于合法来源,使用者、许诺销售者或者销售者应当提供符合交易习惯的相关证据。"合法来源的证据包括销售合同、销售单据、签收记录、支付凭证等。

---

〔11〕 应当指出,在现行《专利法》规定 Bolar 例外前,我国《专利法》一直有"专为科学研究和实验而使用有关专利"的规定。但是,药品专利的特殊性使 Bolar 例外无法简单地被前述侵权例外所涵盖。因为为新药报批目的而制造药物的行为,不属于本身以专利发明为目标的研究,也不属于专利法上的科学研究与实验例外。

第二节 开 放 许 可

开放许可制度的引入是2020年《专利法》修改的亮点之一。开放许可是指专利权人通过专利授权部门公告作出声明,表明凡是希望实施其专利的人,均可通过支付规定的许可费而获得实施该专利的许可。[12] 2015年4月,国家知识产权局发布的《专利法修改草案(征求意见稿)》第一次在本次修法中引入了当然许可制度,并在《〈专利法修订草案(送审稿)〉的说明》指出,引入该制度旨在解决专利许可供需信息不对称问题,降低专利许可成本。2019年发布的《专利法修正案(草案)》将该制度更名为"开放许可",并最终在现行《专利法》得到了保留,其条文设置在第六章"专利实施的特别许可"中的第50条、第51条和第52条中,包括开放许可声明及其生效的程序要件、被许可人获得开放许可的程序和权利义务以及相应的争议解决路径。

一、开放许可制度的必要性

开放许可制度最早建立在英国和德国,其目的在于打破专利权人的垄断,让更多的人得以实施专利。[13] 其制度运行机制在于:如果专利权人想通过发放许可证的方式使他人利用其专利,自己从中获取报酬,可以要求专利局公告声明,并在其专利文件上注明"当然许可证"的字样;这样,愿意实施其专利的人就可以不经专利权人允许直接实施该专利,但他有义务向专利权人支付使用费,使用费数额由双方协商。协商不成时,由专利局或法院裁决。而且,当然许可实施人无权向第三者发放分许可证,也无权将该专利转让给他人。专利权人之所以选择这种对自己专利独占实施权进行一定限制的形式,是因为一则他可以按规定享受免缴一半年费甚至全部年费的待遇,二则可以较便利地实施其专利发明创造。采取开放许可制度的国家有英国、德国、法国、尼日利亚、赞比亚、印度、爱尔兰等国家。

对于引进开放许可制度的必要性,国家知识产权局在《〈专利法修订草案(送审稿)〉的说明》中指出,"当然许可制度的优点在于:一是声明当然许可相当于给专利打上一个开放使用的标签,在专利登记簿中与专利所包含的其它信息一同传播,有利于促进专利技术供需双方的对接,尤其是高校、科研院所专利的传播和运用;二是需求方以公平、合理、无歧视的许可费和便捷的方式获得专利许可,可以降低许可谈判难度,大幅降低专利许可交易成本,提高被许可人实施专利的意愿,有利于企业特别是中小企业充分挖掘使用专利;三是建立专利交易许可相关信息披露和传播机制,既为专利权人和公众搭建专利转化或推广应用平台,也可以有效降低专利交易中与专利状态相关的法律风险"。可见,开放许可制度旨在通过鼓励专利权人向社会开放专利权,以实现专利的转化实施。[14]

---

〔12〕 国家知识产权局:《以开放许可制度促专利运用》,载 https://www.cnipa.gov.cn/art/2020/12/2/art_2198_155356.html,最后访问时间:2022年6月15日。

〔13〕 罗莉:《我国〈专利法〉修改草案中开放许可制度之完善》,载《政治与法律》2019年第5期。

〔14〕 相关研究,参见张扬欢:《责任规则视角下的专利开放许可制度》,载《清华法学》2019年第5期。

二、开放许可的申请程序及生效条件

现行《专利法》第 50 条第 1 款规定："专利权人自愿以书面方式向国务院专利行政部门声明愿意许可任何单位或者个人实施其专利，并明确许可使用费支付方式、标准的，由国务院专利行政部门予以公告，实行开放许可。就实用新型、外观设计专利提出开放许可声明的，应当提供专利权评价报告。"其第 51 条第 1 款规定："任何单位或者个人有意愿实施开放许可的专利的，以书面方式通知专利权人，并依照公告的许可使用费支付方式、标准支付许可使用费后，即获得专利实施许可。"

从上述条文可知，开放许可的申请程序为：首先，专利权人必须向国务院专利行政部门提交声明，表明其具有许可任何单位或个人实施其专利的意愿，并在声明中明确许可使用费的支付方式、标准；其次，由国务院专利行政部门予以公告；最后，有意愿实施该专利的单位或个人，应当通知专利权人，并按照公告的内容履行支付费用的义务后，就获得了专利实施的许可。开放许可的生效要件主要是专利权人与有意愿实施专利的单位或个人的意思表示达成一致，且有意愿实施专利的单位或个人按公告的要求支付许可费用。应当注意的是，为确保开放许可的安全，专利权人的声明、被许可人的响应等均需由书面形式确定。除此之外，为保证专利的稳定性及被许可人的利益，实用新型和外观设计的专利权人应在声明中提交专利权评估报告。

为确保开放许可与普通许可相互转换的灵活性，现行《专利法》第 51 条第 3 款规定："实行开放许可的专利权人可以与被许可人就许可使用费进行协商后给予普通许可，但不得就该专利给予独占或者排他许可。"从该规定可知，一方面，开放许可不排除专利权人与被许可人重新达成普通许可；另一方面，在开放许可期间，从开放许可转换成普通许可的，不能是独占或排他许可。这主要是基于，开放许可与普通许可的最大区别在于，开放许可的承诺方不得拒绝任何被许可方的许可请求；也就是说，与被许可人达成普通许可后，在开放许可实施期间，还应确保其他第三人可进行开放许可的权利。

三、开放许可的撤回

现行《专利法》第 50 条第 2 款规定："专利权人撤回开放许可声明的，应当以书面方式提出，并由国务院专利行政部门予以公告。开放许可声明被公告撤回的，不影响在先给予的开放许可的效力。"根据该条规定，专利权人有随时撤回开放许可的权利，但撤回开放许可也需要经过一定的程序方能完成。与开放程序的申请类似，专利权人欲撤回开放许可，首先应当向国务院专利行政部门提出撤回开放许可声明的书面申请，由国务院专利行政部门就撤回开放许可声明进行公告，公告后即撤回。为保证开放许可期间被许可人的利益，开放许可声明被公告撤回的，不影响之前达成的许可效力。

四、实施开放许可纠纷的解决

现行《专利法》第 52 条规定："当事人就实施开放许可发生纠纷的，由当事人协商解决；不愿协商或者协商不成的，可以请求国务院专利行政部门进行调解，也可以向人民法院起诉。"可见，本条考虑到了开放许可纠纷的多元化解决，当事人既可自行协商进行和解、调解，也可以向国务院专利行政部门申请调解，还可以直接向法院起诉，确保了专利许可交易的效率。应当注意的是，根据《专利法实施细则》第 81 条的规定，当事人请求处理专利侵权纠纷或者调解专利纠纷的，由被请求人所在地或者侵权行为地的管理专利工作的部门管辖。一般的专利纠纷的调解由被请求人所在地或者侵权行为地的管理专利工作的部门管辖，但开放许可纠纷的行政调解主体为国务院专利行政部门，这主要是考虑到国务院专利行政部门处理开放许可声明的公告以及公告的撤回等，基层专利行政部门并无相应职责，由国务院专利行政部门调解开放许可纠纷更为适宜。

第三节 强 制 许 可

一、强制许可的概念与必要性

强制许可是实施专利的一种许可。它是采用行政措施限制专利权人滥用独占权的一种形式。其基本含义是：国务院专利行政部门可以不经专利权人的许可，通过行政程序而直接允许第三者实施专利权人享有专利权的发明或实用新型，并向其颁布实施该专利的强制许可证的法律行为。强制许可也是国际公约的要求，如《巴黎公约》第 5 条、TRIPs 协议第 31 条均作了规定。

实施强制许可的目的是防止和限制专利权人滥用其专利权，保护国家和社会公众利益，促进发明创造的实施和推广应用。[15] 建立强制许可制度有利于防止专利权人滥用专利权而阻碍新技术的推广应用，有利于促进公平竞争机制的形成和社会进步。特别是在发展中国家，强制许可制度可用于阻止外国人凭借其批准的专利权占领市场，垄断技术。

强制许可规定作为一种威慑性条款，可以促进专利权人与他人签订专利实施许可合同，鼓励发明创造的推广应用。从利益平衡的角度可以看到，强制许可是平衡专利权人对专利技术的垄断权和促进专利技术推广与应用的制度设计。“强制许可平衡了专利权人的利益与促进发明商业化和技术革新领域更大范围竞争的公共利益。”[16] 强制许可服务于：(1) 为专利权人提供足够的补偿；(2) 克服以前阻碍接近技术的市场失败；(3) 通过技术领域各方促进进一步的革新，减少市场失败和更有效的技术转让能刺激革新并最终实现专利法的宪法目标。[17] 由此可见，强制许可对于保障专利法宗旨的实现具有重要意义。

鉴于强制许可制度在专利法中的重要意义以及国际公约规定了这一制度，我国从 1984 年颁布《专利法》开始，一直对强制许可制度作出了规定，只是随着形势的变化而屡作修改。2012 年，国家知识产权局颁布了《专利实施强制许可办法》，对强制许可的作出、费用裁决和终止程序等作了相应规定。

---

〔15〕 在强制许可下，仍然存在对专利权人权益保障问题。相关研究，参见彭心倩：《专利强制许可下的专利权人权益保障论》，载《政治与法律》2019 年第 5 期。

〔16〕 Alison Ladd, *Integra v. Merck: Effects on the Cost and Innovation of New Drug Products*, 13 J. L. & Poly 347 (2005).

〔17〕 Simone A. Rose, *On Purple Pills, Stem Cells, and Other Market Failures: A Case for a Limited Compulsory Licensing Scheme for Patent Property*, 48 How. L. J. 627 (2005).

二、强制许可的类型与条件

我国的强制许可只适用于发明和实用新型,不适用于外观设计。这是因为前者难以找到同类的可以替代的技术解决方案,必要时得诉诸强制许可手段。专利权人不允许他人实施外观设计专利时,其他人可以设计其他式样,所以对外观设计专利没有必要实施强制许可。

由于不同时期对技术的实施及对产品的需求不同,为适应当时的形势与要求,我国不同时期的专利法规定了不同的强制许可类型与范围。在这个问题上,2008 年《专利法》对 2000 年《专利法》作了较大修正,而现行《专利法》关于强制许可有关内容则基本沿袭了 2008 年《专利法》的规定,仅仅在条文顺序上作了调整。

(一)不实施专利权的强制许可

现行《专利法》第 53 条规定:有下列情形之一的,国务院专利行政部门根据具备实施条件的单位或者个人的申请,可以给予实施发明专利或者实用新型专利的强制许可。这主要适用于以下两种情形:(1)专利权人自专利权被授予之日起满 3 年,且自提出专利申请之日起满 4 年,无正当理由未实施或者未充分实施其专利的;(2)专利权人行使专利权的行为被依法认定为垄断行为,为消除或者减少该行为对竞争产生的不利影响的。由此可见,不实施专利权的强制许可主要有两种情形:一是不实施或不充分实施专利时的强制许可;二是行使专利权构成垄断,为消除或减少竞争的行为而实施的强制许可。

上述规定主要是基于与国际接轨、遵循国际条约的要求。根据我国参加的《巴黎公约》第 5 条之一规定,专利权人自提出专利申请之日起 4 年届满以前,或自授予专利之日起 3 年届满以前,以后满期的期间为准,不得以不实施或不充分实施为理由申请强制许可。因此,《专利法》第 53 条规定的第一种情形为:专利权人自专利权被授予之日起满 3 年,且自提出专利申请之日起满 4 年,无正当理由未实施或未充分实施其专利。专利权人可通过专利权这种合法的垄断权,禁止他人的使用或制造行为,从而可能使得市场中缺少相应的产品。这就妨碍了公共利益的实现,也违背了专利制度的激励创造的初衷。因而,此时要授予申请人以强制许可。根据《专利法实施细则》第 73 条第 1 款之规定,"未充分实施其专利"是指专利权人及其被许可人实施其专利的方式或者规模不能满足国内对专利产品或者专利方法的需求。对于未实施或未充分实施的强制许可,申请单位或个人应当提供证据,证明其以合理的条件请求专利权人许可其实施专利,但未能在合理的时间内获得许可。

该条列举的第二种情形,"专利权人行使专利权的行为被依法认定为垄断行为,为消除或者减少该行为对竞争产生的不利影响",亦被纳入强制许可情形。[18] 其既是基于 TRIPs 协议的规定,对专利权人排除、限制竞争的行为,可以通过实施强制许可,保障申请人的合理利益,也是基于与《反垄断法》相衔接的目的。限制竞争或构成垄断的行为,损害了其他竞争者的利益,也损害了消费者与公众的选择权,违背了专利权作为合法垄断权的基本内涵。因此,给予强制许可而维持市场中适度与足够的竞争则是其应有之义。此外,究竟在什么情形下认定为垄断行为,构成了消除或者减少竞争的情形,根据《专利实施强制许可实施办法》第 11 条第 2

---

〔18〕 See Jonathan S. Masur, *The Use and Misuse of Patent Licenses*, 110 NW. U. L. REV. 115 (2015).

款的规定，请求人应当提交已经生效的司法机关或者反垄断执法机构依法将专利权人行使专利权的行为认定为垄断行为的判决或者决定。

（二）基于公共利益的强制许可

现行《专利法》第54条规定："在国家出现紧急状态或者非常情况时，或者为了公共利益的目的，国务院专利行政部门可以给予实施发明专利或者实用新型专利的强制许可。"

这类强制许可是针对涉及国家和公共利益的极为重要的发明而采取的必要措施。它包括有关国防方面的专利发明、有关国民经济方面的专利发明以及有关公共卫生方面的专利发明。这里的"紧急状态或者非常情况"，一般是指发生战争、动乱、自然灾害等。为了公共利益的目的则限于非商业性使用的情况。这是一类特殊的强制许可，没有时间限制和其他附属条件，即具备实施条件的单位或个人可以直接根据国务院专利行政部门颁发的强制许可证予以实施。

（三）基于公共健康而给予的涉及药品专利的强制许可

现行《专利法》第55条规定："为了公共健康目的，对取得专利权的药品，国务院专利行政部门可以给予制造并将其出口到符合中华人民共和国参加的有关国际条约规定的国家或者地区的强制许可。"其中的"取得专利权的药品"，根据《专利法实施细则》第73条第2款之规定，是指解决公共健康问题所需的医药领域中的任何专利产品或者依照专利方法直接获得的产品，包括取得专利权的制造该产品所需的活性成分以及使用该产品所需的诊断用品。

该规定涉及的药品强制许可明显是基于2001年世界贸易组织通过的《多哈宣言》和《议定书》的规定而增加的。中国加入世界贸易组织以后，《议定书》通过，它对TRIPs协议有所突破，即规定了在一定条件下的药品专利的强制许可：为了公共健康目的，可以给予制造并出口专利药品到特定国家或者地区的强制许可，从而打破了TRIPs协议第31条关于强制许可只能主要用于供应国内市场需要的限制性规定。中国作为世界贸易组织的成员，应遵循这一最新规定。修改《专利法》，自然应吸收上述议定书的规定。

上述规定，有利于帮助缺乏制药能力或者制药能力不足的发展中国家和最不发达国家解决其面临的公共健康问题，允许我国制药企业制造有关专利药品并将其出口到这些国家。至于强制许可涉及的发明创造为半导体技术等方面的规定，也是为了与上述有关国际协定的规定一致。

此外，根据《专利法实施细则》第74条第4款的规定，国务院专利行政部门依照《专利法》规定作出给予强制许可的决定，应当同时符合中国缔结或者参加的有关国际条约关于为了解决公共健康问题而给予强制许可的规定，但中国作出保留的除外。

（四）从属专利的强制许可

从属专利又称依存专利，是指前后两个专利之间在技术上存在依存关系，不实施前一个专利所保护的发明或实用新型，后一个发明或实用新型就无法实施。所谓从属专利的强制许可就是专利局根据专利之间的相互依存关系而采取的一种有利于科学技术发展的强制许可措施。现行《专利法》第56条规定：一项取得专利权的发明或者实用新型比前已经取得专利权的发明或者实用新型具有显著经济意义的重大技术进步，其实施又有赖于前一发明或者实用新型的实施的，国务院专利行政部门根据后一专利权人的申请，可以给予实施前一发明或者实用新型的强制许可。而且，在依照前款规定给予实施强制许可的情形下，国务院专利行政部门根据前一专利权人的申请，也可以给予实施后一发明或者实用新型的强制许可。这一规定有利于促进改进的技术或先进的技术的推广应用,防止专利权人滥用专利权而妨碍技术进步。

根据现行《专利法》第56条的规定,实施从属专利的强制许可应具备以下条件:(1)必须有两个取得专利权的发明或者实用新型,其中后一取得专利权的发明或实用新型在技术上比前者更为先进。一般认为,如果前一项是发明,后一项是实用新型,后一专利权人是不能对前一专利权人获得强制许可的,因为发明的创造性程度高于实用新型。(2)后一取得专利的发明或实用新型在技术上从属于前者,不实施前者,后者就无法实施。如受主专利保护的产品的新生产方法专利,受主专利保护的产品或者方法的新用途专利。(3)后一专利权人未能以合理条件签订专利实施许可合同。(4)首先申请强制许可的只能是后一专利权人。只是在后一专利权人取得了强制许可后,前一专利权人才能申请实施后一专利的强制许可,这种许可是一种互惠性的交叉许可。之所以允许前一专利权人申请实施强制许可,是从均衡前后两个专利权人的利益角度考虑的。与第一种类型的强制许可相比,申请人不限于单位,也可以是个人。

三、强制许可的申请程序

请求给予强制许可的,应当向国务院专利行政部门提交强制许可请求书,说明理由并附具有关证明文件。此外,对于未实施或未充分实施而给予强制许可或从属强制许可,申请强制许可的单位或者个人应当提供证据,证明其曾以合理的条件请求专利权人许可其实施专利,但未能在合理的时间内获得许可。

国务院专利行政部门应当将强制许可请求书的副本送交专利权人,专利权人应当在国务院专利行政部门指定的期限内陈述意见;期满未答复的,不影响国务院专利行政部门作出决定。国务院专利行政部门作出的给予实施强制许可的决定,应当及时通知专利权人,并予以登记和公告。给予实施强制许可的决定,应当根据强制许可的理由规定实施的范围和时间。强制许可的理由消除并不再发生时,国务院专利行政部门应当根据专利权人的请求,经审查后作出终止实施强制许可的决定。

国务院专利行政部门在作出驳回强制许可请求的决定或者给予强制许可的决定前,应当通知请求人和专利权人拟作出的决定及其理由。

四、强制许可决定的内容

现行《专利法》第60条第2款规定,给予实施强制许可的决定,应当根据强制许可的理由规定实施的范围和时间。强制许可的理由消除并不再发生时,国务院专利行政部门应当根据专利权人的请求,经审查后作出终止实施强制许可的决定。

强制许可决定涉及以下几方面内容:

一是强制许可的范围,包括强制许可的期间和强制许可受益人行为的范围。强制许可期间与强制许可理由共存。它可以是专利权的整个期间,也可以比专利权期限短。在这个时间内应注意维护专利权的有效性,防止专利权人以任何方式终止专利权。强制许可受益人行为的范围可以是专利权人可以做的一切行为,即制造、使用、许诺销售、销售、进口专利产品,或者使用专利方法,以及使用、许诺销售、销售、进口依该方法直接获得的产品,也可以只是其中的某些行为。值得说明的是,现行《专利法》第58条规定,除因被认定为垄断而给予强制许可或基于公共健康而给予涉及药品的强制许可外，强制许可的实施应当主要为了供应国内市场。即一般而言，为保障专利权人的利益，强制许可的实施应主要为了供应国内市场，但就垄断、限制竞争或基于公共健康而给予的强制许可的实施则可以向国外市场提供。

二是强制许可受益人开始实施的期间。这个时间应视具体情况来确定。如强制许可受益人实施的准备比较充分，这个时间就可能定得短一些。

三是使用费的数额。强制许可受益人与专利实施许可合同中被许可人一样，有义务向专利权人支付使用费。这笔费用可以而且最好由专利权人和强制许可受益人双方协商。因此，现行《专利法》第62条规定，取得实施强制许可的单位或者个人应当付给专利权人合理的使用费，或者依照中华人民共和国参加的有关国际条约的规定处理使用费问题。付给使用费的，其数额由双方协商；双方不能达成协议的，由国务院专利行政部门裁决。根据《专利法实施细则》第75条的规定，请求国务院专利行政部门裁决使用费数额的，当事人应当提出裁决请求书，并附具双方不能达成协议的证明文件。国务院专利行政部门应当自收到请求书之日起3个月内作出裁决。根据《专利实施强制许可实施办法》第30条第2款的规定，国家知识产权局作出强制许可使用费裁决决定应当自作出之日起5日内通知双方当事人。现行《专利法》第63条规定，专利权人对国务院专利行政部门关于实施强制许可的决定不服的，专利权人和取得实施强制许可的单位或者个人对国务院专利行政部门关于实施强制许可的使用费的裁决不服的，可以自收到通知之日起3个月内向人民法院起诉。

还应注意，《专利法》并未规定专利权人有义务提供有关实施专利所需的技术秘密。在专利许可证贸易中，专利与技术秘密在很多情况下是结合在一起的。没有获得技术秘密，就有可能影响专利的实施。所以强制许可受益人最好取得专利权人的合作，在支付使用费数额上稍放宽一点，以争取获得实施的技术秘密。至于专利权人未向对方提供所必需的从属专利或技术秘密，或专利权人在强制许可授予后又在日后的自愿许可中规定了更为优惠的条件时，强制许可受益人请求国家知识产权局或法院重新裁定使用费的数额，这实际上是把提供技术秘密作为专利权人的一种间接义务，与专利法的规定不符。

五、强制许可的效力

强制许可一旦生效，对专利权人和强制许可受益人都产生效力。专利权人不能对强制许可受益人实施有关专利的行为按侵权对待。在与他人签订专利实施许可合同时，强制许可受益人的地位应得到尊重。强制许可受益人的实施权也不会因为专利权人与他人签订独占或独家实施许可合同而受到影响。但强制许可的被许可人应承担在规定的时间内实施专利以及支付使用费的义务，并不得侵害专利权人享有的其他权利。

六、强制许可的权利范围

强制许可的权利范围涉及强制许可是独占许可还是非独占许可、是否可以转让和实施分许可等内容。关于强制许可的独占性，国际上颇有争论。发达国家多主张非独占性的强制许可，发展中国家的看法则相反。我国现行《专利法》第61条明确规定，取得实施强制许可的单位或者个人不享有独占的实施权，并且无权允许他人实施。这就是说，强制许可受益人取得的仅是一种普通实施权，专利权人仍然有权自己实施或许可他人实施，国务院专利行政部门也可以就同一发明或实用新型颁发第二个强制许可。本书认为，在目前我国需要大量引进技术和吸引外资的情况下，为使在我国获得的专利权有可靠的保障措施，实行非独占性的强制许可是适宜的。从《专利法》的规定中还可以看出，强制许可受益人不得授予他人分许可证。

关于强制许可的转让，一般国家的做法是，强制许可的权利应当连同强制许可受益人的企业一道，或者连同强制许可受益人的企业中按强制许可实施取得专利的发明或实用新型的那一部分一起才能转让，这种转让要得到专利局的批准。其原因在于强制许可往往是根据企业生产和技术状况颁发的，它与企业是紧密结合在一起的，不能脱离企业而单独转让。我国《专利法》对此未作规定。如出现实施强制许可情况，也可以借鉴这一做法。

第四节 国家指定许可

国家指定许可，是指国家有关主管部门不经专利权人的同意，通过计划程序许可指定单位实施需要推广应用的重要的专利发明创造。国家指定许可是对专利权的一种非常规限制，是我国专利法所特有的，充分体现了我国专利法的社会主义性质。这一限制的基本特点是以国家利益或公共利益为依据，主要反映行政的意志。我国2000年《专利法》对国有企事业单位、集体所有制单位和个人的国家指定许可分别作了不同的规定，2008年《专利法》将该条修改为仅针对国有企事业单位的发明专利给予国家指定许可，而本次修法仅是对条文顺序作了改动，将其从第14条调为第六章“专利实施的特别许可”第49条，内容未作改动。

一、对国有企事业单位的发明专利的国家指定许可

现行《专利法》第49条规定：国有企业事业单位的发明专利，对国家利益或者公共利益具有重大意义的，国务院有关主管部门和省、自治区、直辖市人民政府报经国务院批准，可以决定在批准的范围内推广应用，允许指定的单位实施，由实施单位按照国家规定向专利权人支付使用费。根据国家指定许可实施的主要是国有企事业单位的发明专利。但这种实施是受严格限制的：(1)必须是重要的发明创造。即对发展国民经济具有重大作用，对国家利益或公共利益有重大意义，需要大面积推广应用的发明创造。(2)有权决定指定实施的限于国务院有关主管部门和省、自治区、直辖市人民政府。省级人民政府有关主管部门以及省级以下各级人民政府都无权实施指定许可。(3)实施单位应按照规定向专利权人支付使用费。使用费数额由作出指定实施决定的部门视具体情况确定。从理论上讲，国有企事业单位的发明专利其所有权属于国家，国家理所当然从全局利益出发有权实施指定许可限制。

按照指定授权实施的发明创造专利限于发明专利。而且，国家指定许可只适用于中国单位和个人的专利，不适用于外国人、外国企业和外国其他组织在中国取得的专利。这有利于更好地贯彻对外开放的政策，吸引外国人来华申请并取得专利。

国家指定许可和强制许可都是对专利权的限制形式，但它们之间也有明显区别。国家指定许可是授权的国家机关根据国家利益或公共利益主动采取的推广应用发明创造的措施，而

不是由于专利权人滥用专利权而导致的消极法律后果。

二、我国国家指定许可范围的缩小：对集体所有制单位和个人所有专利的国家指定许可规定的删除

2000年《专利法》第14条第1款规定："国有企业事业单位的发明专利，对国家利益或者公共利益具有重大意义的，国务院有关主管部门和省、自治区、直辖市人民政府报经国务院批准，可以决定在批准的范围内推广应用，允许指定的单位实施，由实施单位按照国家规定向专利权人支付使用费"；第2款规定："中国集体所有制单位和个人的发明专利，对国家利益或者公共利益具有重大意义，需要推广应用的，参照前款规定办理。"2008年《专利法》则删除了上述第2款。[19]

上述2000年《专利法》第14条的规定，被称为"指定许可"，是专利立法中颇具中国特色的规定。一般来说，专利权作为一种受法律保护的专有权利，具有独占性，任何人非经专利权人许可，不得擅自实施。但是，专利权又不是一种绝对性的权利，它在一定的情况下受到限制。前面探讨的强制许可等即为限制专利权的形式。这里的指定许可也是专利权限制形式。其直接原因是，有些重要的发明，不仅涉及专利权人的利益，而且与国家利益或公共利益也密切相关。如果按照通常的实施他人专利的模式，就需要实施单位与专利权人进行谈判，在签订实施许可合同后才能实施专利。对于那些具有重大价值的发明专利来说，这不利于迅速推广。为此，中国《专利法》自1984年颁布以来，虽经四次修订，但一直保留了促进对具有重大价值的发明创造的行政推广制度。[20]

当然，由于专利权毕竟是一种私权，私权保护是专利法的主旋律。专利法对指定许可的范围和条件应当从严，以免损害专利权人的利益。根据现行《专利法》的规定，指定许可限于对国家利益或者公共利益具有重大意义的国有企业事业单位的发明专利，不再包括中国集体所有制单位和个人的发明专利，这样就大大缩小了适用指定许可的范围。[21]

第五节　其他限制

一、国家征用

专利的国家征用，是指政府主管部门从国家的根本利益出发，为了国防、公共卫生或者国

〔19〕参见2008年《专利法》第14条。

〔20〕在2000年《专利法》前，此制度被称为"计划许可制度"，这与过去实行的计划经济体制有关。

〔21〕在1984年《专利法》中，计划许可涉及的专利权的主体主要是指"全民所有制单位"。在2000年《专利法》中，"全民所有制单位"被替换为"国有企业事业单位"。这一修改与我国进行的企业制度改革有关。随着我国现代企业制度改革的进行，有些单位虽然不是纯粹的全民所有制单位，但由于国有资本在其资本结构中具有控制能力，称为国有控股单位，也可以对其享有的专利权予以推广应用。另外，无论是中国专利法中以前实施的计划许可还是现在的指定许可，专利权的主体均不包括外国人、中外合资经营企业、中外合作经营企业、外商独资企业、中国私人企业和其他混合所有制企业。过去曾有外国专利权人担心中国专利法的这类规定将损害其对在中国获得的专利权的控制，其实这种担心是没有必要的。参见国家知识产权局条法司：《新专利法详解》，知识产权出版社2001年版，第101页。

民经济的迫切需要，不经专利权人同意，直接以国家名义将专利权收归国有。国家征用后，专利权并未丧失，只是由原专利权人所有转为由国家所有。专利权人则可以从国家获得合理的补偿。其数额通常由征用国家的专利局确定。专利被征用后，可能由国家实施，也可能由国家指定的第三者实施。有些国家确立这一制度是考虑到某些发明的重大军事意义、经济意义等，为维护国家和民族的根本利益，有必要剥夺专利权人的独占权。如在美国，绝大多数属于飞机、火箭、卫星、宇宙飞船的发明，都转为政府所有，成为国家的财产。专利的国家征用无疑是一种严重的措施，所以适用这一制度的国家对此作了十分严格的规定，以防止滥用这种强制措施。有些国家虽有这方面规定，但几乎没有适用过。目前多数国家不提倡这一制度。我国也没有国家征用的规定。

二、"贸易惯例"限制

许多国家在贸易实践活动中逐渐形成了这种限制。例如，仅为买卖双方沟通联系，尽管双方所经营的是专利侵权产品，沟通人不一定负共同侵权责任；签订一项旨在制造侵权产品的合同，但尚未实际履行，尚不构成侵犯专利权；修复原专利产品，虽形同仿制，不以仿制论；虽未经许可而销售了专利产品，但买主仅是专利权人本人，不构成侵权；在买卖中仅交付了完整专利产品的一部分，尚不构成销售侵权；专利权人的代理人或代理机构在自己职权范围内授权第三人从事任何与专利有关的活动，也不构成侵权等。

除此之外，有的国家还规定了"后用权"等限制形式。所谓后用权，是指在发明专利失效日与恢复发明专利申请公布日期间，已经开始利用该发明或已为利用该发明作了必要准备的任何单位或个人，在他人专利申请恢复批准后，仍然有权继续利用该发明或者请求补偿。我国没有这方面的规定。

本章案例研讨

◈ 专利权穷竭与外观设计专利侵权例外的界定

台州市某电器有限公司与昆明市某电器制冷设备经营部、中山市某电器有限公司、昆明某工贸有限公司侵害外观设计专利权纠纷案[22]

2009 年 4 月 1 日，台州市某厨房设备有限公司于获得专利号为 ZL200830089795.3 保鲜柜的外观设计专利证书。2008 年 10 月 17 日，经台州市工商局黄岩分局核准，台州市某厨房设备有限公司名称变更为台州市某电器有限公司（以下简称台州某电器公司）。台州某电器公司向昆明市中级人民法院起诉称：其是外观设计专利号为 ZL200830089795.3 保鲜柜的专利权人。该专利现处于有效期内。被告昆明市某电器制冷设备经营部（以下简称某制冷设备经营部）未经原告许可，擅自销售由中山市某电器有限公司（以下简称中山某电器公司）生产的"新

〔22〕 选自昆明市中级人民法院(2015)昆知民初字第 440 号民事判决书。

力”牌点菜柜,而该产品侵害了原告享有的ZL200830089795.3保鲜柜的外观设计专利权。由于中山某电器公司提出证据证明以上涉案产品由昆明某工贸公司生产,故三被告的行为构成共同侵权,其行为给原告造成了严重损失。原告要求三被告承担共同侵权责任并赔偿损失。

昆明市中级人民法院将本案焦点问题归纳为:昆明某工贸公司生产的被控侵权产品是否侵犯了原告的外观设计专利权;如是,三被告应如何承担法律责任。昆明市中级人民法院查明,原告台州某电器公司与昆明某工贸公司在2013年1月8日签订过一份和解协议,协议第2条约定:鉴于甲方所拥有的本协议所述外观设计专利承续期尚有5年,为促进云南省经济发展,甲方同意在本协议所述外观设计专利承续期(法律保护予以规定的年限)内,乙方抵偿支付该专利实施许可费总计6万元整;在签订本和解协议之日起7日内支付完毕、甲方不再与乙方就上述事项签订《专利实施许可合同》。本协议的甲方为:原告台州某电器公司;乙方为昆明某工贸公司。

关于昆明某工贸公司是否构成侵权的问题。昆明市中级人民法院认为,判断外观设计专利是否侵权,应将所保护的外观设计专利与被控侵权产品进行对比,以整体视觉效果进行综合判断,看是否会造成一般消费者的误认和混淆作为判定相同或相近似。经庭审比对,昆明某工贸公司生产、销售的新型点菜柜与原告的ZL200830089795.3号专利相比,后者主要视觉表现为主视图为柜体中上部为长方形内部带有三层分隔架的立面,柜体底脚上部设置有数个明显的通风孔,右视图为下部宽、中间窄、上部宽,正面以圆角过渡、背面平直,上部凸出外缘呈内凹弧形过渡的轮廓形状,下部呈弧形隆起的轮廓形状;前者主要视觉表现为主视图和右视图除了上部凸出外缘呈直线过渡的轮廓形状、柜体底脚上部没有设置明显的通风孔外,其余与后者近似。被告的被控侵权产品仅对涉案专利作局部改动,没有改变产品的整体视觉效果,二者近似,已落入涉案专利权的保护范围。

根据《专利法》第11条第2款的规定,外观设计专利权被授予后,任何单位或者个人未经专利权人许可,都不得实施其专利,即不得为生产经营目的制造、许诺销售、销售、进口其外观设计专利产品。本案中,根据原告与昆明某工贸公司签订的和解协议第2条的约定,昆明某工贸公司作为原告专利的被实施许可人,其有权以生产经营目的实施制造、许诺销售、销售、进口原告外观设计专利产品的行为。原告主张其授权昆明某工贸公司实施涉案专利为一般实施许可,昆明某工贸公司只能自己实施原告专利,不能授权他人实施原告专利,也不能在其生产的专利产品上标注其他商标。根据《专利法》第12条的规定,任何单位或者个人实施他人专利的,应当与专利权人订立实施许可合同,向专利权人支付专利使用费。被许可人无权许可合同规定以外的任何单位或者个人实施该专利。此条规定被许可人无权允许合同规定以外的任何单位或者个人实施该专利。如果许可合同没有明确规定被许可人有分许可权,则应该认为昆明某工贸公司没有该分许可权。但在本案中,从原被告提供的证据看并不能证明昆明某工贸公司实施了分许可行为。基于此,昆明市中级人民法院认为,被告生产、销售被控侵权产品的行为并不侵犯原告的涉案专利权。至于昆明某工贸公司在专利产品上粘贴“新力”商标的行为,原告可另案解决。

关于原告要求被告某制冷设备经营部和昆明某工贸公司停止生产涉案产品的诉讼请求,由于本案中以上两被告举证证明涉案产品是由昆明某工贸公司生产,且昆明某工贸公司当庭认可的情况下，原告的此项诉请不能得到法院的支持。

关于原告要求被告某制冷设备经营部和昆明某工贸公司停止销售涉案产品的诉讼请求，根据专利权用尽原则，专利产品一旦进入公共流通领域，就不再受专利权人控制，公众可自由使用或销售。由于此二被告销售的涉案产品属于专利产品，即这种专利产品是专利权人自己制造或专利权人许可他人合法制造，而不是其他人制造的侵权产品，不构成对原告涉案专利权的侵害。即使被告某制冷设备经营部未到庭进行抗辩，由于其销售的产品系合法的专利产品，故其销售行为不构成侵权。

综上，涉案产品虽已落入原告涉案专利，但昆明某工贸公司因获原告专利许可，生产、销售涉案产品的行为不构成对原告专利权的侵害；基于原告专利权用尽原则，下游销售商被告某制冷设备经营部及中山某电器公司销售昆明某工贸公司生产的涉案产品无需获取原告的许可。

基于以上认定，昆明市中级人民法院判决驳回原告诉讼请求。

本案是关于外观设计的专利侵权纠纷案。其焦点问题是被控侵权产品的制造、销售行为是否侵犯了原告的外观设计专利权，以及在构成侵权前提下如何承担责任。在本案中，法院首先对涉嫌侵权产品是否落入原告主张保护的外观设计专利权的范围进行了认定。在此基础上，基于本案制造商中山某电器公司通过《和解协议》已获得了生产原告涉案专利产品的许可权，认定中山某电器公司不构成侵害原告外观设计专利权。同时，基于权利穷竭原则，某制冷设备经营部等销售的是进入合法流通的专利产品，因此也不构成侵犯原告的外观设计专利权。本案还涉及分许可以及合法制造商在他人专利产品上粘贴自身商标的行为是否合法的问题。本案为理解与认识专利法中权利穷竭、外观设计专利侵权例外等问题提供了较好的范例。

◈ 专利侵权诉讼中先用权的适用条件

深圳市华某五金制品有限公司与某科技（深圳）有限公司侵害实用新型专利权纠纷案〔23〕

2012 年 8 月 24 日，深圳市某五金制品有限公司（以下简称某五金制品公司）就高波发明的方向盘向国家知识产权局申请实用新型专利，专利名称为“一种游戏机方向盘底座”，国家知识产权局于 2013 年 1 月 9 日授予某五金制品公司 ZL2012××× 438.5 号实用新型专利权，并予以授权公告。某五金制品公司按期缴纳了专利年费。2014 年 7 月 16 日，某五金制品公司向深圳市中级人民法院提出诉讼，指控某科技（深圳）有限公司（以下简称某科技公司）侵害其实用新型专利权，要求立即停止制造、销售侵权产品，并予以赔偿。某科技公司主张其享有先用权，因而不构成专利侵权。

深圳市中级人民法院认为本案系侵害实用新型专利权纠纷，某五金制品公司该专利权依法应当予以保护。关于被控产品是否落入某五金制品公司实用新型专利保护范围的问题。经

〔23〕　选自广东省高级人民法院（2016）粤民终 1789 号民事判决书。另参见深圳市中级人民法院（2014）深中法知民初字第 500 号民事判决书。

对比,被控侵权产品与某五金制品公司实用新型专利所保护的技术特征一一对应,某五金制品公司、某科技公司对此均予以确认,据此,应当判定被控产品与涉案专利技术特征相同,落入某五金制品公司专利权保护范围。关于某科技公司提出的先用权抗辩问题,深圳市中级人民法院认为:本案中某科技公司提交的先用权证据有产品设计图、被控产品部件的采购资料、被控产品部件的送货单、某五金制品公司出具的保证书、与某五金制品公司之间的产品部件供应关系、被控产品包装的采购资料、零件规格检验书、海关出口凭证、增值税发票等证据,已经形成了完整的证据链,足以证明某科技公司在某五金制品公司专利申请日之前已经做好了生产被控侵权产品的准备,并进行了生产。至于某五金制品公司提出的部分材料主体与某科技公司不对应问题,由于某科技公司是台湾某工业股份有限公司在大陆投资的企业,深圳市某五金螺丝有限公司是某科技公司的加工单位,因此出现部分不同的主体名称,但从涉案产品的编号、标注的商标以及时间的前后等关联性,可以确定某科技公司的证据存在相互对应关系,因此某五金制品公司对某科技公司证据提出的异议一审法院不予采信。某五金制品公司亦确认其与某科技公司存在被控产品部件的供货关系,只是认为其供货部件不是被控产品的全部部件,也不认为其授权或者同意某科技公司制造专利产品。据此,一审法院认为某科技公司的先用权抗辩成立,某科技公司依法可以在原有范围内继续制造、使用。基于此,该院判决驳回某五金制品公司的诉讼请求。

深圳市华某五金制品有限公司(以下简称某五金制品公司)不服深圳市中级人民法院判决,向广东省高级人民法院院提起上诉。广东省高级人民法院认为二审的争议焦点是:某科技公司的先用权抗辩是否成立。本案中,某科技公司主张其在本案专利申请日以前已经完成生产相同产品的准备,且已经制造了相同产品,据此提交了部分五金件设计图、材料承认书、零件规格检验书、《海关出口货物报关单》、《成品送货单》、《公证书》、《增值税发票》等。但从前述证据来看,记载有时间的设计图及承认书、零件规格检验书、《成品送货单》、《增值税发票》所涉产品均为型号不一的不同零部件,并非完整产品,亦无法确定其组装方式,无法确定与本案相关;《海关出口货物报关单》仅记载“电视游戏机方向盘、电视游戏汽车方向盘配件”等,既未记载型号亦无产品附图,无法确定指向本案被诉产品;相关公证书所指向的外国网站只披露了方向盘产品正面视图,无法确定其具体结构及技术方案,所记载的产品名称型号亦与被诉产品不同,无法证明该产品即本案被诉产品。故某科技公司关于其在涉案专利申请日前已经完成生产并对外公开销售被诉产品的主张不能成立,本院不予支持。

先用权抗辩制度旨在弥补我国实施的“先申请制”专利制度缺陷,避免因为专利授予,导致善意的先用者无法继续实施行为、有失公平的情况。但本案中,根据双方当事人对业务合作关系的陈述、单据以及某五金制品公司出具的《智慧财产权担保书》,可以认定某科技公司相关被诉产品方案均来源于某五金制品公司,某科技公司系在某五金制品公司的授权许可下对被诉产品进行组装生产。双方的技术许可使用关系及相关产品技术方案来源是客观清楚的,这种许可使用关系并不因为某五金制品公司将相关技术方案进行专利申请并获得授权的时间在后,而发生逆转。故某科技公司这种在先使用并非独立研发所得或者从他人处合法获得,不构成独立于专利权人的在先使用,不属于先用权抗辩制度所保护的善意先用者。此外,从公平角度而言,专利权人有权选择对自己技术方案的保护模式,若仅仅因为其在后申请专利,就导致其之前作为商业秘密保护并授权使用的技术丧失继续获得对价的权利,显然不公平不合理,更不符合专利制度及先用权抗辩制度鼓励创新发明、保护善意第三人的宗旨。故某科技公司的先用权抗辩不成立,在某五金制品公司终止了某科技公司对涉案专利产品的合作后,某科技公司对涉案专利技术不再享有实施权利。一审法院认为某科技公司的先用权抗辩成立,属于适用法律错误,本院予以纠正。某科技公司虽在二审中主张其对相关技术方案的研发也存在贡献,但仅能提交部分设计图和材料承认书,相关证据均仅涉及个别零部件的尺寸、规格,与本案被诉落入专利保护范围的方案没有直接关系,故其所谓的也是技术方案共同研发人的主张不能成立,本院不予支持。

某科技公司对一审法院认定被诉侵权产品落入某五金制品公司专利保护范围并无异议,可以认定某科技公司未经某五金制品公司许可,为生产经营目的,制造、销售专利产品,侵害了某五金制品公司享有的专利权,依法应承担停止侵权行为和赔偿损失等民事责任。

基于上述认定,广东省高级人民法院判决撤销一审判决,责令某科技公司停止制造、销售侵害涉案专利权产品并赔偿经济损失。

本案属于实用新型专利侵权案件。本案焦点问题是针对原告的专利,被告是否享有先用权。一审、二审法院均确认被告生产、销售的产品的技术特征落入了原告专利要求的保护范围,但在被告是否享有先用权问题上,二审法院纠正了一审法院的错误认定,认定被告主张的在先使用并非独立研发所得或者从他人处合法获得,不构成独立于专利权人的在先使用,不属于先用权抗辩制度所保护的善意先用者。基于被告提供的证据,二审法院认定其不符合我国专利法规定的享有先用权的条件。本案为如何理解专利法中的先用权制度提供了范例。

第十章 专利权的利用

专利权人申请和取得专利权的目的是利用专利权并获取经济效益。专利权的利用是专利工作的生命线。贯彻专利法的最终目的,是要通过利用取得专利权的技术促进技术进步和经济发展。专利权的利用主要涉及专利的实施、专利权的转让与专利许可证贸易等问题。

第一节 专利的实施

专利技术是一种潜在的生产力,要转化为直接的、现实的生产力,就必须将其实际应用于物质生产,即实施专利。科学技术是第一生产力,专利技术作为科学技术中的精华部分,如果不予实施,它就永远只是一种潜在的生产力。实施专利,可以使发明创造迅速转化为生产力,产生经济效益和社会效益。特别是在建立市场经济的条件下,选择具有推广价值的专利去实施,将大大有利于科技成果的转化,为企业带来丰硕的效益。实施专利是各国专利制度中最现实、最直接的任务。

然而,从各国特别是发展中国家的情况看,专利实施率并不高。所谓专利实施率,是指专利实施量与专利授权量之百分比。它是反映专利实施状况的一个十分重要的指标。影响专利实施率的因素很多,但主要是发明创造本身的实用性、市场成熟度、技术先进性以及实施的配套条件等。绝大多数国家专利法实行先申请原则,相当一部分发明创造在申请专利时并非十分成熟,技术方案还不能视为成熟的技术。实用性固然是各国专利法对发明和实用新型专利申请授权的重要条件之一,但获得专利权的发明创造并非都经过了市场化检验,更不意味着在市场上已经成熟。实用性不够强,可以说是各国专利实施率偏低的一个潜在因素。有时尽管专利实用性强,但由于没有市场容量和价值以及缺乏配套资金等条件,即使具备足够的实用性,也会在很大程度上影响专利的实施。

我国同样存在专利实施率偏低的问题。大体说来,造成我国专利实施状况不佳的原因主要有:第一,专利技术本身存在一些问题,缺乏竞争力;第二,实施单位专利实施意识不强,缺乏风险投资的魄力,影响了专利技术成果的转化;第三,我国非职务发明创造比重很大,多数非职务发明创造专利权人缺乏必要的实施手段和条件,阻碍了专利技术的实施;第四,专利实施前不重视可行性分析论证,致使专利项目在选择实施上带有很大的盲目性,专利实施成功率低、总体效益差;第五,专利技术信息沟通不畅,专利权人缺乏主动与中介机构和用户的沟通意识,“坐等上门”等。

针对这些问题,为加快我国专利的实施,使发明创造最大限度地为社会主义市场经济服务,可以采取以下几项措施:(1)大力开展专利技术实施的宣传工作,调动发明人和企业、高校、科研院所等实施专利的积极性;(2)疏通专利信息流通渠道,及时将专利技术推介给社会;(3)加强专利技术实施的可行性论证,提高专利实施的可靠性;(4)大力开展专利许可证贸易;(5)组织科研生产联合体,以专利技术为龙头,实行科研单位、大专院校与企业或企业之间的横向联合;(6)加强政府培育市场的能力,组织好国家指定许可,使一些重大的、有广泛应用前景的新产品、新工艺在国内有计划地推广应用;(7)做好专利技术工业化生产前的各方面工作,为专利全面实施提供可靠的保障;(8)对在外国有市场前景的专利技术,在外国取得专利权后应及早通过许可贸易或技术转让途径在国外实施,或利用专利保护向外国出口专利产品。

2020 年 5 月 13 日国务院知识产权战略实施工作部际联席会议办公室发布《2020 年深入实施国家知识产权战略加快建设知识产权强国推进计划》(国知战联办〔2020〕5 号),提出要“出台专利导航实施指南,协调推进重点产业、重点产业集群专利导航工作。建立以产业数据、专利数据为基础的新兴产业专利导航决策机制。编制产业知识产权发展状况报告”,“做好知识产权运营平台分类管理,加快重点城市知识产权运营服务体系建设”等,进一步凸显了知识产权转移转化在新时代“知识产权强国建设”中的重要性。

第二节　专利权的转让

一、专利权转让的概念

专利发明创造作为一种无形财产,可以进入商品流通领域,作为买卖的标的物。当专利权人不打算利用其专利或无法利用时,就可以将其专利权转让给他人利用。

专利权的转让是指专利权的主体发生了变更。广义的转让既包括专利权人因自愿转让而发生的,如买卖、交换、赠与,也包括因法定原因而产生的,如因专利权人的死亡或消灭(指单位)而产生的权利继承或继受。但严格说来,专利权的转让与专利权的继承不同,后者与特定身份关系相联。

各国专利法都认为专利权可以转让。前面即指出,转让权是专利权人的一项重要权利。专利权被转让后,受让方就成为新的专利权人,出让方则丧失了对专利权的所有权。大多数国家专利法规定,专利权只能作为一个整体转让,不能仅就其中一部分进行转让,这和专利实施许可合同是不同的。因为,专利权的客体是单一客体,专利权只能作为一个统一的整体转让。但是,在共有专利权的情况下,专利权的各共有人都可以转让自己所享受的那一部分权利。当然,各共有人也不能把自己享有的专利权份额分开来分别转让给不同的人。值得指出的是,也有部分国家在判例法乃至成文法中是允许专利权的部分转让的。如美国从 1891 年的判例开始,就一直允许将专利权分为不同部分而分别转让一项美国专利;法国《专利法》则明文规定,专利权可以全部也可以部分转让。

大多数国家对专利权转让的成立都有明确的要求。一般规定,专利权转让应采取书面合同的方式实现。我国也不例外。很多国家还规定，专利权转让要履行一定的手续，主要是受让方或转让方与受让方应到专利局登记。如法国 1978 年《专利法》第 46 条，丹麦 1978 年联合《专利法》第 44 条，我国 1992 年《专利法》、2000 年《专利法》、2008 年《专利法》及现行《专利法》都有这方面规定。

专利权转让原则上是自由的。但我国现行《专利法》第 10 条规定，专利申请权和专利权可以转让。中国单位或者个人向外国人、外国企业或者外国其他组织转让专利申请权或者专利权的，应当依照有关法律、行政法规的规定办理手续。[1] 转让专利申请权或者专利权的，当事人应当订立书面合同，并向国务院专利行政部门登记，由国务院专利行政部门予以公告。专利申请权或者专利权的转让自登记之日起生效。

二、专利权转让合同

专利权转让合同是指专利权人作为转让方将其发明创造专利的所有权移交给受让方，受让方支付约定价款所订立的合同。除外观设计专利外的发明专利和实用新型专利权转让合同，其本质上属于技术合同和技术转让合同的范畴，[2] 而技术转让合同应当采用书面形式。我国《民法典》第二十章第三节规定了“技术转让合同和技术许可合同”。因此，专利权转让合同的签订、履行与以及发生争议的解决，除了遵守《专利法》的规定外，还应遵守《民法典》的相关规定。

根据《民法典》第 843 条的规定，技术合同是当事人就技术开发、转让、许可、咨询或者服务订立的确立相互之间权利和义务的合同。《民法典》第 845 条规定，技术合同的内容一般包括项目的名称，标的的内容、范围和要求，履行的计划、地点和方式，技术信息和资料的保密，技术成果的归属和收益的分配办法，验收标准和方法，名词和术语的解释等条款。与履行合同有关的技术背景资料、可行性论证和技术评价报告、项目任务书和计划书、技术标准、技术规范、原始设计和工艺文件，以及其他技术文档，按照当事人的约定可以作为合同的组成部分。技术合同涉及专利的，应当注明发明创造的名称、专利申请人和专利权人、申请日期、申请号、专利号以及专利权的有效期限。

《民法典》第 862 条第 1 款规定，技术转让合同是合法拥有技术的权利人，将现有特定的专利、专利申请、技术秘密的相关权利让与他人所订立的合同；其第 3 款规定：技术转让合同和技术许可合同中关于提供实施技术的专用设备、原材料或者提供有关的技术咨询、技术服务的约定，属于合同的组成部分。

---

[1] 值得说明的是，1984 年至 2000 年《专利法》第 10 条规定，全民所有制单位转让专利申请权或专利权的，须经上级主管机关批准；中国单位或个人向外国人转让专利申请权或专利权的，须经国务院有关主管部门批准。这主要是基于以下理由：一是全民所有制单位专利权归国家所有，它们的转让理应由上级主管机关批准；二是为了保护国家利益，不至于将我国具有重要意义的发明创造转让给外国人所有，也有必要限制中国单位或个人向外国人转让专利权。但考虑到专利权的私权性，特别是为了更好发挥国有企事业单位的自主性，提高其专利技术的利用效益。2008 年《专利法》及现行《专利法》放宽了对专利申请权与专利权转让的限制，放弃了审批权，而改由办理法律、行政法规规定的手续。

[2] 根据《民法典》第 863 条第 1 款的规定，技术转让合同包括专利权转让、专利申请权转让、技术秘密转让等合同。可见，专利权转让合同属于技术转让合同的一种类型。

专利权转让合同一般应包括以下条款：(1)合同当事人的名称、姓名和住所。写明专利权转让合同当事人名称或者姓名和依据。(2)拟转让的发明创造的名称和内容。扼要写明发明创造名称、所属技术领域以及发明创造的必要技术特征等。(3)专利申请日、申请号、专利号和专利权的有效期限。(4)专利实施和实施许可的情况。在签订转让合同时，如果转让方已经实施专利，应当明确转让方是否继续实施。如果继续实施，应明确是免交使用费还是应向受让方支付专利使用费。如果转让合同是在转让方发放专利实施许可证之后订立的，应当明确转让行为不影响原许可证的效力。如果实施许可合同尚未履行，合同应当载明对已订立的专利实施许可合同规定的权利与义务如何转移；如果已经履行，转让合同双方与第三方之间就该许可合同所发生的权利义务关系应由受让方承受。不过这种权利与义务的转移应征得第三方的同意。(5)技术情报和资料的保密。应当列出说明书及其附图和该技术领域普通技术人员实施该发明创造所需的技术资料。必要时还可约定提供有关技术秘密和资料的清单。合同中可以约定让与人和受让人实施专利或者使用技术秘密的范围，但不得限制技术竞争和技术发展。(6)价款及其支付方式。技术合同价款、报酬或者使用费的支付方式由当事人约定，既可以采取一次总算、一次总付或者一次总算、分期支付，也可以采取提成支付或者提成支付附加预付入门费的方式。约定提成支付的，既可以按照产品价格、实施专利和使用技术秘密后新增的产值、利润或者产品销售额的一定比例提成，也可以按照约定的其他方式计算。提成支付的比例可以采取固定比例、逐年递增比例或者逐年递减比例。约定提成支付的，当事人应当在合同中约定查阅有关会计账目的办法。合同如果是通过中介机构介绍签订的，应将中介合同作为本合同的附件。如双方当事人约定定金、财产抵押及担保的，应将给付定金、财产抵押及担保手续的复印件作为本合同的附件。

我国《专利法》对专利权转让合同规定了严格的形式要求，即书面形式要求、登记和公告的要求。按照现行《专利法》第10条第3款的规定，转让专利申请权或者专利权的，当事人应当订立书面合同，并向国务院专利行政部门登记，由国务院专利行政部门予以公告。专利申请权或者专利权的转让自登记之日起生效。因此，转让合同仅凭当事人签名或盖章不会发生效力，必须经专利局登记和公告后才能生效。这样做是必要的，可以使第三人了解该专利权法律状况的变化。

专利权转让合同依法成立后，就受到《专利法》和《民法典》的保护。《民法典》第二十章“技术合同”规定了合同双方的义务。其第870条规定：“技术转让合同的让与人和技术许可合同的许可人应当保证自己是所提供的技术的合法拥有者，并保证所提供的技术完整、无误、有效，能够达到约定的目标。”因此，转让方的主要义务是，将合同约定的专利权移交受让方所有，保证专利权真实、有效。如果受让人按照约定实施专利、使用技术秘密侵害他人合法权益的，除当事人另有约定外，应由让与人承担责任。[3]

让与人未按照约定转让技术的，应当返还部分或者全部使用费，并应当承担违约责任；实施专利或者使用技术秘密超越约定的范围的，违反约定擅自许可第三人实施该项专利或者使用该项技术秘密的，应当停止违约行为，承担违约责任；违反约定的保密义务的，应当承担违约

〔3〕 参见《民法典》第874条。

责任。

受让方的主要义务是，按照合同约定向转让方支付约定的价款。受让人未按照约定支付使用费的，应当补交使用费并按照约定支付违约金；不补交使用费或者支付违约金的，应当停止实施专利或者使用技术秘密，交还技术资料，承担违约责任；实施专利或者使用技术秘密超越约定的范围的，未经让与人同意擅自许可第三人实施该专利或者使用该技术秘密的，应当停止违约行为，承担违约责任；违反约定的保密义务的，应当承担违约责任。同时，专利权转让合同的受让人应当按照约定的范围和期限，对让与人提供的技术中尚未公开的秘密部分，承担保密义务。

此外，当事人可以按照互利的原则，在专利权转让合同中约定实施专利、使用技术秘密后续改进的技术成果的分享办法。没有约定或者约定不明确，依照《民法典》关于合同效力解释的规定〔4〕仍不能确定的，一方后续改进的技术成果，其他各方无权分享。

转让方向受让方提供实施有关的技术、资料和技术指导，不是转让方的法定义务。受让方如果需要转让方提供有关技术资料和技术服务的，须在合同中特别约定。当然，当事人双方还可以在合同中约定其他必须履行的义务。需要指出的是，上述法定义务即使在专利权转让合同中未作约定，当事人也应当履行。

值得说明的是，除依照《专利法》第 10 条规定转让专利权外，专利权因其他事由（如继承等）发生转移的，当事人应当凭有关证明文件或者法律文书向国务院专利行政部门办理专利权转移手续。

第三节　专利的实施许可

一、专利实施许可

专利权是一种独占权。我国《专利法》明确规定，除法律特别规定外，任何单位或个人未经专利权人许可，都不得为生产经营目的使用其专利。前面已指出，许可他人实施其专利是专利权人的一项重要权利。专利的实施许可是专利权人利用专利权取得经济效益和社会效益的重要途径，是促进发明创造的推广应用、引进国外先进技术、进行国际交流所必需的。

所谓专利实施许可，是指专利权人或其授权的人作为许可方许可他人在一定范围内实施其专利，被许可方支付约定使用费的一种法律行为。专利实施许可具有以下特点：(1)它是专利使用权的转移，而不是专利所有权的转让。(2)被许可人应当支付专利使用费，这是对专利权人创造性劳动的合理补偿，也是专利权人实现其财产权的保障。(3)应通过签订合同的方式实现。现行《专利法》第 12 条规定，任何单位或者个人实施他人专利的，应当与专利权人订立实施许可合同，向专利权人支付专利使用费。被许可人无权允许合同规定以外的任何单位或者个人实施该专利。(4)这种实施许可是有限制的许可，被许可人实施专利有一定的时间、

〔4〕《民法典》第 510 条规定："合同生效后，当事人就质量、价款或者报酬、履行地点等内容没有约定或者约定不明确的，可以协议补充；不能达成补充协议的，按照合同有关条款或者交易习惯确定。"

地点、范围的限制,不得超过实施许可合同约定的范围。(5)被许可人依法取得的使用权受法律保护,包括专利权人在内的其他任何人不得侵犯。(6)专利实施许可合同只在该专利权的存续期间内有效。专利权有效期限届满或者专利权被宣布无效的,专利权人不得就该专利与他人订立专利实施许可合同。

二、专利实施许可合同

前面已指出,许可其他单位与个人实施专利,通常是通过签订专利实施许可合同的方式实现的。这种合同又被称为许可证合同,通过发放许可证的方式实施专利又称专利许可证贸易。许可证贸易主要是专利许可证贸易。当前,许可证贸易已成为国际上一项重要贸易活动。成交额正以每年30%的速度递增。专利许可证贸易无疑是专利制度的重要组成部分,是连接发明创造专利与其实际应用的桥梁。

(一)专利实施许可合同的概念与特征

专利实施许可合同,是指专利权人或其授权的人作为转让方,许可被许可方在一定的范围内实施专利,被许可方支付约定使用费所订立的合同。很多国家没有通过立法的形式专就其法律性质与内容作出规定。我国《民法典》则明确将其列入技术许可合同的重要组成部分,[5]对合同当事人的权利义务关系作了明确规定,这有利于增强适用法律的可预期性与安全感。当然,作为技术许可合同的范畴,显然不包括外观设计专利实施许可合同。

专利实施许可合同具有如下特点:(1)合同标的是已取得专利权的发明创造的实施权,[6]而不是有形财产。(2)被许可方不能根据许可证合同取得专利技术的所有权,而只能根据约定自己使用许可的技术,故可把实施许可合同看作一种特殊的财产租赁合同。(3)专利实施许可合同是一种双务合同、有偿合同和要式合同。(4)专利实施许可合同是一种受时间、地域限制的合同。这一限制显然是由专利权的时间性和地域性所决定的。不过应说明,这种合同的有效期一般较长,通常都在5年以上,有的甚至达到整个专利保护期。所以,合同双方关系并非简单的买卖关系,而是一种长期的合作关系。合同目的能否达到,往往与双方的合作关系有着密切的联系。

(二)专利实施许可合同的类型

根据许可使用的范围和权限的不同,专利实施许可合同可以分为以下几种类型:

第一,独占实施许可合同(Exclusive Licence)。根据这种合同,被许可方在约定的时间和地域内对许可方的专利享有独占使用权,包括许可方在内的其他任何人都不得在上述范围内使用该专利,许可方也不得在上述范围内就该专利技术与第三方签订许可合同。专利权人既可以就整个专利实施权订立这种合同,也可以就一定时期、地域以一定方式的专利实施权订立

---

[5] 《民法典》第862条第2款规定:"技术许可合同是合法拥有技术的权利人,将现有特定的专利、技术秘密的相关权利许可他人实施、使用所订立的合同。"

[6] 关于专利申请权是否可以作为专利实施许可合同的标的,我国《专利法》未予明确。《民法典》则作了间接规定。其第865条规定:"专利实施许可合同仅在该专利权的存续期间内有效。专利权有效期限届满或者专利权被宣布无效的,专利权人不得就该专利与他人订立专利实施许可合同。"由此可见,考虑到专利权实施合同的可预期性,一般仅限于专利权的许可,而专利申请权则不可以被作为专利实施许可合同标的。

这种合同。独占实施许可合同,特别是完全独占实施许可合同本身具有某种物权的特点,有些国家在贸易活动中甚至将独占许可证视为专利权的转让。这种合同授予被许可方的权利很广,相应地,许可方获得的专利使用费也较高。应当注意,独占实施许可合同的订立不影响国家按照专利法的规定实施指定许可。

第二,排他实施许可合同(Sole Licence)。这种合同又称独家实施许可合同、独家许可证。根据这种合同,被许可方在合同约定的条件和范围内享有对该专利技术独家使用权,许可方不得再向第三方发放同样的许可证,但许可方仍保留在上述范围内实施其专利的权利。这种合同的主要特点就是被许可方排除了和许可方以外的其他任何人的竞争,可以独占专利产品市场。与独占许可证一样,专利权人既可以就整个专利实施权订立排他许可证,也可以就部分实施权订立,无论哪种形式,都不影响我国专利法规定的国家指定许可的实施。

第三,普通实施许可合同(Simple Licence)。这种合同又称一般实施许可合同、一般许可证或非独占许可证。根据这种合同,被许可人在约定的条件和范围内可以实施专利并取得利益,专利权人自己仍有使用其专利的权利,并且可就相同的条件和范围向第三方发放这种许可证,将专利的使用权转移给其他人。这是一种最常见的许可合同。许可方仍保留较多的权利,获得的使用费较低。

第四,从属实施许可合同(Sub - Licence)。这种合同又称分实施许可合同、从属许可证、分许可证。它是与基本实施许可合同相对而言的。如果实施许可合同中允许被许可人再与第三方签订实施许可合同,被许可人与第三方签订的实施许可合同就是从属实施许可合同。实际上,它是独占许可证或独家许可证的被许可人再向其他人发放的许可证。一般来说,从属实施许可合同的订立要以原实施许可合同的授权条款为前提。从属实施许可合同本身只能是普通实施许可合同。如果许可人允许被许可人签订这种合同,那么许可人有权获得分实施许可合同的部分使用费。转售分许可证的目的一般是许可人为了更充分有效地使用专利许可项目。

第五,交叉实施许可合同(Cross - Licence)。这种合同又称交叉许可证、相互许可证。一般是指当事人之间以专利技术作为合同标的进行对等交换的协议。在实践中,常常出现几项专利技术内容相关,但分属不同的人所有的情况。如就改进发明与原发明、从属发明与基本发明有必要相互许可对方利用自己的专利的情形,签订交叉实施许可合同。

此外,在专利实施许可合同中规定的"反馈条款"也属于交叉许可证的范畴。即许可人在发放许可证后,就其改进了的相关技术取得了专利,继续允许原被许可人实施,相应地,被许可人以许可人的技术为基础取得了新的专利,也必须将新专利的使用权许可给原许可人。这在技术贸易中是常见的。

还有一种情况是就互不关联的两项专利技术也可以实施交叉许可。如企业之间订立的技术协作协议规定,各方的发明创造取得专利权后,相互之间都可以自由使用。西方一些大企业为合作垄断技术市场,就常常利用这种形式达到对专利实施的垄断。

从相互之间的关系看,交叉实施许可合同主要有合同型交叉许可证与联营或合伙型交叉许可证等类型。无论哪种类型,合同当事人可以规定,双方当事人交换的专利技术应具有同等的法律效果。如一方许可的专利权在合同有效期内提前终止,另一方可以拒绝对方继续使用其有效的专利或要求对方支付使用费,否则有权解除合同。

(三)专利实施许可合同的一般条款

专利实施许可合同一般包括以下条款:(1)合同序言。应当载明双方当事人和名称、法定地址、签约时间和地点,所许可专利的批准日期和专利号等。(2)有关术语的定义。(3)合同范围。首先,需明确约定实施许可的形式,是普通许可、排他许可还是独占许可;其次,应明确实施许可的种类、使用专利技术的领域、合同适用的国家和地区等;最后,应明确约定专利实施许可的范围,包括专利实施方式的限制,制造专利产品数量或使用专利方法次数的限制,实施期限和地域的限制等。(4)技术情报和资料及保密事项。应当指明许可方向被许可方提供的为实施专利所必需的技术资料。如果涉及未公开的技术秘密,还要约定被许可方的保密义务。(5)技术服务和人员培训。(6)验收标准和方式。(7)使用费的确定与支付方式。专利使用费是许可方与被许可方之间谈判最关键、最复杂的问题之一。根据《民法典》第 846 条的规定,技术合同价款、报酬或者使用费的支付方式由当事人约定,既可以采取一次总算、一次总付或者一次总算、分期支付,也可以采取提成支付或者提成支付附加预付入门费的方式。约定提成支付的,既可以按照产品价格、实施专利和使用技术秘密后新增的产值、利润或者产品销售额的一定比例提成,也可以按照约定的其他方式计算。提成支付的比例可以采取固定比例、逐年递增比例或者逐年递减比例。约定提成支付的,当事人可以约定查阅有关会计账目的办法。可见,专利使用费主要有一次总算、一次总付或者一次总算、分期支付,也可以采取提成支付或者提成支付附加预付入门费等方式。一次总算是在合同中一次算清应付的费用额。被许可人可以一次付清,也可以分期付款。它一般适用于非尖端的技术主题。提成支付是根据实施发明创造所获得的效益大小来确定。提成费可以按产量、销售额或利润确定。入门费是在合同生效时被许可方先支付的一笔费用。入门费加上按规定分期支付的提成费也是计算使用费的一种方法。(8)合同担保。包括技术担保和权利有效性担保两方面内容。(9)违约金及损害赔偿额的计算方法,应规定违约方应负的责任及补救和赔偿的办法以及违约金数额和赔偿额计算方法。(10)技术的改进和发展。对一方或双方对于许可合同中的技术所作的改良与革新,合同应明确其所有权的归属和成果的分享办法。《民法典》第 875 条规定,当事人可以按照互利的原则,在合同中约定实施专利、使用技术秘密后续改进的技术成果的分享办法;没有约定或者约定不明确,依据其第 510 条的规定仍不能确定的,一方后续改进的技术成果,其他各方无权分享。(11)争议解决办法和适用的法律。(12)合同的生效、有效期、终止、期满及延期等。关于合同的有效期,原则上不应超过该项专利受保护的期限。

上述条款并不是所有专利实施许可合同都必备的条款,在具体订立合同时,可以根据情况灵活运用。

(四)专利实施许可合同中许可方的主要义务

第一,许可被许可方在约定的范围内实施专利,向被许可方支付实施专利有关的技术资料、提供必要的技术指导的义务。《民法典》第 866 条规定:专利实施许可合同的许可人应当按照约定许可被许可人实施专利,交付实施专利有关的技术资料,提供必要的技术指导。这种义务因许可合同的种类不同而有差别。许可方向受让方转移实施权后,自己实施专利不得超过合同约定的范围。就向被许可方支付实施专利有关的技术资料、提供必要的技术指导而言,这里的有关技术资料指图表、情报、设计文件和实施专利所必需的其他技术资料；提供必要的技术指导是指协助被许可方实施专利技术，帮助被许可方解除专利实施过程中出现的技术难题，为被许可方培训人员等。

第二，保证是专利技术的合法拥有者，承担合同约定的技术性能担保的义务。如前所述，《民法典》第870条规定，技术转让合同的让与人和技术许可合同的许可人应当保证自己是所提供的技术的合法拥有者，并保证所提供的技术完整、无误、有效，能够达到约定的目标。专利实施许可合同属于技术许可合同范畴，故应遵循上述规定。一方面，作为许可人显然应当保证其是实施许可的专利权的合法拥有者，不存在许可的法律瑕疵。此外，在订立专利实施许可合同时，许可方应向被许可方如实指明该专利的真实性和完整程度。如是否存在先用权、该专利权是否受物权或抵押权的约束、是否存在指定许可实施情况等。另一方面，许可人应保障其许可实施的专利技术符合上述规定。不过，在专利实施许可实践中，被许可人无法实施专利或实施达不到预期的效果，许可方应承担何种责任，这是一个值得探讨的复杂问题。如果许可方在合同中约定了专利技术性能的担保条款，被许可方因为技术性能的缺陷而导致实施失败时，有权解除合同，停止支付使用费。

第三，维持专利权有效性的义务，许可方应在合同有效期内维持专利权的有效性。一般应由许可方缴纳年费以维持专利权。也可约定由被许可方缴纳，然后从许可合同使用费中补偿被许可方所付出的这笔费用。许可方因过错未缴纳年费而致专利权失效时，被许可方可从专利权失效之日起停止支付使用费。

（五）专利实施许可合同中被许可方的主要义务

《民法典》第867条规定，专利实施许可合同的被许可人应当按照约定实施专利，不得许可约定以外的第三人实施该专利；并按照约定支付使用费。由此可见，专利实施许可合同中被许可方主要有如下义务：

一是按照合同约定支付使用费的义务。使用费是被许可方取得专利使用权所付出的代价，也是许可方转让其专利使用权应获得的报酬。

二是在合同约定的范围内实施专利，并不得许可合同约定以外的第三方实施该专利。之所以要求被许可方实施专利，是因为许可方使用费的取得很多与专利实施状况有直接关系。被许可方应在约定的时间、地域内，按照约定的方式实施专利。例如，在一定的时间内将专利产品投入生产。而且，在未征得许可方同意的前提下，被许可方无权许可任何第三方实施该专利。这是保障专利实施所必需的。

（六）违反专利实施许可合同的法律责任

专利实施许可合同当事人不履行合同或履行合同不符合合同规定的，应承担违约责任。

许可方违反合同的责任：(1)未许可受让方在合同约定的范围内实施专利，或妨碍被许可方实施专利，许可方应返还部分或全部使用费，支付违约金或赔偿损失；(2)独占实施许可合同或排他实施许可合同的许可方实施专利超越合同约定的范围，或者违反合同约定擅自许可第三方实施该专利技术的，应当停止违反合同的行为，支付违约金或者赔偿损失；(3)违反合同约定的保密义务，泄露技术秘密从而使被许可方遭受损害的，应当支付违约金或者赔偿损失。[7]

被许可方违反合同的责任：(1)未按照合同约定的数额、方式支付使用费，应补交使用费并按照合同约定支付违约金；(2)实施专利技术超越合同约定的范围，或未经许可方同意擅自许可第三方实施该项专利，应当停止违反合同的行为，支付违约金或者赔偿损失；(3)违反合同约定的保密义务，泄露技术秘密，从而给许可方造成损害的，应当支付违约金或者赔偿损失。但应注意，被许可人如果按照合同约定实施专利侵害了他人的合法权益，许可方应承担责任。因为许可方对专利权的合法性和有效性有担保的义务。[8]

此外，需要注意的是，专利权人与他人订立的专利实施许可合同，应当自合同生效之日起3个月内向国务院专利行政部门备案。[9]

第四节　专利的其他利用形式

在知识经济时代，专利作为一种合法垄断权，已成为国家、企业核心竞争力所在，也是有力的商业操作工具，是企业价值与盈利的重要增长点。专利的实施，对于企业募集资金、形成竞争优势有重要作用。[10] 同时，专利作为重要的无形资产，其资本化运作亦更具价值，能为企业带来更大的发展空间。

一、专利资本化

(一)专利资本化的必要性与可能性

一方面，专利具有技术属性，可以将专利承载的发明创造的技术转变为商品，完成技术的实施。因此，专利权人具有通过实施专利技术收回前期研发投资并获得收益的可能性，这就使专门从事资本运作的风险投资基金及具有盈余资本的投资者具有资本投向领域与对象，从而选择与专利权人合作，专利资本化得以实现。特别是在我国风险投资行业发展不充分、企业融资能力不强的情形下，专利权质押、专利权作价入股、专利证券化等已成为专利权人融资的重要方式。

另一方面，以专利的权利属性为依据，作为无形财产权，专利是具有价值的、可以衡量并可

---

〔7〕《民法典》第872条第1款规定："许可人未按照约定许可技术的，应当返还部分或者全部使用费，并应当承担违约责任；实施专利或者使用技术秘密超越约定的范围的，违反约定擅自许可第三人实施该项专利或者使用该项技术秘密的，应当停止违约行为，承担违约责任；违反约定的保密义务的，应当承担违约责任。"

〔8〕《民法典》第873条第1款规定："被许可人未按照约定支付使用费的，应当补交使用费并按照约定支付违约金；不补交使用费或者支付违约金的，应当停止实施专利或者使用技术秘密，交还技术资料，承担违约责任；实施专利或者使用技术秘密超越约定的范围的，未经许可人同意擅自许可第三人实施该专利或者使用该技术秘密的，应当停止违约行为，承担违约责任；违反约定的保密义务的，应当承担违约责任。"

〔9〕经过备案的专利合同的受让人享有以下权利：第一，可以对专利侵权行为向人民法院提出诉前停止侵权行为的申请；第二，可以提起侵权诉讼；第三，可以请求地方各级管理专利工作的部门处理专利侵权纠纷。

〔10〕See Stephen Yelderman, *Do Patent Challenges Increase Competition*, 83 U. CHI. L. REV. 1943 (2016).

转让的无形财产，其可以进行专利权质押、专利信托或作价入股，从而在市场中进行资本运作，实现专利价值的最大化。

（二）专利资本化的法律依据

1. 专利作价入股

专利技术入股，是指以专利技术作为财产作价后，以出资入股的形式与其他形式的财产（如货币、实物或土地使用权等）相结合，按法定程序组建有限责任公司或股份有限公司的经营行为。

在运用专利予以出资时，除了涉及专利本身的特殊性外，更多涉及公司法领域，主要考虑到公司资本的充足与市场交易安全。《公司法》第 27 条规定：股东可以用货币出资，也可以用实物、知识产权、土地使用权等可以用货币估价并可以依法转让的非货币财产作价出资；但是，法律、行政法规规定不得作为出资的财产除外。对作为出资的非货币财产应当评估作价，核实财产，不得高估或者低估作价。法律、行政法规对评估作价有规定的，从其规定。

在专利作价入股时需要注意以下问题：

第一，应明确专利入股的形式。在实践中以专利作价入股的形式，包括以专利权入股、以专利实施权入股及将专利申请权视为专利技术作价入股等情形。实践中对以实物、土地使用权方式入股法律并未禁止，但在将出资转让时则存在一定的法律障碍。因此，为减少将来不必要的纠纷，应该首推以专利权入股。

第二，注意出资手续，确保出资无瑕疵。以专利权入股首先须对专利权的价值进行评估，其后，由专利权人依据设立公司的合同和章程到专利行政管理部门办理专利权转移于公司的登记和公告手续，工商行政管理机关凭专利权转移的手续确定以专利技术入股的股东完成股东投资义务的履行。

第三，检索、谨慎判断专利技术的可靠性。不可否认，囿于文献存储量的限制或可能的工作疏忽，专利审查部门可能将不具备专利授权条件的技术授予专利权，加之对于实用新型和外观设计专利申请不进行实质审查就可以获得授权，因此，专利法规定任何单位和个人都可以提出宣告专利无效的申请。一旦专利被宣告无效就不再具备财产权的属性，进而不可避免地存在问题。所以，应对专利进行必要的检索、判断，并有必要在合同中约定专利无效后的处理办法。

此外，在使用专利技术入股时，还应注意技术资料的交接和权利的移交；专利入股方的技术培训和指导；后续改进成果的权属和各方的违约责任。

2. 以专利作价出资设立合伙企业

2006 年《合伙企业法》第 16 条规定：合伙人可以用货币、实物、知识产权、土地使用权或者其他财产权利出资，也可以用劳务出资。合伙人以实物、知识产权、土地使用权或者其他财产权利出资，需要评估作价的，可以由全体合伙人协商确定，也可以由全体合伙人委托法定评估机构评估。可见，两个以上合伙人设立合伙企业时，以专利作价出资并不存在法律障碍，也是一种有效的融资方式与企业运作模式。

3. 专利权质押融资

专利权质押是指为生产经营的需要，企事业单位或个人以其依法拥有的发明专利、实用新型专利和外观设计专利的财产权作为质押标的,从银行业金融机构取得一定金额的信贷资金的融资方式。

我国《民法典》第440条规定:"债务人或者第三人有权处分的下列权利可以出质:……(五)可以转让的注册商标专用权、专利权、著作权等知识产权中的财产权……"其第444条规定,以注册商标专用权、专利权、著作权等知识产权中的财产权可以出资质押贷款。《专利法实施细则》第14条第3款则规定,以专利权出质的,由出质人和质权人共同向国务院专利行政部门办理出质登记。因此,专利权质押在法律上不存在障碍并且是国家极力倡导的促进中小企业发展的重要方式。各地也相继出台鼓励、支持专利权等知识产权质押的政策与办法。

例如,2020年7月贵州省市场监督管理局发布的《贵州省知识产权创造运用促进资助办法》规定,向银行机构申请知识产权质押贷款的,按照贷款市场报价利率(LPR)的50%给予贴息资助,每个资助对象最高资助20万元,提前还本付息的,以实际发生的利息金额为基数参照上述标准给予资助。又如,2019年6月福建省知识产权局发布的《福建省企业专利权质押贷款贴息办法(试行)》规定,贴息资金原则上每年核拨1次,对同一笔贷款项目采取企业还贷后给予一次性核拨的办法,贴息比例为同期银行贷款基准利率的30%至50%,贴息时间从计算贴息之日起最长不超过2年,每家企业享受贴息总额最高不超过50万元。

此外,专利权作为无形财产权,与其他财产权一样,可以用于专利信托、专利保险与专利证券化业务中。但由于我国资本市场特别是相关配套制度的不够健全,专利权的资本化运作与战略管理在我国并未深入这一阶段,这也是理论与实践中值得进一步研究与探讨的问题。

无论是专利权作价入股还是质押融资、专利证券化等,都涉及专利权的价值及其实现。这就需要对专利权进行评估,合理确定其价值。

二、作为财产保全对象

关于专利权作为财产保全对象,《最高人民法院关于审理专利纠纷案件适用法律问题的若干规定》(法释〔2020〕19号)[以下简称《审理专利纠纷案件适用法律规定》(2020年修正)]第9条专门作了规定。根据该规定,人民法院对专利权进行财产保全,应当向国务院专利行政部门发出协助执行通知书,载明要求协助执行的事项,以及对专利权保全的期限,并附人民法院作出的裁定书。对专利权保全的期限一次不得超过6个月,自国务院专利行政部门收到协助执行通知书之日起计算。如果仍然需要对该专利权继续采取保全措施的,人民法院应当在保全期限届满前向国务院专利行政部门另行送达继续保全的协助执行通知书。保全期限届满前未送达的,视为自动解除对该专利权的财产保全。人民法院对出质的专利权可以采取财产保全措施,质权人的优先受偿权不受保全措施的影响;专利权人与被许可人已经签订的独占实施许可合同,不影响人民法院对该专利权进行财产保全。人民法院对已经进行保全的专利权,不得重复进行保全。

三、专利评估交易

专利权是一种十分重要的无形资产和技术商品,也是知识产权的重要组成部分。在企业经营中，它可以比有形资产带来更大的价值。在相当多的场合，有必要对专利权价值进行评估。[11] 评估专利权，对于促进专利权技术资本化，促进专利技术流通与交换，促进企业对专利权的利用等方面都有十分重要的意义。

专利在市场经济条件下，不仅是智力创造的成果，而且是一种具有价值与使用价值的、非物质形态的商品，可以在市场中进行交换和流通。不过，这种商品与一般的有形商品相比有其独到之处。从"价值"的角度看，一般有形商品价值可以根据所花费的社会必要劳动时间来确定，而专利具有很强的探索性、非重复性和一定的风险性，构成专利技术价值的因素很多，所以用一般的社会必要劳动时间衡量比较困难。从"使用价值"角度看，专利从信息状态转变成商品，要经过研究开发、产品销售、市场开发的过程，而一旦被社会所接受，就可能产生巨大的效益。专利使用价值表现出非直接性、区别性特点。无论如何，作为商品，为确保其能够在市场上交换和流通，就存在议价问题。这里所说的专利权的评估，实际上是对专利权价值进行评估。为此，应根据上述特点，就专利在市场供求、价格均衡规律中的若干具体问题展开分析，寻求专利发明创造的内涵价值，并由此建立一种可以量化的计算方法。这样，就应当寻求专利权在市场中的货币价值量，而不是仔细测算该项专利所内含的劳动量。

专利权技术评估主要应解决两方面的问题：一是考虑哪些因素对评估存在影响，这种影响的程度有多大；二是采用何种可以量化计算的方法。下面对这两个问题分别加以阐述。

（一）专利权评估应当考虑的因素

在评估专利权价值时，除应首先弄清评估的目的、该专利保护期限、该专利适用的条件、该专利的特点和基本情况外，还应着重分析、考虑以下因素。

一是该专利的先进性和成熟程度。一般来说，专利技术越先进、越成熟，技术的使用寿命就越长，技术的获利能力就越强，该专利权价值也就越大；反之，就越低。在评估专利权时，应当了解该专利是属于高、精技术还是一般的技术，应用该专利的难易程度和所需的费用。自然，了解该专利是属于发明专利、实用新型专利还是外观设计专利也是必要的，因为发明专利比实用新型专利的技术先进性要高，而外观设计专利不涉及技术内容。

二是该专利的现时法律状况。专利权是一种法定权利。为确保专利权的质量，维护公众利益，我国《专利法》规定了无效宣告制度，并且规定了一定的保护期。专利权如经历过无效宣告程序并被维持下来，该专利效力的可靠性就越高，比在同等条件下评出的专利价值可能要高一些。如果在评估时专利权正经历无效宣告程序且尚未定案，或者该专利权正陷入一场侵权诉讼之中，对通常情况下评估出来的专利权价值就要打些折扣。也就是说，专利权的稳定性也是值得考虑的因素。

三是该专利是基础专利还是从属专利。从属专利是指一项专利比在前专利（基础专利）在技术上先进，但其实施又有赖于在前专利的专利。如果是从属专利，那么企业的该专利受制

---

〔11〕 原国家国有资产管理局、中国专利局曾联合下发的《关于加强专利资产评估管理若干问题的通知》规定：国有专利资产占有单位有下列情形之一的，应当依法进行专利资产的评估：（1）转让专利申请权、专利权的；（2）国有企业和事业单位作为法人在变更或终止前需要对专利资产作价的；（3）以国有专利资产与外国公司、企业、其他经济组织或者以个人合资、合作实施的，或者许可外国公司、企业、其他经济组织或个人合资、合作实施的；（4）以专利资产作价出资或成立有限责任公司或股份有限公司的；（5）需要进行专利资产评估的其他情形。

于基础专利，评估价格过高会对自己不利。

四是该专利权利要求的范围。权利要求是确定专利保护范围的法律文件和依据。如果权利要求十分宽泛，专利保护范围就比较大，这对提高专利评估价值有积极作用。

五是该专利剩余的有效期及经济寿命。与商标评估相比这一因素重要得多。随着专利有效期的缩短，专利权价值可能逐渐降低，而到专利权有效期届满时，专利权价值等于零。据资料统计，目前发达国家的专利能够维持到期限届满之时的一般只有专利总额的2%，即绝大部分专利在专利权期限届满之前即提前终止，了解专利的剩余有效期对专利权评估当然是很有意义的。专利经济寿命同样是应考虑的一个重要概念。专利并非在整个保护期内都具有市场价值、获利能力。专利具有一定的经济寿命周期，这个周期可能长于、等于或者短于专利的剩余保护期。专利经济寿命长，利用专利获得收益的时间相应地也被延长，因而专利评估的价值也会大些。而且，专利在经济寿命周期的不同时段，其价值也不同。在评估专利权时，应分析该专利带来经济收益的可能性，了解在相同市场上是否有先进的替代技术或产品的出现以及出现的时间、竞争者取得类似工艺技术的可能性等，这对于确定专利经济寿命周期有比较重要的意义。

六是运用该专利给企业带来的预期经济收益，包括可能获得的最高利润与最低利润。可以分析市场与行业情况，确定专利技术商品化的市场容量、适用范围、应用状况，其对现有技术的改进程度、同类产品产量、价格、行业市场利润等因素，确定有关的专利市场及给企业带来的利润状况。

至于考虑哪些因素对专利权的评估存在影响，以及这种影响的程度有多大，除了上面这些在进行专利权评估时应重点考虑的因素外，以下几个因素也是非常重要的：(1)专利权评估基准日的选择。专利权评估都有一个评估基准日，而在不同时段评估基准日，专利权的技术、法律、市场状况不相同甚至差别很大，这必然会影响专利权价值评估的结果。(2)采用的评估方法、手段、价格标准。下面将要谈到专利权评估采用的方法。运用这些不同的方法评估，最后的结果可能具有较大的差异。例如，在专利研制成本较高而市场容量小时适用成本法计算，与在市场获利能力较强时适用收益法计算，以及在市场中存在同类专利技术可比的市场价格时适用市场法计算，三者的结果可能有很大出入。(3)专利权评估目的也会影响到评估价值，因为在实现不同评估目的时，所选择的评估参数和适用的市场环境不同。另外，评估机构的水平、评估人员的素质，以及评估程序的设置是否科学、评估过程是否公正等也是影响专利权评估的重要因素。

（二）专利权评估方法简析

到目前为止，对专利权评估没有统一适用的方法，仍然是沿用现行无形资产评估的基本方法，即成本法、市场法、收益法等。这些方法可操作性较强，但不能简单套用，而应结合专利的具体情况加以运用。下面就对这几种方法在专利权评估方面的运用作出探讨。

1. 成本法

成本法是用重复专利开发过程中的投入作为重置成本，再减去该专利的损耗与贬值以此确定专利价值的方法。用成本法评估专利权价值，一般是用重置成本法，而重置成本按确定的依据不同又分为复原重置成本法及重新重置成本法。前者是以被评估资产原来的设计、技术条件、用料、生产工艺和流通条件为依据，用现行市价重新购置和研制与待评资产相同的全新专利资产所需的全部成本作为复原重置成本的评估值。后者是以现行新的设计、技术条件、用料、生产工艺和流通条件为依据，用现行市价重新购置和研制与评估资产功能相同的全新资产所需的全部成本作为更新重置成本，从中扣除有形损耗和无形损耗，求得重置成本净值，作为评估资产更新重置成本的评估值。[12]

根据马克思政治经济学原理，商品的价值量是由凝聚在商品中的社会必要劳动时间决定的，这种社会必要劳动是一种人类抽象劳动。而且，商品的价值量与体现在商品中的劳动量成正比，与这一劳动的生产率成反比。但具体到专利权等知识产权，则不能简单地适用这一原理，因为专利权等知识产权的生产成本和带来的收益没有直接的关系。成本法评估专利权的局限性也正在于专利技术的开发成本和专利权的价值之间的弱对应性。有时一项专利技术的开发成本十分巨大，但所得利益极少，有时则完全相反。

不过，以成本法评估专利权仍有一定的适用性。它主要为企业已使用专利成本费用摊销而用，即作为财务处理上成本摊销补偿，基本上涉及专利的权属和包容的技术，国家会计准则即有明确的处理规定。用重置成本法评估的专利权价值也可以作为专利投资底价的参考依据。当专利权的预期收益难于确定，又没有明显的证据证明预期收益的本金化价格将大大偏离重置成本时，作为投资底价参考依据是比较合适的。另外，当发生了专利侵权行为时，该评估值也可用作专利侵权赔偿额的参考因素。

在运用成本法评估专利权价值时，还应注意专利的成熟度和市场风险。有相当一部分专利技术尚停留在技术方案阶段，还有些专利技术可能不具备市场开发能力，这时对评估价值就会有极大的影响。

2. 市场法

市场法在专利权评估时一般不宜采用，这是因为专利技术不存在相似于评估对象的物品，很难找到一个可以类似的交易资产。以专利方法而论，它与已有技术的生产方法不可能近似，否则会因缺少专利性而不能获得专利权。专利方法被授予专利权的原因，在于解决了已有生产方法、工艺方法等的不足，而这种差异正是专利权价值所在。从根本上说，市场法在专利权评估方面的不适用性是由于专利的新颖性和技术资产的多变内涵及复杂性所决定的。一般来说，市场法只有在待评估的专利权与参照物是同一产品的不同方法专利，或者是用在同一产品上的外观设计专利时才适用。并且，应具有以下条件：(1)存在比较规范、成熟的技术市场；(2)存在可比专利交易参照物，并且能够收集到相关的技术参数。

3. 收益法

收益法是无形资产评估使用最多的一种方法。由于专利在涉及企业经济活动中不是以一项生产要素而是以一种权利能力被交易，它能够以其专有性为企业带来超额收益，其评估价值自然与企业未来收益相联系。因而，收益法也是评估专利权最基本的方法。以收益法评估专利权，也就是将在专利剩余有效期内，预期实现的总收益转换成现值，再按一定比例提取成为专利权评估值。或者说，是根据专利权在未来获得收益的年限内产生的超额收益折合成货币

---

〔12〕 陈昌柏：《知识产权战略》，科学出版社1999年版，第226～255页。

现值,累计得出评估基准日专利权价值现值的评估方法。收益法评估专利权是立足于专利权的未来收益,而不是单纯考虑专利技术本身。

收益法评估专利权适用的情形比较广,特别是企业出现专利资产投资、转让、特许使用,以及专利权随同其所在的企业或其他整体资产一同转让、特许使用或投资等时,运用更有效。运用收益法评估时,应当考虑一系列相关因素,主要包括以下内容。(1)企业待评估专利技术的先进性、成熟程度、经济可行性。专利技术的先进性、成熟程度与该专利的市场竞争力、市场应用前景有很大关系。从实际情况看,获得专利权的技术各式各样,有的是创造性程度很高的发明,有的是属于对已有技术进行局部改进的小发明,有的是已形成生产能力的技术,有的则是尚未商品化的技术。从收益法的基本精神看,待评估的专利权应当能产生经济效益,能产生超额利润。在评估专利权时,对待评估专利的技术性能、成熟程度、经济可行性进行具体、科学的论证,了解该专利的竞争力度、法律状况,因垄断市场而带来的预期收益区间就能为评估打下良好基础。(2)企业待评估专利技术的市场状况。专利权和预期收益是在竞争性市场获得的,因而该专利所制造的产品所处的市场状况就是评估的关键因素之一。市场状况涉及的因素较多,如产品价格、生产规模、市场容量、市场竞争状况、市场占有率、市场需求弹性、边际成本,以及已有技术同种产品的收益等都直接或间接地影响该专利技术产品的销售情况和利润。(3)利润分成率。专利技术作为人类智力劳动成果,本身是一种非物质形态的商品。它在使用、创造效益时是物化在有形产品中的。在一般情况下它是与企业其他资产一起产生总的收益的,因而在以收益法计算专利的获利时,应当从预期的总收益中分离出专利权的收益。对这一问题,国际上通常用利润分成率来确定,这一指标反映了专利权对企业总利润的贡献率。按照联合国工业发展组织(ONIDO)对发展中国家引进技术价格的分析,利润分成率可在16%至27%范围内确定。另外,当专利技术的采用对产品销售收入、价格变动影响较大时,销售收入分成率也是可以考虑的。按照国际标准,销售收入分成率约为3%。当然,不同国家、不同行业这一比率有所不同。例如,1975年,国际技术许可证工作者协会日本分会研究认为,美国各行业最普遍的技术提成率为净销售价的5%。在我国的技术引进实践中,提成率一般不会超过这个数字。又根据联合国贸易组织(UNTDO)对各国技术贸易合同的统计,专利许可合同提成率一般为产品净销售收入的0.5%至10%,其中绝大多数为2%至6%。

在考虑以上因素的基础上,收益法评估专利权的关键在于确定未来收益、剩余经济寿命、合适的折现率。下面分别略加阐述。

一是未来收益额。这里所说的未来收益额是由专利权直接带来的未来收益。它是通过"预测"获得的。"预测"当然要立足于专利权的现有获利能力,但更主要的是预测未来的获利能力。对于已经实施过的专利权,可以采用一种比较简单的预测方法,即根据历史财务报表和发展计划,收集相关经济费用指标进行调整,预测未来5年收益,对5年后的则采用"年金化"处理而获得,然后折现汇总。

二是剩余经济寿命。剩余经济寿命是确定专利权收益期限的依据。剩余有效期限自然是专利权剩余经济寿命的最长期限。剩余经济寿命除与剩余有效期限有这种关系外,还与企业技术创新和技术进步、专利产品周期、市场需求等因素密切相关。在实际评估中,可以参照以下期限确定:(1)法定有效期;(2)合同有效期;(3)统计分析的有效期;(4)经与同类资产比较确定的有效期。

三是折现率。折现率的估价方法前面已作阐述。就专利权评估而言，折现率不应低于所在行业的平均收益水平。折现率受专利实际收益能力、通货膨胀率，以及专利权技术面临的市场风险、技术风险、法律风险和国家政策外部调整风险等因素的影响，而且与这些因素呈正比例关系。专利权评估折现率也可以用风险最小的投资回报率或工业利润率的倍加值代替，一般为10%至15%。[13]

本章案例研讨

◈ 专利权转让合同履行中被宣告无效时未履行部分是否应当履行

北京甲生物科技有限公司与被上诉人北京乙生物科技有限公司专利权转让合同纠纷案[14]

2011年6月1日，李某申请了涉案专利名称为“生物防护过滤介质及其应用”、专利号为ZL20111014××××.3的发明专利，授权公告日为2013年6月12日。2014年9月3日，专利权人变更为北京甲生物科技有限公司（以下简称北京甲生物公司）。2015年5月5日，北京甲生物公司作为甲方与北京乙生物科技有限公司（以下简称北京乙生物公司）作为乙方签订涉案协议，包括以下内容：北京甲生物公司（甲方）拟将涉案专利转让至北京乙生物公司（乙方）。经甲乙双方商议达成如下协议：一、甲方同意将专利无偿转入乙方进行专利转化。二、乙方不得将专利转让任何第三方。三、甲方不得将专利核心技术秘密向第三方泄露或任何形式的转移。四、如今后乙方业务发展陷入困境，在濒临破产的情况下，应将该专利无偿转回给甲方。五、在专利转让后由于甲方原因导致专利无法正常使用，产生的一切后果由甲方承担。六、任何一方违反上述协议必须向对方支付违约金人民币壹佰万元整。七、甲乙双方在本协议签订后10日内至国家知识产权局办理完成专利转让有关事项。八、本协议一式三份，甲乙双方各执一份，交国家知识产权局备案用一份。2015年6月24日，涉案专利的专利权人经核准变更为北京乙生物公司。2016年12月21日，涉案专利的专利权人经核准变更为案外人蔡某。

2017年6月9日，案外人某生物技术（北京）有限公司（以下简称北京某有限公司）针对涉案专利权向国家知识产权局原专利复审委员会（以下简称专利复审委员会）提出无效宣告请求。2018年9月28日，专利复审委员会针对上述无效宣告请求作出第37403号无效宣告请求审查决定，宣告涉案专利权全部无效。经核实，没有当事人针对该审查决定提起行政诉讼，该决定已生效。

此后，北京甲生物公司和北京乙生物公司因合同履行问题发生争议，北京甲生物公司向北

---

〔13〕 参见冯晓青：《企业知识产权战略》（第四版），知识产权出版社2015年版，第346～349页。

〔14〕 选自最高人民法院（2019）最高法知民终394号民事判决书。另参见北京知识产权法院（2018）京73民初1132号民事判决书。

京知识产权法院提起合同之诉，要求追究北京乙生物公司违约责任。2019年5月22日，北京知识产权法院判决：驳回北京甲生物公司的诉讼请求。北京甲生物公司不服一审判决，向北京市高级人民法院提起上诉。

北京市高级人民法院认为，本案的争议焦点为北京乙生物公司是否应当向北京甲生物公司支付违约金。具体涉及如下几个问题：其一，北京乙生物公司是否存在擅自转让涉案专利的违约行为；其二，如果北京乙生物公司构成违约，涉案专利被宣告无效后，北京甲生物公司能否依据《专利转让协议》主张北京乙生物公司承担违约金；其三，如果北京乙生物公司应当承担违约金，其应当承担的违约金的具体数额。

关于北京乙生物公司是否存在擅自转让涉案专利的违约行为，北京市高级人民法院认为，根据《专利转让协议》第2条的约定，北京乙生物公司不得将专利转让任何第三方。本案中，涉案专利的专利权人于2016年12月21日由北京乙生物公司变更为案外人蔡某，转让合同上盖有北京乙生物公司的公章，应当认定系北京乙生物公司实施了转让涉案专利的行为，违反了《专利转让协议》的约定。

关于北京甲生物公司能否依据《专利转让协议》主张北京乙生物公司承担违约金，针对专利法第47条第1款、第2款规定，仍需要探讨两个方面的问题：一是专利权被宣告无效前已签订的专利实施许可合同或者转让合同的效力；二是宣告无效的专利权对于尚未履行的违约责任是否具有溯及力。北京市高级人民法院认为，专利权被宣告无效并非导致合同无效的事由，如果相关合同系当事人的真实意思表示，不违反法律、行政法规的强制性规定，不违背公序良俗，也不存在导致合同无效的其他事由，基于维护当事人意思自治以及促进交易的价值考虑，不能仅因为专利权被宣告无效而认定无效前已经签订的专利许可或转让合同亦无效。专利权被宣告无效对合同履行产生的后果应当是与专利权相关的义务履行不能，由于合同客观上无法继续履行，当事人可以主张解除合同，合同的权利义务终止。同时，专利权被宣告无效后，对于已履行部分原则上具有溯及力，但考虑到专利授权的公信力，为了维护既有的社会秩序，对于已作出并执行的专利侵权判决书、调解书、行政处理决定以及许可、转让合同原则上不具有溯及力。专利权被宣告无效时尚未履行的部分，是否一概不再履行，需要考虑未履行部分涉及的利益是否系因行使专利权所直接获得的利益，即专利权价值的对价，例如许可费、转让费、侵权损害赔偿等。对于这部分利益，由于专利权已被宣告无效，权利人自然无权再要求继续履行。如果未履行部分涉及的利益并非专利权价值的对价，而是因当事人违反合同约定或者擅自实施其他行为而对专利权人造成的损害，这种损害与专利权的价值本身通常并不具有直接的关联性，专利权人就有权要求对方继续履行。因此，专利权被宣告无效不影响无效前已签订专利权许可合同或者转让合同的效力。

涉案合同关于擅自转让专利应当承担违约金的约定具有独立于专利权价值的其他值得保护的利益。这种利益不仅包括专利权人对合同正常履行而产生的信赖利益、履行利益，也包括对北京乙生物公司擅自违约而进行的惩戒。该违约金约定与专利权本身的价值并不具有直接对应性，而是为了约束当事人的行为，确保当事人严格按照合同约定履行各自的义务。北京乙生物公司实施擅自向第三方转让涉案专利时，涉案专利是有效的，北京乙生物公司明知其不得向第三方转让仍然实施违约行为，理应承担相应的不利后果。否则，如果仅仅因为专利权事后被宣告无效而免除北京乙生物公司本应承担的违约责任,将导致北京甲生物公司对于合同正常履行的利益无法受到保护,也是对违约方的不当纵容。

关于北京乙生物公司应当承担的违约金数额,北京市高级人民法院认为,由于北京甲生物公司未提交充分证据证明其除专利权本身价值外实际受到损失的具体情况,涉案合同约定的违约金明显过高应予调整。考虑北京乙生物公司擅自转让专利的主观过错,酌情确定。

北京市高级人民法院判决:撤销一审判决,北京乙生物公司支付违约金15万元。

本案是专利权转让合同纠纷案。根据专利法的规定,专利申请权和专利权均可以被转让,以促进专利技术的运用。本案较为特殊之处是,当事人在履行专利权转让合同过程中,该专利权被宣告无效且已发生法律效力。在这种情况下,如何对待专利权转让合同约定的权利义务和违约责任问题,值得研究。专利法虽然规定了事后的溯及力问题,却未规定专利权被宣告无效时尚未履行的部分是否不再履行。本案中,北京市高级人民法院认为需要考虑未履行部分涉及的利益是否系因行使专利权所直接获得的利益,若未履行部分涉及的利益并非专利权价值的对价,这种损害与专利权的价值本身通常并不具有直接的关联性,专利权人就有权要求对方继续履行。本案为专利权转让合同履行中出现专利权被宣告无效时如何对待该合同的继续履行和违约责任问题,提供了重要指引和启示。

标准必要专利许可费率和许可费用标准的界定

某技术有限公司等与某无线许可有限公司确认不侵害专利权及标准必要专利使用费纠纷案[15]

某技术有限公司(以下简称某技术公司)、某终端有限公司(以下简称某终端公司)、某软件技术有限公司(以下简称某软件公司)以某无线许可有限公司(以下简称某无线许可公司)为被告,向南京市中级人民法院提起诉讼,要求法院确认不侵害专利权,并确定标准必要专利使用费。上述纠纷共三个案件。南京市中级人民法院于2018年1月25日立案后,依法组成合议庭对三案进行了合并审理。

南京市中级人民法院归纳了本案焦点问题,其中两个是:涉案专利中标准必要专利族数如何确定;涉案中国标准必要专利许可条件如何确定。

关于涉案专利中标准必要专利的族数如何确定,南京市中级人民法院认为,对于蜂窝网通信标准,全球影响力最大的标准制定组织是3GPP(第三代合作伙伴计划)。根据中国目前的采标实践,参与中国市场的通信企业都大量直接采用3GPP标准作为产品遵从的标准。在本案中,原被告双方对于使用3GPP标准来评估相关专利的标准必要性都不持异议。由于涉案的15件专利中的8件专利已被宣告全部无效,故在本案中对该8件专利进行是否为标准必要专利的审查已无必要。南京市中级人民法院仅对现存7件有效的专利与3GPP标准技术进行

〔15〕 南京市中级人民法院(2018)苏01民初232、233、234号民事判决书。

了比对分析。

南京市中级人民法院认为,3GPP 组织要求相关的标准必要专利遵从于各组织伙伴的知识产权政策。3GPP 各组织伙伴的知识产权政策都是以 FRAND 为基础,在实践中,几乎所有的 3GPP 标准的技术贡献者都选择通过向 ETSI 声明标准必要专利的方式来进行知识产权政策的遵从。本案涉案专利也是通过 ETSI 进行标准必要性声明的。ETSI 虽然是一个欧洲的标准化组织,但由于其声明的标准必要专利是与 3GPP 标准直接相关的,而 3GPP 标准已经在全球被广泛使用,因此各国法庭也都在判例中认可 ETSI 的知识产权政策对标准必要专利声明人的约束力。在具体的实践中认定某一专利是否为标准必要专利时,需要把专利的权利要求和标准规范比较,如果权利要求的每个技术特征都可以在标准规范中找到对应,该权利要求则为"标准必要"。法院确认了本案涉案 7 件专利的涉案专利权利要求与 3GPP 对应的标准技术的比对结果,明确了权利要求与对应的标准必要专利。

关于涉案中国标准必要专利许可条件的确定,本案三原告的诉讼请求二是请求就被告所有以及有权作出许可的、声称并实际满足 2G、3G、4G 标准或技术规范且为原告所实际实施的全部中国必要专利,判令确认符合公平、合理、无歧视原则(FRAND 原则)的对原告产品的许可条件,包括费率。前述许可条件主要包括:许可专利、许可产品、许可行为、许可费率四部分。

南京市中级人民法院认为,标准必要专利授权许可应遵循 FRAND 原则。FRAND 承诺的根本目的是确保对创新提供适当的鼓励,同时避免"专利劫持",即由于将专利纳入标准,所以相关产品不可避免会使用到该专利,因此,专利权人基于此有利地位可完全拒绝授予许可,或者按照不公平、不合理的条款进行许可,抑或以歧视性条款进行许可。对于愿意支付合理专利权使用费的被许可人,专利权人不应直接拒绝授予许可。一方面,有必要确保专利权人能够从技术创新中获得足够的回报;另一方面,有必要制定基本的原则防止标准必要专利权人收取高昂的许可费率或者附加不合理条款,这是 FRAND 费率的核心。在我国领域内进行的标准必要专利授权许可,亦应遵循 FRAND 原则。

关于标准必要专利费率的测算方法和当事人选择,南京市中级人民法院认为,可比协议法是利用企业间过往通过商业手段达成的许可费授权协议作为参照,来对比目前涉案的专利许可情况,进而计算出涉案专利的许可费率。这种方法下所使用的协议直接反映了有意愿的许可方和有意愿的被许可方在公平、独立的条件下通过谈判所达成的协议。自上而下法是先需要对特定标准相关的所有必要专利的总许可费进行确定,然后将这一总累积费率在不同的专利持有人之间进行合理分配的方法。自上而下法的难点在于如何合理的确定标准必要专利的总数以及许可方所拥有的标准必要专利总数。本案中,原告主张适用自上而下法计算 FRAND 许可费率,被告则主张可比协议法计算 FRAND 许可费率,将无线星球中国专利与被告公司中国专利简单进行比例换算,而原告主张的自上而下法是通过标准对手机价格的贡献价值折算出累积费率后再参考中国的标准必要专利数进行单族专利在中国的许可费率的计算。法院认为,目前各国法院(包括日本、美国、英国等国的法院)作出的费率认定相关的主要司法判例中,这种分子分母不同程度的评估方法被广泛接受和认可。

在上诉分析和认定基础上,南京市中级人民法院判决对原告请求不侵害专利权确认之诉不予支持,并明确了原告与被告双方所涉标准必要专利许可确定的条件,包括许可专利、许可产品、许可行为和许可费率。

本案是关于标准必要专利许可费用纠纷案，同时也涉及确认不侵权之诉和案件合并审理等问题。当前，随着技术发展和市场竞争加剧，标准必要专利纠纷也日益增多。在标准必要专利纠纷中，常见的是涉及许可费率确定和许可费如何支付的问题。在确定标准必要专利许可费率和许可费用支付方面，国际标准组织业已达成共识的原则是 FRAND 原则，即公平、合理和无歧视原则。基于标准必要专利技术的复杂性，如何确定合理的标准必要专利许可费率和许可费支付方法，是当前涉及标准必要专利利用中的疑难问题。本案为如何理解与认识专利利用实践中标准必要专利许可费率和许可费支付提供了范例。

第十一章　专利侵权及其法律责任

保护专利权是专利法的核心。专利权是一种无形财产权，它与有形财产权一样，受国家法律的保护。衡量一部专利法真正贯彻与否的一个重要标准，就是看其立法宗旨是否在全社会经济生活中得到实现，看申请人、专利权人和社会公众的合法权益是否得到充分有效的保护。专利权的法律保护主要是针对制裁专利侵权行为而言的。如果对专利侵权行为不实施有效的法律制裁，专利权人合法权益的维护将无从谈起。要确定某一行为是否构成专利侵权，其前提就是确定专利权的保护范围。

第一节　专利权保护范围的确定

一、专利权保护范围的概念、意义及其确定原则

专利权的保护范围，既是专利权的权利边界，[1]也是专利法上重要的基础性概念。[2]现行《专利法》第64条第1款规定，发明或者实用新型专利权的保护范围以权利要求的内容为准，说明书及附图可以用于解释权利要求的内容。因此，权利要求内容的解释过程，就是专利权保护范围的确定过程。权利要求解释尺度的宽严直接决定专利权保护范围的大小，影响专利权人与社会公众之间的利益关系。

从一般意义上来说，专利权的保护体现为对专利侵权的制裁，而判断某一具体实施行为是否为专利侵权，关键的问题是判断和确定专利权的保护范围，实施行为落在保护范围之内时才构成侵权。

《审理侵犯专利权案件应用法律解释》制定时遵循的基本原则之一即为：严格专利权利要求的解释，准确确定专利权保护范围，充分尊重权利要求的公示性和划界作用，防止不适当地扩张专利权保护范围、压缩创新空间、损害创新能力和公共利益。《审理侵犯专利权案件应用法律解释(二)》的起草背景则是“积极营造有利于创新的法治环境的重要举措，丰富和完善了我国专利法律制度，将进一步遏制侵犯专利权的行为，进一步强化司法裁判对科技创新的导向作用，进一步有效激励自主创新和技术跨越，为大众创业万众创新提供有力的法律保障”。

---

〔1〕 See Tun - Jen Chiang, *Fixing Patent Boundaries*, 108 MICH. L. REV. 523 (2010).

〔2〕 相关研究，参见 Robert P. Merges & Richard R. Nelson, *On the Complex Economics of Patent Scope*, 90 COLUM. L. REV. 839 (1990)。

由于发明、实用新型专利与外观设计专利具有不同性质，在界定专利权的保护范围时，需要分别作出规定。

二、发明与实用新型专利权的保护范围

各国专利法一般都规定，发明和实用新型受专利保护的技术范围以权利要求的内容为准。权利要求决定了专利权保护范围，集中地体现了专利权的实质内容。权利要求中各个技术特征的总和构成了一个不可分割的整体，相应地限定了一个明确的保护范围。可以说，权利要求集中体现了专利权的实质内涵。权利要求中技术特征越多，限定的保护范围就越小；反之亦然。

在专利司法实践中，首先应当正确理解权利要求并合理界定权利要求用语。《审理专利授权确权行政案件适用法律规定（一）》第2条第1款规定："人民法院应当以所属技术领域的技术人员在阅读权利要求书、说明书及附图后所理解的通常含义，界定权利要求的用语。权利要求的用语在说明书及附图中有明确定义或者说明的，按照其界定。"其第2款规定："依照前款规定不能界定的，可以结合所属技术领域的技术人员通常采用的技术词典、技术手册、工具书、教科书、国家或者行业技术标准等界定。"

在确定专利权的保护范围时，对权利要求如何解释和理解，是问题的核心。[3] 各国主要有以下三种不同的解释原则：

一是周边限定论。这一原则要求专利权保护范围完全由权利要求来确定，应严格地按照权利要求书中的文字进行解释，不允许作任何扩大解释，权利要求书所记载的范围是专利保护的最大限度。其优点在于：采用"周边限定"原则，可以通过权利要求书相对清晰地了解专利权的保护范围。其缺陷则在于：该原则对权利要求书的撰写提出了更高要求，要求权利要求应写得足够宽松而确切，设法用尽可能少的技术特征和尽可能一般化的语言撰写。但在实际中权利要求的撰写总是会有缺陷的，这就难以给专利权人以充分的保护。采用这一原则的国家有美国、英国、巴西等。

二是中心限定原则。它是以权利要求书的内容为核心，向外作一定幅度的扩展来确定专利权保护范围。按照这一原则，权利要求书说明专利权保护范围，但在解释权利要求时可以超出权利要求的直观字面上的解释。也就是说，应以权利要求为中心，全面考虑发明创造的目的、性质以及说明书和附图，将中心四周一定范围内的技术也包括在专利权保护范围内，不必拘泥于权利要求书中的文字记载。采用这一原则时，常常通过说明书对权利要求作出解释，不过它一般适用于说明书所公开的技术特点未列入权利要求书而权利要求书又似乎包含这些技术特点的场合。以德国为代表的大陆法系国家采用这一原则。这一原则把权利要求书看作一个总的发明构思，保护范围可以扩大到本专业一般技术人员仔细研究说明书和附图后认为可以包括的范围。这种做法在效果上使专利权的范围不局限于权利要求书的字面含义，可以较好覆盖专利方案的实质性特征，能够更好地给予专利权人以保护。因为即使经验再丰富的专

---

〔3〕 See Tun - Jen Chiang & Lawrence B. Solum, *The Interpretation - Construction Distinction in Patent Law*, 123 YALE L. J. 530 (2013).

利权人撰写的权利要求书,也难以天衣无缝,申请人难以预测可能出现的所有侵权行为,他人也能够从中找到缺陷;并且要求申请人或代理人在技术刚诞生时就发现技术的前景显然不现实。以权利要求书为中心向外作适当扩大解释,可有效防止他人利用权利要求书在撰写方面的缺陷,规避相应的法律责任。因此,中心限定原则对专利权人的保护较为充分和有利,但其缺陷也是明显的,因为这种解释会使专利权边界相对模糊,会使第三人感到专利权保护范围不确定。

三是主题内容限定原则。它实际上是上述两个原则的折中。按照这一原则,专利权保护范围应当根据权利要求的内容来确定,说明书和附图可以用来解释权利要求。也就是说,专利权保护范围按照权利要求所表示的实质内容来确定,不严格按照权利要求的文字进行解释,对权利要求中有含混不清之处可以引用说明书和附图来解释权利要求列举的权项。这一原则在确定专利权保护范围上既考虑到专利权人的利益,又兼顾到了社会公众的利益,因而是比较合理的。《欧洲专利公约》采用了这一原则。如《欧洲专利公约》第 69 条规定:"欧洲专利和欧洲专利申请的保护范围决定于其权利要求书的内容,说明书和附图可用于解释权利要求书。"

三、我国专利权的保护范围

(一)发明与实用新型专利权的保护范围

我国《专利法》对发明与实用新型专利权保护范围的确定采用了折中原则。现行《专利法》第 64 条第 1 款规定:"发明或者实用新型专利权的保护范围以其权利要求的内容为准,说明书及附图可以用于解释权利要求的内容。"这说明发明与实用新型专利权的保护范围是"权利要求的内容",有助于在专利申请和专利诉讼实践中准确把握发明与实用新型专利权的保护范围。《审理侵犯专利权案件应用法律解释(二)》第 5 条规定:"在人民法院确定专利权的保护范围时,独立权利要求的前序部分、特征部分以及从属权利要求的引用部分、限定部分记载的技术特征均有限定作用。"

在确定发明或实用新型专利保护范围时,应把握以下几个方面:

第一,确定专利权保护范围的依据。人民法院应当根据权利人主张的权利要求,依据现行《专利法》第 64 条第 1 款的规定确定专利权的保护范围。权利人在一审法庭辩论终结前变更其主张的权利要求的,人民法院应当准许。这表明:[4](1)在专利侵权纠纷中,权利人应该明确自己主张的是哪一项权利要求。(2)在一审法庭辩论结束前,权利人可以变更其主张的权利要求。这在专利侵权诉讼中有时对权利人至关重要。(3)一审宣判前,权利人主张的权利要求有可能被宣告无效。在专利侵权诉讼中,被告作为专利权无效宣告请求人,一般情况下都会请求国务院专利行政部门宣告该专利权无效。无效决定在一审宣判前作出,此时如果权利人请求以其他权利要求确定专利权的保护范围,应当允许。(4)一审判决后,二审宣判前,专利的某些权利要求被宣告无效,权利人主张以一审未主张的权利要求确定专利权保护范围的,

---

〔4〕 参见《聚焦〈关于审理侵犯专利权纠纷案件应用法律若干问题的解释〉》,载 http://www.chinaipmagazine.com/journal-show.asp?id=417,最后访问时间:2022 年 6 月 12 日。

二审法院可先调解，调解不成，权利人另行起诉。这一点对权利人总体来说是有利的。[5] 但是，在将来的侵权诉讼中，权利人为了防止在二审的时候被诉，是否有必要在一审时主张所有的权利要求，值得探讨。(5)对权利人已经主张的权利要求，一审没有漏审，二审首先调解，调解不成的发回重审。因此，将权利人变更其主张的权利要求的时间界定为一审法庭辩论终结前。亦即，对于一审法庭辩论终结后的变更，不予准许。但是，这并不影响权利人根据其他权利要求另行提起诉讼。[6]

第二，可以通过从属权利要求确定专利权保护范围。在司法实践中，权利人主张以从属权利要求确定专利权保护范围的，人民法院应当以该从属权利要求记载的附加技术特征及其引用的权利要求记载的技术特征，确定专利权的保护范围。通常而言，如落入到从属权利要求保护范围的技术方案，必然也落入独立权利要求的保护范围。司法实践中还应注意如何认定从属权利要求，包括其与独立权利要求限定的保护范围之间的关系。例如，在再审申请人某船舶重工集团公某研究所、上海某工程有限公司与被申请人某股份有限公司，一审被告上海某装备有限公司侵害发明专利权纠纷案中，最高人民法院指出："对于特定权利要求及其引用的独立权利要求，应当根据两项权利要求所限定的保护范围是否属于'进一步限定'，即二者的保护范围是否具有覆盖和被覆盖关系来具体判断该特定权利要求是否属于从属权利要求。不能仅仅基于撰写形式上的引用和被引用，即认定独立权利要求的保护范围当然地覆盖对其进行引用的特定权利要求，并据此进行权利要求解释。"[7]

第三，权利要求保护范围的解释规则。人民法院应当根据权利要求的记载，结合本领域普通技术人员阅读说明书及附图后对权利要求的理解，确定现行《专利法》第 64 条第 1 款规定的权利要求的内容。人民法院对于权利要求，可以运用说明书及附图、权利要求书中的相关权利要求、专利审查档案进行解释。说明书对权利要求用语有特别界定的，从其特别界定。《审理侵犯专利权案件应用法律解释(二)》第 6 条第 2 款规定："专利审查档案，包括专利审查、复审、无效程序中专利申请人或者专利权人提交的书面材料，国务院专利行政部门制作的审查意见通知书、会晤记录、口头审理记录、生效的专利复审请求审查决定书和专利权无效宣告请求审查决定书等。"以上述方法仍不能明确权利要求含义的，可以结合工具书、教科书等公知文献以及本领域普通技术人员的通常理解进行解释。《审理侵犯专利权案件应用法律解释(二)》第 4 条规定："权利要求书、说明书及附图中的语法、文字、标点、图形、符号等存有歧义，但本领域普通技术人员通过阅读权利要求书、说明书及附图可以得出唯一理解的，人民法院应当根据该唯一理解予以认定。"由此可见，如果权利要求中的术语不清楚，首先要看说明书、附图、权利要求、专利档案；如果仍不清楚，可以结合工具书、教科书等常识，以及本领域技

---

[5] 此时要另行起诉而非发回重审，符合诉讼法原理，在程序上保障了权利人的上诉权等救济权。

[6] 在确定专利权保护范围时，司法实践提供的经验表明，"从属权利要求的技术特征不应用于限缩独立权利要求的保护范围"。例如，在再审申请人某实业有限公司与被申请人某锁业有限公司侵害发明专利权纠纷案中，最高人民法院指出："独立权利要求的保护范围应以其记载的技术特征为准，在解释独立权利要求时不应引入从属权利要求记载的技术特征，从而不合理地限缩独立权利要求的保护范围。"参见 2020 年《知识产权案件年度报告》以及最高人民法院(2020)最高法民申 4059 号民事裁定书。

[7] 2020 年《知识产权案件年度报告》。另参见最高人民法院(2020)最高法民申 969 号民事裁定书。

术人员理解的通常含义来进行解释。在权利要求保护范围的解释方面，司法实践提出了“说明书技术效果的记载对权利要求的解释作用”问题。例如，在再审申请人肖某与被申请人深圳某照明有限公司侵害发明专利权纠纷案中，最高人民法院指出：“判断权利要求有关技术特征是否应当受到说明书记载的技术效果的限定，应当综合考量技术效果是否确因该技术特征产生，以及技术效果的显著程度等因素。”[8] 该案明确了权利要求技术特征与说明书记载的技术效果之间的关系，有利于指引司法实践中运用说明书中记载的技术效果解释权利要求。此外，司法实践中还提出了“权利要求解释要考虑专利的发明目的”的问题。例如，在再审申请人青岛某包装机械有限公司与被申请人某市知识产权局、一审第三人王某专利侵权行政处理纠纷案中，最高人民法院指出：“权利要求的解释要考虑说明书中有关本专利发明目的的说明，即便权利要求中对某一特征没有进行明确限定，但被诉侵权技术方案明显采用了与实现本专利发明目的不同的技术手段的，不应认定构成侵权。”[9] 该观点表明，发明目的对于解释权利要求具有一定的限定作用，在司法实践中需要结合权利要求限定的技术特征、发明目的与实现发明目的的不同技术手段，以此明确权利要求的保护范围。

第四，功能性权利要求的解释规则。《审理侵犯专利权案件应用法律解释（二）》第 8 条第 1 款对功能性特征的定义进行了规定，“功能性特征，是指对于结构、组分、步骤、条件或其之间的关系等，通过其在发明创造中所起的功能或者效果进行限定的技术特征，但本领域普通技术人员仅通过阅读权利要求即可直接、明确地确定实现上述功能或者效果的具体实施方式的除外”。[10] 其第 2 款进一步对功能性权利要求的解释规则进行了规定，“与说明书及附图记载的实现前款所称功能或者效果不可缺少的技术特征相比，被诉侵权技术方案的相应技术特征是以基本相同的手段，实现相同的功能，达到相同的效果，且本领域普通技术人员在被诉侵权行为发生时无需经过创造性劳动就能够联想到的，人民法院应当认定该相应技术特征与功能性特征相同或者等同”。可见，对于权利要求中以功能或者效果表述的技术特征，人民法院应当结合说明书和附图描述的该功能或者效果的具体实施方式及其等同的实施方式，确定该技术特征的内容。

第五，对于仅在说明书或者附图中描述而在权利要求中未记载的技术方案，权利人在侵犯专利权纠纷案件中将其纳入专利权保护范围的，人民法院不予支持。

（二）外观设计专利权的保护范围

外观设计专利申请文件没有权利要求书和说明书，只用该外观设计的图片或照片即可以达到确认其权利保护内容的要求。现行《专利法》第 64 条第 2 款规定，外观设计专利权的保护范围以表示在图片或者照片中的该产品的外观设计为准，简要说明可以用于解释图片或者照

[8] 2019 年《知识产权案件年度报告》。另参见最高人民法院（2019）最高法民申 365 号民事裁定书。

[9] 2019 年《知识产权案件年度报告》。另参见最高人民法院（2018）最高法行申 1545 号民事裁定书。

[10] 在司法实践中，不符合上述功能性特征的则应予以排除。如在再审申请人某株式会社与被申请人某器材有限公司、上海某五金模具有限公司等侵害发明专利权纠纷案中，最高人民法院认为：“基于专利申请日前本领域普通技术人员的知识水平和认知能力，如果实现争议技术特征所述功能或者效果的具体实施方式属于本领域普通技术人员的公知常识，应认定该争议技术特征属于本领域普通技术人员仅通过阅读权利要求即可直接、明确地确定实现该功能或者效果的具体实施方式的情形，不属于功能性特征。”2020 年《知识产权案件年度报告》。另参见最高人民法院（2019）最高法民申 5477 号民事裁定书。

片所表示的该产品的外观设计。可见，外观设计专利权的保护范围是表示在图片或照片中的该外观设计，并限于在申请专利时指定的产品上使用。[11] 外观设计需要以图片或者照片的形式表现出来，其保护范围限于外观设计专利申请人申请专利时使用在指定产品上的外观设计。在界定外观设计专利的保护范围时，需要与产品紧密结合，单纯图片或者照片不能确定外观设计专利权的保护范围。

另外，基于在外观设计专利实践中图片或照片往往反映了外观设计的诸多细节，如果要求被控侵权产品再现外观设计专利产品所有细节时才构成外观设计专利侵权，则不利于充分保护外观设计专利权人的合法权益。但如果允许忽略其中的一些细节，则需要对允许忽略哪些细节建立必要的规则，以避免审查中的主观随意性，确保公众对外观设计专利保护范围的可预见性。《审理侵犯专利权案件应用法律解释（二）》第14条规定："人民法院在认定一般消费者对于外观设计所具有的知识水平和认知能力时，一般应当考虑被诉侵权行为发生时授权外观设计所属相同或者相近种类产品的设计空间。设计空间较大的，人民法院可以认定一般消费者通常不容易注意到不同设计之间的较小区别；设计空间较小的，人民法院可以认定一般消费者通常更容易注意到不同设计之间的较小区别。"[12] 可见，简要说明则十分必要，能够明确外观设计的专利权的保护范围。

值得注意的是，根据《审理侵犯专利权案件应用法律解释》第8条的规定："在与外观设计专利产品相同或者相近种类产品上，采用与授权外观设计相同或者近似的外观设计的，人民法院应当认定被诉侵权设计落入专利法第五十九条第二款规定的外观设计专利权的保护范围。"《审理侵犯专利权案件应用法律解释（二）》第15～17条还分别对"成套产品的外观设计专利""组装关系唯一的组件产品的外观设计专利""变化状态产品的外观设计专利"的侵权判定进行了规定。

第二节　判断专利侵权的基本方法

一、判断发明专利与实用新型专利侵权的基本原则

如前所述，判断发明与实用新型专利侵权应以权利要求的内容为准。《审理侵犯专利权案件应用法律解释》第7条规定："人民法院判定被诉侵权技术方案是否落入专利权的保护范围，应当审查权利人主张的权利要求所记载的全部技术特征。被诉侵权技术方案包含与权利要求记载的全部技术特征相同或者等同的技术特征的，人民法院应当认定其落入专利权的保护范围；被诉侵权技术方案的技术特征与权利要求记载的全部技术特征相比，缺少权利要求记载的一个以上的技术特征，或者有一个以上技术特征不相同也不等同的，人民法院应当认定其

---

[11] 如果是在不属于指定范围内的产品上使用相同或相似的外观设计，就不会落在外观设计专利保护范围之内。不过，为防止外观设计在其他产品上的使用会冲淡外观设计产品的魅力，可以利用商标或著作权保护来弥补。

[12] 《审理专利授权确权行政案件适用法律规定（一）》第14条第1款和上述规定实质相同。其第2款则规定："对于前款所称设计空间的认定，人民法院可以综合考虑下列因素：（一）产品的功能、用途；（二）现有设计的整体状况；（三）惯常设计；（四）法律、行政法规的强制性规定；（五）国家、行业技术标准；（六）需要考虑的其他因素。"

没有落入专利权的保护范围。"这一规定确立了判断发明与实用新型专利侵权的基本标准。[13]

（一）全面覆盖原则

上述司法解释实际上确立了判断发明与实用新型专利侵权的全面覆盖原则。所谓全面覆盖原则，是指通过比较的方法，若被控侵权物（产品或者方法）的技术特征被专利权利要求的内容所覆盖，则构成专利侵权。例如，以下情况构成专利侵权：(1)侵权物的技术特征与专利权利要求书记载的必要技术特征完全相同。所谓"完全相同"，是指侵权物的技术特征与专利权利要求书记载的技术特征相比，其专利权利要求书要求保护的全部必要技术特征均被侵权物的技术特征所覆盖。(2)侵权物的技术特征多于专利权利要求书记载的必要技术特征。侵权物的技术特征与专利权利要求书记载的技术特征相比，不仅包含了专利权利要求书中的全部必要技术特征，而且还增加了新的技术特征。(3)专利独立权利要求中技术特征使用的是上位概念，而侵权物中出现的技术特征则是上位概念下的具体概念。[14]

（二）等同原则

1. 等同原则的概念

判断专利权是否受到侵犯的基本方法是比较的方法，即如果被控侵权的技术全部覆盖专利保护的发明创造的全部必要技术特征，就构成专利侵权。但是，在侵权诉讼中，被告所实施的技术往往是改头换面之后的，其常常采取偷梁换柱的方法对专利技术进行修改，以所属技术领域普通技术人员不经过创造性的劳动即可以联想到的技术手段，加以替换或改变，实现专利技术能够达到的优点、目的或积极效果。这种"修改"与技术解决方案无关，其结构变化、形状变化、参数变化或尺寸变化不会影响专利技术的必要技术特征。如机器的结构基本相同，只是将皮带转动改为齿轮转动。此时就不能仅以权利要求的文字严格解释专利保护范围，而必须借助说明书和附图来解释权利要求，将专利法上认为完全等同或者说实质上相同的东西包括在专利权保护范围之内。于是在专利侵权理论上产生了"等同原则"或者说"等同论"，它现已被各国所普遍采用。

所谓等同论，是指侵权人以实质上相同的方式或手段，替换属于专利保护的部分或者全部必要技术特征，产生实质上相同的效果。按照等同论，当某一可能侵权物以一个或者一个以上的等效手段替代独立权利要求中的相应技术特征，起到了实质上相同的作用，获得了实质上相同的效果时，它仍会落在专利权的保护范围之内，构成专利侵权。这里的"等效手段"是指，所属技术领域的普通专业人员在研究说明书、附图和现有技术后，不经过创造性构思就能够联想到的功能和效果相同的不同技术手段。例如，在化合物中，氯化钾通常等效于氯化钠；在机械上，铆钉和螺丝钉是把两个部件紧固在一起的等效手段。等同论的实质是把没有记载在专利文件中，但符合专利技术特征的实施例扩展到本技术领域普通专业人员不经创造性劳动就可以设想到的范围。

---

〔13〕 See Adam J. MacLeod, *Patent Infringement as Trespass*, 69 ALA. L. REV. 723 (2018).

〔14〕 程永顺：《专利侵权判定基本原则的适用》，载冯晓青主编：《专利侵权专题判解与学理研究》，中国大百科全书出版社2010年版，第4页。

2. 等同原则的理论基础〔15〕

其一是公平正义原则。公平正义是法律的基本价值和精神，专利法也不例外。从专利法的一般原理出发，专利法的基本宗旨是通过赋予专利权人以专利权的手段，鼓励和刺激发明创造活动以及对发明创造的投资，促进技术创新，从而推动整个社会的科技进步与创新以及经济发展。专利法中建立了一系列制度，包括权属、合同、侵权以及侵权例外等制度，旨在既要充分保障专利权人对其专利的独占权，又要实现专利的充分公开和公众对专利技术的必要接近。一般认为，专利制度的两大基本属性是垄断和公开。就实施专利制度的基本形式——专利法而言，专利权保护水平和范围反映了法律对专利权人专有权利与公众自由使用技术的公有领域的适当划分，这种划分应体现公平正义原则。

等同原则从其出发点和形式上看是为了更充分地保护专利权人的利益，而不是公众的利益，因为它将那些与专利权利要求的必要技术特征不完全相同或者一一对应的被控侵权物，在手段、功能、效果一致的情况下认定为专利侵权。等同原则的适用可以避免那些以合法的形式逃避专利侵权制裁的侵权行为。从实质上，其体现了法律的公平正义精神。原因是，在专利侵权纠纷案件中，时常存在上述情况，真正完全"照葫芦画瓢"的公然仿制行为越来越少见，如果不将上述情况纳入专利侵权而追究被控侵权人的专利侵权责任，就会助长侵权人以等同替换的手段实施专利侵权行为，从而不利于充分保护专利权人的利益，而这对专利权人来说也是不公平的。由于司法判决的功能和作用并不完全限于个案的是非曲直问题，它还承载了法律的教育、评价、指引和威慑等功能，适用等同原则判定专利侵权，则可以有效地规制以等同替换的手段实施专利侵权行为，充分有效地保护专利权人的利益，促使人们通过正当手段开展技术竞争和市场竞争，也有利于在技术领域建立公平竞争秩序。这样也就实现了专利法的正义目标。因此，从公平正义的角度看，等同原则的适用具有合理基础。

其二是利益平衡原则。利益平衡是知识产权法价值构造的基本内核。〔16〕作为知识产权法重要组成部分的专利法也不例外。在专利法中存在专利权人的利益、社会公众的利益以及竞争者的利益等利益主体，专利法需要在这些利益之间进行协调和平衡，以实现专利法的立法宗旨。从专利法的价值构造看，专利法存在以下三个层次的对价：作为专有权利的专利权与公有领域、作为私权的专利权与公共利益保护，以及权利保护与权利限制。专利法中的利益平衡的关键是专利权人的利益与社会公众就专利技术的归属、利用、传播之间的利益平衡。〔17〕

为实现专利法中的利益平衡，需要从发明创造的权属、利用、保护、权利限制等多方面进行规范。其中，与等同原则相关的涉及专利侵权的判定问题。由于专利权是一种垄断权、具有很强的独占性，而专利权范围的大小与公众可以自由利用的技术空间具有直接的对应关系，在认定某种行为是否构成专利权侵权方面，应当考虑该行为纳入专利侵权是否会损害公众利益。换言之，既不能将专利保护范围划定得过于宽松，也不能将其划定得过于狭小，否则要么将损害公众的利益，要么将损害专利权人的利益。专利法中权利要求判定的原则即反映了这一要

〔15〕 参见冯晓青主编：《专利侵权专题判解与学理研究》，中国大百科全书出版社 2010 年版，第 278～280 页。
〔16〕 参见冯晓青：《知识产权法的价值构造：知识产权法利益平衡机制研究》，载《中国法学》2007 年第 1 期。
〔17〕 参见冯晓青：《知识产权法利益平衡理论》，中国政法大学出版社 2006 年版，第 420 页。

求。从专利法的一般原理来说，专利权作为一种私权，法律赋予的这种权利不具有绝对性，它要求专利权的行使不能妨碍社会公众对已有技术成果的合理利用。正如最高人民法院在宁波市某机芯总厂诉江阴某五金制品有限公司侵犯专利权纠纷提审案[18]中所指出的一样，“既要明确受保护的专利技术方案，又要明确社会公众可以自由利用技术进行发明创造的空间，把对专利权人提供合理的保护和对社会公众提供足够的法律确定性结合起来”。专利保护与限制公众自由利用技术是一种对立统一的关系。专利保护显然限制了公众自由利用技术，但这种限制又是必要的，因为专利权的充分保护是建立专利制度的根基。但专利保护不应妨害专利制度的基本价值，即发明创造的传播与利用。这样，确定适当的专利保护水平和范围就变得特别重要。等同原则的适用正是平衡专利权人对专利技术的垄断权与社会公众自由利用技术的重要分水岭。等同原则适用的本意在于防止他人就专利权利要求中某些技术特征作一些非实质性改变或替换，以规避侵权责任。为此，需要突破将专利权利要求的保护范围严格限于字面的规定，从而拓展到权利要求技术特征的等同范围。同时，等同原则的适用也不允许妨碍公众自由、合理地利用技术。该原则的适用有利于排除那些以等同替换手段实施专利权人的专利技术，从而在事实上损害专利权人合法利益的侵权行为，从而有利于实现专利权人与社会公众之间的利益平衡。特别是从等同原则适用相关的一些原则，如现有技术抗辩原则[19]、禁止反悔原则[20]、捐献原则[21]、全部要素原则[22]等的适用，更加容易理解等同原则适用的利益平衡价值目标和追求。

关于等同原则的利益平衡理论基础，目前国内外学者和实务界人士已比较认同。例如，有的学者指出，等同原则实际上是保护专利权人的个人利益和维护社会公共利益平衡的调节器。[23] 有的学者认为，平衡论可以作为判断等同时解决问题的方法和标准，力求适用等同原则时，要考虑专利权人和社会公众之间的利益平衡。如等同原则制度中出现的反等同原则也是对平衡论的运用。美国法院法官曾指出，等同原则在极端情况下可能会破坏整个专利体系，因为专利权利要求的范围可能会超过字面意思而被无限扩大，直至专利权成为毫不受限制的权利。在美国法官的观念中，被告在改变操作方法的基础上作出了与专利相比更为显著的贡献，可以不受等同原则的限制。这样可以鼓励公众从事革新性工作，而不必过分受到专利权的

---

〔18〕 最高人民法院(2001)民三提字第1号民事判决书。

〔19〕 相关案例，国外如美国1999年威尔森案；国内如北京市高级人民法院(1995)高知终字第5号民事判决书等。

〔20〕 下文还将阐述。

〔21〕 该原则也称为公开贡献原则，其基本内容是：如果专利权利要求的某个技术特征在说明书中被公开了，但并没有在权利要求中主张，该技术特征就被认为是贡献给了公众，权利人对之不得主张权利，也不得主张等同侵权。该原则在国内外司法实践中也得到了充分体现。Johnson & Johnston Associates, Inc. v. R. E. Service Co. , Inc. 国外案例，参见285 F. 3d 1046 (Fed. Cir 2002)。国内案例，参见孙某、浙江某科技有限公司侵害实用新型专利权纠纷案，最高人民法院(2019)最高法知民终639号民事判决书。

〔22〕 全部要素原则是2003年美国联邦巡回上诉法院在洛克希德专利侵权纠纷案中适用的对等同原则限制的原则。该案曾在2001年依照“完全禁止原则”作出等同侵权不成立后，被美国最高法院发回重审。在2003年的再一次判决中，虽然联邦巡回上诉法院维持了不构成等同侵权的判决，但审判的依据改为全部要素原则，即专利权人尽管只有一个权利要求的限定和其等同物没有出现在被控侵权的装置中，仍有可能不构成等同侵权。

〔23〕 参见邓基联主编：《专利纠纷判解》，人民法院出版社2009年版，第103页。

约束。这种灵活性制度的合理性蕴含于平衡论之中。[24] 还有的学者认为，等同原则的实质是将专利保护范围延伸到与专利权利要求书等同的部分，结果是扩大了专利权的保护范围。因此，等同原则是一个平衡点，其基本要点是平衡专利权人利益与社会公众利益。把握适当，既可以有效地保护专利权人的利益，又能促进科学技术进步。[25] 有的学者则从美国专利司法实践中等同原则的产生与发展中发现，美国等同原则在适用和变革中引入了利益平衡理念。即等同原则在专利侵权诉讼中的适用使人们逐渐认识到，它既需要保护专利权人的利益，也需要保护公众的利益，并逐渐在司法实践中通过施加适当限制手段避免因为适用等同原则而造成新的不平衡。衡平原则甚至被主张为判定专利侵权的第四个标准。在等同原则中引入利益平衡观念在美国近些年的判例中也不断地被体现出来。例如，在希尔顿化学公司上诉案中，美国联邦最高法院认为，法院无权将专利权扩大到专利局所许可的权利要求的范围以外，等同原则不能过分宽泛适用。法院主张专利法不仅是保护专利权人的工具，而且具有限制专利权人权利的不适当扩张，并保护社会公众在专利权之外合理利用专利技术的功能。[26] 有的学者在考察美国等同原则的发展后也指出，美国的做法给我们的启示是：极其谨慎地追求平衡极致的精神，以及在已有法律框架下美国法院在平衡社会公众与专利权人利益上已尽到了“费尽心思”的程度，同时强调权利要求的公示作用。[27] 还有观点认为，等同原则是一个平衡点，它的基本要素是平衡专利权人利益与社会公众利益。把握适当，既可以有效地保护专利权人的利益，又能促进科学技术进步，否则就可能适得其反。[28] 本书认为，利益平衡原理不仅可以合理地解释等同原则适用的正当性，而且在专利侵权纠纷案件中法官确立利益平衡的理念，对于正确地判定专利侵权是否成立具有十分重要的意义。例如，在专利侵权司法实践中，如果过分强调对专利权的保护，而忽视专利权人利益与公众利益的平衡，就可能造成无原则地放松等同原则的适用范围，将一些事实上不构成等同侵权的合法使用行为纳入专利侵权范畴的局面，从而损害社会公众利益而不利于实现专利法的立法宗旨。

3. 等同原则在我国司法实践中的确立

等同原则是在专利司法实践中产生的法律原则，我国专利法没有等同原则的规定。法院适用等同原则的条件是：被控侵权的技术构成与专利权利要求书中记载的相应技术特征在目的、功能和效果上相同或基本相同，而且这种替换或变更是所属领域的普通技术人员借助于说明书、附图、权利要求书，不经创造性的智力劳动所能够想到的。[29] 据此，被告实施同等替换、部件之间的移位、分解或合并原告权利要求中的某些技术特征等变换手段，并实现原告专利的发明目的和积极效果的，人民法院将适用等同原则确认侵权。等同侵权原则是最高人民法院在2009年颁布《审理侵犯专利权案件应用法律解释》后随实践而发展起来的判断专利侵权的

---

〔24〕 参见陈湘涛：《试论等同原则的知识产权理论基础》，载《湖北行政学院学报》2007年第5期。
〔25〕 参见黄邦道：《适当把握专利侵权判定中的等同原则》，载《经营与管理》2008年第2期。
〔26〕 参见魏玮：《美国专利审判中等同原则及其借鉴——以“利益平衡”为视角》，载《上海财经大学学报》2008年第4期。
〔27〕 参见董红梅：《等同侵权行为的判断》，载《知识产权》2004年第3期。
〔28〕 参见程永顺主编：《专利侵权判定实务》，法律出版社2002年版，第491页。
〔29〕 相关研究，参见胡淑珠：《判定专利侵权的等同原则在我国审判实践中的适用与限制》，载《法学》2006年第8期。

一种制度。在2008年《专利法》修法时,国家知识产权局提交送审稿之前,向社会各界发布了征求意见稿。征求意见稿中明确规定了判断专利侵权的等同原则、禁止反悔原则等。在当时,对该规定,社会各界的反应并不同。很多中国公司、专利代理机构表示赞同;而国内司法机构和一些专家学者表示反对。反对的理由是:在技术领域,目前外国专利权人仍然占主导地位,而适用等同原则实际上扩大了专利权利要求的文字内容所确定的专利权保护范围,明显对外方有利,对国内的创新和发展不利;同时,在专利司法实践中,等同原则并非判断专利侵权的普遍原则,而是例外情况,即使是创建该原则的美国专利法也没有规定这一原则。何况,《审理专利纠纷案件适用法律规定》(2020年修正)已经有关于等同原则的解释,[30]即使在专利法中不予规定也不影响在司法实践中适用该原则。因此,2008年《专利法》采纳了这些意见,未涉及对等同原则的规定。

本次修法依然未予涉及。但是,《审理侵犯专利权案件应用法律解释》中明确了"等同侵权"原则,其第7条第1款规定:"人民法院判定被诉侵权技术方案是否落入专利权的保护范围,应当审查权利人主张的权利要求所记载的全部技术特征。"该司法解释在明确等同侵权原则的同时,采纳了"限制多余指定的规则",其第7条第2款规定:"被诉侵权技术方案包含与权利要求记载的全部技术特征相同或者等同的技术特征的,人民法院应当认定其落入专利权的保护范围;被诉侵权技术方案的技术特征与权利要求记载的全部技术特征相比,缺少权利要求记载的一个以上的技术特征,或者有一个以上技术特征不相同也不等同的,人民法院应当认定其没有落入专利权的保护范围。"《审理侵犯专利权案件应用法律解释(二)》第8条第2款规定:"与说明书及附图记载的实现前款所称功能或者效果不可缺少的技术特征相比,被诉侵权技术方案的相应技术特征是以基本相同的手段,实现相同的功能,达到相同的效果,且本领域普通技术人员在被诉侵权行为发生时无需经过创造性劳动就能够联想到的,人民法院应当认定该相应技术特征与功能性特征相同或者等同。"这明确了等同的实施方式认定规则。

4. 适用等同原则应注意的问题

在运用等同原则判定专利侵权时,必须明确以下几点:

一是技术特征和手段等效的判断,应当以所属技术领域的普通技术人员所拥有的专业知识为准,不应当从专家或审查员的角度来判断。

二是判定有无等效性时,应当借助说明书和附图。因为发明的目的、效果、优点只能在说明书中才能找到,权利要求书中不得写进这些内容。

三是在判断代替手段与被代替的必要技术特征是否等效时,还应当从所属技术领域、技术解决方案、技术经济效果等方面综合考虑,如专利中的构成部分的目的、该部分与其他构成部分组合后具有的性质和该部分预定的功能。如果被控侵权物的技术特征有实质性的进步,被

---

[30] 《审理专利纠纷案件适用法律规定》(2020年修正)第13条第1款规定:"专利法第五十九条第一款所称的'发明或者实用新型专利权的保护范围以其权利要求的内容为准,说明书及附图可以用于解释权利要求的内容',是指专利权的保护范围应当以权利要求记载的全部技术特征所确定的范围为准,也包括与该技术特征相等同的特征所确定的范围";其第2款规定:"等同特征,是指与所记载的技术特征以基本相同的手段,实现基本相同的功能,达到基本相同的效果,并且本领域普通技术人员在被诉侵权行为发生时无需经过创造性劳动就能够联想到的特征。"

控侵权人的代替手段形成了新的技术、经济或社会效果，在所属技术领域的普通专业人员看来是想不到的，就不应视为侵权。正如我们理解产品专利中的“使用权”一样，使用应作广义理解，但专利产品中一些出人意料的新用途和效果十分显著的新用途对所属技术领域的普通技术人员来说不是显而易见的，就不能列入产品专利的保护范围。[31]

关于等同原则的具体适用，主要有整体效果说与主要组成要素说。前者侧重于发明创造的整体上的功能、特征和效果。后者是将权利要求分解为若干技术特征，然后将专利权利要求书与被控侵权物的技术特征进行比较：如果相同，就构成专利侵权；如果有一个或者一个以上技术特征不相同也不等同，就不构成侵权。后者已被我国普遍接受。前述司法解释无疑是司法实践经验的总结。

（三）禁止反悔原则

在专利侵权判定中，从权利要求字面含义判断不侵权的情况下，如果侵权物与专利权利要求书记载的必要技术特征不一致、有变化的情况下，就要运用等同原则判定是否构成侵权。在运用等同原则时，通常会适用禁止反悔原则。所谓禁止反悔原则，是指在专利申请的审批过程中，申请人对专利申请作出的修改和针对专利局审查的通知作出的意见陈述有可能会对其专利权保护范围产生一定的限制作用。它体现在禁止专利权人将其在审批过程中通过修改或者意见陈述所表明的不属于专利权保护范围之内的内容重新纳入其专利权保护范围。

禁止反悔原则旨在防止专利权人采用出尔反尔的策略，即在专利审批过程中为了获得专利权而对其保护范围进行了某种限制，或者强调权利要求中某个技术特征对于确定其新颖性、创造性如何重要；到了侵权诉讼时又试图取消所作的限制，或者强调该技术特征可有可无，试图扩大其保护范围。

如前所述，等同原则成为专利侵权判定的重要原则，但等同原则的适用会在一定程度上扩大专利权利的保护范围，随之而来的是一些专利权人在申请专利时为躲避现有技术成果和专利“三性”的要求而放弃或限制权利要求以顺利通过专利局的实质审查。在侵权诉讼中又利用等同原则来扩大自己的权利保护范围，以至于把自己以前放弃或限制的范围又提出来。这无疑违反了我国《民法典》规定的诚信原则和公平原则。因此，需要明确禁止反悔原则来限制这种行为，即专利权人在专利申请文件中或申请人与专利局之间的来往信函中，已经确认为已有技术或明确表示放弃请求的保护技术内容，在以后指控第三人侵权时不得反悔。如果专利权人在专利侵权诉讼中反悔，将其已经认为不属于其权利要求保护的技术内容扩大解释为属于其专利保护范围，受诉法院将不予支持。

可见，禁止反悔原则与等同原则的作用相反，是对等同原则的限制；但两者也是相辅相成的，共同确保对专利权人提供充分又适度的法律保护。

禁止反悔原则在许多国家的专利诉讼中得到了广泛应用，如在美国专利侵权诉讼中禁止反悔原则被称为“审批过程导致的禁止反悔”。在2002年美国联邦最高法院作出的一个判决中，法院即指出，这个案件要求我们审视等同原则和禁止反悔之间的关系，禁止反悔是专利解

---

〔31〕 也有人认为在上述情况下，不构成侵权的前提是行为人没有利用专利技术，而是自己独立完成的。

释规则,以保证权利要求的解释应参考那些被取消或者拒绝的文件。[32] 在我国,一些地区的法院和专利行政部门在专利侵权纠纷案件的审判和处理实践中都已经作出了一些适用禁止反悔原则的判例,[33] 2008 年《专利法》第三次修改草案中也明确地规定了禁止反悔原则,尽管最终未被采纳,但《审理侵犯专利权案件应用法律解释》采纳了该原则,其第 6 条规定:"专利申请人、专利权人在专利授权或者无效宣告程序中,通过对权利要求、说明书的修改或者意见陈述而放弃的技术方案,权利人在侵犯专利权纠纷案件中又将其纳入专利权保护范围的,人民法院不予支持。"放弃可以分为客观上的放弃与具有法律效果的放弃。严格地说,只有后者才能导致禁止反悔规则的适用,亦即权利人为了应对专利授权确权程序中权利有效性受到的挑战而作出的放弃,且该放弃被采信,才导致禁止反悔规则的适用,因此《审理侵犯专利权案件应用法律解释(二)》第 13 条规定:"权利人证明专利申请人、专利权人在专利授权确权程序中对权利要求书、说明书及附图的限缩性修改或者陈述被明确否定的,人民法院应当认定该修改或者陈述未导致技术方案的放弃。"

值得关注的一个问题是,在《审理侵犯专利权案件应用法律解释》中,等同原则与禁止反悔原则存在冲突。例如,一发明专利的权利要求中有 A、B、C 三个技术特征,在说明书里面描述该技术时,C 有两个等同的技术特征,一个是 C,一个是 D,由于这两个是一个等同的特征,最终写权利要求时,D 特征没有被写进权利要求书中,而仅记载了 A、B、C 三个特征。此时,是适用禁止反悔原则不保护 A、B、D,还是因 C 和 D 实际上等同而适用等同原则?但适用等同原则,就是专利权的保护范围既包含了 A、B、C,也包含了 A、B、D。在此,应当适用"捐献原则",即在说明书中写明,而未纳入权利要求的技术方案,视为专利权人捐献给社会公众的技术内容,不属于专利权的保护范围。

二、外观设计专利侵权的判定

如前所述,外观设计专利权的保护范围以表示在图片或者照片中的该产品的外观设计为准,简要说明[34] 可以用于解释图片或者照片所表示的该产品的外观设计。司法机关应将简要说明作为参考,因为一个复杂的外观设计是无法表达的,必须回归到图纸和照片中来。前述产品,是指申请时指定的产品,外观设计中的形状是与该产品结合在一起的;图案和色彩则是以该产品为载体。因而,产品与受保护的外观设计是不可分离的。

对外观设计侵权的判断,除了进行外观设计相同或相似性比较外,还应结合外观设计应用的产品相比较。在具体判断上,应先作相同性比较,再作相似性比较。

对于外观设计侵权的判断,应注意以下问题:

---

〔32〕 参见 Festo viii,535 U. S. (2002)。

〔33〕 参见刘某诉淄博某毛绒制品有限公司侵犯发明专利权纠纷案,济南市中级人民法院(2002)济民三初字第 18 号民事判决书、山东省高级人民法院(2003)鲁民三终字第 35 号民事判决书。

〔34〕 由于现行《专利法》规定简要说明可用于解释图片或照片所示的外观设计,在一定情况下简要说明可能会起到发明专利或实用新型专利中权利要求书的意义,其解释或说明可能决定外观设计的保护范围。因此,简要说明的写法值得谨慎推敲,可采用以下方法:一是采用开放式的写法,应写外观设计的要点包括什么,而不是说是什么;二是应该有上位的写法,即写明设计思路是什么,而不是具体的结构是什么。其好处是有一定弹性,在将来侵权诉讼里面将会获得一定的回旋余地。

(一)侵权产品与外观设计专利产品的相同或相近种类的判断

对外观设计专利侵权的判断,应将被指控侵权的外观设计产品与外观设计专利产品相比较。根据《审理侵犯专利权案件应用法律解释》第 8 条的规定,“在与外观设计专利产品相同或者相近种类产品上,采用与授权外观设计相同或者近似的外观设计的,人民法院应当认定被诉侵权设计落入专利法第五十九条第二款规定的外观设计专利权的保护范围”。对于产品的种类是否相同或相似,人民法院应当根据外观设计产品的用途来判定;而确定产品的用途,可以参考外观设计的简要说明、国际外观设计分类表、产品的功能以及产品销售、实际使用的情况等因素综合考察。

(二)外观设计相同或近似的判断

1. 主体判断标准:一般消费者

人民法院应当以外观设计专利产品的一般消费者的知识水平和认知能力,判断外观设计是否相同或者近似。当然,这个“一般消费者”与专利审查中的“普通技术人员”类似,是一个虚拟的主体,而不是具体、实在的个体,其代表一般消费者的知识水平和认知能力,而不是某领域的专家。

在《审理侵犯专利权案件应用法律解释》草案中,对外观设计相同或相似的判断主体写的是“相关公众”。2003 年 3 月,北京市高级人民法院曾向国务院专利行政部门发出过司法建议函。建议函中指出《审查指南》所规定的判断侵权的“一般消费者”应当改为普通专业人员。也有观点认为,应该由“购买者”判断可能更准确。但《审理侵犯专利权案件应用法律解释》最终采取与《审查指南》一致的做法,仍坚持“一般消费者”标准。这主要是因为“相关公众”同样存在争议,最主要在于哪些是相关公众也需要明确,从而带来适用的难题。例如,在市场中,要认定外观设计侵权就要在市场中收集证据,究竟是谁去判断侵权,是否由设计人员去判断?设计人员具有相应的知识储备和专业的设计技能,此时其是否可视为相关公众,也是需要考虑的。

此外,什么是消费者也是看似简单但却非常困难的问题。比如,用一个治牙的工具给病人治牙,病人是消费者,还是医生是消费者?患者要去治牙时,很少说要挑某个牌子的钻头钻牙,一般的消费者都不具备这样的技术背景和知识,往往是医生或者采购人员最清楚这些。此时,消费者究竟是医生、采购人员还是患者?这可能直接影响是否相似的判断结果。

2. 以外观设计整体视觉效果进行综合判断的标准

根据《审理侵犯专利权案件应用法律解释》第 11 条的规定,人民法院认定外观设计是否相同或者近似时,应当根据授权外观设计、被诉侵权设计的设计特征,以外观设计的整体视觉效果进行综合判断;对于主要由技术功能决定的设计特征以及对整体视觉效果不产生影响的产品的材料、内部结构等特征,应当不予考虑。通常,下列两种情形下对外观设计的整体视觉效果更具有影响:一是产品正常使用时容易被直接观察到的部位相对于其他部位;二是授权外观设计区别于现有设计的设计特征相对于授权外观设计的其他设计特征。被诉侵权设计与授权外观设计在整体视觉效果上无差异的,人民法院应当认定两者相同;在整体视觉效果上无实质性差异的,应当认定两者近似。

(三)外观设计相同或近似的判断规则的适用

第一,必须以产品为载体。我国外观设计专利权所保护的外观设计必须以产品为载体,而不能脱离产品的外观设计。专利权人通过消费者对其专利产品的认可而获得利益回报。因此,关于侵权诉讼中外观设计近似性的判断,应当基于一般消费者的知识水平和认知能力,根据外观设计的全部设计特征,以外观设计的整体视觉效果进行综合判断。

第二,对于外观设计的全部设计特征都应予以考虑。判断外观设计是否相同或近似时,对外观设计的全部设计特征,都应予以考虑。但因外观设计专利保护的是外观,故将功能性特征以及视觉无法直接观察到的非外观特征排除在外。在"综合判断"的考虑因素中,通常情况下,主视部分及设计创新部分对外观设计的整体视觉效果更具有影响。综合判断的标准是在考察设计特征对外观设计整体视觉效果影响程度的基础上,综合判断不同外观设计的整体视觉效果有无实质性差异。若授权外观设计与被诉侵权设计的整体视觉效果没有实质性的差异,则认为两外观设计构成近似。在司法实践中,人民法院对于外观设计侵权的判断,重视上述综合判断原则。例如,在再审申请人某株式会社与被申请人广州某美容仪器厂、广州某科技有限公司侵害外观设计专利权纠纷案中,最高人民法院指出,外观设计侵权判定时,要将包括相同点和区别点在内的全部可视设计特征纳入比对范围。若部分特征的特殊性使其在比对时需给予重点关注,也并不意味着可以忽略其他设计特征,只是这部分设计特征对整体视觉效果的影响相对较小而已。[35] 该案表明,应当重视全部可视设计特征的对比,同时明确不同的可视设计特征对于整体视觉效果的影响。

第三,应审查一般消费者对不同外观设计的整体视觉效果是否混同。外观设计专利实质上保护的是授权图片所显示的产品的外观,而非发明或实用新型专利权所保护的技术方案。因此,判断外观设计是否相似,不能简单地套用发明或实用新型专利侵权判定的规则,而应审查一般消费者对不同外观设计的整体视觉效果是否混同。为与商标法上的混淆概念相区别,《审理侵犯专利权案件应用法律解释》中采用"整体视觉效果无实质性差异"的措辞。

第三节 专利侵权行为

一、专利侵权行为的含义与认定

专利侵权行为,是指在专利权保护期或有效期内,行为人未经专利权人许可,也没有取得法律的特别授权,以营利为目的实施专利的行为。或者说,是未经专利权人许可,以生产经营为目的,制造、使用、许诺销售、销售、进口其专利产品,使用其专利方法,以及使用、许诺销售、销售、进口依照专利方法直接获得的产品,制造、许诺销售、销售、进口某外观设计专利产品的行为。

专利侵权行为与一般的侵害财产权的行为不同。在确定某一行为是否构成侵害专利权

〔35〕 2019年《知识产权案件年度报告》。另参见最高人民法院(2019)最高法民再142号民事判决书。

时，不能以财产本身是否受到损害来判断。因为作为专利权客体的发明创造是无形的，专利权人不能像财产所有人一样占有专利发明创造本身；相反，它必须向社会公开和传播。由于这一特点，专利侵权行为与一般民事侵权行为有别，对专利侵权行为的制裁也就存在较大的难度。

从专利侵权行为的含义出发，构成专利侵权行为需要满足以下两个基本前提条件：（1）针对一项有效的专利权。专利权的前提是专利权的合法有效，包括取得与存续两个方面的合法有效。既然是专利侵权，侵害对象必须是受专利法保护的有效的专利权。对被宣告无效、已过保护期或由专利权人放弃的专利的实施行为，不能认定为专利侵权。（2）未经专利权人许可。如果被控侵权行为事先获得了专利权人许可，则不存在专利侵权问题。不过，在专利司法实践中应注意查明取得专利权人许可的被控侵权人是否因为超越许可权限而构成专利侵权。还应当注意，民法理论中的默示许可原则也同样适用于专利侵权案件中关于获得专利权人许可的问题。[36]

在满足上述基本前提条件后，专利侵权的构成要件，可以从以下几方面认定：

（一）有实施行为

这是指行为人在客观上实施他人专利，并构成侵害行为，即行为人有制造、使用、许诺销售、销售、进口专利产品，或者使用专利方法，以及使用、许诺销售、销售、进口依该方法直接获得的产品，以及制造、许诺销售、销售、进口外观设计专利产品的行为。如果只具备实施动机或只是做好了实施的准备，都不能视为侵权。此外，假冒他人专利自然也构成对专利的侵害行为。值得注意，关于使用专利方法直接获得的产品，《审理侵犯专利权案件应用法律解释》第13条规定，“对于使用专利方法获得的原始产品，人民法院应当认定为专利法第十一条规定的依照专利方法直接获得的产品。对于将上述原始产品进一步加工、处理而获得后续产品的行为，人民法院应当认定属于专利法第十一条规定的使用依照该专利方法直接获得的产品”。

（二）所实施的侵害行为具有违法性

侵犯专利权的违法行为可以理解为法律所禁止的侵害专利权的行为。这可以从以下三方面把握：

第一，以生产经营为目的。即专利侵权行为是以营利为目的而实施专利的行为。实际上，从现行《专利法》第11条的规定也可以看出，非生产经营目的的实施，不构成侵权。不过，有的实施行为在表面上属于不以营利为目的的行为，如某公司未经专利权人许可仿制他人专利产品，免费分发给本公司职工，并将其一部分作为礼品赠送给有关单位或个人，但由于对仿制品进行了使用和扩散，损害了专利权人的利益，仍应认定为专利侵权。在司法实践中，对于被控专利侵权人的实施行为是否“以生产经营为目的”，需要根据案件全面把握。例如，在上诉人焦某与被上诉人某饲料研究所、某农业农村局侵害发明专利权纠纷案中，最高人民法院指出：“为生产经营目的”既不能简单等同于从事营利性活动，也不能仅根据专利实施主体的机构性质认定，而应着眼于专利实施行为本身，考虑该行为是否属于市场活动、是否影响专利权人市场利益等因素综合判断。政府机关、事业单位、公益机构等主要从事公共管理、社会服务、

---

〔36〕 相关研究，参见袁真富：《基于侵权抗辩之专利默示许可探究》，载《法学》2012年第12期；朱雪忠、李闯豪：《美国专利间接侵权默示许可抗辩的反思与借鉴》，载《法律科学（西北政法大学学报）》2018年第1期。

公益事业活动的主体实施专利、参与市场活动、可能损害专利权人市场利益的，可以认定其行为构成“为生产经营目的”。[37]

第二，未经专利权人的许可。如果实施行为已经专利权人许可，自然谈不上侵权。只是由于超越授权范围而实施的行为仍构成侵权行为。这里的“经专利权人许可”应包括明示许可与默示许可。例如，某人长期无偿地使用专利权人的一项专利技术，专利权人明知却始终未出面干预，应视为默示同意。当然，如系对方隐蔽实施而专利权人不知，就构成了专利侵权。在判定是否经专利权人许可而构成侵权时还应注意如果专利实施许可证是由普通实施许可证持有者签发的，除许可证有特殊规定外，该实施行为仍构成侵权。

第三，侵权人所实施的行为没有取得法律特别授权。换言之，法律许可的行为不构成专利侵权。例如，现行《专利法》第75条规定的五种行为即不视为侵权。

（三）侵害行为与专利权人的损害之间有因果关系

这就是说，专利权人的损害是由侵害行为造成的，是由于侵权事实使其实施专利受到影响，因而直接或间接地对专利权人造成了财产或精神利益上的损失。即使侵害行为与专利权人的损害之间只有间接因果关系，也构成侵权。

（四）行为人主观上存在过错

行为人主观上存在过错，是其行为构成民事侵权的构成要件之一。我国《民法典》第1165条第1款规定：“行为人因过错侵害他人民事权益造成损害的，应当承担侵权责任。”其第2款则规定：“依照法律规定推定行为人有过错，其不能证明自己没有过错的，应当承担侵权责任。”无过错侵权则是相对于过错侵权而存在的特殊民事侵权形式。《民法典》第1166条规定：“行为人造成他人民事权益损害，不论行为人有无过错，法律规定应当承担侵权责任的，依照其规定。”

如前所述，专利权属于民事权利的范畴，本身也是一种私权。根据我国民事侵权的一般法理和《民法典》的上述规定，被控侵权行为人构成民事侵权行为，除非法律规定了无过错责任原则，否则应存在主观过错。就专利侵权而言，无论是《民法典》还是《专利法》等法律，均未明确规定无过错侵权责任问题。因此，应当适用过错责任原则。[38] 如行为人利用专利文献仿制某专利产品，这就是故意侵权；专利说明书公布后，行为人为生产经营目的实施之前本应查阅专利公报，却没有查阅，以致自己制造、销售的产品与专利产品相同，这就是过失侵权。众所周知，由于发明创造内容是公之于众的，如果没有合法依据而为生产经营目的实施专利发明创造，侵害他人专利权的，行为人主观上往往有过错。正基于此，有些国家专利法规定了“过错推定”的归责原则。例如，日本《专利法》规定凡侵害他人专利权或独占实施权者，可推定为有侵犯行为的过失。在专利侵权的归责原则上，我国也可以实行过错推定原则，以切实维护专利权人的合法权益。

---

〔37〕 2020年《知识产权案件年度报告》。另参见最高人民法院（2020）最高法知民终831号民事判决书。

〔38〕 相关研究，参见吴汉东：《知识产权侵权诉讼中的过错责任推定与赔偿数额认定——以举证责任规则为视角》，载《法学评论》2014年第5期。

二、专利侵权行为的种类

对专利侵权行为,可以按一定的标准进行分类。

(一)侵害专利权的内容

根据侵害专利权的内容来分类,可以分为对标记权的侵犯与对专有实施权的侵犯。

未经专利权人许可,在非专利产品或其包装上标明专利标记和专利号,就是一种侵犯专利权人标记权的侵权行为。这种行为主要是指假冒他人专利。

未经专利权人许可而为生产经营目的制造、使用、许诺销售、销售、进口专利产品或者使用其专利方法,或者使用、许诺销售、销售、进口依该专利方法直接获得的产品,或者制造、许诺销售、销售、进口外观设计专利产品则是侵害专利权人专有实施权的行为。

(二)专利侵权行为的表现形式

根据专利侵权行为的表现形式来分类,可分为直接侵权和间接侵权。

直接侵权是行为人对专利权的直接侵害。表现为公然仿制或假冒他人已取得专利权的发明创造。其特点主要是原封不动地或略加改变地照搬专利文件中所描述的技术特征。现实中大多数专利侵权行为表现为直接侵权。[39]

除直接侵权外,许多国家专利法或司法实践中还承认间接侵权的存在。[40] 间接侵权是指这样一种情况:行为人本身的行为并不构成专利侵权——没有制造、使用、许诺销售、销售、进口专利产品或者使用其专利方法,没有使用、许诺销售、销售、进口依该专利方法直接获得的产品,也没有制造、许诺销售、销售、进口外观设计专利产品的行为,但仍然是侵害专利权人专有实施权的行为,具体表现为行为人在主观上有诱导或唆使他人侵犯专利权的故意,在客观上为直接侵权行为的发生提供了必要条件和可能。[41] 如擅自将某专利产品的一部分,或将其重新组合用于仿制他人专利产品,就是一种专利间接侵权行为。

我国《专利法》对专利间接侵权行为未作规定,但它是客观存在的。主要表现有:(1)制造、销售专利产品的一个或几个部件(包括销售尚未组装的配套专利产品),而这种部件是专门用于专利产品的,行为人制造、销售的目的是为专门用于提供给他人实施专利权人的专利。(2)制造、销售专用于实施专利的产品和模具,或者用于实施专利方法的机器设备。(3)未经专利权人授权或者委托,擅自许可他人实施其专利。如无权进行许可转让的分许可被许可人许可他人使用专利技术;交叉许可中,在后申请的专利权人许可他人使用在先专利技术。(4)专利权共有人未经其他共有人同意擅自转让超过其应有份额的权利,此时转让人间接侵犯了其他共有人享有的专利权。

此外,行为人擅自委托他人加工制造专利产品,或向他人出租、出借营业执照、公章、税务发票等进行制造、使用、出售专利产品的,在他人实施直接侵权时,也构成间接侵权。

---

〔39〕 See Lynda J. Oswald, *The Strict Liability of Direct Patent Infringement*, 19 VAND. J. ENT. & TECH. L. 993 (2017).

〔40〕 相关研究,参见吴汉东:《专利间接侵权的国际立法动向与中国制度选择》,载《现代法学》2020 年第 2 期;张初霞、王东:《对专利间接侵权制度理论构建的再思考》,载《中国社会科学院研究生院学报》2020 年第 5 期。

〔41〕 相关研究,参见宁立志:《专利辅助侵权制度中的法度边界之争——美国法例变迁的启示》,载《法学评论》2010 年第 5 期。

间接侵权帮助和导致了直接侵权的发生,对专利权人的合法权益造成了损害。直接侵权人和间接侵权人应承担共同侵权损害的民事责任。在专利侵权诉讼中,应注意将间接侵权人和直接侵权人列为共同被告。

在专利间接侵权中,较常见的是行为人明知他人实施了侵犯专利权的行为而仍然为该侵权行为提供所需的部件或者设备,尽管该部件或设备本身并未受专利权保护。间接侵权显然是对专利权的扩大保护,因为它涵盖了尽管与专利侵权相关但其本身并未获得专利权的产品。由于对间接专利侵权规定直接关系到公众利益与专利权人利益,加之专利权人可以通过向直接侵权人主张权利,并且民事法律允许权利人向共同侵权人主张权利,[42]因此现行《专利法》并没有相关规定。

根据《民法典》"侵权责任"编的有关规定,直接侵权人和间接侵权人应承担共同侵权损害的民事责任。关于专利共同侵权责任,司法实践中提炼的认定共同侵权的构成条件,值得关注。例如,在再审申请人某株式会社与被申请人乐清市某科技有限公司、倪某侵害"电磁阀"发明专利权纠纷案中,最高人民法院指出:"共同侵权应该具备以下要件:加害主体为两人或者两人以上;各加害人主观上具有共同意思;各加害人彼此的行为之间客观上存在相互利用、配合或者支持;各加害人行为造成的损害后果在其共同意思的范围内。"[43]从该观点看,专利共同侵权应当具备主观上的意思联络以及客观上的共同加害的损害行为。

(三)侵害对象

根据侵害对象来分类,可分为对产品专利的侵害、对方法专利的侵害,以及对产品专利和方法专利的共同侵害。

除了从上述角度划分的专利侵权形式外,我国专利界还有人提出了一种"部分侵权"的表现形式,如在专利侵权诉讼中涉及国家专利行政部门宣告部分专利权无效,侵权产品对原有效部分的侵犯即部分侵权。不过,因为专利发明创造是一个不可分割的整体,缺少某一必要技术特征往往就不能实现专利的发明目的与效果,上述看法实际上是错误理解了专利权部分无效的含义。实际上,该有效部分仍是一个由必要技术特征组成的整体,不存在部分侵权的问题。

三、特殊情形下的专利侵权:将专利产品作为零部件制造或销售是否构成侵权

根据现行《专利法》第77条的规定,为生产经营目的使用、许诺销售或者销售不知道是未经专利权人许可而制造并售出的专利侵权产品,能证明该产品合法来源的,不承担赔偿责任。可见,专利侵权产品的使用者在一定条件下可以不承担赔偿责任,而制造者则不能免除赔偿责任。所以,区分制造与使用,具有一定的法律意义。实践中,存在一些为规避专利法的制裁,将专利产品作为零部件制造或销售而不直接制造或销售专利产品的行为,对这种行为的定性一直存在争论。

---

〔42〕 例如,《民法典》第1168条规定:"二人以上共同实施侵权行为,造成他人损害的,应当承担连带责任";第1169条第1款规定:"教唆、帮助他人实施侵权行为的,应当与行为人承担连带责任"。当然,在中国,共同侵权行为制度并不足以涵盖全部专利间接侵权行为。

〔43〕 2019年《知识产权案件年度报告》。另参见最高人民法院(2018)最高法民再199号民事判决书。

(一)将发明专利或实用新型专利权的产品作为零部件制造或销售行为定性

对于将专利侵权产品作为另一产品零部件的情形，司法实践中有两种观点：一是视为"制造"；二是视为"使用"。由于被诉侵权人制造的是该另一产品，对专利侵权产品本身没有制造行为，因此，2009 年颁布的《审理侵犯专利权案件应用法律解释》第 12 条将其界定为使用行为。其第 12 条第 1 款规定："将侵犯发明或者实用新型专利权的产品作为零部件，制造另一产品的，人民法院应当认定属于专利法第十一条规定的使用行为；销售该另一产品的，人民法院应当认定属于专利法第十一条规定的销售行为"，从而合理地界定了上述行为的性质。

(二)将外观设计专利权的产品作为零部件制造或销售的行为的定性

《审理侵犯专利权案件应用法律解释》第 12 条第 2 款规定："将侵犯外观设计专利权的产品作为零部件，制造另一产品并销售的，人民法院应当认定属于专利法第十一条规定的销售行为，但侵犯外观设计专利权的产品在该另一产品中仅具有技术功能的除外。"

由于外观设计专利侵权行为不包括使用行为，因此，将侵犯外观设计专利权的产品作为零部件，制造该另一产品并销售的，归入销售行为的范畴。但因外观设计专利权保护的是产品的外观，若零部件在最终产品的正常使用中只具有技术功能作用，而不产生视觉效果，则上述行为不能认定为销售。此与《审理侵犯专利权案件应用法律解释》第 11 条第 1 款的规定是相呼应的。[44]

(三)被诉侵权人之间分工合作时的行为定性

专利侵权产品的制造者与该另一产品制造者之间是正常的买卖关系时，分别追究其责任，因为根据侵权法基本原理，两侵权人之间并不存在侵权的合意。如果被诉侵权人之间存在分工合作的，则属于共同实施了制造行为，应认定为共同侵权，承担连带责任。《审理侵犯专利权案件应用法律解释(二)》第 21 条规定："明知有关产品系专门用于实施专利的材料、设备、零部件、中间物等，未经专利权人许可，为生产经营目的将该产品提供给他人实施了侵犯专利权的行为，权利人主张该提供者的行为属于民法典第一千一百六十九条规定的帮助他人实施侵权行为的，人民法院应予支持。明知有关产品、方法被授予专利权，未经专利权人许可，为生产经营目的积极诱导他人实施了侵犯专利权的行为，权利人主张该诱导者的行为属于民法典第一千一百六十九条规定的教唆他人实施侵权行为的，人民法院应予支持。"[45]

---

[44] 《审理侵犯专利权案件应用法律解释》第 11 条第 1 款规定："人民法院认定外观设计是否相同或者近似时，应当根据授权外观设计、被诉侵权设计的设计特征，以外观设计的整体视觉效果进行综合判断；对于主要由技术功能决定的设计特征以及对整体视觉效果不产生影响的产品的材料、内部结构等特征，应当不予考虑。"

[45] 《民法典》第 1169 条规定："教唆、帮助他人实施侵权行为的，应当与行为人承担连带责任。教唆、帮助无民事行为能力人、限制民事行为能力人实施侵权行为的，应当承担侵权责任；该无民事行为能力人、限制民事行为能力人的监护人未尽到监护职责的，应当承担相应的责任。"

第四节 专利侵权及其他违法行为的法律责任

一、专利侵权的民事责任

专利权是一种财产权,也是一种民事权利。对于专利侵权,专利法主要追究侵权人的民事责任。管理专利工作的部门或者人民法院处理侵权时,主要是采取责令侵权人停止侵权和赔偿损失等措施。

(一)停止侵权

这是保护专利权的立竿见影的措施。停止侵权一般是在认定侵权行为以后采取的,但也可以作为一种预防措施采用,即为了防止侵权活动给专利权人或者利害关系人造成更大的损失,管理专利工作的部门或人民法院可以应其要求和客观需要责令停止侵权活动。但因作出停止侵权的决定对被告人的利益关系重大,一旦侵权不成立,就会损害被告人的利益,所以,对此应采取谨慎的态度,认真研究各方面利益关系后才作决定。而且,专利权人或者利害关系人申请法院作出查封、扣押、冻结或其他停止侵权的措施的决定时,应当提供担保。

关于上述停止侵权的民事责任,还应当指出,在特定情况下人民法院在认定被控侵权行为人构成专利侵权的前提下,可以不判令被告停止被诉行为。[46]《审理侵犯专利权案件应用法律解释(二)》第26条规定:"被告构成对专利权的侵犯,权利人请求判令其停止侵权行为的,人民法院应予支持,但基于国家利益、公共利益的考量,人民法院可以不判令被告停止被诉行为,而判令其支付相应的合理费用。"本书认为,上述规定很好地考虑了制止专利侵权与维护国家利益和公共利益之间的关系,有利于在维护专利权人利益的基础上更好地维护国家利益和公共利益,实现专利法的立法宗旨。从专利法原理来说,专利法以保护专利权人的利益为基础和核心,但也承载着维护国家利益、公共利益的使命。在专利侵权纠纷案件中,尽管法院认定被告构成专利侵权,但如果判令被告停止使用涉案专利技术可能会损害国家利益、公共利益,此时就应当采取不判令停止使用而判令被告支付相应的合理费用的方式。应当说,这也很好地体现了专利法上的利益平衡理念。

(二)赔偿损失

所谓赔偿损失,是指由侵权人赔偿专利权人及其利害关系人因其侵权行为所遭受的损失。[47] 在侵权行为的法律后果中,损害赔偿对于专利权人来说是极其重要的,它直接关系到专利权人及其利害关系人的损失能否得到补偿。

1. 专利侵权赔偿的构成要件

侵犯专利权的损害赔偿应具备以下构成要件:(1)要有损害事实存在,即有损害结果发生,专利权人失去了应当和即将得到的利益。例如,由于侵权行为的发生,专利权人或其利害

[46] 相关研究,参见李扬、许清:《知识产权人停止侵害请求权的限制》,载《法学家》2012年第6期。

[47] 相关研究,参见 Roger D. Blair & Thomas F. Cotter, *Rethinking Patent Damages*, 10 TEX. INTELL. PROP. L. J. 1 (2001);吴汉东:《知识产权损害赔偿的市场价值分析:理论、规则与方法》,载《法学评论》2018年第1期。

关系人在专利产品的价格和销路上受到了影响。显然，这种损害事实与侵害有形财产权、造成直观可见的有形财产的毁损或灭失的损害事实不同。(2)专利侵权这一违法行为与损害事实之间存在因果关系，即侵权人的侵权行为是造成专利权人或其利害关系人损失的原因。这里的原因既包括直接原因，也包括间接原因。因为间接侵权是无可否认的事实，间接侵权同样存在损害赔偿问题。(3)侵权人主观上要有过错，但一般采取过错推定归责原则。[48]

2. 专利侵权损失赔偿额的计算标准及其完善

这是指由侵权人赔偿专利权人及其利害关系人因其侵权行为所遭受到的损失的具体标准。[49]

专利侵权损害赔偿额的计算是个十分复杂的问题。各国的做法不尽相同。大体说来，其计算标准有：

第一，以专利权人因侵权行为受到的实际经济损失作为损失赔偿额。

专利权人受到的实际经济损失，也就是其所失去的利润额。[50] 侵权产品上市后，通常会抢走专利产品的一部分市场，致使专利权人获利减少。从侵权法理而言，这一计算方式也是最为合理的，因为专利侵权损害赔偿的本意就是专利权人因为被侵权而受到的实际损失。现行《专利法》第 71 条第 1 款确立了上述赔偿制度，侵犯专利权的赔偿数额按照权利人因被侵权所受到的实际损失或者侵权人因侵权所获得的利益确定。

由于侵权人的侵权产品(包括使用侵害他人专利方法生产的产品)在市场上销售使专利权人的专利产品销售下降，专利权人的实际经济损失可以这样计算：其销售量减少的总数乘以每件产品的利润所得之积。

以这种方法计算损害赔偿额，只适用于专利权人已经实施或已经许可他人实施了该专利技术的情况。确定哪些属于专利权人的实际经济损失，通常考虑的因素有：(1)权利人挤占销售市场后，导致专利产品滞销或被迫降价出售的损失；(2)销售量下降造成利润减少的损失；(3)侵权诉讼的受理费、鉴定费、勘查费及其他诉讼费用等。

第二，以侵权人因侵权行为获得的全部利润作为损失赔偿额。

计算方法是：侵权人从每件侵权产品(包括使用侵犯他人专利方法生产的产品)获得的利润乘以在市场上销售的总数所得之积，即为侵权人所得的全部利润。

侵权利润是侵权产品销售收入扣除销售成本和税金后的余额，在有的情况下，很难证实专利权人的实际经济损失。如专利权人制造的专利产品尚未大量投放市场或者尚未实施该专利也没有许可他人实施，或者侵权人销售的产品因为和专利权人或者其利害关系人的产品之间没有任何交集而没有直接挤占专利权人或其利害关系人的销售市场，就很难获得因侵权行为受到的实际经济损失的证据，这时就只能推定侵权人的侵权利润作为专利损失赔偿额。

以这种方式计算专利侵权损害赔偿额，本身也存在一定的合理性。例如，根据不能让违法

---

〔48〕 相关研究，参见张玲：《论专利侵权赔偿损失的归责原则》，载《中国法学》2012 年第 2 期。

〔49〕 相关研究，参见朱理：《专利侵权损害赔偿计算分摊原则的经济分析》，载《现代法学》2017 年第 5 期；曹新明：《我国知识产权侵权损害赔偿计算标准新设计》，载《现代法学》2019 年第 1 期。

〔50〕 See Jason Reinecke, *Lost Profits Damages for Multicomponent Products: Clarifying the Debate*, 71 Stan. L. REV. 1621 (2019).

行为人因违法而获得非法利益的基本法理，侵权行为人因侵权的违法所得不能由其占有，而应当支付给被侵权人。在难以适用第一种计算方式的前提下，这一界定方式也同样能够实现专利侵权损害赔偿制度具有的预防和惩治专利侵权的目的，因为侵权行为人实施专利侵权的目的本身就是要获得非法利益，如果专利法律制度能够阻断这种获得非法利益的可能性，自然能够预防和制止专利侵权行为。正因如此，如前所述，现行《专利法》第 71 条第 1 款也确认了上述损害赔偿制度。[51]

在专利侵权案件中，适用侵权人因侵权的违法所得作为侵权损害赔偿额的情况也较为常见。在这方面，人民法院也积累了一定的审判经验。例如，在再审申请人无锡某陶瓷电器有限公司、蒋某与被申请人常熟某电热器件有限公司、某集团股份有限公司侵害实用新型专利权纠纷案中，最高人民法院指出：根据当事人的诉讼请求和案件事实，选择以侵权人因侵权获得的利益计算专利侵权损害赔偿数额时，对于多部件或者多专利的被诉侵权产品，原则上不宜简单采用侵权产品销售总金额乘以侵权产品利润率的方式计算侵权获利，而需要考虑涉案专利对于侵权产品利润的贡献度，以“侵权产品销售总金额 × 利润率 × 专利技术对产品价值的贡献度”的方法进行计算。对于专利技术对产品价值的贡献度，可以结合涉案专利对产品的重要性等因素酌定。在侵权行为可分的情况下，计算侵权损害赔偿时，如果既存在可以较为精确计算权利人损失或者侵权人获益的部分，又存在难以计算权利人损失或者侵权人获益的部分，可以对前者适用以权利人损失或者侵权人获益计算赔偿，对后者适用法定赔偿，以两者之和确定损害赔偿数额。[52]

对此，本书认为，上述观点充分体现了基于专利权的市场价值界定专利侵权损害赔偿额的科学方法。从市场营销和企业财务的角度看，产品销售利润受多方面因素的制约。就专利侵权案件而言，侵犯专利权的产品的获利也并非完全来自于专利侵权，在界定专利侵权损害赔偿额时，就应当充分考虑涉案专利对于侵权产品利润的贡献度。此外，上述观点也体现了根据专利侵权具体表现灵活运用专利侵权计算方法的考量，有利于根据实际情况确定合理的专利侵权损害赔偿额。

第三，以不低于专利许可使用费的合理数额作为赔偿损失额。

这种计算方法是：推定侵权人实施的发明创造假如许可他人实施时所能得到的使用费数额的合理倍数作为专利权人的损失数额。[53]

在有的情况下，当难以计算侵权人所获利润或专利权人实际损失时，就可依据合理的使用费确定损失赔偿额。例如，专利权人尚未实施专利技术但已向他人签发专利许可证，就可以参照许可证合同中确定的使用费标准确定赔偿额。如果尚未向他人签发许可证，就可以参照相

---

〔51〕 相关研究，参见刘晓：《论知识产权损害赔偿中侵权获利的分摊方法》，载《法律科学（西北政法大学学报）》2018 年第 3 期；徐小奔：《专利侵权获利赔偿中因果关系的认定》，载《法律科学（西北政法大学学报）》2017 年第 3 期。

〔52〕 2019 年《知识产权案件年度报告》；另参见最高人民法院（2018）最高法民再 111 号民事判决书。

〔53〕 See Norman V. Siebrasse & Thomas F. Cotter, *A New Framework for Determining Reasonable Royalties in Patent Litigation*, 68 FLA. L. REV. 929 (2016); J. Gregory Sidak, *Ongoing Royalties for Patent Infringement*, 24 TEX. INTELL. PROP. L. J. 161 (2016). 相关研究，参见 Mark A. Lemley, *Distinguishing Lost Profits from Reasonable Royalties*, 51 WM. & MARY L. REV. 655 (2009); Nathaniel C. Love, *Nominal Reasonable Royalties for Patent Infringement*, 75 U. CHI. L. REV. 1749 (2008)；徐小奔：《论专利侵权合理许可费赔偿条款的适用》，载《法商研究》2016 年第 5 期。

同或相关技术领域中出让许可证的使用费比例而定。现行《专利法》第71条第1款规定，权利人的损失或者侵权人获得的利益难以确定的，参照该专利许可使用费的倍数合理确定，从而确立了上述专利侵权损害赔偿制度。

2020年11月9日由最高人民法院审判委员会第1815次会议通过、2020年11月18日起施行的《最高人民法院关于知识产权民事诉讼证据的若干规定》（以下简称《知识产权民事诉讼证据规定》）对于如何适用许可使用费证据作了规定，为人民法院审理专利侵权案件适用上述计算方式提供了指引。其第32条规定："当事人主张参照知识产权许可使用费的合理倍数确定赔偿数额的，人民法院可以考量下列因素对许可使用费证据进行审核认定：（一）许可使用费是否实际支付及支付方式，许可使用合同是否实际履行或者备案；（二）许可使用的权利内容、方式、范围、期限；（三）被许可人与许可人是否存在利害关系；（四）行业许可的通常标准。"

第四，以法定赔偿作为损失赔偿额。

2000年《专利法》修法时，基本上引进了上述计算方法，其第60条规定，侵犯专利权的赔偿数额，按照权利人因被侵权所受到的损失或者侵权人因侵权所获得的利益确定；被侵权人的损失或者侵权人获得的利益难以确定的，参照该专利许可使用费的倍数合理确定。但是，该条规定在司法实践中却出现了难以克服的缺陷：（1）第一种计算方法的缺陷在于，专利权人因侵权行为受到的实际损失由于受多种因素的影响，往往很难计算清楚。如专利产品销售量的增减固然受侵权影响，但国家政策调控变化、专利产品质量下降、市场饱和程度以及权利人自身经营情况等也是重要的因素，有时权利人在被侵权的情形下销量和利润甚至不降反增，以至于专利权人被侵权后，难以说明或者不愿说明其所受到的实际损失。（2）第二种方法的缺陷在于，要计算侵权利润，需审查侵权人制造、销售侵权产品的全部会计资料，而囿于专利权的无形性和侵权行为的隐蔽性，专利权人很难有效获得对方违法所得的证据。（3）第三种方法的缺陷在于，若专利权人在被侵权前没有将其专利许可他人使用，只能"参照"确定。

为解决上述问题，2008年《专利法》修法时对该条作了修改：一是明确了在界定损害赔偿额时，先要考虑权利人因被侵权所受到的实际损失确定，只有在该损失难以确定时，才考虑按照侵权人因侵权所获得的利益确定；二是明确了法定赔偿制度，保障了专利权人在权利人的损失、侵权人获得的利益和专利许可使用费均难以确定的情况下，仍然能够获得必要的、起码的赔偿。这一规定有利于维护专利权人的合法利益，有效制止专利侵权行为。[54] 2008年《专利法》第65条规定："侵犯专利权的赔偿数额按照权利人因被侵权所受到的实际损失确定；实际损失难以确定的，可以按照侵权人因侵权所获得的利益确定。权利人的损失或者侵权人获得的利益难以确定的，参照该专利许可使用费的倍数合理确定。赔偿数额还应当包括权利人为制止侵权行为所支付的合理开支。权利人的损失、侵权人获得的利益和专利许可使用费均难

〔54〕 参考TRIPs协议以及美国、德国、日本等很多国家专利法的规定，在一般意义上，知识产权侵权损害赔偿实行过错责任原则。换言之，追究知识产权侵权损害赔偿的法律责任，在本质上属于债权之诉。这一债权之诉需要满足侵权人存在主观过错的条件，即知识产权侵权损害赔偿实行过错责任原则。从《民法典》第1165条的规定看，过错责任原则仍然是民事侵权损害赔偿的基本原则。但是，现行《专利法》依然未涉及侵权损害赔偿的归责问题。这有待于在实践中加以完善。

以确定的,人民法院可以根据专利权的类型、侵权行为的性质和情节等因素,确定给予一万元以上一百万元以下的赔偿。”

《审理专利纠纷案件适用法律规定》(2020 年修正)第 15 条同时也规定了法定赔偿制度。具体内容是:权利人的损失或者侵权人获得的利益难以确定,有专利许可使用费可以参照的,人民法院可以根据专利权的类型、侵权行为的性质和情节、专利许可的性质、范围、时间等因素,参照该专利许可使用费的倍数合理确定赔偿数额;没有专利许可使用费可以参照或者专利许可使用费明显不合理的,人民法院可以根据专利权的类型、侵权行为的性质和情节等因素,确定赔偿数额。

法定赔偿制度解决了专利司法实践中难以确定权利人损失、侵权人获利、合理许可费倍数的难题,法定赔偿在审判中适用比率较高。但也应看到,这种现象也相应地具有一些弊端,在专利司法实践中应当注意防止滥用法定赔偿标准的问题。〔55〕根据国家知识产权局发布的《2020 年中国专利调查报告》,2020 年我国专利侵权诉讼法定赔偿额度在 10 万元以下和无赔偿所占的比例为 47.7%,2019 年为 54.6%,可以看出目前我国专利侵权赔偿中采取法定赔偿的比例较高,尽管赔偿额较低、维权周期长、维权成本高仍然是困扰知识产权保护的难题,但已有较大改善。现行《专利法》进一步提高了法定赔偿的额度,从 1 万元以上 100 万元以下提高至 3 万元以上 500 万元以下。现行《专利法》第 71 条第 2 款规定:“权利人的损失、侵权人获得的利益和专利许可使用费均难以确定的,人民法院可以根据专利权的类型、侵权行为的性质和情节等因素,确定给予三万元以上五百万元以下的赔偿。”

在专利司法实践中,在适用法定赔偿确定侵权赔偿数额时,可以依据 2020 年 9 月 14 日公布的《最高人民法院关于依法加大知识产权侵权行为惩治力度的意见》第 11 条的规定,人民法院在从高确定法定赔偿数额时应当考虑的因素包括:侵权人是否存在侵权故意,是否主要以侵权为业,是否存在重复侵权,侵权行为是否持续时间长,是否涉及区域广,是否可能危害人身安全、破坏环境资源或者损害公共利益等。

第五,惩罚性赔偿。

知识产权侵权惩罚性赔偿制度,首先在欧美国家知识产权立法中有所体现。例如,美国现行《专利法》第 284 条即关于专利侵权惩罚性赔偿的条款。英国 1988 年《版权、外观设计与专利法》规定了附加性损害赔偿金,即以附加性损害赔偿金的形式规定知识产权惩罚性赔偿制度。为加大知识产权的保护,有力打击侵权,我国 2013 年《商标法》修订时确立了惩罚性赔偿制度。〔56〕其重要意义在于:一方面,通过惩罚性赔偿,切实提高侵权人的侵权成本,使得侵权人无利可图,从而加大对侵权的制裁力度,有利于遏制严重侵权的蔓延;〔57〕另一方面,在有些案件中,恶意侵权、反复侵权的行为常常较为隐蔽,难以被发现,因而适用惩罚性赔偿在某

〔55〕 相关研究,参见李黎明:《专利侵权法定赔偿中的主体特征和产业属性研究——基于 2002—2010 年专利侵权案件的实证分析》,载《现代法学》2015 年第 4 期。

〔56〕 2013 年《商标法》第 63 条规定,对恶意侵犯商标专用权,情节严重的,可以在按照上述方法确定数额的一倍以上三倍以下确定赔偿数额。2019 年《商标法》修改时,将惩罚性赔偿标准由原规定的“一倍以上三倍以下”提高为“一倍以上五倍以下”。

〔57〕 相关研究,参见蒋舸:《著作权法与专利法中“惩罚性赔偿”之非惩罚性》,载《法学研究》2015 年第 6 期。

种程度上也有助于补偿权利人损失。我国2020年颁布的《民法典》也作了相应规定，其第1185条规定："故意侵害他人知识产权，情节严重的，被侵权人有权请求相应的惩罚性赔偿。"

我国《著作权法》《反不正当竞争法》在修订时均增加了惩罚性赔偿。现行《专利法》亦增加了惩罚性赔偿的条款，一方面为保持与《商标法》《反不正当竞争法》一致，另一方面为打击恶意侵权、防止重复侵权，贯彻知识产权"严保护"政策。其第71条第1款规定："侵犯专利权的赔偿数额按照权利人因被侵权所受到的实际损失或者侵权人因侵权所获得的利益确定；权利人的损失或者侵权人获得的利益难以确定的，参照该专利许可使用费的倍数合理确定。对故意侵犯专利权，情节严重的，可以在按照上述方法确定数额的一倍以上五倍以下确定赔偿数额。"

被侵权人主张惩罚性赔偿应当按照《专利法》的明确要求，需要举证证明侵权人的专利侵权行为符合"故意侵权"和"情节严重"两个要件。一般来说，满足"故意侵权"至少需要举证人民法院作出的专利权侵权裁决决定或司法调解书，知识产权行政执法机构作出的行政调处决定，或者仲裁机构作出的仲裁决定书，或者被侵权人向涉嫌侵权人发出律师函并附以相应担保措施。对于"情节严重"的认定，被侵权人可以通过列举对方侵权行为持续时间长、侵权行为频发、侵权产品数量多、对权利人造成相关专利产品销售数量严重下降、经济损失数额巨大，或因侵权非法获利巨大、社会影响巨大等作为证据。[58]

3. 专利侵权赔偿的举证责任

赔偿损失是对专利侵权一种重要的补救措施。在专利侵权纠纷中，专利权人或者利害关系人一般都提出赔偿损失的要求。多数国家专利法规定专利权人或其利害关系人请求赔偿损失应当举证，证明其损失确系由侵权行为造成。我国《民事诉讼法》也规定当事人对自己提出的主张，有责任提供证据。

通常侵权赔偿的举证责任应由专利权人或者利害关系人承担，即应对自己的赔偿请求提供证明材料。但在实际中，专利权人或其利害关系人对由于侵权造成自己的经济损失及侵权人的获利情况很难准确地界定，还存在权利人已经尽力举证，但是依然无法确定自己的实际损失及侵权人的获利的情况。为解决上述问题，2020年修法赋予了法院责令侵权人提供相关材料的权力。现行《专利法》第71条第4款规定："人民法院为确定赔偿数额，在权利人已经尽力举证，而与侵权行为相关的账簿、资料主要由侵权人掌握的情况下，可以责令侵权人提供与侵权行为相关的账簿、资料；侵权人不提供或者提供虚假的账簿、资料的，人民法院可以参考权利人的主张和提供的证据判定赔偿数额。"

在专利侵权案件中，提供充分、有效的证据，证明专利侵权损害赔偿数额十分重要。《知识产权民事诉讼证据规定》第31条规定，当事人提供的财务账簿、会计凭证、销售合同、进出货单据、上市公司年报、招股说明书、网站或者宣传册等有关记载，设备系统存储的交易数据，第

---

〔58〕 参见冯晓青：《知识产权法律制度反思与完善：法理·立法·司法》，知识产权出版社2021年版，第325～329页。相关研究，参见唐珺：《我国专利侵权惩罚性赔偿的制度构建》，载《政治与法律》2014年第9期；李晓秋：《专利侵权惩罚性赔偿制度：引入抑或摒弃》，载《法商研究》2013年第4期。

三方平台统计的商品流通数据,评估报告,知识产权许可使用合同以及市场监管、税务、金融部门的记录等,可以作为证据,用以证明当事人主张的侵害知识产权赔偿数额。

(三)消除影响

专利侵权不仅会给专利权人带来经济上的损失,往往也会给专利权人的业务信誉带来损害。例如,侵权人的侵权仿制品系粗制滥造而成,消费者会以为专利产品的质量也很低劣。若是冒用了专利权人的名义,则会败坏专利权人的声誉。因此,专利权人在请求赔偿损失的同时,要求消除因侵权造成的不良影响是有必要的。原则上来说,侵权人在何种范围内造成了损害,就应在何种范围内消除影响。

除上述承担民事责任的形式外,还可以采取赔礼道歉等民事责任方式。对此我国《民法典》第 179 条有明确规定。上述几种形式,既可以单独适用,也可以合并适用。不过,关于赔礼道歉这一民事责任形式在专利侵权案件中应当慎用,因为专利权是一种财产权,与著作权同时还包括人身权不一样,侵害专利权一般不涉及侵害人身权的问题。

二、违反专利法的行政责任

在我国,作为国家行政机关一部分的管理专利工作的部门[59]有权调处专利侵权纠纷和其他纠纷。专利权还可以通过行政法律程序进行保护。管理专利工作的部门在处理侵权纠纷时,有权责令侵权人停止侵权行为,并赔偿损失。除此之外,专利法还对违反专利法的某些行为规定了行政责任。上文提及的泄露国家机密和徇私舞弊的行为就都可以承担行政法律责任。现行《专利法》第 79 条规定:"管理专利工作的部门不得参与向社会推荐专利产品等经营活动。管理专利工作的部门违反前款规定的,由其上级机关或者监察机关责令改正,消除影响,有违法收入的予以没收;情节严重的,对直接负责的主管人员和其他直接责任人员依法给予处分。"这也是承担行政责任的类型。

现行《专利法》第 68 条还规定:"假冒专利的,除依法承担民事责任外,由负责专利执法的部门责令改正并予公告,没收违法所得,可以并处违法所得五倍以下的罚款;没有违法所得或者违法所得在五万元以下的,可以处二十五万元以下的罚款;构成犯罪的,依法追究刑事责任。"现实中有不少不法分子将一般技术或产品甚至无法实施的技术或者伪劣产品冒充为专利技术或专利产品,损害了消费者和技术受让人的利益,破坏了正常的社会经济秩序,妨碍了专利法的正确实施,因此应当予以严厉打击。

值得注意的是 2008 年《专利法》取消了冒充专利和假冒他人专利的区分,将两者统称为

[59] 值得注意的是,现行《专利法》在规范专利行政执法相关问题时,除了涉及"管理专利工作的部门"这一主体外,还包括"负责专利执法的部门"。这两个执法部门相关职责有所不同。国家知识产权局条法司何越峰副司长对此回答是:"管理专利工作的部门"主要承担应请求处理纯粹的"专利侵权纠纷"职责;"负责专利执法的部门"承担依职权或应请求查处纯粹的"假冒专利行为"和其他扰乱市场秩序的与专利相关违法行为。

“假冒专利”。[60] 不过，这种区分仍然是具有意义的，这不仅是因为我国《刑法》只对假冒他人专利的行为处以刑罚，对冒充专利的行为不存在刑罚问题，而且是因为两者的表现形式不同。假冒专利包括专利法所称冒充专利产品或者专利方法的行为以及假冒他人专利的行为。就前者而言，行为人没有涉及一项有效的专利权，而只是冒用了专利的名义，包括将已被放弃、宣告无效、终止的专利冒充有效专利或者将尚未批准授权的专利申请冒充已批准授权的权利。假冒者的目的在于通过欺世盗名的手段，窃取专利的信誉，获取非法利益。

冒充专利常见的表现形式有：(1)行为人冒充是专利权人招摇撞骗；(2)在广告、产品说明书、产品或者产品的包装上，或者其他公开散发的宣传材料中以冒充专利技术形式出现，进行令人误解的虚假宣传；(3)伪造或涂改专利号、专利证书；(4)在科技成果交易会、展览会等场合，将非专利技术展示为专利技术；(5)用一个技术方案冒充是自己拥有的专利，进行实施或许可他人实施；(6)在科技成果立项、鉴定、申报奖励或论文中，将非专利技术报为专利技术；(7)谎称自己制造、销售的产品是某人的专利产品，而该人根本没有行为人所称的专利等。这些行为不涉及侵犯专利权，纯粹是对公众利益的侵犯。认定冒充专利应把握以下几点：冒充人主观上具有故意性；冒充行为客观存在；冒充专利主体是具有民事权利能力和民事行为能力的实施单位或个人。

实践中，对于假冒专利的查处应注意调查、收集有关证明材料，防止假冒人转移、隐匿、销毁证据。同时，也应注意区分假冒专利和一般专利侵权行为之间的界限，防止将后者视为前者，以致适用法律不当，对一般专利侵权行为施以过重的处罚。

现行《专利法》第 69 条第 1 款规定：“负责专利执法的部门根据已经取得的证据，对涉嫌假冒专利行为进行查处时，有权采取下列措施：(一)询问有关当事人，调查与涉嫌违法行为有关的情况；(二)对当事人涉嫌违法行为的场所实施现场检查；(三)查阅、复制与涉嫌违法行为有关的合同、发票、账簿以及其他有关资料；(四)检查与涉嫌违法行为有关的产品；(五)对有证据证明是假冒专利的产品，可以查封或者扣押。”其第 2 款规定：“管理专利工作的部门应专利权人或者利害关系人的请求处理专利侵权纠纷时，可以采取前款第(一)项、第(二)项、第(四)项所列措施。”其第 3 款规定：“负责专利执法的部门、管理专利工作的部门依法行使前两款规定的职权时，当事人应当予以协助、配合，不得拒绝、阻挠。”这些规定，明确赋予了负责专利执法的部门对涉嫌假冒专利行为进行查处的行政职权，有利于规范负责专利执法的部门行政执法行为，加强对假冒专利行为的行政处罚。

---

〔60〕《专利法实施细则》第 84 条对 2008 年《专利法》第 63 条规定的假冒专利行为进行了列举，包括：(1)在未被授予专利权的产品或者其包装上标注专利标识，专利权被宣告无效后或者终止后继续在产品或者其包装上标注专利标识，或者未经许可在产品或者产品包装上标注他人的专利号；(2)销售前项所述产品；(3)在产品说明书等材料中将未被授予专利权的技术或者设计称为专利技术或者专利设计，将专利申请称为专利，或者未经许可使用他人的专利号，使公众将所涉及的技术或者设计误认为是专利技术或者专利设计；(4)伪造或者变造专利证书、专利文件或者专利申请文件；(5)其他使公众造成混淆，将未被授予专利权的技术或者设计误认为是专利技术或者专利设计的行为。但是，专利权终止前依法在专利产品、依照专利方法直接获得的产品或者其包装上标注专利标识，在专利权终止后许诺销售、销售该产品的，不属于假冒专利行为。销售不知道是假冒专利的产品，并且能够证明该产品合法来源的，由管理专利工作的部门责令停止销售，但免除罚款的处罚。

三、违反专利法的刑事责任

我国对专利侵权处罚的基本原则是民事处罚原则，即追究侵权者应承担的民事责任。适用刑事处罚的只有假冒他人专利情节严重的行为等侵权行为。[61] 具体说来，我国《专利法》规定的可以给予刑事制裁的违法行为有：

（一）假冒他人专利

根据《刑法》第216条的规定，假冒专利罪是假冒他人专利，情节严重的，处三年以下有期徒刑或者拘役，并处或者单处罚金。[62] 假冒专利罪的客体既包含违反国家管理专利的秩序，又包括权利人的专利权。假冒他人专利，是指行为人以欺骗消费者为目的，违背专利权人的意志，在专利产品类似的产品或产品包装上，加上专利权人的专利标记或专利号，冒充为他人的专利产品，使别人相信该产品是专利权人的专利产品的行为。根据《最高人民法院、最高人民检察院关于办理侵犯知识产权刑事案件具体应用法律若干问题的解释》的规定，假冒专利的行为包括将他人的专利谎称为自己的专利、未经专利人许可的技术谎称为得到许可的技术、在合同中使用他人的专利号、伪造、变造他人的专利证书或者专利申请文件等。其具体行为涉及生产、制造、销售、许诺销售等。假冒他人专利以一项有效专利权的存在为基础，这是它与冒充专利的根本区别。[63]

假冒他人专利和一般专利侵权不同，它不仅损害了专利权人的合法权益，还严重损害了广大消费者的利益，扰乱了社会经济秩序，因而是一种性质更严重的专利违法行为。很多国家专利法规定，对这种行为除追究民事责任外，情节严重的还要追究刑事责任。

假冒他人专利行为的构成特征是：

第一，行为人假冒行为表现为在自己产品上标明是他人的专利产品，或直接标明他人专利的专利号、专利标记，或在广告宣传中宣称自己的产品是他人的专利产品，其行为目的一般是获取非法高额利润，也有的是获取某种名誉或声望，或是以劣质产品损害专利权人的声誉。

第二，行为人有主观上的故意。即行为人明知自己不是专利权人，却为了某种不可告人的目的而置国家法律于不顾。如果仅仅是因为疏忽大意标错了专利标记或专利号，不在此列。

第三，行为人侵犯了专利权并造成了后果。假冒他人专利直接表现为对专利权人标记权的侵犯，同时由于假冒产品往往粗制滥造，而专利产品的信誉一般比非专利产品要高，这就不仅破坏了专利产品信誉，损害专利权人的利益，还会损害一般消费者利益。

第四，行为主体是工商企业（包括私营企业）或其主管人员和其他直接有关责任人员，也

---

〔61〕 相关研究，参见程宗璋：《专利侵权犯罪研究》，载《中国刑事法杂志》2000年第4期。

〔62〕 根据2004年11月2日由最高人民法院审判委员会第1331次会议、2004年11月11日由最高人民检察院第十届检察委员会第28次会议通过，自2004年12月22日起施行《最高人民法院、最高人民检察院关于办理侵犯知识产权刑事案件具体应用法律若干问题的解释》（法释〔2004〕19号）第4条规定，假冒他人专利，具有下列情形之一的，属于《刑法》第216条规定的“情节严重”，应当以假冒专利罪判处三年以下有期徒刑或者拘役，并处或者单处罚金：（1）非法经营数额在20万元以上或者违法所得数额在10万元以上的；（2）给专利权人造成直接经济损失50万元以上的；（3）假冒两项以上他人专利，非法经营数额在10万元以上或者违法所得数额在5万元以上的；（4）其他情节严重的情形。

〔63〕 相关研究，参见贺志军：《刑法中的“假冒他人专利”新释》，载《法商研究》2019年第6期。

可以包括个体工商户和个人合伙。若假冒者为个人,则承担法律责任主体为个人;如是单位,则该单位直接责任人员在业务活动范围外的假冒行为造成的后果应由其直接责任人员负责,而在业务活动范围内的假冒行为所造成的后果由单位承担责任。

在实践中,应注意下列几种行为不是假冒他人专利的行为:(1)仿制他人专利产品;(2)冒充专利权人委托或者许可他人实施专利,获取使用费。第一种行为是一般的专利侵权行为。第二种行为则是一种侵犯专利权人实施许可权的专利侵权行为。值得注意的是,根据前述司法解释的规定,伪造、变造专利证书的行为,也属于假冒他人专利的行为。我国《刑法》规定了伪造公文、证件、印章罪,此时会出现法条竞合问题。

从严格意义上说,假冒他人专利申请不是假冒他人专利的一种,因为专利申请不等于专利。对假冒他人专利申请的行为可按专利法有关规定处理。

根据现行《专利法》第 68 条的规定,假冒专利的,除依法承担民事责任外,由负责专利执法的部门责令改正并予公告,没收违法所得,可以并处违法所得五倍以下的罚款;没有违法所得或者违法所得在 5 万元以下的,可以处 25 万元以下的罚款;构成犯罪的,依法追究刑事责任。这就是说,对一般假冒他人专利的行为,按侵权行为处理;情节严重构成犯罪的假冒他人专利的行为触犯了国家刑律,应按犯罪行为处理。对犯假冒他人专利罪的直接责任人员,人民法院可处以 3 年以下有期徒刑、拘役,单处或并处罚金。此外,受害人还可依刑事诉讼法的规定提起附带民事诉讼,请求赔偿,也可以另行起诉。[64]

(二)泄露国家机密

世界各国对申请专利的发明创造,凡属于涉及国家安全或重大利益需要保密的,将其视为国家机密而不予公开。我国也不例外。现行《专利法》第 4 条规定:"申请专利的发明创造涉及国家安全或者重大利益需要保密的,按照国家有关规定办理";其第 19 条第 1 款和第 2 款规定:"任何单位或者个人将在中国完成的发明或者实用新型向外国申请专利的,应当事先报经国务院专利行政部门进行保密审查。保密审查的程序、期限等按照国务院的规定执行。中国单位或者个人可以根据中华人民共和国参加的有关国际条约提出专利国际申请。申请人提出专利国际申请的,应当遵守前款规定";其第 21 条第 3 款规定:"在专利申请公布或者公告前,国务院专利行政部门的工作人员及有关人员对其内容负有保密责任";其第 78 条规定:"违反本法第十九条规定向外国申请专利,泄露国家秘密的,由所在单位或者上级主管机关给予行政处分;构成犯罪的,依法追究刑事责任。"因此,对于在专利申请、审查工作中泄露国家机密、构成犯罪的,可以依照我国《刑法》追究泄露国家秘密罪的刑事责任。

(三)徇私舞弊

徇私舞弊,是指在受理、审批专利申请中或者在接受申请人委托办理专利事务的工作中,或者在处理专利纠纷中,明知是不具有授予专利权条件的而授予专利权,或明知是符合授予专利权条件的而驳回申请,或者剽窃申请人的技术申请专利的行为。徇私舞弊的主体是国务院专利行政部门工作人员及有关国家工作人员。这里的有关国家工作人员包括各级管理专利工

---

〔64〕 相关研究,参见安斌:《假冒专利罪客观行为特征的理解及其司法认定》,载《中国刑事法杂志》2004 年第 1 期;许春明:《对假冒专利罪中"假冒他人专利"的界定》,载《中国刑事法杂志》2002 年第 2 期。

作的部门和专利代理机构等工作人员。现行《专利法》第 80 条规定:“从事专利管理工作的国家机关工作人员以及其他有关国家机关工作人员玩忽职守、滥用职权、徇私舞弊,构成犯罪的,依法追究刑事责任;尚不构成犯罪的,依法给予处分。”

从我国专利司法实践看,由于对大量侵权行为不能采取刑事制裁这种强有力的措施,专利侵权处罚不力的现象仍然存在。由于专利侵权诉讼耗时费力,专利权人获得的赔偿费很有限,以致丧失了利用专利的信心。鉴于此,实务界有人呼吁加大侵犯专利权的刑事处罚力度。

从国际上看,不少国家专利法对包括假冒他人专利行为在内的许多严重侵犯专利权的行为规定了刑事制裁措施。例如瑞典《专利法》第 57 条规定:任何人侵犯他人专利权,如系有意,则处以罚金或 6 个月以下徒刑。此外像瑞士、巴西、荷兰、泰国、韩国、法国等都有类似规定。TRIPs 协议在“刑事程序”一节也规定侵犯包括专利权在内的知识产权案件可适用刑事处罚。英美法系大多数国家专利法尽管对专利侵权不实行刑事制裁,对于涉及专利的其他违法行为还是有不少刑事制裁规定的。例如,以欺骗手段在专利局登记,为营利目的将未申请专利的产品假冒为已申请专利;以任何形式冒用专利局名义进行营业活动;假冒专利等。我国专利法律制度有必要在进一步修改完善时,适当扩大刑事制裁的范围。

本章案例研讨

◈ 发明专利侵权案件中等同侵权的认定

邱某与广州某科贸有限公司专利侵权纠纷案[65]

1999 年 11 月 10 日,邱某就一种红外线防盗网向国家知识产权局提出发明专利申请,该申请于 2000 年 5 月 10 日公布,授权公告日为 2003 年 5 月 7 日,专利号为 ZL99117200.0。该发明专利的独立权利要求是:“1. 一种由 CPU、红外线发射器(1)、红外线接收器(2)、功率驱动器(6)、电压驱动器(7)、带管状的固定装置(3)、线槽(8)、蜂鸣器(B1)、执行器(J)、晶振(x)、电源和连接线等构成的红外线防盗网,其特征在于:所说的红外线发射器(1)及红外线接收器(2)以 1-1 相对的方式通过带管状孔的固定装置(3)设置在线槽(8)内,同时线槽在管状孔出口位置相应开有出孔(9),使 1-1 相对的红外线发射器/红外线接收器构成网线的两端,网线的数量与红外线发射器/红外线接收器的数量相等,网线的密度和夹角通过调整带管状孔的固定装置在线槽内的安装位置而实现,网线的长度是通过调整两端线槽的相对位置而改变,由 CPU(80C51)的 I/O 口控制红外线发射器(1)与红外线接收器(2),每对红外线发射器/红外线接收器之间的脉冲射线的编码方式完全不同。”

2003 年 12 月 17 日,邱某在广州市某科贸有限公司(以下简称广州某科贸公司)公证购买“红外光栅对射探测器”8 对(其中包括 BEL-HZ02L05、BEL-HZ04L05 等 8 种型号)。邱某

〔65〕 选自广东省高级人民法院(2005)粤高法民三终字第 255 号民事判决书。另参见广州市中级人民法院(2004)穗中法民三知初字第 145 号民事判决书。

认为,广州某科贸公司侵犯了其专利权,于是向广州市中级人民法院提起侵权诉讼。

广州市中级人民法院审理认为:该案争议焦点是被控侵权产品是否与涉案专利的必要技术特征相同或等同,是否落入涉案专利的保护范围?被控侵权产品的技术特征与涉案专利权利要求书所界定的必要技术特征不完全相同或等同,被控侵权产品的技术特征未完全覆盖涉案专利的保护范围,被控侵权产品未落入涉案专利保护范围。故判决驳回邱某的诉讼请求。

邱某不服一审判决,向广东省高级人民法院提起上诉。广东省高级人民法院认为,该案的争议焦点是被控侵权产品与涉案专利的必要技术特征是否相同或等同,有无落入涉案专利的保护范围。具体可分解为:(1)被控侵权产品中一条狭长透红外光材料做成的滤光带或遮光屏与涉案专利的出孔是否构成等同;(2)被控侵权产品网线的密度和夹角是否可调,是否落入涉案专利该技术特征;(3)被控侵权产品的每对红外线发射器/红外线接收器之间的脉冲射线的编码方式是否落入涉案专利的该技术特征。

涉案专利的保护范围应当根据2000年《专利法》第56条第1款、《最高人民法院关于审理专利纠纷案件适用法律问题的若干规定》第17条的规定予以确定。经过比对,被控侵权产品与涉案专利在出孔、网线的密度和夹角以及编码方式这三个技术特征上不完全相同,需要根据专利侵权判定的基本原则,分析被控侵权产品与涉案专利是否构成等同侵权。

关于被控侵权产品中一条狭长透红外光材料做成的滤光带或遮光屏与涉案专利的“出孔”是否构成等同,广东省高级人民法院认为,涉案专利的“出孔”使用的是机械的、“开孔导光”的技术手段,“出孔”的位置是与带管状孔的固定装置的位置相对应的。被控侵权产品不是采用机械的、“开孔导光”的技术手段,而是通过在管状外壳上设置一条狭长的透红外光材料做成滤光带或遮光屏、利用材料的特性来实现一种有遮挡物的光路链接。涉案专利虽未限定出孔的具体形状、大小,但限制了出孔的位置,即“线槽在管状孔出口位置”,也限制了出孔的数量,即与红外线发射器/红外线接收器的数量相对应,而被控侵权产品是在管状外壳上设置了一条狭长的、贯穿管状外壳并与管状外壳成一体化的滤光带或遮光屏,与涉案专利出孔的技术特征不同,涉案专利出孔的技术特征也不能扩大保护到被控侵权产品的“开槽”。故涉案专利“出孔”与被控侵权产品设置的滤光带或遮光屏,虽然都是为了实现光路链接的功能和效果,但两者使用的技术手段完全不同,不能认定为等同特征。

关于被控侵权产品网线的密度和夹角是否可调,是否落入涉案专利该技术特征的保护范围,广东省高级人民法院认为,根据涉案专利独立权利要求1记载,“网线的密度和夹角是通过调整带管状孔的固定装置在线槽内的安装位置而实现的”。被控侵权产品的红外线发射器/红外线接收器都已焊接在长条形线路板上,红外线发射器/红外线接收器的位置是固定的,是不可变的。从涉案专利说明书中记载的内容可知,涉案专利的发明目的,包含网线的“间距可调”“夹角可变”这两项内容。如何实现“间距可调”“夹角可变”的目的,从涉案专利的独立权利要求书上看,它是通过调整“带管状孔的固定装置在线槽内的安装位置”而实现的。由此可见,涉案专利安装在线槽内带管状孔的固定装置的位置不是固定的,而是活动的,是可以根据需要来调整带管状孔固定装置的位置。被控侵权产品的红外线发射器/红外线接收器是焊接在长条形线路板上,红外线发射器/红外线接收器的位置是固定的,不可能通过调整红外线发射器/红外线接收器的位置来实现网线间距、夹角的可调、可变性。即便被控侵权产品在设计时可以通过其他的方式实现网线间距、夹角的可调、可变性,但这与涉案专利的技术手段完全不同,不构成等同特征。

关于被控侵权产品的每对红外线发射器/红外线接收器之间的脉冲射线的编码方式是否落入涉案专利的该技术特征,广东省高级人民法院认为,涉案独立权利1载明,“由CPU(80C51)的I/O口控制红外线发射器(1)与红外线接收器(2),每对红外线发射器/红外线接收器之间的脉冲射线的编码方式完全不同”。如何理解上述技术特征,可以借助于权利要求书、说明书以及附图进行解释。首先,涉案专利是针对传统对射式主动红外线探测器的不足之处发明的红外线防盗网。涉案专利为提高对射式主动红外线探测器的分辨力,采用了每对红外线发射器/红外线接收器之间的脉冲射线的编码方式完全不同的方式,一旦某对红外线发射器/红外线接收器的脉冲射线被遮挡而无需脉冲射线全部被遮挡时就会产生报警信号,这进一步提高了对射式主动红外线探测器的分辨力。其次,涉案专利的红外线发射器/红外线接收器采用的是同步通讯的技术方案。这可从涉案专利的权利要求2得出上述结论。涉案专利权利要求2进一步说明红外线发射器/红外线接收器可以由一个CPU控制,也可由2个CPU分别控制红外线发射器和红外线接收器,采用后一种方式时两个CPU之间必须进行同步通讯。也正是基于涉案专利采用的是“同时发射”“同步接收”的技术方案,为了避免各束脉冲射线的相互干扰,涉案专利将每对红外线发射器/红外线接收器之间设置了完全不同的编码方式,使红外线接收器能够正确识别相对应的红外线发射器发射的脉冲射线。

广东省高级人民法院认为,涉案专利采用的编码方式以及被控侵权产品采用的分时扫描的方式,目的都是避免各束脉冲射线之间的相互干扰,提高防盗报警的分辨率,从而实现达到安全防范的效果。但是两者采用的是不同的技术手段。再从涉案专利的发明目的上看,其是针对“同一频率、同一编码”的现有技术提出的新的技术方案,这个新的技术方案就在于其设置了完全不同的编码方式的脉冲射线。因此,涉案专利该技术特征不能扩大保护到与编码方式没有关系的分时扫描的技术方案,被控侵权产品与涉案专利该技术特征不构成等同侵权。

在上述认定基础上,广东省高级人民法院判决驳回上诉,维持原判。

该案是专利侵权纠纷案件中法院认定是否构成等同侵权的案例。该案一审、二审法院均驳回了专利权人邱某的诉讼请求,认为被告广州某科贸公司使用的BEL－HZ07L05型号的涉案产品不构成等同侵权。一审、二审法院将被控侵权产品与涉案专利的必要技术特征是否相同或等同,是否落入涉案专利的保护范围,确定为案件的核心问题,其中主要是被控侵权产品与涉案专利在出孔、网线的密度和夹角以及编码方式这三个技术特征上不完全相同,是否进一步可认定为等同。法院根据适用等同原则的基本思路,根据原告专利权利要求的内容确定了其专利保护范围,运用要素逐一对比的等同侵权判断方法,先是概括该案中被控侵权产品与专利独立权利要求记载的必要技术特征是否相同或者等同需要比对的要素,然后逐一分析这些要素是否分别相同或者等同。

◈ 实用新型专利侵权案件中专利权保护范围的界定及等同原则的适用

天津某机电设备有限公司与宋某德州某机电设备有限公司侵害实用新型专利权纠纷案〔66〕

2015年10月8日,天津某机电设备有限公司(以下简称天津某机电公司)申请"一种高压水旋转喷头"实用新型专利,于2016年3月2日被国家知识产权局授予实用新型专利权,专利号为ZL20152077××××.4。天津某机电公司向天津市第三中级人民法院提起专利权侵权诉讼,指挥宋某、德州某机电设备有限公司(以下简称德州某机电公司)、某(天津)科技有限公司(以下简称天津某科技公司)侵害其实用新型专利权。天津市第三中级人民法院2019年4月2日立案受理。

天津市第三中级人民法院将本案的争议焦点归纳为:(1)本案是否应当中止诉讼。(2)被诉侵权技术方案是否落入涉案专利权保护范围。(3)宋某、德州某机电公司是否应承担停止销售、许诺销售、制造被诉侵权产品,销毁被诉侵权产品以及制造被诉侵权产品的图纸、模具和生产设备,连带赔偿天津某机电公司经济损失和合理开支50万元的责任;天津某科技公司是否应承担停止使用、销售被诉侵权产品的责任。

关于本案是否中止诉讼的问题,天津市第三中级人民法院认为:依据《最高人民法院关于审理专利纠纷案件适用法律问题的若干规定》第8条第2款和第10条的规定,宋某、德州某机电公司于2019年4月19日收到法院送达的起诉状副本、应诉通知书等文书,答辩期截止于2019年5月5日。宋某于2019年5月12日对涉案专利权提出无效宣告请求,即在答辩期间届满后请求宣告涉案专利权无效,且天津某机电公司提交的《实用新型专利权评价报告(更正)》载明涉案专利全部权利要求1—3未发现存在不符合授予专利权条件的缺陷,故依据上述司法解释规定本案不应中止诉讼。

关于被诉侵权技术方案是否落入涉案专利权保护范围的问题,天津市第三中级人民法院首先根据《最高人民法院关于审理侵犯专利权纠纷案件应用法律若干问题的解释》第1条的规定,明确了天津某机电公司主张权利的保护范围。即天津某机电公司起诉时主张以涉案专利权利要求1—3作为保护范围,后在庭审期间变更其主张保护的权利要求,以涉案专利权利要求1、2作为保护范围,并未违反法律规定。本案中,涉案专利权保护范围应当以权利要求1、2记载的全部技术特征为准。天津市第三中级人民法院再以《最高人民法院关于审理侵犯专利权纠纷案件应用法律若干问题的解释》第7条的规定为依据,认定天津某机电公司主张的涉案专利权利要求1、2记载的全部技术特征与被诉侵权技术方案的技术特征相比,被控侵权产品技术特征是否落入专利权利要求保护的范围中。其中,专利权利要求1、2记载的14项技术特征中有13项技术特征相同。虽然天津某机电公司提交的被诉侵权产品上未安装旋转轴保护套,但宋某明确表示被诉侵权产品旋转轴的前端在旋转头和线性制动件之间留有安装

〔66〕 选自最高人民法院(2020)最高法知民终40号民事判决书。另参见天津市第三中级人民法院于(2019)津03知民初12号民事判决书。

旋转轴保护套的空间，在该位置可以安装旋转轴保护套，故应认定被诉侵权技术方案中包含“旋转轴的前端在旋转头和线性制动件之间安装旋转轴保护套”这一技术特征，与涉案专利相应的技术特征相同。涉案专利技术方案与被诉侵权技术方案区别在于两者的第8项技术特征：涉案专利技术特征为旋转轴的一端安装有油封骨架和与之对应的油封，油封骨架及油封通过外壳压紧固定；被诉侵权技术特征为旋转轴的一端安装有油封，油封安装在外壳的阶梯孔内。直观看，被诉侵权技术方案中只有油封，缺少了油封骨架。同时，涉案专利技术方案中油封骨架及油封通过外壳压紧固定；被诉侵权技术方案中油封安装在外壳的阶梯孔内。就两者相同的技术特征4“外壳内侧设置有环形阶梯式台阶”而言，两者外壳内均有阶梯孔，涉案专利技术方案也未限定外壳内阶梯孔的位置、数量、尺寸。在此前提下，涉案专利技术方案中油封骨架及油封通过外壳压紧固定（说明书附图显示的位置紧贴外壳内的阶梯式台阶），而被诉侵权技术方案中油封直接安装在外壳的阶梯孔内，故应认定两者不是相同技术特征。

在上述基础上，针对天津某机电公司主张上述区别构成等同特征，天津市第三中级人民法院根据《最高人民法院关于审理专利纠纷案件适用法律问题的若干规定》第17条第2款的规定进行了认定。其认为，从查明的事实看，对比两个技术方案，涉案专利技术特征为旋转轴的一端安装有油封骨架和与之对应的油封，油封骨架及油封通过外壳压紧固定。该技术特征不仅说明了油封安装的位置，而且说明油封安装的手段是油封安装在与之相对应的油封骨架上，油封骨架及油封压紧固定在外壳上，由外壳和油封骨架共同为油封提供支撑。被诉侵权技术特征旋转轴的一端安装有油封，油封安装在外壳的阶梯孔内。虽然油封的安装位置与涉案专利技术特征相同，但采用的安装手段是直接将油封安装在相同技术特征4外壳的阶梯孔内，为油封提供支撑的只有外壳。在涉案专利技术方案与被诉侵权技术方案中均存在外壳内侧设置阶梯孔的情况下，采用油封骨架这一零件直接支撑油封，与缺少油封骨架而采用外壳的结构即阶梯孔直接支撑油封，不属于采用基本相同的技术手段。综上分析，两者并非采用基本相同的技术手段，依据上述司法解释的规定，不构成等同特征。

天津市第三中级人民法院进而认为，被诉侵权技术方案与涉案专利技术方案相比有一项技术特征不相同也不等同，应认定被诉侵权技术方案未落入涉案专利权的保护范围，故天津某机电公司的该项主张不能成立。就宋某、德州某机电公司等是否应承担侵权责任的问题，天津市第三中级人民法院认为，虽然宋某、德州某机电公司制造、销售了被诉侵权产品，但因被诉侵权技术方案未落入涉案专利权的保护范围，故宋某、德州某机电公司的相关行为不构成对天津某机电公司涉案专利权的侵害，不应承担停止侵害、赔偿损失的责任。基于上述认定，天津市第三中级人民法院判决驳回天津某机电公司的诉讼请求。

天津某机电公司不服一审判决，向最高人民法院提起上诉。最高人民法院将本案争议焦点问题归纳为被诉侵权技术方案是否落入涉案专利权的保护范围。具体而言，被诉侵权产品采用“将油封直接安装在阶梯孔内”的技术特征与涉案专利采用的“油封及油封骨架相组合的方式”是否是等同的技术特征。最高人民法院认为，发明或者实用新型专利权的保护范围以其权利要求的内容为准，说明书及附图可以用于解释权利要求的内容，是指专利权的保护范围应当以权利要求记载的全部技术特征所确定的范围为准，也包括与该技术特征相等同的特征所确定的范围。等同特征，是指与所记载的技术特征以基本相同的手段，实现基本相同的功能，达到基本相同的效果，并且本领域普通技术人员在被诉侵权行为发生时无需经过创造性劳动就能够联想到的特征。就本案而言，被诉侵权产品“将油封直接安装在阶梯孔内”与涉案专利的“油封及油封骨架相组合的方式”相比，缺少了“油封骨架”的技术特征。由于被诉侵权产品缺少油封骨架，使油封的安装和拆卸方式发生变化，阶梯孔的深孔加工和尺寸测量的方式也相应变化，与涉案专利相应的技术特征并非采用基本相同的手段，也无法实现基本相同的功能和效果，故不是等同特征。鉴于被诉侵权技术方案的技术特征与权利要求记载的全部技术特征相比，有一个技术特征不相同也不等同，原审法院对于没有落入涉案专利权的保护范围的认定并无不当。基于上述考虑，最高人民法院判决驳回上诉，维持原判。

本案属于实用新型专利侵权纠纷案件。其焦点问题是实用新型专利侵权纠纷案件中，如何对专利权人主张的权利保护范围加以界定，以及在排除全面覆盖原则适用时，是否存在等同原则适用的空间。本案中，法院经过将涉案专利技术方案与被诉侵权技术方案进行比对，认定两者区别技术特征在于被诉侵权技术方案中只有油封，缺少油封骨架，两者不相同也不等同，不能适用等同侵权原则。本案为专利侵权纠纷案件的处理中如何判定权利要求的保护范围以及正确适用等同原则提供了指引。

◈ 专利侵权案件中禁止反悔原则的适用范围与条件

某电子(上海)有限公司与上海某电子科技有限公司侵犯实用新型专利权纠纷案〔67〕

专利权人田某、江某于2008年2月13日就“一种舵机”获得国家知识产权局实用新型专利的授权，专利号为ZL200720069025.2。2009年2月10日，某电子(上海)有限公司(以下简称某电子公司)与专利权人签订《专利实施许可合同》，合同约定某电子公司经专利权人授权享有独占使用该实用新型专利的权利，独占许可有效期至2017年4月17日。2009年8月，某电子公司以某科技公司为被告，向上海市第二中级人民法院提起侵犯专利权诉讼。上海市第二中级人民法院认为被诉侵权产品的技术方案是一项现有技术与公知常识的简单组合，某科技公司的现有技术抗辩成立，被诉侵权产品不构成对涉案专利权的侵犯，故判决驳回某电子公司的诉讼请求。

某电子公司不服一审判决，向上海市高级人民法院提起上诉。上海市高级人民法院认为，本案中涉案专利的技术特征G将舵机驱动电路板上作为直线型电位器的导流条明确限定为“银膜”，该具体的限定应视为专利权人放弃了除“银膜”外以其他导电材料作为导流条的技术方案。被诉侵权产品的技术特征g为“在所述含有舵机驱动电路的电路板上，印制有一条形碳膜和镀金铜条，且所述滑块底面上的电刷与该碳膜和镀金铜条相接触”，根据知产事务中心的鉴定意见，被诉侵权产品的技术特征g与涉案专利的技术特征G等同，知产事务中心的该

〔67〕 选自最高人民法院(2011)民提字第306号民事判决书。另参见最高人民法院(2011)民申字第397号民事裁定书、上海市高级人民法院(2010)沪高民三(知)终字第53号民事判决书。

项认定双方当事人均予认可,且无足以推翻该项认定的事实与理由,应予采信。尽管技术特征g与技术特征G等同,但依据禁止反悔原则,由于除“银膜”外以其他导电材料作为导流条的技术方案被视为是专利权人放弃了的技术方案,因此,以技术特征g与技术特征G等同为由,认为被诉侵权产品构成等同侵权的结论不能成立。上海市高级人民法院判决驳回上诉,维持原判。

某电子公司不服上海市高级人民法院民事判决,向最高人民法院申请再审。最高人民法院于2011年10月26日公开开庭审理。其将本案争议焦点概括为:(1)专利复审委员会决定在权利要求3的基础上维持涉案专利权有效,是否导致禁止反悔原则的适用。(2)某科技公司的现有技术抗辩是否成立。

关于第一个焦点问题,最高人民法院认为:在专利授权实践中,专利申请人往往通过对权利要求或说明书的限缩以便快速获得授权,但在侵权诉讼中又试图通过等同侵权将已放弃的技术方案重新纳入专利权的保护范围。为确保专利权保护范围的安定性,维护社会公众的信赖利益,专利制度通过禁止反悔原则防止专利权人上述“两头得利”情形的发生。故此,专利权人在专利授权或者无效宣告程序中,通过对权利要求、说明书的修改或者意见陈述而放弃的技术方案,权利人在侵犯专利权纠纷案件中又将其纳入专利权保护范围的,人民法院不应支持。

关于禁止反悔原则的适用条件,一般情况下只有权利要求、说明书修改或者意见陈述两种形式,才有可能产生技术方案的放弃,进而导致禁止反悔原则的适用。本案中,独立权利要求1及其从属权利要求2均被宣告无效,在权利要求2的从属权利要求3的基础上维持涉案专利有效。问题是,权利要求3是否仅仅因此构成对其所从属的权利要求1—2的限制性修改。独立权利要求被宣告无效,在其从属权利要求的基础上维持专利权有效,该从属权利要求即实际取代了原独立权利要求的地位。但是,该从属权利要求的内容或者所确定的保护范围并没有因为原独立权利要求的无效而改变。因为,每一项权利要求都是单独的、完整的技术方案,每一项权利要求都应准确、完整地概括申请人在原始申请中各自要求的保护范围,而不论其是否以独立权利要求的形式出现。正基于此,每一项权利要求可以被单独地维持有效或宣告无效。每一项权利要求的效力应当被推定为独立于其他权利要求项的效力。即使从属权利要求所从属的权利要求被宣告无效,该从属权利要求并不能因此被认为无效。所以,不应当以从属权利要求所从属的权利要求被无效而简单地认为该从属权利要求所确定的保护范围即受到限制。原二审判决认为从属权利要求3被维持有效的原因在于,在权利要求1中增加了从属权利要求2以及从属权利要求3记载的附加技术特征,这实质上就是修改权利要求1,该认定有所不当。

关于放弃的认定标准,最高人民法院认为:专利权保护范围是由权利要求包含的技术特征所限定的,故专利权保护范围的变化,亦体现为权利要求中技术特征的变化。在专利授权或无效宣告程序中,专利权人主动或应审查员的要求,既可以通过增加技术特征对某权利要求所确定的保护范围进行限制,也可以通过意见陈述对某权利要求进行限缩性解释。禁止反悔原则适用于导致专利权保护范围缩小的修改或者陈述。亦即,由此所放弃的技术方案。该放弃,通常是专利权人通过修改或意见陈述进行的自我放弃。但是,若专利复审委员会认定独立权利要求无效、在其从属权利要求的基础上维持专利权有效，且专利权人未曾作上述自我放弃，则在判断是否构成禁止反悔原则中的“放弃”时，应充分注意专利权人未自我放弃的情形，严格把握放弃的认定条件。如果该从属权利要求中的附加技术特征未被该独立权利要求所概括，则因该附加技术特征没有原始的参照，故不能推定该附加技术特征之外的技术方案已被全部放弃。本案中某科技公司称，因为权利要求1—2被宣告无效，而权利要求3是对其进一步限定，故权利要求1—2与权利要求3之间的“领地”被推定已放弃。最高人民法院认为，权利要求3中的“银膜”并没有被权利要求1—2所提及，而且，某电子公司在专利授权和无效宣告程序中没有修改权利要求和说明书，在意见陈述中也没有放弃除“银膜”外其他导电材料作为导流条的技术方案。因此，不应当基于权利要求1—2被宣告无效，而认为权利要求3的附加技术特征“银膜”不能再适用等同原则。

专利复审委员会宣告涉案专利权利要求1—2、要求4—6无效，在权利要求3的基础上维持专利权有效，二审法院认为涉案专利权利要求3中的技术特征G实质是修改权利要求而增加的技术特征，该技术特征将导流条明确限定为银膜，应视为专利权人放弃了除“银膜”外其他导电材料作为导流条的技术方案，从而认定被诉侵权产品不构成等同侵权，存在错误，应予纠正。

关于第二个焦点问题，最高人民法院认为：虽然《电位器基础及其应用》一书的图2-7(a)公开了一种电位器结构，包括导流条、条形电阻元件、陶瓷基体，但从图片来看，导流条不能对应被诉侵权技术方案中的镀金铜条，且其电阻元件和导流条是固定在陶瓷基体上的。然而，被诉侵权产品没有独立的电位器，而是将碳膜和镀金铜条直接印制在驱动电路板上，其作用是提高舵机的集成度，简化舵机结构，从而减轻舵机重量，实现模型飞机的小型化。由此可见，该技术特征没有被现有技术公开，也不是本领域的普通技术人员基于公知常识能够从现有技术中直接或者毫无疑义得出的技术特征。因此，被诉侵权技术方案与现有技术方案具有实质性的不同，原二审判决依据知产事务中心的鉴定意见认定某科技公司的现有技术抗辩成立，存在错误，应予纠正。

最高人民法院认为，由于对被诉侵权技术方案与涉案专利的区别技术特征g与G，双方当事人均认可属于等同的技术特征，且本案不适用禁止反悔原则，故被诉侵权技术方案已落入专利权的保护范围。又因某科技公司的现有技术抗辩不能成立，故某科技公司构成对涉案专利的侵犯，依法应当承担停止侵权的民事责任。

基于上述认定，最高人民法院判决撤销二审判决，某科技公司赔偿原告经济损失20万元，驳回某电子公司其他诉讼请求。

本案属于专利侵权纠纷案。本案涉及享有技术抗辩和等同原则判定，其焦点问题在于是否适用禁止反悔原则。本案中，最高人民法院分析了禁止反悔原则的法理基础、适用条件和在司法实践中针对专利授权确权过程中独立权利要求和从属权利要求的修改与受专利保护的技术方案的放弃之间的关系，指出在判断是否构成禁止反悔原则中的“放弃”时，应充分注意专利权人未自我放弃的情形，从严掌握放弃的认定条件。本案对于专利侵权纠纷案件处理中，如何理解和适用禁止反悔原则的条件提供了重要指引。

◈ 以当事人事先约定的赔偿额界定侵权损害赔偿额的问题

郑州某电子科技有限公司、肇庆某艺实业有限公司侵害发明专利权纠纷案[68]

王某与李某为专利号ZL20061006××××.1的专利权人,该权利于2009年9月23日获得国家知识产权局授权。该专利说明书的权利要求1为:一种磁斥型悬浮装置,包括磁性悬浮底座与悬浮体,其中所述悬浮体为单个永磁性悬浮体,在工作状态下,其重力能够被所述磁性底座和所述磁性悬浮体之间产生的磁斥力所平衡,从而悬浮于所述底座上方的预定基准位置。2010年9月13日,该专利进行专利变更登记,专利权人变更为肇庆某艺实业有限公司(以下简称某实业公司)。某实业公司以郑州某电子科技有限公司(以下简称某电子公司)为被告,向郑州市中级人民法院提起侵犯专利权诉讼,郑州市中级人民法院于2020年2月24日立案受理。郑州市中级人民法院将案件争议焦点归纳为:某电子公司销售的被诉侵权产品是否来源于某实业公司,某电子公司是否应当赔偿某实业公司50万元。

关于被诉侵权产品是否源于某实业公司,郑州市中级人民法院认为,某实业公司提供的双方之间交易的付款凭证及付款发票显示的产品均为磁悬浮地球仪,且双方之间交易的微信聊天记录也不能显示双方就涉案的磁悬浮音响有合作关系,因此,某电子公司关于被诉侵权产品来源于某实业公司的抗辩,郑州市中级人民法院不予采纳。本案中,将某电子公司销售的磁悬浮产品与涉案专利权利要求1进行对比,两者相同。根据现有证据以及双方当事人的陈述,足以证明某电子公司生产(被诉侵权产品外包装明确写明支持私人定制磁悬浮音响)、销售、许诺销售(某电子公司经营网站展示了磁悬浮音箱)了被诉侵权产品。某电子公司未经某实业公司许可,以营利为目的生产、销售、许诺销售与涉案专利相同产品的行为,侵犯了某实业公司对发明专利的独占使用权。

关于某电子公司是否应当赔偿某实业公司50万元,郑州市中级人民法院认为,本案中,某实业公司未提供证据证明因某电子公司侵权所受到的损失数额或者侵权人销售被诉侵权产品的具体数量、销售时间跨度、因侵权所获得的利益数额。因此,本案的赔偿数额,依照法定赔偿数额予以确定。从某电子公司给某实业公司出具的承诺书可知,某电子公司曾侵犯某实业公司涉案专利权,某实业公司同意和解后,某电子公司再次实施侵犯某实业公司涉案专利的行为,主观上系明知,属于重复侵权、恶意侵权。某电子公司承诺再次侵犯某实业公司涉案专利自愿赔偿某实业公司50万元属于某电子公司对再次侵权赔偿损失数额的自认。这种自认不违反法律的强制性规定,具有拘束力,使双方当事人的主张趋于一致,法院即应以该一致的主张作为裁判的基础,无须另行调查证据。且赔偿50万元的自认没有超出专利法最高法定赔偿100万元的限额。2020年4月30日,郑州市中级人民法院依据某电子公司侵权行为的性质、某电子公司给原告出具的承诺书,并综合考虑涉案专利的价值、经营规模、持续时间及某实业

---

〔68〕 选自最高人民法院(2020)最高法知民终1010号民事判决书。另参见郑州市中级人民法院(2020)豫01知民初99号民事判决书。

公司为维权支出的律师费、公证费等因素，判决被告停止停止生产、销售、许诺销售涉案专利产品并赔偿原告50万元。

某电子公司不服该判决，向最高人民法院提起上诉。最高人民法院于2020年9月1日公开开庭审理了本案。最高人民法院将本案焦点问题归纳为：(1)被诉侵权技术方案是否落入涉案专利权的保护范围；(2)赔偿数额如何确定；(3)某电子公司的合法来源抗辩是否能成立。

关于被诉侵权技术方案是否落入涉案专利的保护范围，最高人民法院认为，依据《最高人民法院关于审理侵犯专利权纠纷案件应用法律若干问题的解释》第7条的规定，被诉侵权技术方案包含与权利要求记载的全部技术特征相同或者等同的技术特征的，人民法院应当认定其落入专利权的保护范围。2019年修正的《最高人民法院关于民事诉讼证据的若干规定》第3条第1款规定，在诉讼过程中一方当事人陈述的于己不利的事实，或者对于己不利的事实明确表示承认的，另一方当事人无须举证证明。本案中，某实业公司主张保护涉案专利权利要求1，并具体阐述了被诉侵权技术方案与涉案专利权利要求1的对比意见，郑州市中级人民法院当庭对被诉侵权产品进行了拆解对比，某电子公司当庭表示对被诉侵权产品的技术方案与涉案专利相同无异议，郑州市中级人民法院确认被诉侵权产品落入涉案专利的保护范围。某电子公司在二审审理期间推翻上述自认，并提出原审未进行技术比对、被诉侵权技术方案未落入涉案专利的保护范围的理由，有违诉讼诚实信用原则，且其陈述及提交的证据无法推翻原审判决对此的认定，故对该项上诉理由不予支持。

关于赔偿数额如何确定，最高人民法院认为，根据《最高人民法院关于审理侵犯专利权纠纷案件应用法律若干问题的解释(二)》第28条的规定，权利人、侵权人依法约定专利侵权的赔偿数额或者计算方法，并在专利侵权诉讼中主张依据该约定确认赔偿数额的，人民法院应予支持。本案中，某电子公司的承诺书系自愿达成，其内容仅涉及私权处分，不涉及社会公共利益、第三人利益，也不存在法律规定的其他无效情形，属于合法有效的约定。某电子公司再次侵权使得双方的约定赔偿条件成就。依上述司法解释规定，原审中某实业公司据此提出50万元的赔偿数额，于法有据，本院予以支持。郑州市中级人民法院关于适用法定赔偿的认定有误，本院予以纠正。

最高人民法院还指出，本案系侵害发明专利权纠纷，适用专利法及其相关规定，原审判决亦援引了专利法的有关规定确定侵权责任。侵权责任是指侵犯他人的人身财产或者知识产权，依法应当承担的民事责任。而违约责任是当事人不履行合同义务或者履行合同义务不符合约定而依法应当承担的民事责任。从承诺书的内容看，承诺书系某电子公司就其未来再次侵权时作出的赔偿数额的约定，不是对侵权行为发生之后当事人就违反不得再次侵权约定如何承担违约责任所作的约定，故该承诺书并非双方当事人之间的合同，对应的责任是侵权责任，而非违约责任。即使没有该承诺书，某电子公司若侵权，同样应承担侵权责任。某电子公司以本案不是合同侵权，不能依据承诺书认定赔偿数额的主张，不能成立。

关于某电子公司提出的合法来源抗辩是否能成立，最高人民法院认为，依据《专利法》第70条和《最高人民法院关于审理侵犯专利权纠纷案件应用法律若干问题的解释(二)》第25条的规定，合法来源是指通过合法的销售渠道、通常的买卖合同等正常商业方式取得产品。对于合法来源，使用者、许诺销售者或者销售者应当提供符合交易习惯的相关证据。依据上述规定，在侵害专利权纠纷中，销售者主张合法来源抗辩，需要同时满足被诉侵权产品具有合法来源这一客观要件和销售者无主观过错这一主观要件。但在本案中，从承诺书可知某电子公司曾因侵害涉案专利权而对某实业公司作出不侵权承诺，现再次侵权，其合法来源抗辩的主张不能成立。

在上述认定基础上，最高人民法院判决驳回上诉，维持原判。

本案是关于发明专利侵权纠纷案。本案除涉及被诉侵权技术方案是否落入涉案专利权的保护范围、被控侵权产品合法来源抗辩是否成立等问题外，关键问题在于在人民法院认定被控侵权人专利侵权成立的前提下，被控侵权人与专利权人事先达成的关于被控侵权人再次侵权时作出的赔偿数额的约定（承诺书），是否能够直接作为赔偿依据。本案法院明晰了承诺书的法律性质，以及司法解释规定的按照承诺书约定的金额赔偿的合理性。关于合法来源抗辩原则的适用，则明确了需要同时满足被诉侵权产品具有合法来源这一客观要件和销售者无主观过错这一主观要件。

第十二章 专利纠纷的解决

专利侵权纠纷发生后，需要通过一定的方式和程序加以解决。从理论上说，专利纠纷的解决方式有和解、调解、诉讼、仲裁和行政处理等。本章对实践中专利纠纷解决的最普遍方式即诉讼解决和行政处理加以探讨。

第一节 专利诉讼

我国对专利纠纷案件，主要实行行政调处和司法审判相结合的制度。由司法机关审理专利纠纷案件的活动被称为专利诉讼。确切地说，专利诉讼是指人民法院在双方当事人及其他诉讼参与人的参加下审理和解决专利纠纷的活动，它是与专利案件有关的诉讼。[1] 根据专利纠纷的不同，专利诉讼可以分为专利行政案件的诉讼、专利民事案件的诉讼以及专利刑事案件的诉讼。专利诉讼是运用法律手段保障专利权人及其他当事人合法权益的重要方式，是我国专利制度的重要组成部分。

一、专利行政案件的诉讼

（一）专利行政诉讼的概念和特点

专利行政案件是自然人、法人和非法人组织不服管理专利工作的部门所作出的决定而起诉到人民法院的案件。专利行政案件有两类：一类是当事人对国务院专利行政部门所作出的

---

〔1〕 根据《审理专利纠纷案件适用法律规定》（2020 年修正）第 1 条的规定，人民法院受理的专利纠纷案件有：专利申请权权属纠纷案件；专利权权属纠纷案件；专利合同纠纷案件；侵害专利权纠纷案件；假冒他人专利纠纷案件；发明专利临时保护期使用费纠纷案件；职务发明创造人、设计人奖励、报酬纠纷案件；诉前申请行为保全纠纷案件；诉前申请财产保全纠纷案件；因申请行为保全损害责任纠纷案件；因申请财产保全损害责任纠纷案件；发明创造发明人、设计人署名权纠纷案件；确认不侵害专利权纠纷案件；专利权宣告无效后返还费用纠纷案件；因恶意提起专利权诉讼损害责任纠纷案件；标准必要专利使用费纠纷案件；不服国务院专利行政部门维持驳回申请复审决定案件；不服国务院专利行政部门专利权无效宣告请求决定案件；不服国务院专利行政部门实施强制许可决定案件；不服国务院专利行政部门实施强制许可使用费裁决案件；不服国务院专利行政部门行政复议决定案件；不服国务院专利行政部门作出的其他行政决定案件；不服管理专利工作的部门行政决定案件；确认是否落入专利权保护范围纠纷案件；其他专利纠纷案件。

决定不服而向人民法院起诉的专利纠纷案件；[2]另一类是当事人对管理专利工作的部门（以及负责专利执法的部门，下同）所作出的处理决定不服，以管理专利工作的部门为被告而向人民法院起诉的专利纠纷案件。专利行政案件的诉讼简称专利行政诉讼。

专利行政诉讼是发明创造人、专利申请人、专利权人或其他利害关系人认为国务院专利行政部门或管理专利工作的部门的具体行政行为侵犯了其合法权益而引起争议，由人民法院进行裁决的活动。专利行政诉讼既是行政诉讼，又是专利诉讼。[3]

从“行政”诉讼的角度看，专利行政诉讼的特点主要有：

一是审判内容原则上不超过行政决定的范围。在专利行政诉讼中，人民法院对被诉具体行政行为的合法性进行审理。对专利主管机关决定未涉及的问题，即令原告人请求一并审理，法院也不能包揽。一般而言，法院对违法的具体行政行为通常作为撤销判决或者确认违法，只有在处罚显失公平、行为涉及款额计算错误等特殊情况下才能作出变更判决。

二是有利害关系的第三人可以参加诉讼，第三人参加诉讼的目的是维护自己的合法权益，并有利于案件的解决。在专利行政诉讼中，可以作为第三人参加诉讼的主要是专利权人。例如，请求宣告专利权无效的请求人对国务院专利行政部门维持专利权的复审决定不服，提起行政诉讼，专利权人就可以作为第三人参加诉讼，在诉讼中提供证据，提出反驳意见。在专利行政诉讼中，专利权人作为第三人参加诉讼是十分必要的。专利权人是行政机关具体行政行为的法律后果的直接承受者。专利权人参与诉讼，有助于其权利保障，也有利于法院查清案情事实，避免重复诉讼。相应地，提出宣告专利权无效的请求人在专利权人不服国务院专利行政部门宣告专利权无效决定而提起行政诉讼时，也可以作为第三人参加行政诉讼。

从“专利”诉讼的角度看，专利行政诉讼与其他专利诉讼一样，要解决技术和法律两方面的问题。这就决定了它与其他行政诉讼的不同特点：

第 ，专利行政诉讼的被告具有特定性。行政诉讼的被告都是行政机关，其他行政诉讼的被告有可能涉及多个行政主体，而专利行政诉讼的被告一般是国务院专利行政部门、管理专利工作的部门，没有共同被告的情况。可见，专利行政诉讼的被告具有特定性和单一性。

第二，专利行政诉讼管辖具有指定性和专业性。根据自2022年5月1日起施行的《最高人民法院关于第一审知识产权民事、行政案件管辖的若干规定》第1条规定，发明专利、实用新型专利行政案件由知识产权法院，省、自治区、直辖市人民政府所在地的中级人民法院和最高人民法院确定的中级人民法院管辖；第2条规定，外观设计专利的行政案件由知识产权法院和中级人民法院管辖。根据《最高人民法院关于北京、上海、广州知识产权法院案件管辖的规定》（2020年修正）第1条的规定，知识产权法院管辖所在市辖区内的下列第一审案件：专利、植物新品种、集成电路布图设计、技术秘密、计算机软件民事和行政案件；对国务院部门或者县

〔2〕 这类案件一般就是专利授权行政案件和专利确权行政案件。根据《审理专利授权确权行政案件适用法律规定（一）》第1条的规定，专利授权行政案件是指专利申请人因不服国务院专利行政部门作出的专利复审请求审查决定，向人民法院提起诉讼的案件；专利确权行政案件是指专利权人或者无效宣告请求人因不服国务院专利行政部门作出的专利无效宣告请求审查决定，向人民法院提起诉讼的案件。

〔3〕 相关研究，参见梁正、尹志锋：《专利行政诉讼审判结果及其影响因素分析——基于2004—2013年中国专利行政诉讼数据的实证研究》，载《知识产权》2016年第10期。

级以上地方人民政府所作的涉及著作权、商标、不正当竞争等行政行为提起诉讼的行政案件；涉及驰名商标认定的民事案件。其第5条规定，下列第一审行政案件由北京知识产权法院管辖：不服国务院部门作出的有关专利、商标、植物新品种、集成电路布图设计等知识产权的授权确权裁定或者决定的；不服国务院部门作出的有关专利、植物新品种、集成电路布图设计的强制许可决定以及强制许可使用费或者报酬的裁决的；不服国务院部门作出的涉及知识产权授权确权的其他行政行为的。此外，《最高人民法院关于知识产权法庭若干问题的规定》（法释〔2018〕22号）第2条对于最高人民法院知识产权法庭负责审理的知识产权行政案件的管辖范围也作了专门规定。为便于阐述，将在下述知识产权民事案件诉讼管辖部门一并介绍。上述诉讼管辖上指定性和专业性的存在是由专利行政诉讼被告的特定性和单一性以及专利案件技术性强的特点决定的。

第三，专利行政诉讼的起诉期较短。我国《专利法》对两类专利行政诉讼规定的诉讼期间均为3个月。起诉期之所以较短，是因为专利权作为一种无形财产权，行政机关一旦作出不利行政决定，可能会使权利人遭受较大损失。不过应指出，在出现行政复议的场合，起诉期基本没有区别。

第四，专利行政诉讼与专利侵权诉讼往往具有交叉性。专利权人或宣告专利权无效的请求人对国务院专利行政部门宣告专利权无效或维持专利权的决定不服而向人民法院提起行政诉讼的案件，很多是由于专利侵权人在专利侵权诉讼中提出专利权无效而形成的，这部分专利行政案件与专利侵权诉讼交叉进行。这是其他行政诉讼所没有的。

此外，与一般行政诉讼相比，专利行政诉讼在适用法律上的稳定性、权威性要强得多。它适用的主要是《专利法》《专利法实施细则》《行政诉讼法》，地方性法规和部门规章的适用情况较少。这也可以视为专利行政诉讼的一个区别特征。

（二）专利行政诉讼的受案范围

根据《审理专利纠纷案件适用法律规定》（2020年修正）第1条的规定，专利行政案件诉讼的受案范围包括：（1）不服国务院专利行政部门维持驳回申请复审决定案件；（2）不服国务院专利行政部门专利权无效宣告请求决定案件；（3）不服国务院专利行政部门实施强制许可决定案件；（4）不服国务院专利行政部门实施强制许可使用费裁决案件；（5）不服国务院专利行政部门行政复议决定案件；（6）不服国务院专利行政部门作出的其他行政决定案件；（7）不服管理专利工作的部门行政决定案件。对第（1）至（6）项专利纠纷案件，除可以提起行政复议和行政诉讼外，还可以直接向北京知识产权法院起诉，对判决不服的，可以向最高人民法院知识产权法庭上诉。至于第（7）项则应向有管辖权的人民法院起诉。

（三）管理专利工作的部门调处决定的性质及其与行政诉讼程序的衔接

管理专利工作的部门对专利纠纷作出调处决定后，能否以管理专利工作的部门为被告提起行政诉讼，这取决于管理专利工作的部门作出调处决定是不是行政诉讼法上所说的“具体行政行为”。对这一问题有不同认识。

其中，有一种观点认为：专利纠纷调处活动完全是管理专利工作的部门针对两个平等主体之间就专利争议居间依法进行调解和裁决的行为，不是单方行为；专利纠纷是民事权益之争，属于审判机关的管辖范围，如将这种行政司法争议纳入行政诉讼范围，必然会影响管理专利工作的部门行政执法权的行使。不过,尽管专利纠纷属于民事权益之争,但我国对专利权保护采取的是行政保护与司法保护“两条途径、协调处理”的方式,通过发挥管理专利工作的部门调处纠纷的作用,使大量专利纠纷通过简便快捷的行政手段得以解决。管理专利工作的部门调处决定的性质只能由管理专利工作的部门的地位、职能、调处决定所体现的行为人的意志、调处与被调处方形成的社会关系来决定。管理专利工作的部门具有处理专利纠纷的行政职权,其调处决定属于具体行政行为,否认调处决定的行政行为性质也就会否认调处决定可以成为人民法院的执行根据,否认它应具有的法律效力。

二、专利民事案件的诉讼

专利民事案件的诉讼简称专利民事诉讼。它是指人民法院在专利申请人、专利权人等当事人和其他诉讼参与人的参加下,审理和解决专利民事纠纷案件的全部活动。

专利民事诉讼具有其他民事诉讼的一般特征,应当适用民事诉讼法和专利法关于程序方面的规定。

(一)专利民事案件诉讼的受案范围

专利民事案件是一类新型的民事案件,与一般民事案件相比,专业技术性很强。这类案件诉讼的受案范围有以下几种类型:

1. 临时保护纠纷案件

这是指发明专利申请公布后至授予专利权之前实施发明的费用的纠纷案件。在实践中,临时保护纠纷案件常与专利纠纷案件合案审理,因为临时保护的权利只有在专利权被授予后才能由实体上的权利上升为诉讼上的权利。需要指出,实用新型和外观设计专利不涉及临时保护纠纷。

2. 专利权属纠纷案件

这类案件又可以分为专利申请权纠纷案件和专利权归属纠纷案件。

专利申请权纠纷案件是指谁有权申请专利而引起的纠纷案件。涉及专利申请权的纠纷主要有:关于是职务发明创造还是非职务发明创造的纠纷;关于谁是发明创造的发明人或设计人的纠纷;关于合作完成或者接受委托完成的发明创造,谁有权申请专利的纠纷;发明人或设计人与其所在单位对职务发明创造是否申请专利的纠纷。

1992 年之后的《专利法》在专利申请的审批程序中已不对专利申请人是否有资格申请或取得专利的问题进行审查。也就是说,国务院专利行政部门在审查专利申请时,是将专利申请人视为有专利申请权的人。因专利申请权发生纠纷时,根据有关规定,一旦管理专利工作的部门或人民法院受理权属争议纠纷,国务院专利行政部门可以根据当事人的请求,中止审批专利权程序,待管理专利工作的部门或人民法院就申请权归属问题作出生效决定后再继续审批程序。

专利权归属纠纷案件是指在专利权被授予后,当事人之间就谁有权取得专利权而引起的专利纠纷案件。

专利权归属纠纷案件和专利申请权纠纷案件是不同的,它只能发生在专利权被授予之后,争议的实质内容是谁是真正的专利权人,所以不能沿用解决专利申请权的办法和程序处理专利权归属纠纷。当然，两者也有一定联系。因为专利申请权有可能最终变为专利权，有时专利申请权纠纷就可能转化为专利权归属纠纷。两类纠纷中包含的内容有相容的部分。

专利权归属纠纷主要有以下几类：职务发明创造与非职务发明创造界定的专利权归属纠纷；是否为共有专利权人之间的纠纷；委托研究的专利权归属纠纷。

在专利权归属纠纷案件中，可能会涉及有独立请求权的第三人的问题，即原、被告所争议的专利权，实际上应属于第三人所有。如果第三人主张权利，并提出了相应的证据，受诉人民法院可以合并审理。如果第三人在得知后并不主张权利而非实际权利人的另外一个人主张权利，在这种情况下，不能因为真正的权利人不主张权利就将该专利权认定为另外一个人所有，而应维持专利权的现状，待真正有权取得专利权的人提出请求后再予以解决。

在司法实践中，有时会涉及专利权人当初申请的专利技术被他人指控为"未经许可使用他人技术秘密申请专利"。此时就需要先解决专利权权属问题。例如，在上诉人天津某华药医药有限公司与被上诉人华北某药业有限责任公司专利权权属纠纷案中，最高人民法院认为，技术秘密权利人基于他人侵害其技术秘密而主张涉案专利申请或者专利权归其所有，人民法院应当审查该专利文件与技术秘密的关系，包括该专利文件是否披露了该技术秘密或专利技术方案是否使用了该技术秘密，以及技术秘密是否构成专利技术方案的实质性内容。在技术秘密确为专利文件所披露或者为专利技术方案所使用，且其构成专利技术方案的实质性内容的情况下，技术秘密权利人对有关专利申请或者专利享有相应权利。[4]

3. 专利侵权纠纷案件

专利侵权纠纷案件，是指行为人未经专利权人许可，也未经法律特别授权，以生产经营为目的实施其专利所引起的纠纷案件。专利侵权纠纷案件在专利民事纠纷案件中最普遍、最典型，因此，对专利权的保护，最重要的是及时、有效地制裁侵权行为。专利侵权纠纷案件通常具有以下特点：(1)专业技术性强，绝大多数涉及技术问题的讼争；(2)取证较为困难，因为侵权人常用隐蔽、伪装的手段实施侵权；(3)在三种专利类型中，实用新型专利诉讼案件数量占比多；(4)侵权被告往往在诉讼程序中请求宣告专利权无效。

在专利权归属纠纷案中，有时候原告人一方面要求人民法院确认其应享有的专利权，另一方面又要求被告人承担实施该专利的侵权责任。有时这类案件的被告人(如专利权人)提出反诉，反诉请求与前面相同。在上述两种情况下，一般都不宜将专利权属纠纷与专利侵权纠纷合并审理，而应当作为两个纠纷案件分别审理，先解决确权纠纷，再解决侵权纠纷。因为这两个诉讼的诉因不同，案件的诉讼管辖也有所不同，合并审理反而会使案件复杂化。

4. 专利合同纠纷案件

专利合同纠纷案件是指当事人因履行专利合同约定的义务或对于合同条款的解释而引起的纠纷案件。这类纠纷有以下几类：(1)专利申请权转让合同纠纷和专利权转让合同纠纷。在这类纠纷中，如遇专利权人提出侵权诉讼，合同纠纷和侵权纠纷可以合并审理。(2)专利实施许可合同纠纷。在解决这类纠纷时如遇第三方提出专利权属争议，人民法院应中止对合同纠纷的审理，先解决当事人之间的专利权属纠纷。(3)专利技术中介合同纠纷。它是专利代

---

〔4〕 2020年《知识产权案件年度报告》。另参见最高人民法院(2020)最高法知民终871号民事判决书。

理机构、技术市场和个人等与专利权人和实施单位分别或共同签订中介合同后因履行合同义务而引起的纠纷。这些专利合同纠纷应按《民法典》的相关规定处理。

(二)诉讼管辖

1. 级别管辖

级别管辖是指上下级法院之间受理第一审知识产权民事案件的分工和权限。目前,我国的法院共有四级,包括基层、中级、高级、最高人民法院。根据最高人民法院《关于适用〈中华人民共和国民事诉讼法〉的解释》[以下简称《适用〈民事诉讼法〉解释》(2022 年修正)]第 2 条第 1 款的规定,专利纠纷案件由知识产权法院、最高人民法院确定的中级人民法院和基层人民法院管辖。

2. 地域管辖

地域管辖是指确定同一级法院之间在各自辖区内受理第一审民事案件的分工和权限。我国《民事诉讼法》对地域管辖作了规定,其原则是"原告就被告"。对于专利侵权纠纷,《民事诉讼法》第 29 条规定,因侵权行为提起的诉讼,由侵权行为地或者被告住所地人民法院管辖。《适用〈民事诉讼法〉解释》(2022 年修正)第 24 条规定,《民事诉讼法》第 29 条规定的侵权行为地,包括侵权行为实施地、侵权结果发生地。根据《审理专利纠纷案件适用法律规定》(2020 年修正)第 2 条的规定,"因侵犯专利权行为提起的诉讼,由侵权行为地或者被告住所地人民法院管辖。侵权行为地包括:被诉侵犯发明、实用新型专利权的产品的制造、使用、许诺销售、销售、进口等行为的实施地;专利方法使用行为的实施地,依照该专利方法直接获得的产品的使用、许诺销售、销售、进口等行为的实施地;外观设计专利产品的制造、许诺销售、销售、进口等行为的实施地;假冒他人专利的行为实施地。上述侵权行为的侵权结果发生地"。又根据其第 3 条的规定,原告仅对侵权产品制造者提起诉讼,未起诉销售者,侵权产品制造地与销售地不一致的,制造地人民法院有管辖权;以制造者与销售者为共同被告起诉的,销售地人民法院有管辖权。销售者是制造者分支机构,原告在销售地起诉侵权产品制造者制造、销售行为的,销售地人民法院有管辖权。

3. 知识产权法院与知识产权法庭管辖

出于对知识产权专业性、特殊性、复杂性的考量,为统一专利等技术性较强案件的审判标准,整合专门化的司法资源,2014 年北京、上海、广州知识产权法院成立,2019 年 1 月最高人民法院设立知识产权法庭,截至 2020 年 5 月,包括南京、苏州、长沙等地方行政区划已设立 21 个知识产权法庭。如前所述,根据《最高人民法院关于北京、上海、广州知识产权法院案件管辖的规定》(2020 年修正)第 1 条规定,知识产权法院管辖所在市辖区内的专利、植物新品种、集成电路布图设计、技术秘密、计算机软件民事和行政案件;对国务院部门或者县级以上地方人民政府所作的涉及著作权、商标、不正当竞争等行政行为提起诉讼的行政案件;涉及驰名商标认定的民事案件。又根据其第 6 条的规定,当事人对知识产权法院所在市的基层人民法院作出的第一审著作权、商标、技术合同、不正当竞争等知识产权民事和行政判决、裁定提起的上诉案件,由知识产权法院审理。其第 7 条规定,当事人对知识产权法院作出的第一审判决、裁定提起的上诉案件和依法申请上一级法院复议的案件,由知识产权法院所在地的高级人民法院知识产权审判庭审理,但依法应由最高人民法院审理的除外。

根据《最高人民法院关于知识产权法庭若干问题的规定》(法释〔2018〕22 号)第 2 条的规定,最高人民法院知识产权法庭审理下列案件:(1)不服高级人民法院、知识产权法院、中级人民法院作出的发明专利、实用新型专利、植物新品种、集成电路布图设计、技术秘密、计算机软件、垄断第一审民事案件判决、裁定而提起上诉的案件;(2)不服北京知识产权法院对发明专利、实用新型专利、外观设计专利、植物新品种、集成电路布图设计授权确权作出的第一审行政案件判决、裁定而提起上诉的案件;(3)不服高级人民法院、知识产权法院、中级人民法院对发明专利、实用新型专利、外观设计专利、植物新品种、集成电路布图设计、技术秘密、计算机软件、垄断行政处罚等作出的第一审行政案件判决、裁定而提起上诉的案件;(4)全国范围内重大、复杂的本条第一、二、三项所称第一审民事和行政案件;(5)对本条第一、二、三项所称第一审案件已经发生法律效力的判决、裁定、调解书依法申请再审、抗诉、再审等适用审判监督程序的案件;(6)本条第一、二、三项所称第一审案件管辖权争议,罚款、拘留决定申请复议,报请延长审限等案件;(7)最高人民法院认为应当由知识产权法庭审理的其他案件。从上述规定可知,最高人民法院知识产权法庭审理的知识产权民事和行政案件限于技术类型知识产权案件,其他知识产权案件以及竞争纠纷案件则由最高人民法院知识产权审判庭负责审理。至于各地方行政区域设立的知识产权法庭的管辖,则见于各高级人民法院自行颁布的规定。

(三)专利民事诉讼当事人资格的确定

关于专利民事诉讼的当事人,在专利权属、专利合同诉讼中比较好理解。这里着重对专利侵权诉讼中当事人资格问题进行阐述。

1. 原告人资格

现行《专利法》第 65 条规定,对未经专利权人许可,实施其专利的侵权行为,专利权人或者利害关系人可以请求管理专利工作的部门进行处理,也可以直接向人民法院起诉。据此,在专利侵权诉讼中享有原告资格的有专利权人和利害关系人两类。

对专利侵权行为起诉是专利权人行使其独占权的主要内容之一。英美法系的财产权法很久以来就将专利称为“诉讼中体现的财产权”。

在实践中,首先发现侵权和受到侵权损害的往往是专利权的被许可人。基于此,多数国家专利法规定,除专利权人之外,其他利害关系人也有权提起诉讼。我国也不例外,但《专利法》《专利法实施细则》未对什么是利害关系人作出规定。参照多数国家的做法和我国的司法实践,利害关系人包括专利实施许可合同的被许可人以及专利财产权利的合法继承人,其中被许可人具体包括专利独占实施许可合同的被许可人、专利排他实施许可合同的被许可人以及专利权人明确赋予起诉权的专利普通实施许可合同的被许可人。

在独占实施许可的情况下,侵权人直接侵害了被许可人的独占实施权,直接损害了其合法权益,被许可人是利害关系人,对侵权行为具有独立的起诉权,可以单独提起侵权诉讼。专利权人则可以基于专利权的对世权属性而单独起诉侵权人。由于两者是依据不同的实体权利关系进行起诉的,不应当作为必要的共同诉讼对待。

在独家实施许可的情况下,专利权人与被许可人共享专利实施权。一旦发生侵权行为,其侵害的是专利权人与被许可人的共同实施权。被许可人可以作为利害关系人起诉。专利权人自然也有权提起诉讼。对被许可人与专利权人提起诉讼是不是必要的共同诉讼?本书认为,不宜认为专利权人和被许可人提起的侵权诉讼的标的属于同一事实和同一法律原因产生的必要共同诉讼。应当看到,必要的共同诉讼是指多数一方当事人对诉讼标的有共同的利害关系,即共同的权利义务关系。专利权人和被许可人不存在共同的权利义务关系,他们对诉讼标的所享有的权利尽管有相同之处,但并不是共同的和一致的。他们的诉讼标的属于同一种类,故应当作为普通的共同诉讼。至于人民法院是合并审理还是分开审理,应根据具体情况决定。

在普通实施许可的情况下,出现专利侵权时,被许可人因与专利侵权没有直接的利害关系,没有资格单独作为侵权诉讼的原告。因为被许可人并没有取得对专利的独占实施权,而专利侵权的实质是对专利权人独占实施权的侵害。当然,被许可人可以作为第三人行使诉权。在专利权人提起诉讼时,被许可人则可以作为原告加入。

2. 被告人资格

被告人是原告声称侵害了其民事权益的人。专利侵权诉讼中的被告人就是对一项专利实施了制造、使用、许诺销售、销售、进口等侵权行为的人。在间接侵权中,应将直接侵权人和间接侵权人列为共同被告。

(四)专利民事诉讼的举证责任

专利民事诉讼中举证责任比较复杂的是专利侵权诉讼。

1. 专利侵权中当事人的举证责任范围

专利侵权诉讼属于民事诉讼的范畴,故专利侵权诉讼的举证责任规则适用民事诉讼法的规定。为合理分配知识产权案件的举证责任,考虑到司法实践中当事人难以提供侵权证据、确定损失的证据,2020 年 11 月发布的《最高人民法院关于知识产权民事诉讼证据的若干规定》(法释〔2020〕12 号),对知识产权侵权、确权案件的民事证据进行了相关规定。一般情况下,专利权人控告他人侵权或行为人否认侵权,都有提供证据加以证明的责任。当事人对自己的主张若提不出证据加以证明,就有可能承担败诉的后果。不过,专利侵权诉讼的举证也有其独到的特点。由于专利侵权证据蕴含一定的技术性,加之侵权不易发现,发现了也不容易确定侵权的范围,审判实践中经常会出现专利权人无法收集到足以证明侵权事实存在的有关证据的情况,所以不能绝对强调原告的举证责任,在专利侵权诉讼中可以采用当事人举证和人民法院全面查证的原则。对当事人因客观原因不能自行收集的证据,或人民法院认为审理该案需要的证据,人民法院应依法调查、收集。对涉及的专业技术性问题,应聘请有关专家或有关部门作出鉴定报告,经法院审核后作为证据运用。

在专利侵权诉讼中,原告的举证范围主要有:(1)专利权有效的证明;(2)证明被告侵权的事实根据,包括仿冒产品说明书、样品和有关图示、表格、账目清单、侵权产品实物、被侵权事实的依据、证据的来源等;(3)请求赔偿损失的证据。

被告的举证范围有:(1)不构成侵权的理由和依据;(2)证明没有仿冒侵权的故意;(3)没有给对方造成损失或没有获利的证据和理由。此外,被告还可以提出反诉,以证明自己的行为是合法的。

根据现行《专利法》第 77 条的规定,为生产经营目的使用、许诺销售或者销售不知道是未经专利权人许可而制造并售出的专利侵权产品,能证明该产品合法来源的,不承担赔偿责任。

因此,对于被告属于使用者、销售者,为证明自己不知情或者已经尽到注意义务,需要提供合法来源证据。根据《最高人民法院关于知识产权民事诉讼证据的若干规定》第4条的规定,被告依法主张合法来源抗辩的,应当举证证明合法取得被诉侵权产品、复制品的事实,包括合法的购货渠道、合理的价格和直接的供货方等。被告提供的被诉侵权产品、复制品来源证据与其合理注意义务程度相当的,可以认定其完成前款所称举证,并推定其不知道被诉侵权产品、复制品侵害知识产权。被告的经营规模、专业程度、市场交易习惯等,可以作为确定其合理注意义务的证据。从司法实践的情况看,法院通常强调"被诉侵权产品具有合法来源这一客观要件和销售者无主观过错这一主观要件",并认为如果销售者能够证明其遵从合法、正常的市场交易规则,取得所售产品的来源清晰、渠道合法、价格合理,其销售行为符合诚信原则、合乎交易惯例,就可以推定其无主观过错。在销售者履行这一举证责任后,权利人应当提供反证。若权利人"未进一步提供足以推翻上述推定的相反证据的情况下,应当认定销售者合法来源抗辩成立"。[5]

另外,如何界定侵权损害赔偿数额是司法实践中的一大难题,实践中被告的获利证据包括财务账簿、合同资料等往往由被告自行掌握,原告难以获取。现行《专利法》考虑到了此类情况,在其第71条的基础上增加第4款,明确了被告的举证责任:"人民法院为确定赔偿数额,在权利人已经尽力举证,而与侵权行为相关的账簿、资料主要由侵权人掌握的情况下,可以责令侵权人提供与侵权行为相关的账簿、资料;侵权人不提供或者提供虚假的账簿、资料的,人民法院可以参考权利人的主张和提供的证据判定赔偿数额。"由此可见,在原告已经尽到了证明义务的情况下,人民法院可以责令被告提供侵权的相关材料,否则被告将承担不利的后果。

2. 方法专利侵权的举证责任倒置

当专利侵权纠纷涉及的是新产品制造方法专利时,多数国家专利法规定,此时举证责任由被告承担。现行《专利法》第66条第1款规定:"专利侵权纠纷涉及新产品制造方法的发明专利的,制造同样产品的单位或者个人应当提供其产品制造方法不同于专利方法的证明。"《最高人民法院关于知识产权民事诉讼证据的若干规定》第3条第1款规定:"专利方法制造的产品不属于新产品的,侵害专利权纠纷的原告应当举证证明下列事实:(一)被告制造的产品与使用专利方法制造的产品属于相同产品;(二)被告制造的产品经由专利方法制造的可能性较大;(三)原告为证明被告使用了专利方法尽到合理努力。"其第3条第2款规定:"原告完成前款举证后,人民法院可以要求被告举证证明其产品制造方法不同于专利方法。"由此可见,在方法专利侵权纠纷中,在原告已经尽了举证责任后,法院可以要求被告提供证据以证明相关事实。[6]

---

〔5〕 2019年《知识产权案件年度报告》;上诉人某卫浴有限公司与被上诉人某水暖安装维修门市侵害实用新型专利权纠纷案,最高人民法院(2019)最高法知民终118号民事判决书。

〔6〕 上述举证责任分配规则在司法实践中已有体现。例如,在再审申请人李某与被申请人某化工产品有限公司侵害发明专利权纠纷案中,最高人民法院指出:"使用专利方法获得的产品不属于新产品,专利权人能够证明被诉侵权人制造了同样产品,经合理努力仍无法证明被诉侵权人确实使用了该专利方法,但根据案件具体情况,结合已知事实以及日常生活经验,能够认定同样产品使用专利方法制造的可能性很大,可以不再要求专利权人提供进一步的证据,而应由被诉侵权人就其制造方法不同于专利方法举证。"引自2020年《知识产权案件年度报告》。另参见最高人民法院(2020)最高法民再183号民事判决书。

方法专利侵权诉讼实行举证责任倒置有其合理性,因为被告人能够制造出同样的产品,是不排除使用专利方法的,而专利权人既然不能进入他的企业检查,被告人为排除自己侵权,就应提供其产品制造方法不同于专利方法的证明。

不过,如果此时被告提不出排除侵权的证据,人民法院不宜采用推定原则就认定被告侵权。因为无论是原被告方能否提供证据,法院都有进一步判断是否侵权的余地。国外专利法中举证责任奉行的"败诉的危险负担说"不能完全照搬。

值得注意的是,根据《审理侵犯专利权案件应用法律解释》第 17 条的规定,产品或者制造产品的技术方案在专利申请日以前为国内外公众所知的,人民法院应当认定该产品不属于《专利法》所规定的新产品。因此,此时被告只要能够证明原告(专利权人)的产品或者技术方案在申请日前为国内外公众所知,即为现有技术,就可以成功抗辩,不构成侵权。

三、专利刑事案件的诉讼

专利刑事案件的诉讼是指司法机关在当事人和其他诉讼参与人的参加下,查实被告人是否实施了犯罪行为,是否应承担刑事责任,以及应当承受何种刑事处罚的全部活动。专利刑事案件的诉讼是与专利有关的刑事诉讼,简称专利刑事诉讼。专利刑事诉讼是我国刑事诉讼的一种类型,应当适用《刑事诉讼法》的有关规定。[7]

对于专利刑事诉讼的主体资格,很多国家专利法规定,专利权人可以提起刑事诉讼,请求法院予以保护。刑事诉讼依受害人自诉而开始,受害人也可以撤回自己的自诉。也就是说,对专利刑事案件很多国家采取的是"不告不理"的原则。在我国,对专利刑事案件只能由国家检察机关提起诉讼。专利刑事案件诉讼的受案范围包括假冒他人专利的犯罪行为、擅自向外国申请专利、泄露国家重要机密的犯罪行为,以及专利局工作人员和有关国家工作人员徇私舞弊的犯罪行为。这三类行为的性质和特点在前文已作阐述。

第二节　专利诉讼中几个特殊问题

一、专利侵权诉讼与无效程序的衔接

专利权客体具有无形性,与一般有形财产不同,它需要由法定机关依据法定条件按法定程序审查并确认其权利边界来予以保护,这就是专利权的法定性。也就是说,专利权是一种由行政权予以授权的权利,如对发明与实用新型的专利授权确权就是如此。在授权的过程中,当然也就无法完全避免审查错误与授权的瑕疵,基于错误授权而获得的专利应被宣告无效。正因如此,与传统民事权利相比,专利权具有不稳定性。以实用新型专利为例,由于实用新型专利的授权未经实质性审查,权利的稳定性较差,经常出现原告以被告侵犯其实用新型专利权为由诉至法院,但被告则"以攻为守",向国务院专利行政部门请求宣告该专利权无效。这就会带

〔7〕 相关研究,参见王宗光:《专利犯罪刑事政策的刑法化:由隐性步入显性》,载《东方法学》2017 年第 3 期。

来专利民事纠纷与行政纠纷的交叉,以及两类案件解决如何衔接的特殊问题。

(一)专利侵权诉讼中专利权无效宣告请求的提出

在专利侵权诉讼程序进行中,如果被控侵权人针对涉案专利权提起无效宣告请求,如何协调这两类不同法律性质的程序的关系,值得探讨。一般而言,人民法院的民事诉讼程序可能会中止审理,等待国务院专利行政部门的决定意见出来后再恢复审理。此时,原告的专利权可能因不具备专利性而被宣告无效;即使原告专利权有效,也因诉讼中止导致程序漫长而耗费大量时间、精力与财力,疲惫不堪的原告最终可能失去其起诉初衷,成为“虚假的胜利者”。[8] 就发明专利而言,尽管经过严格的实质审查程序,但也无法完全避免授权瑕疵,既可能是技术上的原因无法完全检索到发明是否具有新颖性,也可能是因为过失而存在授权瑕疵。因此,一旦发生专利权纠纷,当事人所涉权利常常被对方当事人以专利权无效予以抗辩,从而进入漫长的诉讼程序。

为解决上述问题,《审理专利纠纷案件适用法律规定》(2020 年修正)第 5 条至第 8 条规定了发明、实用新型和外观设计专利纠纷案件适用中止诉讼的条件和要求。具体内容如下:

侵犯实用新型、外观设计专利权纠纷案件的被告请求中止诉讼的,应当在答辩期内对原告的专利权提出宣告无效的请求。人民法院受理的侵犯实用新型、外观设计专利权纠纷案件,被告在答辩期间内请求宣告该项专利权无效的,人民法院应当中止诉讼,但具备下列情形之一的,可以不中止诉讼:(1)原告出具的检索报告或者专利权评价报告未发现导致实用新型或者外观设计专利权无效的事由的;(2)被告提供的证据足以证明其使用的技术已经公知的;(3)被告请求宣告该项专利权无效所提供的证据或者依据的理由明显不充分的;(4)人民法院认为不应当中止诉讼的其他情形。

人民法院受理的侵犯实用新型、外观设计专利权纠纷案件,被告在答辩期间届满后请求宣告该项专利权无效的,人民法院不应当中止诉讼,但经审查认为有必要中止诉讼的除外。人民法院受理的侵犯发明专利权纠纷案件或者经国务院专利行政部门审查维持专利权的侵犯实用新型、外观设计专利权纠纷案件,被告在答辩期间内请求宣告该项专利权无效的,人民法院可以不中止诉讼。人民法院决定中止诉讼,专利权人或者利害关系人请求责令被告停止有关行为或者采取其他制止侵权损害继续扩大的措施,并提供了担保,人民法院经审查符合有关法律规定的,可以在裁定中止诉讼的同时一并作出有关裁定。

《审理侵犯专利权案件应用法律解释(二)》第 2 条规定:“权利人在专利侵权诉讼中主张的权利要求被国务院专利行政部门宣告无效的,审理侵犯专利权纠纷案件的人民法院可以裁定驳回权利人基于该无效权利要求的起诉。有证据证明宣告上述权利要求无效的决定被生效的行政判决撤销的,权利人可以另行起诉。专利权人另行起诉的,诉讼时效期间从本条第二款所称行政判决书送达之日起计算。”可见,此时,在国务院专利行政部门作出宣告专利权无效的决定后,审理侵犯专利权纠纷案件的法院便可以裁定驳回起诉,无须等待专利行政诉讼的最

[8] 赢得诉讼却未必能得到执行,赢得官司但市场可能已经失去,保护知识产权的垄断商业利润因为漫长的程序后替代技术的出现,知识产权特别是专利赢利的能力可能急剧下降。在这个意义上,原告可能得不偿失,从“成本—收益”角度考量,纠纷中当事人各自降低预期而达成调解协议不失为一种理性选择。

终结果。当权利要求无效的决定被生效的行政判决撤销的，则赋予当事人另行起诉的司法救济途径。这有效缓解了审理周期较长的困境。

（二）专利侵权诉讼中专利权被部分或者全部宣告无效的处理

在专利侵权诉讼中，由于被控侵权人或者案外人对涉案专利权提起了无效宣告请求，如果在该专利侵权案件审理期间权利人据以主张专利权的权利要求被宣告无效，此时应当如何对待专利侵权诉讼，是值得探讨的问题。现有司法实践的相关案例提供了有益经验。在此介绍最高人民法院知识产权案件年度报告公布的相关案例，以见一斑。

在上诉人沈阳某数码喷印设备有限公司与被上诉人青岛某电气有限公司侵害发明专利权纠纷案中，最高人民法院指出，在专利侵权纠纷案一审中，若权利人主张专利权的权利要求被宣告无效，但涉案专利权在其他原有权利要求或者经修改形成的新的权利要求基础上维持有效的，应当允许权利人重新明确其据以主张专利权的权利要求。如果权利人选择现属有效的权利要求主张专利权，一审法院应当继续审理该专利侵权案件。在法院释明后，权利人仍然坚持基于已被宣告无效的权利要求主张权利的，一审法院方可裁定驳回起诉。〔9〕 上述观点，体现了权利人主张权利必须以有效的专利权作为基础的基本立场。这无论是从专利法基本理论还是专利司法实践的角度来看都是合理的。

在专利侵权诉讼中，还可能存在权利要求中部分并列技术方案被宣告无效的情况，此时如何对待专利侵权诉讼，也是值得探讨的问题。例如，在上诉人深圳甲科技有限公司与被上诉人深圳乙科技有限公司侵害实用新型专利权纠纷案中，最高人民法院指出，专利侵权诉讼期间，涉案专利权利要求中一个或者多个并列技术方案的对应部分被宣告无效，但其余并列技术方案的对应部分仍维持有效，专利权人依据权利要求仍维持有效的部分继续主张权利的，人民法院可以就宣告无效部分的权利要求驳回起诉，同时就维持有效部分的权利要求进行审理并作出裁判。〔10〕 该观点同样表明，权利人主张对专利权的保护应立足于有效的专利权。基于被无效宣告部分主张权利，会失去请求权基础，应当予以驳回。

此外，专利权人在专利无效宣告行政程序中主动放弃权利要求，也会对于其提起的专利侵权诉讼产生影响。例如，在上诉人山东甲管业有限公司、山东乙管业有限公司与被上诉人某有限公司侵害实用新型专利权纠纷案中，最高人民法院指出，权利人在涉案专利的无效宣告行政程序中以删除权利要求的方式主动放弃民事侵权案件中据以主张权利的权利要求，无论记载该放弃行为的行政决定的效力是否最终确定，被放弃的权利要求均无恢复之可能，不能在侵害专利权纠纷中再将之纳入专利权保护范围，其据以主张侵权的权利基础不复存在，有关诉讼请求可以判决方式驳回。〔11〕 上述观点，实际上间接确认了禁止反悔原则在专利侵权诉讼中的适用。专利权人为了在专利权无效宣告程序中维持其专利权的部分有效性，主动放弃了相关权利要求，在专利侵权诉讼中就不能再以该被放弃的权利要求主张权利，否则会违背诚信原则，不利于对被控侵权人的公平保护。

---

〔9〕 2019 年《知识产权案件年度报告》。另参见最高人民法院（2019）最高法知民终 161 号民事判决书。

〔10〕 2019 年《知识产权案件年度报告》。另参见最高人民法院（2019）最高法知民终 350 号民事判决书。

〔11〕 2019 年《知识产权案件年度报告》。另参见最高人民法院（2019）最高法知民终 145 号民事判决书。

二、对重复授权的处理

(一)重复授权概述

1. 重复授权的概念

一项发明创造只能被授予一项专利权,这是各国专利法普遍遵循的基本原则,它是由专利权的独占性所决定的。也就是说,同样的发明创造不应重复地被授予专利权。但是,重复授权却非常现实地存在着。

所谓重复授权,是指两个以上的发明创造,其主要技术特征相同,分别申请专利,均获得专利权。重复授权包括对同样的发明创造,将专利权重复地授予同一申请人和分别授予不同的申请人两种情况。从专利权客体的角度看,则包括完全相同的发明创造的重复授权和显而易见型的发明创造的重复授权。前者如某人申请了一项"带吊扇的吊灯"的实用新型专利,另一人又申请了"带吊灯的吊扇"的实用新型专利,这两件专利申请的主题就是完全相同的发明创造。后者如某人就牙刷的穿鬃方法和洗衣刷的穿鬃方法分别提出专利申请,第二种专利申请中的发明即显而易见型的发明。

2. 重复授权的存在原因

在现实中,可能存在以下情况:重复研究开发的单位或个人分别对同样的研发成果申请专利;共有人在没有合同约定的情况下分别以自己的名义对同一发明创造申请专利;申请人主观上认为自己的几项发明都有新意,而实质上相同。无论因何种原因产生,重复授权都是违反专利法的。但是,不能简单地认为重复授权都是由于专利局的工作失误或立法不完善造成的。实际上,重复授权的产生有多方面原因,当然,立法和审查程序中出现的问题是其中两个主要原因。

(二)我国《专利法》对重复授权的规制

1992 年《专利法》第 9 条规定,两个以上的申请人分别就同样的发明创造申请专利的,专利权授予最先申请的人。先申请原则是从获取专利权资格的角度解决避免重复授权问题的,但它没有被列为驳回一件专利申请的法律依据。总体上,根据 2008 年第三次修改前的《专利法》来看,重复授权是可能存在的,特别是同一申请人重复取得多项专利权的可能性难以排除。同一申请人就同一发明或实用新型申请两份专利,有的是对申请哪一种专利难以取舍,便采取同时申请的做法;有的是担心发明专利申请得不到批准而再提出一份实用新型专利申请;还有的是认为同时获得两种专利能带来更多利益。不管怎样,申请人的做法是无可非议的,因为从专利法保护的是发明创造的内容而不是形式,保护的形式可由申请人自由选择这一点看,申请人的做法是可以理解的。

1992 年《专利法实施细则》第 44 条、第 53 条都规定,对于不符合该实施细则第 12 条第 1 款的发明、实用新型或外观设计专利申请都可以驳回,专利局在 1995 年对《审查指南》又作了修订以避免重复授权。但在专利局的审查实践中,审查员要发现有同样的发明创造被提起多项专利申请并非易事,加之其他客观条件的限制,重复申请并没有都予以驳回,重复授权的现象仍有发生。

禁止重复授权是各国专利立法的通例。为防止重复授权现象,2008 年《专利法》第 9 条第

1款规定:“同样的发明创造只能授予一项专利权。但是,同一申请人同日对同样的发明创造既申请实用新型专利又申请发明专利,先获得的实用新型专利权尚未终止,且申请人声明放弃该实用新型专利权的,可以授予发明专利权。”现行《专利法》沿袭了上述规定。根据这一规定,对同样的发明创造,无论是同日申请还是先后申请,无论是由不同的人分别提出申请还是同一人提出两项以上的专利申请,也无论是何种类型的申请,都只能被授予一项专利权。它可以使同一申请人同日对同样的发明创造既申请实用新型专利又申请发明专利时,避免重复授权现象的产生。

(三)重复授权纠纷的处理

重复授权的存在必然带来重复授权专利侵权纠纷的存在。关于管理专利工作的部门或者人民法院怎样处理涉及重复授权的专利侵权纠纷问题,主要有两种代表性的观点。一种观点认为,为了及时有效地保护在先专利权人的合法权益,对与在先专利特征基本相同的在后专利确认为侵权,由管理专利工作的部门或人民法院直接处理侵权纠纷。另一种观点则认为,管理专利工作的部门或人民法院处理这类纠纷时,如果双方当事人对发明创造的权利归属问题有争议,应告知其先行解决权利归属问题;如不存在权利归属问题,可由申请在先的专利权人对申请在后的专利权人提出无效宣告请求。如果双方当事人既未提出权利归属问题,又未请求宣告专利权无效,管理专利工作的部门或人民法院可以先判断两份专利是否属于重复授权,然后依据专利法不允许重复授权的规定,认定只有申请在先专利权应予保护,并据此作出对侵权纠纷的裁决。实践中,人民法院在专利侵权诉讼中应以国家专利行政部门授予的有效专利作为法律保护的客体,人民法院不审查专利技术是否符合专利条件。在重复授权案件中,如果被告专利属在后申请而得,这种取得本身是不合法的,应认定被告对重复授权专利技术的实施构成对原告专利权的侵犯。

三、现有技术或现有设计抗辩

现行《专利法》第67条规定:“在专利侵权纠纷中,被控侵权人有证据证明其实施的技术或者设计属于现有技术或者现有设计的,不构成侵犯专利权。”该条规定在专利司法实践中已经被广泛适用,这就是所谓“现有技术抗辩原则”。现有技术抗辩原则是2008年《专利法》修改时新增的,其实际上是将当时司法实践中的成熟经验直接上升到法律的高度。[12] 现行《专利法》沿袭了该条款的规定。2008年《专利法》修改确定该条款的意义不可忽视。其一,它为中国法院处理被控侵权人有证据证明其实施的技术或者设计属于现有技术或者现有设计的专利侵权案件直接适用公知技术抗辩原则而不认为构成侵权提供了法律依据。其二,这一规定有利于法院及时处理专利权纠纷,使双方当事人从耗时、费力的专利纠纷中摆脱,将更多的精力投入生产经营活动或发明创造活动中。其三,有了这一明确的法律规定,被控侵权人也用不着走无效宣告请求程序,在“打掉”专利权人的专利权后再主张自己合法使用的权利,从而可

〔12〕 例如,根据《北京市高级人民法院专利侵权判定若干问题的意见(试行)》第102条的规定,等同侵权适用已有技术抗辩。

以尽快解决争议。[13]

实际上，这一规定还可以从专利法的公共领域理论作出透彻的理解。[14] 也就是说，专利权作为一种垄断权，不能将已经公知、公用的技术（在外观设计中是设计，下同）划入其权利要求保护的范围。[15] 如果在取得的专利权中，其权利要求包含了已经公知、公用的技术，这部分就依然不能受到保护。他人如果有证据证明其实施的技术或者设计属于现有技术或者现有设计的，理所当然地不能按侵权对待。同理，其他类别的知识产权也是一样。原则上说，作为专有权、垄断权意义上的知识产权，其中所包含的公共领域资源，应当永远留存于公共领域，而不能被权利人所垄断。[16] 只有这样，才能实现知识产权人的利益与社会公众利益的平衡，也才能实现知识产权的立法目的。

现有技术抗辩是被诉侵权人用于对抗专利权人侵权指控的一种不侵权抗辩，该制度的理论基础是，专利权的保护范围不得包括现有技术。

关于如何确定被诉侵权人实施的技术属于现有技术，《审理侵犯专利权案件应用法律解释》第14条规定：被诉落入专利权保护范围的全部技术特征，与一项现有技术方案中的相应技术特征相同或者无实质性差异的，人民法院应当认定被诉侵权人实施的技术属于专利法规定的现有技术。被诉侵权设计与一个现有设计相同或者无实质性差异的，人民法院应当认定被诉侵权人实施的设计属于专利法规定的现有设计。《审理侵犯专利权案件应用法律解释（二）》第22条则规定："对于被诉侵权人主张的现有技术抗辩或者现有设计抗辩，人民法院应当依照专利申请日时施行的专利法界定现有技术或者现有设计。"这就从操作性的角度出发，一是现有技术或现有设计案的界定标准为专利申请日；二是将被诉落入专利权保护范围的技术特征，而非被诉侵权人实施技术的全部技术特征，与一项现有技术的相应技术特征进行对比。如果两者相同或者无实质性差异，则可以认定被诉侵权人实施的技术属于现有技术，从而免除其侵权责任。这样可以简化程序，有利于及时定分止争，保护当事人的合法权益。[17]

---

〔13〕 在我国专利法构架中，请求宣告专利权无效程序（以下简称无效程序）与侵权诉讼程序是独立的，这导致在专利侵权诉讼中启动无效程序将会使案件变得非常复杂，因为就无效程序而言，一方当事人若不服国务院专利行政部门的无效决定，可以向北京知识产权法院提起行政诉讼，很可能需要经过两级法院审理才解决专利权是否有效的问题。审理侵权案件的法院若等到无效程序完结后再恢复审理侵权纠纷案件，则很可能已是2~3年以后，甚至更长时间。这样漫长的诉讼将耗费双方当事人大量的时间、精力和资金。在专利侵权诉讼中，如果法院能够直接以被告使用的是公知技术或公知设计而判决不构成侵权，则可以便捷地解决纠纷。

〔14〕 参见冯晓青、李薇：《我国专利法中公共领域保留原则研究》，载《学海》2020年第4期。

〔15〕 如日本知识产权学者中山信弘即认为，如果被控侵权人实施的是公知技术，无论被控侵权产品是否落入专利权的保护范围，公知技术抗辩使被控侵权人免予承担侵权责任。既然公知技术是与专利权的有效性无关的问题，因此它也就是与特许厅和法院分享权利的争论无关。参见 Nobuhiro Nakayama, *Industrial Property Law*, *Section* 8, Koubundou Publishers。

〔16〕 参见杨利华：《公共领域保留视野下著作权法价值构造研究》，载《法学评论》2021年第4期。

〔17〕 相关研究，参见徐家力：《现有技术抗辩的司法适用顺序》，载《暨南学报（哲学社会科学版）》2017年第8期；曹新明：《现有技术抗辩研究》，载《法商研究》2010年第6期；杨志敏：《关于"公知技术抗辩"若干问题的研究——从中、德、日三国判例与学说的对比角度》，载《比较法研究》2003年第2期。

四、诉前临时措施与诉前保全

诉前保全是TRIPs协议规定的义务，[18]我国2000年《专利法》对此进行了规定。2008年《专利法》在修改的基础上对相关规定进行了延续。现行《专利法》考虑到《民事诉讼法》（2021年修正）已对保全的程序有了具体的相关规定，[19]因此删除了相关程序性规定。

（一）诉前责令作出一定行为或者禁止作出一定行为和财产保全措施

在司法实践中，有时会出现正在实施或者即将实施侵犯专利权人的专利权的行为，如不及时制止将会使其合法权益受到难以弥补的损害的情况。如果按照通常的诉讼程序，需要先行起诉，等人民法院的判决发生法律效力时才能彻底制止侵权人侵犯专利权的行为。但这时侵权行为业已发生甚至已经造成了严重后果。因此，为了充分保护专利权人的合法权益，很多国家专利立法规定了诉前的"临时措施"，即在诉前向法院申请责令停止有关行为。《专利法》在2000年第二次修改时也增加了这一制度。2008年《专利法》则对诉前责令停止有关行为在程序上进行具体的规范，便于在实践中操作。

2008年《专利法》第66条第1款规定："专利权人或者利害关系人有证据证明他人正在实施或者即将实施侵犯专利权的行为，如不及时制止将会使其合法权益受到难以弥补的损害的，可以在起诉前向人民法院申请采取责令停止有关行为的措施。"其第2款规定："申请人提出申请时，应当提供担保；不提供担保的，驳回申请。"第3款规定："人民法院应当自接受申请之时起四十八小时内作出裁定；有特殊情况需要延长的，可以延长四十八小时。裁定责令停止有关行为的，应当立即执行。当事人对裁定不服的，可以申请复议一次；复议期间不停止裁定的执行。"其第4款规定："申请人自人民法院采取责令停止有关行为的措施之日起十五日内不起诉的，人民法院应当解除该措施。"其第5款规定："申请有错误的，申请人应当赔偿被申请人因停止有关行为所遭受的损失。"

现行《专利法》对该条进行了部分改动，删除了第2～4款的程序性规定，将条文修改为第72条，仅保留第1款，并将原来的第1款修改为"专利权人或者利害关系人有证据证明他人正在实施或者即将实施侵犯专利权、妨碍其实现权利的行为，如不及时制止将会使其合法权益受到难以弥补的损害的，可以在起诉前依法向人民法院申请采取财产保全、责令作出一定行为或者禁止作出一定行为的措施"。该条规定进一步明确了对于专利权利被侵害、妨碍权利实现的情形，权利人可以申请的诉前临时措施包括财产保全、责令作出一定行为或者禁止作出一定行为的措施，改变了原来只能责令停止有关行为的单一措施。至于诉前临时措施的程序，则应当依据《民事诉讼法》的相关规定进行。[20]

（二）诉前证据保全

在专利诉讼中，专利权人为了实现自己的诉讼主张，有必要提供充分的证据。但在很多情

---

〔18〕 TRIPs协议第50条规定：司法当局应有权决定及时、有效的临时措施：（1）阻止任何对知识产权侵权行为的发生……（2）保护关于被断言的侵权行为的有关证据。在适当的情况下，特别是在任何延迟可能会给权利人带来不可弥补的损害或证据极有毁灭危险的情况下，司法当局有权采取适当的措施。

〔19〕 《民事诉讼法》（2021年修正）第84条以及第九章"保全和先予执行"。

〔20〕 相关研究，参见和育东：《美国专利侵权的禁令救济》，载《环球法律评论》2009年第5期。

况下，存在证据可能灭失或者以后难以取得的危险。为此，需要通过诉前的证据保全作为手段，使权利人能够及时、充分地收集到必要的证据，支持自己的诉讼请求。在2008年《专利法》修改前我国《专利法》并没有诉前证据保全的相关规定。直到2008年《专利法》修改时，考虑到2001年修改《著作权法》和《商标法》时增加了诉前证据保全的规定，因此为与《著作权法》《商标法》保持一致，2008年《专利法》新增了诉前保全的规定，其第67条分四款规定了诉前证据保全问题。其中，第1款规定："为了制止专利侵权行为，在证据可能灭失或者以后难以取得的情况下，专利权人或者利害关系人可以在起诉前向人民法院申请保全证据。"其第2款规定："人民法院采取保全措施，可以责令申请人提供担保；申请人不提供担保的，驳回申请。"其第3款规定："人民法院应当自接受申请之时起四十八小时内作出裁定；裁定采取保全措施的，应当立即执行。"其第4款规定："申请人自人民法院采取保全措施之日起十五日内不起诉的，人民法院应当解除该措施。"现行《专利法》除了将条文从第67条改为第73条外，删除了第2～4款的程序规定，即"为了制止专利侵权行为，在证据可能灭失或者以后难以取得的情况下，专利权人或者利害关系人可以在起诉前依法向人民法院申请保全证据"。与2008年《专利法》第67条第1款规定相比，在"向人民法院申请保全证据"前增加了"依法"两字，强调了申请证据保全的合法性。至于申请诉前证据保全的程序性规定，应按照《民事诉讼法》的相关规定进行。

值得一提的是，关于包括专利权在内的知识产权民事诉讼证据保全，《关于知识产权民事诉讼证据的若干规定》也作了较为详细的规定。例如，其第11条规定："人民法院对于当事人或者利害关系人的证据保全申请，应当结合下列因素进行审查：（一）申请人是否已就其主张提供初步证据；（二）证据是否可以由申请人自行收集；（三）证据灭失或者以后难以取得的可能性及其对证明待证事实的影响；（四）可能采取的保全措施对证据持有人的影响。"其第12条规定："人民法院进行证据保全，应当以有效固定证据为限，尽量减少对保全标的物价值的损害和对证据持有人正常生产经营的影响。证据保全涉及技术方案的，可以采取制作现场勘验笔录、绘图、拍照、录音、录像、复制设计和生产图纸等保全措施。"其第13条规定："当事人无正当理由拒不配合或者妨害证据保全，致使无法保全证据的，人民法院可以确定由其承担不利后果。构成民事诉讼法第一百一十一条规定情形的，人民法院依法处理。"这些规定同样适用于专利侵权案件中的诉前证据保全的处理。[21]

五、专利纠纷行政调解协议司法确认制度是否应当确立

专利纠纷行政调解协议司法确认，是指由专利行政管理部门就专利侵权纠纷居中调解，促成当事人达成合意，形成的行政调解协议直接向法院申请司法确认，经司法确认的调解协议，当事人可以直接向法院申请强制执行。调解协议司法确认制度首次确立于2010年的《人民调解法》，其第33条规定：经人民调解委员会调解达成调解协议后，双方当事人认为有必要的，可以自调解协议生效之日起30日内共同向人民法院申请司法确认，人民法院应当及时对调解协议进行审查，依法确认调解协议的效力。人民法院依法确认调解协议有效，一方当事人拒绝履

---

〔21〕 其他相关规定，参见《关于知识产权民事诉讼证据的若干规定》第14条至第18条。

行或者未全部履行的，对方当事人可以向人民法院申请强制执行。此后，《民事诉讼法》(2012年修正)在程序上落实了该项规定。调解协议司法确认制度能够实质上化解纠纷。

2011 年 4 月 22 日，中央综治委、最高人民法院等部门联合发布《关于深入推进矛盾纠纷大调解工作的指导意见》。其第 3 条规定：经人民调解组织、行政调解组织或者其他具有调解职能的组织调解达成的调解协议，双方当事人认为有必要的，可以依法向人民法院申请司法确认。其为行政调解协议司法确认制度的确立提供了立法基础与实践前提。2011 年 11 月 27 日，湖南省人大常委会通过的《湖南省专利条例》第 31 条规定：县级以上人民政府管理专利工作的部门调解专利纠纷，应当遵循自愿、合法的原则，促成当事人和解或者达成调解协议。达成具有民事合同性质的调解协议的，双方当事人认为必要，可以依法向有管辖权的人民法院申请司法确认。其在全国首次以地方立法的形式确立了专利纠纷行政调解协议司法确认制度。2012 年 4 月 10 日，最高人民法院确定湖南省长沙市岳麓区人民法院开展专利纠纷行政调解协议司法确认制度的试点。2013 年 4 月，试点正式启动，2017 年年底结束。在试点过程中，共 26 件调解协议申请司法确认，法院审查确认 20 件，所有案件均得到自动履行，纠纷得以实质性解决。

考虑专利纠纷行政调解协议司法确认制度的地方实践以及非诉解决纠纷的政策，2015 年《专利法修订草案(送审稿)》第 61 条规定：处理专利侵权纠纷的专利行政部门，应当事人的请求，可以就侵犯专利权的赔偿数额进行调解；调解不成的，当事人可以依照《民事诉讼法》向人民法院起诉。调解协议达成后，一方当事人拒绝履行或者未全部履行的，对方当事人可以申请人民法院确认并强制执行。该条第 2 款确立了专利纠纷行政调解协议司法确认制度。但在 2019 年 1 月全国人大常委会发布的《专利法修正案草案》删除了该规定。现行《专利法》也未再规定该制度。

尽管现行《专利法》未建立专利纠纷行政调解协议司法确认制度，但也应当看到非诉解决纠纷的重要意义。新形势下知识产权纠纷的急剧增加将是不可回避的现实，如何综合运用各种手段高效、便捷地解决纠纷将是急需面对的问题。专利纠纷行政调解协议司法确认能够有效衔接行政调解与诉讼程序，既确保行政保护的效率，又能体现司法的权威，通过赋予行政调解协议强制执行力，能够实质性解决纠纷。

六、诉讼时效

诉讼时效是权利人向人民法院请求保护其民事权利的期限。规定诉讼时效制度是为了维护社会经济生活的稳定性。

专利诉讼时效涉及对专利权人的实体权利保护的时间界限。2008 年《专利法》第 68 条规定了专利侵权诉讼时效问题。其第 1 款规定："侵犯专利权的诉讼时效为二年，自专利权人或者利害关系人得知或者应当得知侵权行为之日起计算"；第 2 款规定："发明专利申请公布后至专利权授予前使用该发明未支付适当使用费的，专利权人要求支付使用费的诉讼时效为二年，自专利权人得知或者应当得知他人使用其发明之日起计算，但是，专利权人于专利权授予之日前即已得知或者应当得知的，自专利权授予之日起计算。"2020 年《专利法》在第 74 条将诉讼时效修改为 3 年，这主要是为与《民法典》保持一致。根据《民法典》第 188 条的规定，向人民法院请求保护民事权利的诉讼时效期间为3年。法律另有规定的，依照其规定。除此之外，现行《专利法》第74条第1款规定："侵犯专利权的诉讼时效为三年，自专利权人或者利害关系人知道或者应当知道侵权行为以及侵权人之日起计算。"可以看出，诉讼时效起算，既需要专利权人或者利害关系人知道或者应当知道侵权行为，还需要知道或者应当知道侵权人。实践中，存在当事人仅知道侵权行为但无法知道侵权人的情况，此时诉讼时效已经起算，有可能等当事人知道侵权人并起诉时，诉讼时效已经过了。现行《专利法》对诉讼时效修改后，该问题即迎刃而解。

诉讼时效的规定在实践中的贯彻还存在一个难以解决的问题：有时专利权人或者利害关系人得知或者应当得知他人使用其发明之日起超过3年，是否可以不受诉讼时效的限制，要求侵权人对起诉之日起3年前的侵权行为承担损害赔偿责任。为解决这一问题，最高人民法院颁布的《审理专利纠纷案件适用法律规定》（2020年修正）第17条规定：权利人超过3年起诉的，如果侵权行为在起诉时仍在继续，在该项专利权有效期内，人民法院应当判决被告停止侵权行为，侵权损害赔偿额应当自权利人向人民法院起诉之日向前推算3年计算。这一规定部分地解决了专利司法实践中出现的侵权诉讼时效问题，但仍有问题没有解决。例如，针对不间断的专利侵权行为，是否允许专利权人或者利害关系人在得知或者应当得知侵权之日起，在专利权的有效期限内都可以起诉专利侵权行为。如果允许这样做，就会不利于稳定社会关系，也不利于权利人积极行使权利。本书主张，在保持法律规定不变的情况下，完善司法解释的规定也是一种重要方式。〔22〕

七、确认不侵权制度

请求确认不侵权之诉是近年来在知识产权领域出现的新类型案件。在知识产权侵权纠纷中，维权的主动性掌握在权利人手中，权利人可以自主地决定以何种方式何时主张权利。依民法理论，权利人自主处分其民事权利无可非议，但是知识产权具有无形性，其权利边界模糊导致侵权与否公众并不易确定，因而知识产权维权可能会更多地涉及社会关系中其他人的利益。如果权利人不及时行使其权利，公众特别是被权利人"指控"的涉嫌侵权人的生产与经营将长期处于不稳定之中，这种不稳定可能带来现实的损害。专利权领域更是如此。

在专利领域，常出现如下困境：专利权人轻率地向与其有竞争关系的制造商、经销商或客户等发出律师函或警告信，或在公开媒体上发表声明，对他人进行侵权指控和威胁，但却在相当长的期间内并不向管辖法院提起诉讼。此时，作为被控侵权方，其一方面难以最终准确判断自己行为究竟是否合法；另一方面也无从知晓权利人会否起诉和何时起诉，此种权利的不确定状态无疑会对被控侵权方可能的合法经营造成相当的损害。如何衡平专利权人和社会公众间的利益冲突，确认不侵权之诉可谓是制约专利权滥用和有效保护被控侵权方合法权益的平衡器。

最高人民法院曾于2002年7月12日就某请示案作出〔2001〕民三他字第4号批复，将确认不侵权制度引入了知识产权领域。为进一步规范和完善确认不侵权诉讼制度，防止被告动

〔22〕 相关研究，参见廖志刚：《专利侵权诉讼时效研究》，载《现代法学》2007年第1期。

辄提起确认不侵权之诉,在总结审判经验的基础上,《审理侵犯专利权案件应用法律解释》第18条规定,权利人向他人发出侵犯专利权的警告,被警告人或者利害关系人经书面催告权利人行使诉权,自权利人收到该书面催告之日起1个月内或者自书面催告发出之日起2个月内,权利人不撤回警告也不提起诉讼,被警告人或者利害关系人向人民法院提起请求确认其行为不侵犯专利权的诉讼的,人民法院应当受理。

可见,上述司法解释明确了提起此类诉讼的具体条件,特别是被警告人或其利害关系人的书面催告义务,从而为提起确认不侵权之诉提供了依据与具体操作规则,值得肯定。

第三节 专利行政执法

现行《专利法》第65条规定:未经专利权人许可,实施其专利,即侵犯其专利权,引起纠纷的,由当事人协商解决;不愿协商或者协商不成的,专利权人或者利害关系人可以向人民法院起诉,也可以请求管理专利工作的部门处理。由此可见,在我国解决专利侵权纠纷的机关是管理专利工作的部门和人民法院。也就是说,处理专利侵权的行政途径与司法途径是并行的,当事人可以根据自己的意愿进行选择。

一、专利行政管理部门

(一)我国专利行政管理部门的沿革

专利侵权涉及专利权人的财产,从实质上讲是民事违法行为,本应由法院受理、审判。世界上绝大多数国家都是通过民事诉讼途径来解决专利纠纷的。我国则赋予了管理专利工作的部门这一权利,这主要是考虑到我国专利制度建立的时间不长,专利司法力量不够强,而管理专利工作的部门比较熟悉专利业务,赋予管理专利工作的部门解决专利纠纷的权力,可以及时、有效地维护专利权人的合法权益。这样做是符合我国实际情况的。[23]

根据《专利法实施细则》第79条的规定,管理专利工作的部门,是指由省、自治区、直辖市人民政府以及专利管理工作量大又有实际处理能力的设区的市人民政府设立的管理专利工作的部门。

根据2018年第十三届全国人民代表大会第一次会议审议的《国务院机构改革方案》关于国务院其他机构调整(九)的规定,重新组建国家知识产权局。将国家知识产权局的职责、国家工商行政管理总局的商标管理职责、国家质量监督检验检疫总局的原产地地理标志管理职责整合,重新组建国家知识产权局,由国家市场监督管理总局管理。2018年9月,中央机构编制委员会办公室颁布《国家知识产权局职能配置、内设机构和人员编制规定》,其第2条规定:"国家知识产权局是国家市场监督管理总局管理的国家局,为副部级。"第3条规定:"国家知

〔23〕 对专利管理机关在处理专利纠纷中所处的法律地位,一直存在不同的认识,主要有:(1)专利管理机关调处专利纠纷属于行政执法行为,具有行政仲裁的性质,不是具体的行政行为;(2)专利管理机关是一种准司法机关,它在行使执法职能时,具有一种特殊的法律地位,它略高于普通行政管理手段,但又未达到司法管理的程度;(3)专利管理机关处理专利纠纷也是一种行政执法行为,其所作的决定是一种行政决定。本书同意第三种观点。

识产权局贯彻落实党中央关于知识产权工作的方针政策和决策部署，在履行职责过程中坚持和加强党对知识产权工作的集中统一领导。主要职责是：……（四）负责知识产权的审查注册登记和行政裁决。实施商标注册、专利审查、集成电路布图设计登记。负责商标、专利、集成电路布图设计复审和无效等行政裁决。拟订原产地地理标志统一认定制度并组织实施。（五）负责建立知识产权公共服务体系。建设便企利民、互联互通的全国知识产权信息公共服务平台，推动商标、专利等知识产权信息的传播利用。……”

在中国专利法甚至整个知识产权立法中，知识产权行政管理部门被赋予了相当重要的职权。行政处理包括专利权纠纷在内的知识产权纠纷是中国知识产权制度的一个重要特点。就专利法来说，除了处理专利纠纷外，专利行政部门还具有专利管理的职能。例如，现行《专利法》第3条规定：“国务院专利行政部门负责管理全国的专利工作；统一受理和审查专利申请，依法授予专利权。省、自治区、直辖市人民政府管理专利工作的部门负责本行政区域内的专利管理工作。”值得说明的是，近年来，国务院专利行政部门陆续建设开通了多个服务系统，提供专利信息的在线检索查询。但社会各方对专利信息公共服务的需求仍在不断提高，特别是希望提供专利信息基础数据的批量下载。2014年全国人大常委会执法检查报告指出了“专利基础信息资源开放不充分，高质量的专利基础信息平台建设滞后”等问题，建议“推进专利基础信息资源的开放和利用”。为更好落实现行专利法规定的国务院专利行政部门完整、准确、及时发布专利信息的职责，推进政务公开，提供高质量的专利信息公共服务，现行《专利法》在第21条第2款增加国务院专利行政部门“加强专利信息公共服务体系建设”“提供专利基础数据，定期出版专利公报，促进专利信息传播与利用”的义务。[24]

（二）管理专利工作的部门调处纠纷的管辖及案件范围

处理本地区、本部门的专利纠纷是专利管理机构的基本职责之一。根据《专利法实施细则》第81条的规定，当事人请求处理专利侵权纠纷或者调解专利纠纷的，由被请求人所在地或者侵权行为地的管理专利工作的部门管辖。两个以上管理专利工作的部门都有管辖权的专利纠纷，当事人可以向其中一个管理专利工作的部门提出请求；当事人向两个以上有管辖权的管理专利工作的部门提出请求的，由最先受理的管理专利工作的部门管辖。管理专利工作的部门对管辖权发生争议的，由其共同的上级人民政府管理专利工作的部门指定管辖；无共同上级人民政府管理专利工作的部门的，由国务院专利行政部门指定管辖。第82条规定，在处理专利侵权纠纷过程中，被请求人提出无效宣告请求并被国务院专利行政部门受理的，可以请求管理专利工作的部门中止处理。管理专利工作的部门认为被请求人提出的中止理由明显不能成立的，可以不中止处理。此外，关于上述纠纷调处的地域管辖，专利侵权纠纷由侵权行为发生地管理专利工作的部门调处；专利申请权纠纷案件由被请求人所在地管理专利工作的部门调处；临时保护纠纷案件由实施行为发生地管理专利工作的部门调处；对两个以上管理

---

〔24〕 参见《专利法》第21条。《专利法实施细则》第91条规定，国务院专利行政部门应当提供专利公报、发明专利申请单行本以及发明专利、实用新型专利、外观设计专利单行本，供公众免费查阅；第92条规定，国务院专利行政部门负责按照互惠原则与其他国家、地区的专利机关或者区域性专利组织交换专利文献。这些规定，有利于保障国务院专利行政部门履行传播专利信息的职责。此外，《专利法实施细则》第80条还规定，国务院专利行政部门应当对管理专利工作的部门处理专利侵权纠纷、查处假冒专利行为、调解专利纠纷进行业务指导。

专利工作的部门都享有管辖权的专利纠纷案件,由最先接到调处请求的管理专利工作的部门调处。

对管理专利工作的部门的处理决定不服的,可以向人民法院起诉。根据最高人民法院关于专利案件的管辖规定,当事人不服处理决定的,如果作出处理决定的管理专利工作的部门所在地的中级人民法院对专利案件有管辖权,可以向该中级人民法院起诉;如果无管辖权,可以向管理专利工作的部门所属省、自治区、直辖市人民政府所在地中级人民法院起诉。如果在规定时间内不起诉又不履行管理专利工作的部门的决定的,管理专利工作的部门可以请求人民法院强制执行。

根据《专利法实施细则》第85条的规定,除《专利法》规定的处理专利侵权纠纷外,管理专利工作的部门还可以应当事人的请求对以下纠纷进行调处:(1)专利申请权和专利权归属纠纷,如是否属于职务发明创造以及职务发明创造是否应提出专利申请的纠纷,关于协作(合作)完成或者接受委托完成的发明创造,谁有权申请专利的纠纷;(2)发明人、设计人资格纠纷,如关于谁是发明人或设计人的纠纷;(3)职务发明创造的发明人、设计人的奖励和报酬纠纷;(4)在发明专利申请公布后专利权授予前使用发明而未支付适当费用的临时保护纠纷;(5)其他专利纠纷。对于前款第(4)项所列的纠纷,当事人请求管理专利工作的部门调解的,应当在专利权被授予之后提出。这里的"其他专利纠纷",如专利合同纠纷等。

(三)与相关程序的衔接及时效问题

根据《专利法实施细则》的规定,当事人因专利申请权或者专利权的归属发生纠纷,已请求管理专利工作的部门调解或者向人民法院起诉的,可以请求国务院专利行政部门中止有关程序。依照这一规定请求中止有关程序的,应当向国务院专利行政部门提交请求书,并附具管理专利工作的部门或者人民法院的写明申请号或者专利号的有关受理文件副本。管理专利工作的部门作出的调解书或者人民法院作出的判决生效后,当事人应当向国务院专利行政部门办理恢复有关程序的手续。自请求中止之日起1年内,有关专利申请权或者专利权归属的纠纷未能结案,需要继续中止有关程序的,请求人应当在该期限内请求延长中止。期满未请求延长的,国务院专利行政部门自行恢复有关程序。

请求管理专利工作的部门处理专利纠纷的时效为3年,自专利权人或者利害关系人得知或者应当得知之日起计算。管理专利工作的部门调处专利纠纷所适用的法律和调处程序与我国人民法院审理专利侵权纠纷和其他纠纷基本相同。

二、专利行政执法

(一)专利行政执法及其必要性与合理性

在我国,专利权的行政执法(以下简称专利行政执法)是专利权保护的重要组成部分。相对于专利权的司法保护而言,专利行政执法具有程序简便的特点,能够节省当事人的维权成本。而且,不同于司法的被动保护,行政执法既可以是被动接受当事人的投诉而进行保护,也可以是依据相应的职权主动保护。[25] 通过专利行政执法处理的专利侵权案件相当多，也是我国专利权保护的一个重要特点。[26]

专利行政执法包括两个方面：(1)查处假冒专利案件，比如当事人是否在未被授予专利权的产品上标注专利标识，是否未经许可在产品上标注他人的专利号等。(2)处理专利侵权纠纷，这往往需要较高的专业知识，须对一方实施的技术方案是否落入另一方的专利权保护范围作出判断。结合新一轮国务院机构改革的情况，现行《专利法》对专利行政执法进行了修改，查处假冒专利的案件，由负责专利执法的部门（主要是市场监督局中的执法大队）具体执法，而相对复杂的专利侵权纠纷，则由管理专利工作的部门（主要是各级知识产权局）负责。

专利行政执法在专利权的保护中占有重要地位，可以从以下几方面加以理解：专利权是民事主体享有的一种重要民事权利，也是一种私权。对于这种私权可以进行行政保护，追究侵权人的行政责任，其理由主要在于：第一，现实中一些比较严重的侵犯专利权的行为，不仅侵害了专利权人的专有权益，而且妨碍了国家专利管理秩序，侵害了国家与社会公众的利益，从而触犯了国家行政管理法规，应使违反行政法律规范所规定的义务而造成后果的侵权人承担行政责任。这也可以在《民法典》第 187 条的规定中找到依据。第二，"民事权利"和"民事权利保护"并不是同一概念，民事权利的保护不限于民事方法，也可以是行政甚至刑事的方法。第三，从法理上讲，同一行为可以形成民事法律关系与行政法律关系，两者发生交叉、重叠。对交叉、重叠的一部分社会关系，既可以适用民事法律规范，也可以适用行政法律规范，两者并行不悖。第四，从保护效果上看，行政处理比民事手段来得更直接、迅速，具有直接的强制性、处罚性，对侵权行为更具有威慑力。[27]

正是因为专利行政执法具有存在的合理性，中国自 1984 年颁布《专利法》以来，一直保留了保护专利权的行政执法措施。这既是中国专利权保护的重要特色，也是中国专利权保护与很多国家专利制度相区别的重要特点。实践证明，专利行政执法符合中国的国情，对于及时制止专利侵权行为，维护专利权的合法权益，维护社会经济关系的稳定起了重要作用。

（二）现行《专利法》对专利行政执法职权的强化

由于专利行政执法在中国专利权保护中一直占有重要地位，现行《专利法》不但保留了这一模式，并且加大了处罚标准。具体地说，体现在以下几个方面：

---

〔25〕 例如，现行《专利法》第 65 条规定："未经专利权人许可，实施其专利，即侵犯其专利权，引起纠纷的，由当事人协商解决；不愿协商或者协商不成的，专利权人或者利害关系人可以向人民法院起诉，也可以请求管理专利工作的部门处理。管理专利工作的部门处理时，认定侵权行为成立的，可以责令侵权人立即停止侵权行为，当事人不服的，可以自收到处理通知之日起十五日内依照《中华人民共和国行政诉讼法》向人民法院起诉；侵权人期满不起诉又不停止侵权行为的，管理专利工作的部门可以申请人民法院强制执行。进行处理的管理专利工作的部门应当事人的请求，可以就侵犯专利权的赔偿数额进行调解；调解不成的，当事人可以依照《中华人民共和国民事诉讼法》向人民法院起诉。"从这一规定可以看出，在中国，对专利侵权纠纷的解决，管理专利工作的部门应专利权人或者利害关系人的请求进行处理，不仅可以责令侵权人立即停止侵权行为，还可以就侵犯专利权的赔偿数额进行调解。

〔26〕 还可以认为，知识产权行政执法，是中国知识产权保护的重要特点。知识产权行政执法与知识产权司法保护，被称为中国知识产权保护的所谓"两条途径、协调处理"保护机制。除这里介绍与探讨的专利行政执法外，在中国的《著作权法》《商标法》等知识产权专门法律中，分别赋予了著作权行政管理部门和商标行政管理部门处理著作权和商标权案件的职权。参见现行《著作权法》第 7 条、第 53 条，《商标法》第 2 条、第 61 条、第 62 条。

〔27〕 参见冯晓青主编：《知识产权法》，中国政法大学出版社 2008 年版，第 37～38 页。

一是调整执法机构。2008 年《专利法》第 63 条、第 64 条规定,假冒专利案件和专利侵权纠纷都由“管理专利工作的部门”负责执法,现行《专利法》考虑到了知识产权局的机构改革问题,根据现行《专利法》第 68 条、第 69 条的规定,假冒专利的执法交由“负责专利执法的部门”,而专利侵权纠纷则由“管理专利的部门”负责。

二是提高了行政处罚标准。2008 年《专利法》第 63 条规定:“假冒专利的,除依法承担民事责任外,由管理专利工作的部门责令改正并予公告,没收违法所得,可以并处违法所得四倍以下的罚款;没有违法所得的,可以处二十万元以下的罚款;构成犯罪的,依法追究刑事责任。”现行《专利法》将罚款“四倍以下”提升至“五倍以下”,将没有违法所得或者违法所得在5万元以下的罚款从“二十万元”提升至“二十五万元”。现行《专利法》第 68 条规定:“假冒专利的,除依法承担民事责任外,由负责专利执法的部门责令改正并予公告,没收违法所得,可以处违法所得五倍以下的罚款;没有违法所得或者违法所得在五万元以下的,可以处二十五万元以下的罚款;构成犯罪的,依法追究刑事责任。”现行法之所以提高对专利侵权或者违反专利法的假冒专利行为的行政处罚标准,是因为只有严厉制裁这些违法行为,才能在实践中对其进行有效遏制。提高行政处罚标准,体现了《专利法》加强专利权行政保护的用心。无疑,通过加强对假冒专利行为的行政打击力度,有利于维护专利权人的合法权益,净化专利市场,提高专利在社会生活中的信誉。

三是调整执法层级。现行《专利法》调整了执法的层级,原则上,专利执法应当遵循“属地管辖”原则,即专利侵权行为发生在何地即由当地的专利行政部门进行处理。但为强化行政执法,现行《专利法》新增第 70 条,明确了国务院专利行政部门及各级管理专利工作部门在处理侵权纠纷方面的职责。其第 70 条规定:“国务院专利行政部门可以应专利权人或者利害关系人的请求处理在全国有重大影响的专利侵权纠纷。地方人民政府管理专利工作的部门应专利权人或者利害关系人请求处理专利侵权纠纷,对在本行政区域内侵犯其同一专利权的案件可以合并处理;对跨区域侵犯其同一专利权的案件可以请求上级地方人民政府管理专利工作的部门处理。”

四是完善行政执法措施。依据 2008 年《专利法》第 64 条的规定,只有在查处假冒专利的违法行为时,执法机关才有权采取强制措施,包括询问调查权,现场检查权,对与涉嫌违法行为有关的资料的查阅、复制权,产品检查权和对侵权产品的查封、扣押权。但在处理一般专利侵权纠纷时,专利行政管理部门并没有相应强制措施,导致实践中,即便认定侵权行为成立的,也只能责令停止侵权行为。由于缺少有效的执法手段,即便事实清楚,侵权人也往往拒不履行或者拖延履行。申请人民法院强制执行的,又会因为“责令停止侵权”的行政决定没有可操作的实际内容而难以执行。相比之下,在处理商标、著作权侵权行为时,除可责令立即停止侵权外,还可没收、销毁侵权物品以及侵权用的相关工具等。基于此,2015 年《专利法修订草案(送审稿)》第60 条第2 款规定:对群体侵权、重复侵权等扰乱市场秩序的故意侵犯专利权行为,专利行政部门可以依法查处,责令侵权人立即停止侵权行为,并可以没收侵权产品、专门用于制造侵权产品或者使用侵权方法的零部件、工具、模具、设备等。对重复侵犯专利权的行为,专利行政部门可以处以罚款,非法经营额 5 万元以上的,可以处非法经营额 1 倍以上 5 倍以下的罚款;没有非法经营额或者非法经营额 5 万元以下的,可以处 25 万元以下的罚款。现行《专利法》第69条在2008年《专利法》第64条的基础上进行了完善，也适当吸收了上述送审稿的规定。其第1款规定："负责专利执法的部门根据已经取得的证据，对涉嫌假冒专利行为进行查处时，有权采取下列措施：（一）询问有关当事人，调查与涉嫌违法行为有关的情况；（二）对当事人涉嫌违法行为的场所实施现场检查；（三）查阅、复制与涉嫌违法行为有关的合同、发票、账簿以及其他有关资料；（四）检查与涉嫌违法行为有关的产品；（五）对有证据证明是假冒专利的产品，可以查封或者扣押。"其第2款规定："管理专利工作的部门应专利权人或者利害关系人的请求处理专利侵权纠纷时，可以采取前款第（一）项、第（二）项、第（四）项所列措施。"其第3款规定："负责专利执法的部门、管理专利工作的部门依法行使前两款规定的职权时，当事人应当予以协助、配合，不得拒绝、阻挠。"

本章案例研讨

专利侵权诉讼中专利权被宣告无效的处理

上海某工艺品有限公司、上海某国际贸易有限公司等侵害实用新型专利权纠纷案〔28〕

厦门某宠物用品公司（以下简称某宠物用品公司）系专利号201120130920.7、专利名称"一种可扩展宠物活动空间的折叠宠物包"实用新型专利权人。其指控上海某工艺品公司、某贸易公司、上海某商贸公司侵害其实用新型专利权，向上海知识产权法院提起诉讼。

上海知识产权法院受理后，于2019年3月15日判决被告承担对原告的侵权赔偿责任，驳回原告其他诉讼请求。此外，在一审过程中，某贸易公司曾对涉案专利权提起无效宣告请求。在未获得支持后，其再次提出无效宣告请求。

某工艺品公司、某贸易公司、某商贸公司不服上海知识产权法院作出的民事判决，向最高人民法院提起上诉。最高人民法院于2019年8月7日立案。最高人民法院将本案二审争议焦点问题归纳为：（1）涉案专利权被宣告无效，无效宣告请求审查决定尚未生效时能否继续审理本案；（2）被诉侵权技术方案是否落入涉案专利权保护范围；（3）被诉侵权技术方案是否属于现有技术；（4）某贸易公司是否构成共同侵权；（5）某商贸公司合法来源抗辩是否成立；（6）原审判决确定的赔偿数额是否适当。

在该案二审中，国家知识产权局作出第42072号无效宣告请求审查决定，宣告涉案专利权全部无效。某宠物用品公司对该无效决定不服，据此提起行政诉讼，该无效决定在本案二审判决前尚未生效。关于涉案专利权被宣告无效，无效宣告请求审查决定尚未生效时能否继续审理本案的问题，最高人民法院认为：虽然第42072号决定对涉案专利权宣告全部无效，但该决定尚处在行政诉讼程序中而未生效，涉案专利尚为有效专利，故最高人民法院对本案可继续审理。

关于被诉侵权技术方案是否落入涉案专利权保护范围的问题，最高人民法院认为：遮挡面

〔28〕 最高人民法院（2019）最高法知民终280号民事判决书。

用于支撑布面的支撑骨架是否包括拉链，并不影响涉案专利权利要求1记载的遮挡面和扩展面、包体之间的连接关系。某工艺品公司、某贸易公司在一审已确认被诉侵权产品的技术特征与涉案专利权利要求1、2、3、5、7包含的全部技术特征完全一致，其与某商贸公司现主张存在上述不同的区别技术特征，没有事实和法律依据，对此不予支持。故被诉侵权技术方案落入涉案专利权保护范围。

关于被诉侵权技术方案是否属于现有技术的问题，最高人民法院认为：《最高人民法院关于审理侵犯专利权纠纷案件应用法律若干问题的解释》第14条第1款规定，被诉落入专利权保护范围的全部技术特征，与一项现有技术方案中的相应技术特征相同或者无实质性差异的，人民法院应当认定被诉侵权人实施的技术属于《专利法》第62条规定的现有技术。根据该规定，在审查现有技术抗辩时，应将被诉侵权技术方案与现有技术进行对比，以主张保护的专利权利要求记载的全部内容为参照，确定被诉侵权技术方案中被诉落入专利权利要求保护范围的技术特征，并判断现有技术中是否公开了与之相同或者等同的技术特征，在现有技术并未公开被诉侵权技术方案的全部技术特征时，不能认定被诉侵权技术方案属于现有技术。

关于某工艺品公司、某贸易公司及某商贸公司主张其实施的是与宠物袋技术方案无实质性差异的现有技术，因宠物袋技术方案中侧壁与袋体的连接方式，是通过接合件伸展并整体向外拉开的方式实现，在扩展袋体内部空间时，该侧壁仍作为接合件的侧壁存在，与形成扩展的宠物活动空间的底面不同，即现有技术中并未公开扩展面以底边为转轴向外翻转，形成该扩展的宠物活动空间的底面的技术特征，且该技术特征也不是结合公知常识或其他现有技术内容能够显而易见、无须付出创造性劳动可获得的，故不能认定被诉侵权技术方案因此属于现有技术。本案中，现有技术中未公开扩展面以底边为转轴向外翻转，形成该扩展的宠物活动空间的底面的技术特征，且该技术特征也不是结合公知常识或其他现有技术内容能够显而易见、无须付出创造性劳动可获得的，故不能认定被诉侵权技术方案因此属于现有技术。

综合以上内容，某工艺品公司、某贸易公司及某商贸公司应就其各自的行为承担相应的法律责任。

关于某贸易公司是否构成共同侵权的问题，最高人民法院认为：考虑到两公司之间的关联关系，以及某贸易公司未披露被诉侵权产品的来源，上海知识产权法院认定某工艺品公司与某贸易公司共同制造、销售了被诉侵权产品并无不当。

关于某商贸公司合法来源抗辩是否成立的问题，最高人民法院认为：根据《最高人民法院关于审理侵犯专利权纠纷案件应用法律若干问题的解释（二）》第25条第3款的规定，对于合法来源，使用者、许诺销售者或者销售者应当提供符合交易习惯的相关证据。某商贸公司在原审中缺席，未就合法来源提出抗辩。某工艺品公司、某贸易公司亦对被诉侵权产品本身存有质疑，认为王某自某商贸公司取得、销售给某宠物用品公司的该产品，不能确定某商贸公司是否自某工艺品公司或某贸易公司处获得，某商贸公司二审提交的证据在没有其他证据佐证的情况下，其合法来源主张缺乏事实依据，该抗辩不能成立。某商贸公司应就其销售被诉侵权产品的行为承担相应的赔偿责任。

关于原审判决确定的赔偿数额是否适当的问题，最高人民法院认为：上海知识产权法院综合考量各方面因素，在法定赔偿的限额范围内酌情确定含维权合理费用在内的经济损失80万元，并无不当。

在上述认定基础上，最高人民法院二审判决驳回上诉，维持原判。

本案属于专利权侵权纠纷案。与一般专利侵权纠纷案不同之处在于，在专利侵权诉讼过程中，涉案专利被提起无效宣告请求，并被行政决定宣告全部无效，但在诉讼中涉案专利权确权诉讼仍然未结案，此时审理该侵权案件的法院的做法将决定案件的走向。最高人民法院根据本案的案情，决定继续审理，并在评价现有技术抗辩等问题的基础上作出判决。最高人民法院司法解释对于专利侵权诉讼中当事人提出无效宣告请求问题的衔接程序作了原则性规定，在侵权诉讼实践中则需要根据个案确定继续审理直至作出判决还是予以中止，等待专利权无效诉讼程序走完再视情况恢复侵权诉讼程序。本案还涉及被诉侵权技术方案中现有技术的界定、合法来源抗辩、共同侵权以及如何适用法定赔偿标准等法律问题。本案为人民法院解决专利侵权诉讼中的上述问题提供了指引。

◈ 恶意提起专利侵权诉讼的界定标准

宿迁某酿酒厂与宿迁某酒业有限公司恶意提起专利侵权诉讼损害责任纠纷案〔29〕

2013 年 7 月 10 日，某酿酒厂的员工李某向国家知识产权局申请了 ZL201330319767.7“酒盒（中国梦传奇 3）”等四件外观设计专利（以下简称涉案专利），2013 年 12 月 4 日获得授权。后李某以独占许可的方式许可某酿酒厂实施涉案专利。2016 年 6 月，某酿酒厂以涉案专利独占实施被许可人的身份，向一审法院提起（2016）苏 01 民初 858、859、860 号三个案件诉讼，主张某酒业公司生产销售的三种白酒产品侵害了其涉案专利权，并要求某酒业公司停止生产销售并支付赔偿款。2016 年 12 月，国家知识产权局专利复审委员会以涉案专利上标注的“洋河”与江苏洋河酒厂股份有限公司（以下简称洋河酒厂）的第 1470448 号注册商标的“洋河”构成相似商标，易使相关公众对商品的来源产生误认或者认为其来源与第 1470448 号注册商标的商品有特定的联系，涉案专利与他人在申请日以前已经取得的合法权利相冲突，不符合《专利法》第 23 条第 3 款的规定，作出第 30928、30929、30930、30937 号《无效宣告请求审查决定书》，宣告上述四件外观设计专利权全部无效。针对（2016）苏 01 民初 858、859、860 号三个案件，一审法院依法裁定驳回了某酿酒厂的起诉。

某酿酒厂又向南京市中级人民法院起诉某酒业公司侵害其外观设计专利权。南京市中级人民法院将该案焦点问题归纳为原告是否存在恶意诉讼情形。所谓恶意诉讼，通常是指当事人以获取非法或不正当利益为目的而故意提起一个在事实上和法律上无根据之诉，并致使相对人在诉讼中遭受损失的行为。某酿酒厂的行为符合恶意提出知识产权诉讼的构成要件。首先，某酿酒厂实施了向某酒业公司提起三起知识产权诉讼的行为。某酒业公司诉称某酿酒厂

〔29〕 江苏省高级人民法院（2018）苏民终 119 号民事判决书。另参见南京市中级人民法院（2017）苏 01 民初 1368 号民事判决书。

向相关行政机关投诉某酒业公司、向某酒业公司的经销商发布不实消息,因未举证加以证明,不予认定。其次,某酿酒厂具有过错。民事诉讼法规定的诚实信用原则要求当事人应当善意地行使法律赋予的诉讼权利,不得滥用诉讼权利。提出请求的一方当事人明知其请求缺乏正当理由,以有悖于权利设置时的目的的方式,不正当地行使诉讼权利,意图使另一方当事人受到财产或信誉上的损失,构成主观恶意。

南京市中级人民法院认为,本案中2014年宿迁市中级人民法院(2013)宿中知民初字第0047号判决已明确认定某酿酒厂在其生产销售的“46度蓝色典藏M6”“42度蓝色典藏A9”等字样的行为侵犯了洋河酒厂享有的第1470448号“洋河”注册商标专用权。虽然本案所涉的ZL201330319767.7“酒盒(中国梦传奇3)”等外观设计专利与上述判决中涉及的包装有所不同,但设计图片中均包含有“江苏洋河”字样。某酿酒厂作为该判决的当事人,至迟在该判决生效时应明知本案所涉四外观设计专利中的“洋河”字样侵害了案外人的“洋河”商标权。某酿酒厂明知四涉案外观设计专利不符合《专利法》第23条第3款规定的情况下,仍向某酒业公司提出外观设计专利侵权诉讼,明显有违民事诉讼法规定的诚信原则,系对诉讼权利的滥用,具有明显的恶意,主观上有过错。

基于上述认定,南京市中级人民法院判决酿酒厂向某酒业公司赔偿损失140225元,并驳回某酒业公司其他诉讼请求。

某酿酒厂不服南京市中级人民法院一审判决,向江苏省高级人民法院提起上诉。江苏省高级人民法院于2018年1月24日立案。其将涉案三起诉讼焦点问题归纳为:某酿酒厂提起诉讼的行为是否具有主观恶意;如构成恶意诉讼,一审判决确定的赔偿额是否适当。江苏省高级人民法院认为:恶意提起知识产权诉讼是指行为人明知自己提起知识产权诉讼无事实或者法律依据,仍以损害他人合法权益或者获取非法利益为目的,故意针对他人提起知识产权诉讼,造成他人损害的行为。判断是否构成恶意提起知识产权诉讼应重点考量如下要件:(1)行为人提起知识产权诉讼无事实或法律依据。常常表现为行为人没有知识产权权利或者行为人虽然享有形式上“合法”的知识产权权利,但因该知识产权权利系恶意取得等多种原因而不具有实质上的正当性。在恶意取得的情形下,一般而言是行为人在主观上明知或者应当知道其形式上“合法”的知识产权权利系建立在侵害他人合法权利的基础之上。(2)行为人提起诉讼主观上具有恶意。该主观恶意主要表现为:行为人提起知识产权诉讼时,明知其提起知识产权诉讼无事实或法律依据,且行为人提起知识产权诉讼是以损害他人合法权益或者意图使自己获取非法利益作为目的。(3)行为人恶意提起知识产权诉讼给他人造成了损失,且损失与行为人恶意提起知识产权诉讼具有因果关系。

具体到本案,江苏省高级人民法院认为某酿酒厂提起涉案三起诉讼的行为符合上述构成要件,构成恶意提起知识产权诉讼。

首先,某酿酒厂提起涉案三起诉讼的权利基础不具有正当性。证据表明,某酿酒厂在涉案外观设计专利中标注“洋河”字样,已经侵犯了洋河酒厂的在先注册商标专用权。《无效宣告请求审查决定书》亦清楚载明,涉案四件外观设计专利权全部无效。某酿酒厂将洋河酒厂合法持有的在先注册商标以部分设计元素的形式嵌入外观设计专利,该行为不但显著违反了专利法明确规定、破坏专利制度秩序,同时也侵害了商标权人的合法权利,扰乱了正常的商标注册、管理秩序，损害了公平竞争、健康有序的市场环境。涉案四个外观设计专利权利基础不具有正当性。

其次，某酿酒厂对于提起涉案三起诉讼据以主张的权利基础不具有正当性，处于应有明确认知的主观状态。在宿迁市中级人民法院已经认定某酿酒厂在其生产的白酒外包装上标有“中国洋河”“江苏洋河”字样，侵犯了洋河酒厂的商标专用权的情况下，某酿酒厂仍然在产品外包装上显著标注“洋河”字样，以申请外观设计专利的方式把他人的商标作为产品包装设计的一部分，其采取不正当手段攀附他人商誉的主观故意亦非常明显。

再次，某酿酒厂在明知其权利基础不具有正当性的前提下，仍然提起涉案三起诉讼并且意图获取不当利益。基于某酿酒厂对其据以起诉的权利基础并不具备正当性持明确认知的主观状态，且以不正当的权利基础受到侵害为由提出赔偿诉请，其诉讼行为具有恶意获取不当利益的目的性。

最后，某酿酒厂恶意提起知识产权诉讼的行为给某酒业公司造成了损失。

基于上述认定，江苏省高级人民法院判决驳回上诉，维持原判。

本案属于外观设计专利侵权诉讼中权利人滥用诉权、恶意诉讼的案件。包括专利权在内的任何民事权利的保护均有其合法边界，权利不得滥用。在行使诉权的权利的获得本身存在瑕疵，特别是侵害他人在先权利的情况下，如果权利人明知该权利的保护不存在合法基础，却仍然为了获取高额赔偿而向他人主张权利，则构成恶意诉讼。恶意诉讼不但不能受到法律保护，反而因为其行为对被提起诉讼的主体造成损害而应进行赔偿，这就是恶意诉讼“反赔”问题。本案为专利侵权诉讼中如何规制恶意诉讼问题提供了重要启发和指引。

◈ 恶意提起专利侵权诉讼的反赔问题

北京某水泥制品有限责任公司与北京某混凝土制品有限公司因恶意提起知识产权诉讼损害责任纠纷案〔30〕

北京某水泥制品有限公司（以下简称某水泥公司）诉北京某钢混凝土制品有限公司（以下简称某混凝土公司）因恶意提起知识产权诉讼损害责任纠纷一案，北京知识产权法院受理后，认为争议焦点在于某混凝土公司起诉某水泥公司侵害涉案专利权（第747号案）的行为，是否构成恶意诉讼。

北京知识产权法院认为，所谓恶意诉讼，通常是指当事人以获取非法或不正当利益为目的而故意提起一个在事实上和法律上无根据之诉，并致使相对人在诉讼中遭受损失的行为。认定某种具体的诉讼行为属于恶意提起知识产权诉讼，至少应当满足以下构成要件：第一，一方当事人以提起知识产权诉讼的方式提出了某项请求，或者以提出某项请求相威胁。第二，提出请求的一方当事人具有主观上的恶意。第三，具有实际的损害后果。第四，提出请求的一方当

---

〔30〕 北京知识产权法院（2015）京知民初字第1446号民事判决书。

事人提起知识产权诉讼的行为与损害后果之间具有因果关系。

对于上述要件1,所谓“提出了某项请求”,通常是指提出请求的一方当事人利用法律赋予的诉讼权利,提起了知识产权诉讼,并且已将另一方当事人拖入了诉讼程序中,也即是受诉法院已经受理该案并已向另一方当事人送达了应诉通知。所谓“以提出某项请求相威胁”,是指提出请求的一方当事人在起诉状中明确提出了某项请求,使另一方当事人陷入了一种不利的境地,而后又在诉讼程序中变更或放弃了该请求的行为。本案中,某混凝土公司在第747号案中起诉某水泥公司侵害其涉案专利权,并要求某水泥公司停止侵权、赔偿损失,后又以撤诉方式放弃了全部诉讼请求,可以视为其已完成提出具体诉讼请求相威胁的行为。

对于上述要件2,所谓恶意,是指提出请求的一方当事人明知其请求缺乏正当理由,以有悖于权利设置时的目的的方式,不正当地行使诉讼权利,意图使另一方当事人受到财产或信誉上的损害。一般来说,当事人提起诉讼,应当对其权利基础是明确知晓的,倘若当事人在缺乏权利依据的情况下提起诉讼,此时易被认定为具有主观上的恶意,反之,则不能认定为具有恶意。由于当事人主观意图的判定具有较强的不确定性,因此应当结合当事人的具体行为及其相关请求等因素来判定其是否具有主观上的恶意。在专利侵权诉讼案件中,因专利法规定有无效宣告请求审查程序,且专利权人可以在此程序中对其专利权利要求书进行权利要求的删除、合并和技术方案的删除,可见,专利的权利基础本身可能并不稳固,专利权的保护范围也可能发生变化,因此判定是否构成恶意提起专利侵权诉讼,应在考虑专利权本身的复杂特性的情况下,结合专利权人在无效宣告程序中的具体行为及其后续提起专利侵权诉讼的行为特点进行综合考虑。

本案中,首先,从某混凝土公司的行为表现来看,某混凝土公司在无效宣告程序中主动放弃了涉案专利中的方法权利要求,又就此向某水泥公司主张方法专利侵权,缺乏基本的事实依据和权利基础;某混凝土公司在无效宣告程序中对涉案专利中的产品权利要求进行了主动的删除、合并,后又在专利侵权案件中依据修改前的产品权利要求向某水泥公司提起侵权诉讼,实际上意味着某混凝土公司就其已经放弃的部分产品权利要求向某水泥公司主张权利,显然缺乏权利依据。由上可见,某混凝土公司在主动放弃和修改涉案专利权利要求后,又基于此部分权利要求向某水泥公司提起专利侵权诉讼,主观上明显具有恶意。其次,某混凝土公司称其因无效宣告程序交由其他代理机构处理、公司内部存在人员流动等缘故而对涉案专利权利要求变动情况不了解,对此北京知识产权法院认为,某混凝土公司对其上述主张并未提交任何证据,且其在无效宣告程序中系主动实施对权利要求的修改行为,却又以提起专利侵权诉讼时对此情况不知晓为由进行辩解,难以令人信服。某混凝土公司作为一家拥有多项专利的企业,其应对专利管理、专利法规等有更为全面的了解。况且,如仅以其自称的内部管理、工作疏忽等原因即可获得责任豁免,则对被拖入诉讼的某水泥公司明显不公平。综合考虑某混凝土公司的行为表现及其抗辩理由,北京知识产权法院认定在案证据足以证明某混凝土公司提起专利侵权诉讼,具有主观上的恶意。

对于上述要件3,因恶意提起知识产权诉讼损害责任纠纷作为另一起知识产权诉讼所引发的纠纷,如果该诉讼并未对当事人造成损害后果,后一纠纷可能就没有存在的必要。对本案而言,某水泥公司为应对某混凝土公司提起的专利侵权诉讼所支付的律师费,的确属于诉讼的合理支出项,也即该诉讼确实造成了某水泥公司经济损失的损害后果。

对于上述要件4,也就是侵权行为与损害后果之间具有因果关系,即损害后果如社会声誉的降低、财产的损失等均是由对方当事人滥用诉讼权利的行为所导致。本案中,考虑到专利案件的复杂性,某水泥公司为维护自身合法权益聘请律师应对诉讼,符合常理,其所支付的律师费与某混凝土公司恶意提起的专利侵权诉讼具有当然的因果关系。

综上所述,某混凝土公司在明知其请求缺乏正当理由的情况下,对某水泥公司恶意提起专利侵权诉讼,致使某水泥公司在诉讼中遭受律师费等经济损失,应当予以赔偿。北京知识产权法院判决某混凝土公司赔偿某水泥公司经济损失,驳回某水泥公司其他诉讼请求。

本案是关于恶意提起知识产权诉讼损害责任纠纷案。恶意提起知识产权诉讼,不但与知识产权保护原则和精神相悖,而且会对被恶意提起人造成损害,败坏社会风气,破坏知识产权保护形成的正当竞争秩序。因此,应对这种行为给与否定性评价。在相关诉讼案件中,法院应当判决恶意诉讼者反赔,以杜绝这类违法行为发生。本案中,法院对于恶意提起知识产权侵权诉讼的条件进行了合理的归纳,并认定了恶意诉讼者的赔偿责任。本案对于知识产权诉讼和维权实践中,如何有效规制恶意诉讼问题,提供了较为重要的指引。

◈ 确认不侵害专利权诉讼的适用条件

兰州某股份有限公司、杭州某电力科技有限公司确认不侵害专利权纠纷案〔31〕

2011年12月6日,兰州某股份有限公司(以下简称某股份公司)向国家知识产权局申请了一种“自加压弹性垫圈”的实用新型专利,2012年9月5日公告授权,专利号为ZL2011××××××.0。该专利至今有效。2017年4月11日,甘肃某律师事务所受某股份公司委托“就浙江某科技评估中心于2017年3月25日为某电力公司产品‘自愈式智能记忆合金垫圈’进行科技成果鉴定一事”向该中心发送律师函。2018年1月24日,某电力公司向杭州市中级人民法院起诉某股份公司,请求确认不侵害专利权。杭州市中级人民法院认为,本案争议焦点在于:(1)某电力公司的起诉是否符合确认不侵权诉讼的起诉条件;(2)某电力公司的“自愈式智能记忆合金垫圈”是否落入涉案专利权保护范围。

杭州市中级人民法院认为,判断原告的起诉是否符合确认不侵权诉讼的起诉条件,应当考虑其起诉是否符合民事诉讼法关于起诉的一般要件及《最高人民法院关于审理侵犯专利权纠纷案件应用法律若干问题的解释》第18条规定的提起确认不侵权诉讼的特别条件,包括:权利人向他人发出明确的侵权警告或声明,使原告的权利处于不稳定或危险的境地,从而危及或可能危及其商业利益;发出侵权警告或声明系有知识产权的权利人所为;权利人收到催告后未在合理期限内向人民法院起诉或请求行政执法部门处理。某股份公司关于其向浙江某科技评估

〔31〕 最高人民法院(2020)最高法知民终46号民事判决书。另参见杭州市中级人民法院(2018)浙01民初198号民事判决书。

中心发送律师函并不影响某电力公司的抗辩不成立。某股份公司在书面催告之日起1个月内或者自书面催告发出之日起2个月内未能提起诉讼或撤回警告，某电力公司提起确认不侵权诉讼符合起诉条件。关于争议焦点二，杭州市中级人民法院认为，“自愈式智能记忆合金垫圈”产品没有包含涉案专利权利要求1、2记载的全部技术特征相同或等同的技术特征，没有落入涉案专利权利要求1、2的保护范围。在上述认定基础上，杭州市中级人民法院判决：确认某电力公司的“自愈式智能记忆合金垫圈”产品未侵犯某股份公司享有的涉案实用新型专利。

某股份公司不服杭州市中级人民法院于2019年10月10日作出的(2018)浙01民初198号民事判决，向最高人民法院提起上诉。最高人民法院认为，本案二审争议焦点问题是：某电力公司的起诉是否符合确认不侵权诉讼的起诉条件；某电力公司案外专利被宣告无效及其提交的“自愈式智能记忆合金垫圈”产品是否符合要求对本案的影响。

最高人民法院认为，权利人主张相对方侵权，但又不通过法定程序予以解决，使相对方处于不确定状态，确认不侵权诉讼的制度目的在于赋予相对方诉权，使其有途径消除这种不确定状态。确认不侵害专利权之诉，其审理范围在于确定被警告方所实施的技术方案是否落入警告方专利权的保护范围，其目的也在于消除被警告方对其所实施的技术方案是否落入他人专利权保护范围不确定的状态，以利于其经营决策。在专利侵权纠纷中，对于纠纷由专利行政部门处理还是由人民法院审理，专利权人有一定的选择权，但无论该纠纷由专利行政部门处理还是由人民法院审理，关键均在于确定被诉侵权产品或方法是否落入涉案专利权的保护范围。就某电力公司的起诉是否符合确认不侵权诉讼的起诉条件而言，某股份公司向浙江某科技评估中心发送律师函，警告某电力公司的“自愈式智能记忆合金垫圈”产品侵犯其“自加压弹性垫圈”实用新型专利权。为此，某电力公司向某股份公司发送的律师函，要求某股份公司如其认为存在侵权情况，应向有权处理知识产权纠纷的法院或有关部门主张，否则应在收函之日起15个工作日内撤回侵权警告内容。根据《最高人民法院关于审理侵犯专利权纠纷案件应用法律若干问题的解释》第18条的规定，被警告人应当在提起确认不侵权诉讼前履行书面催告义务，只要书面催告中包含督促对方正当行使诉权的内容，即依法完成了诉前催告义务，不存在催告内容必须明确对方行使诉权的具体方式的规定。因此，可以认为某电力公司已经履行了书面催告某股份公司行使诉权或撤回警告的义务，某股份公司就此的相关上诉理由不成立。本案中，某股份公司为明确的被告，某电力公司与某股份公司之间的纠纷是知识产权纠纷，某电力公司系知识产权纠纷的利害关系人，对某股份公司提出了明确的诉讼请求，某电力公司的起诉符合民事诉讼法的相关规定。同时，某股份公司在书面催告之日起1个月内或者自书面催告发出之日起2个月内亦未能提起诉讼或撤回警告，某电力公司提起确认不侵权诉讼符合起诉条件。因此，本案某电力公司的起诉既符合民事诉讼法关于起诉的一般要件，又符合提起确认不侵权诉讼的特别条件。

关于某电力公司案外专利被宣告无效以及其提交的“自愈式智能记忆合金垫圈”产品是否符合要求对本案的影响，最高人民法院认为，本案应就某电力公司的“自愈式智能记忆合金垫圈”产品是否侵犯某股份公司的涉案专利进行审查，某电力公司享有的案外专利是否无效与本案争议并无关联关系。因此，其向国家知识产权局原专利复审委员会提出某电力公司享有的案外专利的专利无效宣告申请，并不能阻却某电力公司提起确认不侵权之诉。因此，某股份公司关于某电力公司的案外专利无效而无权提起确认产品不侵权诉讼的说法不成立。

在上述基础上,最高人民法院判决驳回上诉、维持原判。

本案是确认不侵犯专利权纠纷案件。在专利侵权纠纷案件中,这类案件具有特殊性,因为与正常情况下专利侵权诉讼的原告为专利权人或者利害关系人不同,这类侵权诉讼的原告恰恰是被控侵权人。确认不侵权诉讼的价值在于,摆脱被控侵权人是否侵权处于不稳定状态的困扰,维护其从事正常的生产经营活动的自由。在总结司法实践经验基础上,《审理侵犯专利权案件应用法律解释》第18条对确认不侵犯专利权案件的程序和要求作了规定。本案对于如何理审理确认不侵犯专利权纠纷案件提供了较重要的指引。

第十三章 有关专利的国际公约

有关专利的国际公约既有多边性的，也有区域性的。大体上，可分为以下三种类型：一是在国际一级规定实质保护的，有《巴黎公约》和 TRIPs 协议；二是促进在更多的国家获得保护的，如《专利合作公约》《国际承认用于专利程序的微生物保藏布达佩斯条约》《工业品外观设计国际注册海牙协定》；三是关于建立国际专利分类法的，如《国际专利分类斯特拉斯堡协定》《工业品外观设计国际分类洛迦诺协定》。

第一节 《巴黎公约》

一、《巴黎公约》的缔结经过及其特点

《巴黎公约》是知识产权领域第一个世界性的多边公约，也是保护工业产权最主要的一个国际公约。

19 世纪末期，各国专利法的不协调给国际贸易和技术交流带来了很大不便，在国际范围内协调各国工业产权法律的要求越来越强烈。1873 年，奥匈帝国邀请一些国家在维也纳举办国际发明展览会，许多外国厂商由于担心其新技术发明得不到有效的法律保护而不愿参加，于是奥地利政府制定了对博览会展品发明给予临时保护的特别法令。与此同时，一些国家呼吁召开国际会议讨论专利国际保护问题。1883 年，外交会议正式召开，会议于同年 3 月 20 日批准并签署了《巴黎公约》。当时有比利时、巴西、荷兰、瑞士、法国等 11 个国家签了字。此后，加入公约的成员国越来越多。我国于 1985 年 3 月成为巴黎联盟的第 96 个成员国。[1]

《巴黎公约》从一开始就规定定期召开修订会议。现已召开过 6 次外交会议对其进行修订，并分别产生了 6 个修订议定书。目前，绝大多数国家适用的是 1967 年斯德哥尔摩文本。

根据《巴黎公约》的规定，一个国家加入了巴黎联盟，该国国民就可以在联盟的所有成员国要求适用本公约。一个国家加入公约最新议定书后，联盟所有成员国就都受到了约束。退出公约的最新议定书，也视为退出以前所有的议定书，即退出了巴黎联盟。

《巴黎公约》的特点可以概括为以下几方面：(1)《巴黎公约》是一个开放性的国际公约，对所有国家开放。(2)《巴黎公约》是新旧文本并存的公约。公约规定，每个新文本出现后，新的参加国须承认最新文本的最低要求，但新文本产生前原成员国仍旧可按旧文本行事。这一特

---

〔1〕 相关研究，参见朱晋卿、赵元果：《中国专利法与巴黎公约》，载《法学研究》1987 年第 1 期。

点使《巴黎公约》具有永久性。(3)公约的缔约国以保护工业产权为目的组成了一个联盟,并且承认公约所规定的最低保护标准。巴黎联盟由联盟大会、执行委员会和国际局组成。

二、《巴黎公约》对成员国工业产权法的共同要求

(一)国民待遇原则

《巴黎公约》第2条规定了国民待遇问题。公约规定,在保护工业产权方面,任何本联盟成员国的国民,在联盟其他成员国内应享有各该国法律现在和将来给予本国国民的各种权利,无论他们在该国有无永久住所或营业所。对于非缔约国的国民,如果他们在某一缔约国设有住所或者有效的工商营业所,也享有与本联盟成员国同样的待遇。这就是说,缔约国国民在其他缔约国享有与该国国民一样的待遇。

这里的国民,包括自然人和法人。属于自然人的国民,依国籍确定。法人的含义在各国不一致。但一般认为,凡是被法律承认的具有民事权利能力及行为能力的社会组织,可以作为法人而享有国民待遇。国民待遇原则适用的"国家法律"包括成文法、法院判例以及工业产权等管理部门在行政上的惯例在内。

国民待遇原则并不要求给予对等待遇。某国国民在一个成员国所享有的待遇系该国国民所享有的待遇,这种待遇可能高于或低于其在本国取得的待遇。国民待遇也不排除成员国国内法给予外国国民以高于本国国民的待遇,只是这种情况较少出现。

国民待遇原则也有例外情况。《巴黎公约》第2条第3款规定,成员国在涉及工业产权保护领域,对国家法律关于司法和行政程序、司法管辖权以及关于指定送达地址或委派代理人等问题,可以对其他成员国的国民规定不同的待遇。

(二)优先权原则

这项原则体现在公约第4条中。它是指如果某个可享有国民待遇的人首先向一个成员国提出了专利申请或就一项商标提出了注册申请,在一定时期内又向其他成员国提出同样的申请,以第一次申请的日期作为以后提出申请的日期。这个申请日即优先权日。优先权原则是国民待遇原则的具体化,它从地域上把各成员国国民连成一体。

根据公约规定,优先权必须在法定期间内行使。对于发明和实用新型是12个月,对于商标或外观设计为6个月,均从首次提出申请的申请日起算。但公约并不妨碍其成员国或以《巴黎公约》为基本公约的其他公约延长优先权享有的时间。

优先权的享有不受第一次提出申请的结局的影响。第一次申请被驳回、放弃、撤回,优先权仍然可以独立存在。正源于此,我国1992年《专利法》之前,一些国内的药品发明人、饮料发明人向专利局提出专利申请,以阻止其他人在优先权期间就同一发明向其他成员国申请专利。但应指出,第二次提出申请产生的优先权必须是在已经成为巴黎联盟成员国中才能确立。在一个国家加入公约前在该国提出申请的,不能依公约取得优先权。在一个新加入公约的国家,也不能根据在这一加入生效之前于其他国家提出的第一次申请要求优先权。

优先权日的确定取决于在成员国中申请案的第一次提交日,即优先权只能以第一国的首次申请为基础。但是,在有的情况下,并非第一次申请也可"视为"第一次申请。这些情况包括:(1)第一次申请没有公开;(2)在后来的申请提出以前,第一次申请已被撤回、放弃或驳回;

(3)原申请案没有留下任何未决权利;(4)申请人没有以原申请日要求作为优先权的根据在其他国家提出过申请。

《巴黎公约》的优先权原则有一定的适用范围。依照公约规定,优先权适用于发明、实用新型、外观设计专利和用于商品上的注册商标,不适用于商号、产地名称、服务商标等。而且,优先权不能自动取得,在后申请案的受理国不会主动授予优先权,申请人应履行一定的手续。

《巴黎公约》允许多项优先权的存在。即如果申请人就有关联的几个发明向同一成员国提出几项申请,这几项申请可以合并在一块在优先权期间向其他成员国提出一项申请,并要求各该申请的优先权。如果申请人在向第二个成员国提出申请时加进了首次申请时所没有的内容,在该成员国首次申请时已澄明的那部分就仍可享有优先权。这被称为部分优先权。

(三)权利独立原则

《巴黎公约》中权利独立原则包括专利独立原则和商标独立原则。

专利独立原则是指,巴黎联盟的国民向本联盟各国申请的专利,与在本联盟其他国家或非本联盟国家就同一发明取得的专利权是相互独立的。这一原则包含以下几种含义:(1)一个成员国对一项发明授予一项专利,其他成员国也没有义务授予专利;(2)某一项专利在一个国家无效或失效,不会自动导致该发明在其他国家取得的专利也无效或失效;(3)专利权期限在某国届满后,不会导致该发明在其他国家取得的专利权的有效期同时届满。也就是说,一个成员国授予申请者发明专利不以其他国家就同一发明批准的发明专利为转移。专利独立原则对于在多个国家根据同一个第一次申请取得同一个优先权日而连接在一起的同族专利,也是适用的。

专利独立原则之所以确立,是因为各国专利制度不很一致以及专利申请人和专利权人在不同国家申请专利和维护专利权的活动不尽一致。从国民待遇角度看,不实行专利独立原则也是行不通的。根据公约第4条之二的规定,专利独立原则不仅适用于该规定生效时已有的一切专利,也适用于新国家加入时新国家和其他国家已存在的专利。

对于专利独立原则和优先权原则的关系,公约规定,承认第一次提交申请案之日为优先权日,不等于在优先权期限内就同一发明申请到的不同国家的专利之间,在撤销、失效及正常有效期的延续方面存在任何联系。对于要求一项或多项外国优先权的申请授予的专利,其保护期限应与没有要求优先权按本国法律授予的专利保护期限一样。各成员国在承认优先权日的同时,不得将其作为在本国计算专利保护期限的起算日。无疑,专利独立性原则和优先权原则相结合,使对专利权的保护在时间上和空间上得以扩大。

(四)宽限期制度

《巴黎公约》第5条之二规定,缴纳规定的工业产权维持费,应当给予不少于6个月的宽限期。如果本国法律有规定,应缴纳附加费。公约还规定因未交专利年费而使专利权失效后允许恢复权利。

(五)临时性保护制度

《巴黎公约》第11条规定,对于在本联盟国家领土上举办的官方或经官方承认的国际展览会上展出的商品中可以取得专利的发明、实用新型或外观设计,以及可以申请注册的商标,本联盟国家应按其本国法律提供临时保护。临时保护期限,对于发明和实用新型是12个月,对于外观设计和商标是6个月。

三、《巴黎公约》对专利保护的最低要求

这也就是通常所说的《巴黎公约》规定的成员国必须遵守的若干共同规则。主要有：

(一)发明人的署名权

《巴黎公约》第4条之三规定,发明人有权在专利证书上记载自己是发明人。这是发明人享有的精神方面的权利,它不因专利权的转让或继承而消失。这种权利与著作权中的署名权有相似之处。根据《巴黎公约》补充条约(专利法部分)第6条的规定,申请人应按规定确定发明人,不得对未确定发明人的申请授予专利。

(二)强制许可

《巴黎公约》对于防止滥用专利权问题规定了强制许可制度。即从专利申请日起满4年或专利批准日起满3年,专利发明在该国无正当理由没有实施或没有充分实施时,各成员国根据第三者的请求,可以给予实施该发明的强制许可。在给予强制许可仍不足以防止滥用时,可以撤销专利权,但只能在给予第一个强制许可满2年后撤销。

(三)专利权的限制

《巴黎公约》第5条之三规定,成员国的船只、飞机或车辆暂时进入另一国时,其船上或运输工具上使用该国的专利发明不视为侵犯专利权。但是,不允许在运输工具上制造专利产品或销售专利产品。

(四)对外观设计的保护

《巴黎公约》第5条之五规定,本联盟各国应对外观设计提供保护。至于提供保护的具体手段,公约未作限定。对此前文已作阐述,此处从略。

(五)进口依专利方法制造的产品

《巴黎公约》第5条之四规定,一种产品输入到对该产品的制造方法有专利保护的本联盟国家时,专利权人应享有该国法律对在该国依照专利方法制造的产品所享有的一切权利。

(六)对驳回专利申请与取消专利的限制

《巴黎公约》第4条之四规定,本联盟成员国不得以专利产品的销售或者依专利方法制造的产品的销售受到国内法的限制或管制为由,而拒绝授予专利权或使专利权无效。公约第5条第(1)项规定,专利权人在本联盟各国内制造的物品输入对物品授予专利的国家时,不应成为后一个国家宣布该专利无效的理由。

第二节　TRIPs协议

一、TRIPs协议的产生背景与主要内容

(一)产生背景

第二次世界大战以后,为了建立新的国际金融和贸易秩序,促进国际间贸易的发展,1946

年各国在伦敦开始了致力于建立世界贸易组织的谈判。1947 年在日内瓦缔结了《关税和贸易总协定》,即 GATT,并于 1948 年 1 月正式生效。传统上,知识产权是在世界知识产权组织的框架内进行讨论的。在 1986 年关贸总协定乌拉圭回合谈判之前,知识产权国际保护问题也一直是由世界知识产权组织讨论和解决的。关贸总协定在总体上并不涉及知识产权问题,并且将贸易与知识产权区别对待,只是在贸易涉及专利和商标时才在个别条文中提及商标和专利的保护。但是,在乌拉圭回合第八轮谈判中,知识产权的国际保护被纳入其中,乌拉圭回合第八轮谈判不仅将知识产权纳入其中的新增三个议题之一,而且达成了《与贸易有关的知识产权协议》(TRIPs 协议)。TRIPs 协议体现了发达国家对于知识产权保护的高标准要求,是一个高标准、高水平保护的知识产权国际公约。〔2〕

TRIPs 协议的产生不是偶然的,它是错综复杂的国际关系以及知识产权国际保护发展的必然趋势。〔3〕 具体来说,以下几方面是主要原因:

第一,20 世纪 80 年代以来,随着知识产权相关贸易迅速发展,将知识产权作为一个特殊议题纳入关贸总协定的管辖范围尤为必要。随着世界新技术革命的兴起,全球经济技术贸易发展迅速,知识产权贸易转让额大幅度上升,其增长速度高于有形商品的速度,而且在有形贸易中涉及专利、商标、商业秘密等知识产权问题的频率越来越高。加之国际贸易中假冒商标等侵害知识产权问题越来越严重,使无形的知识产权贸易以及有形商品中的知识产权问题越来越受到重视,知识产权保护在国际经济贸易中的地位越来越高,成为国际经济贸易中不可回避的重要问题。

第二,知识产权在发达国家和发展中国家之间的不均衡性,以及知识产权作为一种法定的垄断权在推进本国经济技术发展和取得市场竞争优势方面的重要作用,促使以美国为代表的发达国家极力主张将贸易与知识产权挂钩,提高知识产权保护水平。发达国家认为,在关贸总协定体系内建立一套知识产权保护体系有利于减少因知识产权保护不充分而给国际贸易带来的扭曲和障碍,并增强其在多边基础上对侵犯知识产权行为的贸易报复能力,以弥补现行国际知识产权公约和知识产权国际保护的不足。通过将贸易和知识产权挂钩,发达国家可以利用技术和贸易优势来影响国际上的知识产权保护。事实上,美国等发达国家极力推行在关贸总协定体制内建立一套高标准的知识产权保护体系,真正的原因在于其在知识产权领域具有绝对竞争优势,通过高标准和高水平的知识产权保护,能够获得更大的利益和竞争优势。美国从 20 世纪 80 年代起即推行知识产权战略,将知识产权的国际保护作为其维护和保持全球经济技术竞争力的重要政策。随着知识产权地位的提升以及知识产权保护在维护其经济和科技霸主地位方面作用的加强,其极力主张在世界知识产权组织之外建立一套富有效率的、执行力强大的保护体系。

第三,知识产权国际保护体系存在种种缺陷与不足,也是在关贸总协定乌拉圭回合谈判中增加知识产权议题并最终达成协议的重要背景因素。这些问题如:现行知识产权国际公约缺

---

〔2〕 相关研究,参见古祖雪:《后 TRIPs 时代的国际知识产权制度变革与国际关系的演变——以 WTO 多哈回合谈判为中心》,载《中国社会科学》2007 年第 2 期。

〔3〕 相关研究,参见何华:《知识产权全球治理体系的功能危机与变革创新——基于知识产权国际规则体系的考察》,载《政法论坛》2020 年第 3 期。

乏有效的争端解决机制；有关知识产权条约的签字国太少，效力发挥不够充分；现行知识产权国际公约签订的时间太长，修订的时间也较长，与新技术革命特别是信息技术发展下的形势不相适应。[4] 这些问题的存在也促使美国等发达国家欲在关贸总协定体制中建立一套新的知识产权保护体系。

（二）主要内容

TRIPs 协议全文共 73 条，分为 7 部分，涉及知识产权的效力、取得、利用、权利范围及行使等方面。

前言部分肯定了有效保护知识产权的必要性，包括各成员就本协议的一些重大问题达成的共识，如通过促进知识产权的保护以减少国际贸易中的障碍；承认知识产权是私权；明确知识产权制度的公共政策目的是促进经济发展和技术进步；承认最不发达国家在境内享有最大限度的灵活性以建立有活力的技术基础；强调通过多边程序解决与贸易有关的知识产权问题争端；加强与有关国际组织建立相互支持的关系。

第一部分规定了协议的基本原则和成员的主要义务。协议规定，有关知识产权的最低要求、权利维护方面，各成员应遵守《巴黎公约》（1967 年）实体条文和与此相关的专门条约及协定，承担《巴黎公约》《伯尔尼公约》《罗马公约》《关于集成电路的知识产权条约》的义务；重申给予其他成员在知识产权保护领域的国民待遇；引入有形商品贸易的原则和机制，包括最惠国待遇原则、透明度原则和 GATT 争端解决机制。

第二部分规定了成员对各种知识产权保护的最低要求，详细界定了知识产权的保护范围。其中，关于专利，协议规定，除少数特例，所有技术领域的发明只要具有新颖性、创造性和实用性，都可获得专利；产品专利权人的权利包括有权制止第三方未经许可制造、使用、许诺销售、销售或为上述目的而进口该产品的行为；方法专利权人的权利包括有权制止第三方未经许可使用、许诺销售、销售或为上述目的进口至少是依照该方法而直接获得的产品的行为；申请专利需要对技术进行充分的公开；对撤销专利或宣告专利无效的，应提供司法复审机会；专利保护期自专利申请日起不少于 20 年。

第三部分规定了实施协议的措施。内容涉及总义务、民事和行政诉讼、临时措施、边境措施和刑事诉讼等。

第四部分允许成员为获得与维护知识产权而规定办理与 TRIPs 协议相应的程序和手续，要求对知识产权的最终行政决定接受司法或准司法部门的复审。

第五部分引入 GATT 的透明度原则。规定各成员国的有关法律规章及终审司法判决等都应用本国语言公布，或用其他方式为公众获得，进而使各成员政府和权利人知悉。这有利于成员之间相互了解有关知识产权的立法与司法情况，保证最惠国待遇原则和国民待遇原则的实现。同时，协议还引入了 GATT 的争端解决机制，其中包括贸易报复内容。

第六部分是关于过渡安排、机构安排与最后条款。协议规定发达国家应在建立世界贸易组织协定生效后 1 年内适用本规定，发展中国家适用本协议的时间可以再延迟 4 年，而最不发

---

〔4〕 相关研究，参见孙皓琛：《WTO 与 WIPO：TRIPs 协议框架中的冲突性因素与合作契机之探讨》，载《比较法研究》2002 年第 2 期。

达国家适用协议的时间在协议生效11年后。协议规定设立与贸易有关的知识产权理事会,监督协议的实施。没有其他成员的同意,任何成员不得对协议提出保留。[5]

二、TRIPs协议有关工业品外观设计和专利的规定

(一)工业品外观设计

1. 保护条件。TRIPs协议第25条规定,各成员应为新颖的或原创的独立创作的工业品外观设计提供保护。如果它们不显著区别于已知的设计或已知设计的特征的组合,各成员可以规定该工业品外观设计即为无新颖性或原创性。各成员可规定该保护不应延及实质上由于技术或功能的考虑而产生的设计。

2. 对纺织品外观设计的要求。各成员应保证其对保护纺织品外观设计的要求,特别是对成本、检验或公布的要求,不至于不合理地损害求得保护的机会。成员可以自由选择用工业品外观设计法或用著作权法去履行本款义务。

3. 权利内容。TRIPs协议第26条规定,受保护的工业品外观设计所有人,应有权制止第三方未经许可而为商业目的制造、销售或进口带有或体现受保护设计的复制品或实质性复制品之物品。成员可对工业品外观设计的保护规定有限的例外,只要在顾及第三方合法利益的前提下,该例外并未与受保护设计的正常利用不合理地冲突,也未不合理地损害受保护设计所有人的合法利益。

4. 权利保护期限。TRIPs协议规定的工业品外观设计可享有的保护期应不少于10年。

(二)专利

TRIPs协议中涉及的专利,与《巴黎公约》一致,仅指发明专利。

1. 授予专利权的条件。TRIPs协议第27条规定,一项具有新颖性、创造性和工业实用性的发明应在成员不受歧视地享有专利。"创造性"及"可付诸工业应用",与某些成员使用的"非显而易见性""实用性"系同义语,均应有可能获得专利。在符合第65条第4款、第70条第8款及本条第3款的前提下,获得专利及享有专利权,不得因发明地点不同、技术领域不同及产品之系进口或系本地制造之不同而给予歧视。

2. 不授予专利权的例外。如果为保护公共秩序或公德,包括保护人类、动物或植物的生命与健康,或为避免对环境的严重破坏所必需,各成员均可排除某些发明于可获专利之外,可制止在该成员地域内就这类发明进行商业性使用,只要这种排除并非仅由于该成员的域内法律禁止该发明的使用。成员还可以将下列各项排除于可获专利之外:诊治人类或动物的诊断方法、治疗方法及外科手术方法;除微生物之外的动、植物,以及生产动、植物的主要是生物的方法;生产动、植物的非生物方法及微生物方法除外。但是,成员应以专利制度或有效的专门制度,或以任何组合制度,给植物新品种以保护。对本项规定应在"建立世界贸易组织协定"生效的4年之后进行检查。

3. 专利权的内容。专利应赋予其所有人下列专有权:(1)如果该专利所保护的是产品,则有权制止第三方未经许可的下列行为:制造、使用、提供销售、销售,或为上述目的而进口该产

---

[5] 参见杨利华、冯晓青主编:《专利相关法律知识应考教程及同步练习》,知识产权出版社2008年版,第364~365页。

品;这项权利,如同依照本协议享有的有关商品使用、销售、进口或其他发行权利一样,均适用上文第6条。(2)如果该专利保护的是方法,则有权制止第三方未经许可使用该方法的行为以及下列行为:使用、提供销售、销售或为上述目的进口至少是依照该方法而直接获得的产品。专利所有人还应有权转让或通过继承转移其专利,应有权缔结许可证合同。

4. 专利申请人的条件。TRIPs协议第29条规定,成员应要求专利申请人以足够清楚与完整的方式披露其发明,以使同一技术领域的技术人员能够实施该发明,并可要求申请人指明在申请日或(如提出优先权要求)在优先权日该发明的发明人所知的最佳实施方案。成员可要求专利申请人提供其相应的外国申请及批准情况的信息。

5. 所授权利之例外。TRIPs协议第30条规定,成员可对所授的专有权规定有限的例外,只要在顾及第三方合法利益的前提下,该例外并未与专利的正常利用不合理地冲突,也并未不合理地损害专利所有人的合法利益。该协议第31条则详细规定了有关强制许可的条件和范围。

6. 撤销与无效。TRIPs协议第32条规定,撤销专利或宣布专利无效的任何决定,均应提供机会给予司法审查。

7. 保护期。可享有的保护期,应不少于自提交申请之日起的20年年终。对于无原始批准制度的成员,保护期应自原始批准制度的提交申请之日起算。

8. 方法专利侵权举证责任。TRIPs协议第34条规定,在第28条第1款第(2)项所指的侵犯专利所有人之权利的民事诉讼中,如果专利的内容系获得产品的方法,司法当局应有权责令被告证明其获得相同产品的方法,不同于该专利方法。成员应规定:至少在下列情况之一中,如无相反证据,则未经专利所有人许可而制造的任何相同产品,均应视为使用该专利方法而获得:(1)如果使用该专利方法而获得的产品系新产品;(2)如果该相同产品极似使用该专利方法所制造,而专利所有人经合理努力仍未能确定其确实使用了该专利方法。任何成员均应有自由规定:只有满足上述(1)或(2)规定之条件,被指为侵权人的一方,才应承担本条第1款所说的举证责任。在引用相反证据时,应顾及被告保护其制造秘密及商业秘密的合法利益。

第三节 《专利合作条约》

一、《专利合作条约》概况

《专利合作条约》(Patent Cooperation Treaty,PCT)是1970年在华盛顿召开的《巴黎公约》成员国外交会议上通过的。该条约于1978年生效,我国于1994年1月1日加入该条约。《专利合作条约》的目的是简化申请人在各国申请的复杂程序,减少申请人和各国专利局的重复劳动,提高专利申请与授权的效率。因为如果一个发明人希望其发明同时在几个国家获得保护,在没有《专利合作条约》之前,他们不得不在不同国家按不同官方语言依其专利法的要求撰写申请文件,并按其本国授权程序进行,特别是发明人因没有进行新颖性检索而存在无法获得授权的风险,而各国专利主管部门又必须对同一专利使用大致相似的方法进行检索,这导致发明的国际保护高成本与资源浪费,对发明人极为不利。正是在这一背景和目的下,以美国为首的发达国家极力倡导建立简化专利国际保护的公约。

《专利合作条约》共8章69条,它是一个程序性的条约,不涉及有关当事人的实质性权利和义务。其中第一章规定的是每一个国际申请的必经程序,包括国际申请的提出、国际检索和国际公布。第二章规定的国际阶段主要是国际初步审查,不是必经程序。申请人在完成第一章的国际阶段后可选择进入指定国的国内阶段,也可利用第二章,要求对其国际申请进行初步审查,然后再进入指定国的国内阶段。

(一)《专利合作条约》的适用范围

《专利合作条约》的适用范围主要涉及的是其所指的专利范围与申请人的范围两方面。

1. 条约所称专利的范围。《专利合作条约》中的"专利"指的是广义上的申请,其第2条第(i)项规定,申请是指保护发明的申请,述及"申请"应解释为述及发明专利、发明证书、实用证书、实用新型、增补专利或增补证书、增补发明证书和增补实用证书的申请;第(ii)项规定,专利是指发明专利、发明证书、实用证书、实用新型、增补专利或增补证书、增补发明人证书和增补实用证书。可以说,几乎保护技术发明的各种保护方式都在《专利合作条约》所指专利之内。《专利合作条约》所指专利是缔约国专利主管机关授予的并在各国生效的专利,申请人可以在请求书要求其指定国家就其申请授予某种保护,也可表明几个指定国就其申请授予某种保护,而在某一指定国请求另一种保护。

2. 条约规定申请人的范围。依《专利合作条约》第9条的规定,申请人应是缔约国的任何居民或国民。依《专利合作条约实施细则》的规定,居民是指在缔约国有经常居所的人,经常居所就自然人而言,应在缔约国连续居住达一定时间;就法人而言,应在缔约国有真实的营业场所。国民则是具有缔约国国籍的人,而依照缔约国法律成立的法人,也属于该国国民范畴。对于某一申请人是否是某一国居民或国民,取决于该国的本国法,并由受理国际申请的专利局决定。同时,其还规定可由大会决定允许《巴黎公约》缔约国但不是本条约缔约国的居民或国民申请作为《专利合作条约》专利的申请人。应注意,国际申请中有两个或两个以上申请人的,《专利合作条约》规定只要其中至少有一人是缔约国的国民或居民即可;据此,国际申请提出时对中国的申请人就有可能是非《专利合作条约》缔约国的国民或居民。另外,《专利合作条约》只对提出国际申请的人的所属国加以限定,而当申请人发生变更时,对于受让人的所属国没有任何规定。由此可见,进入中国国家阶段时申请人或部分申请人所属国有可能是非《专利合作条约》缔约国。在这种情况下,如果确定所有申请人都不符合现行《专利法》第17条的规定后,应当驳回申请。部分申请人不符合现行《专利法》第17条规定的,应当通知申请人办理著录项目变更手续,删除没有资格的申请人。如果申请人拒绝变更,应当驳回申请。

(二)《专利合作条约》的基本特点

《专利合作条约》主要通过简化申请文件与程序,降低申请成本与检索资源,便利当事人跨国申请专利,将跨国申请专利的复杂程序简化为比较简单的程序,为缔约国国民的国际申请提供便利。这是《专利合作条约》的基本目的。

《专利合作条约》在其序言中提出五个目的:对科学和技术的进步作出贡献;对发明的法律保护趋于完备;简化在几个国家要求取得对发明的保护手续,并使之经济;便利并使公众加速获得记载新发明的文件中的信息；通过采用提高发展中国家为保护发明而建立的国家或地区法律制度的效率的措施，来促进和加速这些国家的经济发展。

与传统专利制度相比，传统国家专利提出申请后在 12 个月内可以享有优先权，向其他国家提出专利申请，但存在多种文件要求、多种语言、多种检索、多种公开和多次审查，对申请人和各国专利局而言，都是成本和资源的浪费。在《专利合作条约》中，仅仅存在一种形式要求，经过国际检索、国际公布和国际初审程序，然后进入国家阶段，减少了重复劳动，节省了申请时间。要注意的是，在《专利合作条约》体系中不存在授权程序，它仅仅是申请程序，不存在国际专利或 PCT 专利。

二、《专利合作条约》的主要内容

《专利合作条约》的基本内容是规定了同一发明要求在若干个国家获得专利保护的申请手续和审查程序。公约是程序性的，分为第一阶段程序和第二阶段程序。

（一）第一阶段

这一阶段包括国际申请、国际检索和国际公布三大内容。

1. 国际申请

《专利合作条约》缔约国的国民或者居民均可使用规定的语言向本国专利局、地区性专利局或国际机构（分别称受理局）提出一份“国际申请”。申请人应指定其希望获得专利保护的国家。

关于申请的提出。根据《专利合作条约实施细则》第 19 条的规定，有权提出国际申请的人，可以依其选择，将国际申请提交其作为居民的缔约国专利局，或者提交其作为国民的缔约国专利局，或者提交国际局。申请人提交的国际申请应依条约规定的方式和文件要求，使用受理局印制的表格，依条约规定的申请文件如申请书、说明书、权利要求书和摘要及必要时的附图（一幅或几幅）。申请人在请求书中应记载一个或几个缔约国，要求这些国家在国际申请的基础上对其发明给予保护。申请人在请求书中记载的这些国家就是“指定国”。申请人所提交的国际申请应当使用规定的语言撰写，国际申请提交后对其修改、更正都应当使用与申请文件相同的语言，一般不可变更。

关于优先权。申请人在提出国际申请时，可以要求在《巴黎公约》缔约国提出的一项或几项优先权。在国际阶段受理局对于优先权要求的有效性，即作为优先权基础的在先申请是否在《巴黎公约》缔约国或世贸组织成员中提出、申请人是否属于《巴黎公约》缔约国的国民或居民、在先申请的申请日是否在国际申请日前 12 个月之内等已经作出审查。对于有效的优先权要求，申请人应当在进入声明中准确地写明其在先申请的申请日、申请号及受理国的名称或政府间组织的名称。除下段所述情况外，写明的内容应当与小册子扉页中的记载一致。审查员发现不一致时，应当以小册子为依据，依职权改正进入声明中的不符之处，并且及时通知申请人。在国际阶段提出的优先权书面声明中某一事项有书写错误，可以在办理进入手续时提出改正请求，并且缴纳改正优先权要求请求费。改正请求应以书面形式提出，并在进入声明中写明改正后的优先权事项。在提出改正请求的同时应当附上在先申请的副本作为改正的依据。但进入国家阶段不允许提出新的优先权要求。根据《专利合作条约实施细则》第 17 条的规定,如果申请人履行了关于向受理局提交,或请求受理局制作优先权文件的要求,作为指定局的专利局不得要求申请人本人提供优先权文件副本。该优先权文件的副本应当由专利局请求国际局提供。专利局的审查员应当检查国际申请的小册子中的国际检索报告,在相关文件一栏中列有标明“PX”“PY”类文献的,审查员应当向国际局发出《专利合作条约》/CN/512 通知书,请求国际局传送该申请的优先权文件副本。国际检索单位审查员没有检索到,但是专利局负责实质审查的审查员在补充检索中检索到“PX”“PY”类文献的,也应当通过初审审查员向国际局提出上述请求。国际局通知专利局,申请人在国际阶段没有按规定提交优先权文件的,审查员应当通知申请人在指定的期限内补交;期满仍未提交的,相应的优先权要求被视为未提出。

关于国际申请日。根据《专利合作条约》第 11 条的规定,受理局应以收到国际申请之日作为国际申请日,但该申请符合下列要求时为限:(1)申请人具有向该受理局提出国际申请的权利。(2)国际申请是用规定语言撰写[6]的。(3)国际申请至少包括:说明该申请是国际申请、至少指定一个缔约国、按规定方式写明的申请人的姓名或者名称;有一部分表面上看像是说明、有一部分表面上看像是一项或几项权利要求。如果受理局在收到国际申请时认定该申请不符合上述要求,该局应按细则的规定,要求申请人提供必要的改正,如申请人按细则履行了上述要求,受理局应以必要的改正之日作为国际申请日。国际申请符合要求并被给予国际申请日的,在每一个指定国内自国际申请日起具有正规的国家申请的效力,国际申请日应认为是在每一个指定国的实际申请日。

2. 国际检索

关于国际检索单位。每一国际申请都应经过国际检索,其目的是从现有技术中发现与申请专利的发明有关(相同或类似)的技术。国际检索应由国际检索单位进行。该单位应是由《专利合作条约》大会在满足规定条件特别是人员和文献最低要求的国家局或政府间组织中指定。现有国际检索单位包括澳大利亚专利局、奥地利专利局、中国国家知识产权局、日本特许厅、韩国知识产权局、俄罗斯联邦工业产权局、西班牙专利商标局、瑞典专利与注册局、美国专利商标局、欧洲专利局和加拿大专利局等。国际检索依国际检索单位的程序进行。该程序应依条约、实施细则以及国际局与该单位签订的协议的规定,但该协议不得违反本条约和实施细则的规定。

关于国际检索报告。国际检索报告应在规定的期限内按规定的格式作出。《专利合作条约实施细则》第 42 条规定,检索报告或依条约第 17 条第 2 款的不作检索的宣告应在收到检索本之日起 3 个月内,或自优先权日起 9 个月内作出,以期满在后的优先权日为准。国际检索报告应尽快将报告送交申请人和国际局。报告中应列出与国际申请权利要求有关的现有技术文件的名称,并指出所引用文件与新颖性、创造性相关的程度,但不能对发明的价值作出评价。申请人在看了检索报告及所引用文件后,能对其申请是否能在指定国获得专利保护的可能性有一定估计,并据此决定是否继续在指定国寻求专利保护,必要时可以向国际局提出修改其权利要求。

---

〔6〕 如向中国专利局提出的国际申请应以中文或者英文撰写。

关于权利要求书的修改。申请人在收到国际检索报告后，有权享受一次在规定期限内对国际申请的权利要求向国际局提出修改的机会。申请人可以按实施细则的规定同时提出一项简短声明，解释上述修改并指出其对说明书和附图可能产生的影响。但是，修改不应超出国际申请提出时对发明公开的范围；如果指定国的本国法准许修改超出上述公开范围，超出上述规定的修改在该国不应产生任何后果。

3. 国际公布

根据《专利合作条约》第 21 条第 1 款的规定，国际局应公布国际申请。

关于国际公布的期限。在申请人没有提出请求的情况下，除了有关国家按《专利合作条约》第 64 条第 2 款规定提出保留的外，国际公布应当自该申请的的优先权日起满 18 个月后迅速予以办理。但申请人也可以要求国际局在上述的期限届满前的任何时候公布其国际申请，国际局应按照《专利合作条约实施细则》的规定予以办理。

关于国际公布的语言。如果国际申请是由中文、英文、法文、德文、日文、俄文或西班牙文提出的，应按该种语言公布国际申请。对于用上述语言之外的其他语言提出的国际申请，应翻译成英文公布。如果国际申请以英文之外的其他语言公布的，国际检索报告或有关宣告、发明的名称、摘要等应以该种语言和英文公布。[7]

关于国际公布的要求。申请人在收到国际检索报告后，决定继续进入指定国的国内阶段，其应当不迟于自优先权日起 30 个月届满之日，向指定局提交国际申请的副本（除非已按《专利合作条约》第 20 条规定送达）及其译文各一份，并缴纳国家费用。应注意，依《专利合作条约》第 24 条第 1 款的规定，如果在国际阶段对国际申请作出过修改，译文应包括修改部分的内容。如果对有的指定国没有按期提供国际申请的译文和缴纳费用，那么对该指定国而言，国际申请已经视为撤回。[8] 如果国际申请在其公布的技术准备完成以前被撤回或被认为撤回，即不进行国际公布。如果国际局认为国际申请含有违反道德或公共秩序的词句或附图，或者国际局认为国际申请含有细则所规定的贬低性陈述，国际局在公布时可以删去这些词句、附图和陈述，同时指出删去的文字或附图的位置和字数或号数。根据请求，国际局提供删去部分的副本。

关于公布文件的传送。《专利合作条约》第 25 条规定，如果受理局拒绝给予国际申请日，或者宣布国际申请已被认为撤回，或者国际局在规定期限没有收到登记本而被认为撤回，国际局应根据申请人的请求，立即将所有文件的副本送交申请人指明的任何指定局。如果受理局宣布对某一国家的指定已被认为撤回，国际局应根据申请人的请求将所有文件副本送交该国的国家局。

关于国际公布的效力。根据《专利合作条约》第 29 条的规定，就申请人在指定国的任何权利的保护而言，国际申请的国际公布在该国的效力，除另有规定外，应与指定国的本国法对未经审查的国家申请在国内强制公布所规定的效力相同。该条第 2 款规定，如果国际公布所使用的语言和在指定国按本国法公布所使用的语言不同，则从本国文字译本公布之日起产生

---

〔7〕 参见唐广良、董炳和：《知识产权国际保护》，知识产权出版社 2002 年版，第 62 页。

〔8〕 参见张宗舜：《专利法教程》（第三版），法律出版社 2003 年版，第 290 页。

上述效力。

(二)第二阶段

这一阶段不是强制性的,成员国加入公约时可以不适用,申请人在成员国选择适用的情况下也可以保留。申请人如果是受条约第二章约束的国家的国民或居民,可以请求受理局确定的国际初步审查单位对其申请进行国际初步审查,并在从受条约第二章约束的指定国中选定一些使用国际初步审查结果的国家(选定国)。这里的国际初步审查是指对申请的实质审查。审查结果对指定国专利局无法律约束力,但在实际中受到各国专利局的普遍尊重。国际初步审查单位由专利合作条约联盟大会指定的单位担任。即上述国际检索单位以及英国专利局。

国际初步审查程序的目的是对发明的新颖性、创造性(非显而易见性)和工业实用性提出初步的无约束力的意见。国际初步审查是在国际检索所发现的现有技术上进行。这一点与国内专利审查大致相同,将国际申请中的每一项具体权利要求与现有技术进行比较。如果是《专利合作条约实施细则》所规定的现有技术中没有的,就具有新颖性;如果在规定的有关日期,对本行业技术人员而言是非显而易见的,就具有创造性;如果可以在任何一种工业(按《巴黎公约》的最广义解释)制造或使用的,就具有工业实用性。

国际初步审查按照国际初步审查单位的程序进行。该程序应遵守《专利合作条约》及其实施细则以及国际局与该单位签订的协议。国际初步审查单位应在自优先权日起28个月〔9〕届满前作出国际初步审查报告,并送交国际局与申请人,国际局将初步审查报告译成规定语言后则应将报告及其译本送交各选定局。

根据条约第35条的规定,国际初步审查单位在规定期间内并按规定的格式作出初步审查报告,国际初步审查报告不应对有关发明按照任何一国的本国法是否可以取得专利的问题作出说明,〔10〕尽管条约对新颖性、创造性与工业实用性要求作了规定,但仅是为初步审查之用。缔约国可以就发明是否能获得专利保护作出自己的规定,而不能在初步审查报告中说明。在报告中也可就申请人的修改是否超出了原始公开的范围、说明书公开是否足够以及是否缺乏发明单一性发表意见。〔11〕

在国际初步审查阶段,申请人应有机会在规定期限内向每一个选定局提出对权利要求书、说明书和附图的修改。除经申请人明示同意外,任何选定局在该期限届满前,不应授予专利权,也不应拒绝授予专利权。但修改不应超出国际申请提出时对发明公开的范围,除非选定国本国法允许修改超出该范围。

国际初步审查单位审查后,应在自优先权日起28个月内提出国际初步审查报告送WIPO国际局并转交申请人。初步审查报告对选定国是否批准该国际申请无约束力。国际申请自优先权日起满30个月开始进入国内阶段,申请人此时需要办理选定国有关手续。

---

〔9〕 这使得申请人有2个月的时间,依据初步审查报告来考虑是否将其国际申请进入选定国的国内程序。

〔10〕 应注意,国际初步审查与国际检索是不同的,国际检索报告仅引用一些与国际申请有关的现有技术文献,而国际初步审查报告则对国际申请中的每一项权利要求是否具有新颖性、创造性与工业实用性提出初步的无拘束力的意见,供选定国专利局参考。

〔11〕 参见汤宗舜:《专利法教程》(第三版),法律出版社2003年版,第291页。

三、《专利合作条约》的优越性与局限性

《专利合作条约》自1978年实施以来，国际申请量和指定国数量在不断增加。其优越性主要体现在：第一，向一国申请可以获得多国保护，大大简化了申请手续；第二，简化了专利局的检索手续，解决了本身无审查力量国家的困难，对各国专利局是有利的；第三，能够最大限度地利用公约优先权，申请人可以方便地在优先权期间内解决多国申请问题。

当然，也应看到《专利合作条约》有其局限性。公约只是简化了专利申请手续，具体是否批准专利还要依成员国国内法而定，这正是条约在解决专利国际申请时不彻底之处。依条约提出国际申请虽然减少了一些重复劳动，申请人在各阶段所要缴纳的费用却是可观的，这就影响了发明人和企业、公司通过《专利合作条约》途径提出申请的积极性。

第四节　其他有关专利的多边性国际公约

一、《国际承认用于专利程序的微生物保存布达佩斯条约》

（一）条约的目的和适用范围

这个条约通常称《布达佩斯条约》。该条约签订于1977年4月28日，并于1980年8月19日生效。我国于1995年7月1日加入该条约。

该条约第1条规定，参加本条约的国家（以下简称缔约国）组成国际承认用于专利程序的微生物保存联盟。该条约是根据《巴黎公约》为解决微生物发明专利的样品保存这一特殊问题而达成的专门协议。

按照各国专利法，专利申请人在说明书中应将发明充分公开，使本专业普通技术人员能够实施。但一切与微生物或者使用微生物有关的发明，仅靠说明书公开而没有样品是不足以充分公开的。故而申请人应将微生物样品提交到指定的机构保存。但如果申请人想在多个国家申请微生物专利时，就得提交多份微生物样品，这是申请人难以做到的，而且各国专利局并不都具备保存微生物样品的条件。为了消除或减少微生物的重复保存，解决微生物样品重复、复杂的保存程序，就有必要缔结一个国际条约，使一处保存能够代替多处保存。《布达佩斯条约》就是这样产生的。

根据该条约规定，凡是允许或者要求保存用于专利程序的微生物的缔约国，应当承认为了这个目的而在任何“国际保存单位”所作的微生物保存，而无论这个机构是否在本国境内。这一条件不仅适用于国家，也适用于政府间工业产权组织。申请人只要向一个国际保存单位送交了微生物样品，并且获得了承认，在向其他国家申请同一专利时，就不必再送交微生物样品。

（二）微生物保存

根据该公约第2条第（ii）目的规定，微生物保存是指按照本条约以及施行细则发生的下列行为：向接收与受理微生物的国际保存单位送交微生物或由国际保存单位储存此种微生物，或兼有上述送交与储存两种行为。

（三）条约规定的专利的范围

该公约第2条第(i)目规定了微生物保存中专利的范围，应包括发明专利、发明人证书、实用证书、实用新型、增补专利或增补证书、增补发明人证书和增补实用证书。

（四）国际保存单位

任何保存机构如要具备国际保存单位的资格，必须是设在缔约国领土上的，而且必须由该国作出该保存机构符合并将继续符合以下所列各项要求条件的保证。上述保证也可由一政府间工业产权组织作出；在这种情况下，该保存机构必须设在该组织的成员国领土上。

保存机构欲具有为国际保存单位的资格，必须满足如下条件：(1)连续存在；(2)拥有施行细则所规定的必要人员和设施，执行按照本条约承担的科学和管理的任务；(3)公正和客观；(4)对任何要求保存的交存人按照同样条件提供服务；(5)按照施行细则的规定受理各种或某些类别的微生物的交存，审查其存活能力并予储存；(6)按照施行细则的规定发给交存人存单，以及所要求的关于存活能力的声明；(7)按照施行细则的规定，遵守对所保存的微生物保密的规定；(8)按照施行细则规定的条件和手续提供所保存的任何微生物的样品。

（五）微生物国际保存的承认与效力

该条约第3条就微生物保存的承认与效力规定的内容有：(1)缔约国允许或要求保存用于专利程序的微生物的，应承认为此种目的而在任一国际保存单位所作的微生物保存。这种承认由该国际保存单位说明的保存事实和交存日期，以及承认提供的样品是所保存的微生物样品。(2)就本条约和施行细则所规定的事务而言，任何缔约国均无须遵守和本条约及施行细则的规定不同的或另外的要求。

二、《国际专利分类斯特拉斯堡协定》

（一）条约概况

这个协定简称《斯特拉斯堡协定》(SA)，缔结于1971年3月24日，生效于1975年。截至2022年5月，本协定共有64个成员国，但采取国际专利分类号的有超过一百多个国家的专利局、四个地区专利局和管理《专利合作条约》(PCT)(1970年)的WIPO秘书处。我国专利局也采用该分类法对申请发明和实用新型的专利进行分类。

（二）国际专利分类法

1. 国际专利分类法的范围、定义。《斯特拉斯堡协定》所称专利的范围，是指适用本协定的国家组成专门联盟，对发明专利、发明人证书、实用新型和实用证书采用相同的分类法，即已知的“国际专利分类法”(以下简称本分类法)。包括以下内容：(1)依据1954年12月19日的发明专利国际分类欧洲公约(以下简称欧洲公约)的规定而制定的、1968年9月1日生效并由欧洲理事会秘书长公布的分类法正文；(2)在本协定生效之前依据欧洲公约第2条第2款生效的修正案；(3)此后依据本协定第5条制定并依据本协定第6条生效的修正案。

2. 国际专利分类法的语言。该协定第3条规定了本分类法的语言。(1)本分类法应用英语和法语制定，两种文本均为同等的正本。(2)本组织国际局应与有关国家政府协商，或在各该政府提交的译文的基础上，或通过对本专门联盟或对本组织的预算不产生财政义务的其他任何方法，制定德语、日语、葡萄牙语、俄罗斯语、西班牙语以及本协定第7条所述大会指定的其他语言的正式文本。

3. 国际专利分类法的目的。对发明专利、发明人证书、实用新型和实用证书采用相同的分类法，即已知的“国际专利分类法”。它是一个有效的检索工具，目的是便于专利申请人按类提出申请，也便于专利局按类进行新颖性检索。通过采用一种统一的专利、发明人证书、实用新型和实用证书的分类系统，提供一种有秩序的、便于查找的排列文献的方法，在工业产权领域建立较为密切的国际合作，有助于协调各国在该领域的立法工作，维护缔约各国全体的利益。

（三）国际专利分类法的使用

1. 国际专利分类法在缔约国分类法中的地位。该分类法属行政管理性质，各缔约国也没有给予这种分类以任何保护的性质和范围。本专门联盟的每一国家有权将本分类法作为主要的分类系统或者作为辅助的分类系统使用。

2. 缔约国使用国际专利分类法的义务：

第一，本专门联盟国家的主管机关应在以下文件上标明发明的完整分类号：(1)该机关所颁发的专利证书、发明人证书、实用新型、实用证书及其有关的申请文件，不论是公布的或仅供公众查阅的；(2)官方期刊发表的关于前项所指文件的公布或供公众查阅的有关通知。

第二，在本协定签字时或在递交本协定批准书或加入书时：(1)任何国家都可以声明，在仅供公众查阅的申请文件及其有关通知中，不承担标明组分类号或分组分类号。(2)任何国家不进行即时的或延迟的新颖性审查，以及在授予专利证书或其他保护形式的程序中没有规定现有技术检索的，可以声明在规定文件和通知中不承担标明组分类号和分组分类号。如果上述情况仅在涉及某种保护形式或某些技术领域时才存在，有关国家可以在适用这些情况的范围内作出该项保留。

第三，分类号及其前面写明的“国际专利分类”或由专家委员会决定的缩写词，应用粗体字印刷，或以其他清晰可辨的方式，在包括这些符号的上述每一文件的上端标明。

第四，如本专门联盟的任何国家委托政府间机构授予专利的，应采取一切可能的措施，保证该机构依本条规定使用本分类法。

（四）专家委员会

1. 专家委员会的组成。《斯特拉斯堡协定》联盟设立专家委员会，每一国家应派代表参加。总干事应邀请以专利为其专业的、其成员至少有一国是本协定的缔约国的政府间组织，派观察员出席专家委员会的会议。总干事可以邀请，如经专家委员会请求，应该邀请其他政府间组织和非政府间国际组织派代表参加与其有关的讨论。

2. 专家委员会的职权。专家委员会的职权如下：(1)修订本分类法；(2)向本专门联盟国家提出旨在便利本分类法的使用和促进本分类法的统一应用的建议；(3)帮助促进对用于发明审查的文献进行重新分类的国际合作，特别要考虑发展中国家的需要；(4)在对本专门联盟或本组织的预算不产生财政义务的情况下，采取其他一切措施促进发展中国家应用本分类法；(5)有权设立小组委员会和工作组。

三、《工业品外观设计国际分类洛迦诺协定》

(一)协定概况

该协定简称《洛迦诺协定》,签订于1968年10月,生效于1971年4月27日。根据该协定,成员国组成洛迦诺联盟,联盟国家的工业产权局应在工业品外观设计保存或注册的官方文件上,标明使用该外观设计商品所属洛迦诺分类表大类和小类号码。各成员国可以对这种分类规定其认为合适的法律后果。

(二)工业品外观设计国际分类法

1. 建立工业品外观设计国际分类法的目的。《洛迦诺协定》是一个关于外观设计商品分类协定,也就是使用外观设计商品的分类,而不是设计本身的分类法,其目的主要是统一申请外观设计专利的分类。我国专利局也是采用洛迦诺分类法对外观设计专利申请和专利进行分类的,该公约于1997年9月17日在我国生效。

2. 工业品外观设计国际分类法的含义。《洛迦诺协定》的成员国家组成专门联盟,联盟国家的工业产权局应在工业外观设计保存或注册的官方文件上标明使用外观设计商品所属洛迦诺分类表大类和小类号码。各成员国可以对这种分类确认其认为合适的法律后果。

3. 工业品外观设计国际分类法的组成。该协定第1条第3款规定国际分类法应当包括:(1)大类和小类表;(2)使用工业品外观设计的按字母顺序排列的商品目录,包括这些商品分成大类和小类的分类标记;(3)用法说明。

4. 工业品外观设计国际分类法的语言。《洛迦诺协定》第1条第7款就国际分类法的语言作出了如下规定:(1)国际分类法应当使用英语和法语制定;(2)《洛迦诺协定》专门联盟大会可以指定的其他语言的国际分类法正式文本,应当由《成立世界知识产权组织公约》所述的知识产权国际局与有关国家政府协商后制定。

(三)工业品外观设计国际分类法的使用

1. 工业品外观设计国际分类法的性质。除《洛迦诺协定》规定的要求外,国际分类法纯属管理性质。然而,每个国家可以将其认为适当的法定范围归属于国际分类法。特别是《洛迦诺协定》专门联盟各国对本国给予外观设计的保护性质和范围应当不受国际分类法的约束。

2. 工业品外观设计国际分类法在缔约国分类法中的地位。《洛迦诺协定》专门联盟的每一国家保留将国际分类法作为主要的分类系统或者作为辅助的分类系统使用的权利。也就是说,每一国家既可把国际分类法作为本国的主要的分类系统,也可以将它作为该国辅助的分类系统使用。

3. 缔约国使用工业品外观设计国际分类法的义务。一方面,《洛迦诺协定》专门联盟国家的主管局应当在外观设计保藏或注册的官方文件上以及在正式公布这些文件时在有关刊物上标明使用外观设计的商品所属国际分类法的大类和小类号。另一方面,在选择按字母顺序排列的商品目录中的用语时,专家委员会应相当谨慎,避免使用含有专有权的用语。但是,按字母顺序排列的索引中所列的任何用语并不表示专家委员会对该用语是否含有专有权的意见。

4. 工业品外观设计国际分类法的修正和补充。《洛迦诺协定》第4条对国际分类法及其修正和补充作出了规定:(1)专家委员会所通过的按字母顺序排列的商品目录和用法说明,以及该委员会所决定的国际分类法的修正或补充应当由国际局通知本专门联盟各国主管局。通知一经收到，专家委员会的决定就应当开始生效。然而，如果决定涉及建立新的大类，或将一些商品从一个大类转移至另一大类时，该决定应当自发出上述通知之日起6个月开始生效。(2)国际局作为国际分类法的保存机构，应当将已开始生效的修正和补充编入国际分类法中。修正和补充的公告应当在大会指定的期刊上公布。

（四）专家委员会

1. 专家委员会的组成。专家委员会由《洛迦诺协定》专门联盟的每一国家的代表组成，该委员会应当按照出席国家的简单多数所通过的议事规则进行组织。

2. 专家委员会的职权。(1)专家委员会可以对作为《洛迦诺协定》的附件的大类和小类表作出修正和补充；(2)专家委员会依照《洛迦诺协定》第3条规定的程序通过商品目录和用法说明；(3)专家委员会可以依照《洛迦诺协定》第3条规定的程序对国际分类法进行修正和补充；(4)专家委员会的每个专家有通过邮寄投票的权利。

第五节　区域性的专利公约

区域性专利公约的诞生，是20世纪70年代以来国际专利制度的一个新趋势。

一、《欧洲专利公约》

《欧洲专利公约》(EPC)也称欧洲第一专利合作条约，是西欧14个国家于1973年10月5日在慕尼黑签订的，于1977年10月7日生效。根据公约规定，欧洲专利局办理欧洲专利的申请、审查和授予。欧洲专利申请可以直接送到欧洲专利局，也可以由缔约国专利局转送到欧洲专利局。欧洲专利局受理申请后，即进行形式审查，提出审查报告，并从申请日(或优先权日)起18个月后将申请公布。公约采取延迟审查制。申请人在公开后半年内可提出实质审查请求，欧洲专利局将由3名技术审查员对申请进行实质审查，并作出授予或拒绝授予专利权的决定。根据公约规定，欧洲专利在指定的成员国内的效力与该成员国专利局批准的专利具有同等效力。除公约列举的无效原因外，成员国专利局不得以其他理由宣布欧洲专利无效。应当注意，所授予的欧洲专利并不是在所有缔约国内发生效力，它只是在专利申请人指定的一个或几个成员国内发生效力。这和专利合作条约有相似之处。

二、《欧洲共同体专利公约》

《欧洲共同体专利公约》(CPC)，也称欧洲第二专利合作条约，是欧洲经济共同体成员国于1975年12月15日在卢森堡签订的。其目的是在欧共体内创设一个共同的、统一的专利法，便于专利的效力扩展到所有的缔约国内。

根据公约的规定，在专利的申请、审批程序上，适用《欧洲专利公约》。共同体专利权的有效性也适用《欧洲专利公约》的规定。但是，欧洲共同体专利与欧洲专利并不相同，欧共体专利一经批准，在整个共同体内有效；专利有效性的管辖权由共同体有关机构行使。

《欧洲共同体专利公约》排除了专利权在欧共体内的地域限制，大大有利于共同体成员国间商品的自由流通。这是符合作为欧共体市场法律基础的罗马条约的精神的。《欧洲专利公约》、欧洲专利局和《欧洲共同体专利公约》的诞生，无疑反映了欧洲各国专利制度实行地区统一化的趋向。

三、非洲有关专利的地区性公约

1962年9月13日，刚果、乍得、多哥、尼日尔等12个法语非洲国家在加蓬首都利伯维尔签订了《非洲—马尔加什工业产权协定》，又称《利伯维尔协定》，并成立了非洲—马尔加什工业产权局。1977年，该组织改名为非洲知识产权组织（AP），并签订了《班吉协定》，旨在对专利、实用新型、工业品外观设计、商标、著作权等知识产权作出统一规定，在成员国适用。这些规定在1982年2月生效。

英语非洲国家也缔结了有关专利权的公约。1974年，19个英语非洲国家举行专利法会议，决定成立一个工业产权组织。1977年12月，英语非洲国家工业产权组织（ESARIPO）正式成立。1982年12月，该组织在津巴布韦通过了《哈拉雷议定书》，旨在对发明专利与外观设计专利实行统一保护。该协定于1984年4月生效。

主要参考文献

一、中文图书

1. 王利明:《中国民法典释评·总则编》,中国人民大学出版社 2020 年版。
2. 王利明、杨立新、王轶、程啸:《民法学》(第六版),法律出版社 2020 年版。
3. 郑成思:《知识产权论》(第三版),法律出版社 2003 年版。
4. 刘春田主编:《知识产权法》(第五版),高等教育出版社 2015 年版。
5. 刘春田主编:《知识产权法》(第六版),中国人民大学出版社 2022 年版。
6. 吴汉东等:《知识产权总论》(第四版),中国人民大学出版社 2020 年版。
7. 吴汉东:《知识产权法》,法律出版社 2021 年版。
8. 冯晓青:《知识产权法律制度反思与完善:法理·立法·司法》,知识产权出版社 2021 年版。
9. 冯晓青:《知识产权保护论》,中国政法大学出版社 2022 年版。
10. 冯晓青:《知识产权制度及其运行研究——法律保护·战略运用》,光明日报出版社 2022 年版。
11. 冯晓青主编:《知识产权审判实务与案例评析》,人民法院出版社 2017 年版。
12. 冯晓青:《企业知识产权战略》(第四版),知识产权出版社 2015 年版。
13. 冯晓青:《技术创新与企业知识产权战略》(第四版),知识产权出版社 2015 年版。
14. 冯晓青主编:《知识产权法》(第三版),中国政法大学出版社 2015 年版。
15. 冯晓青主编:《知识产权法学》(第二版),武汉大学出版社 2014 年版。
16. 冯晓青主编:《专利侵权专题判解与学理研究》,中国大百科全书出版社 2010 年版。
17. 冯晓青主编:《专利法律知识应考教程及同步练习》(第二版),知识产权出版社 2010 年版。
18. 杨利华、冯晓青主编:《专利相关法律知识应考教程及同步练习》(第二版),知识产权出版社 2010 年版。
19. 冯晓青:《知识产权法利益平衡理论》,中国政法大学出版社 2006 年版。
20. 冯晓青:《知识产权法哲学》,中国人民公安大学出版社 2003 年版。
21. 陈丽苹:《专利法律制度研究》,知识产权出版社 2005 年版。
22. 梁志文:《论专利公开》,知识产权出版社 2012 年版。
23. 杨利华:《美国专利法史研究》,中国政法大学出版社 2012 年版。
24. 刘友华:《云计算专利法律问题研究》,法律出版社 2018 年版。
25. 刘友华:《知识产权纠纷非讼解决机制研究》,中国政法大学出版社 2011 年版。
26. 崔国斌:《专利法原理与案例》(第二版),北京大学出版社 2016 年版。
27. 苏平、何培育:《专利法》,北京大学出版社 2020 年版。

28. 邹琳:《英国专利制度的产生与发展》,法律出版社 2018 年版。
29. 袁锋:《专利制度的历史变迁——一个演化论的视角》,中国人民大学出版社 2021 年版。
30. 汤宗舜:《专利法教程》(第三版),法律出版社 2003 年版。
31. 汤宗舜:《专利法解说》(修订版),知识产权出版社 2001 年版。
32. 尹新天:《专利权的保护》(第二版),知识产权出版社 2005 年版。
33. 尹新天:《中国专利法详解》,知识产权出版社 2011 年版。
34. 文希凯主编:《专利法教程》,知识产权出版社 2013 年版。
35. 文希凯、陈仲华:《专利法》,中国科学技术出版社 1993 年版。
36. 程永顺:《中国专利诉讼》,知识产权出版社 2005 年版。
37. 黄贤涛等编著:《专利:战略 管理 诉讼》,法律出版社 2008 年版。
38. 张帆:《中国专利法注释》,知识产权出版社 2014 年版。
39. 千枝松编著:《专利与专利转让》,对外贸易教育出版社 1994 年版。
40. 王承守、郑颖懋:《美国专利诉讼攻防策略运用》,台北,元照出版有限公司 2004 年版。
41. 曾陈明汝:《专利商标法选论》,台北,中亨打字印刷行 1978 年版。
42. 曾陈明汝:《两岸及欧美专利法》,中国人民大学出版社 2007 年版。
43. 国家知识产权局条法司编:《专利法研究 2017》,知识产权出版社 2019 年版。
44. 国家知识产权局条法司编:《专利法研究 2016》,知识产权出版社 2019 年版。
45. 国家知识产权局条法司编:《专利法研究 2007》,知识产权出版社 2008 年版。
46. 国家知识产权局条法司编:《专利法研究 2006》,知识产权出版社 2007 年版。
47. 国家知识产权局专利局专利文献部:《国外专利诉讼要案解读》,知识产权出版社 2016 年版。
48. [美]穆勒:《专利法》(第三版),沈超等译,知识产权出版社 2013 年版。
49. 欧洲专利局编:《未来知识产权制度的愿景》,郭民生等译,知识产权出版社 2008 年版。
50. [日]富田彻男:《市场竞争中的知识产权》,廖正衡等译,商务印书馆 2004 年版。
51. [日]吉藤幸朔:《专利法概论》,宋永林、魏启学译,专利文献出版社 1990 年版。

二、外文资料

1. Background Reading Material On Intellentual Property(WIPO).
2. Peter Drahos, *A Philosophy of Intellectual Property Dartmout*, Publishing Company Limited, 1996.
3. W. R. Cornish, *Intellectual Property: Patents, Copyright*, Trade Marks and A1lied Rights, London, 1981.
4. P. Hearn, *Business of Industrial Licensing of Patent, Know—how*, Trade Marks and Industrial Design, London, 1981.
5. Mark A. Lemley, The Myth of the Sole Inventor, 110 MICH. L. REV. 709 (2012).
6. Yuqing Cui, A Quantitative Approach to Determining Patentable Subject Matter, 30 HARV. J. L. & TECH. 629 (2017).
7. Dan L. Burk, Anticipating Patentable Subject Matter, 65 Stan. L. REV. ONLINE 109 (2012 – 2013).
8. Amy L. Landers, Patentable Subject Matter as a Policy Driver, 53 Hous. L. REV. 505 (2015).
9. Brenda M. Simon & Ted Sichelman, Data – Generating Patents, 111 NW. U. L. REV. 377 (2017).
10. Laura G. Pedraza – Farina & Ryan Whalen, A Network Theory of Patentability, 87 U. CHI. L. REV. 63 (2020).
11. W. Nicholson II Price, The Cost of Novelty, 120 COLUM. L. REV. 769 (2020).

12. Timothy R. Holbrook, Patent Prior Art and Possession, 60 WM. & MARY L. REV. 123 (2018).
13. Roger Allan Ford, The Patent Spiral, 164 U. PA. L. REV. 827 (2016).
14. Amy Kapczynski & Talha Syed, The Continuum of Excludability and the Limits of Patents, 122 YALE L. J. 1900 (2013).
15. Herbert Hovenkamp, Reasonable Patent Exhaustion, 35 YALE J. ON REG. 513 (2018).
16. Tun – Jen Chiang, Fixing Patent Boundaries, 108 MICH. L. REV. 523 (2010).
17. Tun – Jen Chiang & Lawrence B. Solum, The Interpretation – Construction Distinction in Patent Law, 123 YALE L. J. 530 (2013).
18. Adam J. MacLeod, Patent Infringement as Trespass , 69 ALA. L. REV. 723 (2018).
19. Merges, Robert P. ,A Few Kind Words for Absolute Infringement in Patent Law,31 Berkeley Technology Law Journal 1 (2016).
20. Lynda J. Oswald, The Strict Liability of Direct Patent Infringement, 19 VAND. J. ENT. & TECH. L. 993 (2017).
21. Norman V. Siebrasse & Thomas F. Cotter, A New Framework for Determining Reasonable Royalties in Patent Litigation, 68 FLA. L. REV. 929 (2016).
22. Mark A. Lemley, Distinguishing Lost Profits from Reasonable Royalties, 51 WM. & MARY L. REV. 655 (2009).
23. J. Gregory Sidak, Ongoing Royalties for Patent Infringement, 24 TEX. INTELL. PROP. L. J. 161 (2016).
24. Jason Reinecke, Lost Profits Damages for Multicomponent Products: Clarifying the Debate, 71 Stan. L. REV. 1621 (2019).
25. Stephen Yelderman, Do Patent Challenges Increase Competition, 83 U. CHI. L. REV. 1943 (2016).
26. Herbert Hovenkamp, FRAND and Antitrust, 105 CORNELL L. REV. 1683 (2020).
27. Mark A. Lemley & Timothy Simcoe, How Essential Are Standard – Essential Patents, 104 CORNELL L. REV. 607 (2019).
28. Jonathan S. Masur, The Use and Misuse of Patent Licenses, 110 NW. U. L. REV. 115 (2015).
29. Afshar, Mimi S. , Artificial Intelligence and Inventorship – Does the Patent Inventor Have to Be Human? 13 Hastings Science and Technology Law Journal, 55 (2022).
30. EPO Scenarios for the future: Evolution of the system, pdf. . http://www. epo. org/topics/patent – system/scenarios – for – the – future/download. html.
31. U. S. Patent Statistics Chart Calendar Years 1963 – 2008, http://www. uspto. gov/go/stats/us_stat. htm.
32. Paul A. Geroski, How Persistently do Firms Innovate? CEPR Discussion Paper Series 1433, July 1996. http://papers. ssrn. com/sol3/papers. cfm? abstract_id4253.